KB156642

이천승 교수가

읽어주는 맹자

※ 각 장 큐알코드를 스캔해 보세요.
  『이천승 교수가 읽어주는 맹자』의
  유튜브 〈맹자 읽어주는 군〉으로 연결됩니다.

이천승 교수가
읽어주는 맹자

2022년 7월 15일 초판 1쇄 인쇄
2022년 7월 27일 초판 1쇄 발행

지은이 | 이천승
펴낸이 | 김태화
펴낸곳 | 파라북스
기획·편집 | 전지영
디자인 | 김현제
표지 글씨 | 이동원

등록번호 | 제313-2004-000003호
등록일자 | 2004년 1월 7일
주소 | 서울특별시 마포구 와우산로 29가길 83 (서교동)
전화 | 02) 322-5353   팩스 | 070) 4103-5353

ISBN 979-11-88509-57-7 (03140)

© 이천승, 2022

※ 값은 표지 뒷면에 있습니다.

※ 이 도서는 한국출판문화산업진흥원의
  '2022년 우수출판콘텐츠 제작 지원' 사업 선정작입니다.

이천승 교수가

읽어주는 맹자

이천승 지음

파라아카데미

맹자는 공맹으로 병칭될 정도로 공자의 사상을 체화하고 심화시켜 나갔던 인물입니다. 중국 산동성 변두리의 추 땅에서 태어난 그는 춘추시대를 거쳐 제후들의 패권쟁탈전이 한층 치열하던 전국시대의 한 중심에서 활동하였습니다. 희미해져 가는 유학의 맥박을 생동감 있게 되살렸던 맹자는 당대에 실현되지 못할 꿈을 안고 살았습니다. 구도자의 염원으로 세상을 향해 목 놓아 외쳤던 공자가 그러했듯이 말입니다.

맹자에 대해 특별한 존경의 마음을 토로했던 『사기(史記)』의 저자 사마천도 여러 곳을 다니며 왕도정치의 이상을 펼쳤던 맹자의 일상에 대해 짠한 속내를 감추지 않습니다. 그를 정식으로 등용하거나 그의 말을 실행할 왕들은 없었고, 오히려 가는 곳마다 현실에 어둡다는 세속의 저평가에 시달렸다는 것입니다. 부국강병의 힘을 추구하던 권력자들이 인의(仁義)에 기반을 둔 도덕적 마음을 액면 그대로 받아들이기는 어려웠겠지요. 그래도 맹자는 결코 현실에 굴복하지 않았습니다. 맹자의 꿈과 이상은 현실권력자들이 추구하는 지향과는 그 결이 달랐기 때문입니다.

맹자의 가슴에는 항상 공자가 자리하고 있었습니다. 그는 벼슬할 만하면 벼슬하고 그만둘 만하면 그만두고 오래 있을 만하면 오래 있고 속히 떠날 만하면 속히 떠나신 분이 공자라 평가하고, 성인 가운데 시중(時中)을 지키신 분 혹은 집대성하신 분으로 그를 굳게 믿고 사숙하였습니다. 그러나 이상을 실현하기에 역부족인 현실에서 말년에 문도들과 더불어 모두 7편에 달하는 『맹자(孟子)』를 집필하여 소중한 정신적 자산으로 후대에 선물로 남겼습니다. 오늘날 전해지는 261장 34,685자의 기록이 바로 그것입니다.

맹자는 인의라는 도덕에 기초하여 모든 이들이 인간다운 삶을 살아갈 청사진을 제시하고자 하였습니다. 흔히 알고 있듯이 인간의 본성은 선하다는 확고한 믿음을 바탕으로 드넓은 대장부의 기개를 호연지기로 풀어내고, 모두를 향한 어진 정치를 민생의 안정을 위한 경제적 기반과 인간 본성의 회복을 일깨우는 도덕적 교화를 두 축으로 제시합니다. 답답한 현실을 담대하게 뛰어넘을 수 있는 맹자의 자신감은 지식인의 막중한 책임의식과 통찰력, 그리고 여민동락할 수 있는 인간다움을 향한 간절한 염원의 표출이라 할 것입니다.

이 책은 한문이라는 장벽에 막혀 직접 맹자를 만나지 못한 아쉬움을 줄여 나가려는 생각에서 시작되었습니다. 『맹자』 자체에 대한 이해를 통해 독자들에게 맹자가 보여준 진솔한 삶의 역정을 직접 느껴보게 하려는 목적도 가지고 있습니다. 이야기를 시작할 때마다 간략한 배경설명을 제시함으로써 논의의 맥락에 대한 이해를 돕고, 원문의 의도를 살린 구어체 형식의 번역을 하고 보충설명을 덧붙임으로써 생생한 논의의 현장을 보여주려 하였습니다. 슬쩍 장단을 맞춰주면서 맹자의 의도를 보다 분명히 보여주려는 것이지요. 특히 스마트폰이 일상화된 현대인의 감각에 맞추어 저자가 직접 맥락을 고려하면서 내용을 읽어주고, 각 장별로 QR코드를 부착함으로써 언제 어디서든지 유튜브 〈맹자 읽어주는 군(君)〉에 쉽게 접속할 수 있게 하였습니다.

이 책에서 특별히 읽어주는 형식을 덧붙인 것은 우연한 일에서 시작되었습니다. 어느 때부터인가 코로나-19로 인한 삶의 방식의 변화는 일상의 많은 부분을 새롭게 보는 계기가 되었습니다. 사적 모임이 부담스러워지고 온라인으로 대체된 소통의 방식도 점차 낯설지 않는 일상이 되어가던 때였습니다. 우연히 어둠 속에서 유튜브를 통해 책 읽어 주는 오디오북을 듣다가 동양고전도 저렇게 접근하면 어떨까 하는 생각이 들었습니다. 듣는 것도 보는 것 못지않게 나름의 장점이 있다는 것을 느꼈던 것입니다. 그래서 비교적 친숙했던 맹자를 꺼내들고 핸드폰에 녹음하면서 읽기 시작했습니다.

그러나 책을 안 보고도 소통할 수 있으려면 맥락에 대한 철저한 이해가 먼저 있어야 하기에 다시금 맹자를 꼼꼼히 살피게 되었습니다. 습관처럼 공부해왔던 주석이 중요한 것이 아니었습니다. 아무리 훌륭한 해석일지라도 원저자의 사상을 이해하기 위한 사다리에 불과하다는 것을 새삼 느꼈습니다. 문맥의 흐름을 맹자의 눈으로, 맹자의 마음으로 생각하면서 다시금 출발하는 계기로 삼은 것입니다. 즉 먼저 맹자의 눈과 마음으로 『맹자』를 이해하려는 것이고, 향후 현대인의 시각에서 오늘날 새로게 이해하는 전통적 사유의 출발지를 기약해 보려는 것입니다.

그러나 당시에는 미처 깨닫지 못했습니다. 맹자가 세상을 향해 그토록 많은 답답함을 토로했고, 그것을 받아 적는 시간이 결코 적지 않다는 것을 말입니다. 더군다나 컴맹에 가까운 스스로의 능력으로 처리할 수 없는 일들이 대부분이라는 것을 뒤늦게 알았습니다. 삶의 깊이를 더하고 있는 아들의 귀한 시간을 빼앗으면서까지 성취욕에 들뜬 제 안의 욕심을 미처 보지 못했던 것입니다. 마지막까지 유튜브에 게시하고 QR코드를 만들어준 이동원에게 고마울 뿐입니다. 이 모든 걸 애초에 알았다면 시작도 안 했을지도 모를 일입니다.

이제 한 단계가 정리되면서 맹자가 말했던 "빨리 가려는 자 물러섬도 빠르다[進銳退速]"는 말이 생각납니다. 숙성의 시간이 필요함을 느끼면서도 세상과 소통의 계기도 필요할 것입니다. 이 책을 이해하면서 보았던 앞선 이들 가운데 이을호 교수의 『한글맹자』는 깔끔하면서도 정확한 번역이 감탄을 자아냈고, 이제는 고인이 된 임옥균 교수의 『맹자로 문리나기』는 엄밀한 한문 이해의 한 전형을 보여주었습니다. 특히 유교경전

번역의 일환으로 일제강점기에 출간된 『언해 맹자』(성균관대출판부에서 『맹자』로 번역출간)는 어투는 크게 달랐어도 문맥의 미세한 어감을 놓치지 않고 파악하려는 당시의 노력을 알 수 있었습니다. 적어도 오늘날의 동양고전에 관한 지적 성과가 때로는 그 어려웠던 시대의 지식인들의 노력에도 미치지 못하고 있음도 느꼈습니다.

이 책의 출간과정에는 많은 이들의 관심과 노력이 있었습니다. 언제나 묵묵히 지지하면서 아낌없이 내조하고 있는 임서춘, 그리고 아들 동욱이와 동원이에게 그동안의 미안한 마음을 전합니다. 대만 정치대학에서 1년을 보내면서 저녁마다 가족끼리 맹자를 강독했던 것은 잊지 못할 추억이며, 당시 우리 가족이 나누었던 수많은 대화가 이 책의 어느 부분인가 녹아 있을 것입니다. 우연한 산책길에 유학의 대중화에 힌트를 주면서 기꺼이 첫번째 독자가 되어주었던 같은 대학의 백영선 교수에게도 감사드립니다. 꼼꼼히 교정을 봐준 이소영 박사생에게도 고마움을 전합니다. 좋은 책으로 만들어주기 위해 노력한 파라북스 김태화 대표님과 내 글처럼 공감하며 읽어주신 전지영 편집장님께도 고마움을 표함은 물론입니다. 무엇보다도 상대적으로 좋은 목소리를 주시고 우리의 전통에 대한 관심을 잇게 해주신 부모님의 영전에 고개 숙여 절합니다.

2022년 6월 20일
남안재(南安齋)에서 이천승 삼가 씁니다.

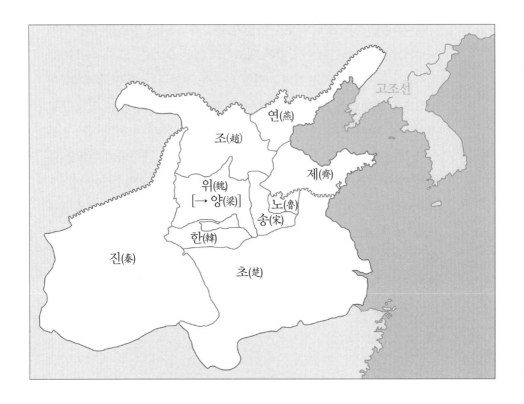

‖ 차례

孟子

1

양혜왕 상편

양혜왕 상편 1장 : 何必曰利

도덕이 힘이다

BC 335년, 지금의 중국 하남성 개봉에서 맹자는 그 지역의 맹주였던 혜왕의 초청을 받습니다. 주나라 천자의 권위와 질서를 형식적으로나마 인정하던 춘추시대를 거쳐, 이때는 전국시대(BC 403 ~ BC 221)의 힘 있는 제후들 사이에 패권다툼이 치열했던 시대였습니다. 천하 권력을 움켜쥐려는 여느 패자들처럼 양나라 혜왕은 그곳에 수도를 정하고 현자를 초빙하여 융숭히 대접하면서 정책 자문을 받습니다. 이 시기 맹자는 정신적 스승이었던 공자가 그러했듯이, 자신의 정치적 이상을 실현하려고 노력하고 있었습니다. 많은 설레임을 품고 양나라 혜왕을 만난 맹자의 주장은 그의 이상과 꿈이 무엇이었는지를 잘 보여주고 있습니다. 접견의 예법을 마친 혜왕은 말을 꺼냅니다.

어른께서 천리를 멀다 않고 오셨으니, 또한 장차 우리나라를 이롭게 해 줄 것이 있습니까?

叟不遠千里而來하시니 亦將有以利吾國乎잇가
수 불 원 천 리 이 래   역 장 유 이 리 오 국 호

※ **수(叟)**: 장로(長老), 어른의 존칭.

맹자의 고향인 추나라로부터 양나라에 이르는 천리가 훌쩍 넘는 먼 길을 찾아온 맹자에게 양혜왕의 첫 질문은 나라를 이롭게 하는 길이었습니다. 양혜왕이 국가를 이롭게 하는 방법을 묻는 질문에 '또 역(亦)' 자를 쓴 것은 '아마도 그렇지 않을까' 하는 반문의 정도가 강한 추측의 의미를 담은 것입니다. 이렇게도 먼 길을 찾아왔으니 당연히 부국강병에

보탬이 되는 조언을 해주지 않을까 하는 마음이 담겨 있습니다. 그러나 맹자는 미리 예측이나 한 것처럼 망설이지 않고 대답합니다.

왕께서는 어찌 반드시 이익을 말씀하십니까? 또한 인의(仁義)가 있을 따름입니다.

王은 何必曰利잇고 亦有仁義而已矣 니이다
왕 하 필 왈 리   역 유 인 의 이 이 의

국익을 묻는 왕의 질문에 맹자는 '인의(仁義)'라는 도덕으로 답합니다. 맹자 또한 '역(亦)' 자를 썼는데 오로지 그것뿐이라는 의미이고, '이이의(而已矣)'라는 단정의 조사를 결합하여 보다 강조합니다. 도덕을 우선적 기준으로 삼아 왕의 결단을 촉구하려는 것입니다. 맹자가 말했던 인(仁)은 순수한 마음의 씨앗이자 모두를 사랑하는 이치이고, 의(義)는 상황을 적절하게 판단하고 일처리를 마땅하게 함을 말합니다. 인의라는 도덕은 천하의 임금이 될 수 있는 큰 지침인데, 국익을 앞세우는 것은 본말이 전도되었다는 것이지요. 인의라는 도덕이 중요하다는 '하필왈리(何必曰利)'로 시작하는 맹자의 거침없는 주장은 보다 구체화됩니다.

왕께서 무엇을 가지고 내 나라[國]를 이롭게 할까 하시면, 대부는 무엇을 가지고 우리 땅[家]을 이롭게 할까라고 할 것이며, 하급 관리인 사(士)와 서민들은 무엇을 가지고 내 몸을 이롭게 할 것인가라고 말할 것입니다. 이처럼 위 아래가 서로 이익을 다투어 나라가 위태롭게 되는 것입니다.

王曰 何以利吾國고하시면 大夫曰 何以利吾家오하며
왕 왈 하 이 리 오 국   대 부 왈 하 이 리 오 가

士庶人曰 何以利吾身고하여 上下交征利면 而國이 危矣리이다
사 서 인 왈 하 이 리 오 신   상 하 교 정 리   이 국   위 의

※ **정(征)**: 취(取)하다.

맹자는 왕만 어찌 이익을 생각하겠느냐고 반문하는 동시에, 그에 따르는 심각한 폐해를 말합니다. 이익의 바람이 한번 일어나면 제후국이나 대부의 집안, 또는 하급 관리와 서민들까지 자신의 상황에서 이익만을 앞다투어 추구하게 될 것이라는 것입니다. 윗사람이 함부로 아랫사람의 것을 빼앗고, 아랫사람도 거침없이 윗사람 것을 빼앗는 상호 쟁탈전은 군주를 시해하고 권력을 찬탈하는 국가혼란을 자조할 것이라는 경고입니다. 이는 국가의 존망이 걸린 문제로 이 모두가 바로 이익의 추구를 앞세우기 때문에 발생한다는 것입니다.

만승인 천자의 나라에서 그 군주를 시해하는 자는 반드시 공경의 벼슬에 있는 천승의 제후국일 것이고, 천승의 나라에서 그 군주를 시해하는 자는 반드시 대부인 백승의 집일 것입니다. 만에서 천을 취하고 천에서 백을 취하는 것이 많지 않은 것이 아닌데도, 만약 의리를 뒤로하고 이익을 앞세운다면 빼앗지 않고서는 만족하지 아니할 것입니다.

萬乘之國에 弑其君者는 必千乘之家요 千乘之國에 弑其君者는
만 승 지 국　　시 기 군 자　　필 천 승 지 가　　천 승 지 국　　시 기 군 자

必百乘之家니 萬取千焉하며 千取百焉이 不爲不多矣언마는
필 백 승 지 가　　만 취 천 언　　천 취 백 언　　불 위 부 다 의

苟爲後義而先利면 不奪하여는 不饜이니이다
구 위 후 의 이 선 리　　불 탈　　불 염

> ※ **시**(弑): 아랫사람이 윗사람을 죽이는 것. **만승**(萬乘): 승(乘)은 전쟁에서 말 네 필이 이끄는 전차로, 만승은 10,000대의 전차를 출동할 수 있는 천자의 직할지. **천승**(千乘): 전차 1,000대를 낼 수 있는 제후국. **백승**(百乘): 전차 100대를 낼 능력이 있는 제후국의 대부. **구위**(苟爲): 만일. **염**(饜): 만족하다.

맹자는 윗사람이 시해당하는 극한적인 하극상이 일어나는 원인을 서로의 이익만 취한 결과라고 봅니다. 천승(千乘)의 제후가 만승(萬乘)인 천자국에서 천승을 받거나, 백승(百乘)인 대부가 천승인 제후국에서 백승을 받는 것은 제도적으로 10%를 얻는 것이므로 결코 적다고 볼 수 없습니다. 그렇지만 의리를 뒤로하고 이익을 앞세운다면 탐욕을 주체하

지 못하여 그 위의 군주를 죽이고 모두 다 빼앗지 않으면 결코 만족하지 못할 것이라는 봅니다. 빼앗지 않으면 만족하지 않는다는 불탈불염(不奪不厭)은 인간의 무한한 욕망에 대한 직시이기도 합니다. 그 결과 자칫 죽임을 당할지도 모른다는 하극상의 쿠데타까지 말한 맹자는 자신의 주장을 재확인시킵니다.

> **어질고서 그 부모를 버리는 자는 있지 아니하며, 의롭고도 그 군주를 뒤로하는 자는 있지 않습니다. 왕께서는 또한 인과 의를 말씀하실 따름이지 어찌 반드시 이익을 말씀하십니까?**

未有仁而遺其親者也며 未有義而後其君者也니이다
미 유 인 이 유 기 친 자 야   미 유 의 이 후 기 군 자 야

王은 亦曰仁義而已矣시니 何必曰利잇고
왕   역 왈 인 의 이 이 의   하 필 왈 리

※ 유(遺): 버리다. 후(後): 뒤로 하다.

맹자는 무작정 인의의 도덕만을 주장하지 않습니다. 자신이 말하는 인의에 기반을 둔 도덕정치는 자연스럽게 뒤따라오는 이익이 있다고 보기 때문입니다. 예를 들어 만물을 사랑하는 어진 마음을 지닌 자라면 가까운 부모를 버려두지 않을 것이고, 의로움을 품고 있다면 자기의 군주를 우선시할 것이라 기대할 수 있습니다. 따라서 장기적으로 볼 때 진정한 이익으로 환원될 수 있는 인의에 기반을 둔 도덕정치를 권장하는 것입니다. 아니 쐐기를 박듯이 맹자는 양혜왕에게 재차 다그칩니다. "왕께서는 오직 인의의 도덕을 말씀하셔야지요, 하필이면 이익을 말씀하여 위태로움을 자처하신단 말입니까?"

모든 책이 그러하듯 인의를 강조하는 첫 대목은 『맹자』 전체의 내용을 함축하고 방향성을 예고하고 있습니다. 송나라 성리학자 정이천(1033~1107)은 인간이라면 누구나 이익을 생각하는 마음이 있지만 오로지 이익만을 추구해서는 안 될 것이라 이해합니다. 이익을 구하지 않아도 결과적으로 이로울 수 있으니 인의의 도덕적 마음을 놓치지 말라

는 것이지요. 그를 이어 주자(1130~1200)는 천리의 공적인 마음과 인욕의 사적인 마음을 대립시켜 이익을 좇는 욕심을 경계하며 말합니다. "인의(仁義)는 사람들 마음의 고유한 것에서 근원한 것이니 공적인 하늘의 이치라면, 이익을 탐하는 이심(利心)은 나와 타자의 다름에서 생겨나는 것이니 사적인 인간의 욕심이다. 하늘의 이치를 따르면 이익을 구하지 않아도 저절로 이롭지 아니함이 없고, 사람의 욕심을 좇으면 이익을 구해도 얻지 못하고 피해가 이미 따를 것이다. 이른바 털끝만큼의 차이가 천리나 어긋나게 된다는 것이다."* 성리학자답게 사적인 욕망의 절제를 통한 공동체의 기반인 천리로의 순응을 강조하고 있습니다.

어떻게 도덕이 결과적으로 이익이 될 수 있으며, 그렇게 될 수 있는 조건은 무엇일까요? 그리고 인의의 도덕을 설파하는 맹자의 논리에 양혜왕은 어떻게 대꾸했을까요? 『맹자』 책에는 그에 대한 양혜왕의 답변이 소개되어 있지 않습니다. 부국강병의 현실을 외면하고 있다며 한심하다는 반응을 보였을까요, 아니면 도덕이 힘이 되는 국가를 만들겠다는 의지를 불태워 나갔을까요?

---

* 『맹자집주』「양혜왕」 상편 1장. "此章, 言仁義 根於人心之固有, 天理之公也, 利心 生 於物我之相形, 人欲之私也. 循天理, 則不求利而自無不利, 循人欲, 則求利未得而害 已隨之. 所謂毫釐之差, 千里之繆."

양혜왕 상편 2장 : 與民偕樂

여민동락

어느 날인가 맹자가 양혜왕을 찾아뵐 때의 일입니다. 때마침 궁궐 주변의 연못가를 산책하고 있던 양혜왕은 정원 가득히 노니는 기러기와 사슴을 둘러보면서 은근슬쩍 말을 꺼냅니다.

"현명한 사람도 또한 이러한 것들을 즐깁니까?"

"현명한 사람인 이후에야 이것을 즐길 수 있으니, 현명하지 못한 사람은 비록 이러한 것들을 갖고 있더라도 즐기지 못할 것입니다."

"賢者도 亦樂此乎잇가"
현 자　역 락 차 호

"賢者而後에 樂此니 不賢者는 雖有此나 不樂也니이다"
현 자 이 후　낙 차　불 현 자　수 유 차　불 락 야

기러기와 사슴이 뛰노는 동산을 소유하고 있던 왕인지라 은근히 자신의 권세와 재력을 자랑하고 싶은 것이겠지요. 보통 사람이라면 "대단하십니다. 멋지십니다."라고 맞장구쳐줄 만한데 맹자는 그렇지 않았습니다. 마침 잘됐다 싶은지 진정한 즐거움이 어디에 있는지 따져 묻습니다. 어진 성품을 지닌 현명한 자라야 향락의 기쁨을 알 것이요, 그렇지 못한 자에게 주어지는 권세란 진정한 즐거움이 될 수 없다는 것이지요. 돼지 목에 진주 목걸이라 말하고 싶었는지도 모릅니다. 이어 맹자는 어진 임금으로 알려진 문왕의 사례를 들어 진정한 즐거움이 무엇인지 차근차근 설명합니다. 『시경』에는 문왕이 지닌 덕망에 대해 다음과 같이 소개되어 있습니다.

영대(靈臺)를 처음 세우려 계획하고 진행하시니
백성들이 짓는지라 며칠 안 걸려 완성되었도다
급히 말라 하나 백성들이 자식처럼 오듯하도다

經始靈臺하여 經之營之하시니
경 시 영 대　　 경 지 영 지

庶民攻之라 不日成之로다
서 민 공 지　 불 일 성 지

經始勿亟하시나 庶民子來로다
경 시 물 극　　 서 민 자 래

※ **경(經)**: 헤아리다. **영(營)**: 도모하다. 진행하다. **공(攻)**: 다스리다. 짓다. **극(亟)**: 빠르다. 급히. **자(子)**: '자식처럼' 일을 돕기 위해 달려오듯 하다는 의미의 부사로 해석.

왕이 영유(靈囿)에 계시니 살찐 암사슴들 엎드려 있네
사슴은 윤기있게 살쪄있고 백조는 깨끗하고도 희도다
왕이 영소(靈沼)에 계시니, 아! 수많은 물고기 뛰노는구나!

王在靈囿하시니 麀鹿攸伏이로다
왕 재 영 유　　 우 록 유 복

麀鹿濯濯이어늘 白鳥鶴鶴이로다
우 록 탁 탁　　 백 조 학 학

王在靈沼하시니 於牣魚躍이로다
왕 재 영 소　　 오 인 어 약

※ **유(囿)**: 동산. **유(攸)**: 소(所)의 의미. **우(麀)**: 암사슴. **탁탁(濯濯)**: 살찌고 윤택한 모양. **학학(鶴鶴)**: 깨끗하고 흰 모양. **오(於)**: 감탄사로 쓰일 때 於는 '오'로 읽음. **인(牣)**: 가득 채워짐.

　문왕은 자신의 땅에 영대(靈臺)라는 누각을 지을 생각으로 터를 잡으며 공사를 시작하였습니다. 백성들이 누구나 할 것 없이 서로들 와서 힘을 합친지라 그리 오래지 않아 누각이 완성되었고 영대라 이름하였습니다. 문왕은 백성들에게 피해를 줄까 걱정되어 너무 급히 하지 말라 당부하였으나, 백성들이 자발적으로 와서 기꺼이 공사에 참여하는 모습이 마치 집안에서 하나된 마음으로 자녀가 부모의 일을 돕는 것과 같았습니다. 시를 통해 맹자는 바로 이렇게 모두가 하나되는 즐거움을 말하고 싶었던 것입니다.

누각이 완성되자 그 주변에 영유(靈囿)라는 동산을 만들고 동산 가운데에 영소(靈沼)라는 연못도 팠습니다. 완성된 영유에 문왕이 계실 때 그곳에는 살찌고 윤택한 사슴들이 뛰놀고 빛이 선명하고 깨끗한 백조들의 천국이 되었습니다. 또 문왕이 영소에 계시니 그 못 가운데 물고기들이 가득히 헤엄치고 있었습니다. 왕이 소유한 동산이고 연못이었건만 그곳에 사는 모든 생명들에게 그 혜택이 돌아가는 모습입니다. 맹자는 시인이 말하는 시상을 떠올리며 말을 이어갑니다.

문왕이 백성의 힘으로 누각을 짓고 연못을 팠으나, 백성들이 깊이 즐거워하면서 그 누각을 영대라 하고 그 연못을 영소라 하면서 그가 사슴과 물고기와 자라를 소유함을 즐거워하였습니다. 옛사람들은 백성들과 더불어 즐거움을 함께 하였기 때문에 즐길 수 있었습니다.

文王이 以民力爲臺爲沼하시나 而民이 歡樂之하여 謂其臺曰靈臺라하고
문 왕   이 민 력 위 대 위 소   이 민   환 락 지   위 기 대 왈 영 대

謂其沼曰靈沼라하여 樂其有麋鹿魚鱉하니 古之人이 與民偕樂이라
위 기 소 왈 영 소   낙 기 유 미 록 어 별   고 지 인   여 민 해 락

故로 能樂也니이다
고   능 락 야

※ **대**(臺): 높고 평평한 곳에 세운 건물. **소**(沼): 연못. **미록**(麋鹿): 미록은 큰 사슴. **별**(鱉): 자라. **해**(偕): 함께하다.

여민동락(與民同樂)에 익숙한 우리에게 여민해락(與民偕樂)은 낯설기는 해도 같은 말입니다. 백성의 힘을 빌렸지만 모두들 즐거운 마음으로 신령스럽다는 수식어를 붙여 영대(靈臺), 영유(靈囿), 영소(靈沼) 등으로 불렀습니다. 평소 문왕이 백성들이 즐거워하는 것을 즐거워했으므로 문왕 또한 그 즐거움을 누렸던 것입니다. 이것이 맹자가 말한 '현명한 자라야 진정한 즐거움을 누릴 수 있다'는 의미이겠지요. 백성과 더불어 함께하는 즐거움을 말한 맹자는 그와 반대되는 사례를 들어 왕을 자극하기 시작합니다.

『탕서』에 '이 해는 언제 사라질까, 내 너와 함께 망하리라!'고 하였습니다. 백성이 왕과 더불어 같이 망하고자 한다면 비록 누각이나 연못, 짐승들을 갖고 있더라도 어찌 홀로 즐길 수 있겠습니까?

湯誓에 曰 時日은 害喪고 予及女로 偕亡이라하니 民欲與之偕亡이면
탕서   왈 시일   갈상   여급여   해망   민욕여지해망

雖有臺池鳥獸나 豈能獨樂哉리잇고
수유대지조수   기능독락재

※ **탕서(湯誓)**: 『상서(尙書)』의 편명. **시(時)**: '이것'이라는 뜻으로 시(是)와 같음. **갈(害)**: '어찌'라는 뜻으로 쓰이며 '갈'로 읽음. **급(及)**: ~와 함께. **여(女)**: 너라는 뜻으로 여(汝)와 같음.

『서경』「탕서」편에서 인용한 말은 백성들이 상나라 마지막 군주였던 걸왕의 포학함을 원망하여 하루속히 망하기를 바라는 것으로 마치 동반자 살하려는 것과 같은 심정을 토로하고 있습니다. 걸이 평소 자신을 하늘의 태양이라 입버릇처럼 말했으므로 백성들이 역설적으로 이런 말을 했던 것입니다. 백성의 원망이 사무쳐 차라리 그 임금과 함께 망하고자 하였으니, 그러한 나라는 오래지 않아 망할 것입니다. 같은 이치로 비록 누대와 연못과 멋진 짐승들을 소유하고 있더라도 백성을 저버린 군주라면 어떻게 위에서 혼자 즐거워할 수 있겠느냐는 맹자의 반문입니다. 그러므로 그는 양혜왕과의 대화에서 "현명한 사람인 이후에야 이것을 즐길 수 있으니, 현명하지 못한 사람은 비록 이러한 것들을 갖고 있더라도 즐기지 못할 것입니다." 하고 말한 것입니다.

주변과 더불어 즐거움을 같이하겠다는 마음을 자발적으로 갖기란 결코 쉬운 일이 아닙니다. 맹자가 모두와 소통할 수 있는 인의의 도덕적 마음을 강조했던 이유가 아마도 여기에 있었을 것입니다. 맹자는 당부합니다. 왕께서는 혼자만 차지하려는 권력의 힘을 내려놓고 진정으로 백성과 더불어 함께하는 여민동락을 실천하는 현명하고 어진 사람이 되소서!

양혜왕 상편 3장 : 五十步百步
오십보백보

여민동락하라는 따끔한 충고를 들은 양혜왕은 맹자의 말을 이해는 하면서도 자신이 처한 상황을 하소연하기 시작합니다. 백성들을 위해 최선을 다하고 있음에도 백성들의 차가운 시선은 여전하다는 것이지요.

과인은 나라에 대해 마음을 다할 따름입니다. 하내 지방이 흉년이 들면 그 백성을 하동으로 옮기고, 그 곡식을 하내로 옮깁니다. 하동 지방에 흉년이 들면 또한 그렇게 합니다. 그런데 이웃 나라의 정치를 살펴보니 과인이 마음을 쓰는 것처럼 하는 자가 없는데도 이웃 나라의 백성은 더 적어지지 아니하고 과인의 백성이 더 많아지지 않는 것은 왜 그렇습니까?

寡人之於國也에 盡心焉耳矣로니 河內凶則移其民於河東하며
과인지어국야   진심언이의   하내흉즉이기민어하동

移其粟於河內하고 河東이 凶커든 亦然하노니 察鄰國之政한댄
이기속어하내   하동   흉   역연   찰인국지정

無如寡人之用心者로대 鄰國之民이 不加少하며 寡人之民이 不加多는 何也잇고
무여과인지용심자   인국지민   불가소   과인지민   불가다   하야

> ※ **과인**(寡人): 덕이 적은 사람이란 겸손의 의미로 제후가 자신을 가리키는 말. **언**(焉): '～에서'(於是)의 의미. **이의**(耳矣): ～했을 뿐이다. 耳는 已와 같으며 강조의 의미. **흉**(凶): 흉년.

양혜왕은 흉년을 예로 들어 특정 지역에 흉년이 들면 그곳 백성을 다른 곳으로 옮겨 생계를 유지하게 해하고, 이주할 수 없는 노약자들의 경우는 다른 곳의 곡식을 옮겨와서 구휼하는 적극적 정책을 시행해왔다고 자평합니다. 그런데 이웃 나라들은 자신처럼 백성을 위해 그러한 세심한 구제책을 쓰지도 않음에도 주변 백성들이 자신에게로 돌아오지 않는다고 하소연하듯 말합니다. 답답할 만도 할 것입니다. 백성을 위해 최선

을 다하고 있는데 상황이 나아지지 않기 때문이죠. 이에 대해 맹자는 냉정하게 답하는데, 여기서 그 유명한 오십보백보(五十步百步) 이야기가 나옵니다.

"왕께서 전쟁을 좋아하시니 청컨대 전쟁으로써 비유해 보겠습니다. 둥 ~둥~ 북을 치자 병기와 칼들이 이미 맞붙었는데 싸움이 불리해지자 갑옷을 버리고 병기를 끌면서 달아나는데, 백 보를 달아난 뒤에 그친 자도 있으며 오십 보를 달아난 뒤에 그친 자도 있습니다. 그런데 오십 보를 달아난 것으로써 백 보를 달아난 것을 비웃는다면 어떻게 생각하십니까?"

"옳지 않습니다. 다만 백 보가 아닐 따름이지 이 또한 달아난 것입니다."

"왕께서 만일 이 점을 아신다면 백성이 이웃 나라보다 많아지는 것을 바라지 마십시오."

王이 好戰하실새 請以戰喩호리이다 塡然鼓之하여 兵刃旣接이어든
왕 호전 청이전유 전연고지 병인기접

棄甲曳兵而走호대 或百步而後에 止하며 或五十步而後에 止하여
기 갑 예 병 이 주 혹 백 보 이 후 지 혹 오십 보 이 후 지

以五十步로 笑百步則何如하니잇고 曰 不可하니 直不百步耳언정
이 오십 보 소 백 보 즉 하 여 왈 불 가 직불백보이

是亦走也니이다 曰 王如知此則無望民之多於鄰國也하소서
시 역 주 야 왈 왕 여 지 차 즉 무 망 민 지 다 어 인 국 야

※ **전연**(塡然): 북소리. **예**(曳): 끌다. **직**(直): 다만. **이**(耳): 뿐.

그게 그거다는 말입니다. '오십보백보!' '너나 잘하세요~.' 전쟁에 패배하고 도망치는 주제에 오십보를 더 멀리 도망친 자를 비웃는다는 것 자체가 웃기는 일이지요. 맹자가 보기에 양혜왕의 흉년을 이겨내는 정책은 백성을 진정으로 보살피는 왕도정치에 비하면 왕으로서 마땅히 해야 될 고만고만한 작은 은혜에 불과하다는 것입니다.

한편 맹자는 왕도정치를 향한 자신의 청사진을 제시합니다. 농사철에 백성들이 농사에만 몰두할 수 있도록 한다면, 곡식이 넉넉하고 풍년이

들어 이루 다 먹지 못할 것입니다. 웅덩이와 연못은 물고기나 자라가 모여 사는 곳인데, 작은 고기를 잡기 위한 촘촘히 짜인 그물망을 사용하지 못하도록 한다면 물고기와 자라를 이루 다 먹을 수 없을 것입니다. 산림은 재목이 나는 곳인데 낙엽이 질 때를 기다려서 도끼로 베도록 한다면 나무가 번성하여 재목을 이루 다 쓰지 못할 것입니다. 이처럼 곡식과 물고기와 자라를 이루 다 먹지 못하고 재목을 이루 다 쓰지 못하면, 이 것은 백성으로 하여금 산 자를 기르고 죽은 자를 장례 지냄에 그 마음을 유감없이 다할 수 있도록 하는 것입니다. 농사철을 빼앗지 말라는 말로 시작되는 맹자의 주장은 다음과 같습니다.

> **농사철을 어기지 않으면 곡식을 이루 다 먹을 수 없으며, 촘촘한 그물을 웅덩이나 연못에 던지지 않으면 물고기나 자라를 이루 다 먹을 수 없으며, 도끼를 때에 맞춰 산림에 들어가게 하면 재목을 이루 다 쓰지 못할 것입니다. 곡식과 물고기와 자라를 이루 다 먹지 못하고 재목을 이루 다 쓰지 못하면, 이것은 백성이 산 자를 봉양하고 죽은 자를 장례 지냄에 부족함이 없도록 하는 것입니다. 산 자를 봉양하고 죽은 자를 장례 지냄에 부족함이 없는 것이 왕도의 시작입니다.**

不違農時면 穀不可勝食也며 數罟를 不入洿池면 魚鼈을 不可勝食也며
불 위 농 시　곡 불 가 승 식 야　촉 고　불 입 오 지　어 별　불 가 승 식 야

斧斤을 以時入山林이면 材木을 不可勝用也니 穀與魚鼈을 不可勝食하며
부 근　이 시 입 산 림　재 목　불 가 승 용 야　곡 여 어 별　불 가 승 식

材木을 不可勝用이면 是는 使民養生喪死에 無憾也니 養生喪死에 無憾이
재 목　불 가 승 용　시　사 민 양 생 상 사　무 감 야　양 생 상 사　무 감

王道之始也니이다
왕 도 지 시 야

※ **승(勝)**: 감당하다. 이겨내다. **촉(數)**: 빽빽하거나 촘촘하다의 뜻으로 쓰일 때 음은 '촉'으로, 촉고 (數罟)는 촘촘한 그물. **오(洿)**: 움푹 파인 웅덩이. **감(憾)**: 서운함, 부족함.

거침없이 쏟아지는 맹자의 말은 언제나 조리가 있습니다. 당시 국가의 기간산업이었던 농업은 물론이고, 어업·산림업까지 포함된 모든 분야에서 백성들의 입장을 생각했던 것입니다. 특히 전쟁이나 토목공사에

백성을 동원시킬 때는 농사철을 피해 만물이 충분히 성장할 수 있도록 시간을 두어야 한다는 불위농시(不違農時)는 애민정신의 대표적인 구절이기도 합니다. 그 결과물은 모두 백성들의 물질적 풍요로움과 정신적 여유로움으로 귀결됩니다. 산 자를 봉양하고 죽은 자를 보내는 데 물질적 여유가 있어 마음에 여한이 없도록 하는 것을 왕도정치의 출발로 삼는 것입니다. 이어 맹자는 장기적 안목에서 보완책을 말합니다.

5묘씩 있는 농부들의 텃밭에 뽕나무를 심는다면 오십된 자가 비단옷을 입을 수 있으며, 닭과 돼지와 개를 기르는데 그때를 놓치지 아니하면 칠십된 자가 고기를 먹을 수 있을 것입니다. 농부들에게 100묘씩 밭을 주고 김매고 거두는 시기를 빼앗지 않는다면, 몇 식구가 굶주리지 않을 것입니다. 그리고 시골 학교인 상(庠)과 서(序)의 교육을 신중히 관리하여 효도와 공손의 도리를 반복해서 가르치면 머리가 희끗희끗한 자가 도로에서 짐을 이거나 지는 일이 없을 것입니다. 칠십이 된 자가 비단옷을 입고 고기를 먹으며 백성들이 굶주리지 않고 추위에 떨지 않게 지내는데, 그러고도 왕 노릇 못할 자는 있지 아니할 것입니다.

五畝之宅에 樹之以桑이면 五十者 可以衣帛矣며 雞豚狗彘之畜을 無失其時면
오 묘 지 택   수 지 이 상   오 십 자 가 이 의 백 의   계 돈 구 체 지 휵   무 실 기 시

七十者 可以食肉矣며 百畝之田을 勿奪其時면 數口之家 可以無飢矣며
칠 십 자 가 이 식 육 의   백 묘 지 전   물 탈 기 시   수 구 지 가 가 이 무 기 의

謹庠序之敎하여 申之以孝悌之義면 頒白者 不負戴於道路矣리니
근 상 서 지 교   신 지 이 효 제 지 의   반 백 자 불 부 대 어 도 로 의

七十者 衣帛食肉하며 黎民이 不飢不寒이오 然而不王者 未之有也니이다
칠 십 자 의 백 식 육   여 민   불 기 불 한   연 이 불 왕 자 미 지 유 야

> ※ **모**(畝): 밭 이랑. 畝의 음은 '모', '무' '묘' 등이 있는데, 전통적으로는 '모'로 읽었지만 오늘날에는 대부분 '묘'로 읽으므로 이하 '묘'로 통일함. **휵**(畜): 기르다의 뜻일 때는 '휵'으로 가축일 때는 축(畜)으로 읽음. **시**(時): 새끼 배는 시기. **상서**(庠序): 상(庠)과 서(序)는 시골 학교 이름. **신**(申): 거듭, 반복. **반백**(頒白): 머리가 반은 희고 반은 검은 노인의 모습. **여민**(黎民): 머리가 검은 젊은 백성.

5묘(畝)의 집이란 한 가장이 받는 땅으로 반은 밭의 면적이고 나머지 반은 읍내에 있는 거주지를 말합니다. 집 주변에 뽕나무를 심도록 한다

면 오십대 나이의 사람들이 비단옷을 입어 따뜻하게 지낼 것입니다. 또한 닭과 돼지와 개와 같이 집에서 키우는 짐승들은 새끼치는 시기를 고려하여 잡는다면, 칠십 된 자들도 고기를 배불리 먹을 수 있을 것입니다. 5묘의 집과 별도로 농부마다 백묘의 밭을 주고서 김매고 거두는 농사의 때를 간섭하지 않는다면, 일정한 곡물의 소출이 있어서 몇 식구가 굶주리지 않고 생활할 것입니다. 이것은 모두 백성의 삶을 안정시켜주기 위한 제도적 방안입니다.

또한 지도자는 민생안정과 동시에 가르쳐서 교화하는 데도 힘써야 할 것이니, 옛날 시골 학교였던 상(庠)과 서(序)의 가르침을 참고하여 적극적인 교화에 힘써야 할 것입니다. 부모를 잘 봉양하는 효도와 연장자를 잘 모시는 공손을 핵심 덕목으로 삼아 진정성 있게 반복적으로 교육시켜 나갑니다. 그렇게 되면 사람들은 사랑과 공경의 마음을 확충해서 건장한 자는 수고로운 일을 하면서도 편안한 마음으로 타인을 자신의 부모나 형제처럼 생각할 것입니다. 아울러 머리가 희끗희끗해진 연장자가 혹시라도 도로에서 짐을 등에 지거나 머리에 이는 일에 외면하는 일이 줄어들 것이라 기대하는 것입니다. 그 결과 노인들이 비단옷에 고기를 먹으며 백성들이 굶주리거나 춥지 않게 되어 모두가 그러한 지도자를 추대하여 임금과 스승으로 삼고 나아올 것입니다. 맹자는 그렇게 하고서 천하에 왕이 되지 못할 자가 있지 않을 것이라 말하며, 이것이 바로 이를 왕도정치라 주장합니다. 민생의 도탄을 구제하는 데 온 힘을 쏟는 왕이야말로 천하의 의로운 군주[義主]이기 때문입니다. 그런데 맹자가 보는 지금의 양나라 현실은 그렇지 못합니다.

개와 돼지가 사람이 먹을 것을 먹는데도 단속할 줄을 모르며, 도로에 굶주려 죽은 시체가 있는데도 창고를 열 줄을 모릅니다. 사람이 죽으면 '나 때문이 아니라 흉년 때문이다.'라고 말합니다. 이것은 사람을 찔러 죽이고 '내가 그렇게 한 것이 아니라 흉기 때문이다.'라고 하는 것과 무

엇이 다르겠습니까? 왕이 흉년을 탓함이 없으시면 천하 백성들이 모여
들 것입니다.

狗彘食人食而不知檢하며 塗有餓莩而不知發하고 人死則曰 非我也라
구 체 식 인 식 이 부 지 검　　　　도 유 아 표 이 부 지 발　　　　인 사 즉 왈 비 아 야

歲也라하나니 是何異於刺人而殺之曰 非我也라 兵也리오 王無罪歲하시면
세 야　　　　　　시 하 이 어 척 인 이 살 지 왈 비 아 야　　　병 야　　　왕 무 죄 세

斯天下之民이 至焉하리이다
사 천 하 지 민　　　지 언

　　※ **검**(檢): 단속. **아표**(餓莩): 굶어 죽은 시체. **세**(歲): 흉년. **척**(刺): 찌르다.

　세금을 많이 거둬들여 백성들은 굶주림에 시달리는데 개와 돼지에게
까지 사료를 먹이면서도 금지할 줄을 모르는 현실입니다. 도로에 굶주
려 죽은 송장이 있는데도 왕의 창고에 저장된 곡식을 내어 구제하여 건
질 줄을 모릅니다. 양혜왕이 흉년에 취했던 정책은 단지 민간의 곡식
을 이리저리 옮긴 것에 불과하다는 날카로운 지적입니다. 또한 백성들
의 죽음을 구원하지 않아 죽어가는 백성들이 많아지면 '왕인 내가 마음
을 쓰지 않아 그런 것이 아니라 흉년이 든 까닭이다'고 변명하기 일쑤입
니다. 이것은 무기로 사람을 찔러 죽이고 '내가 죽인 것이 아니라 흉기가
죽인 것이다'라고 하는 것과 무엇이 다르겠습니까? 칼을 잡은 자가 살인
한 것인데도 말입니다. 어찌 흉년이 정치를 잘못한 자의 죄를 대신할 수
있겠습니까? 따라서 맹자는 백성들의 삶을 안타깝게 생각하는 왕이라
면 자신에게 문제의 원인을 돌이키고 흉년 탓을 하지 말라고 권합니다.
오늘날 정치의 폐단을 통쾌하게 개혁해서 그 마음을 다한다면 천하의
백성이 모두 왕의 교화를 바라고 돌아올 것이니, 어찌 다만 백성이 이웃
나라보다 더 많아질 뿐이겠냐는 반문입니다.
　맹자의 시대는 왕이 없는, 아니 이곳저곳 왕들은 있지만 힘을 앞세우
며 권력의 크기만을 계산하던 시대였습니다. 민생을 돌볼 줄 아는 진정
한 왕자(王者)를 기대하는 맹자의 논리는 전방위적입니다. 의식주의 풍
요로움은 기본이고 학교를 세워 백성들의 마음을 기르는 것도 놓치지

않습니다. 그리고 지금 당장 필요한 지도자의 자세는 흉년을 핑계로 세상을 탓하지 말고 백성을 향해 진정 어린 따뜻한 손길을 내미는 것임을 강조합니다. 맹자가 생각했던 진정한 왕은 양혜왕이 꿈꾸었던 것처럼 백성들 숫자가 많고 작은 것에는 그다지 관심을 두지 않습니다. 천하 모든 이들의 마음을 얻을 수 있는 길이 있고, 그것이 바로 왕도정치이기 때문이죠. 맹자는 소망합니다. 왕이시여, 오십보백보의 숫자놀음에서 벗어나 민심을 헤아리는 진정한 왕의 길을 밟으소서!

양혜왕 상편 4장 : 率獸食人

책임을 다하는 정치

모든 이들의 마음을 얻을 수 있는 왕도정치의 청사진을 들은 양혜왕은 맹자의 말에 다소 감동을 받고 적극적으로 대화를 이어나갑니다.

"과인은 기꺼이 가르침을 받고자 합니다."
"살인할 때 몽둥이로 쳐서 죽이거나 칼로 베서 죽이는 것의 차이가 있습니까?"
"다름이 없습니다."
"그렇다면 사람을 죽이는 데 칼을 사용하거나 아니면 혹독한 정치로 죽이는 데 차이가 있습니까?"
"다를 것이 없지요."

"寡人이 願安承敎하노이다"
　과인　　원안 승 교

"殺人以梃與刃이 有以異乎잇가" "無以異也니이다"
　살인 이 정 여 인　유 이 이 호　　　　무 이 이 야

"以刃與政이 有以異乎잇가" "無以異也니이다"
　이 인 여 정　유 이 이 호　　　　무 이 이 야

　　※ 정(梃): 몽둥이.

비유로 시작한 맹자의 몇 마디에 양혜왕이 말려 들어가는 형국입니다. 몽둥이냐 칼이냐의 살인도구의 차이를 물은 것이 실은 잘못된 정치 그리고 그 결과로 죽어가는 백성들을 외면하지 말라는 뼈아픈 말을 하고 싶었기 때문입니다.

왕의 푸줏간에는 살찐 고기가 널려 있으며 왕의 마구간에도 살찐 말이

있는데, 백성은 굶주린 얼굴빛이 가득하고 들에는 굶주려 죽은 사람마저 있습니다. 이것은 짐승을 몰아 사람을 잡아먹게 하는 것입니다. 짐승들끼리 서로 잡아먹는 잔혹함도 사람들은 미워하는데, 백성의 부모로서 정치함에 짐승을 몰아 사람을 잡아먹게 하는 것을 피하지 못한다면 어찌 백성의 부모라 말할 수 있겠습니까?

庖有肥肉하며 廐有肥馬요 民有飢色하며 野有餓莩면
포 유 비 육   구 유 비 마   민 유 기 색   야 유 아 표

此는 率獸而食人也니이다 獸相食을 且人이 惡之하나니
차   솔 수 이 식 인 야   수 상 식   차 인   오 지

爲民父母라 行政호대 不免於率獸而食人이면 惡在其爲民父母也리잇고
위 민 부 모   행 정   불 면 어 솔 수 이 식 인   오 재 기 위 민 부 모 야

※ 포(庖): 푸줏간, 부엌. 구(廐): 마구간. 아표(餓莩): 굶주린 모습. 오(惡): 어찌.

백성이 고충받는 원인 중의 하나는 왕이 백성의 재물을 마음껏 거둬들여 짐승들을 기르기 때문입니다. 즉 짐승은 사람에게 먹을 것을 얻어 살쪄있지만, 사람은 짐승 때문에 죽어나가는 것입니다. 이것은 짐승을 몰아 사람을 잡아먹게 만드는 것과 다를 것이 없다는 논리입니다. 이는 앞 장에서 말한 "개와 돼지가 사람이 먹을 것을 먹는데도 단속할 줄 모르며, 도로에 굶주려 죽은 시체가 있는데도 창고를 열 줄 모른다."는 지적과 같은 맥락입니다.

군주는 백성을 기르는 부모라는 의미에서 목민관(牧民官)의 역할이 강조되곤 합니다. 사람에게는 짐승들끼리 서로 잡아먹는 잔혹함도 미워하는 마음이 있는데, 백성의 부모로서 정치를 맡고 있으면서 짐승을 몰아 사람을 잡아먹게 하는 것을 막지 못하면 어찌 왕이라 할 수 있겠습니까? 이것은 책임방기라 할 수 있습니다. 따라서 맹자는 백성을 자식처럼 여기는 책임을 가진 군주로서 도리어 백성을 잔인하게 죽인다면 누가 백성의 부모라 말하겠느냐고 반문합니다.

공자께서 말씀하기를, '처음으로 나무 허수아비를 만든 자는 그 후손이 끊어질 것이리라'고 하셨는데, 이는 사람의 형상을 본떠 만들어 사용했

기 때문입니다. 그런데 어찌하여 지금은 백성의 재물을 긁어모아 짐승을 기르고 이 백성들을 굶주려 죽게 한단 말입니까?"

仲尼曰 始作俑者 其無後乎인져하시니 爲其象人而用之也시니
중 니 왈 시 작 용 자 기 무 후 호   위 기 상 인 이 용 지 야
如之何其使斯民飢而死也리잇고
여 지 하 기 사 사 민 기 이 사 야

※ **중니**(仲尼): 공자의 자(字). **용**(俑): 허수아비. **후**(後): 자손.

옛날에는 풀단을 묶은 허수아비로 대충이나마 사람의 형상을 만들어 장례 때 순장용으로 사용하곤 하였습니다. 그러다 어느 사이엔가 눈동자도 있고 움직임도 있게 하여 너무도 사람과 유사하게 만들게 되었습니다. 사람의 형상을 만들어 장례를 하는 것이 정말로 사람을 죽게 만드는 것이 아닌데도 사람을 가지고 장난치는 듯하여 공자는 후사가 없을 것이라 말할 정도로 미워했던 것입니다. 그런데 지금은 백성의 재물을 긁어모아 짐승을 기르고 이 백성들을 굶주려 죽게까지 만드니 어찌 이런 일이 있단 말입니까?

기꺼이 가르침을 받겠다는 왕의 말이 있었던지라 맹자는 주저없이 말합니다. 포학한 정치가 몽둥이나 칼날보다 무섭습니다. 짐승들끼리 서로 잡아먹는 약육강식의 현장을 보는 것도 짠한 마음이 들 때가 있는데, 백성의 세금을 거둬 짐승들의 배만 채운다면 짐승을 몰아 사람을 잡아먹게 하는 것과 다름이 없다는 것이지요. 이는 백성의 부모 역할을 제대로 하는, 즉 '위민부모(爲民父母)'의 마음으로 백성을 사랑하는 어진 정치를 강조하는 말입니다. 그리고 "처음으로 사람모양의 인형을 만든 자는 그 후손이 없을진져!"라는 공자의 말을 인용하며 제대로 한방 날립니다. 백성으로 하여금 굶주려 죽게 하면 백성의 부모된 자의 책임방기이며, 또한 그 재앙이 자손에게까지 미칠 수 있음을 은연중에 말하기 때문입니다. 왕이시어, 제발 부모된 자의 마음으로 백성을 사랑하는 어진 정치를 하소서!

양혜왕 상편 5장 : 仁者無敵
인자무적

　보통 성인이라면 우리가 따라갈 수 없는 저 멀리 있는 사람처럼 생각할 수도 있지만, 맹자는 분명히 역사적으로 생생하게 활동했던 인물입니다. 양혜왕과 주고받은 대화의 맥락을 알기 위해서는 당시 양나라의 상황에 대해 이해할 필요가 있습니다.

　위나라는 본래는 진(晉)나라의 세 대부 가운데 하나였는데 분리 독립한 나라입니다. 기원전 341년(양혜왕 30년) 마릉 전투에서 위나라 군대는 전기와 손빈(孫臏)이 지휘하는 동쪽 제나라군에게 대패하였습니다. 이 전투로 상장군이던 방연이 전사하고, 혜왕의 적자인 태자 신(申)마저 포로로 사로잡히는 엄청난 패배를 당하게 됩니다. 이 기회를 놓칠세라 서쪽에 위치한 진(秦)나라 상앙은 이듬해 재빠르게 침공하여 대승을 거두었고, 이 전쟁의 여파로 위나라는 안읍(安邑)에서 동쪽인 대량(大梁)으로 천도하는 계기가 되는 것이지요. 그때부터 위나라를 양(梁)으로도 불리게 되고 맹자가 찾아간 임금을 우리는 양 혜왕이라 말하는 것입니다. 그 뒤에도 진나라는 위나라의 소량(小梁) 땅을 탈취하였고, 그 후 위나라는 여러 차례 진나라에게 땅을 바치면서 후퇴에 후퇴를 거듭합니다. 또한 남쪽으로는 초나라 장수 소양과의 싸움에서 패해 7개의 고을을 잃게 됩니다. 양나라가 대륙의 중심이라는 불리한 지정학적 위치에 있는지라, 이곳저곳에서 오는 적들을 방어하기에 급급한 상황이었습니다. 이러니 양혜왕이 분통을 삭여가며 부국강병의 길을 모색하지 않았겠습니까? 그는 솔직하게 자신의 속내를 드러냅니다.

진(晉)나라가 천하에 막강했던 것은 선생께서도 아실 것입니다. 그러나 과인의 몸에 이르러 동쪽으로는 제나라에게 패해 장자 신(申)이 죽었고, 서쪽으로는 진(秦)나라에 패해 칠백 리의 땅을 잃었고, 남쪽으로는 초나라에게 치욕을 당했습니다. 과인은 이것이 부끄러워 전사한 자들을 위해 한 번 설욕하기를 원하는데 어찌하면 좋겠습니까?

晉國이 天下에 莫强焉은 叟之所知也라 及寡人之身하여 東敗於齊에
진 국 천 하   막 강 언   수 지 소 지 야   급 과 인 지 신   동 패 어 제

長子死焉하고 西喪地於秦七百里하고 南辱於楚하니 寡人이 恥之하여
장 자 사 언   서 상 지 어 진 칠 백 리   남 욕 어 초   과 인   치 지

願比死者하야 一洒之하노니 如之何則可니잇고
원 비 사 자   일 세 지   여 지 하 즉 가

※ 비(比): 위하다. 세(洒): 설욕. 물을 퍼붓듯이 치욕을 털어내고 싶은 마음.

여기서 양혜왕이 말하는 진(晉)은 대부들의 권력다툼으로 조(趙)·한(韓)·위(魏)로 삼분되기 이전의 강대국입니다. 그러나 대부들끼리 진나라를 나누어 가짐으로써 제후들이 패권을 다투는 전국시대의 서막을 알리는 계기가 되기도 하였죠. 우리 이야기의 주인공 양혜왕은 위나라 3번째 왕으로 대량으로 도읍을 옮겨 재기를 노려보지만 역부족이었고 연전연패를 거듭하고 있었던 때입니다. 이곳저곳에서 망신창이가 된 혜왕은 맹자를 만나 찬란했던 선조의 업적을 회상하면서 현재의 상황에 울분을 터트리고 있는 것입니다. 그러나 맹자는 일시적인 위로보다는 국가대계를 위해 어진 정치인 인정(仁政)이라는 보다 큰 밑그림을 제시합니다.

사방 백리의 땅이라도 왕 노릇 하실 수 있습니다. 왕이 만일 백성에게 인정(仁政)을 베풀어서 형벌을 생략하시며 세금 거두는 것을 가볍게 하면, 농민들이 밭을 깊이 갈며 김을 잘 매고, 젊은 사람은 여유로운 시간에 효도·공손·충성·신의를 닦아서 들어와서는 부형을 섬기며 나가서는 윗사람을 섬길 것입니다. 그렇게 되면 몽둥이를 만들어 진나라와 초나라의 굳은 갑옷과 예리한 병장기를 치게 할 수 있을 것입니다.

地方百里而可以王이니이다 王如施仁政於民하사 省刑罰하시며
지 방 백 리 이 가 이 왕 　　　　 왕 여 시 인 정 어 민 　　　 생 형 벌

薄稅斂하시면 深耕易耨하고 壯者以暇日로 修其孝悌忠信하여
박 세 렴 　　　 심 경 이 누 　　 장 자 이 가 일 　 수 기 효 제 충 신

入以事其父兄하며 出以事其長上하리니 可使制梃하여
입 이 사 기 부 형 　　 출 이 사 기 장 상 　　　 가 사 제 정

以撻秦楚之堅甲利兵矣리이다
이 달 진 초 지 견 갑 이 병 의

> ※ 생(省): 덜어주다. 정(梃): 몽둥이. 달(撻): 종아리를 때리다. 리(利): 날카롭다.

　맹자가 제시한 인(仁)에 기반을 둔 정치인 인정(仁政)은 유학의 핵심
이자 맹자가 줄곧 주장하는 정치철학입니다. 백성을 향한 어진 마음에
뜻을 둔다면, 비록 100리 정도의 땅을 소유한 약소국일지라도 모든 사
람들의 마음을 모을 터전으로 삼을 수 있다는 것입니다. 맹자는 어진 정
치를 통해 민심을 얻는 방법을 크게 두 가지 방향에서 접근합니다.

　첫째는 제도개혁입니다. 형벌을 신중히 살피고 줄여 백성의 생명을
해롭게 하지 않는 생형벌(省刑罰)과, 세금을 가볍게 거둬 백성이 사는
것을 병들게 하지 않는 박세렴(薄稅斂)이 바로 그것입니다. 그 결과 백
성들은 농사에 집중하여 봄에는 논밭을 깊게 갈며 여름에는 잡풀을 뽑는
등 농사일에 진력할 수 있습니다. 형벌을 줄이고 세금부담을 경감시키는
것은 민생안정의 기초가 될 것입니다.

　둘째로 의식개혁을 통한 예교(禮敎) 문화의 진작입니다. 농민들에게
한가한 때란 농한기처럼 잠시의 여유가 있을 시기이니, 이때를 이용하
여 효·제·충·신의 의리를 닦도록 권장해야 합니다. 자신이 맡은 일
에 최선을 다하는 마음이 충(忠)이라면, 그 마음이 실제의 효과로 이어
지도록 하는 것이 신(信)입니다. 안으로는 효도와 공손의 마음으로 부모
와 연장자를 잘 섬기고, 밖으로는 군주와 윗사람을 잘 섬기도록 해야 합
니다. 맹자는 이렇게 한마음으로 똘똘 뭉친 백성의 마음이 국가의 위급
상황에서 기꺼이 목숨을 내놓을 정도로 힘을 발휘할 것이라 보는 것입
니다. 이러한 점은 적국이 가지지 못한 장점이 될 것이라 서술합니다.

저들은 그 백성의 농사철을 빼앗아 밭갈고 김매어 그 부모를 봉양하지 못하게 하여 부모는 얼어 굶주리고 형제처자가 흩어지고 있습니다. 저들이 그 백성을 구덩이와 물속에 빠트리거든 왕께서 가서 바로잡으신다면 누가 왕과 대적하겠습니까? 그러므로 '어진 자는 대적할 사람이 없다[仁者無敵]'고 한 것이니, 왕께서는 부디 의심하지 마십시오.

彼奪其民時하여 使不得耕耨하여 以養其父母하면 父母凍餓하며
피 탈 기 민 시   사 부 득 경 누   이 양 기 부 모   부 모 동 아

兄弟妻子離散하리니 彼陷溺其民이어든 王이 往而征之하시면
형 제 처 자 이 산   피 함 닉 기 민   왕   왕 이 정 지

夫誰與王敵이리잇고 故로 曰仁者는 無敵이라하니 王請勿疑하소서
부 수 여 왕 적   고   왈 인 자   무 적   왕 청 물 의

※ 정(征): 바로 잡다.

진나라와 초나라가 강대국임에는 틀림없지만 맹자가 주장하듯 형벌을 줄이고 세금을 가볍게 거둬들이는 등의 백성을 향한 근본적인 정책을 펴지 못하고 있었습니다. 오히려 그들 백성들이 농사에 전념할 수 없는 정책을 실시함으로써 부모는 얼고 굶주리는데도 제대로 의식을 공급할 수 없고, 형제처자가 고향을 떠나 먹을 것을 찾아 이리저리 사방으로 흩어지는 현상이 발생하고 있다는 것입니다. 이처럼 포학한 정치로 인해 도탄에 빠진 백성들은 원망이 깊을 것이니, 왕이 그들을 구원해 주러 가는 전쟁이라면 누구도 왕에게 대적할 수 없을 것이라는 말입니다. 맹자가 옛 말에서 인용한 '어진 자는 대적할 사람이 없다'는 인자무적(仁者無敵)은 오늘날까지도 자주 쓰이는 말입니다.

혜왕은 원한을 보복하는 데 뜻이 있었고, 맹자의 논리는 어진 정치를 하여 백성을 구제하려는 것입니다. 비슷한 듯하면서도 서로 초점이 달랐던 것이죠. 맹자가 비록 원한을 갚는 일을 분명하게 말하지 않았지만, 맹자의 말은 원한을 갚는 근본적인 계책을 담고 있었습니다. 백리를 가지고도 왕 노릇을 할 수 있다는 한마디로 주장을 세우고, 백성을 생각하는 어진 정치를 강령으로 삼고, 형벌을 줄이고 세금을 가볍게 하는 것으

로 조목을 세웁니다. 그리고 틈이 있을 때마다 효도 · 공손 · 충성 · 신의
에 기반을 둔 도덕심을 배양하는 것으로 정신을 삼았던 것입니다. 그리
고 말미에 다짐하듯 말합니다. 왕이시어 민생을 향한 어진 정치가 필요
하다는 제 말을 의심하지 마소서!

양혜왕 상편 6장 : 不嗜殺人

차마 죽이지 못하는 마음

기원전 319년 혜왕이 죽고 아들 양왕(襄王)이 즉위하는데, 이때 맹자의 나이는 50대 초반이었습니다. 어진 정치를 통해 진정한 왕의 탄생을 열망했던 맹자의 주장은 지금 당장의 부국강병을 바라는 혜왕을 설득하기에는 너무도 먼 길이었습니다. 그래도 그는 희망의 끈을 놓지 않고 새롭게 왕위를 계승한 양왕을 찾아갑니다.

잠시의 면담을 마치고 나와서 주변 사람들에게 작심한 듯 자신의 느낌을 솔직히 토로합니다. 멀리서 바라볼 때 군주다운 풍모가 없었고, 가까이 다가섰을 때도 두려워할 만한 위엄이 없었다는 것입니다. 외면에 드러나는 용모와 기운은 그 사람의 속내를 어느 정도 짐작하게 하는데, 양왕에게는 왕의 기품을 전혀 찾을 수 없었다는 것입니다. 이래저래 실망하고 있던 맹자에게 왕은 갑작스레 묻기도 하였답니다.

"천하는 어떻게 정해질까?"
"하나로 정해질 것입니다."

"天下惡乎定고"　"定于一하리라"
　천 하 오 호 정　　　정 우 일

※ **오**(惡): 어찌, 어떻게.

천하의 형세는 나누어지면 다투고 합하면 정해질 것이니, 임금이 천하를 합하여 통일하면 명령이 한 사람으로부터 나와서 감히 명령을 어기는 자가 없다는 것입니다.

"그렇다면 누가 하나로 합칠 수 있을까?"
"사람 죽이는 것을 즐기지 아니하는 자가 하나로 합칠 수 있을 것입니다."

"孰能一之오" "不嗜殺人者 能一之하리라"
숙 능 일 지   불 기 살 인 자 능 일 지

통일된 제국을 향한 야망은 어느 군주에게나 있었는데, 막 등극한 양왕 역시 예외가 아니었던 것이죠. 누가 통일시킬 수 있을지를 묻는 이면에는 '내가 그렇게 할 수 있는 인물이지 않을까'라는 희망사항도 있었을 것입니다. 맹자는 누가 적임자라는 즉답을 피하고, 차마 남들을 함부로 죽이지 못하는 불기살인(不嗜殺人)의 마음을 지닌 군주라야 천하를 통일할 수 있는 자격을 갖출 것이라는 다소 원론적인 답변을 합니다. 그러나 이미 양왕의 용모와 말투가 가볍고 조급하며, 또 장차 사람 죽이는 것을 즐길 수도 있다는 것을 느꼈기 때문에 사람 죽이는 것을 즐기지 말라는 경고를 하고 싶었던 것이지요. 이러한 내막을 눈치채지 못한 양왕은 자신이 통일의 적임자일지 모른다는 야심을 숨기지 않습니다.

누가 동조할까?

孰能與之오
숙 능 여 지

여러 나라가 싸우고 있는 상황에서 비록 사람 죽이는 것을 즐기지 아니하는 임금이 있다고 하더라도 누가 그들 임금을 버리고 나에게 돌아오겠느냐는 말입니다.

천하에 함께 하지 않을 사람이 없을 것입니다. 왕은 저 곡식의 싹을 아십니까? 7~8월 사이에 가물면 곡식의 싹은 시들 것입니다. 그때 하늘이 뭉게뭉게 구름을 만들어 쏴아~ 하고 비를 내리면, 시들던 곡식의 싹이 쑥~쑥~ 일어나게 될 것입니다. 이와 같다면 누가 곡식의 싹이 자라나는 것을 막을 수 있겠습니까?

지금 천하의 군주들이 사람 죽이는 것을 즐기는 것이 않는 자가 없습니다. 만약 사람 죽이기를 즐기지 아니하는 분이 계신다면, 천하의 백성이 진심으로 기뻐하면서 모두 목을 길게 빼고 바라볼 것입니다. 진실로 이와 같다면 백성이 돌아오는 것이 물이 아래로 흘러가는 것과 같을 것이니, 콸~콸~ 흐르는 그 형세를 그 누가 막을 수 있겠습니까?

天下莫不與也니 王은 知夫苗乎잇가 七八月之間이 旱則苗槁矣라가
천 하 막 불 여 야   왕   지 부 묘 호   칠 팔 월 지 간   한 즉 묘 고 의

天이 油然作雲하여 沛然下雨則苗浡然興之矣니 其如是면 孰能禦之리오
천   유 연 작 운   패 연 하 우 즉 묘 발 연 흥 지 의   기 여 시   숙 능 어 지

今夫天下之人牧이 未有不嗜殺人者也니 如有不嗜殺人者則天下之民이
금 부 천 하 지 인 목   미 유 불 기 살 인 자 야   여 유 불 기 살 인 자 즉 천 하 지 민

皆引領而望之矣리니 誠如是也면 民歸之가 由水之就下하리니 沛然을
개 인 령 이 망 지 의   성 여 시 야   민 귀 지   유 수 지 취 하   패 연

誰能禦之리오호라
수 능 어 지

※ **유연**(油然): 구름이 성대한 모양. **패연**(沛然): 비가 내리치는 모양. **발연**(浡然): 흥기하는 모양.
　령(領): 목.

　가뭄에 든 곡식이 비 내리기를 기다리듯 포학한 정치에서 구원해 줄 군왕을 기다리는 백성의 마음을 잘 묘사하고 있습니다. 만약 사람 죽이기를 즐기지 아니하는 어떤 분이 계신다면, 천하의 백성이 진심으로 기뻐하며 임금으로 모시고자 하는 자연스런 마음이 발동한다는 것입니다.
　반드시 어떤 도구를 사용해야만 살인이 아니겠지요. 체제 유지를 위한 엄중한 형벌의 적용, 과도한 세금의 부과로 인한 민생파탄, 자기 욕망을 채우기 위해 전쟁터로 백성을 내모는 행위들도 직간접적으로 사람들을 죽음에 이르게 하는 길입니다. 맹자는 혜왕에 이은 양왕에게서 목적 달성을 위해서라면 언제든 백성을 수단시할지 모른다는 우울한 그림자를 보았던 것입니다. 더군다나 군주다운 기품과 자질이 부족한 사람이라는 판단이 있었기에 더욱 불안했던 것이지요. 양왕을 한번 만나는 것을 끝으로 맹자는 양나라에서 기대를 접고 주저없이 이웃 제나라로 발걸음을 옮깁니다. 진정한 왕을 찾아가는 새로운 여정의 시작이었습니다.

양혜왕 상편 7장 (1) : 以羊易之

소를 양으로 바꾸는 인술(仁術)

제나라 선왕을 찾은 맹자의 이야기는 『맹자』 책 전체에서도 보기 드물게 오랫동안 나눈 대화다운 대화를 자세히 소개한 경우입니다. 보통 맹자의 일방적 주장으로 끝나기 일쑤였기 때문입니다. 그럼 논의의 흐름을 이어가며 두 사람의 대화를 경청해 보도록 하겠습니다. 양혜왕이 자신의 나라를 이롭게 하는 방법을 물었듯이, 맹자가 처음 만난 제선왕 역시 제후들의 으뜸인 패자(霸者)가 되는 방법을 듣고자 하였습니다.

"제나라 환공과 진나라 문공에 관한 일을 들려주실 수 있는지요?"

"공자의 문하에서는 제환공과 진문공의 일을 말하는 사람이 없었으므로 후세에 전해지지 않았으니, 신이 듣지 못했습니다. 괜찮으시다면 왕도(王道) 정치에 대해 말씀드리겠습니다."

"그래요. 그렇다면 임금의 덕이 어떠해야 천하의 왕이 될 수 있는지요?"

"임금의 덕이 진실로 백성을 보호할 수 있으면, 백성의 마음을 얻어서 천하의 왕이 될 수 있을 것이니, 그를 막을 자는 없을 것입니다."

"과인 같은 사람도 백성을 보호할 수 있을지요?"

"물론입니다. 할 수 있습니다."

"선생께서는 어떤 이유로 내가 백성을 보호할 만한지 아십니까?"

"齊桓晉文之事를 可得聞乎잇가" "仲尼之徒 無道桓文之事者라 是以로
제 환 진 문 지 사　가 득 문 호　　중 니 지 도　무 도 환 문 지 사 자　시 이

後世에 無傳焉하니 臣이 未之聞也호니 無以則王乎인져"
후 세　무 전 언　신　미 지 문 야　　무 이 즉 왕 호

"*德*이 *何如則可以王矣*리잇고" "*保民而王*이면 *莫之能禦也*리이다"
덕 하 여 즉 가 이 왕 의   보 민 이 왕   막 지 능 어 야

"*若寡人者*도 *可以保民乎哉*잇가" "*可*하나이다" "*何由*로 *知吾*의 *可也*잇고"
약 과 인 자   가 이 보 민 호 재   가   하 유   지 오   가 야

※ 도(道): 말하다. 무이(無以): 말을 계속하고 싶을 때 사용하는 관용어. 왕(王): 천하의 왕이 되는
도리.

패지들의 정치방식을 따르고 싶었넌 제선왕의 질문에 맹자는 왕도(王
道) 정치로 화제를 바꿉니다. 힘으로 제압하려는 정치보다는 백성을 보
호하는 마음가짐으로 진정한 왕이 되어야 하며, 제선왕에게도 충분히
그러한 자질이 있다고 보았습니다. 그 이유를 묻는 왕에게 제나라 신하
인 호흘로부터 들은 이야기를 전합니다. 사지로 끌려가는 소의 울음을
견디지 못해 양으로 바꾸었다는 곡속(觳觫)에 관한 이야기입니다.

왕께서 대청 위에 앉아 계실 때 소를 끌고 대청 아래를 지나가는 자가
있었습니다. 왕이 보시고 '그 소는 어디로 가느냐'고 물으셔서, '장차 쇠
북에 피를 바르려는 의식에 쓰려고 합니다'라고 대답하였습니다. 그러
자 왕께서는 '놓아주거라. 나는 소가 두려움에 떨면서 죄 없이 죽을 땅
으로 가는 것 같아서 차마 보지 못하겠다'고 하셨습니다. 소를 끌던 사
람이 '그렇다면 쇠북에 피를 바르는 의식을 폐지하여도 괜찮다는 말씀
입니까?'라고 질문하자, 왕께서는 '어찌 폐지할 수 있겠느냐? 양으로
바꾸라.'고 명하셨다 합니다. 잘 모르겠지만 이런 일이 있었습니까?

*王*이 *坐於堂上*이어시늘 *有牽牛而過堂下者*러니 *王*이 *見之*하시고
왕   좌 어 당 상   유 견 우 이 과 당 하 자   왕   견 지

*曰 牛*는 *何之*오 *對曰 將以釁鐘*이니이다 *王曰 舍之*하라
왈 우   하 지   대 왈 장 이 흔 종   왕 왈 사 지

*吾不忍其觳觫若無罪而就死地*하노라 *對曰 然則廢釁鐘與*잇가
오 불 인 기 곡 속 약 무 죄 이 취 사 지   대 왈 연 즉 폐 흔 종 여

*曰 何可廢也*리오 *以羊易之*라하사소니 *不識*케이다 *有諸*잇가
왈 하 가 폐 야   이 양 역 지   불 식   유 저

※ 흔종(釁鐘): 흔(釁)은 틈이며, 흔종이란 종을 새로 만들면 희생으로 쓰일 짐승을 잡아 그 피로
틈새를 바르는 의식. 곡속(觳觫): 두려움에 떠는 모양.

동물에게도 직감이란 것이 있는 모양입니다. 곡속(觳觫)이란 도축장으로 끌려가면서 두려움에 벌벌 떠는 듯한 가축의 모습을 표현한 말입니다. 제선왕은 흔종이란 의식을 치르기 위해 사지로 끌려가는 소의 처량한 모습을 차마 보지 못했던 것입니다. 그렇다고 왕으로서 국가의 제례를 폐지할 수는 없는 일이기에 눈앞의 소 대신에 양으로 교체하라고 지시합니다. 무심코 한 일일지 모르지만 맹자는 일상에서 보여준 왕의 그러한 마음을 파고듭니다.

이 마음이면 충분히 왕다운 왕이 되실 수 있습니다. 백성들은 모두 왕께서 소를 아껴 그런 것이라 생각하지만, 신은 왕께서 차마 못하셨던 그 마음을 알고 있습니다.

是心이 足以王矣리이다 百姓은 皆以王爲愛也어니와 臣은 固知王之不忍也하노이다
시 심   족 이 왕 의   백 성   개 이 왕 위 애 야   신   고 지 왕 지 불 인 야

※ 애(愛): 인색하다.

소 한 마리 아끼려고 쩨쩨하게 군다는 백성들의 오해에도 불구하고, 맹자의 판단은 달랐습니다. 맹자는 왕이 죄 없이 끌려가는 소를 보고 차마 죽이지 못한 것이라 추측합니다. 그리고 그 이유는 어진 마음의 단서인 측은한 마음이 발동해서라는 것입니다. 이처럼 소를 향한 측은한 마음을 확충하면 천하 모두를 보호할 수 있는 자격이 있다는 것이지요. 왕은 맹자의 의도를 알아차렸을까요? 일단은 자신의 행동을 긍정한 맹자에게 마음의 문을 열어 보입니다.

"그렇소이다. 진실로 비난하는 백성들도 있겠지만 제나라가 비록 좁고 작더라도 내 어찌 한 마리 소를 아끼겠습니까? 바로 두려움에 떨며 죄 없이 죽을 곳으로 가는 것을 차마 보지 못했기 때문에 양으로 바꾸라고 하였던 것이지요."

"왕께서는 백성이 왕을 인색하다고 여기는 것을 이상하게 생각하지 마십시오. 작은 양으로 큰 소를 바꾸게 하였으니 저들이 어찌 알겠습니까? 왕이 만일 죄 없이 죽을 곳으로 나아가는 것을 측은히 여겼다면, 소와 양을 어찌 구별하셨겠습니까?"

그러자 왕은 웃으면서 말하였다. "맞아요. 이 진실로 무슨 마음이었을까요? 내가 재물을 아껴 양으로 바꾸게 한 것은 아니었건만 백성들이 나더러 재물을 아꼈다고 말할 만합니다."

"괘념치 마소서. 이것이 바로 인술(仁術)이니, 소는 보고 양은 아직 보지 못하신 것입니다. 군자는 짐승에 대해서 그 산 것을 보고는 차마 그 죽는 것을 보지 못하며, 또 죽어가는 소리를 듣고는 차마 그 고기를 먹지 못합니다. 그러므로 군자가 푸줏간을 멀리하는 것입니다."

"然하다 誠有百姓者로다마는 齊國이 雖褊小나 吾何愛一牛리오
연　　　성유백성자　　　　　제국이　수편소　　오하애일우

卽不忍其穀觫若無罪而就死地라 故로 以羊易之也호이다"
즉불인기곡속약무죄이취사지　고　　이양역지야

"王은 無異於百姓之以王爲愛也하소서 以小易大어니 彼惡知리잇고
왕　무이어백성지이왕위애야　　　　이소역대　　피오지지

王若隱其無罪而就死地면 則牛羊을 何擇焉이리잇고"
왕약은기무죄이취사지　즉우양　하택언

王이 笑曰 "是誠何心哉런고 我非愛其財而易之以羊也언마는
왕　소왈　시성하심재　　　아비애기재이역지이양아

宜乎百姓之謂我愛也로다"
의호백성지위아애야

"無傷也라 是乃仁術也니 見牛코 未見羊也일새니이다
무상야　시내인술야　견우　미견양야

君子之於禽獸也에 見其生하고 不忍見其死하며 聞其聲하고 不忍食其肉하나니
군자지어금수야　견기생　　　불인견기사　　　문기성　　　불인식기육

是以로 君子는 遠庖廚也니이다"
시이　군자　원포주야

※ 이(異): 이상하게 생각하다. 오(惡): 어찌. 상(傷): 마음에 상처입다. 포주(庖廚): 庖는 소나 돼지 등을 도살하는 곳이라면 廚는 도살한 고기를 요리하는 곳.

맹자는 혹시라도 있을지 모르는 백성에 대한 왕의 서운한 마음을 위로합니다. 당시 왕은 소가 두려워하는 것만 보고 양은 아직 보지 못했기

때문에 소를 양으로 바꾸라는 명령을 내렸던 것입니다. 차마 소를 죽일 수도 없고 그렇다고 흔종의식을 폐지할 수 없는 다소 곤란한 상황을 현명하게 대처했다는 것이지요. 그래서 소도 살게 되어 마음의 부담을 덜고 양의 피로써 쇠북도 바를 수가 있어서, 그 차마 하지 못하는 마음이 모두 이루어진 것입니다. 맹자는 이것을 인을 행하는 방법인 인술(仁術)이라 말합니다. 그저 마음만 선했던 것이 아니라 상황에 따른 현명한 대처가 있었기 때문이죠.

예를 들어 군자는 비록 제사와 잔치에서 예법을 행하기 때문에 짐승을 잡아먹기는 하지만, 도살의 현장인 푸줏간을 멀리합니다. 직접 살아있던 짐승의 죽음을 보거나 그 슬피 우는 소리를 듣고서는 차마 먹지 못하기 때문입니다. 미리 이 마음을 기르는 것은 인(仁)을 행하는 방법을 넓혀가는 것이니, 왕이 하신 바가 바로 인을 행하는 군자의 마음과 맞아떨어져 전혀 해로울 것이 없다는 것입니다. 이것이 선한 마음도 살리고 적절한 방법도 구사하여 모두를 온전히 할 수 있는 양전(兩全)의 인술입니다. 맹자의 말을 들은 왕은 기뻐하며 말합니다.

『시경』에 '다른 사람이 지닌 마음을 내가 헤아린다'고 하던데, 선생을 두고 이르는 말입니다. 내가 그렇게 행했으면서도 돌이켜 생각하면 내 마음을 알 수 없었는데, 선생께서 말씀하시니 내 마음에 흡족함이 있습니다.

詩云 他人有心을 予忖度之라하니 夫子之謂也로소이다 夫我乃行之하고
시 운 타인유심   여촌탁지   부자지위야   부아내행지

反而求之호대 不得吾心이러니 夫子言之하시니 於我心에 有戚戚焉하여이다
반이구지   부득오심   부자언지   어아심   유척척언

※ **탁**(度): 헤아림. **척척**(戚戚): 마음에 울림이 있음.

맹자는 제선왕과의 대화에서 앞서 양혜왕을 처음 만날 때처럼 이익보다는 의리를 논하는 식의 거대담론부터 꺼내지 않습니다. 백성을 보호하는 따뜻한 마음이 제선왕에게 있음을 알아채고, 죄 없이 사지로 끌려

가는 소를 보며 일어난 측은한 마음에서부터 대화를 시작합니다. 대화의 전략을 바꾸어 나간 것입니다. 그 사례가 너무도 진지하고 사실적이어서 이 장을 두려움에 떨며 도축장으로 끌려가는 소를 연상하며 '곡속장(穀觫章)'이라 부르기도 합니다.

제선왕은 소 대신에 양으로 바꾸라고는 했지만 자신이 왜 그렇게 했는지 맹자가 말하기 전까지 제대로 인지하지 못했습니다. 째째하게 소 한 마리 아낀다는 백성들의 수군거림이 있었음을 알면서도 말이죠. 맹자는 눈앞의 불쌍한 소의 불행을 차마 견디지 못해 양으로 대체하라고 했을 뿐, 제선왕이 소나 양의 가치를 순간적으로 계산한 것은 아니었을 것이라 변호합니다. 당연하겠지요. 제나라처럼 강한 나라의 군주가 고작 소 한 마리에 주저했겠습니까. 맹자는 눈앞의 불쌍한 소를 보면서 살려주고자 하는 그 마음에 주목하고 바로 이것이 어진 마음의 표출인 인술(仁術)이라 말합니다. 소도 살리고 양으로 바꿔 흔종의 예법도 치를 수 있었으니 말입니다.

그러나 제선왕은 애초에 맹자가 권유한 진정한 왕의 길이 이 일과 어떤 관련이 있는지 분명히 이해하지 못했습니다. 따라서 맹자가 왕이 차마 하지 못하는 마음에 주목한 이 대화는 단순한 일상의 사례를 넘어 대화가 더욱 심화되는 계기가 됩니다.

사랑의 단계적 확충

제선왕은 소를 양으로 바꿨던 마음이라면 천하의 왕이 될 수 있는 자질을 갖추고 있다는 맹자의 말을 듣고 내심 즐거우면서도 그 이유에 대해서 잘 알지 못했습니다. 그 정도 일을 가지고 칭찬하니 단순한 아부로 비춰질 수도 있었기 때문입니다.

"그런데 이 마음이 왕도에 부합되는 까닭은 무엇인지요?"

"왕께 아뢰는 어떤 자가 내 힘은 백 균의 무거운 것은 들 수 있으나 가벼운 깃털 하나는 들 수 없으며, 눈으로는 가을철 터럭 끝도 살필 수 있다고 하면서 수레에 실은 나무는 보지 못한다고 한다면, 왕께서는 인정하시겠습니까?"

"안 될 말이지요."

"지금 왕의 은혜가 짐승에게까지 미치면서도 힘[혜택]이 백성까지 이르지 못하는 것은 도대체 왜 그렇습니까? 하나의 깃털도 들지 못한다는 것은 힘을 쓰지 않았기 때문이며, 수레에 실은 장작을 보지 못한다는 것은 보려고 하지 않았기 때문이며, 백성이 보호받지 못하는 것은 은혜를 베풀지 않았기 때문입니다. 그러므로 왕께서 왕 노릇을 못하시는 것은 하지 않는 것이지 못하시는 것이 아닙니다."

"此心之所以合於王者는 何也잇고" "有復於王者 曰吾力足以擧百鈞
　차 심 지 소 이 합 어 왕 자　　하 야　　　유 복 어 왕 자 왈 오 력 족 이 거 백 균

而不足以擧一羽하며 明足以察秋毫之末 而不見輿薪이라 하면
이 부 족 이 거 일 우　　　명 족 이 찰 추 호 지 말 이 불 견 여 신

則王許之乎잇가" "否라" "今에 恩足以及禽獸 而功不至於百姓者는
즉 왕 허 지 호　　　부　　　금　　은 족 이 급 금 수 이 공 부 지 어 백 성 자

獨何與잇고 然則一羽之不擧는 爲不用力焉이며 輿薪之不見은 爲不用明焉이며
독 하 여　　연 즉 일 우 지 불 거　　위 불 용 력 언　　여 신 지 불 견　　위 불 용 명 언

百姓之不見保는 爲不用恩焉이니 故로 王之不王은 不爲也이언정 非不能也니이다"
백 성 지 불 견 보　　위 불 용 은 언　　고　　왕 지 불 왕　　불 위 야　　비 불 능 야

※ 복(復): 보고하다, 아뢰다[白]. 균(鈞): 30근. 호(毫): 털. 가을에 터럭의 끝은 예리해져 보기 어려
움. 위(爲): ∼ 때문이다.

맹자는 왕의 어진 마음은 칭찬받을 일이시만, 그것이 백성을 위한 마음으로 이어지지 않는다는 점을 지적합니다. 도탄에 빠진 백성들의 삶은 죽어가는 짐승에 비해 훨씬 심한데도 말입니다. 맹자의 사유는 어진 덕을 베푸는 인술(仁術)의 구체적 방법에 해당하므로 여러 논점에서 생각하게 합니다. 이에 대한 주자의 풀이를 살펴보도록 하겠습니다.

본성을 지닌 만물 가운데 사람이 가장 귀하므로 사람과 사람은 또한 동류가 되어서 서로 친하다. 이 때문에 측은한 정이 발현됨에 백성에게는 절친하고 동물에게는 느슨한 것이다. 인을 미루고 넓히는 방법은 백성을 사랑하기가 쉽고 만물을 사랑하기가 어렵다. 그런데 지금 왕의 이 마음이 짐승에까지 미쳤으니 그가 백성을 보호하고 왕 노릇 하는 것은 불가능한 것이 아니요, 다만 기꺼이 하지 않을 따름이다.[*]

상대적이고 단계적이기는 하지만, 부모사랑에서 시작하여 백성을 사랑하고 만물을 사랑하라는 어진 마음의 확충 방법은 유학의 특징이기도 합니다. 사랑의 방법을 뛰어넘거나 거꾸로 하는 것은 자연스런 감정에 어긋난다는 보았기 때문입니다. 우리가 흔히 가화만사성(家和萬事成)이나 수신제가(修身齊家)라는 말로 표현하는 것과 같은 확충의 논리인

---

[*] 『맹자집주』「양혜왕」상편 7장. "蓋天地之性, 人爲貴. 故人之與人, 又爲同類而相親.
是以, 惻隱之發, 則於民切而於物緩, 推廣仁術, 則仁民易而愛物難. 今王此心, 能及
物矣, 則其保民而王, 非不能也, 但自不肯爲耳."

셈입니다. 그런데 국가를 운영하는 책임자로서 제선왕 보여준 방식은 애물(愛物)에 그칠 뿐, 그보다 앞서 해야 할 백성을 사랑하는 인민(仁民)까지 고려하지 않는다는 것입니다. 맹자의 백성을 보호하라는 다그침을 들은 제선왕은 하지 못하는 것이 아니라 할 수 없는 나름의 상황도 있었던지 좀 더 맹자의 이야기를 듣고 싶어 합니다.

"하지 않는 자와 할 수 없는 형태는 어떻게 다릅니까?"

"높은 태산을 끼고 넓은 북해를 뛰어넘는 것을 '나는 못한다'고 남들에게 말한다면, 이것은 정말로 할 수 없는 일입니다. 그런데 어른을 위해 나뭇가지를 꺾어오는 일을 '나는 할 수 없다'고 남에게 말한다면, 이것은 하지 않는 것이지 할 수 없는 일이 아닙니다. 왕께서 왕 노릇 못 하시는 것은 나뭇가지를 꺾는 것과 같은 종류일 것입니다."

"不爲者와 與不能者之形이 何以異잇고"
　불 위 자　　여 불 능 자 지 형　　하 이 이

"挾太山하여 以超北海를 語人曰 我不能이라하면 是는 誠不能也어니와
　협 태 산　　이 초 북 해　　어 인 왈 아 불 능　　　　시　성 불 능 야

爲長者折枝를 語人曰 我不能이라 하면 是는 不爲也언정 非不能也니
　위 장 자 절 지　　어 인 왈 아 불 능　　　　시　불 위 야　　비 불 능 야

故로 王之不王은 非挾太山以超北海之類也라 王之不王은
　고　왕 지 불 왕　비 협 태 산 이 초 북 해 지 류 야　　왕 지 불 왕

是折枝之類也니이다"
　시 절 지 지 류 야

제선왕이 진심으로 백성을 보호하지 못하는 것은 태산을 끼고 북해를 뛰어넘는 것과 같은 불가능한 상황이 아니라, 어른을 위해 나뭇가지를 꺾는 정도의 일이니 그리 어려운 일이 아니라는 것입니다. 마음먹기에 달려 있다는 것이지요. 맹자는 측은한 마음을 같은 인류인 백성에게까지 확충하는 것이 그토록 불가능하냐는 마음에서 가까운 일상에서 사례를 찾습니다. 지금까지도 많이 사용되는 유명한 구절이기도 합니다.

나의 노인을 노인으로 대접하여 다른 사람의 노인에게 미치며, 나의 어린이를 어린이로 대우하여 다른 사람의 어린이에게 미치면, 천하는 손바닥 위에서 움직일 수 있을 것입니다. 『시경』에 이르기를 '나의 아내에게 모범이 되어 형제에 이르러 집과 나라를 다스린다.'고 하였는데, 이 마음을 들어서 저기에 다할 따름인 것을 말한 것입니다. 그러므로 은혜를 미루면 사해를 충분히 보전할 수 있고, 은혜를 미루지 못하면 처자도 보전하지 못할 것입니다. 옛사람이 크게 남들보다 뛰어났던 점은 다름이 아니라 자기가 하는 일을 남에게까지 잘 미루었기 때문입니다. 이제 은혜가 충분히 금수에게 미치면서 공이 백성에게 이르지 못하는 것은 유독 어째서입니까?

老吾老하여 以及人之老하며 幼吾幼하여 以及人之幼면 天下는 可運於掌이니
노오로   이급인지로   유오유   이급인지유   천하   가운어장

詩云 刑于寡妻하여 至于兄弟하여 以御于家邦이라 하니 言擧斯心하여
시운 형우과처   지우형제   이어우가방   언거사심

加諸彼而已니 故로 推恩이면 足以保四海요 不推恩이면 無以保妻子니
가저피이이 고 추은   족이보사해   불추은   무이보처자

古之人이 所以大過人者는 無他焉이라 善推其所爲而已矣니 今에
고지인 소이대과인자 무타언   선추기소위이이의   금

恩足以及禽獸而功不至於百姓者는 獨何與니잇고 權然後에 知輕重하며
은족이급금수이공부지어백성자 독하여   권연후   지경중

度然後에 知長短이니 物皆然이어니와 心爲甚하니 王請度之하소서
도연후 지장단   물개연   심위심   왕청탁지

※ **노**(老): 노인을 공손히 대접한다는 동사. 마찬가지로 유(幼)는 어린이를 사랑의 마음으로 대우함. **형**(刑): 본받음. **어**(御): 다스림. **여**(與): 의문사 여(歟)와 같이 쓰이는 글자. **권**(權): 저울질하다. **도**(度): 재다.

　　맹자는 타자를 향한 자연스런 마음의 확대, 그리고 그 결과 모두가 하나로 통할 수 있는 길을 권유합니다. 예컨대 효도와 공손을 다하여 나의 노인을 노인답게 섬기고 그 마음으로 다른 사람의 노인들도 그렇게 대접하며, 마찬가지로 사랑과 자애로 나의 어린이를 어린이답게 기르고 그 마음으로 다른 사람의 어린이도 그렇게 대우하는 것입니다. 이처럼 노약자까지도 고려하는 따뜻한 마음으로 모든 이와 통하기만 한다면 천

하를 다스리는 것은 손바닥에 놓고 움직일 정도로 쉽다는 것입니다.

맹자가 인용한 『시경』의 내용은 「대아」편에 나오는 구절인데, '문왕의 덕이 부인에게 본보기가 되고 형제에게까지 미쳐 집안과 나라를 잘 다스렸다'는 내용입니다. 가정의 화목이 국가의 안정에까지 확산된 사례로 문왕의 마음이 행복 바이러스처럼 온나라에 퍼져나가고 있음을 보여주는 것입니다. 그러므로 맹자는 어진 마음을 가정에서부터 드러내고, 이를 미루어 백성에 대한 사랑으로 확대시키며, 더 나아가 만물을 사랑하는 마음으로 확대시켜야 한다고 주장합니다. 이것은 소 한 마리에게도 측은한 마음을 갖는 제선왕이 모든 백성에게 은혜를 베푸는 것에 소홀했음을 지적하는 말이기도 합니다. 사람의 마음이란 물건을 재듯 객관적으로 명확히 저울질할 수는 없을 것입니다. 그러나 맹자는 왕 스스로가 진정 사랑해야 할 대상이 누구인지 이성적으로 따져보고, 백성을 어느 정도 사랑하고 있는지 본인의 마음을 되짚어 보기를 청하는 것으로 한 단락을 마무리합니다.

가까이 있는 이들부터 사랑하고 그 마음으로 백성을 사랑하고 나아가 만물로 확충시켜 나가라는 단계적인 확산은 유학에서 사랑을 실천하는 대표적 방법입니다. 어찌보면 단순하기까지 한 그 주장이 오늘날 낯설게 다가서는 것은 왜일까요? 굳이 대가를 바라는 것까지는 아닐지라도 상호호혜성의 원칙에 따라 나의 호의에 대한 상대의 반응을 기대하기가 쉽지 않기 때문일지도 모릅니다. 아니면 예전에 비해서 너무도 복잡하고 언제 다시 만날지 모를 사람에게 내가 먼저 호의를 베푼다는 것은 손해 보는 것 아니냐는 생각이 앞서기 때문일지 모르겠습니다. 그래서 관계의 단절을 쉽게 받아들이거나 자신의 감정을 손해 입지 않도록 나를 이해하는 대상만을 찾아 관심을 보이는 방법을 택하기도 합니다.

그러나 적어도 지도자가 지녀야 할 책임있는 자세란 자기를 넘어 모두를 하나로 생각하는 마음입니다. 자신의 감정에 충실하기보다는 타인의 마음을 헤아리고 이해하려는 포용력이 있어야겠지요. 맹자가 제선왕에게 권하고 있는 것도 바로 이 마음입니다. 죽어가는 소 한 마리에 안타까움을 느낄 정도의 마음을 지닌 지도자가 어찌 백성들을 사랑하지 않을 수 있겠느냐고 반문하는 것입니다. 그리고 친친(親親), 인민(仁民), 애물(愛物)의 단계적 확충 논리를 통해 백성에 대한 사랑부터 타자를 향해 나아가라 권유합니다. 나의 노인을 노인으로 대접하여 다른 사람의 노인까지 미치며, 나의 어린이를 어린이로 사랑하여 남들의 어린이까지 확대하라는 맹자의 주장은 관계의 단절과 소통의 부재에 직면한 오늘날에 여전히 생명력 있는 구절입니다.

어진 정치를 펼치소서

제선왕과의 이어지는 대화에서 맹자는 전략을 바꿔서 제선왕의 평소 심리를 읽어내려고 노력합니다. 패권을 추구하는 군주들의 욕망을 넘어 어진 정치인 인정(仁政)을 향한 마음가짐을 기대하면서 말을 꺼냅니다.

> **"왕께서는 군대를 일으키며 군사와 신하를 위태롭게 하여 제후와 원망을 맺은 다음에야 마음이 유쾌하시겠습니까?"**
>
> **"아닙니다. 내가 어찌 이를 유쾌하게 여기겠습니까? 장차 내가 크게 하고자 하는 것을 구하려는 것입니다."**

抑王은 興甲兵하며 危士臣하여 構怨於諸侯然後에야 快於心與잇가
억왕 흥갑병 위사신 구원어제후연후 쾌어심여

王曰 否라 吾何快於是리오 將以求吾所大欲也로이다
왕왈 부 오하쾌어시 장이구오소대욕야

※ **억**(抑): 말을 전환할 때 쓰는 발어사. **사**(士): 병사.

맹자는 제선왕 스스로 백성을 사랑하지 못하는 이유를 생각해 보라고 권유하면서도, 성급한 마음에 자신이 먼저 말을 꺼냅니다. 『맹자』 본문에서 억(抑)으로 시작되는 문장은 '그것도 아니라면 제가 한번 말해 볼까요'라는 어감을 담고 있습니다. 맹자가 제시한 3가지는 왕의 답변을 이끌어내려고 던진 말입니다. 이기려고 전쟁하는 것이지, 군대를 동원하여 신하들을 위태롭게 하거나 제후과 원한을 맺으려는 것은 아니기 때문입니다.

왕께서 크게 하고자 하는 것을 신이 들을 수 있겠습니까?

王之所大欲을 可得聞與잇가
왕 지 소 대 욕   가 득 문 여

왕은 다만 빙그레 웃을 뿐 답하지 않습니다. 그러나 맹자는 이미 왕이 하고자 하는 것을 대략 짐작하고 있었지만, 애둘러 말을 꺼냅니다. 살찐 고기와 맛있는 음식이 충분하시 못하며, 가볍고 따뜻한 옷이 몸에 충분하지 못하기 때문입니까? 아니면 궁궐의 화려한 채색이 보기에 충분하지 못하고 아름다운 음악이 듣기에 부족하며 면전에서 부리는 총애하는 사람들이 충분하지 못하기 때문입니까? 물론 이 모두를 갖추고 있는 왕이 이런 일에 욕심을 내지는 않았겠지요.

그렇다면 왕께서 크게 하고자 하시는 것을 알 수 있겠습니다. 토지를 개간하며 진나라와 초나라의 조회를 받아 중국에 군림하면서 사방을 손에 쥐고자 하시는 것입니다. 이러한 방법으로써 그러한 소망을 구한다면, 나무에 올라가 물고기를 구하는 것과 같습니다.

然則王之所大欲을 可知已니 欲辟土地하며 朝秦楚하여
연 즉 왕 지 소 대 욕   가 지 이   욕 벽 토 지   조 진 초
蒞中國而撫四夷也로소이다 以若所爲로 求若所欲이면 猶緣木而求魚也니이다
이 중 국 이 무 사 야   이 약 소 위   구 약 소 욕   유 연 목 이 구 어 야

※ **벽**(辟): 황무지 개간. **조**(朝): 조회받다. **리**(蒞): 이르다.

연목구어(緣木求魚)라는 고사성어는 바로 여기서 나옵니다. 나무에 올라가 물고기를 잡겠다는 것이니 절대로 얻을 수 없는 일이라는 것이지요. 국왕으로서 부족함 없이 모든 것을 행사할 수 있는 절대 권력의 정점에 서 있던 그로서는 천하통일을 향해 달려 나가고 싶은 마음이 앞서고 있는데 불가능하다니요? 목표가 잘못된 것일까요, 아니면 방법이 틀린 것일까요? 맹자의 단호한 말에 기가 막힌 듯 왕이 묻습니다.

"이토록 심하단 말입니까?"

"이보다 더욱 심한 것도 있습니다. 나무에 올라가 물고기를 구하는 것은 비록 물고기를 얻지 못하더라도 뒤따르는 재앙은 없겠지만, 이처럼 하면서 그토록 소망하신다면 전심전력 하더라도 훗날 반드시 재앙이 있을 것입니다."

"훗날 재앙까지요? 조금 더 들을 수 있겠소?"

"추나라 사람이 초나라 사람과 더불어 싸우면 왕은 누가 이기리라고 생각하십니까?"

"초나라 사람이 이기겠지요."

"그렇다면 작은 것이 진실로 큰 것을 대적하지 못하며, 적은 것이 진실로 많은 것을 대적하지 못하며, 약한 것이 진실로 강한 것을 대적하지 못하는 것입니다. 온 중국의 땅에 사방이 천리인 자가 아홉인데, 제나라가 모아서 아홉에 하나를 소유하고 있습니다. 하나로 여덟을 항복하게 하는 것이 어찌 추나라가 초나라를 대적하는 것과 다르겠습니까? 또한 그 근본으로 돌아가야 할 것입니다."

"若是其甚與잇가"
약 시 기 심 여

"殆有甚焉하니 緣木求魚는 雖不得魚나 無後災어니와 以若所爲求若所欲이면
태 유 심 언   연 목 구 어   수 부 득 어   무 후 재   이 약 소 위 구 약 소 욕

盡心力而爲之라도 後必有災하리이다"
진 심 력 이 위 지   후 필 유 재

"可得聞與잇가"
가 득 문 여

"鄒人이 與楚人戰則王以爲孰勝이니잇고"
추 인   여 초 인 전 즉 왕 이 위 숙 승

"楚人이 勝하리이다"
추 인 승

"然則小固不可以敵大며 寡固不可以敵衆이며 弱固不可以敵强이니
연 즉 소 고 불 가 이 적 대   과 고 불 가 이 적 중   약 고 불 가 이 적 강

海內之地 方千里者九에 齊集有其一하니 以一服八이
해 내 지 지 방 천 리 자 구   제 집 유 기 일   이 일 복 팔

何以異於鄒敵楚哉리잇고 蓋亦反其本矣니이다"
하 이 이 어 추 적 초 재   개 역 반 기 본 의

※ 태(殆): 발어사

약소국이 강대국의 군대를 이길 수 없다고 단언하는 맹자의 말은 조금 지나친 감이 있습니다. 그러나 9분의 1정도의 면적을 가진 제나라가 나머지 여덟 나라의 항복을 받고자 하는 것은 자칫 패망할지도 모르는 위험부담이 있다는 것입니다. 맹자는 큰 욕망을 부리기보다는 차라리 근본책을 강구하는 것이 더 효과적임을 말합니다.

이제 왕께서 정치를 하시되 인을 펴시어 천하의 벼슬하려는 자들이 다 왕의 조정에 서고 싶어하며, 논밭을 갈려는 자들이 다 왕의 들에서 경작하고자 하며, 장사하고자 하는 사람이 모두 왕의 시장에 물건을 두고자 하며, 나그네로 하여금 다 왕의 길을 지나가고자 하게 한다면, 천하에 자기 군주를 미워하는 자들이 다 왕에게 달려와서 하소연하려 할 것입니다. 이와 같으면 누가 막을 수 있겠습니까?

今王이 發政施仁하사 使天下仕者로 皆欲立於王之朝하며
금 왕   발 정 시 인   사 천 하 사 자   개 욕 립 어 왕 지 조

耕者로 皆欲耕於王之野하며 商賈로 皆欲藏於王之市하며
경 자   개 욕 경 어 왕 지 야   상 고   개 욕 장 어 왕 지 시

行旅로 皆欲出於王之途하시면 天下之欲疾其君者 皆欲赴愬於王하리니
행 려   개 욕 출 어 왕 지 도   천 하 지 욕 질 기 군 자 개 욕 부 소 어 왕

其如是면 孰能禦之리잇고
기 여 시   숙 능 어 지

※ **상고**(商賈): 돌아다니며 장사하는 사람은 상(商), 재물을 쌓아놓고 장사하는 사람은 고(賈). **도**(途): 길. **소**(愬): 하소연.

정치는 인으로써 해야 된다는 공자의 정치관을 계승한 맹자입니다. 공자가 말한 '위정이덕(爲政以德)'*을 맹자는 '발정시인(發政施仁)'으로 표현했을 뿐입니다. 맹자는 인의 마음으로 행해지는 어진 정치는 본국의 백성을 넘어 천하 모두가 기뻐할 일이라 주장합니다. 농민이나 장사꾼, 여행객 할 것 없이 모두 제나라를 찾고 싶어 하는 마음이 생기면,

---

* 『논어』「위정편」1장. 子曰 "爲政以德, 譬如北辰, 居其所而衆星共之."

그것이 바로 천하강국이 되는 지름길이라 보았던 것이지요. 맹자의 논리는 일관성이 있습니다. 양혜왕을 만났을 때 첫마디가 '하필 이익을 말씀하십니까?'로 시작하여 눈앞의 이익을 추구하지 않아도 저절로 이로움을 얻게 되는 결과를 설득하였듯이, 제선왕과의 대화에서도 근본의 중요성을 강조합니다. 백성을 생각하는 어진 정치를 힘써 행한다면 하고자 하는 바를 구하지 않더라도 자연히 얻게 된다는 것이지요. 제선왕은 서서히 관심을 갖고 보충의견을 구합니다.

"나의 자질이 어리석어 여기까지 나아갈 수 없을 듯합니다. 원하건대 선생은 내 뜻을 도와 나를 일깨워주기 바랍니다. 내가 비록 민첩하지는 못하지만 시험해 보겠습니다."

"일정한 생업이 없어도 항상 선한 마음을 지닐 수 있는 자는 오직 선비만이 그럴 수 있습니다. 백성의 경우는 일정한 생업이 없으면 그로 인하여 선한 마음을 항상 지니고 살아갈 수 없습니다. 진실로 일정한 마음이 없으면 방탕하고 편벽되며 간사하고 사치스런 마음을 그만둘 수 없을 것입니다. 죄에 빠진 뒤에 좇아가서 형벌을 집행하면 이는 백성을 그물로 얽어내는 것입니다. 어찌 백성을 보호하는 어진 사람이 윗자리에 있으면서 백성을 그물질하는 짓을 할 수 있겠습니까?"

"吾惛하야 不能進於是矣로니 願夫子는 輔吾志하여 明以敎我하소서
　오 혼　　불능진어시의　　원부자　　보오지　　명이교아

我雖不敏이나 請嘗試之호리이다"
　아 수 불 민　　청상시지

"無恒産而有恒心者는 惟士爲能이어니와 若民則無恒産이면 因無恒心이니
　무항산이유항심자　　유사위능　　　약민즉무항산　　인무항심

苟無恒心이면 放辟邪侈를 無不爲已니 及陷於罪然後에 從而刑之면
　구무항심　　방벽사치　무불위이　　급함어죄연후　　종이형지

是는 罔民也니 焉有仁人이 在位하여 罔民을 而可爲也리오"
　시　망민야　언유인인　재위　　망민　이가위야

※ 항(恒): 변함없이 늘 일정하다는 항상의 뜻이고, 항산(恒産)은 일정하게 살아갈 수 있는 직업, 항심(恒心)은 사람에게 항상 있는 착한 마음. 방(放): 방탕. 벽(辟): 치우침. 망(罔): 그물로 잡다. 언(焉): 어찌.

의식이 풍족해야 예의를 안다는 말도 있듯이, 일정한 생업이 있어야 마음도 안정될 수 있다는 말입니다. 맹자가 말하는 항산(恒産)과 항심(恒心)은 불가분의 관계입니다. 그는 국가가 일정한 생계도 보장해 주지 못해 물불 안 가리고 아무거나 뛰어드는 백성들의 죄를 탓할수 만은 없다고 주장합니다. 심하게 말하면 이는 백성을 한곳으로 몰아서 그물로 일망타진하듯 죄를 덮어씌우는 망민(罔民)이라고 할 수 있다는 것이지요. 반면에 정도의 차이는 있지만 선비는 학문을 해서 의리가 무엇인 줄 알기 때문에 비록 일정한 생업이 없더라도 현실적 불편함은 일정 부분은 견딜 수 있다고 보았습니다.

맹자가 말하는 항산과 항심은 어진 정치를 시행하는 두 축입니다. 그러나 항산과 항심은 어떻게 조화를 이룰 수 있을까 등에 관한 구체적인 설명까지는 제시되지 않습니다. 경제와 도덕은 예나 지금이나 쉽지 않은 문제입니다. 그러나 민생과 민심을 살피는, 즉 백성이 일정한 생업을 유지하도록 하는 정책과 떳떳한 마음을 가지게 하는 교화를 동시에 강조하는 것이 맹자의 일관된 주장임은 확실합니다.

그러므로 현명한 군주는 백성의 생업을 만들 때에 반드시 위로는 충분히 그 부모를 섬길 수 있도록 하며 아래로는 처자를 기르기에 충분하도록 해야 합니다. 풍년에는 일년 내내 배부르고 흉년에도 사망에서 벗어나도록 해야 합니다. 그런 다음에 백성들을 인도하여 착한 데로 가게 하므로 백성들이 따르기 쉬운 것입니다. 그런데 지금은 백성의 생업을 만들어 주면서 위로는 부모를 충분히 섬기지 못하며 아래로는 처자를 기르기에도 부족하여, 풍년에도 일년 내내 괴롭고 흉년에는 사망을 면치 못합니다. 오직 죽음을 벗어나는 것도 부족할까 두려운데, 어느 겨를에 예의를 닦겠습니까? 왕에서 어진 정치를 행하고자 하시면, 어찌 그 근본으로 되돌아가지 않으십니까?

是故로 明君이 制民之産하되 必使仰足以事父母하며 俯足以畜妻子하야
시 고   명 군   제 민 지 산   필 사 앙 족 이 사 부 모   부 족 이 휵 처 자

樂歲 낙세 終身飽 종신포 하고 凶年 흉년 에 免於死亡 면어사망 하나니 然後 연후 에 驅而之善 구이지선 故 고 로

民之從之也 민지종야 輕 경 하니이다 今也 금야 에 制民之産 제민지산 호대 仰不足以事父母 앙부족이사부모 하며

俯不足以畜妻子 부부족이휵처자 하야 樂歲 낙세 에 終身苦 종신고 하고 凶年 흉년 에 不免於死亡 불면어사망 하나니

此惟救死而恐不贍 차유구사이공불섬 이어니 奚暇 해가 에 治禮義哉 치례의재 리오 王欲行之則盍反其本矣 왕욕행지즉합반기본의 니잇고

※ **낙세(樂歲):** 풍년. **섬(贍):** 충분하다. **해(奚):** 어느, 어찌. **합(盍):** 어찌 ~하지 않느냐는 뜻으로 하불(何不)의 줄임말.

맹자가 말하는 항산(恒産)은 풍년이든 흉년이든 일정한 소득이 있도록 경작할 땅을 주어서 부모를 모시며 처자식과 편히 살고 싶은 백성들의 바람이 어느 정도 해결되는 것을 말합니다. 최소한 이 정도는 해야 예의를 닦고 공동체의 선을 생각하는 항심(恒心)이 생길 여유가 있다는 것이지요. 이처럼 맹자가 생각하는 정치란 인을 베푸는 일이고, 백성들이 일정한 생업을 갖게 하는 것이 인을 베푸는 근본입니다. 이어 맹자는 앞서 양혜왕에게 건의한 내용**의 일부를 다시 말합니다.

백성들에게 일정한 생업을 만들어 주는 방법으로 농부마다 5묘의 집터를 주어서 담 아래에 뽕나무를 심도록 하면, 비단이 나서 오십 된 자가 따뜻하게 입을 것입니다. 닭과 새끼 돼지, 개와 큰 돼지를 길러 새끼 칠 때를 잃지 않는다면, 고기가 풍성해져 칠십 된 자가 배불리 먹을 것입니다. 또한 농부마다 100묘의 밭을 주어서 농사철을 빼앗지 않는다면, 여덟 식구가 사는 집이 굶주리지 않을 정도의 곡식을 수확할 수 있을 것입니다.

일정한 생업이 이미 정해지면 떳떳한 마음도 생겨나는 것입니다. 이에 학교의 가르침을 삼가 따르고 효도와 공손의 의리를 거듭 밝혀 나가면, 백성이 어버이를 사랑하고 어른을 공경할 줄 알아서 머리가 희끗희끗한 이가 길에서 짐을 지거나 머리에 이지 않을 것입니다. 일정한 생업이 있

** 「양혜왕」 상편 3장 참조.

으므로 노인이 비단옷을 입고 고기를 먹으며 젊은 백성이 굶주리지 않고 춥지 않게 하고서 천하에 왕 노릇 못할 사람은 없을 것입니다.

五畝之宅에 樹之以桑이면 五十者 可以衣帛矣며 雞豚狗彘之畜을 無失其時면
오묘지택　수지이상　　오십자 가이의백의　계돈구체지휵　무실기시

七十者 可以食肉矣며 百畝之田을 勿奪其時면 八口之家 可以無飢矣며
칠십자 가이식육의　백묘지전　물탈기시　팔구지가 가이무기의

謹庠序之敎하여 申之以孝悌之義면 頒白者 不負戴於道路矣리니
근상서지교　　　신지이효제지이　반백자 불부대어도로의

老者 衣帛食肉하며 黎民이 不飢不寒이요 然而不王者 未之有也니이다
노자 의백식육　　여민　불기불한　연이불왕자 미지유야

※ 휵(畜): 기르다. 상(庠): 학교 이름. 신(申): 거듭 펼치다. 부(負): 등에 지다. 대(戴): 머리에 이다.

맹자와 제선왕 사이에 진행된 오랜 대화는 결국 백성의 삶에 눈을 돌리고 그들이 안정되고 평안한 생활을 이어 가도록 돕는 것이 진정한 왕이 되는 길임을 보여주고 있습니다. 맹자는 죄 없이 도살장으로 끌려가는 소를 보면서 안타까운 마음을 지녔던 제선왕의 심리를 자극함으로써 백성을 보호하는 참된 왕의 모습을 떠올립니다. 이 땅의 백성부터 그 어진 마음을 펼쳐나간다면 모든 이들의 마음을 사로잡을 수 있다는 것이지요. 그렇지 않으면 개인적 욕망의 실현을 위해 백성들을 힘들게 만들 뿐이라 말합니다.

맹자는 민생안정을 통해 민심을 얻는 왕도정치야말로 힘을 통해 패자가 되는 것보다도 더 근본적이며 값진 길임을 확신하고 있습니다. 왕이시여, 백성을 보호하는 진정한 왕의 길을 밟으소서!

孟子

2

양혜왕 하편 1장 : 與民同樂

여민동락을 노래하소서

제나라에 도착한 맹자는 여러 사람들과 많은 의견을 주고받습니다. 당시 제나라는 전문적인 학술활동을 지원하기 위해 도성인 임치의 직문 아래에 별도의 건물을 세우고 널리 인재를 불러 모으고 있었습니다. 훗날 직하학파(稷下學派)라 불리는 이곳의 학자들은 학문의 자유와 자신의 이상을 부담 없이 펼쳐나갈 수 있었던 배경이 됩니다. 맹자가 제나라를 선호했던 것도 나름 이유가 있었던 셈이지요. 당시 제선왕의 신하였던 장포(莊暴)가 어느 날인가 직하에 있던 맹자를 찾아봅니다.

> **"제가 왕을 뵈었을 때 왕께서는 저에게 자신이 음악을 좋아한다고 말씀하셨지만, 저는 아무런 대답도 못했습니다. 왕이 음악을 좋아하는 것을 어떻게 생각하십니까?"**
>
> **"왕께서 음악을 좋아하는 것 심하다면, 제나라는 아마도 거의 다스려질 것입니다."**

"暴見於王호니 王이 語暴以好樂이어시늘 暴未有以對也호니 好樂이 何如하니잇고"
포 현 어 왕　　왕　어 포 이 호 악　　　　포 미 유 이 대 야　　호 악　하 여

"王之好樂이 甚則齊國은 其庶幾乎인져"
왕 지 호 악　심 즉 제 국　기 서 기 호

※ **기서기호**(其庶幾乎): 其~乎는 '아마도 ~아닐까'라는 추측의 의미로 사용됨. 서기(庶幾)는 거의 어떤 상태에 가깝다, 바란다 등의 뜻인데, 여기서는 잘 다스려질 것이라는 의미.

장포는 음악을 좋아한다는 왕의 뜬금없는 말에 순간 멈칫했던 것 같습니다. 왕이 세속의 풍류에 빠지는 것은 왕으로서의 품격을 떨어뜨리거나, 그로 인해 정치에 해로움이 있을까 의심이 들었던 것입니다. 그러

60

나 맹자의 생각은 달랐습니다. 왕이 음악을 좋아하는 것이 오히려 국정 운영에 도움이 될 것이라 보았기 때문입니다. 여기서 왕이 음악을 좋아함이 심하다는 심(甚)의 의미는 무엇일까요? 심하다는 것은 정도에 지나칠 정도로 깊숙이 빠져든다는 것인데, 왕이 개인적으로 음악에 심취한다는 것일까요, 아니면 또 다른 의미가 있는 것일까요? 훗날 왕을 찾은 맹자는 그 날의 일을 상기시키자, 왕은 잘못이나 한 듯이 얼굴빛을 달리하며 말합니다.

"과인은 선왕의 음악을 좋아할 수 있는 것이 아니라, 다만 세속의 음악을 좋아할 따름입니다."

"세속의 음악을 좋아한다고 무엇이 해롭겠습니까? 왕이 음악을 좋아함이 심하시면 제나라는 아마도 거의 다스려질 것입니다. 지금 세속의 음악은 옛날 선왕의 음악을 따질 것이 없습니다. 오늘날 세속의 음악은 옛 선왕들의 음악과 다를 것이 없습니다."

"그런가요. 그런데 음악을 좋아할수록 제나라가 잘 다스려질 수 있다거나, 음악은 고금이 똑같다는 말이 무슨 뜻인지 가르쳐 주시겠습니까?"

"네. 홀로 음악을 즐기는 것과 다른 사람들과 함께 음악을 즐기는 것 가운데 어느 쪽이 즐겁겠습니까?"

"남들과 함께 하는 것만 같지 못할 것입니다."

"그렇다면 적은 사람들과 함께 음악을 즐기는 것과 여러 사람들이 함께 음악을 즐기는 것 가운데 어느 것이 더 즐겁겠습니까?"

"여러 사람들과 함께 하는 것만 못하겠죠."

"寡人이 非能好先王之樂也라 直好世俗之樂耳로이다"
과인   비능호선왕지악야   직호세속지악이

"王之好樂이 甚則齊其庶幾乎인져 今之樂은 由古之樂也니이다"
왕지호악   심즉제기서기호   금지악   유고지악야

"可得聞與잇가" "獨樂樂과 與人樂이 孰樂이니잇고" "不若與人이니이다"
가득문여   독악락 여인악락 숙락   불약여인

"與少樂樂과 與衆樂樂이 孰樂이니잇고"   "不若與衆이니이다"
여 소 악 락   여 중 악 락   숙 락   불 약 여 중

※ 직(直): 다만. 유(由): 같다.

생뚱맞게 음악에 대한 즐거움을 꺼낸 맹자는 왕 혼자서 즐기는 것보다 백성들과 함께하는 즐거움을 말합니다. 이제 대화는 왕이 개인적으로 좋아하는 음악에서 시작되어 진정한 슬거움이란 무엇이고, 어떤 조건이 즐거움을 배가시키느냐로 논의로 심화되어 갑니다.

신이 청하건대 왕을 위하여 음악에 대해 말해 보겠습니다. 만약 왕께서 여기에서 음악을 연주하실때 백성들이 왕의 종이나 북 소리, 관악기의 소리를 듣고 다들 머리를 아파하고 이마를 찌푸리며 서로들 이렇게 말한다고 생각해 보겠습니다. '우리 임금이 음악을 연주하기 좋아하심이여! 어찌하여 우리를 이토록 곤궁한 상태에 이르게 하여 부자가 서로 보지 못하고 형제와 처자가 흩어지게 하는가!' 또한 왕이 여기에서 사냥을 하시면 백성이 왕의 수레와 말 달리는 소리를 듣고 깃발의 아름다움을 보면서 모두 머리를 아파하고 이마를 찌푸리며 서로들 말합니다. '우리 임금이 사냥을 좋아하심이여! 어찌하여 우리를 이토록 곤궁함에 이르게 하여 부자가 서로 보지 못하고 형제와 처자가 다 흩어지게 하는가!' 이는 다른 것이 아니라 백성과 즐거움을 함께하지 않기 때문입니다.

臣이 請爲王言樂호리이다 今王이 鼓樂於此어시든 百姓이 聞王의 鐘鼓之聲과
신   청위왕언악   금왕   고악어차   백성   문왕   종고지성

管籥之音하고 擧疾首蹙頞而相告曰 吾王之好鼓樂이여 夫何使我로
관약지음   거질수축알이상고왈 오왕지호고악   부하사아

至於此極也오하여 父子不相見하며 兄弟妻子離散고하며 今王이 田獵於此어시든
지어차극야   부자불상견   형제처자이산   금왕   전렵어차

百姓이 聞王의 車馬之音하며 見羽旄之美하고 擧疾首蹙頞而相告曰
백성   문왕   거마지음   견우모지미   거질수축알이상고왈

吾王之好田獵이여 夫何使我로 至於此極也오하여
오왕지호전렵   부하사아   지어차극야

父子不相見하며 兄弟妻子離散고하면 此는 無他라 不與民同樂也니이다
부자불상견   형제처자이산   차   무타   불여민동락야

※ 거(擧): 모두. 축알(蹙頞): 근심으로 이마를 찌푸림. 극(極): 곤궁함.

맹자는 왕의 즐기는 음악와 수렵행렬을 보고 백성들이 모두 인상을 찌푸리며 원망의 목소리를 내는 상황을 가정합니다. 그리고 그러한 이유는 평소에 백성을 구휼하지 않고 왕 홀로 자신만 즐기면서 백성을 곤궁에 빠트렸기 때문이라는 것이지요. 독락(獨樂)의 결과가 민심이반을 불러온다는 지적입니다. 맹자는 이와는 전혀 다른 상황을 가정합니다.

지금 왕께서 음악을 연주하신다면 백성이 왕의 종과 북 소리와 관악기 소리를 듣고 모두들 흔쾌히 기쁜 빛을 띠며 서로들 말하기를 '우리 왕이 아마도 질병이 없으신가 보다. 어떻게 음악을 연주하실 수 있지.'라고 합니다. 또한 이제 왕이 사냥을 하신다면 백성이 왕의 수레와 말의 소리를 들으면서 깃발의 아름다움을 보고 다 흔쾌히 기쁜 빛을 띠며 서로들 말하기를 '우리 왕이 아마 질병이 없으신가보다. 어떻게 사냥을 하실 수 있지.'라고 말합니다. 이는 다름이 아니라 백성과 더불어 즐거움을 같이 하였기 때문입니다. 이제 왕께서 백성과 더불어 즐기신다면 왕 노릇 할 수 있을 것입니다.

今王이 鼓樂於此어시든 百姓이 聞王의 鐘鼓之聲과 管籥之音하고
금 왕　고 악 어 차　　　백 성 문 왕 종 고 지 성 관 악 지 음
舉欣欣然有喜色而相告曰 吾王이 庶幾無疾病與아 何以能鼓樂也오하며
거 흔 흔 연 유 희 색 이 상 고 왈 오 왕 서 기 무 질 병 여 하 이 능 고 악 야
今王이 田獵於此어시든 百姓이 聞王의 車馬之音하며 見羽旄之美하고
금 왕 전 렵 어 차　　　백 성 문 왕 거 마 지 음 견 우 모 지 미
舉欣欣然有喜色而相告曰 吾王이 庶幾無疾病與아 何以能田獵也오하면
거 흔 흔 연 유 희 색 이 상 고 왈 오 왕 서 기 무 질 병 여 하 이 능 전 렵 야
此는 無他라 與民同樂也니이다 今王이 與百姓同樂則王矣시리이다
차 무 타 여 민 동 락 야 금 왕 여 백 성 동 락 즉 왕 의

※ 흔흔연(欣欣然): 기뻐하는 모양. 왕(王): 동사로 진정한 의미의 왕이 되다는 의미.

선명한 대비는 맹자가 즐겨 쓰는 화법입니다. 백성들은 왕이 음악을 좋아하고 사냥하는 것을 마치 자신의 일처럼 즐거워하는 것은 다름 아니라 여민동락의 결과라는 것입니다. 주자는 이것이 천하의 진정한 왕이 될 수 있는 어진 정치[仁政]라고 설명합니다.

백성과 함께 즐긴다는 것은 음악을 좋아하는 마음을 미루어 어진 정치를 행하여 백성으로 하여금 제각기 그 알맞은 곳을 얻도록 하는 것이다. 음악을 좋아하면서 백성과 함께 그것을 할 수 있다면 천하의 백성이 돌아올 것이니 이른바 제나라가 아마도 거의 다스려질 것이라는 것이다.[*]

백성과 더불어 같이 즐거워해야 한다는 것은 맹자의 계속된 주장이었습니다. 전국 시대에는 백성이 궁핍하고 재물이 고갈되었는데도 임금만이 홀로 권력이 주는 즐거움을 누리곤 하였습니다. 그러나 백성을 구원하려는 열망이 간절한 맹자는 제나라 임금이 음악을 좋아한다는 점에 착안하여 백성과 더불어 같이 즐거워하기를 권유합니다. '왕이 음악을 심히 좋아하게 된다면'으로 이야기를 꺼낸 맹자의 의도는 음악에 대한 왕의 개인적 취향을 넘어 모든 이들과 함께하는 공감과 배려의 마음을 확대해 나가는 바람에서 나온 것이지요. 그래서 오늘날 세속의 음악이 옛날 음악과 같다는 것은 백성과 더불어 같이 즐기려는 여민동락의 이상에는 옛날이나 오늘날이 차이가 없다고 한 것입니다. 왕이시어! 백성과 함께 즐거움을 누리는 여민동락을 노래하소서.

---

[*] 『맹자집주』「양혜왕」 하편 1장. "與民同樂者, 推好樂之心, 以行人政, 使民各得其所也. 好樂而能與百姓同之, 則天下之民 歸之矣, 所謂齊其庶幾者如此."

양혜왕 하편 2장 : 與民同地

백성과 공유하는 삶

제선왕은 자신이 소유한 동산의 땅이 다른 이들, 예를 들어 성스러운 왕으로 일컬어지던 문왕보다 적은데도 백성들이 많다고 여기는 것에 불쾌했습니다. 맹자를 만난 자리에서 확인도 할 겸 불만을 털어 놓습니다.

"문왕의 동산은 사방이 70리였다고 하는데, 그렇습니까?"
"예, 그렇습니다. 옛 책에 그러한 내용이 있습니다."
"정말로 그렇게 넓었나요?"
"어떻게 생각하실지 모르겠으나, 백성은 오히려 작다고 여겼습니다."
"그렇다면 과인의 동산은 사방이 40리인데도 백성이 오히려 크다고 하니, 어째서입니까?"

"文王之囿는 方七十里라 하니 有諸잇가"　"於傳에 有之하니이다"
　문 왕 지 유　방 칠 십 리　　　유 저　　　　어 전　　유 지

"若是其大乎잇가"　"民이 猶以爲小也니이다"
　약 시 기 대 호　　　민 　유 이 위 소 야

"寡人之囿는 方四十里로대 民이 猶以爲大는 何也잇고"
　과 인 지 유　방 사 십 리　　민 　유 이 위 대　하 야

> ※ **유(囿):** 새나 짐승을 번식하고 기르는 방목장소. 동산. **방(方):** 사방. **저(諸):** 모두 제(諸)가 문장 중에 쓰여 '~에게[之於]'라는 의미로 사용될 때는 '저'로 읽음. **전(傳):** 옛 책.

옛날에는 사냥 연습이든 무예를 익히는 것이든 모두 농한기를 틈타 하였고, 뿐만 아니라 농작물을 경작하는 장소에서 함부로 사냥할 수 없었기에 별도의 빈 터를 만들어 관리하였습니다. 이곳을 유(囿)라 부르며 새나 짐승을 풀어놓고 길렀습니다. 제선왕은 이러한 사냥터를 사방 40리 정도 소유하고 있었습니다. 상대적으로 70리를 가진 문왕에 비해 턱

없이 적은데도 백성들은 오히려 넓다고 말하는 이유를 묻고 있는 것입니다.

문왕의 동산은 사방이 70리라고 하지만 이 땅을 사유지로 생각하지 않았습니다. 백성 가운데 풀 베며 나무하는 자들이 자유롭게 드나들고, 꿩이나 토끼를 잡는 자들이 그곳으로 갈 수 있었습니다. 이렇게 70리 동산을 모든 백성들과 함께 사용했기 때문에 백성들이 작다고 생각하는 것이 당연하지 않겠습니까?

그런데 지금 왕의 동산은 그렇지 않습니다. 다른 나라에 들어가면 먼저 그 나라에서 금지하는 것을 묻는 것이 예라고 들었습니다. 이 예법에 따라 신이 처음 제나라 국경에 이르러서 먼저 이 나라에서 크게 금하는 것을 물어서 꺼리고 피해야 할 것을 알고 나서 조심스럽게 들어왔습니다. 이때 들으니, 100리 밖 교외와 그 너머의 관문 사이에 사방 40리의 왕의 동산이 있는데 백성의 출입을 금하고, 만일 그 동산에 들어와 사슴을 죽이는 백성이 있으면 곧 사람을 죽인 죄와 같이 처벌한다고 합니다. 이것은 나라 가운데 사방 40리의 함정을 만들어 짐승을 잡듯이 백성을 죽을 땅에 빠지게 하는 것입니다. 따라서 백성이 이 동산을 함정과 같이 여기니, 크다고 하는 것이 또한 마땅하지 않습니까?

文王之囿 方七十里에 芻蕘者往焉하며 雉兔者往焉하여 與民同之하시니
문 왕 지 유 방 칠 십 리   추 요 자 왕 언   치 토 자 왕 언   여 민 동 지

民이 以爲小가 不亦宜乎잇가 臣이 始至於境하여 問國之大禁然後에 敢入하니
민 이 위 소 불 역 의 호   신 시 지 어 경   문 국 지 대 금 연 후   감 입

臣은 聞郊關之內에 有囿方四十里에 殺其麋鹿者를 如殺人之罪라하니
신 문 교 관 지 내 유 유 방 사 십 리 살 기 미 록 자 여 살 인 지 죄

則是方四十里로 爲阱於國中이니 民이 以爲大가 不亦宜乎잇가
즉 시 방 사 십 리 위 정 어 국 중   민 이 위 대 불 역 의 호

※ **추요자(芻蕘者)**: 마른 풀을 베거나 땔나무하는 사람. **교(郊)**: 도성 밖 100리 떨어진 곳. **관(關)**: 교(郊) 밖에 있는 관문.

당시 제나라는 왕의 동산에 들어가는 백성은 살인죄로 다스리겠다는 법령을 내걸고 있었습니다. 맹자는 이러한 조치가 짐승을 잡을 때 함정

을 파놓듯이 나라 안에 백성이 빠질 함정을 만든 것과 같으며, 백성을 짐승처럼 여기는 태도라고 보았습니다. 백성의 출입이 엄격히 통제되고 있었기에 백성들로서는 가까이 하기에는 너무 먼 땅이 되었던 것입니다. 모두와 함께하지 못하는 곳이라면 아무리 적어도 크게만 느껴지기 마련입니다. 맹자는 단순히 땅의 크기를 비교하지 말고 백성들과 이익을 공유할 수 있는 길을 진심으로 권유하고 있는 것입니다.

큰 용기를 품으소서

제후국들의 경쟁이 한층 치열해지는 상황에서 인접 국가들과의 외교 관계는 중요한 문제입니다. 약소국을 공격하여 강성한 국가를 만들어 갈 것인가, 아니면 강대국을 섬기면서 자국의 이익을 챙겨 나갈 것인가. 외교노선을 고민하던 제선왕이 직면한 현실적 물음에 맹자는 어진 자와 지혜로운 자의 대처방안을 들어 설명합니다.

"이웃 나라와 교류하는 방법이 있습니까?"

"있습니다. 오직 어진 임금이라야 큰 나라를 가지고 작은 나라를 섬길 수 있으니, 탕임금이 갈백을 섬기고 문왕이 곤이를 섬겼던 것입니다. 반면에 오직 지혜로운 임금이라야 작은 나라를 가지고 큰 나라를 섬길 수 있으니, 태왕이 훈육을 섬기고 구천이 오나라를 섬겼습니다."

"交鄰國이 有道乎잇가"
교인국   유도호

"有하니 惟仁者아 爲能以大事小하나니 是故로 湯이 事葛하시고 文王이
유   유인자 위능이대사소   시고 탕 사갈   문왕

事昆夷하시니이다 惟智者아 爲能以小事大하나니 故로 太王이 事獯鬻하시고
사곤이   유지자 위능이소사대   고 태왕 사훈육

句踐이 事吳하니이다"
구천 사오

맹자는 국가적 관계에서 어진 자와 지혜로운 자의 대처방안을 사례를 통해 말합니다. 어진 이들은 힘을 따지지 않고 다만 이치에 맞게 주변을 대우하므로 주변의 작은 나라가 공손하지 않다고 침략하지 않는 대국의 품격을 지닐 수 있다고 보았습니다. 탕이나 문왕처럼 힘을 내세우지 않

고 작은 나라도 섬기는 여유가 있다는 것이지요. 반면에 지혜로운 군주는 사리에 밝고 형세의 적당함을 알기 때문에 대국이 침략하고 능멸한다고 해도 참고 견딥니다. 한때 약소국이었던 주나라 태왕이나 월나라 구천처럼 지혜롭게 대처해 나간다는 것이지요.

맹자는 강대국과 약소국의 차이를 힘의 우열로 생각하지 않고, 어질고 지혜로운 덕을 지닌 군주의 마음이 중요하다고 보았습니다. 어진 자는 세상을 포용하며 작은 나라도 이해하면서 대국으로서의 품격을 유지한다면, 지혜로운 자는 현실적인 힘의 질서를 인정하면서 큰 나라를 섬겨 자국의 이익을 도모해 나갈 수 있기 때문입니다. 그는 더 나아가 하늘의 이치대로 살아가는 낙천(樂天)과 하늘을 두려워하는 외천(畏天)의 자세를 구분하여 보충 설명합니다.

> 큰 나라를 가지고 작은 나라를 섬기는 것은 하늘의 이치를 즐거워하는 낙천자의 모습입니다. 작은 나라를 가지고 큰 나라를 섬기는 것은 하늘을 두려워하는 외천자의 태도입니다. 하늘의 이치를 즐거워하는 자는 천하를 보전할 만하고, 하늘을 두려워하는 자는 한 나라를 보전할 만합니다. 적국이 비록 강하더라도 그 누가 감히 업신여기겠습니까? 그러므로 『시경』에 '하늘의 밝은 위엄을 두려워하여 거스르지 아니하므로 이에 하늘의 명을 보전할 수 있도다.'라고 하였던 것입니다.

以大事小者는 樂天者也요 以小事大者는 畏天者也니 樂天者는 保天下하고
이 대 사 소 자　　낙 천 자 야　　이 소 사 대 자　　외 천 자 야　　낙 천 자　　보 천 하

畏天者는 保其國이니이다 詩云 畏天之威하여 于時保之라하니이다
외 천 자　　보 기 국　　시 운 외 천 지 위　　우 시 보 지

※ 시(時): 차(此)의 뜻으로, 우시(于時)는 '이에[그러므로]'라는 의미.

큰 나라를 가지고도 작은 나라를 섬길 수 있는 이대사소(以大事小)의 태도는 자신에게 힘이 있는 것을 잊어버리고 주변을 사랑하면서 자연스럽게 살아가려는 낙천자(樂天者)의 모습입니다. 작은 나라를 가지고 큰 나라를 섬기는 이소사대(以小事大)의 태도는 상대에게 힘이 있으므

로 자기의 분수를 편안하게 여기며 하늘을 두려워하는 외천자(畏天者)의 태도입니다. 맹자는 하늘의 이치를 즐거워하는 자의 마음은 포용력이 있어서 충분히 천하를 보전할 만한 기상이 있고, 하늘을 두려워하는 자는 예법에 따라 감히 소홀함이 없도록 노력할 것이니 한 나라를 보전할 만하다고 보았습니다.

이 말을 들은 제선왕은 하늘의 이치에 순응하려는 낙천자의 길을 가려 했을까요, 아니면 하늘의 질서를 두려워하는 외천자의 길을 택할까요? 맹자가 하늘의 위엄을 두려워하라는 『시경』 구절을 인용한 것을 보면 자신의 상황을 직시하며 질서에 순응하는 외천자의 길을 권유하고 있는 듯합니다. 그러나 제선왕은 자신의 용맹을 내세우며 대국을 섬기는 것도 소국을 불쌍히 여기려는 마음도 없음을 내비칩니다.

"훌륭하신 말씀이십니다. 그러나 과인은 용맹을 좋아하는 병통이 있습니다. 만일 조금이라도 침범을 당하거나 업신여김을 당한다면 분노를 이기지 못하기 때문에, 큰 나라도 섬기지 못하고 작은 나라도 어루만지지 못할 것 같습니다."

"용맹을 좋아하는 것이 해로움이 없으니, 청컨대 작은 용맹을 좋아하지 마십시오. 일시적 분노로 격앙되어 칼을 잡고 노한 눈으로 사람을 쏘아보면서, '저가 어찌 감히 나를 당하겠는가.'라고 하면, 이는 개인적인 혈기에서 나온 용기이니, 겨우 한 사람을 대적하는 용기일 뿐입니다. 왕께서는 천하의 의리를 실천하는 큰 용맹을 지니시기 바랍니다."

"大哉라 言矣여 寡人이 有疾호니 寡人은 好勇하노이다"
대 재　언 의　과 인　유 질　과 인　호 용

"王請無好小勇하소서 夫撫劍疾視曰 彼惡敢當我哉리오하나니
왕 청 무 호 소 용　　부 무 검 질 시 왈　피 오 감 당 아 재

此는 匹夫之勇이라 敵一人者也니 王請大之하소서"
차　필 부 지 용　적 일 인 자 야　왕 청 대 지

이어 맹자는 『시경』에 기록된 문왕의 사례를 소개합니다. 밀(密) 땅의 사람들이 왕명을 어기고 완(阮)나라를 침략하러 공(共) 땅으로 갈 때의 일입니다.

『시경』에 '왕이 발끈 화를 내면서 그 군사를 정돈하여 공(共) 땅으로 침략하러 가는 무리를 막아서, 강한 자를 억제하고 약한 자를 도와줌으로써 주나라의 복을 두텁게 하여 천하의 질서를 바로 세우는 데 보답하였도다.'고 하였습니다. 이것이 문왕의 용기이니, 그가 한번 분노함에 지방의 난리가 억제되어 강자가 약자를 함부로 업신여기지 못하게 하여 천하의 백성을 편안하게 하였습니다. 그 크신 용맹이 어떻습니까?

詩云 王赫斯怒하사 爰整其旅하여 以遏徂莒하여 以篤周祜하여
시 운 왕 혁 사 노   원 정 기 려   이 알 조 려   이 독 주 호

以對于天下라하니 此는 文王之勇也니 文王이 一怒而安天下之民하시니이다
이 대 우 천 하   차 문 왕 지 용 야   문 왕   일 노 이 안 천 하 지 민

　　※ **시(詩)**: 『시경』 「대아」편의 황의(皇矣). **혁(赫)**: 분노하는 모양. **원(爰)**: 이에, 이때. **조(徂)**: 가다.
　　　 호(祜): 복.

또한 맹자는 『서경』에 기록된 무왕의 큰 용기에 대해서도 말하며, 진정한 의미의 용기가 무엇인지를 생각하게 합니다.

『서경』에 말하였습니다. '하늘이 백성을 내시면서 임금을 세워 다스리게 하고 스승을 세워 가르치신 것은 오직 상제의 일을 돕고 대신하여 이 백성을 편안하게 한 것이다. 이제 내가 이미 하늘의 명을 받아서 이 자리에 있으니 천하에 죄가 있는 자는 내가 벨 것이고, 죄 없는 자는 내가 편안하게 할 것이다. 천하에 어찌 감히 그 뜻을 어기고 혼란을 일으켜 백성을 포학하게 하는 자가 있겠는가!' 어떤 사람들이 천하를 혼란시키면, 무왕이 반드시 자신의 부끄러움으로 삼아서 군사를 일으켰을 것이니, 이것이 무왕의 용맹입니다. 무왕이 또한 한번 노하여 천하의 백성이 편안할 것이니, 그 크신 용맹이 어떠합니까? 이제 왕이 진실로 문왕과 무

왕이 하신 바를 본받아서 죄 있는 자를 쳐서 한번 노함에 천하의 백성을 편안하게 하시면, 백성들은 왕께서 용맹을 좋아하지 않을까 걱정할 것입니다.

書曰 天降下民하사 作之君 作之師하시어든 惟曰 其助上帝라 寵之四方이시니
서 왈 천 강 하 민   작 지 군 작 지 사   유 왈 기 조 상 제   총 지 사 방

有罪無罪에 惟我在커니 天下曷敢有越厥志리오하니 一人이 衡行於天下어늘
유 죄 무 죄   유 아 재   천 하 갈 감 유 월 궐 지   일 인   횡 행 어 천 하

武王이 恥之하시니 此는 武王之勇也니 而武王이 亦一怒而安天下之民하시니이다
무 왕 치 지   차   무 왕 지 용 야   이 무 왕   역 일 노 이 안 천 하 지 민

今王이 亦一怒而安天下之民하시면 民이 惟恐王之好不勇也리이다
금 왕   역 일 노 이 안 천 하 지 민   민   유 공 왕 지 불 호 용 야

※ 서(書): 『서경』 「주서」편의 태서(泰誓). 횡행(衡行): 혼란을 조장함.

맹자는 상황에 따라 하늘의 이치를 즐기는 낙천하는 마음으로 모두를 포용하거나, 하늘을 두려워하는 외천의 마음으로 조심스런 태도로 대국을 섬기는 것은 모두 의미가 있다고 보았습니다. 같은 맥락에서 자신의 욕망을 실현하려는 제선왕에게 개인적 분노를 넘어 천하를 편안하게 만들기 위한 공분(公憤)을 일으켜 나갈 것을 권유합니다.[*] 그렇습니다. 진정한 용기는 모두를 위해 나서는 것입니다. 오늘날에도 천하를 위해 진정한 용기를 발휘하는 인물을 고대하기는 마찬가집니다.

---

[*] 주자는 이 장을 "군주가 자신의 작은 분노를 삭일 수 있다면 소국을 구휼하고 대국을 섬길 수 있어서 이웃 나라와 사귈 수 있고, 큰 용기를 기를 수 있다면 포악한 자를 제거하고 백성을 구제하여 천하를 편안하게 할 수 있다."(此章, 言人君 能懲小忿, 則能恤小事大, 以交隣國; 能養大勇, 則能除暴救民, 以安天下.)라고 요약하고 있다.

양혜왕 하편 4장 : 樂民之樂
백성과 함께하는 즐거움

권력자들이 으레 그러하듯 자신의 권력을 은근히 뽐내고 싶어 하는 것은 제선왕도 예외가 아니었습니다. 제선왕은 설궁(雪宮)이라는 별도의 궁궐에서 맹자를 만났을 때 넌지시 물어봅니다.

"어진 사람도 역시 이러한 즐거움이 있는지요?"
"그렇습니다. 사람들은 그 즐거움을 얻지 못하면 반드시 그 윗사람을 비난하는 마음이 있으니, 마땅히 모두와 즐거움을 같이 해야 할 것입니다. 아랫사람이 자신의 분수를 망각하고 즐거움을 얻지 못했다고 해서 윗사람을 비난하는 자도 잘못이지만, 의로움을 알지 못하는 임금이 자신만 즐기고 백성과 더불어 즐거움을 함께하지 않는다면 이 또한 잘못입니다."

"賢者도 亦有此樂乎잇가"
　현자　　역유차락호
"有하니 人不得則非其上矣니이다 不得而非其上者도 非也며
　유　　　인부득즉비기상의　　　　　부득이비기상자　　비야
爲民上而不與民同樂者도 亦非也니이다"
위민상이불여민동락자　　역비야

※ **설궁(雪宮)**: 왕이 별도로 거처하는 궁궐 이름. **비(非)**: 비난하다, 잘못이다.

모두와 한마음으로 즐거움과 기쁨을 같이해야 한다는 맹자의 마음은 다음에서 잘 나타나 있습니다.

백성이 즐거워하는 것을 즐기는 자는 백성들 또한 그 임금의 즐거움을 즐길 것이고, 백성이 걱정하는 것을 근심하는 자는 백성들 또한 그 임금의 근심을 걱정할 것이니, 이것은 즐기기를 천하로서 하는 것이며, 근심하기를 천하로서 하는 것입니다. 그렇게 하면서 천하의 왕이 되지 못할 자는 없을 것입니다.

樂民之樂者는 民亦樂其樂하고 憂民之憂者는 民亦憂其憂하나니
낙 민 지 락 자   민 역 락 기 락   우 민 지 우 자   민 역 우 기 우

樂以天下하며 憂以天下하고 然而不王者 未之有也니이다
낙 이 천 하   우 이 천 하   연 이 불 왕 자 미 지 유 야

여민동락은 선택이 아니라 지도자가 모두에게 지녀야 할 책임의식입니다. 천하 사람과 함께 즐기며 천하 사람과 함께 근심하라는 맹자의 '낙이천하(樂以天下), 우이천하(憂以天下)'는 지식인 사이에 하나의 지표로 자리 잡습니다. 그러한 마음을 송나라의 범중엄(范仲淹)이란 학자는 다음과 같이 표현하고 있습니다.

천하 사람들이 걱정하기에 앞서 걱정하고, 천하 사람들이 즐거워한 다음에 즐긴다[先天下之憂而憂, 後天下之樂而樂].

맹자는 모두가 하나 되는 효과적인 방법을 제시합니다. 바로 왕은 백성에게, 백성은 왕에게 서로의 마음을 열어주는 것입니다. 이어 그는 제나라 선조들의 이야기를 덧붙여 여민동락의 즐거움을 말합니다.

옛적에 제나라 경공이 신하인 안자에게 묻기를 '지방을 살피고 백성을 보는 것이 나라의 큰일입니다. 내가 전부산과 조무산를 살펴보고 바다를 따라 남으로 향하여 낭야에 이르고자 하는데, 무엇을 닦아야 선왕이 살피던 것과 비교하여 흘륭한 일을 할 수 있겠습니까?' 하자, 안자는 대답하였습니다.

'좋습니다, 흘륭하신 선왕을 닮아가려는 우리 임금의 질문이여! 천자는 12년에 한번씩 제후의 나라에 가는데 순수(巡狩)라고 합니다. 순수란 제후가 지키는 땅을 순행하여 그 정치의 잘잘못을 살펴보는 것입니다.

제후는 6년에 한번씩 천자를 조회하는데, 술직(述職)이라 말합니다. 술직이란 천자에게 받은 직책의 성과를 스스로 진술하는 것입니다. 천자의 순수와 제후의 술직이 모두 중요한 일이 아님이 없습니다. 봄이면 백성이 밭 가는 것을 살펴서 부족한 종자를 창고의 곡식을 내서 보충해 주고, 가을이면 백성이 추수하는 것을 살펴서 수확이 넉넉하지 못한 자에게 창고의 곡식을 내서 보충해 줍니다. 천자는 수도와 경기 지방을 살피고 제후는 나라 안을 살피니, 부지런히 백성을 위해 일하는 마음이 이와 같습니다.

그러므로 하나라 때의 속담에 왕이 한번 유람하고 즐기는 것 모두가 백성에게 은혜를 끼치는 것이니, 우리 임금이 기꺼이 하지 않으신다면 누가 우리의 부족함을 알아서 도와주겠는가? 우리 임금이 놀고 즐기는 것이 모두 백성에게는 은혜이자 사방 제후들의 법도가 된다고 한 것입니다.' 선왕의 순행은 바로 이러한 이유에서 나온 것입니다.

昔者에 齊景公이 問於晏子曰 吾欲觀於轉附朝儛하야 遵海而南하야
석 자　제 경 공　문 어 안 자 왈　오 욕 관 어 전 부 조 무　　준 해 이 남

放于琅邪하노니 吾何脩而可以比於先王觀也오
방 우 낭 야　　오 하 수 이 가 이 비 어 선 왕 관 야

晏子對曰 善哉라 問也여 天子適諸侯曰 巡狩니 巡狩者는 巡所守也요
안 자 대 왈　선 재　문 야　천 자 적 제 후 왈　순 수　순 수 자　순 소 수 야

諸侯朝於天子曰 述職이니 述職者는 述所職也니 無非事者요
제 후 조 어 천 자 왈　술 직　　술 직 자　술 소 직 야　무 비 사 자

春省耕而補不足하며 秋省斂而助不給하나니 夏諺에 曰吾王이 不遊면
춘 성 경 이 보 부 족　　추 성 렴 이 조 불 급　　　하 언　왈 오 왕　불 유

吾何以休며 吾王이 不豫면 吾何以助리오 一遊一豫가 爲諸侯度라하니이다
오 하 이 휴　오 왕　불 예　오 하 이 조　일 유 일 예　위 제 후 도

※ 전부(轉附)·조무(朝儛): 산 이름들. 준(遵): 따름. 방(放): 이르다[至]. 술(述): 진술. 예(豫): 즐김.

그런데 지금은 제후가 놀면서 보는 것이 선왕 때와는 같지 아니하여 일 없이 놀 따름입니다. 임금이 행차하면 많은 군대가 뒤따르는데, 그 군대가 가면서 먹는 양식은 백성이 제공하는 것입니다. 백성 가운데 굶주린 자가 먹지 못하고 수고하는 자가 쉬지 못하여 결눈질하면서 노한 눈으로 보며 서로 비방하여 백성의 마음에 원망과 미워함이 사무칩니다. 천자의 명령은 본래 제후들이 한 나라의 백성을 도와주라는 것인데, 이제

천자 스스로가 명령을 거슬러서 백성을 포학하게 대하고, 음식의 사치와 허비가 물 흐르듯 합니다. 그들은 물을 따라 놀며 물을 거슬러 놀며 사냥하며 술을 마셔서 이르지 않는 데가 없어서, 제후국의 작은 나라와 지방 관원의 근심이 되고 있습니다.

구체적으로 말하면, 흘러가는 물길을 따라 내려가서 돌아옴을 잊어버리는 것을 '류(流)'라 하고, 물길을 거슬러 올라가 돌아옴을 잊어버리는 것을 '연(連)'이라 하고, 짐승을 쫓아가며 싫어함이 없는 것을 '황(荒)'이라 하고, 술을 즐겨하여 싫어함이 없는 것을 '망(亡)'이라 하여 하나같이 절제하곤 하였습니다. 이처럼 선왕들은 물을 따라 놀며 물을 거슬러 노는 즐거움과 사냥하며 술을 마시는 행동이 없으셨으니, 이 모든 것은 오직 임금이 어떻게 하느냐에 달려있습니다.

今也에는 不然하여 師行而糧食하여 飢者弗食하며 勞者弗息하여
금 야   불 연   사행이양식   기자불식   노자불식

眣眣胥讒하여 民乃作慝이어늘 方命虐民하여 飮食若流하여 流連荒亡하여
견견서참   민내작특   방명학민   음식약류   유련황망

爲諸侯憂하나니이다 從流下而忘反을 謂之流요 從流上而忘反을 謂之連이요
위제후우   종류하이망반 위지류 종류상이망반 위지련

從獸無厭을 謂之荒이요 樂酒無厭을 謂之亡이니
종수무염 위지황   낙주무염 위지망

先王은 無流連之樂과 荒亡之行하더시니 惟君所行也니이다
선 왕 무유련지락   황망지행   유군소행야

※ 사(師): 군대. 견견(眣眣): 흘겨보는 모양. 서(胥): 서로. 방(方): 거스리다.

이 말을 들은 경공은 안자의 말에 감동하여 흔쾌히 지금의 폐단은 반드시 버려야 하고 선왕의 법은 반드시 행해야 한다고 생각하였습니다. 남쪽으로 향하려는 계획을 중지하는 한편 백성을 위한 자신의 의지를 나라에 크게 반포하고 들에 나가 거처하면서 궁중에 편안히 있지 않고 민생을 살핀다는 뜻을 보였습니다. 이에 처음으로 창고에 있던 곡식을 내어 백성의 부족한 것을 도와주고, 음악을 맡은 관원을 불러 다음과 같이 명하기도 하였습니다.

'나와 안자처럼 군주와 신하가 뜻이 서로 맞는 것은 어려운 일이니, 군신이 서로 기뻐하는 뜻을 음악으로 연주하여 지금의 성대한 일을 기록하라'고 하니, 그때 지은 음악이 곧 치소(徵招)와 각소(角招)입니다. 그 악장의 시에 '임금의 욕심을 저지함이 무슨 허물이랴'고 하였으니, 안자가 임금의 욕심을 저지하여 마땅히 임금에게는 허물이 될 것이지만 '군주를 사랑하는 충심에서 우러나오는 그 마음이 무슨 허물이 되겠는가'라고 말한 것입니다.

爲我하여 作君臣相說之樂하라하니 蓋徵招角招가 是也라
위 아   작 군 신 상 열 지 악   개 치 소 각 소   시 야

其詩曰 畜君何尤리오하니 畜君者는 好君也니이다
기 시 왈 축 군 하 우   축 군 자   호 군 야

※ 치(徵): 소리. 축(畜): 그치다. 우(尤): 허물.

음악의 오음계인 궁상각치우(宮商角徵羽)는 각각 비유하는 것이 있습니다. 궁(宮)은 군주이고 상(商)은 신하라면, 위에서 언급된 각(角)은 백성을 염두에 둔 소리이고, 네 번째 치(徵)는 일을 의미하며, 우(羽)는 사물을 말합니다. 그리고 소(韶 혹은 招)는 순임금 시대의 음악 아름답게 여기는 말입니다. 군주와 신하 모두 백성을 위해 일을 함으로써 서로 기뻐하기 때문에, 치소(徵招)와 각소(角招)를 지은 본래의 의도는 백성을 향한 마음으로 일한다는 내용을 담고 있습니다.

맹자는 '임금의 욕심을 저지함이 무슨 허물이랴'는 구절에서 신하가 그 임금의 그릇된 욕심을 저지한 것은 임금의 뜻을 거스르는 것 같으나, 실상은 그 임금을 사랑하는 마음에서 나온 것이라 풀이합니다. 왕께서 진실로 신의 말을 들어서 경공과 안자처럼 백성을 위하는 마음으로 백성과 더불어 즐기신다면, 백성 가운데 어찌 윗사람을 비방하는 자가 있겠느냐는 것입니다. 백성의 즐거움과 근심을 자신의 일처럼 생각하는 군주라면, 백성 역시 군주의 즐거움과 근심을 같이할 것이라는 맹자의 말은 그가 평소 강조했던 여민동락의 또 다른 표현입니다. 여기서 그는 더 나아가 윗자리에 있는 군주의 행동 하나하나가 결과적으로 백성들에 영향을

끼치므로 조심해야 하고, 백성을 향한 군주의 마음을 도와주는 충성스런 신하의 역할을 강조하기도 합니다.

양혜왕 하편 5장 : 興民同之

왕도정치의 이상향

유명무실해진 명당(明堂)의 존립여부를 놓고 제선왕은 맹자에게 자문을 구합니다. 명당이란 천자가 지방을 순행하면서 제후들의 조회를 받을 때 머무르던 곳으로, 이곳은 천자 중심의 질서체계를 세우는 동시에 백성의 고충을 이해하고 해소하려는 왕도정치의 생생한 현장이기도 합니다. 제선왕과의 대화에서 나오는 명당은 제나라의 태산에 있던 명당으로 천자가 동쪽 지방을 둘러볼[巡狩] 때 사용하던 곳입니다. 봉건체제가 무너지자 그 실효성이 떨어진 지 오래였고 유지비용이 부담이 되는 상황에서 명당 철거의 요구에 직면한 제선왕은 고민에 빠져 있었습니다.

"제나라 태산에는 천자가 제후의 조회를 받을 때 머무르던 명당이 오래전부터 있었습니다. 천자가 다시 순행하지 않았기 때문에 사람들이 나에게 명당을 헐어야 된다고 합니다. 과연 헐어야 할까요, 아니면 보존해야 할까요?"

"명당이란 왕이 지방을 순행할 때 머무르며 정치를 하는 곳이니, 왕께서 만약 왕도정치를 시행하고 싶으시다면 허물지 마십시오."

"人皆謂我毁明堂이라하나니 毁諸아 已乎잇가"
인 개 위 아 훼 명 당   훼 저   이 호

"夫明堂者는 王者之堂也니 王欲行王政則勿毁之矣소서"
부 명 당 자   왕 자 지 당 야   왕 욕 행 왕 정 즉 물 훼 지 의

※ 명당(明堂): 지역의 제후들에게 조회를 받던 천자의 별궁. 이(己): 그만두다.

맹자는 천하의 진정한 왕이 될 생각을 가지고 있다면 천자의 제도를 시행하는 명당제도를 존치시켜야 할 것이라 말합니다. 기억의 상징적 장소이자 회복의 발판이 될 수 있기 때문일 것입니다.

"그런데 그대가 말하는 왕도정치에 대해서 자세히 듣고 싶습니다."

"옛날에 문왕이 기 땅을 다스릴 때 밭을 가는 자는 9분의 1을 세금으로 내는 정전제를 시행하였고, 벼슬하였던 자는 선조들의 공적을 생각하여 대대로 그 자손에게 봉록을 주었으며, 도로의 관문과 도읍의 시장에서는 단지 이상한 사람들을 살피기만 하고 상가의 세금을 받지 아니하였으며, 저수지와 고기 잡는 곳에는 백성과 이익을 함께하면서 백성들이 사용하는 것을 제한하지 않았고, 죄인은 죄를 지은 자에게만 형벌을 내리고 처자에게까지 미치지 않았습니다. 이처럼 사농공상을 모두 기르는 정책을 실행하였습니다.

또한 나이 들어 아내 없는 사람을 홀아비[鰥]라고 하고, 늙어서 남편이 없는 사람을 과부[寡]라고 하고, 늙어서 자식 없는 사람을 독거노인[獨]이라 하고, 어려서 아비 없는 사람을 고아[孤]라 말합니다. 백성 가운데 네 부류의 사람은 천하에 지극히 곤궁하지만 하소연할 곳이 없는 자들입니다. 문왕이 정치를 하고 인을 베푸실 때 반드시 이 네 부류의 곤궁한 백성들을 불쌍하게 생각하여 먼저 뜻을 두었습니다. 부모와 처자의 봉양이 없는 이들을 더욱 가엾게 여겨 우선적으로 구휼했던 것입니다. 그래서 『시경』에 '부유한 사람은 괜찮지만, 이 외롭고 힘든 사람은 고달프다'고 했던 것입니다. 왕도정치란 대체로 이와 같습니다."

"王政을 可得聞與잇가" "昔者文王之治岐也에 耕者를 九一하며
왕정 가득문여   석자문왕지치기야 경자 구일

仕者를 世祿하며 關市를 譏而不征하며 澤梁을 無禁하며 罪人을 不孥하더시니
사자 세록 관시 기이부정 택량 무금 죄인 불노

老而無妻曰鰥이요 老而無夫曰寡요 老而無子曰獨이요 幼而無父曰孤니
노이무처왈환 노이무부왈과 노이무자왈독 유이무부왈고

此四者는 天下之窮民而無告者어늘 文王이 發政施仁하사대 必先斯四者하시니
차사자 천하지궁민이무고자 문왕 발정시인 필선사사자

詩云 哿矣富人이어니와 哀此煢獨이라하니이다"
　　시 운 가 의 부인 　　　애 차 경 독

※ **기**(岐): 주나라가 통치하던 이전의 땅이름. **구일**(九一): 정전(井田)의 구획 및 세금 제도. **기**
　(譏): 살피다. **노**(耂): 처자. **환과고독**(鰥寡孤獨): 홀아비[鰥]. 과부[寡]. 독거노인[獨]. 고아[孤].
　시(詩): 『시경』 「소아」편의 정월. **가**(哿): 괜찮다[可]. **경**(煢): 외롭다.

"좋습니다. 선생의 왕도정치에 대한 말씀이여!"

"좋은 말을 들었다면 실천하는 것이 중요합니다. 왕께서 좋게 여기시면
서 왜 실행에 옮기지 않으십니까?"

"과인에게는 재물을 좋아하는 깊은 병통이 있습니다."

"재물을 좋아하는 것이 왕도정치를 시행하는 데 무슨 방해가 되겠습니까?
옛날 공유(公劉) 또한 재물을 좋아하기도 하였습니다. 공유가 정치를 힘쓴
일에 대하여 『시경』에서는 다음과 같이 노래하고 있습니다.

'백성들이 밖에는 거두지 않고 쌓아놓은 곡식이 있고 집에는 창고가 있
거늘 이동을 위해 늘 마른 양식을 자루에 쌓아 놓았다. 백성이 편안히 모
여살고 국가가 빛날 것을 생각하여 활과 화살을 준비하고 창과 방패 및
크고 작은 도끼를 가지고 비로소 길을 떠나 도읍을 빈 땅으로 옮겼다.'

『시경』의 말로 보면 공유가 도읍을 옮길 때 백성들이 거처하는 곳에 노
적과 창고가 있었고, 길을 가는 자는 모두 이동할 양식이 있어서, 백성이
부유하고 풍족함을 알 수 있습니다. 이는 공유가 재물을 좋아했지만 자
기 마음을 미루어서 백성에게 미쳤기 때문입니다. 그런 다음에 바야흐
로 길을 열어 나라를 세우고 사업을 일으켰던 것입니다. 왕께서 만일 재
물을 좋아하시면서 공유처럼 백성과 함께하는 정치를 하여 백성들이 모
두 부유하고 풍족해지려는 소원을 이루게 하신다면 천하의 왕이 되시는
데에 무슨 어려움이 있겠습니까?"

"善哉라 言乎여" "王如善之則何爲不行이니잇고"
　선 재 언 호 　　　왕 여 선 지 즉 하 위 불 행
"寡人이 有疾호니 寡人은 好貨하노이다"
　과 인 　유 질 　　과 인 　호 화

"昔者에 公劉好貨하더시니 詩云 乃積乃倉이어늘 乃裹餱糧을 于橐于囊이오아
석자 공유호화   시운 내적내창   내과후량   우탁우낭

思戢用光하여 弓矢斯張하며 干戈戚揚으로 爰方啓行이라하니
사집용광   궁시사장   간과척양   원방계행

故로 居者有積倉하며 行者有裹糧也然後에야 可以爰方啓行이니
고 거자유적창   행자유과량야연후   가이원방계행

王如好貨어시든 與百姓同之하시면 於王에 何有리잇고"
왕여호화   여백성동지   어왕 하유

※ **공유**(公劉): 후직의 증손. **시**(詩): 『시경』 「대아(大雅)」편의 공유(公劉). **적**(積): 길기에 쌓아놓은 곡식. **후**(餱): 마른 양식. **탁낭**(橐囊): 전대와 자루. **집**(戢): 편안히 모여 살다. **원**(爰): 이때에 이르러. **하유**(何有): 무슨 어려움이 있겠는가. 하난지유(何難之有)의 줄인 말.

맹자는 왕이 재물을 좋아하는 것이 왕도정치의 실현에 아무런 장애가 되지 않는다고 위로합니다. 국가의 부강은 오히려 백성들에게 힘이 될 수 있기 때문이죠. 다만 백성들과 같이하려는 마음이 있어야 한다는 조건을 빼놓지 않습니다. 그러나 제선왕은 여민동락에는 그다지 마음이 없었던 듯 또 다른 핑곗거리를 찾습니다.

"잘 들었습니다. 그런데 과인은 재물을 좋아할 뿐 아니라, 또한 여색을 좋아하는 병도 있어서 미모에 마음이 흔들리고 씀씀이가 사치스러워 왕도정치를 시행하지 못할 것 같습니다."

"여색을 좋아하는 것도 왕도정치에 방해가 되지 않습니다. 옛날에 왕도정치를 행한 태왕 역시 여색을 좋아하여 그 후비를 총애하셨습니다. 『시경』에 다음과 같은 말이 있습니다.

'고공단보라 불리는 태왕이 적인(狄人)의 난리를 피해 도읍을 옮길 때, 아침부터 말을 달려 서쪽 물가를 따라서 기산 아래에 이르렀는데 이때 그 후비였던 강녀와 함께 살아갈 집터를 보았다.'

이때에 태왕의 백성은 안으로는 남편이 없다고 원망하는 여자가 없으며, 밖으로는 아내 없는 남자가 없었습니다. 이것은 태왕이 여색을 좋아하는 마음을 미루어 백성에게 미친 것입니다. 왕께서 만일 여색을 좋아

하면 또한 태왕과 같이 백성들과 함께하여 원망하는 여자와 부인이 없는 남자를 없게 만드신다면 천하의 왕이 되는 데 무슨 어려움이 있겠습니까?"

"寡人이 有疾호니 寡人은 好色하노이다"
과인　유질　　과인　호색

"昔者에 大王이 好色하사 愛厥妃하더시니 詩云 古公亶父 來朝走馬하사
석자　대왕　호색　애궐비　　　시운고공단보　내조주마

率西水滸하여 至于岐下하여 爰及姜女로 聿來胥宇라 하니 當是時也하여
솔서수호　지우기하　원급강녀　율래서우　　당시시야

內無怨女하며 外無曠夫하니 王如好色이어시든 與百姓同之하시면
내무원녀　외무광부　왕여호색　　여백성동지

於王에 何有리잇고"
어왕　하유

※ 태왕(大王): 공유의 9세손. 시(詩): 『시경』 「대아(大雅)」편의 면(綿). 고공단보(古公亶父): 태왕의 본래 이름. 호(滸): 물가. 강녀(姜女): 태왕의 비. 율(聿): 마침내. 서(胥): 보다[相].

나를 넘어 모든 이들과 함께하는 마음가짐이 맹자가 주장하는 왕도정치의 출발선입니다. 맹자는 부귀나 미색을 좋아하는 인간의 욕망을 순화시켜 모든 이들을 이해하고 포용하는 정치를 시행하려는 꿈을 말하고, 이러한 이상을 왕도정치가 실현되던 장소인 명당(明堂)의 보존을 통해 재확인하고자 했던 것입니다.

모두의 꿈을 꾸는 사람에게 우리는 박수를 보내고, 그러한 인물에게는 언젠가 기회도 찾아올 것입니다. 왕이시여, 우리 모두의 꿈을 이루어주소서!

양혜왕 하편 6장 : 各勤其任

지도자의 책임의식

맹자가 사용하는 비유는 짧으면서도 때로는 날카롭습니다. 어느 날인가 맹자는 제선왕에게 국가통치의 책임 소재를 두 가지 사례를 통해 말합니다.

"왕의 신하 가운데 벗에게 처자를 잠시 맡겨두고 초나라에 가서 유람하던 자가 있었습니다. 초나라에서 돌아올 때에 친구는 그 처자를 추위에 얼게 하고 굶주려 있는데도 구제하고 있지 않았다면, 왕의 신하가 장차 그 벗을 어떻게 하겠습니까?"

"버려야지요. 부탁을 받고 저버렸으니, 끊어 버리고 친구로 여기지 말아야 할 것입니다."

"또한 형법을 맡은 장관인 사사(士師)가 그 소속 관리를 제대로 다스리지 못하여 형벌이 적당하게 집행되지 못하고 있다면, 그 책임자인 사사를 어떻게 하시겠습니까?"

"벼슬을 지키는 자가 그 직책을 다하지 못하면, 이는 직분을 잃어버린 관리이죠. 마땅히 파직시키고 쓰지 말아야 할 것입니다."

"王之臣이 有託其妻子於其友而之楚遊者가 比其反也하여 則凍餒其妻子어든
왕 지 신   유 탁 기 처 자 어 기 우 이 지 초 유 자   비 기 반 야   즉 동 뇌 기 처 자

則如之何잇고" "棄之니이다" "士師가 不能治士어든 則如之何잇고" "已之니이다"
즉 여 지 하   기 지   사 사   불 능 치 사   즉 여 지 하   이 지

※ 지(之): 가다. 비(比): 미치다. 이르다. 사사(士師): 옥을 다스리는 관리의 으뜸으로 그가 관할하는 관리는 50리 이상 지역을 관리하는 향사(鄕士)와 100리 이상 떨어진 지역을 관리하는 수사(遂事)를 비롯하여 여럿이 있음. 이(已): 파직하다.

이어서 맹자는 정곡을 찌르듯 말합니다. "그렇다면 한 나라의 임금이 되어 정치를 잘못하여 백성이 곤궁하며 국경의 사방 안이 잘 다스려지지 못한다면, 이것은 부탁을 저버린 벗이나 직책을 잃어버린 신하와 무엇이 다르겠습니까? 장차 어떻게 해야 좋겠습니까?" 말을 듣고 있던 제선왕은 어느 순간 주변을 돌아보며 다른 말로 화제를 돌립니다. 자신의 책임을 모면하려 애써 듣지 못한 체하는 모습이 역력합니다.

> 맹자께서 "나라가 다스려지지 않으면 어떻게 하시겠습니까?"라고 물으니, 왕이 좌우를 돌아보며 다른 말을 하였다.
>
> 日 四境之內不治어든 則如之何잇고 王이 顧左右而言他하시다
> 왈 사 경 지 내 불 치   즉 여 지 하   왕   고 좌 우 이 언 타
>
> ※ 고(顧): 돌아보다.

군주와 신하로 대표되는 위아래가 각각 그 책임을 부지런히 수행하면서 자신이 맡은 직책을 실추시키지 말아야 전체 조직이 원활히 유지될 수 있습니다. 그러나 남을 탓하기는 쉬워도 자신의 잘못을 인정하기는 간단하지 않습니다. 서로 믿고 맡기는 사회적 책임감이 동반되어야 할 것입니다. 특히 그가 국가 지도자일 경우에는 더 말할 필요가 없을 것입니다.

양혜왕 하편 7장 : 爲民父母

신중한 인재등용

맹자가 제나라에 머물면서 느낀 점은 국가와 백성을 위해 신념을 가지고 일할 사람이 부족하다는 것입니다. 오랜 명성을 지녔던 제나라인지라 더 그러했는지 모릅니다. 그는 제선왕을 찾아뵙고 인재가 고갈되어가는 현상에 대해 말합니다.

고국(故國)이라 일컫는 옛 나라는 단순히 커다란 나무가 있다는 것을 말하는 것이 아니라, 대대로 벼슬하는 신하가 있다는 것을 말합니다. 그런데 오늘날 왕 주변에는 친밀하면서 믿을 만한 신하도 없습니다. 지난날 등용했던 신하들이 오늘날에는 없어지는 것도 알지 못하고 있지 않습니까?

所謂故國者는 非謂有喬木之謂也라 有世臣之謂也니 王無親臣矣셔소이다
소 위 고 국 자   비 위 유 교 목 지 위 야   유 세 신 지 위 야   왕 무 친 신 의

昔者所進을 今日에 不知其亡也온여
석 자 소 진   금 일   부 지 기 망 야

※ **세신**(世臣): 여러 세대에 걸쳐 공로가 있는 신하. **친신**(親臣): 친하고 믿을 만한 신하. **망**(亡): 없어지다.

맹자는 제나라의 명성에 걸맞는 훌륭한 인재가 없음을 꼬집어 말합니다. 역사와 전통이 깊은 나라는 외형으로 단순히 큰 나무가 있다는 것을 말하는 것이 아니라, 여러 대에 걸쳐 공로가 있는 오랜 신하[世臣]들이 함께하고 있다고 보기 때문입니다. 그들은 대대로 충성을 다하면서 국가의 운명을 함께했던 이들이니, 종묘사직과 백성들이 모두 그들에게 힘입었던 것입니다. 그런데 오늘날 제나라 왕의 주변에는 그렇게 믿을 만한 신하들도 없을 뿐만 아니라, 지난날 등용했던 신하들도 지금은

왕 곁에 남아 있지 않은데 왕은 그것도 알지 못하는 현실을 지적합니다. 지금도 그러한데 앞으로 어떤 신하가 국가를 위해 충성을 다하겠느냐는 것입니다. 이것은 누구의 잘못일까요?

국정 운영에 대한 맹자의 불만이 가득한 목소리를 들은 왕은 다소 불쾌한 심정이 들었을 것입니다. 애당초 알지 못해서 잘못 썼기 때문이니 그들이 떠나는 것을 개의치 않는다는 것입니다.

"내가 어떻게 하여야 그 사람이 재능이 없다는 것을 미리 알고서 등용하지 않을 수 있겠소?"

"군주가 어진 이를 등용할 때에는 상황을 고려하여 어쩔 수 없이 쓰는 것처럼 신중해야 합니다. 사람을 잘못 쓰면 장차 지위가 낮은 사람을 높은 데로 올려 세워야 하거나 소원한 자들로 하여금 친한 사람들 위에 앉히게 될 것이니, 삼가지 않을 수 있겠습니까?"

"吾何以識其不才而舍之잇고"
오 하 이 식 기 부 재 이 사 지

"國君이 進賢호대 如不得已니 將使卑로 踰尊하며 疏로 踰戚이니 可不愼與잇가"
국 군 진 현　　　여 부 득 이　　장 사 비　유 존　　소　유 척　　　가 불 신 여

※ **식**(識): 알다. **사**(舍): 버리는 사(捨)와 같음. **유**(踰): 넘다. **소**(疏): 멀다. 소원하다. 소(疎)나 소(疏)도 같은 의미. **척**(戚): 친척. **신**(愼): 신중하다.

맹자는 애초부터 인재등용에 신중을 기해야 한다고 말합니다. 유학에서는 높여야 될 사람을 높이고[尊尊] 친해야 될 사람을 친하게 대하는 것[親親]을 정상적인 예법으로 보았습니다. 따라서 높고 낮음에 등급이 있고 가까움과 멀리함에 차례가 있는 것은 조정의 예법인데, 낮은 이로 하여금 높은 이를 뛰어넘게 하며 소원한 이로 친근한 이를 넘어서도록 한다면 예법의 질서가 어지럽게 될 것이라 보았던 것입니다. 예를 들어 어떤 사람이 어질다고 생각하여 높은 벼슬을 맡겼다가 현명하지 못하다면 어쩔 수 없이 낮은 벼슬에 있는 어진 자를 찾아 바꿔야 하는 상황도 있습니다. 이것은 지체가 낮은 사람이 지위가 높은 이를 넘어서도록

하는 것입니다. 또한 어질다고 생각하여 심복으로 삼았는데, 만약 그가 현명하지 못하다면 어쩔 수 없이 자신과 가깝지 않은 사람 가운데서 어진 자를 찾아 바꿔야 하는 경우도 있습니다. 이것은 소원한 자들이 친한 이를 넘어서도록 하는 것이니 예법에 어긋나는 일입니다. 따라서 맹자는 높이거나 가까이 두어야 할 사람을 선택하는데 어찌 신중을 다하지 않을 수 있겠느냐고 권유합니다.

사실 제선왕도 좋은 인재를 선발하고 싶었지만 그 선발기준에 대해 흔들리고 있었던 것입니다. 맹자는 신중에 신중을 거듭하여 모든 이들의 의견을 경청하여 판단하라고 제안합니다.

주변 신하들이 모두 어질다고 할지라도 너무 가까운 신하들 말이니 허락하지 마십시오. 여러 대부가 모두 어질다고 하더라도 사적인 관계에서 나온 말일지 모르니 쉽게 허락하지 마십시오. 온 나라 사람들이 다 어질다고 말한 것을 듣고, 직접 검토한 다음에 등용하십시오. 만일 주변 신하들이 써서는 안 된다고 할지라도 일부러 배척하는가 생각하여 듣지 마시고, 여러 대부들이 써서는 안 된다고 할지라도 사사로운 훼방에서 나왔는가 살펴서 듣지 마십시오. 온 나라 사람들이 다들 안 된다고 한 다음에도 직접 확인하고 버려야 합니다.

左右皆曰賢이라도 未可也하며 諸大夫皆曰賢이라도 未可也하고 國人이 皆曰
좌 우 개 왈 현   미 가 야   제 대 부 개 왈 현   미 가 야   국 인   개 왈

賢然後에 察之하여 見賢焉然後에 用之하며 左右皆曰不可라도 勿聽하며
현 연 후   찰 지   견 현 언 연 후   용 지   좌 우 개 왈 불 가   물 청

諸大夫皆曰不可라도 勿聽하고 國人이 皆曰不可然後에 察之하여
제 대 부 개 왈 불 가   물 청   국 인   개 왈 불 가 연 후   찰 지

見不可焉然後에 去之하며
견 불 가 언 연 후   거 지

인사가 만사라고 말하기도 합니다. 인재를 쓰거나 버리는 것은 몇 사람의 생각에 따라서는 안 되고 모든 이들의 공론을 들어야 한다는 것입니다. 또한 공론이 공정하기는 하지만 세속의 평가만 믿어서도 안 되고,

그 사람의 이력과 실상을 직접 검토하여 의심이 없을 때에야 높고 친한 반열에 등용하여 바꾸지 말아야 한다고 덧붙입니다. 이처럼 떠밀리듯 마지못해 하는 것처럼 인재등용에 신중에 신중을 다한다면, 어찌 재주가 없는 것을 알지 못하여 잘못 쓰는 일이 있겠느냐는 것입니다.

내친김에 맹자는 어진 이를 등용하는 데만 이같이 할 뿐 아니라, 형벌을 집행할 때도 그렇게 해야 한다고 말합니다.

> 주변 신하들이 다 죽여야 한다고 하여도 사적인 분노 때문일지 모르니 쉽게 듣지 마시고, 여러 대부가 다 죽여야 한다고 하더라도 개인적인 원망 때문일지 모르니 가볍게 결정하지 마십시오. 온 나라 사람들이 다 죽여야 한다고 말하면 이 또한 살펴서 참으로 죽일 만한 경우에 죽여야 합니다. 그러므로 임금이 죽인 것이 아니라 나라 사람들이 죽인 것이라고 말하는 것입니다. 이와 같이 한 다음에라야 백성의 부모라 할 수 있을 것입니다.

左右皆曰 可殺이라도 勿聽하며 諸大夫皆曰 可殺이라도 勿聽하고
좌 우 개 왈 가 살   물 청   제 대 부 개 왈 가 살   물 청

國人이 皆曰 可殺然後에 察之하여 見可殺焉然後에 殺之니
국 인   개 왈 가 살 연 후   찰 지   견 가 살 언 연 후   살 지

故로 曰 國人이 殺之也라하니이다 如此然後에 可以爲民父母니이다
고   왈 국 인   살 지 야   여 차 연 후   가 이 위 민 부 모

국가와 운명을 함께할 이들을 신중히 선택하여 등용하고, 한번 선택했다면 쉽게 죄를 주거나 버려서도 안 될 것입니다. 그러한 마음에서 백성들의 부모가 되는 위민부모(爲民父母)의 길이 시작됩니다. 맹자는 말합니다. 왕이시여, 백성의 부모된 마음으로 흔들림없는 공정한 인재선발을 하소서!

역성혁명의 정당성

『맹자』는 송나라 이전까지 유가경전을 대표하는 13경의 반열에 끼지 못했고, 때로는 금서로까지 낙인 찍히기도 하였습니다. 관점에 따라 신하가 군주를 죽이거나 무시하는 하극상을 정당화하는 듯한 구절이 있기 때문입니다. 아래의 제선왕과 대화는 짧지만 『맹자』를 역대 제왕들이 껄끄러워 했던 이유를 잘 보여주고 있습니다.

"탕왕이 걸을 남소로 추방하고, 무왕이 주를 목야에서 정벌하였다고 하니, 과연 그런 일이 있습니까?"

"『서경』의 「탕서」나 「무성」에 기록되어 있습니다."

"걸과 주는 천자이고 탕과 무는 제후인데, 신하가 군주를 시해하는 것이 옳을까요?"

"신하가 어찌 임금을 시해할 수 있겠습니까? 하늘이 임금을 세우고 백성이 임금을 추대한 이유를 살펴보면 인의(仁義)의 도리를 다하기 위한 것입니다. 인을 해롭게 하는 자는 흉포하고 포학하여 하늘의 이치를 따르려는 마음이 없으니, 이를 해친다는 뜻의 적(賊)이라 합니다. 또한 의를 해롭게 하는 자는 뒤집고 혼란시켜 일마다 윤리를 상하게 하니, 이를 손상시킨다는 의미에서 잔(殘)이라 말합니다. 해치고 손상시키는 자는 천명과 인심이 떠나니, 이른바 한 남자일 뿐이요, 천하의 임금이라 말하지 못할 것입니다. 무왕이 천명에 호응하여 인심을 따라 한 남자로서 주왕을 베었다는 말은 들었지만, 군주를 시해했다는 말은 듣지 못하였습니다."

"湯이 放桀하시고 武王이 伐紂라 하니 有諸잇가" "於傳에 有之하니이다"
　　탕　　방걸　　　　무왕　벌주　　　　유저　　　　　어전　유지

"臣弑其君이 可乎잇가" "賊仁者를 謂之賊이요 賊義者를 謂之殘이요
　신시기군　　가호　　　적인자　　위지적　　　적의자　　위지잔

殘賊之人을 謂之一夫니 聞誅一夫紂矣요 未聞弑君也케이다"
　잔적지인　　위지일부　　문주일부주의　　미문시군야

※ **방**(放): 내침. **적**(賊): 해침. **잔**(殘): 손상시킴.

인의(仁義)를 손상시키는 군주는 군주로 인정할 수 없다는 맹자의 당
찬 주장입니다. 『서경』에서는 천하의 민심을 얻으면 천자가 되고, 천하
가 배반하면 홀로 살아가게 된다는 '독부(獨夫)'라는 말도 있습니다. 또
한 윗사람을 시해했다[弑]가 아니라 잘못된 사람을 토벌했다[誅]라고
어휘선정에도 신경 쓸 정도로 나름의 논리가 있었기에 역성혁명의 정
당성을 말할 수 있었던 것이지요.

그러나 하극상의 쿠데타에도 조건이 있습니다. 오직 아랫자리에 있
는 자가 탕이나 무왕처럼 어진 마음의 소유자라야 하고, 윗자리에 있는
자가 걸이나 주처럼 포악해야 한다는 두 가지 조건이 있을 때라야 가능
하다고 봅니다. 그렇지 않으면 이는 군주의 자리를 찬탈한다는 오명을
벗어나기 힘들 것입니다. 지난 역사에서 그 모든 과정을 겪어본 우리로
서는 정치 똑바로 하라는 맹자의 경고를 쉽게 지나칠 수 없습니다.

믿고 맡기는 자세

맹자는 제나라 선왕이 어진 이를 인정하면서도 나라를 다스리는 것을 함께 도모하지 않는 것을 보고 비유를 들면서 말합니다.

왕께서 큰 집을 짓고자 하시면, 반드시 목수장으로 하여금 큰 재목을 구하게 하실 것입니다. 그가 큰 재목을 얻으면 왕이 반드시 기뻐하여 큰 집 짓는 임무를 잘 감당한다고 하시고, 만일 이것을 잘못 깎아서 작게 만들면 왕이 반드시 노하여 큰 집 짓는 임무를 잘 감당하지 못한다고 하실 것입니다. 마찬가지로 어진 사람이 어려서 인의의 큰 도를 배우는 것은 장성하여 임금을 만나 배운 바를 행하여 임금의 뜻을 이루어 주고 백성에게 혜택을 주고자 하는 것입니다. 그런데 왕께서는 '우선 네가 배운 인의를 버리고 내가 꾀하는 공명과 이익을 따르라'고 하십니다. 이는 어진 사람이 배운 것은 큰데 왕이 도리어 이것을 작게 하고자 하는 것입니다. 목재를 맡기는 데는 큰 것을 원하고, 어진 이에게 맡기는 데는 작은 것을 원하니, 저는 알지 못하겠습니다. 왕은 과연 무엇을 바라고 이같이 하시는 것입니까?

爲巨室則必使工師로 求大木하시리니 工師 得大木則王이 喜하여
위 거 실 즉 필 사 공 사   구 대 목   공 사 득 대 목 즉 왕   희

以爲能勝其任也라하시고 匠人이 斷而小之則王이 怒하여
이 위 능 승 기 임 야   장 인   착 이 소 지 즉 왕   노

以爲不勝其任矣라하시리니 夫人이 幼而學之는 壯而欲行之니
이 위 불 승 기 임 의   부 인   유 이 학 지   장 이 욕 행 지

王曰 姑舍女의 所學하고 而從我라하시면 則何如하니잇고
왕 왈 고 사 여   소 학   이 종 아   즉 하 여

※ **거실(巨室)**: 큰 궁궐. **공사(工師)**: 우두머리 장인. **고**(姑): 잠시. **여**(女): 너.

지금 여기 다듬지 않은 옥이 있으면, 그 값이 비록 이십만 냥이라도 왕이 감히 스스로 다듬지 못하고 반드시 옥공으로 하여금 쪼아 다듬게 할 것입니다. 이는 자기가 하지 못하고 옥공이 할 수 있는 줄을 아는 것이니, 왕이 옥을 매우 아끼기 때문입니다. 저 국가의 중요함이 어찌 이십만 냥일 뿐이며, 어진 이가 나라를 다스리는 것이 어찌 옥공이 옥을 다스리는 것과 같을 뿐이겠습니까? 바로 자신의 생각을 버리고 맡겨야 할 것인데, 국가를 다스리는 데에는 '우선 너의 배운 바를 놓아두고 나의 하는 바를 따르라'고 합니다. 뜻을 펴서 다스리지 못하게 하니, 어찌 옥을 만드는 사람으로 하여금 옥을 쪼아 다듬게 하는 것과 다르게 하십니까?[*]

今有璞玉於此하면 雖萬鎰이라도 必使玉人彫琢之하시리니 至於治國家하여는
금 유 박 옥 어 차　　　 수 만 일　　　 필 사 옥 인 조 탁 지　　　　 지 어 치 국 가

則曰 姑舍女의 所學하고 而從我라하시면 則何以異於教玉人彫琢玉哉잇고
즉 왈 고 사 여　　 소 학　　 이 종 아　　　　 즉 하 이 이 어 교 옥 인 조 탁 옥 재

※ **박옥**(璞玉): 돌 속에 박힌 옥. **일**(鎰): 20냥. **교**(教): 하도록 하다는 사역의 의미.

어설프게 접근하기보다는 전문가를 믿고 한발 물러설 줄도 알아야 합니다. 맹자는 군주가 진정으로 국가와 백성을 사랑한다면 어질고 능력을 지닌 이들을 등용하여 일을 맡겨보라고 에둘러 말하고 있는 것입니다.

---

[*] 『맹자』, 유교문화연구소, 성균관대출판부, 116~118쪽 참조.

정벌의 정당성

제나라가 연나라의 내란을 틈타 공격하여 크게 이겼습니다. 연왕인 쾌가 재상인 자지(子之)에게 왕위를 넘기는 혼란스러운 상황에서 군사들이 적극적으로 싸우지 않았기 때문이죠. 선왕은 연나라를 차지하려는 마음에서 하늘의 뜻을 빙자하여 묻습니다.

어떤 사람은 과인에게 이르기를 이익을 탐해서는 안 되니 취하지 말라고 권하며, 어떤 사람은 시기를 잃어서는 안 되니 취하라고 권합니다. 제나라와 연나라는 다 만승의 천자국입니다. 만승의 나라로 만승의 나라를 치면 형세가 같고 힘이 대적할 만하여 쉽게 이기지 못할 것입니다. 그런데 겨우 50일 정도에 성공을 얻었으니, 사람의 힘으로 이렇게 이르지 못할 것입니다. 어떤 사람은 하늘의 뜻이 연나라를 망하게 하고 제나라를 유익하게 하는 것이라 합니다. 하늘이 주시는 것을 취하지 않으면 이는 하늘의 뜻을 거스르는 것이니 반드시 하늘의 재앙이 있을 것입니다. 이제 이것을 취하고자 하는데, 선생께서는 어떻게 생각하시는지요?

齊人이 伐燕勝之어늘 宣王이 問曰 或謂 寡人勿取라하며
제 인   벌연승지   선왕   문왈 혹위 과인물취

或謂 寡人取之라하나니 以萬乘之國으로 伐萬乘之國호대 五旬而擧之하니
혹위 과인취지   이만승지국   벌만승지국호대 오순이거지

人力으로 不至於此니 不取하면 必有天殃이니 取之何如하니잇고
인 력   부지어차 불취   필유천앙   취지하여

※ 순(旬): 열흘, 앙(殃): 재앙.

맹자는 하늘의 뜻을 따르고 어기는 것은 민심의 동향에 달려있음을 말합니다.

만일 취해서 연나라 백성이 기뻐하면 이는 하늘이 왕에게 주신 것이니 취하십시오. 옛날의 무왕이 했던 것처럼 말입니다. 그런데 만약 연나라를 취해서 그 백성이 기뻐하지 않는다면 하늘이 왕에게 주지 않는 것이니, 취하지 마십시오. 옛날의 문왕이 그러했습니다.

取之而燕民이 悅則取之하소서 古之人이 有行之者하니 武王이 是也니이다
취 지 이 연 민   열 즉 취 지   고 지 인 유 행 지 자   무 왕   시 야

取之而燕民이 不悅則勿取하소서 古之人이 有行之者하니 文王이 是也니이다
취 지 이 연 민 불 열 즉 물 취   고 지 인 유 행 지 자   문 왕   시 야

맹자는 역사적 사례를 통해 정벌의 판단기준을 제시합니다. 기록에 따르면 무왕이 상나라를 치려고 맹진에 이르렀을 때 제후들 가운데 미리 약속하지도 않았는데 모인 자가 800여 명이었습니다. 이것은 인심이 다 이미 주나라로 돌아온 것이므로 무왕은 상나라를 치고 천하를 소유했던 것입니다. 그런데 그 아버지인 문왕의 경우는 천하의 3분의 2를 소유하였지만, 인심이 아직도 상나라를 잊어버리지 않았기 때문에 끝내 상나라를 치지 않고 섬겼습니다. 이러한 선례를 깊이 생각하면서 연나라를 취하거나 취하지 않을 것을 백성의 마음에 비추어 결정하면 된다는 것입니다. 아울러 천명을 알고자 하면 진실로 마땅히 인심을 보아야 하고, 인심을 얻고자 하면 또 마땅히 어진 정치를 베풀어야 한다고 권유합니다.

이제 만승의 나라인 제나라가 만승의 나라인 연나라를 쳤을 때, 연나라 백성이 그릇에 밥을 담고 병에 간장을 담아 왕의 군사를 맞아서 음식을 제공한다면 어찌 다른 까닭이 있겠습니까? 특별히 연나라의 정치가 포학하여 백성이 물과 불을 피하듯 다른 나라에서 구원하여 주기를 바랐던 것입니다. 왕이 마땅히 백성의 마음을 따라서 어진 정치로 건져주는 것이 옳을 것입니다. 그런데 만일 더욱 깊은 물과 뜨거운 불과 같이 포학함이 연나라보다 더 심하면, 백성이 또 장차 다른 사람에게 옮겨가서 구원을 바랄 것입니다.

以萬乘之國으로 伐萬乘之國이어늘 簞食壺漿으로 以迎王師는 豈有他哉리오
이 만 승 지 국　　벌 만 승 지 국　　　단 사 호 장　　이 영 왕 사　　기 유 타 재

避水火也니 如水益深하며 如火益熱이면 亦運而已矣니이다
피 수 화 야　　여 수 익 심　　　여 화 익 열　　역 운 이 이 의

※ **단사**(簞食): 대나무 그릇에 담은 밥. **운**(運): 전향하다.

힘으로 억누르려 하지 말고 적국의 민심 동향에 주목하라는 맹자의 말에 제선왕은 어떤 선택을 했을까요? 이야기는 계속 이어집니다.

가뭄에 내리는 비처럼

결국 제나라가 연나라를 공격하여 빼앗는데, 실은 연나라 내분을 틈 타 승리에 불과했습니다. 상황을 지켜보던 여러 제후들이 연나라를 구 원하려고 군사들을 모으기 시작하자, 제선왕은 고민에 빠졌습니다.

"제후들 가운데 연나라를 구원하려고 과인을 치려는 자들이 많습니다. 어떻게 이들을 대처해야 할까요?"

"신이 들으니, 옛적에 70리의 작은 나라로 포학한 자를 쳐서 백성을 구 하고 천하에 어진 정치를 베풀어 더불어 대적할 자가 없는 이는 탕왕이 셨습니다. 제나라처럼 천리의 큰 나라를 가지고 다른 나라가 나를 칠까 두려워한다는 말은 듣지 못하였습니다."

"諸侯多謀伐寡人者하니 何以待之잇고"
　제 후 다 모 벌 과 인 자　　　하 이 대 지

"臣은 聞七十里로 爲政於天下者는 湯이 是也니 未聞以千里로 畏人者也케이다"
　신　문 칠 십 리 로 위 정 어 천 하 자　 탕　 시 야　미 문 이 천 리 로　외 인 자 야

이어 맹자는 『서경』에 나오는 두 편의 글을 인용하여 탕왕이 70리를 가지고도 천하를 소유하게 되었던 배경을 설명합니다.

『서경』에서는 '갈 땅의 군주가 무도함에 탕왕이 첫 번째 정벌을 갈 땅으로 부터 시작하니, 천하 사람들이 백성을 구하는 데 뜻이 있다고 믿었다. 동쪽 을 향해 정벌하면 서쪽 사람이 원망하며, 남쪽을 향하여 정벌하면 북쪽의 사람이 원망하며, 자신들의 어려움을 돌보지 않고 어찌하여 우리를 뒤로 하는가라고 하였다. 탕이 아직 정벌하지 않은 나라의 백성은 그가 오기를

바라는 것이 마치 큰 가뭄에 비가 내릴 조짐인 구름과 무지개를 바라는 것 같이 하였던 것이다. 그래서 탕왕의 군대가 이르러도 흔들리지 아니하고 편안한 마음으로 시장에 가는 백성들이 그치지 아니하고 들에서 밭 가는 자도 동요가 없었다. 죄 있는 임금을 죽이고 죄 없는 백성을 위문하여 임금의 은택이 두루 미치는 것이때에 알맞게 내리는 비, 즉 시우(時雨)처럼 백성이 크게 기뻐하였다.' 또 다른 『서경』의 글에서는 '우리 임금을 기다렸는데 임금이 오시니 다시 살아날 것이다.'고 하였습니다.

書에 曰湯이 一征을 自葛로 始하신대 天下信之하여 東面而征에 西夷怨하며
서 왈탕 일정 자갈 시 천하신지 동면이정 서이원

南面而征에 北狄이 怨하여 曰奚爲後我오하여 民이 望之호대
남면이정 북적 원 왈해위후아 민 망지

若大旱之望雲霓也하야 歸市者不止하며 耕者不變이어늘
약대한지망운예야 귀시자부지 경자불변

誅其君而弔其民하신대 若時雨降이라 民이 大悅하니
주기군이조기민 약시우강 민 대열

書에 曰徯我后하다소니 后來하시니 其蘇라하니이다
서 왈혜아후 후래 기소

※ 서(書): 『서경』 상서편 「중훼지고」의 글. 일정(一征): 처음으로 공격함. 예(霓): 무지개. 해(奚): 어찌. 조(弔): 위문하다. 혜(徯): 기다리다. 소(蘇): 다시 살아나다.

맹자는 가뭄에 비 내리기를 바라는 농민들 마음을 담아 '시우(時雨)'라는 표현을 씁니다. 얼마나 답답한 현실에 처했으면 자국을 공격해 달라는 마음까지 생겼냐는 것이지요. 마른 잎이 다시 살아나듯 소생을 바라는 백성들의 염원을 '시우' 한 글자에 잘 담아내고 있습니다.

이제 연나라가 무도하여 그 백성에게 포학하게 하니, 왕께서 군사를 일으켜 그 죄를 바로 잡아주실 것으로 기대하였습니다. 연나라 백성이 다 자기들을 물과 불 가운데에서 구해주리라고 생각하여 대그릇에 담은 밥과 병에 담은 간장으로 왕의 군사를 환영하였던 것입니다. 따라서 왕께서 만일 탕왕이 갈나라를 친 것처럼 하신다면, 천하에 어진 정치를 펼치실 좋은 기회입니다. 그런데 만일 그 부형을 죽이고 그 자제를 구속하며 그들의 종묘를 헐고 중요한 기물을 옮긴다면, 어찌 옳은 일이겠습니까?

천하의 제후들은 진실로 제나라의 강함을 두려워하고 꺼리면서도 견제하고 싶은데 기회가 없었을 뿐입니다. 그런데 이제 연나라를 취하여 그 땅을 갑절이나 더하면서도 어진 정치를 행하지 않으신다면, 이는 제나라가 빌미를 제공하고 실제로 천하의 군사를 움직이게 한 것입니다. 천리를 가지고도 안심할 수 없는 이유가 이 때문입니다.

천하의 군사가 이미 움직였으니, 왕은 속히 명령을 내려서 잡아온 늙은이와 어린이를 돌려보내고, 연나라의 귀중한 기물이 옮겨오는 것을 당장 그치게 하십시오. 그리고 연나라 사람들과 상의하여 어질고 마땅히 세울 사람을 가려서 연나라 임금을 삼은 후에 그곳을 떠나와서 토지와 백성과 재물을 하나도 취하지 않는다는 뜻을 보이십시오. 그러면 연나라를 구원하려는 제후들의 명분이 사라지고 연합 군대의 움직임도 전쟁이 일어나기 전에 중지시킬 수 있을 것입니다.

今에 燕虐其民이어늘 王往而征之하시니 民이 以爲將拯己於水火之中也라하여
금   연학기민   왕왕이정지   민   이위장증기어수화지중야

簞食壺漿으로 以迎王師어늘 若殺其父兄하며 係累其子弟하며 毁其宗廟하며
단사호장   이영왕사   약살기부형   계루기자제   훼기종묘

遷其重器하면 如之何其可也리오 天下固畏齊之强也니
천기중기   여지하기가야   천하고외제지강야

今又倍地而不行仁政이면 是는 動天下之兵이니이다
금우배지이불행인정   시   동천하지병야

王速出令하사 反其旄倪하시며 止其重器하시고 謀於燕衆하여
왕속출령   반기모예   지기중기   모어연중

置君而後에 去之則猶可及止也리이다
치군이후   거지즉유가급지야

※ 증(拯): 구원하다. 계루(係累): 묶음. 반(反): 되돌리다. 모예(旄倪): 늙은이와 젊은이. 급지(及止): 사전에 중지시킨다는 의미.

이웃 국가의 내란이 주는 좋은 기회를 놓칠 수 없었던 제선왕이었습니다. 맹자는 마냥 기회를 포기하라 말하지 않습니다. 그러나 제나라가 보여주듯 그들 백성을 포로로 잡아오거나 귀중한 국가 보물을 약탈하는 것은 진정한 평화와 공존을 모색하는 길이 아니라고 말합니다. 주변 연합국의 구원병을 막을 걱정을 할 것이 아니라, 그 백성들이 평소에 원하는 것을 해주려는 마음으로 천하 모두를 위한 정치를 하라는 것이지요.

맹자는 그럴 마음이 없으면 지금이라도 손 털고 원상복귀하는 것이 좋을 것이라 직언을 아끼지 않습니다. 국적을 가리지 않고 백성을 사랑하는 그러한 마음이 모두가 바라는 시우(時雨)일 것입니다.

양혜왕 하편 12장 : 民惟邦本

문제의 원인을 생각하소서

『맹자』에는 이웃나라 정벌에 관한 이야기가 연속으로 소개되어 있는데, 추나라가 이웃 노나라와 싸워서 노나라에게 패할 때의 일입니다. 추나라 목공이 묻습니다.

우리 군사가 노나라에 패할 때 일을 책임지는 유사(有司)들이 싸우다가 죽은 자가 33명인데도 백성은 아무도 죽은 자 없습니다. 장차 이들을 죽이고자 하면 그 많은 사람을 모두 죽이지 못할 것이고, 만일 죽이지 않으면 그 윗사람들이 죽는 것을 보고도 질시하며 구해주지 않을 것이니 이를 어찌하면 좋겠습니까?

吾有司死者 三十三人이로대 而民은 莫之死也하니 誅之則不可勝誅요
오 유 사 사 자 삼 십 삼 인   이 민   막 지 사 야   주 지 즉 불 가 승 주

不誅則疾視其長上之死而不救하니 如之何則可也잇고
부 주 즉 질 시 기 장 상 지 사 이 불 구   여 지 하 즉 가 야

※ 홍(鬨): 싸우다. **장상**(長上): 유사를 지칭함.

목공은 이 참에 국가기강을 바로 잡으려는 의도를 가지고 있습니다. 그러나 그는 평소 백성들이 그 윗사람들에게 원망하는 마음이 많았다는 것을 놓치고 있었습니다. 백성들이 윗사람이 죽는 것을 질시하며 구원하지 않은 근본원인이 바로 거기에 있었는데 말입니다. 맹자는 초심으로 돌아가기를 바라는 마음에서 답합니다.

백성이 그 윗사람을 밉게 보는 것은 그 이유가 있습니다. 흉년과 기근을 당한 해에 늙고 허약한 백성들은 먹거리를 찾아다니다 죽은 시체가 개

천과 골짜기에 널려 있고, 젊은이들은 사방으로 흩어져 구걸하러 가는 자가 몇천 명이 됩니다. 백성의 곤궁함이 이와 같은데도 임금의 곡식 창고는 가득하고, 저장 창고는 재화가 넘쳐도 단 하나의 유사(有司)도 임금에게 구제할 방책을 내놓는 자들이 없었습니다. 이는 윗사람이 태만하여 아랫사람을 잔학하게 만드는 것입니다. 증자는 '경계하고 경계하라. 네게서 나온 것이 네게로 돌아간다.'고 하셨습니다. 유사가 평일에 백성을 밉게 보고 그들이 죽어나가도 구해주지 않았기 때문에 백성이 또한 유사를 밉게 보고 죽어도 구해주지 않은 것입니다. 지금의 경우는 유사에게서 나온 것을 백성이 되갚는 것이니, 임금께서는 백성들을 탓하지 마십시오.

백성이 유사를 구하지 않은 것은 유사가 백성을 구휼하지 않았기 때문이고, 유사가 백성을 구휼할 줄 모르는 것은 임금이 어진 정치를 행하지 않았기 때문입니다. 임금이 만일 스스로 돌이켜 백성을 사랑하는 어진 정치를 행하시면 유사가 임금의 마음을 본받아 다 그 백성을 사랑할 것이니, 백성들도 유사를 사랑해서 그들을 위해 목숨을 내놓을 것입니다.

凶年饑歲에 君之民이 老弱은 轉乎溝壑하고 壯者는 散而之四方者 幾千人矣요
흉년기세 군지민 노약 전호구학 장자 산이지사방자 기천인의

而君之倉廩이 實하며 府庫充이어늘 有司莫以告하니 是는 上慢而殘下也니
이군지창름 실 부고충 유사막이고 시 상만이잔하야

曾子曰 戒之戒之하라 出乎爾者 反乎爾者也라하시니 夫民이 今而後에
증자왈 계지계지 출호이자 반호이자야 부민 금이후

得反之也로소니 君無尤焉하소서 君行仁政하시면 斯民이 親其上하여
득반지야 군무우언 군행인정 사민 친기상

死其長矣리이다
사기장의

※ **전(轉)**: 굶주려 전전하다 죽는 것. **우(尤)**: 허물. **유사(有司)**: 일을 맡은 사람.

대화를 시작하면서 목공은 관리들의 죽음을 외면하는 백성을 탓하였으나, 맹자는 오히려 유사(有司)를 책망하는 동시에 어진 정치를 시행하지 않았던 임금의 책임을 논하고 있습니다. 군주가 어질지 못하고 부유함을 추구했기에 유사들이 세금을 무겁게 거둘 줄만 알고 백성을 구

휼할 줄은 모른다는 것이지요. 만약 군주가 어진 정치를 행한다면 유사들이 백성들을 사랑할 것이고, 백성 또한 유사들을 사랑하는 마음을 지닐 것이기 때문입니다. 『서경』에도 말했듯이 백성은 나라의 뿌리이니, 뿌리가 튼튼해야 나라가 편안할 것입니다.[*] 맹자가 보기에 평소 백성을 향한 구휼책을 쓰지 않았기에 국가의 위태로운 상황에서 이탈자가 늘어나는 상황이니, 군주 스스로 문제의 원인을 자신에게 돌이켜 찾으라는 것입니다.

---

[*] 『맹자집주』「양혜왕」하편 12장. 書曰 "民惟邦本, 本固邦寧."

요행을 바라지 마세요

어느날 등나라 문공이 맹자에게 묻습니다.

"등나라는 대국인 제나라와 초나라 사이에 끼어 있는 작은 나라입니다. 강한 자를 택해 섬겨서 스스로 자립의 계책을 마련하려면, 제나라를 섬겨야 하겠습니까, 아니면 초나라를 섬겨야 하겠습니까?"

"다른 나라에 의지하여 구차스럽게 편안함을 추구한다는 것은 좋은 계책이 아닙니다. 어느 강대국을 섬길 것인가는 저의 생각으로 미칠 수 있는 바가 아닙니다. 그러나 기어이 말씀하라 하시면 한 가지 방법이 있습니다. 등나라가 비록 작으나 못을 더 깊게 파고 성을 더 높게 쌓고서, 그 백성과 함께 지켜야 할 것입니다. 그렇게 하기 위해서는 백성의 마음을 깊이 얻어야 할 것입니다. 설혹 변고가 있을지라도 임금이 사직을 위해 죽기를 각오하고 나라를 지키며, 민심이 단결하여 비록 죽음에 이를지라도 또한 떠나지 않는다면, 해볼 만한 일입니다."

"滕은 小國也라 間於齊楚하니 事齊乎잇가 事楚乎잇가"
등 소국야 간어제초 사제호 사초호

"是謀는 非吾의 所能及也로소이다 無已則有一焉하니 鑿斯池也하며
시모 비오 소능급야 무이즉유일언 착사지야

築斯城也하야 與民守之하야 效死而民弗去則是可爲也니이다"
축사성야 여민수지 효사이민불거즉시가위야

※ **사**(事): 섬기다. **무이**(無已): '괜찮다면'의 의미로 말을 이어갈 때 쓰는 겸사. **일**(一): 한 가지 방법. **효**(效): 다하다[致]

맹자는 어느 나라를 섬길 것인가를 묻기에 앞서 일치단결하여 자구책을 찾아나서는 것이 필요하다고 봅니다. 군주는 사직을 위해 죽음으로

나라를 지키는 것이요, 백성들의 경우도 그를 위해 사수하고 떠나지 않는다면 해볼 만하다는 것이지요. 그러나 이는 진심으로 백성의 마음을 얻지 않으면 불가능한 일입니다. 따라서 국가를 소유한 자는 마땅히 의를 지키고 백성을 사랑할 것이요, 요행을 바라면서 구차스럽게 모면하려고 눈치만 보아서는 안 될 것입니다. 국가수호를 위한 지도자의 결연한 각오는 예나 지금이나 필요한 일입니다.

묵묵히 걸어가소서

등나라 문공이 맹자에게 묻습니다. 험난한 국제정세에서 어떻게 나라의 운명을 지켜 나가느냐고 말입니다.

"설나라가 등나라와 함께 제나라의 서편에 있었던 나라였는데, 이제 제나라가 설나라를 취하고 장차 성을 쌓아 등나라를 핍박하려 하니, 등나라 형세가 더욱 외롭고 제나라의 침범은 더욱 가까운 듯합니다. 이 점이 매우 두려우니, 어찌하면 좋겠습니까?"

"적국과 외환은 언제나 있었던 일입니다. 옛적에 태왕이 빈에 거할때, 적인이 자주 침범하는데도 방어하지 못하자 이에 기산 아래로 가서 도읍을 세우고 거주하였습니다. 이는 기산이 왕업을 일으킬 만한 좋은 땅이라고 하여 가려서 취한 것이 아니라, 적인의 난에 핍박을 받아 부득이 나라를 옮겨 보존한 것입니다. 당시는 이렇게 어려웠지만 뒷날 주나라가 왕업을 일으킨 것은 태왕이 착한 일을 했기 때문입니다. 진실로 덕을 닦고 인을 행하여 태왕같이 착한 일을 하면, 그 자신이 왕이 되지는 못할지라도 그러한 정신을 이어갈 후세 자손이 반드시 천하의 왕이 될 자가 있어서 주나라와 같이 될 것입니다.

그러나 착한 일을 하여 보답을 얻는 것은 이치상 자연스러운 것이고, 덕을 닦아서 보답을 바라는 것은 군자의 본래 마음이 아닙니다. 군자는 기초가 되는 일을 창건하고 전통을 길게 드리워서, 후손들이 계속해서 이어가도록 할 뿐입니다. 왕업의 공을 이루는 것은 하늘의 도움이니, 어찌 반드시 기약할 수 있겠습니까? 이제 제나라가 강하고 등나라는 약하니 힘으로는 대적하지 못할 형세입니다. 태왕처럼 마땅히 착한 일을 힘써 행하시어 후대까지 길이 이어가기를 바랍니다."

"齊人이 將築薛하니 吾甚恐하노니 如之何則可잇고"
　　제인　장축설　　오심공　　여지하즉가

"昔者에 大王이 居邠하실새 狄人이 侵之어늘 去하시고 之岐山之下하사
　석자　태왕　거빈　　적인　팀지　거　　　지기산지하

居焉하시니 非擇而取之라 不得已也시니이다 苟爲善이면 後世子孫이
거언　　　비택이취지　부득이야　　　　구위선　　후세자손

必有王者矣리니 君子創業垂統하여 爲可繼也라 若夫成功則天也니
필유왕자의　　　군자창업수통　　　위가계야　　약부성공즉천야

君如彼에 何哉리오 彊爲善而已矣니이다"
군여피　　하재　　강위선이이의

※ **설(薛)**: 등나라와 가까운 설나라. **빈(邠)**: 지명. **지(之)**: 가다. **통(統)**: 실마리, 전통.

맹자는 이미 등나라가 비록 작지만 못을 더 깊게 파고 성을 더 높게 쌓고 그 백성과 함께 지켜야 할 것이라는 대안을 말했기에, 여기서는 어려운 현실이지만 임금은 마땅히 해야 할 일에 힘을 다할 뿐이라는 원론적인 답변을 합니다. 확실한 어떤 것을 기약하기 어려운 상황에서 성공 여부는 하늘에 달려있으니 요행을 바라서는 안 된다는 것이지요. 당면한 일에서 선행을 쌓아가는 것은 희망의 싹을 틔우는 길입니다.

정도(正道)와 권도(權道)

약소국 임금으로서 등문공은 어느 강대국을 따를 것인가를 묻기도 하였고, 적의 침략에 대비한 두려움을 숨기지 않고 토로하기도 하였습니다. 맹자는 일치단결해서 싸울 것을 말하는 동시에 어쩔 수 없는 상황에는 묵묵히 자신의 길을 가라고 권하기도 하였습니다. 그러나 이래저래 꼬이기만 하는 현실에서 등문공은 어찌할 수 없는 답답함을 또다시 하소연합니다.

등나라는 작은 나라입니다. 힘을 다하여 대국인 제나라와 초나라를 섬겨도 그들이 침범하는 것을 벗어날 수 없으니, 어찌하면 좋겠습니까?

滕은 小國也라 竭力하여 以事大國이라도 則不得免焉이로소니 如之何則可잇고
등　소국야　갈력　　이사대국　　　즉부득면언　　　여지하즉가

옛적에 태왕이 빈에 거할 때, 적인이 때때로 침범하였습니다. 처음에는 재물과 비단을 욕심내는 것인가 생각하여 가죽과 폐백으로 섬겼으나 벗어날 수 없었고, 이어서 기이한 짐승을 욕심내는 것인가 생각하여 개와 말을 주며 섬겼으나 피할 수 없었고, 또 보배를 욕심내는 것인가 생각하여 주옥으로 섬겼으나 역시 피할 수 없었습니다. 이에 태왕은 원로들에게 상황을 설명하고 협조를 구합니다.

'적인이 욕심내는 것은 가죽과 폐백, 개와 말, 주옥이 아니고 바로 땅 때문입니다. 토지는 본래 사람을 기르는 것인데, 만일 땅을 다투어서 싸운다면 사람을 죽여서 들에 가득할 것이니, 도리어 사람을 해롭게 하는 것입니다. 군자는 백성을 사랑하는 것으로 마음을 삼고, 차마 땅처럼 사람

을 기르는 것으로 사람을 해롭게 하지 않는다고 들었습니다. 내 어찌 홀로 이 일을 차마 하겠습니까? 여러분들은 어찌 임금이 없다는 것을 근심하겠습니까? 내 장차 떠나고자 합니다.'

말을 마치자 태왕은 빈을 버리고 양산을 넘어서 도읍을 기산 아래의 거처로 정하였습니다. 빈 땅 사람이 다들 말하기를 '우리 임금이 평일에 우리 백성을 사랑하여 은덕이 사람에게 깊이 미쳤다. 이는 어진 사람이니, 잃어서는 안 될 것이다.'라고 하고 그를 좇아 기산 아래로 옮기기를 시장에 가는 것과 같이 하였습니다.

昔者에 大王이 居邠하실새 狄人이 侵之어늘 事之以皮幣라도 不得免焉하며
석 자 태왕 거빈 적인 침지 사지이피폐 부득면언

事之以犬馬라도 不得免焉하며 事之以珠玉이라도 不得免焉하여
사지이견마 부득면언 사지이주옥 부득면언

乃屬其耆老而告之曰狄人之所欲者는 吾土地也니 吾는 聞之也호니
내 촉 기 로 이 고 지 왈 적인 지 소 욕 자 오 토 지 야 오 문 지 야

君子는 不以其所以養人者로 害人이라하니 二三子는 何患乎無君이리오
군 자 불 이 기 소 이 양 인 자 해 인 이 삼 자 하 환 호 무 군

我將去之호리라하시고 去邠하시고 踰梁山하사 邑于岐山之下하사 居焉하신대
아 장 거 지 거빈 유 양 산 읍 우 기 산 지 하 거 언

邠人이 曰仁人也라 不可失也라하고 從之者如歸市하더라
빈 인 왈 인 인 야 불 가 실 야 종 지 자 여 귀 시

※ **피폐(皮幣)**: 호랑이나 사슴 같은 짐승의 가죽과 비단. **촉(屬)**: 모으다. **귀시(歸市)**: 사람이 많아서 먼저 가려고 다투는 양상.

맹자는 먼저 적국의 핍박을 받아 나라를 옮겨 안전을 도모하는 것도 하나의 방법이라고 말합니다. 그러고는 이와 달리 죽더라도 그 땅을 지키는 방법도 소개합니다.

어떤 사람은 '토지는 선대로부터 받아서 자손 대대로 지키는 것이니, 내 자신이 마음대로 할 수 있는 것이 아니다. 죽더라도 떠나지 않을 것이다.'고 합니다. 청컨대 임금께서는 이 두 가지에서 하나를 선택하소서.

或曰世守也라 非身之所能爲也니 效死勿去라하나니 君請擇於斯二者하소서
혹 왈 세 수 야 비 신 지 소 능 위 야 효 사 물 거 군 청 택 어 사 이 자

혼란을 피해 나라를 옮기는 것은 권도(權道)이고, 죽음을 다해 지켜내려는 것은 올바른 도리인 정도(正道)를 지키려는 떳떳한 의리입니다. 맹자는 현재의 힘을 헤아리고 형세를 살펴서 두 가지 가운데서 하나를 선택하라고 권유합니다. 태왕처럼 많은 이들의 희생을 줄여 혼란을 피하거나, 아니면 목숨을 다해 자기 땅을 지켜가려는 마음가짐이 필요하다는 것이지요.

정도냐, 권도냐의 갈림길에서 자유로울 사람은 없을 것입니다. 맹자는 죽음을 무릅쓰고 국가의 운명을 지켜나가야 한다는 정도를 앞세우면서도, 상황에 따라 현실을 인정하면서 훗날을 기약하는 유연한 권도의 모습도 인정하고 있습니다. 그리고 그 공을 왕에게 넘깁니다. 냉엄한 국제사회에서 지금 우리는 정도를 걸어가야 할까요, 아니면 권도를 따라야 할 때인가요?

상처받지 않는 삶

맹자의 제자인 악정자가 노나라에서 벼슬을 할 때에 맹자가 어질다고 평공에게 늘 말하곤 하였습니다. 멋진 노나라를 만들기 위해서는 맹자의 지혜와 안목이 필요하다고 간청했겠지요. 평공은 노나라를 찾은 맹자를 만나려고 준비를 서둘렀습니다. 그러자 왕이 총애하던 장창(臧倉)이란 자가 방해를 놓습니다.

"임금이 한번 나가고 들어오는 것이 결코 가벼운 일이 아닙니다. 전일에 임금이 나가시면 반드시 유사에게 가시는 곳을 명하셨는데, 이제 수레가 떠나려고 멍에를 하였는데도 유사가 가시는 곳을 알지 못하니, 어디로 가시는지 알고 싶습니다."

"맹자를 보러 가려는 것이다."

"왜 그렇게 하시려는 것인지요? 임금은 천승 나라의 임금이고, 맹자는 한 개인에 불과합니다. 귀한 임금의 몸을 가벼이 하여 천한 필부를 먼저 찾아가는 것은 맹자가 어질다고 생각해서 그러시는 것입니까? 예의는 어진 자의 행위로 말미암아 나오는 것인데, 맹자는 뒤에 당한 모친상을 이전의 부친상보다 지나치게 후하게 하였습니다. 모친에게 후하고 부친에게 박한 것은 예의라는 것을 알지 못하는 것이니, 어질지 못한 것입니다. 임금께서 어찌 몸을 가벼이 하여 먼저 찾아보시려는 것입니까?"

"알았다. 그렇게 하마."

"他日에 君이 出則必命有司所之러시니 今에 乘輿已駕矣로대
타 일 군 출 즉 필 명 유 사 소 지   금   승 여 이 가 의

有司未知所之하니 敢請하노이다" "將見孟子호리라"
유사미지소지 감청 장견맹자

"何哉잇고 君所爲輕身하여 以先於匹夫者는 以爲賢乎잇가
하재 군소위경신 이선어필부자 이위현호

禮義는 由賢者出이어늘 而孟子之後喪이 踰前喪하니 君無見焉하소서" "諾다"
예의 유현자출 이맹자지후상 유전상 군무견언 낙

※ **폐인**(嬖人): 왕의 총애를 받는 사람. **승여**(乘輿): 임금의 수레. **유**(踰): 낫다. **낙**(諾): 허락하다.

맹모삼천지교로 알려진 맹자 어머니의 이야기는 익숙해도 그의 아버지에 관해서는 그다지 알려져 있지 않습니다. 또한 자녀에게 스스로가 모범을 보이는 맹자 어머니의 교육방법이 맹자보다도 오히려 더 자주 이야깃거리가 되기도 합니다. 그런 맹자인지라 모친상에 더 신경을 썼을 것이라 짐작할 법도 합니다. 그러나 과연 그랬을까요? 맹자의 제자이자 추천자이기도 했던 악정자(樂正子)는 왕을 찾아가 적극 변호합니다.

"임금께서 저번에 맹자를 보고자 하시더니, 이제 어찌하여 맹자를 보시지 않으십니까?"

"이전에 내가 맹자를 보고자 한 것은 그가 어질다고 생각했기 때문이었다. 그런데 어떤 사람이 과인에게 '맹자의 뒷날 모친상이 이전의 부친상을 넘어섰다'는 말을 고했다. 부모는 일체인데 어미에게는 후하고 아비에게는 박하니, 예의를 어긴 것이다. 어질다고 할 수 없으니, 이 때문에 가서 만나보지 않은 것이다."

"임금께서 넘어섰다고 말씀하시는 것은 무슨 뜻인지요? 이전에는 하급 관리의 예로 제사했기 때문에 세 가지 솥을 사용했으니 약하고, 뒤에는 대부의 예로 제사했기 때문에 다섯 가지 솥을 사용했으니 두텁다는 것입니까? 하급 관리나 대부에게는 그에 따른 일정한 제도가 있으니, 어진 자라도 진실로 어찌하지 못할 것입니다."

"그런 말이 아니라, 그 내관과 외관, 옷과 이불 등의 아름다움에 차이가 있었다는 말이다. 장례는 사람마다 극진히 할 것이고 하급 관리와 대부를 가릴 것이 아니지만, 맹자는 뒤 장례 때 치른 아름다움이 앞 장례를 넘어섰으니 문제라 할 수 있다.”

“아닙니다. 그렇지 않습니다. 모친상을 부친상보다 더했다고 해서는 안 될 것입니다. 부친상을 당했을 때에는 하급 관리로 가난해서 재물이 없었고, 모친상을 당했을 때에는 대부가 되었을 때이니 가난하고 부유함이 같지 않아 여유있게 모신 것입니다.”

“君이 奚爲不見孟軻也잇고”
군   해위불견맹가야

“或이 告寡人曰 孟子之後喪이 踰前喪이라할새 是以로 不往見也호라”
혹   고과인왈 맹자지후상   유전상   시이   불왕견야

“何哉잇고 君所謂踰者는 前以士요 後以大夫며 前以三鼎而後以五鼎與잇가”
하재   군소위유자   전이사 후이대부   전이삼정이후이오정여

“否라 謂棺槨衣衾之美也니라” “非所謂踰也라 貧富不同也니이다”
부   위관곽의금지미야   비소위유야   빈부부동야

악정자의 적극적인 해명에도 불구하고 노평공과 맹자와의 만남은 성사되지 않았습니다. 그는 저간의 상황을 맹자께 알리면서 안타깝게 생각했겠죠.

“제가 전에 선생님의 어짊을 임금께 고하여 임금이 선생님을 만나고자 오시려 하셨습니다. 그런데 임금이 총애하는 장창이라는 자가 선생님을 비방하면서 임금을 막으니, 이 때문에 끝내 오시지 않으신 것입니다. 소인의 해로움이 바로 이와 같습니다.”

“괜찮다. 임금을 만나서 도를 행함에 그렇게 할 수 있도록 돕는 자도 있으며, 혹은 막아서 만나지도 못하게 하는 사람이 있어 그치는 경우도 있다. 그러나 사람이 도와주거나 방해하는 것은 실로 사람이 하는 것이 아니라 하늘이 하도록 하는 것이다. 이제 내가 노나라 임금을 만나서 우리의 도를 행하지 못하는 것은 운수가 쇠하여 하늘이 천하를 다스리고자 하지 않기 때문이다. 저 장씨의 아들은 임금이 총애하는 한 사람에 불과하니, 어찌 나로 하여금 임금을 만나지 못하게 할 수 있단 말이냐?”

"克이 告於君호니 君이 爲來見也러시니 嬖人有臧倉者沮君이라

극 고어군 군 위래견야 폐인유장창자저군

君이 是以로 不果來也하시니이다"

군 시이 불과래야

"行或使之며 止或尼之나 行止는 非人의 所能也라 吾之不遇魯侯는 天也니

행혹사지 지혹닐지 행지 비인 소능야 오지불우노후 천야

臧氏之子焉能使予로 不遇哉리오"

장 씨 지 자 언 능 사 여 불 우 재

※ **극**(克): 악정지의 이름. **저**(沮), **닐**(尼): 그치게 한다는 의미.

   맹자는 자신이 노나라 임금을 만나지 못하는 것을 다소 운명으로 돌리는 듯합니다. 하늘이 그렇게 하는 것이요, 인력으로 막을 수 있는 것이 아니라는 그 담담한 말 속에는 인간사에 휘둘리지 않으려는, 아니 웬만해선 상처입지 않으려는 자존감마저 느껴집니다. 상처받지 않으렵니다. 그것이 내가 받아들여야 할 내 삶의 무게이니까요.

孟子

공손추 상편

진정으로 백성을 위하는 왕도정치

영웅 뒤에는 그들을 만드는 숨은 인재들이 있기 마련입니다. 맹자와 그의 제자인 제나라 출신 공손추(公孫丑)와의 대화는 왕도정치에 대한 맹자의 갈망을 잘 보여줍니다. 공손추는 관중이 환공을 도와서 패자로 만든 공로를 기억하면서 그와 같은 역할을 스승인 맹자에게 기대합니다. 그러나 맹자의 학문이 아무리 뛰어나더라도, 학문만 가지고는 정치적 성과를 쉽게 장담할 수 없을 것이라는 생각도 있었을 것입니다.

"선생님께서 만약 제나라의 중요한 지위를 담당하신다면, 관중과 안자의 공적을 다시 기대할 수 있겠습니까?"

"그대는 참으로 제나라 사람이로다. 제나라에서는 관중과 안자와 같이 패도를 행하여 공로가 있는 이들만 알 뿐이요, 성현들이 행하셨던 왕도에 대해 생각해보지 않는구나!

예전에 어떤 사람이 증자의 손자인 증서(曾西)에게 '자로와 자네 중에 누가 더 나은가?'라고 묻자, 증서는 자신을 너무 높은 사람과 비교하므로 불안한 기색을 감추지 못하고 '자로의 재주와 학문은 우리 돌아가신 증자 할아버지도 공경하고 두려워하셨다.'고 하였다. '그렇다면 자네와 관중을 비교하면 누가 나은가?'라고 묻자, 증서는 너무 낮은 사람과 비교하므로 노여움이 들어 말하였다. '네 어찌 나를 관중에다 비교하는가? 관중은 환공과 같은 임금을 만나 온전히 신임을 얻어 40여 년 동안 정치를 좌우했는데도 높은 성과란 것이 저 정도였다. 네 어찌 나를 그 사람에게 비교하는가?'"

"**夫子 當路於齊**하시면 **管仲晏子之功**을 **可復許乎**잇가"
부자 당로어제　　　관중안자지공　　가부허호

"**子誠齊人也**로다 **知管仲晏子而已矣**온여 **或**이 **問乎曾西曰吾子與子路孰賢**고
자성제인야　　　지관중안자이이의　　　혹　문호증서왈오자여자로숙현

曾西蹴然曰吾先子之所畏也니라 **曰然則吾子與管仲孰賢**고
증서축연왈 오선자지소외야　　왈 연즉오자여관중숙현

曾西艴然不悅曰爾何曾比予於管仲고 **管仲**이 **得君如彼其專也**며
증서불연불열 왈 이하증비여어관중　관중　득군여피기전야

行乎國政이 **如彼其久也**로되 **功烈**이 **如彼其卑也**하니 **爾何曾比予於是**오하니라"
행호국정　여피기구야　　공렬　여피기비야　　이하증비여어시

※ **당로**(當路): 요직을 맡다. **허**(許): 기약하다. **자**(子): 그대. **오자**(吾子): 상대를 친근히 부르는 말. **축연**(蹴然): 불안한 모습. **선자**(先子): 돌아가신 부친. 여기서는 증자를 말함. **발연**(艴然): 노한 기색. **이**(爾): 너. **증**(曾): 곧[則].

　유학자들은 왕도의 실현이란 측면에서 패자의 부활을 꿈꾸었던 관중의 성과를 그다지 높여 보지 않습니다. 말 모는 자에 비유하면, 자로는 말 몰기를 법도대로 하다가 짐승을 잡지 못한 것이요, 관중의 공로는 부정한 방법으로 몰아서 짐승을 잡았을 뿐이라는 것입니다. 관중처럼 국정에 영향력 있는 인물이 한때의 패권을 위해 힘쓰기보다는 왕도정치를 행했다면 후대에 훨씬 영향력이 컸을 것이란 희망이 있었기 때문이죠.

"관중은 증서도 닮고 싶지 않은 인물인데, 자네는 나를 위한답시고 내가 그렇게 되기를 바란단 말인가?"

"관중은 환공을 도와 제후들을 모두 규합하여 그 임금을 제후의 으뜸이 되게 하였으며, 안자는 경공을 도와서 덕을 펴고 형벌을 너그럽게 해서 그 임금의 이름을 드러나게 했습니다. 관중과 안자의 공은 성대하니 오히려 해볼 만하지 않겠습니까?"

"제나라와 같은 큰 나라가 천하의 왕이 되는 것은 손을 뒤집는 것처럼 쉬울 것이다."

"그같이 말씀하시면 저의 의혹은 더욱 심해집니다. 문왕은 성대한 덕을 가지고 백 년을 장수한 뒤에 돌아가셨습니다. 그처럼 오랫동안 덕을 베

풀었지만 천하의 3분의 2를 차지하는 데 그쳤으니, 그 덕이 오히려 천하에 충분히 베풀어지지 않았다고 할 수 있습니다. 무왕에 이르러 상나라를 완전히 이겨 천하를 안정시키고, 주공이 성왕을 도와 예와 악을 지은 후에야 교화가 크게 행해져 사해에 가득히 넘치게 되었습니다. 그런데도 천하에 왕도정치를 펼치는 것이 손바닥 뒤집는 것처럼 쉽다고 말씀하시니, 문왕은 본받기에 부족하다는 말씀입니까?"

"管仲은 曾西之所不爲也어늘 而子 爲我願之乎아"
관중 증서지소불위야 이자 위아원지호

"管仲은 以其君覇하고 晏子는 以其君顯하니 管仲晏子는 猶不足爲與잇가"
관중 이기군패 안자 이기군현 관중안자 유부족위여

"以齊로 王이 由反手也니라"
이제 왕 유반수야

"若是則弟子之惑이 滋甚게이다 且以文王之德으로 百年而後崩하사대
약시즉제자지혹 자심 차이문왕지덕 백년이후붕

猶未洽於天下어시늘 武王周公이 繼之然後에 大行하니 今言王若易然하시니
유미흡어천하 무왕주공 계지연후 대행 금언왕약이연

則文王은 不足法與잇가"
즉문왕 부족법여

※ 현(顯): 이름을 드러내다. 여(歟): 의문사[歟]. 반수(反手): 쉽다. 유(由): 같다[猶]. 자(滋): 더욱.

공손추는 천하의 패권을 장악하기 위해 노력했던 관중이나 안자의 업적을 대수롭지 않게 생각하는 맹자의 말을 의심하고 있었는데, 또다시 제나라 정도라면 천하에 왕도정치를 손쉽게 펼 수 있다고 말하자 의심은 더욱 커져 갑니다. 장수했던 문왕 당대에도 이루지 못한 왕도정치를 그렇게 쉽게 말할 수 없다는 것이지요.

문왕을 어찌 감당할 수 있겠는가? 당대에 왕업을 이룰 수 없었던 까닭은 덕이 부족해서가 아니라 때를 만나지 못해서이다. 상나라의 왕업이 탕에서 시작해서 태갑, 태무, 조을, 반경, 무정에 이르기까지 어질고 성스러운 임금이 6~7분이나 계셨다. 그 여러 세대의 덕택이 깊게 백성의 마음을 흡족시켜 천하가 은나라로 돌아온 것이 오래되었다. 오래되면 사람의 마음이 굳게 맺혀서 다른 데로 옮겨가기 어렵다. 또한 무정의 중흥

기에는 제후에게 조회 받고 천하를 보존해서 탕의 옛 업적을 회복하기를 손바닥 뒤집듯 쉽게 할 수 있었다.

폭군이었던 주에서 무정까지는 7대가 된다. 그 세대가 오래되지 않았기 때문에 여러 세대 공신이 끼친 영향과, 좋은 풍속과 훌륭한 정치가 없어지지 않고 아직은 남아 있었다. 또 동성인 미자와 미중, 왕자인 비간과 기자, 이성으로는 교격이 다 어진 사람들이었다. 서로 더불어 마음을 같이해서 구원하고 도우니 오랜 시간이 지나서야 상나라가 망한 것이다. 하물며 한 척의 땅이라도 상나라의 소유가 아닌 것이 없었고 한 백성이라도 그의 신하가 아님이 없었던 때에 문왕은 사방 백 리의 땅으로 일어났으니, 문왕이 만난 시세는 모두 어려운 때였다.

그대는 제나라 사람이니 '비록 지혜가 있으나 시세를 타는 것만 못하며, 비록 농기구가 있으나 때를 기다리는 것만 못하다'는 말을 들었을 것이다. 문왕의 때는 어려운 시기였지만, 지금의 때는 그처럼 쉬운 것이다.

文王은 何可當也시리오 由湯으로 至於武丁히 賢聖之君이 六七이 作하여
문왕 하가당야 유탕 지어무정 현성지군 육칠 작

天下歸殷이 久矣니 久則難變也라 武丁이 朝諸侯有天下호대 猶運之掌也하시니
천하귀은 구의 구즉난변야 무정 조제후유천하 유운지장야

紂之去武丁이 未久也라 其故家遺俗과 流風善政이 猶有存者하며
주지거무정 미구야 기고가유속 유풍선정 유유존자

又有微子微仲王子比干箕子膠鬲이 皆賢人也라 相與輔相之故로
우유미자미중왕자비간기자교격 개현인야 상여보상지고

久而後에 失之也하니 尺地도 莫非其有也며 一民도 莫非其臣也어늘
구이후 실지야 척지 막비기유야 일민 막비기신야

然而文王이 猶方百里起하시니 是以難也니라 齊人이 有言曰 雖有智慧나
연이문왕 유방백리기 시이난야 제인 유언왈 수유지혜

不如乘勢며 雖有鎡基나 不如待時라하니 今時則易然也니라
불여승세 수유자기 불여대시 금시즉이연야

※ 작(作): 일어남. **고가(故家)**: 옛 신하의 집. **자기(鎡基)**: 농기구.

하후씨와 은·주의 전성기에 땅이 천리를 넘은 자가 있지 않았는데 지금 제나라는 그만한 땅을 소유하고 있으며, 닭 울음과 개 짖는 소리가 사방 국경에 도달할 만큼 이미 많은 백성을 가지고 있다. 땅을 더 개간하지 않

고 백성을 더 모으지 않더라도 그 형세가 문왕과 비교하면 쉽기 때문에, 어진 정치를 행해서 천하의 왕이 된다면 이것을 막을 자가 없을 것이다.

주나라는 문왕과 무왕으로부터 지금에 이르기까지 700여 년 동안 왕도를 실천하는 자가 지금보다 더 드물게 나타난 적이 없었고, 백성들이 학정에 시달린 것이 지금보다 더 심한 적이 없었다. 이러한 때에 어진 정치가 한번 행해지면 백성의 마음을 얻는 것이 굶주린 자에게 무엇이든 먹을 것이 되는 것이나, 목마른 자에게 어떤 것이든 마실 것이 되는 것만큼 쉬울 것이다.

공자께서 말씀하시기를, '임금의 덕이 몸에서 나와 백성에게 전해지는데, 그것이 행해지는 것이 역참에서 파발마로 명령을 전하는 것보다 빠르다.'고 하셨다. 덕을 행하는 효과가 이처럼 빠르니, 지금이 바로 어진 정치를 해볼 만한 때이다. 지금의 시대를 만나 만승의 나라인 제나라에서 요직을 담당하여 임금을 도와 인정을 행하고 폭정을 멈추게 한다면, 백성이 기뻐하는 것이 거꾸로 매달린 괴로움을 풀어주는 것과 같을 것이다. 따라서 일은 옛사람의 반만 해도 효과는 반드시 옛사람의 배가 될 것이니, 오직 지금이 바로 그러할 때이다.

夏后殷周之盛에 地未有過千里者也하니 而齊有其地矣며 雞鳴狗吠가
하 후 은 주 지 성   지 미 유 과 천 리 자 야   이 제 유 기 지 의   계 명 구 폐

相聞而達乎四境하니 而齊有其民矣니 地不改辟矣며 民不改聚矣라도
상 문 이 달 호 사 경   이 제 유 기 민 의   지 불 개 벽 의   민 불 개 취 의

行仁政而王이면 莫之能禦也리라 且王者之不作이 未有疏於此時者也하며
행 인 정 이 왕   막 지 능 어 야   차 왕 자 지 부 작   미 유 소 어 차 시 자 야

民之憔悴於虐政이 未有甚於此時者也하니 飢者에 易爲食이며 渴者에
민 지 초 췌 어 학 정   미 유 심 어 차 시 자 야   기 자   이 위 식   갈 자

易爲飮이니라 孔子曰 德之流行이 速於置郵而傳命이라하시니 當今之時하여
이 위 음   공 자 왈 덕 지 유 행   속 어 치 우 이 전 명   당 금 지 시

萬乘之國이 行仁政이면 民之悅之猶解倒懸也리니 故로 事半古之人이오
만 승 지 국   행 인 정   민 지 열 지 유 해 도 현 야   고   사 반 고 지 인

功必倍之는 惟此時 爲然하니라
공 필 배 지   유 차 시 위 연

※ **벽**(辟): 개간하다[闢]. **치우**(置郵): 말을 통해 명령을 전달하는 것. **도현**(倒懸): 거꾸로 매달린 것으로 곤궁하고 괴로운 상태를 비유한 것.

맹자는 패권쟁탈의 현실을 넘어 왕도정치에 한발 다가서기를 갈망했고, 제나라가 그 선봉에 나서주기를 바랐습니다. 백성을 위하는 천하의 왕이 나오지 않은 지 오래되었고 학정에 시달리는 백성들의 고충이 깊어가므로, 영토와 백성이 어느 정도 충족된 제나라로서는 오히려 좋은 기회일 수 있다고 판단했던 것이지요. 어둠이 깊어질수록 새벽은 더욱 가까워 옵니다. 맹자는 말합니다. 우리 더 큰 희망의 싹을 키워 보자고 말입니다.

흔들리지 않는 도덕적 용기

대화체가 중심을 이루는 『맹자』에서 한편의 논문처럼 유장한 논리적 흐름이 돋보이는 글을 찾는다면 호연지기에 대해 이야기하는 이 장을 빼놓을 수 없습니다. 드넓은 기상인 호연지기(浩然之氣), 성급히 조장하지 말라는 알묘조장(揠苗助長), 상대의 말을 파악할 수 있다는 지언(知言) 등 다양한 표현들이 제시되고 있습니다.

앞서 제나라의 관중이나 안자의 업적을 넘어 도덕 정치를 구현할 수 있다는 맹자의 자신감을 들었던 공손추는 그러한 기개가 어디에서 비롯되는지, 실제로 그러한 추진력이 있는지 질문합니다.

"만일 선생님께서 제나라 재상 같은 높은 지위에 올라 도를 행하시게 되면, 이로 말미암아 왕을 패자(霸者)가 되게 하거나 왕도(王道)를 실현시켜 나가는 데 크게 이상할 것이 없을 것입니다. 그러나 책임이 막중한지라 이와 같은 상황에서 마음이 흔들리겠습니까, 그렇지 않겠습니까?"

"아니다. 나는 마흔 살이므로 자연스럽게 행할 뿐이지 마음이 흔들리지 않는다."

"이와 같다면 선생님의 용맹은 맹분보다 훨씬 뛰어납니다. 맹분은 겁이 없어서 마음이 흔들리지 않았다면, 선생님의 역량은 충분히 한 세상을 감당할 수 있을 것입니다."

"혈기에 사로잡힌 마음을 잡는 것이라면 어려운 일이 아니니, 고자 같은 사람도 나보다 앞서 그런 것 때문에 마음이 동요되지 않았다."

"夫子 加齊之卿相하사 得行道焉하시면 雖由此霸王이라도 不異矣리니
부자 가제지경상　　득행도언　　수유차패왕　　불이의

如此則動心가 否乎잇가"
여차즉동심　부호

"否라 我는 四十이라 不動心호라"
부　아　사십　　부동심

"若是則夫子過孟賁이 遠矣샤소이다"
약시즉부자 과맹분　원의

"是 不難하니 告子도 先我不動心하니라"
시 불난　　고자　선아부동심

※ **패왕**(霸王): 패도나 왕도. **맹분**(孟賁): 용사. **고자**(告子): 이름은 불해(不害). **선**(先): 앞서.

　국가의 중책을 맡아 흔들림 없이 대처해 나갈 수 있느냐는 공손추의 질문은 맹자가 어느 자리에 있든 소신을 가지고 당당하게 자신의 주장을 관철시켜 나갈 수 있느냐는 질문이기도 할 것입니다. 옛날에는 40대를 충분한 역량을 갖추어 벼슬할 만한 나이라는 의미에서 '강사(彊仕)'라고도 했으며, 공자는 쉽게 흔들리지 않는다는 의미에서 '불혹(不惑)'의 나이라고 말하기도 하였습니다. 맹자 역시 자신은 나이 40인지라 마음이 흔들리지 않는다며 당찬 기개를 보여주고 있습니다. 세월의 흐름에 따라 누구든 나이가 들기 마련인데, 공손추는 맹자의 그러한 자신감이 어디에서 나오는지 질문합니다.

"마음이 흔들리지 않는 부동심에 어떤 방법이 있습니까?"

"물론이다. 북궁유가 용기를 기르는 방법은 피부가 찔려도 움츠리지 않으며 눈동자가 찔려도 피하지 않아서, 남에게 털끝만큼이라도 모욕을 당하면 마치 시장이나 조정에서 종아리를 맞는 것처럼 생각하여 반드시 되갚았다. 보통 사람에게도 모욕을 받지 않는 것처럼 또한 만승의 군주에게도 모욕을 받지 않으려 하였다. 만승의 군주를 찌르는 것 보기를 마치 보통 사람을 찔러 죽이는 것처럼 생각하여, 무서워하거나 꺼리는 제후가 없어서 험담하는 소리가 이르면 반드시 보복하였다. 이는 크고 작건 반드시 이기려고만 하는 자객과 같은 사람이니 필승을 신념으로 삼

아 마음을 움직이지 아니하는 자이다.

이와는 달리 맹시사가 용기를 기르는 방법은 그 자신이 말했듯이, '전쟁에서 이기지 못할 것을 보면서도 마치 이길 것처럼 마음먹어야 한다. 적을 헤아린 뒤에 전진하며 승리를 생각한 뒤에 교전한다면 이것은 용기가 없어 삼군의 적을 두려워하는 자이다. 나라고 해서 어찌 반드시 이길수 있겠는가? 다만 용기있게 두려움 없이 앞서 나갈 뿐이다.' 그는 전쟁터의 용사이니 두려움 없는 것을 주로 하여 마음을 동요시키지 않는 자이다.

그러나 두 사람의 용기를 증자와 자하의 학문에 비유하면, 맹시사처럼 아무 계산없이 자기만을 믿는 용기는 자기 몸에 돌이켜 진리를 올곧이 지켜 가려는 증자와도 같다. 반면에 기어코 남을 이기고자 하는 북궁유와 같은 맹목적 용기는 독실하게 성인을 믿고 따르려는 자하와 비슷할 것이다. 두 사람의 용기에 대해서는 누가 더 나은지 모르겠으나, 내면을 지키려는 맹시사의 지침이 상대적으로 간략하고 긴요하다."

"不動心이 有道乎잇가"
부동심 유도호

"有하니라 北宮黝之養勇也는 不膚撓하며 不目逃하여
유   북궁유지양용야   불부요   불목도

思以一毫挫於人이어든 若撻之於市朝하여 不受於褐寬博하며
사 이 일 호 좌 어 인   약 달 지 어 시 조   불 수 어 갈 관 박

亦不受於萬乘之君하여 視刺萬乘之君호대 若刺褐夫하여
역 불 수 어 만 승 지 군   시 자 만 승 지 군   약 자 갈 부

無嚴諸侯하여 惡聲이 至커든 必反之하니라 孟施舍之所養勇也는
무 엄 제 후   악 성 지   필 반 지   맹 시 사 지 소 양 용 야

曰 視不勝호대 猶勝也로니 量敵而後進하며 慮勝而後會하면
왈 시 불 승   유 승 야   양 적 이 후 진   여 승 이 후 회

是는 畏三軍者也니 舍 豈能爲必勝哉리오 能無懼而已矣라하니라
시   외 삼 군 자 야 사 기 능 위 필 승 재   능 무 구 이 이 의

孟施舍는 似曾子하고 北宮黝는 似子夏하니 夫二子之勇이
맹 시 사 사 증 자   북 궁 유 사 자 하   부 이 자 지 용

未知其孰賢이어니와 然而孟施舍는 守約也니라"
미 지 기 숙 현   연 이 맹 시 사 수 약 야

※ **북궁유**(北宮黝): 북궁(北宮)은 성(姓)이고, 유(黝)는 이름임. **부요**(膚撓): 피부가 찔려 움츠러드는 것. **좌**(挫): 꺾임. 치욕을 당함[辱]. **갈관박**(褐寬博): 모포를 헐렁하게 걸친 천한 자의 의복. **자**(刺): 찔러 죽임. **엄**(嚴): 두려워하고 꺼림. **맹시사**(孟施舍): 시(施)는 발어사, 이름은 사(舍). **회**(會): 모여 싸우는 것.

용기는 자신감에서 나오는데, 맹자가 보기에는 북궁유처럼 상처받지 않으려는 맹목적인 저돌성도 있고, 맹시사처럼 심지를 굳건히 다져가며 내면의 강인함을 유지하는 방법도 있습니다. 맹자는 북궁유와 맹시사가 마음이 동요되지 않은 것은 다 혈기의 용맹이지, 자연스럽게 우러나오는 의리에 합당한 용맹이 아니라고 판단합니다.

이전에 증자가 제자인 자양에게 했던 말이 있다. '자네는 용맹을 좋아하는가? 반드시 큰 용맹을 좋아해야 옳으니, 내 일찍이 공자에게 들은 큰 용맹이 있다. 스스로 돌이켜 올바르지 못하면, 비록 보통 사람이라 할지라도 내가 두렵게 할 수 없다. 그러나 스스로를 돌이켜 올바르다면, 비록 천만 명이 있더라도 내가 가서 당당히 대적할 수 있다.'는 것이다.
맹시사의 용기는 북궁유보다는 낮지만 한 몸의 혈기[氣]를 지키는 것에 불과하다. 이는 증자처럼 스스로의 마음에 돌이켜 이치[理]에 따라 올곧음을 핵심적으로 지켜나가는 것만 못하다.

昔者에 曾子謂子襄曰 子好勇乎아 吾嘗聞大勇於夫子矣로니 自反而不縮이면
석자 증자위자양왈 자호용호 오상문대용어부자의   자반이불축
雖褐寬博이라도 吾不惴焉이어니와 自反而縮이면 雖千萬人이라도
수 갈 관 박   오 불 췌 언   자 반 이 축 수 천 만 인
吾往矣라하시니라 孟施舍之守는 氣라 又不如曾子之守約也니라
오 왕 의   맹 시 사 지 수 기 우 불 여 증 자 지 수 약 야

※ **자양**(子襄): 증자의 제자. **부자**(夫子): 공자. **축**(縮):곧음. **췌**(惴): 두려워함.

맹자는 만용도 아니요 비겁도 아닌 진정한 용기는, 즉 중도의 길은 내면의 올곧음에서 나온다고 보았습니다. 공자가 말했던 '자반이축(自反而縮)', 즉 스스로를 돌이켜 올바르다면 비록 천만 명이 있더라도 당당히 대적할 수 있다는 올바름에서 나오는 진정한 용기가 필요하다는 것입니다. 마치 묵묵히 자신을 되돌아보며 일상의 성실성을 더해 갔던 증자가 그러했듯이 말입니다. 그러나 공손추는 아직도 맹자가 말한 진정한 용기에 대해 그다지 이해하고 있지 못한 듯, 다시 처음으로 돌아가

질문합니다. 맹자가 40대에 마음이 동요되지 않은 것과 고자가 맹자보다 먼저 마음이 동요되지 않았다는 것에 대해서 자세히 듣기를 기대했던 것이죠.

"감히 묻겠습니다. 선생님께서 마음을 동요하지 않는 것과 고자가 마음을 동요하지 않는 것의 차이에 대해서 들을 수 있겠습니까?"

"고자는 말하기를 '상대의 말에 납득이 안 되는 것을 내 마음에서 애써 구하려 한다면 마음이 흔들리므로 그 말을 놓아두고 마음에서 이치를 구하지 말라. 마음에 편안하지 못한 것이 있으면 그 마음을 제어하는 데 힘을 다해야 하며, 애써 기운에 도움을 구하지 말라.'고 하였다. 이것이 흔들리기 쉬운 마음을 바르게 지키려는 고자의 부동심이다. 후자처럼 마음에 납득이 안 되면 애써 기에서 구하려 말라는 것은 근본에 힘쓰려는 것이니 그런대로 괜찮다. 그러나 말에서 이해되지 않을 때 마음에서 구하려 말라는 것은 말도 이해 못 하고 마음도 알지 못하는 것이니 확실히 잘못이다. 의지는 마음이 향하는 것으로 기를 이끄는 장수이고 몸에 가득 찬 기는 의지의 졸병이니, 의지가 최고이고 기는 그 다음이다. 그러므로 '그 의지를 잘 간직하는 한편 그 기를 해롭게 하지 말라.'고 한 것이다."

"이미 의지가 최고이고 기가 그 다음이라 하시니 의지만 있으면 될 것 같은데, 또한 그 의지를 잘 간직하고도 그 기를 해롭게 하지 말라고 하신 것은 무슨 말씀입니까?"

"의지가 한결같으면 기를 움직이고 기가 한결같으면 의지를 움직이게 된다. 지금 어떤 사람이 뜻밖에 갑자기 넘어지고 일이 있어 달음박질하는 것은 기운이 그 안정을 잃어버렸기 때문이다. 그러나 이때 그 마음도 동요되어 편안할 수 없으니, 이것이 기운이 전일하면 뜻이 동요된다는 증거이다. 그러므로 뜻을 반드시 간직하고, 또한 기운도 마땅히 해롭게 하지 않아야 한다."

"敢問夫子之不動心과 與告子之不動心을 可得聞與잇가"
감 문 부 자 지 부 동 심   여 고 자 지 부 동 심   가 득 문 여

"告子曰 不得於言이어든 勿求於心하며 不得於心이어든 勿求於氣라하니
고 자 왈 부 득 어 언   물 구 어 심   부 득 어 심   물 구 어 기

不得於心이어든 勿求於氣는 可커니와 不得於言이어든 勿求於心은 不可하니
부 득 어 심   물 구 어 기   가   부 득 어 언   물 구 어 심   불 가

志는 氣之帥也오 氣는 體之充也니 夫志至焉이요 氣次焉이니 故로 曰
지   기 지 수 야   기   체 지 충 야   부 지 지 언   기 차 언   고 왈

持其志오도 無暴其氣라하니라"
지 기 지   무 포 기 기

"志至焉이요 氣次焉이라하시고 又曰 持其志오도 無暴其氣는 何也잇고"
지 지 언   지 지 언   우 왈 지 기 지   무 포 기 기   하 야

"志壹則動氣하고 氣壹則動志也니 今夫蹶者趨者 是氣也而反動其心이니라"
지 일 즉 동 기   기 일 즉 동 지 야   금 부 궤 자 추 자 시 기 야 이 반 동 기 심

※ **일**(壹): 하나에 집중함. **궐**(蹶): 넘어짐. **추**(趨): 달림.

고자의 부동심(不動心)은 마음에 동요를 주는 기운을 억지로 잠재우는 데 초점이 있지만, 육체를 지닌 인간인지라 기가 주는 영향을 무시할 수 없을 것입니다. 따라서 맹자는 마음을 좌우하는 근원지로서 의지를 우선적으로 잘 간직하는 동시에, 기(氣)를 안정시켜 길러가려는 노력이 자연스럽게 부동심을 유지하는 데 필요한 두 축이라 보았습니다. 몸이 피곤할 때 정신 집중이 되지 않듯이 의지가 중요한 것은 맞지만, 그 의지가 잘 발휘되기 위해서는 기 역시 잘 기르는 노력을 병행해야 한다는 것이지요.

결국 맹자가 부동심할 수 있다고 자신할 수 있었던 이유는 스스로를 반성해서 올곧다는 도덕적 의지가 있었고, 이를 지켜나갈 남다른 기가 있었다고 할 수 있을 것입니다. 여기서 맹자가 말하는 기란 이것저것 가리지 않는 맹목적인 저돌성도 아니고, 자신의 굳은 심지만을 밀어 붙이려는 것도 아닙니다. 그가 부동심할 수 있었던 기란 어떤 걸까요?

호연지기

흔히 큰 꿈을 간직하라는 의미에서 호연지기(浩然之氣)를 말하곤 합니다. 그러나 맹자가 말했던 드넓은 기상을 뜻하는 호연지기가 본래 의미하는 것은 무엇일까요? 스스로 자신의 내면에 돌이켜 올바른 것이라면 주저없이 달려간다는 맹자의 말을 생각할 때 단순히 사회적 성취를 말하는 것은 아닐 것입니다. 기를 잘 길러 본래의 참다운 모습을 찾아가려는 호연지기는 바로 이 장의 핵심이며, 그래서 이 장을 특별히 '호연장(浩然章)'이라 일컬으며 주목하기도 합니다.

맹자의 말을 들은 공손추는 평소 어떤 점을 잘해서 그렇게 마음에 동요가 없는지 궁금해졌습니다.

"감히 묻겠습니다. 선생님께서는 고자에 비해 어떤 장점이 있으십니까?"
"나는 상대의 말을 잘 알며[知言], 나의 호연지기(浩然之氣)를 잘 기른다."

"敢問夫子는 惡乎長이시니잇고" "我는 知言하며 我는 善養吾浩然之氣하노라"
감 문 부 자　오 호 장　　　아　지 언　　아　선 양 오 호 연 지 기

※ **오**(惡): 어디.

고자가 상대의 말을 잘 이해하지도 못하면서 마음의 문을 닫은 반면에, 맹자는 상대의 말에서 그 잘잘못의 까닭을 알고 있다는 것입니다. 또한 맹자는 고자처럼 마음에 동요를 주는 기운을 억제하기보다는 드넓은 기상, 즉 호연지기를 잘 길러서 마음의 성대한 본체와 작용을 회복할 수 있다는 것입니다. 상대의 말에 내포된 의미를 알면 진실을 볼 수 있어 의혹되지 않을 것이요, 드넓은 기운을 잘 길러간다면 흔들리지 않고

일에 임할 수 있다고 보는 것이지요. 먼저 맹자는 호연지기에 대하여 자세히 설명합니다.

> 아! 말로 표현하기 어렵다. 그 기가 지극히 크고 지극히 강하니, 정직함으로써 잘 기르고 해침이 없으면 이 호연지기가 천지의 사이에 꽉 차게 된다. 그 기가 의와 도에 짝하니, 이것이 없으면 굶주리게 된다. 이 호연지기는 의리를 많이 축적[集義]함으로써 생기는 것이다. 의리는 하루아침에 갑자기 엄습하여 취해지는 것은 아니다. 한두 가지가 우연히 의리에 합치된다 하더라도, 그렇지 아니한 것이 많기 때문에 만족스럽지 못할 것이다. 행동이 마음에 흡족하지 않는 바가 있으면 음식을 먹지 못해 배고프듯 호연지기 역시 굶주리게 된다. 그러므로 의리란 내 마음에 있는 이치이므로 '고자는 일찍이 의리를 알지 못한다'고 말한 것이니, 이는 의리를 외적 상황에 따른 처신으로만 돌려 자기 마음에서 구하지 않았기 때문이다.

難言也니라 其爲氣也 至大至剛하니 以直養而無害則塞于天地之間이니라
난 언 야　　기 위 기 야　지 대 지 강　　이 직 양 이 무 해 즉 색 우 천 지 지 간

其爲氣也配義與道하니 無是면 餒也니라 是集義所生者라 非義襲而取之也니
기 위 기 야 배 의 여 도　　무 시　뇌 야 니라 시 집 의 소 생 자　비 의 습 이 취 지 야

行有不慊於心則餒矣니 我故로 曰告子未嘗知義라 하노니 以其外之也일새니라
행 유 불 겸 어 심 즉 뇌 의　아 고　왈 고 자 미 상 지 의　　　이 기 외 지 야

정의롭지 못한 현실에서 울컥 치솟는 울분도 중요하지만, 맹자는 자연스럽게 내 속에 축적된 의리의 힘을 보다 소중히 여깁니다. 스스로를 돌이켜 얻은 드넓은 기상으로 올곧게 길러서 해침이 없다면, 그 기운은 충분히 천리의 자연스러움인 도와 사람 마음의 떳떳함인 의에 짝하게 됩니다. 음식을 제대로 먹지 못하면 굶주리듯, 호연지기를 길러서 도의에 합치하지 못한다면 큰 일에 직면하여 마음이 흔들리고 제대로 행할 수 없게 된다는 것입니다.

한 가지 일이 의리에 합했다면 이것을 바탕으로 모든 일마다 의리에 합하도록 노력하여, 하늘을 우러러 부끄럽지 아니하고 땅을 굽어 살펴

도 부끄럽지 아니하는 강하고 곧은 마음으로 채워나가는 것입니다. 지극히 크고 강건한 그 마음을 잘 길러서 천지를 한 몸처럼 보듬고 가려는 것이죠. 그것도 억지로 하지 않고 내 속에서 자연스럽게 솟구칠 수 있도록 말입니다. 천지를 안고 가려는 그 곧은 마음이 결코 굶주려서는 안 된다는 것을 맹자는 농작물을 재배할 때의 과정에 비유합니다.

반드시 일이 있는 것이지만 꼭 그렇게 되리라 효과를 기약하지 말며, 마음으로 잊지도 말고 억지로 키우지도 말라. 어떤 송나라 사람처럼 해서는 안 된다. 송나라에 벼 싹이 빨리 자라지 못함을 안타깝게 여겨 어느 날인가 벼이삭을 길게 잡아 뽑아놓은 자가 있었다. 그는 아무것도 모르고 돌아와서 집안사람들에게 말하기를, '오늘 나는 매우 피곤하다. 내가 벼 싹이 자라도록 도왔다.'고 하자, 그 아들이 달려가서 보았더니 벼 싹은 이미 말라 있었다. 천하에 벼 싹이 자라도록 억지로 조장하지 않는 자가 드물다. 유익함이 없다 해서 버려두는 자는 비유하면 벼 싹을 김매지 않는 자이고, 억지로 조장하는 자는 벼 싹을 뽑아놓는 자이다. 보탬이 없을 뿐 아니라 도리어 해치는 것이다.

必有事焉而勿正하여 心勿忘하며 勿助長也하여 無若宋人然이어다 宋人이
필유사언이물정　심물망　물조장야　무약송인연　송인

有閔其苗之不長而揠之者러니 芒芒然歸하여 謂其人曰 今日에 病矣와라
유민기묘지부장이알지자　망망연귀　위기인왈 금일　병의

予助苗長矣와라 하거늘 其子 趨而往視之하니 苗則槁矣러라
여조묘장의　기자 추이왕시지　묘즉고의

天下之不助苗長者 寡矣니 以爲無益而舍之者는 不耘 苗者也요 助之長者는
천하지부조묘장자 과의　이위무익이사지자　불운 묘자야　조지장자

揠苗者也니 非徒無益이라 而又害之니라
알묘자야　비도무익　이우해지

※ 정(正): 미리 기약함. 민(閔): 근심함. 알(揠): 뽑음. 망망연(芒芒然): 무지한 모양. 병(病): 피곤함.

맹자는 싹을 뽑아 자라도록 돕는다는 알묘조장(揠苗助長)의 가설을 통해 목적만 바라보고 성급히 하다 오히려 일을 망치는 것을 경계하고 있습니다. 잊지도 말고 조장도 없는 자연스런 숙성의 단계를 보고 싶은

것이지요. 마찬가지로 호연지기를 기르려는 자는 반드시 의로운 일을 많이 축적함으로써 일을 삼아 미리 효과를 기대하지 말아야 하며, 혹시라도 충만되지 못하면 다만 마땅히 당면한 일을 잊지 않고 해나갑니다. 억지로 키우려고 의도적인 노력을 하지 말아야 하니, 이것이 바로 의로운 일을 많이 축적하여 호연지기를 기르는 방법입니다.[*] 시간이 걸리더라도 차근차근 호연지기를 길러 의리 그 자체로 충일된 도덕적 인간을 말하는 맹자의 모습에서 그가 쉽게 마음이 흔들리지 않았던 내공의 힘이 엿보입니다.

호연지기를 기르는 자연스런 방법을 전해들은 공손추는 앞서 맹자가 상대의 말을 내 마음을 통해 알 수 있다고 말했던 지언(知言)의 의미에 대해서 묻자 맹자는 답합니다.

말은 마음의 소리이다. 그러므로 마음이 이치에 밝은 다음에 말이 병통이 없다. 만일 이치에 공평하지 못하면 말이 편벽되고 기울어져서 다만 한편만을 말하므로 이것을 일러 편벽된 말[詖辭]이라고 한다. 편벽됨이 지나치면 방탕해져 그 말이 이것저것 두루 넘치면서 방탕한 말[淫辭]이 된다. 마치 깊은 물 속에 빠져 들어가 주변은 보지 못한 것과 같다. 음란하고 괴이함을 말하는 간사한 말[邪辭]에서 그 마음이 다른 길로 빠져 미혹되어 올바른 길을 떠남을 알 수 있다. 간사함이 지나치면 둘러말하기 일쑤이고 이는 도피하는 말[遁辭]이라고 보는데, 곤궁하고 통하지 못해서 이리저리 흔들리다 도망쳐 왔다는 것을 알았다. 말에서 드러나는 편벽되고 방탕하고 부정하고 도피하는 병통은 모두 마음에서 생겨난 것이고 정치에도 피해를 끼치며 일도 해치는 근본이 된다. 비록 성인이 다시 살아오신다 하더라도 또한 반드시 마음을 잘못 쓰면 정치에 피해를 준다는 나의 말을 바꾸지 않을 것이다.

---

[*] 『맹자집주』「공손추」 상편 2장. "此言養氣者, 必以集義爲事, 而勿預期其效. 其或未充, 則但當勿忘其所有事, 而不可作爲以助其長, 乃集義養氣之節度也."

詖辭에 知其所蔽하며 淫辭에 知其所陷하며 邪辭에 知其所離하며
피사   지기소폐   음사   지기소함   사사   지기소리

遁辭에 知其所窮이니 生於其心하여 害於其政하며 發於其政하여
둔사   지기소궁   생어기심   해어기정   발어기정

害於其事하나니 聖人이 復起샤도 必從吾言矣시리라
해어기사   성인   부기   필종오언의

※ **피**(詖): 편벽됨. **음**(淫): 방탕함. **사**(邪): 부정함. **둔**(遁): 도피. **리**(離): 배반.

우리는 맹자의 거침없이 쏟아지는 달변에서 그가 상대의 말을 알며 자신의 호연지기를 기르기 때문에 흔들림 없이 현실과 마주하고 있었다는 것을 알 수 있습니다. 고자가 상대의 말을 이해하지 못하면 마음에서 구하지 말라고 하는 것은 마음의 병통을 자세히 생각하지 못한 것이라면, 맹자 자신은 상대의 말을 알기 때문에 마음이 동요되지 않고 정치에 임할 수 있다는 것이지요. 맹자의 당당함이 부럽기만 하고 도덕적 세상을 만들어가려는 의지에 존경이 더해집니다. 맹자를 공자와 같은 성인에 버금가는 아성(亞聖)이라 칭하는 이유이겠지요. 제자인 공손추는 그런 스승을 다시 생각하며 말합니다.

"공자의 제자 중에 재아나 자공 같은 사람은 이치에 의거해서 말을 잘하였고, 염우와 민자와 안연 같은 사람은 덕행이 있었습니다. 이 사람들은 각각 장점이 있었음에도 서로를 겸하지 못하였는데, 공자는 이 두 가지를 다 겸했지만 공자는 겸손하게 스스로의 말과 실천에는 충분하지 못하다고 하였습니다. 지금 선생님께서 말을 안다고 하였으니 이는 말에 능숙한 것이고, 또 기를 잘 길렀으니 이는 덕행이 있는 것입니다. 그렇다면 선생님께서는 어찌 성인이 아니시겠습니까?"

"아! 이 무슨 말이냐? 옛적에 자공이 공자에게 말하기를, '선생님께서는 성인이십니다.'라고 하자, 공자가 '성인은 내가 능하지 못하지만 나는 배우기를 싫어하지 않고 가르치기를 게을리 하지 않았다.'라고 하셨다. 그러자 자공이 말하기를, '배우기를 싫어하지 않는 것은 지혜로운 자이고, 가르치기를 게을리 하지 않는 것은 어진 자이니, 어질고도 지혜

로우시니 선생님은 이미 성인이십니다.'라고 하였다. 이처럼 자공과 공자의 문답을 생각할 때, 성인은 공자도 오히려 감히 자처하지 않은 것인데, 내가 어찌 감히 스스로 성인이라고 하겠는가? 이 웬 말이냐?"

"잘 알겠습니다. 이전에 제가 듣기로는 '자하·자유·자장은 모두 성인의 어느 한 부분을 가지고 있었고, 염우·민자·안연은 전체적으로 성인을 따라갔지만 조금은 미약하다.'고 합니다. 선생님께서 공자와 견주지 못하시다면, 죄송하지만 공자의 제자들 가운데 선생님은 어떠한 사람 정도에 해당되겠습니까?"

"이들은 어진 분들이지만 우선은 비교하지 말고 놓아 두어라."

"宰我子貢은 善爲說辭하고 冉牛閔子顔淵은 善言德行이러니 孔子兼之하사대"
재아자공   선위설사   염우민자안연   선언덕행   공자겸지

曰我於辭命則不能也로라하시니 然則夫子는 旣聖矣乎신저"
왈아어사명즉불능야   연즉부자 기성의호

"惡라 是何言也오 昔者에 子貢이 問於孔子曰 夫子는 聖矣乎신저 孔子曰
오   시하언야 석자   자공   문어공자왈 부자   성의호   공자왈

聖則吾不能이어니와 我는 學不厭而敎不倦也로라 子貢이 曰學不厭은 智也요
성즉오불능   아   학불염이교불권야   자공   왈학불염   지야

敎不倦은 仁也니 仁且智하시니 夫子는 旣聖矣신저하니 夫聖은 孔子도
교불권   인야   인차지   부자   기성의   부성   공자

不居하시니 是何言也오"
불거   시하언야

"昔者에 竊聞之호니 子夏子游子張은 皆有聖人之一體하고 冉牛閔子顔淵은
석자   절문지   자하자유자장   개유성인지일체   염우민자안연

則具體而微라하니 敢問所安하노이다 " "姑舍是하라"
즉구체이미   감문소안   고사시

※ 설사(說辭): 언어(言語). 사명(辭命): 말과 행동. 오(惡): 감탄사. 권(倦): 게으르다. 고(姑): 우선.
사(舍): 놓다.

스승 맹자를 한없이 존경한 공손추는 공자를 비롯한 여러 인물들을 열거하면서, 유학 내에서 맹자의 위상을 높이고 싶었던 것 같습니다. 물론 배우기를 싫어하지 않고[學不厭], 가르치기를 게을리 하지 않았던[敎不倦] 공자와 비견될 수는 없겠지요. 그렇다고 맹자는 자신이 공자의 제자들 가운데 한 명으로 쉽게 자처하지도 않았습니다. '백이와 이윤은 어떻습니까?'라고 계속되는 공손추의 질문에 맹자는 자신이 모

델로 삼는 성인관에 대하여 자연스럽게 말할 수 있는 기회를 만들어 갑니다.

　백이나 이윤이 행한 일은 나와는 도가 같지 않다. 섬기지 못할 임금이면 섬기지 아니하고 부리지 못할 백성이라면 부리지 아니해서, 세상이 다스려지면 나가 벼슬하고 세상이 어지러우면 물러나 숨은 사람은 백이(伯夷)였다. 반면에 누구를 섬긴들 내 임금이 아니겠는가 하며 임금의 신임을 얻으면 반드시 벼슬을 하고, 누구를 부린들 내 백성이 아니겠는가 하며 백성을 얻으면 반드시 부려서 세상이 다스려져도 나아가 벼슬하고, 세상이 어지러워도 또한 나아가 벼슬한 사람은 이윤(伊尹)이었다. 그러나 공자는 달랐다. 벼슬할 만하면 벼슬하고, 그칠 만하면 물러나 그치고, 오래 머물 만하면 오래 머물고, 속히 갈 만하면 속히 가는 사람이었다. 이 세 사람은 다 옛날의 성인이라고 할 수 있다. 나는 일을 함에 있어 이 세 사람을 잊지 못하였지만, 나의 마음엔 공자의 나가고 물러남에 있어 고집함이 없었기 때문에 공자의 이 마땅함을 배우기를 원한다.

伯夷伊尹은 何如하니잇고 曰 不同道하니 非其君不事하며 非其民不使하여
백 이 이 윤　　　하 여　　　　왈 부 동 도　　　비 기 군 불 사　　　비 기 민 불 사

治則進하고 亂則退는 伯夷也요 何事非君이며 何使非民이리오하여 治亦進하며
치 즉 진　　　난 즉 퇴　　백 이 야　하 사 비 군　　하 사 비 민　　　　　치 역 진

亂亦進은 伊尹也요 可以仕則仕하며 可以止則止하며 可以久則久하며
난 역 진　이 윤 야　가 이 사 즉 사　　가 이 지 즉 지　　가 이 구 즉 구

可以速則速은 孔子也시니 皆古聖人也라 吾未能有行焉이어니와
가 이 속 즉 속　공 자 야　　개 고 성 인 야　오 미 능 유 행 언

乃所願則學孔子也로라
내 소 원 즉 학 공 자 야

"백이와 이윤이 공자에 견줄 만합니까?"

"아니다. 백성이 생겨난 이후로 성인이 비록 많지만 그 도덕과 사업이 성대한 사람을 찾아본다면 공자와 같은 분은 있지 아니하였다."

"공자는 전무후무한 성인이라 할 것이지만 백이·이윤도 모두 성인이라 하는데, 그렇다면 서로 같은 점이 있습니까?"

"공통점이 있다. 가령 백 리의 땅을 얻어서 임금이 되면 세 성인이 다 제후의 조회를 받고 천하를 통일하여 소유할 수 있을 것이다. 그러나 만일한 가지 의롭지 못한 일을 행하거나, 한 사람의 죄 없는 이를 죽이고서천하를 얻을지라도 세 성인은 다 즐겨하지 아니할 것이다. 이것이 바로서로의 같은 점이다."

"伯夷伊尹이 於孔子에 若是班乎잇가"
백 이 이 윤　어 공 자　약 시 반 호

"否라 自有生民以來로 未有孔子也시니라"
부　자 유 생 민 이 래　미 유 공 자 야

"然則有同與잇가"
연 즉 유 동 여

"有하니 得百里之地而君之면 皆能以朝諸侯有天下어니와 行一不義하며
유　　득 백 리 지 지 이 군 지　개 능 이 조 제 후 유 천 하　　　행 일 불 의

殺一不辜而得天下는 皆不爲也리니 是則同하니라"
살 일 불 고 이 득 천 하　개 불 위 야　　시 즉 동

※ **반**(班): 동등하다. **고**(辜): 죄, 허물.

"그들이 공자와 다른 점은 무엇입니까?"

"성인이란 쉽게 알 수 없지만 비교해 보면 그 정도를 알 수 있다. 재아·자공·유약은 지식이 높고 밝아 성인을 알아볼 수 있는데, 그들은 만약 지식이부족하더라도 좋아하는 사람에게 아첨하는 데 이르지 않을 것이니 그 말을믿을 수 있을 것이다.

재아는 '예로부터 성인이라면 먼저 요순을 일컫지만, 내가 보건대 공자의어짊은 요순보다 훨씬 낫다.'고 하였다. 요순은 도로써 천하를 다스려 당대에 공로가 있었지만, 공자는 육경(六經)을 손질하고 그 도를 미루어 만세에가르침을 남기셨다. 요순의 도는 공자를 얻지 않았다면 후세에 무엇을 근거로 말할 수 있었겠는가?

자공은 말했다. '예전 성인의 정치는 이미 지나간 일이지만 예는 정치를꾸민 것이니, 오늘날에 끼친 예를 보면 그 당시의 정치를 알 수 있다. 예전 성인의 덕은 멀지만 음악은 덕을 형상화한 것이니, 오늘날에 끼친 음

악을 들으면 그 당시의 덕을 알 수 있다. 백세를 이어온 임금을 등급 지어 보건대, 그 덕과 정치의 실상을 어길 수 없다. 백성이 있은 이래로 왕은 많았지만 만세에 공자에게 미칠 만한 분은 없으셨다.'

또한 유약이 말하였다. '어찌 백성만 그러하겠는가? 기린과 봉황이 신령스러워도 또한 금수요, 태산이 높고 하해가 깊어도 또한 산과 물이 모인 것이니 같은 종류라 할 수 있다. 성인 또한 사람이지만 성인은 성품을 다해서 인류의 저 높은 곳에 있으니, 여러 사람이 미칠 수 있는 것이 아니다. 종류 중에서 빼어나며 모인 것 중에서도 더 높이 솟아난 것이 있지만, 사람이 있은 이래로 공자보다 더 훌륭하신 분은 있지 않다."

"敢問其所以異하노이다"
감 문 기 소 이 이

"宰我子貢有若은 智足以知聖人이니 汙不至阿其所好니라
재 아 자 공 유 약   지 족 이 지 성 인   와 부 지 아 기 소 호

宰我曰 以予觀於夫子컨대 賢於堯舜이 遠矣샷다
재 아 왈 이 여 관 어 부 자   현 어 요 순   원 의

子貢이 曰見其禮而知其政하며 聞其樂而知其德이니 由百世之後하여
자 공   왈 견 기 례 이 지 기 정   문 기 악 이 지 기 덕   유 백 세 지 후

等百世之王컨대 莫之能違也니 自生民以來로 未有夫子也시니라
등 백 세 지 왕   막 지 능 위 야   자 생 민 이 래   미 유 부 자 야

有若이 曰豈惟民哉리오 麒麟之於走獸와 鳳凰之於飛鳥와 太山之於丘垤과
유 약   왈 기 유 민 재   기 린 지 어 주 수   봉 황 지 어 비 조   태 산 지 어 구 질

河海之於行潦에 類也며 聖人之於民에 亦類也시니 出於其類하며
하 해 지 어 행 료   유 야   성 인 지 어 민   역 유 야   출 어 기 류

拔乎其萃나 自生民以來로 未有盛於孔子也시니라"
발 호 기 췌   자 생 민 이 래   미 유 성 어 공 자 야

※ 와(汙): 낮은 것. 아래. 질(垤): 개미둑. 췌(萃): 모으다.

마지막은 공자 찬양으로 일관되어 있습니다. 그만큼 맹자는 공자의 학문과 덕성을 자신이 올곧이 계승하고 있다는 자부심으로 가득차 있었던 것이지요. 마음이 동요되지 않는다는 것도, 도의에 짝하는 호연지기를 기르려는 것도 실상은 공자의 마음을 닮으려 했기 때문입니다. 따라서 맹자는 내 소원은 성인 공자를 배우는 것이라 말합니다. 그리고 호연지기를 기르는 것이 바로 성인되는 지름길이라 권유합니다.

왕도(王道)와 패도(霸道)

왕도와 패도의 분명한 차이는 무엇일까요? 왕도정치의 이상을 줄곧 말해왔던 맹자는 스스로 덕에 의한 왕도와 힘에 의한 패도에 대해 정의를 내립니다.

패도란 토지와 군사의 힘[力]을 사용하여 백성을 통치하려는 것으로 본래 어진 마음이 없으면서 거짓으로 인을 내세우며 업적을 이루는 것을 말한다. 패도를 하려는 자는 반드시 큰 나라를 가져야만 사람을 제어하고 그 공적을 이룰 수 있다. 반면에 본래 마음에 있는 덕(德)을 미루어 만물을 이롭게 하려는 것을 왕도라 한다. 왕도를 행하는 자는 당초에 나라의 크고 작음을 따질 필요가 없다. 힘을 기다리지 않더라도 만물을 향한 정성스러운 마음이 자신에게 있어 비록 큰 나라를 소유하지 않더라도 충분히 해낼 수 있으니, 탕임금은 70리로써 일어나고 문왕은 100리로써 일어났으니 땅의 크기가 문제가 아니다.

힘으로써 인을 빌리는 패도와 덕으로써 인을 행하는 왕도는 다 사람을 복종하도록 한다. 그러나 힘으로 사람을 복종시키는 자는 상대방이 진심으로 복종하는 것이 아니라, 현재의 힘이 충분히 대적하지 못하기 때문에 마지못해 복종하는 것이다. 덕으로 사람의 복종을 얻는 자는 마음 속 깊이 그 덕에 감동하여 진심으로 지성을 다해 복종하는 것이다. 이것이 왕도와 패도의 구분이다. 공자 같은 이는 애초부터 세력과 지위가 없었지만, 70여 제자가 모두 마음으로 복종하여 털끝만큼도 억지로 하지 않았다. 지성으로 복종함이 이와 같았기 때문에 『시경』에서는 '왕도를 행한 덕화가 퍼져 동서남북 어디서나 복종하지 아니함이 없다.'라고 하였던 것이다. 이것은 덕으로써 자발적으로 복종하게 되는 것을 말하는 것이다.

以力假仁者는 覇니 覇必有大國이요 以德行仁者는 王이니 王不待大라 湯이
이 력 가 인 자   패   패 필 유 대 국   이 덕 행 인 자   왕   왕 부 대 대   탕

以七十里하시고 文王이 以百里하시니라 以力服人者는 非心服也라 力不贍也요
이 칠 십 리   문 왕 이 백 리   이 력 복 인 자   비 심 복 야   역 불 섬 야

以德服人者는 中心이 悅而誠服也니 如七十子之服孔子也라
이 덕 복 인 자   중 심   열 이 성 복 야   여 칠 십 자 지 복 공 자 야

詩云 自西自東하며 自南自北이 無思不服이라하니 此之謂也니라
시 운 자 서 자 동   자 남 자 북   무 사 불 복   차 지 위 야

※ **력**(力): 토지나 군대의 힘. **섬**(贍): 넉넉함. **시**(詩): 『시경』「대아(大雅)」의 문왕유성(文王有聲)편.

복종이라고 모두 같은 복종이 아닙니다. 힘이 없어 어쩔 수 없이 따르는 것도 있지만, 진심에서 우러나오는 자발적 복종도 있기 때문입니다. 힘으로써 남을 복종시키려는 자는 사람을 복종시키는 데 뜻을 두어서 다른 사람들이 감히 그 힘에 복종하지 않을 수 없는 것이요, 덕으로써 남을 복종시키려는 자는 사람을 복종시키는 데 뜻은 없으나 사람들이 따르지 않을 수 없는 것입니다.[*] 패도는 자신의 권력을 보여줄 힘이 있어야 가능하지만, 왕도는 힘의 크기와는 무관하게 백성을 사랑하는 어진 마음을 확장시켜 나가 자발적인 복종을 이끌어 냅니다. 그래서 맹자가 말하는 왕도정치는 더디지만 결국은 모든 이들의 마음을 사로잡는 진정성이 있다는 것입니다. 왕도정치가 시행되어 모두가 하나되는 세상, 바로 맹자가 꿈꾸는 세상입니다.

---

[*] 『맹자집주』「공손추」상편 3장. 鄒氏曰 "以力服人者, 有意於服人而人不敢不服; 以德服人者, 無意於服人而人不能不服."

공손추 상편 4장 : 自求禍福

행복에 이르는 길

어진 정치를 말하는 맹자는 평소 구체적인 대안을 가지고 있었습니다. 왕들을 만나 당당히 자신의 주장을 펼쳤던 것도 충분한 준비가 있었기에 가능했던 것이지요. 맹자는 영달을 좋아하고 치욕을 싫어하는 사람의 일반적인 감정에서부터 말을 이어갑니다.

> 어질면 영화롭게 되고, 어질지 못하면 치욕을 받는다. 지금 치욕을 싫어하면서도 어질지 않은 데 처하는 것은, 마치 습한 것을 싫어하면서도 낮은 데에 거처하는 것과 같다. 임금이 진실로 치욕을 미워할 줄 안다면 어질지 않은 것을 버리고 어진 일을 하는 것만 못하다. 덕을 귀하게 여겨 덕이 있는 선비를 높이고, 덕을 갖춘 현명한 사람이 자리에 있게 하고, 재능있는 사람이 직책을 맡도록 해야 한다. 바깥 근심이 점차 없어져 여유가 있을 때는 정치를 살펴 국가기강을 바로 세우며 형벌을 밝혀 나라의 근본을 튼튼히 한다면, 비록 강대국이라도 반드시 그 나라를 두려워할 것이다.

仁則榮하고 不仁則辱하나니 今에 惡辱而居不仁이 是猶惡濕而居下也니라
인 즉 영   불인즉욕   금   오욕이거불인   시유오습이거하야

如惡之인댄 莫如貴德而尊士니 賢者在位하며 能者在職하여 國家閒暇어든
여 오 지   막여귀덕이존사   현자재위   능자재직   국가한가

及是時하여 明其政刑이면 雖大國이라도 必畏之矣리라
급 시 시   명기정형   수대국   필외지 의

맹자는 행복을 바라는 인간의 공통된 소망을 이루어줄 지도자의 어진 정치를 구체적으로 말합니다. 평소 덕을 숭상하며, 현자에게 걸맞은 자

리를 제공하고, 재능있는 이들에게 직책을 맡기는 것입니다. 그리고 다소 여유가 있을 때 국가기강을 바로잡는 제도적 보완을 해야 한다는 것입니다. 그가 강조하는 어진 정치가 결코 추상적인 것이 아님을 보여주고 있는 것이지요. 그렇게 준비하는 자에게 행복한 결과가 다가오기 마련입니다. 맹자는 『시경』과『서경』을 인용하여 모두기 자기 하기 나름임을 말합니다.

『시경』에 이르기를, '소리개 같은 하찮은 미물도 하늘이 그늘지고 비오지 않았을 때에 저 뽕나무 뿌리를 거두어다가 창문을 튼튼하게 얽어 놓는다면, 지금 이 아래에 있는 사람들이 혹시라도 감히 나를 업신여기겠는가!'라고 하였다. 공자께서 말씀하셨다. '이 시를 지은 자는 근심을 생각해서 미리 예방하는 도를 알 것이다. 임금이 된 자가 때에 따라 적임자에게 맡기고 법도를 삼가서 그 국가를 다스리는 것을 새가 시기에 맞게 둥지를 보수하는 것 같이 한다면 누가 감히 업신여기겠는가?'

정치를 어진 방법에 따라 행하니 영화롭게 될 것임을 알 수 있을 것이다. 지금 국가가 한가하거든 이때다 싶어 즐기고 태만하며 오만한 짓을 하니, 이것은 스스로 재앙을 불러오는 짓이다. 선하면 복이 있고 악하면 재앙이 있는 것은 자연의 이치니, 재앙과 복은 자기로부터 불러들이지 않는 것이 없다.

詩云迫天之未陰雨하여 徹彼桑土하여 綢繆牖戶면 今此下民이
시 운 태 천 지 미 음 우   철 피 상 두   주 무 유 호   금 차 하 민

或敢侮予아하여늘 孔子曰 爲此詩者 其知道乎인져 能治其國家면
혹 감 모 여   공 자 왈 위 차 시 자 기 지 도 호   능 치 기 국 가

誰敢侮之리오하시니라 今에 國家 閒暇어든 及是時하여 般樂怠敖하나니
수 감 모 지   금 국 가 한 가   급 시 시   반 락 태 오

是는 自求禍也니라 禍福이 無不自己求之者니라
시   자 구 화 야   화 복 무 부 자 기 구 지 자

※ **시(詩)**:『시경』「빈풍(豳風)」편의 치효(鴟鴞). **태(迫)**: ~에 미침. **철(徹)**: 취함. **상두(桑土)**: 뽕나무 뿌리로 土를 '두'로 읽음. **주무(綢繆)**: 칭칭 얽어맴. **편호(牖戶)**: 창문. **반락(般樂)**: 즐김. **태오(怠敖)**: 태만하고 오만함.

『시경』에 이르기를, '길이 천명에 배합하기를 생각하는 것이 스스로 많은 복을 불러오는 것이다.'라고 하였고, 또한 『서경』「태갑」에 이르기를, '하늘이 내린 재앙은 오히려 덕을 닦아서 피할 수 있지만, 스스로 지은 재앙에는 살 길이 없다.'라고 하였다.

詩云 永言配命이 自求多福이라하며 太甲에 曰 天作孽은 猶可違어니와
시 운 영 언 배 명　자 구 다 복　　　　태 갑　왈 천 작 얼　유 가 위

自作孽은 不可活이라하니 此之謂也니라
자 작 얼　불 가 활　　　차 지 위 야

※ 시(詩): 『시경』「대아(大雅)」편의 문왕(文王). 언(言): 생각하다[念]와 같음. 명(命): 천명. 태갑(太甲): 『서경』의 편명. 얼(孽): 화(禍). 위(違): 피하다. 활(活): 살아남다.

『시경』은 자기의 행위로 말미암아 복을 불러옴을 말하는 것이라면, 『서경』의 말은 재앙을 불러오는 원인이 자기에 있다는 말입니다. 복을 바라고 재앙을 싫어하는 마음은 사람이라면 똑같습니다. 그러나 복이나 재앙은 모두 자기 하기에 달려 있겠지요. 어진 일을 행하면 영화롭고, 다가올 재앙에 미리 대비하는 것은 복을 받는 길입니다. 그 모두 자기 하기 나름입니다. 어진 일을 많이 하여 복 많이 받으세요.

하늘을 대신하는 관리[天吏]

흔히 사농공상의 차별을 전통시대 한계로 꼬집곤 합니다. 이상과 현실은 차이가 있지만, 진정으로 맹자를 닮고 싶어 하는 이들의 마음은 어떠했을까요? 맹자는 모든 분야의 백성들에게 적합한 정책의 시행이 왕도정치의 조건임을 말합니다.

천하에 왕 노릇 하려는 사람의 정치는 사람의 마음을 얻는 것이 가장 중요하다. 그러므로 첫째로 덕이 있는 현명한 자를 높이고 지략이 뛰어난 재능있는 자들을 부려서 덕과 재주가 출중한 준걸로 하여금 지위에 있게 하면, 천하 선비들이 다 사람을 쓰는 데 도가 있는 것을 기뻐하여 그 조정에 서기를 원할 것이다.

둘째로 시장에서 장사가 잘 되면 자릿세만 받고 물건의 세금까지 징수하지 않으며, 분쟁이 생기면 법대로 감독만 하고 그들의 이익이 적게 돌아가면 자릿세도 받지 않는다. 공적인 세금을 적게 받고 시장 상인들에게 혜택이 돌아가도록 하면 천하의 장사꾼들이 모두 기뻐하여 그 시장에 물건을 보관하기를 원할 것이다.

셋째로 나그네가 관문을 지나갈 때 의심스러운 자들을 살피기만 하고 별도의 세금을 징수하지 않으면, 천하의 나그네들이 모두 기뻐하여 그 길로 나가기를 원할 것이다.

넷째로 농사짓는 자들은 9분의 1의 정전법을 적용해 여덟 집이 힘을 합쳐 나라 밭인 공전을 경작하게 하고, 사적으로 나누어준 사전에 세금을 받지 아니한다. 이렇게 하면 천하의 농민이 모두 세금을 적게 거두는 어진 정치를 기뻐해서 그 들에서 밭 갈기를 원할 것이다.

다섯째로 예전에는 직업을 권면하기 위해 직업이 없는 백성들에게 집집 마다 세금을 받아들였다. 그런데 지금은 시장의 자릿세도 받으면서 또 거주하는 사람들에게도 이중으로 세금을 거둬들이니, 이러한 제도를 없 앤다면 천하 백성들이 모두 기뻐하며 왕의 백성이 되기를 원할 것이다.

尊賢使能하여 俊傑이 在位則天下之士 皆悅而願立於其朝矣리라
존 현 사 능　　준 걸　재 위 즉 천 하 지 사　개 열 이 원 립 어 기 조 의

市에 廛而不征하며 法而不廛則天下之商이 皆悅而願藏於其市矣리라
시　전 이 부 정　　법 이 부 전 즉 천 하 지 상　개 열 이 원 장 어 기 시 의

關에 譏而不征則天下之旅가 皆悅而願出於其路矣리라
관　기 이 부 정 즉 천 하 지 려　개 열 이 원 출 어 기 로 의

耕者를 助而不稅則天下之農이 皆悅而願耕於其野矣리라
경 자　조 이 불 세 즉 천 하 지 농　개 열 이 원 경 어 기 야 의

廛無夫里之布則天下之民이 皆悅而願爲之氓矣리라
전 무 부 리 지 포 즉 천 하 지 민　개 열 이 원 위 지 맹 의

※ **전(廛)**: 시장에 있는 집. **정(征)**: 세금 징수. **부리포(夫里布)**: 직업이 없는 백성이나 집에 뽕나무 와 삼을 심지 아니하는 집에 세금을 내게 했음. **맹(氓)**: 백성.

진실로 이 다섯 가지, 즉 벼슬하는 자, 장사하는 자, 나그네, 농사하는 자, 그리고 백성이 되고 싶어하는 자들이 모두 그 나라로 오고자 하는 정책 이 시행될 수 있다면, 이웃 나라 백성들이 부모처럼 그를 우러러볼 것이 다. 이웃 나라 백성이 부모처럼 바라보면 그들이 곧 나의 자식일 것이니, 그 자제를 거느리고 그 부모를 공격하는 것은 백성이 있은 이래로 성공 할 수 있는 자가 없었다. 이와 같으면 천하에 대적할 자가 없을 것이다. 천하에 대적할 자가 없으면 천명을 받들어 행하는 천리(天吏)라 할 수 있으니, 이렇게 하고서도 왕 노릇 못할 자는 있지 않다.

信能行此五者則鄰國之民이 仰之若父母矣리니 率其子弟하여
신 능 행 차 오 자 즉 인 국 지 민　앙 지 약 부 모 의　　솔 기 자 제

攻其父母는 自生民以來로 未有能濟者也니 如此則無敵於天下하리니
공 기 부 모　자 생 민 이 래　미 유 능 제 자 야　여 차 즉 무 적 어 천 하

無敵於天下者는 天吏也니 然而不王者는 未之有也니라
무 적 어 천 하 자　천 리 야　연 이 불 왕 자　미 지 유 야

※ **신(信)**: 진실로. **천리(天吏)**: 천명을 받들어 수행하는 관리.

군주가 민심을 헤아리는 왕도정치를 잘 시행한다면 적과도 부자처럼 친해질 수 있지만, 그렇지 않다면 백성도 원수가 될 수 있음을 경고하고 있습니다.[*]

맹자는 모든 이들의 마음을 읽고 포용할 수 있는 정치를 희망하고, 하늘을 대신하여 그러한 역할을 담당하는 하늘의 관리인 천리가 나오기를 바라고 있습니다. 모두가 원하는 것을 해주려는 그 마음가짐이 과연 진부할 것일까요? 공무(公務)에 걸맞은 진정한 천리가 되고 싶지 않습니까?

---

[*] 『맹자집주』「공손추」 상편 5장. "此章言 能行王政, 則寇戎爲父子, 不行王政, 則赤子爲仇讎."

공손추 상편 6장 : 孺子入井

도덕적 감정의 확충

맹자를 전부 읽어보지 않은 사람도 갓난아이가 우물에 빠졌을 때 구해주려는 측은한 마음인 측은지심(惻隱之心)에 대해 들어본 적이 있을 것입니다. 성리학자들은 그러한 도덕적 마음을 네 가지로 구분하고 사단(四端)이라 하여 특별히 주목합니다. 인간을 인간답게 해주는 따뜻한 마음을 드러내는 인의예지(仁義禮智)라는 선한 본성이 우리 모두에게 내재되어 있다고 보기 때문입니다.

사람들은 모두 남에게 차마 하지 못하는 마음을 가지고 있다. 선왕에서는 남에게 차마 하지 못하는 마음을 가지고, 남에게 차마 하지 못하는 정치를 시행하셨다. 그렇게 남들의 어려움을 차마 견디지 못하는 어진 [仁] 마음으로 백성이 좋아하는 것을 좋아하고 백성이 싫어하는 것을 하지 않는 어진 정치[仁政)]를 시행해야 할 것이다. 그렇게 된다면 천하를 다스리는 것은 손바닥 위에 놓고 움직일 수 있을 정도로 쉬울 것이다.

사람마다 남들에게 차마 하지 못하는 마음을 지니고 있다는 것을 어떻게 증명할 수 있을까? 평소에는 증명하기 어렵지만 힘들거나 변란을 당할 때를 보면 알 수 있다. 사람들은 갑자기 갓난아이가 우물로 기어 들어가려는 것을 보면 모두 깜짝 놀라고 측은해하는 진심어린 마음이 들 것이다. 이것은 그 부모와 친분을 맺으려 해서도 아니며, 고을 사람들과 친구들에게 인자하다는 명예를 구해서도 아니며, 사람을 구하지 않았다는 비난을 피하기 위해 그런 것도 아니다."

人皆有不忍人之心하니라 先王이 有不忍人之心하사 斯有不忍人之政矣시니
인 개 유 불 인 인 지 심　　　선 왕　　유 불 인 인 지 심　　사 유 불 인 인 지 정 의

以不忍人之心으로 行不忍人之政이면 治天下는 可運於掌上이니라
이 불 인 인 지 심　　행 불 인 인 지 정　　치 천 하　　가 운 어 장 상

所以謂人皆有不忍人之心者는 今人이 乍見孺子將入於井하고
소 이 위 인 개 유 불 인 인 지 심 자　　금 인　　사 견 유 자 장 입 어 정

皆有怵惕惻隱之心하나니 非所以内交於孺子之父母也며
개 유 출 척 측 은 지 심　　　　비 소 이 납 교 어 유 자 지 부 모 야

非所以要譽於鄉黨朋友也며 非惡其聲而然也니라
비 소 이 요 예 어 향 당 붕 우 야　　비 오 기 성 이 연 야

※ **사**(斯): 곧[則]. **사**(乍): 문득. **출척**(怵惕): 놀라는 모양. **측**(惻): 가슴이 아플 정도로 절실함. **은**(隱): 아픔이 속까지 파고들 정도로 깊음. **납**(内): 맺음. 음은 '납'. **구**(要): 요구. **성**(聲): 비난의 목소리.

사람이라면 누구나 다른 사람의 어려움을 차마 견디지 못하는 마음이 있는데, 맹자는 이를 무의식중에 솟아나오는 진심으로 보았습니다. 주자는 선천적으로 내재된 이 마음이 바로 하늘을 담은 인간의 마음이라 풀이합니다.

천지는 만물을 내는 것으로 마음을 삼는데 그렇게 태어난 만물은 제각기 천지가 만물을 낳는 마음을 얻어 마음을 삼았다. 이 때문에 사람들은 모두 남들을 차마 해치지 못하는 마음을 가지고 있는 것이다.[*]

고통을 주고 죽이는 것이 아니라 도움을 주면서 살리려는 마음이 하늘로부터 받은 인간의 본래적 마음이며, 바로 그 마음으로 정치에 임하라는 것이지요. 여기서 갓난아이가 우물에 빠졌을 때를 상정하는 '유자입정(孺子入井)'의 비유는 맹자가 주장하는 성선설의 근거로 자주 활용되곤 합니다. 마치 제선왕이 사지로 끌려가는 소를 보고 느꼈던 안타까운 마음과도 비슷할 것입니다. 이처럼 진심에서 우러나오는 자연스런 감정을 통해 맹자는 인의예지(仁義禮智)로 대표되는 본성과 그 현실화를 토로합니다.

---

[*] 『맹자집주』「공손추」상편 6장. "天地以生物爲心, 而所生之物, 因各得夫天地生物之心, 以爲心, 所以人皆有不忍人之心也."

146

이로 말미암아 본다면 측은해 하는 마음이 없으면 사람이 아니며, 자신과 타인의 잘못된 행동을 부끄럽게 생각하고 미워하는 마음인 수오지심이 없으면 사람이 아니며, 사양하는 마음인 사양지심이 없으면 사람이 아니며, 옳고 그름을 가리는 마음인 시비지심이 없으면 사람이 아니다. 측은지심은 인의 단서가 밖으로 드러난 것이요, 수오지심은 의의 단서가 드러난 것이요, 사양지심은 예의 단서가 드러난 것이요, 시비지심은 지의 단서가 드러난 것이다. 마치 어떤 물건의 한 가운데 있다가 밖으로 드러나는 것과 같다. 이 인·의·예·지의 본성이 없다면, 어떻게 측은·수오·사양·시비의 네 감정이 있겠는가?

由是觀之컨댄 無惻隱之心이면 非人也며 無羞惡之心이면 非人也며
유 시 관 지   무 측 은 지 심   비 인 야   무 수 오 지 심   비 인 야

無辭讓之心이면 非人也며 無是非之心이면 非人也니라 惻隱之心은 仁之端也요
무 사 양 지 심   비 인 야   무 시 비 지 심   비 인 야   측 은 지 심   인 지 단 야

羞惡之心은 義之端也요 辭讓之心은 禮之端也요 是非之心은 智之端也니라
수 오 지 심   의 지 단 야   사 양 지 심   예 지 단 야   시 비 지 심   지 지 단 야

'사람이 사람다워야 사람이다.'는 말을 흔히 합니다. 그렇다면 사람다움이란 무엇일까요? 사람이 사람다워질 때는 자신도 주체할 수 없이 솟구치는 타자에 대한 사랑, 올바르지 못한 행위를 보고 진정으로 부끄러워할 줄 아는 정의, 욕망의 치우침을 제어할 줄 아는 절제, 나를 둘러싼 세계에 대한 올바른 인식인 지혜를 지니고 있을 때입니다. 인의예지로 대표되는 이러한 덕성은 인간을 인간답게 해주는 도덕적 품성입니다. 주자는 그 실마리를 우리의 도덕적 감정에서 찾아 다음과 같은 구도에서 설명합니다.

　　측은 · 수오 · 사양 · 시비는 감정이요, 인의예지는 본성이며, 마음은 성과
정을 통섭한다[惻隱羞惡辭讓是非, 情也; 仁義禮知, 性也; 心統性情者也].

일상에서 자연스럽게 드러나는 도덕적 감정의 실마리를 통해 인의예지라는 도덕적 본성이 있음을 알 수 있다는 것이지요. 그렇다면 도덕적

인 본성과 감정을 지녔기에 인간이라 할 수 있다는 맹자의 주장은 결국 무엇을 말하려는 것일까요?

사람에게 반드시 이 사단의 마음이 있는 것은 사람의 몸에 저마다 사지가 있는 것과 같다. 이 사단이 있음에도 욕망에 사로잡혀 행할 수 없다고 말하는 사람은 스스로를 해치는 자이며, 그 임금이 행할 수 없다고 말하는 사람은 그 임금을 해롭게 하는 자이다. 이래서는 안 된다. 나에게 있는 사단을 모두 넓혀서 채울 줄 알면, 마치 불이 타올라 왕성하면 끌 수 없고 샘이 처음 솟아나 흐르면 막을 수 없는 것처럼 천지로 넓혀나가야 한다.

만약 사단의 마음을 천지로 확충시켜 어진 마음으로 어진 정치를 행한다면 멀리 사해까지도 충분히 보호할 수 있고, 만일 채우지 못한다면 가까운 부모도 제대로 섬길 수 없을 것이다. 스스로 포기하지 말고 선왕을 본받아 사람으로서 차마 하지 못하는 마음을 마땅히 채워나가야 할 것이다.

人之有是四端也는 猶其有四體也니 有是四端而自謂不能者는 自賊者也요
인 지 유 시 사 단 야   유 기 유 사 체 야   유 시 사 단 이 자 위 불 능 자   자 적 자 야

謂其君不能者는 賊其君者也니라 凡有四端於我者를 知皆擴而充之矣면
위 기 군 불 능 자   적 기 군 자 야   범 유 사 단 어 아 자   지 개 확 이 충 지 의

若火之始然하며 泉之始達이니 苟能充之면 足以保四海요
약 화 지 시 연   천 지 시 달   구 능 충 지   족 이 보 사 해

苟不充之면 不足以事父母니라
구 불 충 지   부 족 이 사 부 모

※ 수(羞): 자기의 좋지 못함을 부끄러워함. 오(惡): 남의 좋지 못함을 미워함. 사(辭): 주는 것을 거절함. 양(讓): 자기 것을 남에게 양보함. 시(是): 선(善)을 알아서 옳게 여김. 비(非): 악(惡)을 알아서 그르게 여김. 단(端): 실마리. 사체(四體): 사지(四肢).

맹자는 사람에게는 사단처럼 타자를 향해 견딜 수 없는 마음을 누구나 지니고 있음에 주목합니다. 그러나 그 의도는 단순히 그러한 도덕적 마음이 있음에 만족하지 않고, 그 마음을 끝없이 확충시켜 가야 한다는 점에 있습니다. 포기하지 않고 확충하는 것은 자기 자신에게 달려 있습니다. 보편적인 도덕률로서 인을 강조하는 맹자로서는 어진 세상을 구현하려는 그 마음의 확충이 바로 인간다움을 확인하는 자리입니다.

내 탓이요, 내 탓!

직업의 선택에서 신중함은 두말할 필요가 없을 것입니다. 하면 할수록 힘이 나고 남들에게도 도움이 될 수 있는 것을 찾는다면 그 의미가 남다를 것입니다. 거주지의 선택 역시 마찬가지입니다. 맹자는 그 기준을 인의 실현에 두고 비유적으로 설명합니다.

화살을 만드는 사람이 어찌 갑옷을 만드는 사람보다 어질지 못하다고 할 수 있겠는가? 그러나 화살 만드는 사람은 자신이 만든 화살이 날카롭지 않아 사람을 해치지 못할까 두려워하고, 갑옷 만드는 사람은 그 갑옷이 견고하지 않아 사람을 해치게 될까 두려워한다. 직업에 따라 사람을 살리거나 죽이려는 마음이 달라진 것이다. 어찌 화살 만드는 사람의 본래 마음이 갑옷 만드는 사람보다 어질지 못해서 그런 것이겠는가? 또한 질병을 낫게 해달고 기원하는 무당과 죽은 사람을 위해 관을 만드는 목수 역시 마찬가지다. 이는 본래의 어진 마음이 다른 것이 아니라 그 직업에 따라 사람의 마음이 달라지기 때문이니, 직업을 조심스럽게 선택해야 하는 것이다.

또한 거주지 선택에도 신중해야 한다. 공자께서는 '마을에 어진 풍속이 있는 것이 다른 것보다도 아름다우니, 거처를 선택할 때 어진 곳에 처하지 않는다면 어떻게 지혜로울 수 있겠는가!'라 하였다. 인은 하늘이 내려준 존귀한 벼슬[尊爵]과 같고 사람의 편안한 집[安宅]과도 같아 누구든 좋아할 만하다. 그런데 아무도 막는 이가 없는 데도 어질지 못해서 버려두니, 이것은 지혜롭지 못한 것이다.

矢人이 豈不仁於函人哉리오마는 矢人은 惟恐不傷人하고 函人은
시인　　기불인어함인재　　　　시인　　유공불상인　　　함인

惟恐傷人하나니 巫匠도 亦然하니 故로 術不可不愼也니라 孔子曰 里仁이
유공상인　　　　무장　역연　　　고　술불가불신야　　　공자왈 이인

爲美하니 擇不處仁이면 焉得智리오하시니 夫仁은 天之尊爵也며
위미　　택불처인　　　언득지　　　　　부인　천지존작야

人之安宅也어늘 莫之禦而不仁하니 是는 不智也니라
인지안택야　　　막지어이불인　　　시　부지야

※ 함(函): 깁옷. 부(巫): 무당. 장(匠): 장의사. 언(焉): 어찌. 술(術): 재주, 기술.

유학에서는 천지가 만물을 낳는 마음을 인이라 합니다. 모든 선함을 대표하는 으뜸으로서 만물을 살리려는 인의 마음은 누구에게나 있는 것이지만, 직업이나 거처 등 주변 환경에 따라 상실되기도 합니다. 맹자는 인을 하늘이 내려준 존귀한 벼슬이며 사람이 거처하는 편안한 집이라 비유하면서 인에 대한 관심을 촉구합니다.

어질지 못한 선택을 하는 것은 지혜롭지 못하기 때문이요, 결국에는 예의까지 없어지면 정신적으로 미천한 사람이 되어 남들에게 부림을 당할 것이다. 만약 남들이 시키는 대로 하면서 남에게 부림을 당하는 것을 부끄러워한다면, 활 만드는 사람이 활 만드는 것을 부끄러워하며 화살을 만드는 사람이 화살 만드는 것을 부끄러워하는 것과 같은 것이다. 만일 부림을 당하는 부끄러움에서 벗어나고자 한다면 인을 행하는 것만 못하다.

인을 행하는 것은 활을 쏘는 것과 같다. 활을 쏘는 자는 마음과 몸을 바로 잡은 다음에야 화살을 쏜다. 만일 과녁을 맞히지 못할지라도 이긴 자를 원망하지 않고 '내 마음이 올바르지 않았던가? 내 몸이 혹시 바르지 않았던가?'라고 하면서, 오직 자신에게 문제의 원인을 돌이켜 구할 따름이다. 인을 행하는 것은 자신에게 달려있고 남들에게 있지 않으니 스스로 힘써야 한다.

不仁不智라 無禮無義면 人役也니 人役而恥爲役하논디 由弓人而恥爲弓하며
불인부지　무례무의　인역야　인역이치위역　　　유궁인이치위궁

矢人而恥爲矢也니라 如恥之인댄 莫如爲仁이니라 仁者는 如射하니 射者는
시인이치위시야　　　여치지　　막여위인　　　인자　여사　　　사자

150

正己而後에 發하여 發而不中이라도 不怨勝己者요 反求諸己而已矣니라
정 기 이 후   발   발 이 부 중   불 원 승 기 자   반 구 저 기 이 이 의

※ 유(由): 같다[猶]. 중(中): 적중하다. 저(諸): ~에게.

    기술에 따른 직업이나 거주지의 선택은 자유지만 무엇을 목적으로 하느냐에 따라 선택의 방향이 달라지기도 합니다. 의도하지 않았지만 부끄러운 결과를 초래하기보다는 애초부터 마음가짐을 달리할 필요가 있습니다. 더구나 우리 인간에게는 맹자가 말했듯 하늘이 내려준 고귀한 도덕심이 있고, 바로 그 길을 따르는 것이 정신적으로 편안하게 쉴 수 있는 안식처입니다. 다만 인(仁)으로 대표되는 그 길은 자기 자신이 어떻게 하느냐에 달려 있습니다. 맹자는 활쏘기 비유를 통해 실수의 원인을 자신에게 돌리는 자세, 즉 '반구저기(反求諸己)'하는 마음이 부끄럽게 살아가지 않으려는 태도라고 말합니다. 모든 것은 자기 하기 나름이요, 내 탓입니다.

경청의 자세

경청(敬聽)이 부족한 사람에게는 잘못을 꼬집는 남들의 말이 귀에 잘 들어오지 않습니다. 후대에 위대하다고 평가받은 인물들의 공통된 특징은 사적인 개인을 넘어 공적인 마음으로 선한 행위를 해나갔다는 점입니다. 물론 그 정도의 차이는 있기 마련이죠.

공자의 제자인 자로는 사람들이 그에게 허물이 있다고 말해주면 고칠 기회가 됨을 기뻐하였다. 하나라 우임금은 착한 말을 들으면 공경히 절하셨다. 그러나 위대한 순임금은 이보다도 더 위대함이 있었다. 선을 공적인 것으로 생각하여 남들과 함께 하셨으니, 자신을 버리고 남을 따르며, 남에게서 취하여 선을 행하는 것을 좋아하였다. 즉 자신이 선하지 못하면 주저없이 버리고 남들과 같이 되고자 하였으며[舍己從人], 남들의 좋은 점을 기꺼이 자신이 가지고자 하였던 것이다. 내게 있는 것과 남들에게 있는 것을 구분하지 않고 나와 남이 하나 되고자 하는 것이다.

순임금이 미천할 때에 역산에서 밭 갈고 곡식을 심었으며, 하빈에서 질그릇을 굽고 뇌택에서 고기를 잡다가 황제에 이르렀다. 그는 평생동안 남들에게 취하지 않은 것이 없었으니, 남에게서 취하여 선을 행하는 것은 결과적으로 남들이 선을 하도록 도와주는 것이다. 애초에 남이 선행을 하도록 도와주려 시작한 것은 아니지만, 선을 받아들여 달라진 나의 모습에 남들도 더욱 선을 행하려 할 것이기 때문이다. 그러므로 군자는 남이 선하도록 도와주는 것보다 더 좋은 일이 없다.

子路는 人이 告之以有過則喜하더라 禹는 聞善言則拜러시다 大舜은
자 로 인 고 지 이 유 과 즉 희   우 문 선 언 즉 배   대 순

有大焉하시니 善與人同하사 舍己從人하시며 樂取於人하여 以爲善이러시다
유 대 언   선 여 인 동   사 기 종 인   낙 취 어 인   이 위 선

自耕稼陶漁로 以至爲帝히 無非取於人者러시다 取諸人以爲善이
자 경 가 도 어   이 지 위 제   무 비 취 어 인 자   취 저 인 이 위 선

是與人爲善者也니 故로 君子는 莫大乎與人爲善이니라
시 여 인 위 선 자 야   고   군 자   막 대 호 여 인 위 선

※ **사**(舍): 버리다[捨]. **여**(與): 돕다.

귀감이 될 만한 선한 행위를 들었을 때 개인적으로 기뻐하거나 절까지 할 정도로 감사의 마음을 갖는 것은 쉬운 일이 아닙니다. 마치 병원 찾기를 꺼리다가 큰 병을 걸리는 것과 같은 이치이지요. 그러나 한발 더 나아가 나의 잘못을 과감히 고쳐나가는 한편, 그렇게 변화된 나를 보고 남들도 그들의 잘못을 고쳐나가게 된다면 우리 모두가 선한 세상으로 한발 다가설 것입니다. 출발은 나에서 시작되었지만 우리 모두가 혜택을 입는 긍정적 결과로 이어집니다. 이 모두의 시작은 경청의 자세에서 출발합니다.

나아갈 때와 물러설 때

선택지는 많지만 어느 길을 선택하느냐는 결코 쉽지 않는 현실입니다. 맹자는 백이와 유하혜의 사례를 들어 인생관의 차이에 대해 말합니다.

백이는 군주다운 군주가 아니면 섬기지 않으며, 친구다운 친구가 아니면 사귀지 않으며, 못된 무리들이 모인 조정에는 나서지 않으며, 못된 사람들과는 말을 섞지 않았다. 못된 무리들이 모인 조정에 나서서 그들과 말하는 것을 마치 조정의 예법을 갖춘 복장으로 진흙밭과 숯 구덩이에 앉은 듯이 생각하였다. 악을 미워하는 마음을 확대하여 마을 사람들과 함께 서있을 때는 사소하지만 그들이 쓴 관이 비뚤어지기라도 했으면 뒤돌아보지 않고 떠나가, 마치 자신도 더럽혀질 것처럼 생각하였다. 이 때문에 제후들이 비록 좋은 말로 찾아와 조금의 실례가 없더라도 받아들이지 않았다. 그들의 제안을 받아들이지 않은 것은 이 또한 그들에게 나아가는 것을 달갑게 생각하지 않은 것이다.

伯夷는 非其君不事하며 非其友不友하며 不立於惡人之朝하여
백이 비기군불사   비기우불우   불립어악인지조

不與惡人言하더니 立於惡人之朝하야 與惡人言호대 如以朝衣朝冠으로
불여악인언   입어악인지조   여악인언   여이조의조관

坐於塗炭하며 推惡惡之心하여 思與鄕人立에 其冠不正이어든 望望然去之하여
좌어도탄   추오악지심   사여향인립 기관부정   망망연거지

若將浼焉하니 是故로 諸侯雖有善其辭命而至者라도 不受也하니
약장매언   시고 제후수유선기사명이지자   불수야

不受也者는 是亦不屑就已니라
불수야자 시역불설취이

※ **도탄**(塗炭): 진흙과 숯구덩이. **망망연**(望望然): 뒤돌아보지 않고 떠나는 모양. **매**(浼): 더럽힘.
설(屑): 깨끗하다.

반면에 노나라 대부였던 유하혜는 더러운 군주를 섬기는 것을 부끄러워 하지 않으며, 하찮은 벼슬도 낮게 여기지 않고 일을 하였다. 기꺼이 나아 가서 자신의 재주를 숨기지 않고 반드시 그 도리를 다하였으며, 벼슬길 에서 누락되어도 원망하지 않으며 어려움을 당하여도 근심하지 않았다. 그러므로 '너는 너이고 나는 나이다. 네가 비록 내 곁에서 옷을 걷어붙 이거나 벌거숭이가 된들 네가 어찌 나를 더럽힐 수 있겠는가?'라고 하 였다. 그러므로 아무렇지도 않은 듯 그들과 함께 있으면서도 스스로의 올바름을 잃지 않아서 떠나려 생각했을지라도 만류하면 멈추었다. 잡을 때 멈추는 것은 저들이 더럽히지 못할 것이라고 생각한 것이니, 이 또한 떠나는 것을 달갑게 여기지 않은 것이다.

柳下惠는 不羞汙君하며 不卑小官하여 進不隱賢하여 必以其道하며
유 하 혜   불 수 오 군   불 비 소 관   진 불 은 현   필 이 기 도
遺佚而不怨하며 阨窮而不憫하더니 故로 曰 爾爲爾요 我爲我니
유 일 이 불 원   액 궁 이 불 민   고   알 이 위 이   아 위 아
雖袒裼裸裎於我側이나 爾焉能浼我哉리오하니 故로 由由然與之偕而
수 단 석 나 정 어 아 측   이 언 능 매 아 재   고   유 유 연 여 지 해 이
不自失焉하야 援而止之而止하니 援而止之而止者는 是亦不屑去已니라
부 자 실 언   원 이 지 지 이 지   원 이 지 지 이 지 자   시 역 불 설 거 이

※ **유일**(遺佚): 추방하여 버리는 것. **액**(阨): 곤함. **이**(爾): 너. **단석**(袒裼): 팔을 걷음. **나정**(裸裎): 나체. **유유연**(由由然): 자득한 모양. **해**(偕): 함께 거처함. **부자실**(不自失): 올바름을 잃지 않는 것.

세상을 살아가는 두 부류의 사람이 제시되어 있습니다. 백이는 남의 더러움이 내게 영향을 미칠까 두려워하는 사람이라면, 유하혜는 남의 더러움이 자신과 관계없다는 생각을 가지고 있습니다. 백이가 지나치게 결백한 사람이라면, 유하혜는 자신이 떳떳하다면 주변을 그다지 생각할 필요 없다는 타협주의적인 사고를 지녔던 것이지요. 맹자는 어느 쪽을 선택했을까요?

백이는 좁고 유하혜는 거만하니, 좁음과 거만한 것을 군자는 따르지 않 는다.

伯夷는 隘하고 柳下惠는 不恭하니 隘與不恭은 君子 不由也니라
백이 애 유하혜 불공 애여불공 군자 불유야

※ **애**(隘): 도랑이 좁음. **불공**(不恭): 간략하고 거만함.

너무도 짧은 평가이지만, 그가 하고 싶은 이야기는 다 담겨 있습니다. 백이의 청결한 행실은 높이 살 만하지만, 너무도 깨끗해서 주변을 끊어 버리는 편협함이 있습니다. 반면에 유하혜는 너그립고 온화하지만, '너는 너이고 나는 나'라고 하여 세상을 가볍게 여기는 거만스러움으로 비춰질 수도 있습니다. 맹자는 자신이 배우고 싶어하는 공자처럼 나아갈 때는 나가고 멈출 때는 멈추는 중도(中道)와는 거리가 있는 것이지요.

우리는 어떠한 선택을 해야 할까요? 지금은 멈출 때인가요, 나아갈 때인가요? 그것도 아니라면 멈출 때는 멈추고 나아갈 때는 나가야 할까요?

孟子

공손추 하편

마음의 화합이 제일이다

아무리 좋은 때와 환경이 주어지더라도 화합된 마음으로 똘똘 뭉치는 인화(人和) 단결이 중요함은 물론입니다. 그때 자주 사용하는 '천시'와 '지리', 그리고 '인화'라는 말은 바로 맹자의 다음과 같은 이야기에서 나옵니다.

시기적절한 천시[天時]가 지세의 유리함[地利]만 못하고, 지세의 유리함이 백성의 화합된 마음인 인화(人和)만 못하다. 가장 적은 3리 되는 성과 그것을 둘러싼 7리 되는 곽을 포위하여 공격해도 이기지 못하는 경우가 있다. 포위하여 공격하다 보면 반드시 천시의 좋을 때를 얻기도 하겠지만, 이기지 못하는 것은 천시가 지세의 유리함만 못한 것이다. 성은 높고 연못은 깊으며 병기와 갑옷은 견고하고 날카롭고 군량미는 넉넉하지만, 버리고 떠나는 것은 땅의 이로움이 화합된 마음인 인화만 못한 것이다.

天時不如地利요 地利不如人和니라 三里之城과 七里之郭을
천 시 불 여 지 리　지 리 불 여 인 화　　삼 리 지 성　칠 리 지 곽

環而攻之而不勝하나니 夫環而攻之에 必有得天時者矣언마는 然而不勝者는
환 이 공 지 이 불 승　　부 환 이 공 지　필 유 득 천 시 자 의　　연 이 불 승 자

是天時不如地利也니라 城非不高也며 池非不深也며 兵革이 非不堅利也며
시 천 시 불 여 지 리 야　　성 비 불 고 야　지 비 불 심 야　병 혁　비 불 견 리 야

米粟이 非不多也로대 委而去之하나니 是地利不如人和也니라
미 속　비 부 다 야　위 이 거 지　　시 지 리 불 여 인 화 야

※ **성곽**(城郭): 성(城)은 내성이고 곽(郭)은 외성. **지**(池): 성곽 주변을 파서 물로 채운 해자. **위**(委): 버리다.

그러므로 옛말에 '백성을 구분하되 국경의 경계로써 하지 않으며, 국가를 견고히 하되 산과 계곡의 험난함으로 삼지 않으며, 천하를 호령하되 병기와 갑옷의 예리함으로써 하지 않는다.'고 하는 것이다. 어진 정치를 행하여 화합으로 이끄는 올바른 길을 얻으면 도와주는 이가 많고, 바른 길을 잃으면 도와주는 이가 적다. 도와주는 이가 아주 적어 인심을 잃으면 친척까지도 배반하는데 멀리 있는 사람이 돕겠는가? 도와주는 이가 매우 많으면 천하가 그를 따를 것이다. 온 천하가 따르는 힘으로써 친척도 배반하는 저들을 공격한다면, 저들의 백성이 다 나의 자제가 되는 것이니, 누가 나와 더불어 대적하려 하겠는가? 그러므로 군자는 싸우지 않을지언정 싸우면 반드시 승리하는 것이다.

故로 曰 域民호대 不以封疆之界하며 固國호대 不以山谿之險하며 威天下호대
고   왈 역민   불이봉강지계   고국   불이산계지험   위천하

不以兵革之利니 得道者는 多助하고 失道者는 寡助라 寡助之至에는 親戚이
불이병혁지리   득도자 다조   실도자 과조   과조지지   친척

畔之하고 多助之至에는 天下順之니라 以天下之所順으로 攻親戚之所畔이라
반지   다조지지   천하순지   이천하지소순   공친척지소반

故로 君子 有不戰이언정 戰必勝矣니라
고   군자 유부전   전필승의

정국의 틈새를 엿보며 유리한 여건을 차지하기 위해 골몰하던 것이 전국시대의 일반적인 상황이었습니다. 맹자는 그에 앞서 백성의 마음을 얻는 것이 보다 근본임을 주장합니다. 인심을 얻지 못하면 아무리 하늘의 좋은 때를 얻거나 지세가 유리함이 있더라도 필승하지는 못할 것이라는 것입니다. 물론 세 가지를 모두 갖추는 것이 가장 좋겠지요. 그러나 천시와 지리와 인화 중에, 그 중의 제일은 인화(人和)입니다.

현자를 대하는 군주의 마음자세

　제나라에 있을 때 맹자는 손님으로 대우받는 스승의 지위에 있었습니다. 녹봉을 받고 벼슬하는 현직의 사람들과는 다른 입장이었죠. 따라서 왕은 자신의 신하를 부리듯 마음대로 오라 가라 할 수 있는 처지가 아니었습니다. 그러던 어느 날 맹자가 왕에게 조회하려 하였는데, 왕은 이 사실을 모르고 사람을 시켜 핑계를 대면서 말하였다.

　　"과인이 찾아뵙는 것이 마땅할 것이나 감기가 들어 바람을 쐴 수 없습니다. 내일 아침에 신하의 조회를 보려 하는데, 선생께서 한번 오셔서 과인으로 하여금 만나볼 수 있게 해주실지 모르겠습니다."

　　"저 역시 불행히 병이 들어 조회에 나갈 수 없습니다."

　　"寡人이 如就見者也러니 有寒疾이라 不可以風일새 朝將視朝호리니 不識케이다
　　　과 인　여 취 견 자 야　　　유 한 질　　불 가 이 풍　　조 장 시 조　　　불 식

　　可使寡人으로 得見乎잇가"　"不幸而有疾이라 不能造朝로소이다"
　　가 사 과 인　　득 견 호　　　　불 행 이 유 질　　불 능 조 조

　　　※ **한질**(寒疾): 감기. **조**(朝): 아침, 조회.

　왕이나 맹자 모두 병을 핑계로 만남을 보류하고 있었던 것이지요. 그런데 맹자는 그 다음날 대부인 동곽씨 집으로 조문을 갔습니다. 제나라 왕에게 자신이 병이 난 것이 아님을 은근히 보여주었다고 할 수 있는 대목입니다. 왕이 먼저 찾아오라는 것이지요. 공손추는 그 뜻을 알지 못하고 의심하였습니다.

"어제는 병이 있어 조회할 수 없다고 하고 오늘 갑자기 조문을 가니, 어제 병 때문에 조회할 수 없다고 한 것은 거짓으로 핑계 댄 것이 분명하니 옳지 않습니다."

"어제 병이 있다가 오늘은 나았으니 조문 가지 못할 것이 뭐 있겠느냐?"

"昔者에 辭以病하시고 今日弔는 或者 不可乎인져"
　석 자　사 이 병　　　금 일 조　　혹 자 불 가 호

"昔者疾이 今日愈어니 如之何不弔리오"
　석 자 질　금 일 유　여 지 하 부 조

　　※ **혹자**(或者): 아마도. **유**(愈): 낫다. **조**(弔): 조문하다.

제자 역시 스승의 본심을 이해하지 못했던 것입니다. 왕은 맹자가 병이 나지 않은 것을 모르고 사람을 시켜 병문안을 하고 의원도 딸려 보냈습니다. 왕의 사신들이 찾아오자 제자들은 다급해졌습니다. 맹자에게 수학하고 있었던 맹중자가 둘러댑니다.

"어제는 왕의 명이 있었으나 마침 병이 있어서 조회에 나갈 수 없었습니다. 이제 병이 조금 나았기 때문에 바삐 조회에 나갔는데, 지금쯤 조회에 이르렀는지 잘 모르겠습니다."

昔者에 有王命이어시늘 有采薪之憂라 不能造朝러시니 今病小愈어시늘
　석 자　유 왕 명　　　유 채 신 지 우　불 능 조 조　　　금 병 소 유

趨造於朝하더시니 我는 不識게라 能至否乎아
　추 조 어 조　　　아　불 식　능 지 부 호

　　※ **채**(采): 채취하다. **신**(薪): 땔나무. **채신지우**(采薪之憂): 병들어 땔나무조차 할 수 없다는 겸사(謙辭).

그러고는 두어 사람을 시켜 급히 맹자가 오는 길목을 지키고 있다가 돌아오지 말고 조회에 참석하도록 하였습니다. 병들어 땔나무조차 할 힘이 없다는 '채신지우(采薪之憂)'라는 품격있는 단어를 쓰면서까지 맹자를 변호했던 것입니다. 그러나 맹중자의 미봉책이 맹자의 본래 의도를 애매하게 만들었던 것이지요. 이미 시간이 지체되어 어쩔 수 없는 상

황에서 맹자는 대부인 경추씨 집에서 하룻밤을 쉬면서 그로 하여금 자신의 생각을 왕에게 간접적으로 전하도록 하였습니다. 그들의 대화에는 어진 이를 제대로 대우해야 한다는 맹자의 취지가 고스란히 담겨있습니다. 먼저 경추씨는 맹자의 왕에 대한 불손한 태도를 지적합니다.

"가정에서는 부자와 밖에서는 군신이 인간이 지켜야될 큰 윤리입니다. 부자는 천륜으로 은혜를 주로 하는 것이며, 군신 사이는 사람끼리 모인 것이니 공경을 주로 하는 것입니다. 저는 왕이 선생에게 공경하는 것은 보았으나 선생께서 왕을 공경하시는 것은 보지 못하였습니다."

"아! 이 무슨 말입니까? 그대는 내가 왕을 공경하는 것을 모르고 있습니다. 제나라 사람들은 다만 왕을 받들고 순종하는 것만 공경으로 알고 인의 도덕으로써 왕과 더불어 말하는 자가 없으니, 어찌 인의를 아름답게 여기지 않아서 그러하겠습니까? 그들의 마음속에는 '이 임금은 다만 업적과 이익만 알기 때문에 인과 의를 더불어 말할 수 없다'고 여기는 것이니, 이는 그 임금을 하찮거나 소홀히 여기는 태도입니다. 그러므로 공경하지 않음이 이보다 더 큰 것이 없습니다. 저는 요순의 도가 아니면 감히 왕의 앞에서 말씀드리지 않으니, 그러므로 제나라 사람들 가운데 내가 왕을 공경하는 것처럼 하는 이가 없습니다."

"아닙니다. 이것을 말한 것이 아닙니다. 『예기』에 '아들은 아버지가 부르는 것을 들으면 빨리 대답할 것이며, 신하는 임금이 명하여 부르는 것을 들으면 수레에 멍에하기를 기다리지 않고 달려간다.'고 했으니, 임금의 명에 급히 가는 것이 예법에 당연한 것입니다. 선생은 장차 조회하려다가 임금이 부르는 명을 듣고도 곧장 조회에 나가지 않았으니, 선생의 태도는 『예기』의 설과 조금 다른 듯합니다."

"內則父子요 外則君臣이 人之大倫也니 父子는 主恩하고 君臣은 主敬하니
　내 즉 부 자　외 즉 군 신　인 지 대 륜 야　부 자　주 은　　군 신　주 경
丑見王之敬子也요 未見所以敬王也게이다"
추 견 왕 지 경 자 야　미 견 소 이 경 왕 야
"惡라 是何言也오 齊人이 無以仁義與王言者는 豈以仁義로 爲不美也리오
악　시 하 언 야　제 인　무 이 인 의 여 왕 언 자　기 이 인 의　위 불 미 야

其心에 曰 是何足與言仁義也云爾則不敬이 莫大乎是하니 我는
기심   왈 시하족여언인의야운이즉불경   막대호시   아

非堯舜之道어든 不敢以陳於王前하노니 故로 齊人이 莫如我敬王也니라"
비요순지도어든   불감이진어왕전   고   제인이   막여아경왕야

"否라 非此之謂也라 禮에 曰 父召어시든 無諾하며 君命召어시든 不俟駕라하니
부   비차지위야라 예에 왈 부소   무낙   군명소   불사가

固將朝也라가 聞王命而遂不果하시니 宜與夫禮로 若不相似然하이다"
고장조야라가 문왕명이수불과   의여부례로 약불상사연

※ 오(惡): 놀라는 말. 낙(諾): 천천히 하는 대답. 유(唯)는 빨리 하는 대답. 과(果): 실행하다.

맹자는 왕이 부르는데 가지 않은 것에 대해 변호합니다. 남들은 공경이 아니라고 말하지만, 별도의 이유가 있어 그런 것이니 예법과 부합되지 않는다고 말할 수 없다는 것입니다.

어찌 이것을 말하겠습니까? 증자는 '진나라와 초나라의 부유함은 내가 따를 수 없다. 그러나 저들이 부유함을 가지고 나를 대하면 나는 나의 인으로써 대하며, 저들이 벼슬을 가지고 대하면 나는 나의 의를 가지고 대할 것이니, 내 어찌 부족함이 있겠는가?'라고 하셨습니다. 어찌 의로움에 맞지 않는 것을 증자께서 말씀하셨을까요? 이것도 일리가 있는 말입니다.

세상 모두가 존경하는 것에 세 가지가 있으니, 벼슬이 높은 것이 그 하나요, 나이가 많은 것이 그 하나요, 덕이 온전한 것이 그 하나입니다. 조정에 있어서는 벼슬을 구분하여 귀천이 뒤섞이지 못하도록 하니 벼슬자리가 가장 귀합니다. 마을에서는 나이에 따라 아이와 어른이 서로 문란하지 않도록 하니 나이를 높이는 것입니다. 한 세상을 도와서 만민의 어른으로서 교화를 베푸는 것은 오직 덕이 있는 자라야 할 수 있으니, 덕이 높은 이를 숭상하는 것입니다. 덕은 증자가 말한 인과 의이니, 이것은 부유함과 벼슬보다 결코 부족하지 않습니다. 따라서 조정에서 높이는 벼슬 하나만을 가지고서 어찌 나이와 덕이 높은 사람에게 거만하게 대할 수 있겠습니까? 그래서 제가 왕의 부름에 가지 않은 것입니다.

豈謂是與리오 曾子曰 晉楚之富는 不可及也나 彼以其富어든 我以吾仁이요
기 위 시 여　증 자 왈 진 초 지 부　불 가 급 야　피 이 기 부　　아 이 오 인

彼以其爵이어든 我以吾義니 吾何慊乎哉리오하시니 夫豈不義를 而曾子言之시리오
피 이 기 작　　아 이 오 의　오 하 겸 호 재　　　　부 기 불 의　　이 증 자 언 지

是或一道也니라 天下에 有達尊이 三이니 爵一齒一德一이니
시 혹 일 도 야　　천 하　유 달 존　삼 이 니　작 일 치 일 덕 일

朝廷엔 莫如爵이요 鄕黨엔 莫如齒요 輔世長民엔 莫如德이니
조 정　막 여 작　　향 당　막 여 치　보 세 장 민　막 여 덕

惡得有其一하여 以慢其二哉리오
오 득 유 기 일　　이 만 기 이 재

※ 겸(慊): 부족하게 여기다. 달(達): 공통되다. 치(齒): 나이.

경추씨는 왕의 부름에 응하지 않는 것은 공경스런 행동이 아니라고
말하면서 맹자를 비난합니다. 예법에 어긋난다는 것이지요. 그러나 맹
자는 진정성 없는 태도로 왕을 모시는 그대들이야말로 신하의 자세가
아니라고 반박합니다. 공경이란 자잘한 예법에 구애받는 것이 아니라,
왕이 제대로 왕 노릇 할 수 있도록 어렵지만 선한 방향으로 인도해야
한다는 것입니다. 굳이 나이를 내세우지 않더라도 자신처럼 덕망있는
현자를 괄시하지 말라는 당당함도 엿보입니다. 지위가 높다고 함부로
대하지 말라는 그의 주장은 계속됩니다.

그러므로 장차 크게 훌륭한 일을 할 수 있었던 군주는 반드시 공경하고
우대하며 함부로 부르지 못하는 신하가 있었고, 국가사직과 백성에 관
한 일이 있으면 직접 나가서 만나 보았던 것입니다. 신하된 자가 임금으
로 하여금 이같이 공경하고 예로 대접하도록 하는 것이 어찌 제 스스로
존대함을 받고자 그런 것이겠습니까? 서로 덕을 높이고 도를 즐기려는
것입니다. 임금이 덕을 높이고 도가 있는 이를 즐거워함이 이와 같지 않
다면 더불어 할 만한 것이 있을 수 없습니다. 이것이 장래에 큰 일을 할
임금이 신하를 부르지 않고, 도로써 자중하는 신하가 또한 임금에게 불
려가지 않는 까닭입니다. 그러므로 탕왕은 이윤을 스승 삼아 섬겨서 배
운 뒤에 그를 신하로 삼았기 때문에 힘들이지 않고도 천하의 왕이 되신

것이며, 환공은 관중을 스승 삼아 섬기고 배운 뒤에 그를 신하로 삼았기 때문에 힘들이지 않고도 패자가 된 것입니다.

지금의 천하는 땅이 비슷하고 정치도 비슷해서 서로 뛰어나지 못하고 고만고만한 상황입니다. 이는 다름이 아니라 자기의 뜻대로 가르쳐서 명령에 순종하는 사람을 신하로 삼기 좋아하고, 자기가 가르침을 받을 수 있는 사람을 신하로 삼기 좋아하지 않았기 때문입니다. 탕왕이 이윤에 대해서나 환공이 관중에 대해서나 감히 함부로 부르지 못하였는데, 하물며 관중도 되려고 하지 않는 사람을 신하처럼 부른단 말입니까?

故로 將大有爲之君은 必有所不召之臣이라 欲有謀焉則就之하나니
고   장대유위지군   필유소불소지신   욕유모언즉취지

其尊德樂道不如是면 不足與有爲也니라 故로 湯之於伊尹에 學焉而後에
기존덕낙도불여시   부족여유위야   고   탕지어이윤   학언이후

臣之라 故로 不勞而王하시고 桓公之於管仲에 學焉而後에 臣之라 故로
신지   고   불로이왕   환공지어관중   학언이후   신지   고

不勞而霸하니라 今天下 地醜德齊하여 莫能相尙은 無他라
불로이패   금천하 지추덕제   막능상상   무타

好臣其所敎而不好臣其所受敎니라 湯之於伊尹과 桓公之於管仲에
호신기소교이불호신기소수교   탕지어이윤   환공지어관중

則不敢召하니 管仲도 且猶不可召은 而況不爲管仲者乎아
즉불감소   관중   차유불가소   이황불위관중자호

※ 추(醜): 같다. 상(尙): 낫다. 황(況): 더구나.

맹자의 주장에서 군주가 현자를 대하는 자세가 어떠해야 하는지를 알수 있습니다.

맹자는 자신의 의견이 정당하다면 감추지 않고 당당하게 말했던 인물이었습니다. 자신에게 별다른 관심을 보이지 않았던 왕에게 서운함도 있었겠지만, 이를 계기로 그는 현자가 군주에 대하는 자세와 군주가 현자를 대우하는 예에 대하여 말합니다. 빈객으로 찾아온 사람은 급히 달려가 군주의 명을 따르는 것을 공손함으로 여기지 말고 어려운 것을 질책하고 선을 개진하는 것을 공경으로 여겨야 한다는 것이지요. 또한 군주가 외적인 숭고함이나 부귀를 중시하지 말며 덕을 귀히 여기고 선비

를 높이는 것을 어질게 여긴다면, 위아래가 교류하여 덕업이 이루어진다고 보았습니다.[*] 권력의 힘을 가지고 자신의 뜻대로 부리려 말고 도덕을 높이는 보다 큰 마음으로 현자를 모셔야 한다는 것이지요.

맹자는 말하고 싶었을 것입니다. 진정한 지식인은 당신들이 생각하는 그런 세속에 얽매인 사람이 결코 아닙니다. 세상을 향한 진정성을 갖추고 직접 찾아올 때 소통의 문은 비로소 열리는 것입니다.

---

* 『맹자집주』「공손추」하편 2장. "此章 見賓師不以趨走承順爲恭, 而以責難陳善爲敬; 人君 不以崇高富貴爲重, 而以貴德尊士爲賢, 則上下交而德業成矣."

선물인가, 뇌물인가?

　유학자의 경제관은 때로는 오해의 소지가 있습니다. 너무도 청렴결백하여 재물과는 거리가 먼 사람처럼 비춰지기 때문입니다. 그러나 이익을 취하되 의로움을 생각하라는 공자의 견리사의(見利思義) 정신을 떠올리면 반드시 그렇지만은 않은 것 같습니다. 공자의 정신적 계승자로서 맹자는 어떠했을까요? 어느 날 맹자의 제자 진진(陳臻)이 묻습니다.

　"앞서 제나라에서 왕이 100일(鎰)가량의 좋은 금을 주었으나 받지 않으셨으나, 송나라에서는 70일의 금을 주자 받으셨고 설나라에서도 50일의 금을 주자 받으셨습니다. 앞서 받지 않은 것이 옳다면 지금 받은 것이 잘못일 것이고, 지금 받은 것이 옳다면 앞서 받지 않은 것은 잘못일 것이니, 선생님께서는 반드시 이 중에 하나는 잘못된 것이 있을 것입니다."

　"모두 옳다."

　"前日於齊에 王이 饋兼金一百而不受하시고 於宋에 饋七十鎰而受하시고
　전 일 어 제　왕　궤 겸 금 일 백 이 불 수　　어 송　궤 칠 십 이 수

　於薛에 饋五十鎰而受하시니 前日之不受가 是면 則今日之受非也요
　어 설　궤 오 십 이 수　　전 일 지 불 수　시　즉 금 일 지 수 비 야

　今日之受가 是면 則前日之不受非也니 夫子必居一於此矣시리이다"
　금 일 지 수　시　즉 전 일 지 불 수 비 야　부 자 필 거 일 어 차 의

　"皆是也니라"
　개 시 야

　※ **궤(饋)**: 보내다. **겸금(兼金)**: 좋은 금(金)으로 그 값이 보통보다 갑절이 됨. **일(鎰)**: 무게단위.

　맹자는 상황에 따라 받을 만해서 받은 것이니 모두 의리에 맞는 처신이라고 말합니다. 왜 그랬을까요?

송나라에 있다가 장차 다른 나라로 가려고 했는데, 예법에 따르면 멀리 가는 자는 반드시 노자가 있어서 그것을 가지고 경비를 충당했다. 그러므로 송나라 임금이 '여행길 노자로 드립니다.'고 말하면서 주었으니, 내 어찌 받지 않겠는가? 또한 설나라에 있을 때에는 시기하고 미워하는 자들이 있어 신변을 보호해야 할 상황이었다. 그러므로 설나라 임금이 '경계하고 계시다는 말을 들었으므로 호위병 마련을 위해 드립니다.'라고 주었으니, 내 어찌 받지 않겠는가?

반면에 제나라의 경우는 그처럼 멀리 가거나 경계하는 마음이 없었다. 그러한 경우가 아님에도 재물을 주는 것은 뇌물로 매수하려는 것이다. 어찌 의리를 지키는 군자가 재물에 농락당하겠는가? 이것이 내가 받지 않은 까닭이다.

當在宋也하여 予將有遠行이러니 行者는 必以贐이라 辭曰 餽贐이어니
당 재 송 야   여 장 유 원 행   행 자   필 이 신   사 왈 궤 신

予何爲不受리오 當在薛也하여 予有戒心이러니 辭曰 聞戒故로 爲兵餽之어니
여 하 위 불 수   당 재 설 야   여 유 계 심   사 왈 문 계 고   위 병 궤 지

予何爲不受리오 若於齊則未有處也하니 無處而餽之는 是貨之也니
여 하 위 불 수   약 어 제 즉 미 유 처 야   무 처 이 궤 지   시 화 지 야

焉有君子而可以貨取乎리오
언 유 군 자 이 가 이 화 취 호

※ 신(贐): 여행자를 전송할 때 주는 돈. 언(焉): 어찌. 치(取): 불러오다[致]로 농락을 당한다는 뜻. 화(貨): 뇌물.

똑같이 주는 재물이지만 맹자는 의리에 기준을 두고 선택적으로 받은 것이지 무조건 거부한 것은 아닙니다. 먼 길을 떠나는 노잣돈으로 혹은 신변보호를 위해서 왕이 주는 선물을 받기는 했었지만, 뇌물로 주는 명분 없는 돈은 결코 받지 않았습니다. 누군가 무엇인가를 줄 때 한번쯤 생각해볼 필요가 있습니다. 이것은 선물인가, 뇌물인가?

공손추 하편 4장 : 寡人之罪

모두 내 잘못입니다

맹자가 제나라의 평륙 땅에 가서 백성들의 생활이 곤궁함을 보고 그 곳을 다스리는 대부인 공거심(孔距心)에게 말합니다.

"그대의 군대에서 창을 잡은 전사가 행진할 때 하루에 세 번이나 대오를 이탈한다면 병법에 따라 죽이겠습니까, 그렇지 않겠습니까?"

"전사가 한번이라도 대오를 이탈하면 병법에 따라 죽여야 합니다. 어찌 세 번이나 기다리겠습니까?"

"전사의 행렬을 따르는 것은 전사의 대오라면 신하의 직책을 지키는 것은 신하의 대오입니다. 신하로서 그대가 대오를 잃은 일이 또한 많습니다. 그대의 직분은 백성을 기르는 데 있는데, 이제 흉년을 당하여 나이 들고 병든 자는 개천과 구렁에 굴러다니고, 장정은 사방으로 흩어져서 먹을 것을 구하는 자가 몇천 명이나 됩니다. 법대로 한다면 어찌해야 하겠습니까?"

"백성이 죽고 흩어지는 것을 제가 모르는 것은 아니지만, 이 일은 왕의 정치가 잘못된 것으로 제 마음대로 할 수 있는 것이 아닙니다."

"핑계 대지 마세요. 여기에 남의 소와 양을 받아서 기르는 자가 있다고 할 때 그는 반드시 소와 양을 기를 땅과 목초를 구하여 기를 것입니다. 만일 목장이나 목초를 구하지 못하면 소와 양을 도로 그 주인에게 돌려 주어야 할까요? 아니면 우두커니 서서 그 소와 양이 죽는 것을 보고만 있어야 할까요? 그대가 임금에게 청하여 창고의 곡식으로 백성을 구휼 하지 못하고 앉아서 백성이 죽는 것을 보고 있으니, 왜 그 자리에 있는 것이지요?"

"이것은 저 거심의 잘못입니다."

"子之持戟之士가 一日而三失伍則去之아 否乎아" "不待三이니이다"
　자 지 지 극 지 사　　일 일 이 삼 실 오 즉 거 지　　부 호　　　부 대 삼

"然則子之失伍也亦多矣로다 凶年饑歲에 子之民이 老羸는 轉於溝壑하고
　연 즉 자 지 실 오 야 역 다 의　　흉 년 기 세　　자 지 민　　노 리　　전 어 구 학

壯者는 散而之四方者가 幾千人矣오" "此非距心之所得爲也니이다"
장 자　　산 이 지 사 방 지　　기 천 인 의　　차 비 거 심 지 소 득 위 야

"今有受人之牛羊而爲之牧之者면 則必爲之求牧與芻矣리니
　금 유 수 인 지 우 양 이 위 지 목 지 자　　즉 필 위 지 구 목 여 추 의

求牧與芻而不得이면 則反諸其人乎아 抑亦立而視其死與아"
구 목 여 추 이 부 득　　즉 반 저 기 인 호　　억 역 입 이 시 기 사 여

"此則距心之罪也로소이다"
　차 즉 거 심 지 죄 야

　　※ 극(戟): 창. 사(士): 전사(戰士). 오(伍): 대오. 리(羸): 굶주려 여위다. 거심(距心): 제나라 대부 이름.

평륙에서 제나라 수도로 돌아온 맹자는 왕을 만나서 대부인 공거심과
주고받은 당시의 대화를 말합니다.

제가 왕의 도읍을 다스리는 대부 다섯 사람을 아는데, 그 직분을 잃은 죄
를 아는 자는 오직 공거심 한 사람뿐이었습니다.

王之爲都者를 臣知五人焉이로니 知其罪者는 惟孔距心이러이다
왕 지 위 도 자　　신 지 오 인 언　　　지 기 죄 자　　유 공 거 심

　　※ 위(爲): 다스리다.

맹자는 자신이 공거심을 꾸짖은 말과 공거심이 자책한 말을 일일이
왕에게 들려주었다. 그러자 묵묵히 듣고 있던 왕이 말하였다.

이는 과인이 정치를 잘못한 죄입니다.

此則寡人之罪也로소이다
차 즉 과 인 지 죄 야

맹자는 제나라 왕에게 대부 공거심와의 일을 꺼내 우회적으로 그 스스로가 깨닫게 하려 하였습니다. 위탁받은 권력을 제대로 사용하지 못했던 신하나, 그 명령을 내리던 왕 역시 민심이반의 책임을 통감하고 자신의 잘못을 시인하고 있기에 긍정적이라 할 수 있습니다. '나의 탓'이라 말하는 사람은 그리 많지 않기 때문입니다. 그러나 문제의 원인을 알았다고 상황이 곧바로 개선되는 것은 아닙니다. 맹자는 진정으로 자신의 잘못을 고치려는 노력으로 이어지기를 간절히 바라고 있었을 것입니다.

상황에 따른 책임의식

바둑을 둘 때 훈수꾼이 수를 더 잘 읽는 수도 있습니다. 관심이 다르기도 하겠지만, 이기건 지건 결과에 책임이 없기 때문이기도 합니다. 맹자를 헐뜯는 사람들은 정작 맹자 자신은 왜 그처럼 책임있는 행동을 못하느냐 비난하기도 합니다. 언제나 올곧고 당당함을 추구하던 그였기에 더욱 그러했을 것입니다. 맹자는 제나라 대부인 지와(蚳鼃)의 선택을 독려하며 말합니다.

그대가 영구고을을 다스리는 것을 사양하고 형벌을 다스리는 사사(士師) 벼슬을 왕에게 요청한 것은 이치에 맞는 그럴듯한 행동입니다. 사사는 왕을 가까이 모시기 때문에 왕이 내린 형벌이 마땅하지 않다면 책임지고 왕에게 말할 수 있는 자리이기 때문입니다. 그런데 지금 사사가 된지 수개월이 지나서 왕이 했던 형벌의 잘잘못을 제법 들었을 터인데 아직도 간하지 않으니, 이는 그대의 처음 뜻과는 서로 다릅니다.

子之辭靈丘而請士師가 似也는 爲其可以言也니 今旣數月矣로대
자 지 사 영 구 이 청 사 사   사 야   위 기 가 이 언 야   금 기 수 월 의

未可以言與아
미 가 이 언 여

※ 지와(蚳鼃): 제나라 대부. 사(辭): 사양하다. 영구(靈丘): 제나라 읍. 사사(士師): 형벌을 집행하는 우두머리. 여(與): 의문사[歟].

맹자의 말이 어느 정도 효과가 있었는지는 모르지만, 점차 초심을 잃어가던 지와에게는 자극적인 말로 다가섰을 것입니다. 이후 맹자의 말에 감동한 지와는 보다 자신감 있게 형벌의 시행이 적절하지 못한 점을

왕에게 간언하는 계기가 되었죠. 그러나 왕이 지와의 말을 따르지 않자, 그는 벼슬을 내놓고 떠나 버립니다. 유학의 기준에 따르면 나아갈 때와 물러설 때를 아는 의로운 행동이라 할 수 있겠죠. 그러나 이 소식을 듣고 제나라 사람은 지와에 대한 안타까움과 동시에 맹자에 대한 비판을 쏟아냅니다.

> 맹자는 지와에게 당연히 말할 때는 반드시 말하게 하고 당연히 갈 때는 반드시 가도록 하니, 지와가 거취를 분명히 하도록 한 것은 좋은 일이다. 그러나 정작 자기는 제나라에 있으면서 도가 행해지지 않는 현실에서 떠나가는 결단을 못하니 스스로의 처신을 우리는 이해하지 못하겠다.
>
> 所以爲蚳鼃則善矣어니와 所以自爲則吾不知也케라
> 소 이 위 지 와 즉 선 의   소 이 자 위 즉 오 부 지 야

제자 공도자를 통해 이러한 비판을 접한 맹자는 유학자의 처세에 대해 말합니다. 저마다 각자의 길이 있다는 것이지요.

> 나는 신하된 자가 관직을 맡으면서 권력의 힘 앞에서 그 직책을 수행할 수 없다면 떠나야 하고, 언론의 책임을 지고 있는 자는 자신의 말을 다할 수 없는 상황이라면 떠나야 한다고 들었다. 두 경우에 떠나지 않으면 일도 않고 공연히 먹기만 하는 것이다. 나의 처지는 제나라에서 관직을 맡은 것도 아니요 언론을 책임질 자리도 아니니, 나의 진퇴에 거리낄 것이 없다. 어찌 선택의 폭이 넓고 마음에 여유가 있지 않겠는가?
>
> 吾聞之也호니 有官守者 不得其職則去하고 有言責者 不得其言則去라하니
> 오 문 지 야   유 관 수 자 부 득 기 직 즉 거   유 언 책 자 부 득 기 언 즉 거
> 我無官守하며 我無言責也則吾進退가 豈不綽綽然有餘裕哉리오
> 아 무 관 수   아 무 언 책 야 즉 오 진 퇴 가 기 부 작 작 연 유 여 유 재
>
> ※ **작작연**(綽綽然): 너그러운 모양.

맹자의 말은 다소 자기방어적인 괴변처럼 들리기도 합니다. 그러나 유학자들에게 진퇴의 결정은 의리에 따라 행하는 것일 뿐입니다. 대부

인 지와에게는 왕의 잘못을 적극적으로 바로 잡고 안 되면 떠나라는 원칙을 말하지만, 맹자 자신의 경우는 관직을 맡은 것도 아니고 언론을 책임질 위치에 있지도 않기 때문에 변칙도 가능하다고 말합니다. 누구에게나 똑같은 책임을 물을 수는 없겠지요. 그러나 적어도 그 자리에 있는 사람이라면 그에 합당한 책임을 감당할 사명감을 가져야 할 것입니다.

공손추 하편 6장 : 不惡而嚴

소인과 거리두기

　맹자는 제나라 경(卿)의 자격으로 왕을 대신하여 등나라로 조문 갔습니다. 경이라는 벼슬을 말했지만 실은 맹자는 어디까지나 손님으로 대우받던 빈사(賓師)였고, 외교적 관례에 따라 제나라를 대표하는 외교사절단의 단장에 지나지 않았습니다. 이때 왕은 총애하던 합(蓋) 고을의 대부인 왕환을 부사로 삼아 맹자를 수행하도록 했습니다.

　왕환은 아침저녁으로 맹자를 보았지만, 맹자는 제나라에서 등나라까지 오가면서 사신의 조문하는 일에 대해 특별히 왕환과 주고받는 말이 전혀 없었습니다. 이는 평소 왕환의 사람됨이 더불어 말할 만하지 않다는, 즉 소인배답다는 생각 때문에 엄격히 거리를 두고 말을 섞지 않던 것이다. 그러한 사실을 알 수 없는 공손추는 질문합니다.

　"대부인 왕환은 외교적인 조문을 위해 임시로 제나라 경이 되었으니 그 지위가 작지 않으며, 제나라와 등나라의 오가는 길이 가깝지도 않은데, 갔다가 돌아오기까지 그와 더불어 전혀 사신의 일에 대해 말하지 않은 것은 어째서입니까?"

　"이미 혹자가 그것을 잘 처리하고 있으니 내 어찌 말할 것이 있겠는가? 만일 그가 부사로서 사신의 일을 잘못하였다면 그때마다 말하였을 것이다. 이제 실무를 맡은 유사(有司)가 조문의 예법에 따라 이미 일을 잘 처리하였으니, 그와 무엇을 상의하겠는가?"

　"齊卿之位 不爲小矣며 齊滕之路 不爲近矣로대 反之而未嘗與言行事는
　제 경 지 위 불 위 소 의　　제 등 지 로 불 위 근 의　　반 지 이 미 상 여 언 행 사

何也잇고" "夫旣或治之어니 予何言哉리오"
하 야   부 기 혹 치 지   여 하 언 재

　맹자는 왕환과의 동행이 다소 불편했던 것 같고, 왕환을 소인배로 여겼기에 더욱 엄격함을 잃지 않았던 것이지요. 그러나 왕의 명령이었기에 형식은 따르되 실질까지도 함께 할 수 없었음을 보여줍니다. 훗날 왕을 만난 왕환의 귀국 보고가 어떠했을까 궁금해지는 대목입니다.

공손추 하편 7장 : 盡於人心

부모상에 정성을 다하는 마음

유가는 예법을 중시하고, 특히 상례에 정성을 다합니다. 죽은 이를 떠나보내는 상례에서 낭비다 싶을 정도로 재물을 쓰면서 하나라도 더해 드리고 싶어 하기 때문입니다. 예법에 따른 형식만 치중하는 듯한 모습은 때로는 비판의 대상이 되기도 했습니다. 그렇다면 유가는 왜 그토록 상례에 정성을 다하는 것일까요? 맹자는 장례에서 사용한 관의 크기와 형식에 대해 말합니다. 바로 자신의 어머니의 장례였기에 솔직한 마음이 묻어납니다.

제나라에서 지내던 맹자가 모친상을 당해 노나라로 가 장례를 치르고 제나라로 돌아오다가 영이란 고을에서 머무를 때, 장례를 주관했던 제자 충우(充虞)가 질문합니다.

선생님께서 지난날 모친상을 당하였을 때, 별로 재주가 없는 저에게 목수 일을 맡기셨습니다. 그때는 일이 급하고 선생님께서 크게 애통해 하시기에 감히 묻지 못했는데 이제 여쭙고 싶습니다. 그때 사용한 관의 나무가 너무 좋은 듯한데, 상을 치르는 것이 매우 지나치지 않은지 모르겠습니다.

前日에 不知虞之不肖하사 使虞敦匠事어시늘 嚴하여 虞不敢請호니
전 일　부 지 우 지 불 초　　사 우 돈 장 사　　엄　　우 불 감 청

今願竊有請也하노니　木若以美然하더이다
금 원 절 유 청 야　　　목 약 이 미 연

※ **충우(充虞)**: 맹자의 제자. **엄(嚴)**: 급함. **이(以)**: 너무, 이(己)와 같이 쓰임.

시신을 묻을 때는 관과 그것을 담는 곽(槨)을 사용하는데, 아주 옛날에는 관곽의 두껍고 얇은 것에 일정한 한도가 없었다. 주공이 예법을 제작한 중고 시대에 이르러 관은 7촌을 쓰고 곽 또한 그에 걸맞게 해서 천자로부터 서인에 이르기까지 모두 그 예법을 사용하였다. 다만 아름답게 보이기 위해서가 아니라, 이와 같이 해야만 견고하고 두터워서 오래가므로 사람의 마음에 흡족하기 때문이다.

그러므로 나의 모친상에 썼던 나무는 예법에 부합되어 내 마음이 편안하였으니 어찌 너무 좋은 것을 사용했다고 의심하는가? 후하게 하고 싶어도 예법에 가로막혀 할 수 없으면 마음이 기쁠 수 없으며, 또한 궁핍하여 재력이 없다면 마음이 기쁠 수도 없는 것이다. 예법대로 할 수 있고 또 재력이 있으면 옛사람들이 모두 후하게 썼으니, 내가 어찌하여 홀로 그렇게 하지 않겠는가?

古者에 棺槨이 無度하더니 中古에 棺이 七寸이요 槨을 稱之하여
고 자　관 곽　무 도　　　중 고　관 칠 촌　　곽 칭 지

自天子達於庶人하니 非直爲觀美也라 然後에 盡於人心이니라 不得이란
자 천 자 달 어 서 인　　비 직 위 관 미 야　　연 후　진 어 인 심　　　부 득

不可以爲悅이며 無財란 不可以爲悅이니 得之爲有財하여는 古之人이
불 가 이 위 열　　무 재　불 가 이 위 열　　득 지 위 유 재　　　고 지 인

皆用之하니 吾何爲獨不然이리오
개 용 지　　오 하 위 독 불 연

　※ 중고(中古): 주공(周公)이 예(禮)를 만든 시대. 칭(稱): 걸맞게 하다. 부득(不得): 법제(法制)에
　　할 수 없는 것. 득지위유재(得之爲有財): 법에 따라 할 수 있고 또한 재력도 있음. 위(爲) 자는
　　이(而) 자의 의미.

또한 관의 나무가 견고하고 두껍게 하여 오래도록 죽은 이를 위하여 흙이 그 살에 직접 닿지 않도록 하면 자식의 입장에서 기쁘고 만족하여 마음을 다했다고 할 수 있지 않은가? 내가 들으니 군자는 천하의 재물을 아깝다고 생각하여 그 어버이에게 검소하게 대하지 않는다고 하였다. 내가 관곽의 목재를 아름다운 것으로 쓴 것은 바로 아들 된 마음을 다하여 부모의 상에 감히 야박하게 하지 않았던 것이다.

且比化者하여 無使土親膚면 於人心에 獨無恔乎아 吾聞之也하니 君子는
차 비 화 자　　무 사 토 친 부　　어 인 심　독 무 효 호　　오 문 지 야　　군 자

不以天下儉其親이니라
불 이 천 하 검 기 친

※ **비**(比): '위하다'의 위(爲)와 같음. **화자**(化者): 죽은 자. **교**(校): 만족함.

맹자는 상을 치르는 예법에도 어긋나지 않고 그것을 치를 만한 재력
도 있었으니 조금 화려하더라도 굳이 문제될 것이 없다고 보았습니다.
정작 중요한 것은 마음의 문제입니다. 관을 견고하고 두텁게 만든 것은
혹시라도 부모의 시신이 훼손되지 않을까 하는 불편한 마음 때문에 그
런 것이지, 세상의 이목 때문에 아름답게 꾸미는 것이 아니라는 것입니
다. 바로 그러한 마음이 사람됨의 기본조건이 아닐까요?

공손추 하편 8장 : 天吏伐之

함부로 나서지 말라

천하의 질서를 꿈꾸던 맹자는 권력의 사적 이양에 동의하지 않습니다. 위임된 권력은 마음대로 주고받는 것은 아니라는 생각 때문입니다. 어느 날 제나라 신하인 심동(沈同)이 개인적으로 이웃 연나라를 쳐도 되냐고 묻자 맹자는 답합니다.

괜찮을 것이다. 제후의 토지와 인민은 천자에게 받아 앞 시대부터 전해온 것이므로, 임금인 자쾌(子噲)가 개인적으로 연나라를 다른 사람에게 주지 못할 것이다. 또한 신하인 자지(子之)도 천자의 명을 듣지 않고 사사로이 연나라를 자쾌로부터 받을 수 없는 것이다. 예를 들어 여기에 벼슬을 구하는 자가 있는데, 자네가 그 사람을 좋아하여 임금에게 고하지 않고 사사롭게 자네가 가진 봉록과 벼슬을 주며, 벼슬을 구하는 사람 역시 임금의 명 없이 사사롭게 자네가 주는 것을 받는다면 옳겠는가? 천자의 토지를 사사롭게 서로 주고받는 것이 어찌 이와 다르겠는가?

可하니라 子噲도 不得與人燕이며 子之도 不得受燕於子噲니 有仕於此어든
가   자쾌 부득여인연   자지 부득수연어자쾌   유사어차
而子悅之하여 不告於王而私與之吾子之祿爵이어든 夫士也亦無王命
이자열지   불고어왕이사여지오자지녹작   부사야역무왕명
而私受之於子則可乎아 何以異於是리오
이사수지어자즉가호   하이이어시

 ※ **심동**(沈同): 제나라 신하. **자쾌**(子噲): 연나라 왕. **자지**(子之): 연나라 정승 이름.

천하의 질서를 어지럽힌 연나라의 임금과 신하는 공격해도 무방하다는 논리입니다. 기회를 엿보던 제나라는 결국 연나라를 정벌하였습니

다. 그때 어떤 사람이 맹자가 제나라에게 권하여 연나라를 치게 했다는 말이 사실인지를 묻자, 맹자는 왜곡된 자신의 뜻을 해명하였습니다.

아니다. 심동이 연나라를 정벌해도 되느냐고 묻기에 내가 된다고 답하니, 그가 내 말을 곧이곧대로 듣고 마침내 친 것이다. 만약 저 사람이 누가 정벌할 수 있겠냐고 물었더라면, 나는 죄를 칠 만한 천리(天吏)가 된다면 정벌할 수 있다고 답했을 것이다. 진실로 천리가 아니면 이는 포학한 것으로 포학한 것을 바꾸는 것이니 또한 옳지 않다.

비유하면 만일 사람을 죽인 자가 있는데, 어떤 사람이 '이러한 살인자를 죽여도 됩니까?' 하고 물으면, '된다'고 말했을 것이다. 그러나 '누가 그 사람을 죽일 수 있겠습니까?' 하고 물으면, '법을 담당한 사사라는 관원이라야 죽일 수 있다'고 대답할 것이다. 만일 법을 담당한 관원이 아니라면 마음대로 죽인 죄를 면하지 못할 것이다. 지금 연나라는 비록 칠 만한 나라이긴 하지만, 고만고만한 제나라가 연나라를 칠 입장이 못 된다. 이것은 연나라로써 연나라를 치는 것과 같다. 내가 어찌 권유하였겠는가?

未也라 沈同이 問燕可伐與아하여늘 吾應之曰 可라호니 彼然而伐之也로다
미 야 심 동 문 연 가 벌 여 오 응 지 왈 가 피 연 이 벌 지 야

彼如日 孰可以伐之오하면 則將應之曰 爲天吏則可以伐之라호리라
피 여 왈 숙 가 이 벌 지 즉 장 응 지 왈 위 천 리 즉 가 이 벌 지

今有殺人者어든 或이 問之曰 人可殺與아하면 則將應之曰 可라호리니
금 유 살 인 자 혹 문 지 왈 인 가 살 여 즉 장 응 지 왈 가

彼如日 孰可以殺之오하면 則將應之曰 爲士師則可以殺之라호리라
피 여 왈 숙 가 이 살 지 즉 장 응 지 왈 위 사 사 즉 가 이 살 지

今에 以燕伐燕이어니 何爲勸之哉리오
금 이 연 벌 연 하 위 권 지 재

맹자가 보기에 연나라의 사적인 권력이양도 문제이지만, 함부로 바로 잡겠다고 나서도 안 된다는 것입니다. 정당한 절차를 거치지 않는 권력은 또 다른 폭력일 수 있기 때문입니다. 그래서 맹자는 사사로움을 넘어선 하늘의 관리인 천리(天吏)를 말했던 것입니다. 도덕적 당위성과 절차적 정당성의 경계선을 따지는 맹자의 질문은 여전히 유효할 것입니다.

변명할 때 변명하세요

제나라가 연나라를 공격한 일은 『맹자』에 흩어져 소개되어 있는데, 이 글은 그 결론에 해당하는 글처럼 보입니다. 제나라가 연나라를 취한 지 2년 후에 연나라 사람은 태자인 평을 왕으로 세우고 제나라를 배반하였습니다. 제나라 군대가 연나라 백성을 죽이거나 포로로 잡는 등 점령군의 만행을 저질렀고, 이는 역으로 연나라의 단합을 유도했던 것이지요. 제나라 왕은 이전에 맹자가 백성의 마음을 따르라거나 연나라에 임금을 세우고 떠나라고 권유했던 일이 떠올라 맹자에게 부끄러운 마음이 들었습니다. 그러한 때에 대부인 진가(陳賈)가 왕을 위로한답시고 말합니다.

"왕은 부끄럽다고 생각하지 마십시오. 왕께서는 스스로 주공과 비교해서 누가 더 어질며 지혜롭다고 생각하십니까?"

"아! 이것이 무슨 말인가? 내 어찌 감히 주공을 바라겠는가?"

"옛적에 무왕이 은나라를 이기고 주의 아들 무경을 세워서 은나라 후사를 잇게 하고, 주공이 형인 관숙을 시켜 은나라를 감시하여 지키게 했습니다. 무왕이 죽고 어린 성왕이 임금이 됨에 관숙이 은나라의 무경과 음모하여 주나라를 배반하였으니, 주나라를 배반한 자는 관숙이고 관숙을 부린 자는 주공입니다. 만일 주공이 미리 배반할 것을 알고도 시켰다면 이는 관숙을 죽을 곳에 넣은 것이므로 매우 어질지 못한 것입니다. 만일 배반하려는 것을 모르고 잘못 시켰다면 이는 먼저 앞의 일을 내다보는 밝음이 없는 것이니, 지혜롭지 못한 것입니다. 그러므로 어질지 못한 것이 아니라면 곧 지혜롭지 않은 것이 되니, 인과 지는 주공도 다하지 못했는데 하물며 왕이시겠습니까? 제가 맹자를 뵙고 해명해 드리겠습니다."

"王無患焉하소서 王이 自以爲與周公孰仁且智잇고" "惡라 是何言也오"
　왕 무 환 언　　왕　자 이 위 여 주 공 숙 인 차 지　　오　시 하 언 야

"周公이 使管叔監殷이어시늘 管叔이 以殷畔하니 知而使之면 是不仁也요
　주 공　사 관 숙 감 은　　관 숙　이 은 반　지 이 사 지　시 불 인 야

不知而使之면 是不智也니 仁智는 周公도 未之盡也시니 而況於王乎잇가
부 지 이 사 지　시 부 지 야　인 지　주 공　미 지 진 야　　이 황 어 왕 호

貫請見而解之호리이다"
가 청 견 이 해 지

　　※ **진가**(陳賈): 제나라 대부. **관숙**(管叔): 주공(周公)의 형으로 은나라 후예인 무경(武庚)과 함께
　　　주공을 배반함.

진가는 맹자를 뵙고 "주공은 어떤 사람입니까?"라고 말문을 열자 맹
자가 대답하였습니다,

　"주공은 옛날의 성인이시다."

　**"관숙으로 하여금 은나라를 감독하게 하였는데, 관숙이 은나라를 가지
고 배반했다 하니, 그러한 일이 있었습니까?"**

　"그렇다."

　"주공은 장차 배반할 것을 아시면서도 시킨 것입니까?"

　"알지 못하신 것이다. 만일 알았다면 임명하지 않았을 것이다."

　"그렇다면 성인도 과실이 있는 것입니까?"

　**"주공은 아우이고 관숙은 형이므로 주공이 형을 사랑하는 마음으로 믿
고 맡기신 것이니, 주공의 허물은 마땅하지 않겠는가?"**

"古聖人也시니라" "使管叔監殷이어시늘 管叔이 以殷畔也라하니 有諸잇가"
고 성 인 야　　사 관 숙 감 은　　관 숙　이 은 반 야　　유 저

"然하다" "周公이 知其將畔而使之與잇가" "不知也시니라"
연　　주 공　지 기 장 반 이 사 지 여　　부 지 야

"然則聖人도 且有過與잇가"
연 즉 성 인　차 유 과 여

"周公은 弟也요 管叔은 兄也니 周公之過가 不亦宜乎아"
주 공　제 야　관 숙　형 야　주 공 지 과　불 역 의 호

주공의 실수는 형제애라는 천리와 인정의 지극한 마음에서 나온 것이니 마땅히 있을 수도 있다는 것입니다. 다만 혈연에 이끌려 관숙을 대처했던 주공의 방식은 성인에게는 불행스런 일이라 보았습니다.

사람이 허물에 대처하는 것이 또한 옛날과 지금이 다른 점이 있다. 옛날의 군자는 허물이 있으면 고치고 다시 반복하지 않았는데, 오늘날의 군자는 허물이 있으면 고치지도 않고 그대로 따라간다. 옛날 군자의 허물은 일식과 월식처럼 백성이 다 보고, 고칠 경우에는 회복되어 해와 달처럼 다시 밝아 백성이 우러러 보았다. 그런데 지금의 군자는 다만 따를 뿐만이 아니라, 또 계속해서 꾸며대며 변명한다.

且古之君子는 過則改之러니 今之君子는 過則順之로다 古之君子는
차 고 지 군 자   과 즉 개 지   금 지 군 자   과 즉 순 지   고 지 군 자

其過也如日月之食이라 民皆見之하고 及其更也하여는 民皆仰之러니
기 과 야 여 일 월 지 식   민 개 견 지   급 기 경 야   민 개 앙 지

今之君子는 豈徒順之리오 又從而爲之辭로다
금 지 군 자   기 도 순 지   우 종 이 위 지 사

※ **순**(順): 그대로 이어나감. **경**(更): 고침. **사**(辭): 변명.

사람인지라 잘못은 있지만, 중요한 것은 잘못을 고치려는 개과천선(改過遷善)에 달려 있습니다. 제선왕은 어부지리로 얻은 연나라를 포기할 수밖에 없었던 저간의 상황을 후회하고 있었지만, 신하들은 비록 잘못되었다고 하더라도 침략의 정당성을 애써 변호하고 있습니다. 성인도 실수가 있다는 논리로 말입니다. 맹자는 동기의 순수성 여부 차원에서 반박하면서 왕의 실수를 변명으로 변호하지 말라고 훈계합니다. 진실을 밝히는 것이 진정으로 주군을 위하는 길이라는 것이지요.

공손추 하편 10장 : 有私壟斷

농단(壟斷) 맙시다

맹자는 제나라에서 비록 정식으로 녹봉을 받지는 않았지만 신하의 위치에서 오래 있어도 도가 행해지지 않자, 모든 것을 접고 돌아가려 하였습니다. 그러자 왕은 맹자를 만나 만류하고자 합니다.

"지난날에 뵙기를 원했으나 그럴 수 없었는데, 모시게 되자 조정에 있는 모든 사람들이 매우 기뻐했습니다. 그런데 이제 또다시 과인을 버리고 돌아가신다니, 알지 못하겠습니다만, 이 뒤로 계속하여 선생님을 뵐 수 있겠습니까?"

"다른 날에 제나라에 올지는 기약할 수 없어서 감히 청할 수는 없지만 계속 뵐 수 있기를 진실로 원하는 바입니다."

"前日에 願見而不可得이라가 得侍하여는 同朝甚喜러니 今又棄寡人而歸하시니
전 일   원 견 이 불 가 득   득 시   동 조 심 희   금 우 기 과 인 이 귀

不識케이다 可以繼此而得見乎잇가" "不敢請耳언정 固所願也니이다"
불 식   가 이 계 차 이 득 견 호   불 감 청 이   고 소 원 아

맹자가 제나라에 온 것은 도를 행하려는 것이요, 그가 떠나려는 것은 도가 시행되지 않아서였습니다. 그러나 구체적으로 왜 떠나는 것인지 왕의 면전에서 대놓고 말하지 않고 하릴없이 짐만 꾸리고 있었죠. 차마 냉정하게 떠날 수 없었던 것입니다. 왕은 신하인 시자(時子)를 시켜 또다시 만류하고자 합니다.

내가 맹자를 높이 대접하였지만 기꺼이 머무르려 하지 않으니 필시 나의 존경함이 극진하지 못해서 그랬을 것이다. 나는 도성의 한가운데에

맹자가 거처할 집을 주고, 제자들을 양성하도록 만 종의 녹봉을 주어 여러 대부들과 나라 사람들이 다 높여서 스승을 삼아 공경하고 본받는 바가 있게 하고자 한다. 그대는 어찌 나를 위해 맹자를 만류하여 가지 못하도록 하지 않는가?

我欲中國而授孟子室하고 養弟子以萬鍾하여 使諸大夫國人으로
아 욕 중 국 이 수 맹 자 실   양 제 자 이 만 종   사 제 대 부 국 인

皆有所矜式하노니 子盍爲我言之리오.
개 유 소 긍 식   자 합 위 아 언 지

※ **중국**(中國): 나라의 한 가운데. **긍**(矜): 공경함. **식**(式): 본보기, 법. **합**(盍): 어찌 그렇게 하지 않는가?

시자는 은밀히 왕명을 받들어 한 단계 건너 진자(陳子)에게 부탁하자, 진자는 시자의 말을 맹자에게 전달합니다. 도가 행해지지 않아서 지금 떠나려는 것인데, 봉록을 주겠으니 머물러 달라고 하는 것은 맹자의 의도를 모르는 것이었죠. 그러나 드러내놓고 말하기 어려운 점이 있었으므로 맹자는 좋은 말로 거절하면서 말합니다.

시자의 말이 그러하더냐? 시자가 어찌 내가 제나라에 머무르지 못하는 뜻을 알겠는가? 만일 나를 부유하게 대접하고자 한다면, 내가 전에 경이 되어 받을 십만 종의 봉록도 사양하고 받지 않았는데 이제 만 종을 받으면, 이는 많은 것을 사양하고 적은 것을 받는 것이니 부유하기를 바라는 자라면 진실로 이와 같이 하겠는가?

옛날에 계손씨가 자숙의(子叔疑)를 비평한 말을 새겨둘 필요가 있다. '이상하도다, 자숙의의 사람됨이여! 자신이 자리를 얻어 정치를 하다가 임금이 쓰지 않으면 그만두어야 할 것인데, 오히려 그 부귀를 잃을까 걱정하여 자제들로 하여금 경 벼슬을 계속하게 하니, 이는 그 뜻이 부귀를 탐하는 것에 불과하다. 사람으로서 누군들 부귀를 원하지 않겠는가? 자숙의는 홀로 부귀를 잃을까 근심하여 스스로 농단(壟斷)을 두어 독점하였으니 심하지 아니한가?' 도가 이미 행하지 못하는데 다시 녹봉을 받음이 그와 다름이 없을 것이다.

186

然하다 夫時子惡知其不可也리오 如使予欲富인댄 辭十萬而受萬이
연 부시자오지기불가야 여사여욕부 사십만이수만

是爲欲富乎아 季孫이 曰異哉라 子叔疑여 使己爲政호대 不用則亦已矣어늘
시위욕부호 계손 왈이재 자숙의 사기위정 불용즉역이의

又使其子弟爲卿하니 人亦孰不欲富貴리오마는 而獨於富貴之中에
우사기자제위경 인역숙불욕부귀 이독어부귀지중

有私龍斷焉이라하니라
유사농단언

※ 농(壟): 언덕. 용(龍) 자는 농(壟) 자와 같이 쓰임. 농단(壟斷)은 깎아 끊어질 듯 높이 솟아 있는
언덕.

자신의 기득권을 포기하지 못하고 계속해서 이익을 독차지하려는 심
보는 농단에 올라간 졸장부의 소행과 다를 것이 없다는 것입니다. 여기
서 농단이란 어떠한 상황에서 나온 말일까요?

**옛날에 시장에서 교역하는 자들은 각각 자기가 가지고 있는 물건을 가
지고 없는 물건과 바꾸었는데, 시장을 맡은 관리인 유사는 그에 따른 세
금을 거두지 않고 분쟁을 다스릴 뿐이었다. 그런데 어떤 천한 사내가 반
드시 끊어질듯 높은 언덕인 농단(龍斷)에 올라서 좌우를 둘러보며 모든
시장의 이익을 망라하여 취하자, 사람들은 모두 미워하며 천시하였다.
그러므로 그에게 세금을 징수하였으니, 장사꾼에게 세금을 징수한 것은
이 천한 사내로부터 비롯되었다.**

古之爲市者 以其所有로 易其所無者어든 有司者治之耳러니 有賤丈夫焉하니
고지위시자 이기소유 역기소무자 유사자치지이 유천장부언

必求龍斷而登之하여 以左右望而罔市利어늘 人皆以爲賤故로 從而征之하니
필구농단이등지 이좌우망이망시리 인개이위천고 종이정지

征商이 自此賤丈夫始矣니라
정상 자차천장부시의

※ 망(罔): 그물질하듯 모조리 취함. 정(征): 취하다, 세금을 받다.

자신의 정치적 포부가 실현되지 않자 제나라를 떠나려는 맹자에게 봉
록을 많이 주며 융숭히 대접하겠다는 말은 통하지 않았습니다. 이익의
많고 적음을 따지면서 왕과 흥정하려는 것이 아니었기 때문이죠. 여기

서 맹자는 '농단(壟斷)'이란 고사를 이끌어냅니다. 부귀를 독점하려는 야심으로 깎아지를 듯한 높은 언덕인 농단의 유리한 곳에 올라 시장의 이익을 독차지하는 천한 장부 이야기 말입니다. 농단하는 세력을 막기 위해 세금을 징수하는 법이 생겨났듯이, 독점적 이익의 추구는 경계사항일 뿐입니다. 이익보다는 실질적인 행동을 촉구하려는 맹자는 말하고 싶었을 것입니다. 나는 결코 이익을 계산하며 농단하려는 사람이 아닙니다. 그대들 역시 이익을 앞세워 농단하지 마십시오.

공손추 하편 11장 : 至誠感應
정성을 보이세요

맹자는 도가 실현될 가능성이 보이지 않았던 제나라를 떠나려는 마음을 정하기는 하였으나 차마 급하게 떠나지 못하였습니다. 의욕도 많았고 애정도 깊어서이겠지요. 이하 몇 구절은 그러한 맹자의 마음을 보여주는 대목들입니다.

맹자가 제나라를 떠날 때에 교외에 있는 주(晝) 땅에 잠시 머물렀습니다. 그때 왕을 위하여 맹자의 발걸음을 만류하고자 하는 자가 찾아왔습니다. 그 사람은 앉아서 말하였는데, 맹자는 그 말에 대꾸하지 않고 안석에 비스듬히 기대어 눕고는 들은 척도 않습니다. 그 객은 불쾌한 기색으로 말합니다.

제가 경솔하게 만날 수 없어 하룻밤 전부터 재계하고 감히 말씀드렸는데, 선생님께서 드러누우시고 들어주지 않으시니, 다시는 감히 뵙지 말아야겠습니다.

弟子齊宿而後敢言이어늘 夫子臥而不聽하시니 請勿復敢見矣로리이다
제 자 재 숙 이 후 감 언   부 자 와 이 불 청   청 물 부 감 견 의

　※ 재(齊): 공경히 하다로 제(齋)와 같음.

앉아라. 내가 그대에게 분명하게 말해 주겠다. 옛날에 노나라 목공이 자사를 높이고 예로 대접하여 항상 사람을 시켜 자사의 곁에서 안부를 묻게 함으로써 어진 사람을 공경하는 정성을 다하였으니, 이것이 자사를 편안하게 한 것이다. 또한 설류(泄柳)와 신상(申詳)은 자사만큼 대접받지는 못했지만 노나라 목공의 좌우에 보좌할 만한 훌륭한 사람이 없으

면 자신들을 편안하게 할 수 없었다.

자네가 나를 생각하는 것이 노나라 목공이 항상 사람을 시켜 자사를 보필하며 머무르게 했던 정성에 미치지 못하니, 이는 자사처럼 나를 대접하지 않는 것으로 자네가 나를 끊은 것이다. 아직도 내가 그대를 끊었다고 생각하는가?

坐하라 我明語子호리라 昔者에 魯繆公이 無人乎子思之側이면
좌   아 명 어 자   석 자   노 목 공   무 인 호 자 사 지 측

則不能安子思하고 泄柳申詳이 無人乎繆公之側이면 則不能安其身이러니라
즉 불 능 안 자 사   설 류 신 상   무 인 호 목 공 지 측   즉 불 능 안 기 신

子爲長者慮而不及子思하니 子絶長者乎아 長者絶子乎아
자 위 장 자 려 이 불 급 자 사   자 절 장 자 호   장 자 절 자 호

※ 자(子): 그대. 장자(長者): 맹자 자신을 칭함.

군자는 가볍게 머무르게 할 수 없고, 또한 군자를 머무르게 하려면 개인적인 차원이 아니라 반드시 임금의 마음을 깨우쳐서 임금의 공식적인 명으로써 머무르게 해야 함을 보여주고 있습니다. 맹자가 거만한 것일까요? 아니면 왕의 정성에 문제가 있는 것일까요?

차마 떠나지 못하는 마음

맹자가 제나라를 더디게 떠나자, 제나라 사람인 윤사(尹士)가 주변 사람들에게 말하였다.

거취는 선비의 큰 절개이다. 제나라 왕이 은나라 탕왕과 주나라 무왕과 같은 성군이 아닌 것은 사람들이 다 알 것이다. 만일 맹자가 제나라 왕이 그들과 같은 성군이 될 수 없는 줄을 모르고 찾아왔다면, 이는 임금을 가리는 지혜가 없는 것이니 밝지 못한 것이다. 만일 가능하지 않은 줄을 알고도 제나라에 왔다면, 이는 봉록을 탐하고 왕의 은택을 구하려는 데 뜻을 둔 것이다. 천리 먼 길을 와서 왕을 만난 것은 뜻이 서로 맞고 합한다는 생각이 있었기 때문일 것이다. 그런데 그 뜻이 맞지 않으므로 떠나가되 사흘을 주 땅에서 지낸 후에 제나라 국경을 벗어나니, 어찌 그리 지체하는 것인가? 나는 그것이 못마땅하다.

不識王之不可以爲湯武 則是不明也요 識其不可오 然且至則是干澤也니
불 식 왕 지 불 가 이 위 탕 무   즉 시 불 명 야   식 기 불 가 오   연 차 지 즉 시 간 택 야

千里而見王하야 不遇故로 去호대 三宿而後出晝하니 是何濡滯也오
천 리 이 견 왕   불 우 고   거   삼 숙 이 후 출 주   시 하 유 체 야

士則玆不悅하노라
사 즉 자 불 열

※ **간**(干): 구하다. **유체**(濡滯): 지체. **자**(玆): 이것.

맹자 제자인 고자(高子)는 윤사가 했던 말을 맹자에게 고하자, 맹자는 담담히 말합니다.

저 윤사가 어찌 내 마음을 알겠는가? 천리를 멀다 않고 왕을 뵈러 온 것

은 도를 행하고 세상을 건지기 위해서였는데, 이는 내가 하고자 했던 것이다. 그러나 뜻이 맞지 않아 떠나는 것이 어찌 내가 원하는 바이겠는가? 내가 부득이해서였다.

사흘 밤을 자고 주 땅을 나가는 것을 윤사는 지체하였다고 하지만, 내 마음에는 오히려 빠르다고 생각된다. 누군들 허물이 없겠는가? 왕이 부디 고치시기를 바랐으니, 왕이 만일 허물을 고치셨다면 반드시 주 땅으로 사람을 보내 나를 되돌아오게 하셨을 것이다.

夫尹士惡知予哉리오 千里而見王은 是予所欲也니 不遇故로
부 윤 사 오 지 여 재　　천 리 이 견 왕　　시 여 소 욕 야　　불 우 고

去가 豈予所欲哉리오 予不得已也로라 予三宿而出晝호대 於予心에
거　기 여 소 욕 재　　여 부 득 이 야　　여 삼 숙 이 출 주　　어 여 심

猶以爲速하노니 王庶幾改시니 王如改諸시면 則必反予시리라
유 이 위 속　　　왕 서 기 개 지　　왕 여 개 저　　즉 필 반 여

주 땅을 벗어나도 왕은 나를 좇아 부르지 않았으므로 그런 다음에야 확실히 떠날 뜻을 굳혔다. 그러나 어찌 왕을 잊어버릴 수 있겠는가? 왕께서는 그래도 충분히 선을 행하실 자질이 있으실 것이다. 왕이 만일 나를 등용하신다면, 어찌 다만 제나라 백성만이 편안할 뿐이겠는가. 천하의 백성이 모두 편안할 것이다. 왕이 부디 허물을 고치기를 나는 날마다 바란다. 내가 어찌 소장부처럼 군주에게 간하다가 받아주지 않으면 화내며 씩씩거리고 얼굴빛에 노기를 띠면서 떠나면 하루 종일 있는 힘을 다하여 간 뒤에 머무르는 행태를 보이겠는가?

夫出晝而王不予追하실새 予然後浩然有歸志호니 予雖然이나 豈舍王哉리오
부 출 주 이 왕 불 여 추 야　　여 연 후 호 연 유 귀 지　　여 수 연　　기 사 왕 재

王由足用爲善하시리니 王如用予시면 則豈徒齊民安이리오 天下之民이
왕 유 족 용 위 선　　　왕 여 용 여　　즉 기 도 제 민 안　　천 하 지 민

擧安하리니 王庶幾改之를 予日望之하노라 予豈若是小丈夫然哉라
거 안　　왕 서 기 개 지　　여 일 망 지　　여 기 약 시 소 장 부 연 재

諫於其君而不受則怒하여 悻悻然見於其面하여 去則窮日之力而後에 宿哉리오
간 어 기 군 이 불 수 즉 노　　행 행 연 현 어 기 면　　거 즉 궁 일 지 력 이 후　　숙 재

※ 유(由): 그래도[猶]. 행행연(悻悻然): 노여움을 품은 모습.

192

이 말을 들은 윤사는 스스로 실언한 것을 깨닫고 "나는 진실로 소인이 도다."라고 말하면서 대화는 일단락됩니다.

윤사가 맹자의 답변에서 느낀 점은 무엇이었을까요? 그는 다만 거취를 명백히 정하여 떠나려면 빨리 떠날 것이지 주저한다고 비판할 뿐, 정작 더디게 국경을 벗어나는 맹자의 속내를 몰랐던 것이지요. 성현의 도리를 행하고 세상을 구제하는 것과 임금을 사랑하고 백성에게 혜택을 베풀려는 간절한 생각이 눈앞을 가려 차마 떠나지 못하는 그 깊은 마음 말입니다.

하늘은 나를 저버리지 않으리라

맹자는 제나라에 대한 기대를 접고 이제 미련없이 새로운 정치적 이상을 찾아 떠나게 됩니다. 그 뒷모습이 다소 처량해 보일 듯할 것인데, 『맹자』 책에는 그러한 모습마저도 놓치지 않고 기록합니다.

어느 날 맹자가 뜻이 맞지 않아 제나라를 버리고 갈 때 제자인 충우(充虞)가 도중에서 묻습니다.

"선생님께서는 제나라 땅을 벗어난 뒤로 기쁘지 않은 기색이 있는 듯합니다. 지난날 제가 선생님께 공자님이 말씀하신 '군자는 하늘을 원망하지 않으며, 사람을 허물하지 않는다'* 는 말을 들었습니다. 그렇다면 어디를 가도 기쁘지 않은 것이 없을 것인데, 선생님께서는 어찌하여 그처럼 우울해 하시는지 알 수 없습니다."

"그때는 그때이고, 지금은 지금이다."

夫子若有不豫色然하시이다 前日에 虞聞諸夫子호니 曰君子는 不怨天하며
부자약유불예색연　　　　전일　우문저부자　　　왈군자　불원천

不尤人이라호이다" "彼一時며 此一時也니라"
불우인　　　　　피일시　차일시야

※ **예**(豫): 기뻐하다. **우**(尤): 탓하다.

맹자가 말한 그때란 의욕에 넘쳐 제나라를 찾던 지난날이었을 것입니다. 어느 시대나 그렇겠지만 공자처럼 하늘을 원망하거나 세상을 탓하

---

* 『논어』「헌문」편. 子曰 "不怨天, 不尤人, 下學而上達. 知我者其天乎!"

지 않고 담담하게 자신을 수양하면서 인생의 풍파를 헤쳐 나가기란 결코 쉬운 일이 아닙니다. 맹자가 바라보는 지금은 유학의 도가 장차 폐지될지도 모른다는 위기의 시대였습니다. 맹자는 긴 역사적 안목에서 당대를 평가합니다.

> 500년에 반드시 천하의 왕 노릇 할 자가 나오니, 그 사이에 반드시 세상에 유명한 자가 있다. 주나라 이래로 700여 년이 되었으니, 햇수를 가지고 보면 지났고, 시기로 살펴보면 지금 가능하다. 하늘이 천하를 다스리고자 하지 않는 것이지만, 만일 천하를 다스리고자 한다면 지금의 세상에 나 말고 그 누가 있겠는가? 내가 어찌하여 기뻐하지 않겠는가!

五百年에 必有王者興하나니 其間에 必有名世者니라 由周而來로
오 백 년   필 유 왕 자 흥   기 간   필 유 명 세 자   유 주 이 래

七百有餘世矣니 以其數則過矣요 以其時考之則可矣니라 夫天이
칠 백 유 여 세 의   이 기 수 즉 과 의   이 기 시 고 지 즉 가 의   부 천

未欲平治天下也시니 如欲平治天下인댄 當今之世하여 舍我오 其誰也리오
미 욕 평 치 천 하 야   여 욕 평 치 천 하   당 금 지 세   사 아   기 수 야

吾何爲不豫哉리오
오 하 위 불 예 재

> ※ **수**(數): 500년의 주기. **시**(時): 혼란이 극에 달해 다스려지기 시작할 때. **사**(舍): 버리다.

요순으로부터 탕왕에 이르기까지, 또는 탕왕으로부터 문왕과 무왕이 한 시대의 성군으로 이름을 드러내기까지 대략 500년이 걸렸습니다. 주나라를 세운 문왕 이후로부터 맹자에 이르기까지 700여 년이 되었으니, 500년을 기준으로 계산하면 이미 그 차례가 지나간 것입니다. 또한 지금의 때는 혼란이 극심해져 무엇인가 할 만한 때인데, 그 적임자가 있다면 바로 맹자 자신이라는 것입니다.

짧은 순간이지만 맹자의 여러 모습이 나옵니다. 자신의 정치적 이상이 좌절되어 떠나는 우울하고 속상한 마음, '그때는 그때고, 지금은 지금이다.'는 삶의 회환, '천하를 다스리고자 한다면 지금의 세상에 나말고 그 누가 있겠는가!'라는 당찬 자신감이 교차되고 있습니다. 인간 맹자의

진솔한 모습이기에 친근함마저 느끼게 합니다. 500년 순환주기를 내세우면서까지 왕도실현의 신념을 꺾지 않겠다는 맹자의 당찬 각오는, 하늘은 결코 나를 저버리지 않으리라는 희망의 메시지로 다가섭니다.

의리에 따른 소신있는 행동

맹자는 제나라에서 경의 지위에 있을 때 녹봉을 받지 않았습니다. 경은 일종의 명예직으로, 맹자 자신은 도를 행하는 데 뜻이 있었기에 녹봉을 염두에 두지 않았던 것이지요. 아무리 이상이 높다고는 하지만 녹봉을 거부한 것은 비현실적인 행동으로 비춰질 것입니다. 그 당시 스승의 처신을 묵묵히 따르던 공손추는 이제 제나라를 떠나 휴 땅에 머무르는 상황이므로 자연스럽게 그때의 일을 묻습니다.

"벼슬하면 마땅히 봉록을 먹는 것인데, 선생님께서는 제나라에서 벼슬하면서 봉록을 받지 않으셨으니, 옛날의 도가 그러합니까?"

"아니다. 제나라에 오기 이전에 숭 땅에서 왕을 뵙고서 나를 중용하지 못할 줄 알았다. 그때부터 물러나 떠나갈 뜻이 있었고, 이 뜻을 굽히고 싶지 않았기에 그 봉록을 받지 않은 것이다. 급히 떠나지 못한 것은 바로 이어서 제나라에 전쟁으로 군사를 동원하라는 급박한 명령이 있어서 감히 떠나겠다고 청할 수 없었을 뿐이다. 어찌할 수 없이 제나라에 오랫동안 머무른 것은 나의 뜻이 아니었다."

公孫丑問曰 仕而不受祿이 古之道乎잇가 曰 非也라 於崇에 吾得見王하고
공손추문왈 사 이 불 수 록   고 지 도 호   왈 비 야 어 숭   오 득 견 왕

退而有去志호니 不欲變故로 不受也호라 繼而有師命이라 不可以請이언정
퇴 이 유 거 지   불 욕 변 고   불 수 야   계 이 유 사 명   불 가 이 청

久於齊는 非我志也니라
구 어 제   비 아 지 야

※ 숭(崇): 지명. 사명(師命): 군대의 출동명령.

맹자는 제나라에서 봉록을 받지 않았던 이유와 속히 떠나지 못했던 상황을 회고합니다. 벼슬의 대가로 녹봉을 받는 것은 정당한 예임에는 분명합니다. 그러나 맹자가 제나라에서 녹봉을 받지 않은 것은 애초부터 자신의 뜻을 굽혀가며 왕의 신하로서 벼슬길을 구하려 하지 않았던 의리에 따른 행동에서 나온 것입니다. 의리가 있는 곳에서 때로는 예도 변할 때가 있다는 것이지요. 맹자의 후예들인 조선의 훌륭한 선비들이 그러했듯이, 강직하고 청렴함을 유지할 수 있었던 비결은 의리에 따른 소신있는 행동이었음을 보여줍니다.

孟子

5

등문공 상편

등문공 상편 1장 : 性善之說

인간의 본성은 선하다

등나라 문공이 세자였을 때의 일입니다. 초나라로 가는 길에 송나라를 지나면서 마침 그곳에 있던 맹자를 만나 보았습니다. 세자를 만난 맹자는 초지일관 인간의 본성이 착함을 역설합니다.

맹자께서 본성의 선함을 말씀하시되 말끝마다 반드시 요순을 일컬었다.

孟子 道性善하사되 言必稱堯舜이러시다
맹 자 도 성 선   언 필 칭 요 순

※ **도**(道): 말하다.

그들의 대화를 자세히는 알 수 없었던 제자들은 '성선(性善)'과 '요순(堯舜)'이라는 단어만은 놓치지 않고 분명하게 기억하고 있습니다. 흔히 알고 있듯이 맹자는 성선설(性善說)을 주장했는데, 『맹자』에서 성선이란 말은 여기서 처음 나오므로 성리학자들이 특별히 주목하는 문장입니다. 특히 도덕적 본성을 자연스런 이치로 보는 주자의 다음과 같은 해석이 대표적입니다.

본성은 사람이 하늘에서 받아서 태어날 때부터 지니고 있는 이치이니 그 자체로 지극히 선하여 악이란 없다. 보통 사람이나 요순의 본성은 애초에 조금의 차이도 없었지만 일반 사람들은 사욕에 빠져 그것을 잃어버린 반면, 요순은 사욕의 가리움이 없어서 자신의 본성을 채워나갔을 뿐이다. 그러므로 맹자가 세자와 함께 말씀하실 때 매번 본성의 선함을 말하시고 반드시 요순을 일컬어 실증하셨으니, 인의(仁義)란 밖에서 구할 필요가 없고 성인은 배워서 이를 수 있다는 점을 알아서 힘쓰기를 게을리 하지 않도록 하신 것이다.*

선천적으로 내재된 본성을 직시하라는 주자의 언급은 보통 사람도 배움을 통해 성인의 길에 동참할 수 있음을 시사합니다. 특히 누구나 공부하여 성인이 될 수 있다는 주장은 당시 성리학자들을 흥분시키는 주장이었습니다. 그 이전까지의 성인이란 보통 사람이 도달할 수 없는 저 멀리 존재하는 신성한 분이라 여겼기 때문이죠. 그러나 악이 범람하는 급박한 현실에서 본성의 선함을 믿고, 그 선한 본성 그대로를 현실에 구현시킨 인물로 요순과 같은 성현을 본받아야 된다는 맹자의 논리는 선뜻 받아들이기 어려웠을 것입니다.

그 후 세자는 초나라에서 공무를 마치고 돌아오는 길에 맹자를 다시 찾습니다. 성선의 구체적 실현방안을 포함하여 국가 운영의 지침을 듣고 싶었던 것이지요. 자신의 말에 호감을 가지면서도 동시에 의심쩍게 생각하는 세자에게 맹자는 도는 하나일 뿐이라 재차 강조합니다.

세자는 제 말을 의심하십니까? 도(道)는 하나일 뿐입니다.

世子는 疑吾言乎잇가 夫道는 一而已矣니이다
세 자 의오언호 부도 일이이의

맹자는 성인이나 일반 사람이나 본성은 모두 한결 같다는 의미에서 도는 둘이 아닌 하나라고 말합니다. 물론 여기서 말하는 도는 성선의 또 다른 표현이고, 이를 독실하게 믿고 행한다면 우리 모두 성인이 될 수

---

* 『맹자집주』「등문공」상 1장. "性者 人所稟於天以生之理也, 渾然至善, 未嘗有惡. 人與堯舜, 初無少異, 但衆人 汩於私欲而失之, 堯舜則無私欲之蔽而能充其性爾. 故孟子與世子言, 每道性善, 而必稱堯舜以實之, 欲其知仁義不假外求, 聖人可學而至, 而不懈於用力也."

있음을 강조하는 말입니다. 이어 맹자는 쐐기를 박듯이 여러 사례를 제시하며 자신의 주장에 확실성을 더합니다.

> 예전에 성간이 제나라 경공에게 '성현도 장부이며 저 또한 장부입니다. 성현과 제가 근본적으로 다름이 없으니, 제가 무엇이 부족해서 성현을 두려워하겠습니까?'라고 하였습니다. 또한 안연은 '똑같은 사람인데, 순은 과연 어떤 분이기에 나와 다름이 있고 내가 순보다 부족함이 무엇이겠는가? 다만 분발하여 어떤 일을 하려는 자라면 순과 같이 될 수 있을 것이다.'라고 하였습니다. 그리고 공명의는 '옛날 주공께서 문왕은 내 스승이시다고 하였으니, 주공이 어찌 나를 속이겠는가?'라고 하였습니다.

成覵이 謂齊景公曰 彼丈夫也며 我丈夫也니 吾何畏彼哉리오하며 顔淵이 曰
성 간   위제경공왈 피장부야   아장부야   오하외피재   안 연   왈

舜何人也며 予何人也오 有爲者亦若是라하며 公明儀曰 文王은 我師也라하시니
순하인야   여하인야   유위자역시   공명의왈 문왕   아사야

周公이 豈欺我哉시리오하니이다
주공   기기아재

※ **성간**(成覵): 제나라의 용맹스런 신하 이름. **피**(彼): 성현(聖賢). **공명의**(公明儀): 노나라의 현자로 공명(孔明)은 성, 의(儀)는 이름. **기**(欺): 속이다.

맹자는 세자와 나눈 대화에서 본성의 선함을 줄곧 말했고, 요순으로 실증함으로써 성인을 배우기를 촉구했습니다. 성현들도 우리와 똑같은 사람임을 말하는 성간이나 안연, 그리고 그들을 닮아가려는 주공의 노력이 바로 그러했던 것입니다. 특히 공자의 제자 안연의 "순은 어떤 사람이며 나는 어떤 사람이란 말인가?"라는 각오는 성리학자들 사이에 자주 인용되는 구절입니다. 이어서 맹자는 작은 등나라도 충분히 도덕에 기반을 둔 이상적인 국가를 만들어 나갈 능력이 있음을 말합니다. 도덕의 실천에 나라의 크기가 중요한 것이 아니라는 것이지요.

> 등나라의 긴 곳을 끊어 짧은 곳을 보충하면 사방 50리의 땅이 될 것이지

만, 오히려 좋은 나라로 만들 수 있습니다. 『서경』에서 말하기를, '약이 독하여 정신이 어지러울 정도에 이르지 않는다면 심각한 병이 낫지 않는다.'라고 하였습니다.

今滕을 絶長補短이면 將五十里也나 猶可以爲善國이니 書에 曰若藥이
금 등   절장보단   장오십리야   유가이위선국   서   왈약약

不瞑眩이면 厥疾이 不瘳라하니이다
불 명 현   궐 질   불 추

※ 서(書): 『서경』 「열명(說命)」편. 명현(瞑眩): 어지러움. 궐(厥): 그. 추(瘳): 병이 낫다.

맹자는 등나라를 이끌 차세대 통치자인 세자에게 정치의 근간을 말하고 일침을 놓습니다. 모두에게 공통적인 본성의 착함을 확신하고 요순의 이상적 통치를 본받아 어진 정치를 구현시켜 달라는 것이지요. 만약 군주가 고만고만한 것을 편안히 여기면서 주저하다가는 좋은 나라를 만들지 못할 것으로 보기 때문입니다. 그 길이 아무리 멀고 험난하더라도 우물쭈물하면서 현실에 안주하지 말라는 맹자의 목소리는 아직도 살아 있습니다. "그대는 내 말을 의심하는지요? 우리 모두는 하나의 뿌리로 연결되어 있습니다."

등문공 상편 2장 : 草上之風

풀 위에 부는 바람처럼

안다고 해서 모든 것이 일시에 바뀌는 것은 아닙니다. 맹자의 권유에 따라 등나라를 근본적으로 일신하려는 세자의 노력은 시작부터 순조롭지 않습니다. 모두가 변화를 원하는 것은 아니었기 때문입니다. 여기저기 반론의 목소리가 터져 나옵니다. 그들의 불만을 잠재우며 원칙을 세워 나가려면 어떻게 해야 할까요?

등나라 세자의 아버지 정공이 돌아가시고 상례를 지낼 때의 일입니다. 훗날 문공으로 즉위하게 될 세자는 연우(然友)에게 말합니다.

> **지난날 내가 맹자와 송나라에서 만났을 때 본성의 착함과 요순을 강조하신 말씀을 늘 마음에 새기면서 잊지 않고 있었다. 이제 불행히 부친이 돌아가시는 큰 일을 당하였으니, 그대를 맹자에게 보내어 상례에 관한 일을 물은 뒤에 거행하고자 한다.**

昔者에 孟子嘗與我言於宋이어시늘 於心終不忘이러니 今也不幸하야
석자　맹자상여아언어송　　　어심종불망　　　금야불행

至於大故호니 吾欲使子로 問於孟子然後에 行事하노라
지어대고　　오욕사자　문어맹자연후　행사

※ **연우**(然友): 세자의 스승. **대고**(大故): 부모상과 같은 큰 초상. **사**(事): 상례(喪禮).

세자의 명을 받은 연우는 추나라에 머물고 있었던 맹자를 찾아갔습니다. 당시의 제후들이 옛날 상례의 예법대로 따르는 이가 없는 상황에서 세자가 이것을 묻자 맹자는 내심 기쁜 마음으로 답합니다.

> **상례가 이미 무너진 이때에 세자께서 홀로 그 절차를 물으시니 매우 좋**

204

은 좋은 일입니다. 부모의 상사(喪事)에 자식은 애통하고 절박한 심정으로 예를 다해야 할 것입니다. 증자께서는 '살아계셨을 때 섬기기를 예로써 하며, 돌아가셨을 때 장사를 예로써 지내며, 제사를 모실 때 예로써 하면 효도라 말할 수 있다.'고 하셨습니다. 제후의 예법에 대해서는 자세히 배우지 못했지만 예법에 바뀔 수 없는 큰 것이 있다고 들었습니다. 부모에게 3년의 상을 지내는 것이 바로 그것입니다. 3년 동안은 아름다운 옷이 있더라도 마음이 편치 못하므로 상복의 아랫단을 꿰맨 허술한 자최(齊衰)복을 입고, 맛있는 음식을 피해 죽을 먹습니다. 이는 천자로부터 평민에 이르기까지 하은주 3대가 모두 그러했던 것입니다.

不亦善乎아 親喪은 固所自盡也니 曾子曰 生事之以禮하며 死葬之以禮하며
불 역 선 호   친 상   고 소 자 진 야   증 자 왈 생 사 지 이 례   사 장 지 이 례
祭之以禮면 可謂孝矣라하시니 諸侯之禮는 吾未之學也어니와 雖然이나
제 지 이 례   가 위 효 의   제 후 지 례   오 미 지 학 야   수 연
吾嘗聞之矣로니 三年之喪에 齊疏之服과 飦粥之食은 自天子達於庶人하야
오 상 문 지 의   삼 년 지 상   자 소 지 복   전 죽 지 식   자 천 자 달 어 서 인
三代共之하니라
삼 대 공 지

※ **자**(齊): 상복의 아랫단을 꿰맨 자최복(齊衰服)으로 齊는 '자'로 읽음. **소**(疏): 거친 삼베. **전**(飦): 미음.

부모의 상을 당해 애통하고 허전함으로 사무치는 심정은 인간의 자연스런 마음입니다. 맹자는 세자 역시 그런 마음이었을 것이라 생각하고 유가식 예법을 권합니다. 증자가 말한 것으로 인용된 삶과 죽음을 관통하는 효의 마음은 실은 공자가 제자인 번지(樊遲)에게 해준 말로 유학계의 일반적인 내용입니다.[*] 3년상의 경우도 『논어』에서 언급되었듯이, 자식이 태어난 지 3년이 지난 뒤에야 부모의 품을 벗어날 수 있으므로 부모의 상을 3년간 지냈던 것입니다. 귀천에 관계없이 자식으로서 마땅히 해야 하는 마음의 표현이므로 제후라고 예외가 될 수 없었던 것이지요.

---

[*] 『논어』「위정」편. 子曰 "生事之以禮; 死葬之以禮; 祭之以禮."

연우의 보고를 받은 세자는 자신감을 갖고 3년상의 예법을 시행하고자 합니다. 그러자 옛날의 예법이 오랫동안 실행되지 않았던 터라 동성인 부형과 여러 관리들이 모두 싫어하며 말합니다.

예법을 준수하던 노나라는 우리 등나라의 종주국인데 노나라의 군주들도 3년의 상을 행하지 않았고, 우리 등나라의 군주들 역시 그렇게 하지 않았습니다. 그런데 그대의 때에 이르러 이 법을 뒤집으려 하니 잘못된 것입니다. 옛 기록에도 '장사나 제사는 선조가 하던 대로 따른다'고 하였으니, 우리도 들은 바가 있어서 반대하는 것입니다.

吾宗國魯先君도 莫之行하시고 吾先君도 亦莫之行也하시니
오 종 국 노 선 군   막 지 행   오 선 군   역 막 지 행 야
至於子之身而反之는 不可하이다 且志에 曰 喪祭는 從先祖라하니
지 어 자 지 신 이 반 지   불 가   차 지   왈 상 제   종 선 조
曰 吾有所愛之也니이다
왈 오 유 소 수 지 야

세자로서는 난감한 상황입니다. 맹자의 말대로 3년상을 시행하자니 모두가 반대하고, 따르지 않으려니 마음이 불편하기 때문입니다. 쉽게 결정을 내리지 못하고 주저하던 세자는 지난날을 반성합니다.

내가 이전에 학문을 하지 않고 말달리기와 칼 쓰기를 좋아하였는데, 지금 부형과 백관들이 나를 만족하게 여기지 않으니 부친의 상에 예를 다하지 못할까 염려스럽다. 그대는 나를 위하여 맹자에 다시 물어보라.

吾他日에 未嘗學問이요 好馳馬試劍하더니 今也에 父兄百官이 不我足也하니
오 타 일   미 상 학 문   호 치 마 시 검   금 야   부 형 백 관   불 아 족 야
恐其不能盡於大事하노니 子爲我問孟子하라
공 기 불 능 진 어 대 사   자 위 아 문 맹 자

세자의 명령을 들은 연우는 다시 추나라로 가서 맹자에게 자문을 구합니다.

그러할 것이다. 이는 다른 데서 답을 찾을 것이 아니라 공자에서 말씀하신 다음의 내용을 참조해야 할 것이다. '임금이 죽으면 세자는 명령을 내리지 않고 정치를 육경의 우두머리인 총재(冢宰)에게 위임하여 모든 관원들이 그의 명령을 따르도록 한다. 그리고 세자는 죽을 먹으면서 숯덩이가 될 정도로 얼굴에 슬픔을 다하며, 시신이 모셔진 자리에 나아가 곡하면서 그 슬픔을 다할 따름이다.

그 모습을 본 모든 관료나 일을 맡은 유사들이 감히 슬퍼하지 않을 수 없을 것인데, 이는 먼저 윗사람이 솔선수범하였기 때문이다. 위에서 좋아하는 일은 아래에서 감동하여 위에 있는 사람보다도 더 좋아하는 경우가 있다. 군자의 덕은 위에 있어 사람을 감동시키는 바람과 같다면, 소인의 덕은 아래 있어 그에 호응하는 풀과 같다. 풀 위에 바람이 더해지면 풀은 반드시 눕고, 군자의 덕으로 소인을 감동시키면 반드시 쏠린다.' 공자의 말씀대로 세자 스스로 슬픔을 다함에 달려 있을 뿐이다.

然하다 不可以他求者也라 孔子曰君薨커시든 聽於冢宰하나니 歠粥하고
연   불 가 이 타 구 자 야   공 자 왈 군 훙   청 어 총 재   철 죽

面深墨하여 卽位而哭이어든 百官有司莫敢不哀는 先之也며 上有好者면
면 심 묵   즉 위 이 곡   백 관 유 사 막 감 불 애   선 지 야   상 유 호 자

下必有甚焉者矣니 君子之德은 風也요 小人之德은 草也니 草尙之風이면
하 필 유 심 언 자 의   군 자 지 덕   풍 야   소 인 지 덕   초 야   초 상 지 풍

必偃이라하시니 是在世子하니라
필 언   시 재 세 자

※ 총재(冢宰) : 육경(六卿)의 우두머리. 철(歠) : 마심. 즉(卽) : 나아감. 상(尙) : 더하다[加]. 『논어』에는 상(上)으로 되어 있다. 언(偃) : 엎어짐.

『논어』에서 제시된 초상지풍(草上之風)은 풀 위에 부는 바람처럼 군자의 덕에 감화를 받아 모든 이들의 마음이 하나로 모이는 것을 말합니다.** 맹자는 3년상에 대한 많은 이들의 반론을 잠재우는 해법으로 솔선수범하는 세자의 태도를 제시합니다. 부모의 상에 정성을 다하는 세자

** 『논어』「안연」편. "季康子問政於孔子曰: 如殺無道, 以就有道, 何如? 孔子對曰: 子爲政, 焉用殺? 子欲善, 而民善矣. 君子之德風, 小人之德草. 草上之風, 必偃."

의 진정어린 마음을 보여 달라는 것이지요.

연우의 보고를 받은 세자는 "그렇다. 정말로 나 하기에 달렸다."고 다짐하며 3년상을 행하기로 단단히 마음먹습니다. 아직 장사를 치르기에 앞서 5개월 동안을 스스로 여막에 거처하면서 명령이나 훈계를 내리는 일도 없었습니다. 이를 지켜본 친척들과 관료들은 감동하면서 "세자가 예를 안다"고 이구동성으로 말합니다. 또한 장례를 치를 때 세자의 얼굴빛이 매우 수척하였고 애통해하며 곡하는 것이 한결 같았습니다. 이를 지켜본 사방에서 모인 조문객들은 세자가 예를 극진히 하는 것에 크게 만족했습니다.

부모의 장례에 그 마음을 다해야 한다는 맹자의 말 한마디가 세자의 마음을 다잡는 계기가 되었고, 세자는 주변의 반대를 무릅쓰고 문제의 원인을 자기 스스로에게 찾아냅니다. 일체의 정무를 총재에게 일임하고 원활한 왕위계승의 수순을 밟으면서, 차마 견딜 수 없는 애통한 마음을 예법에 따라 승화시켜 나갔던 것이지요.

이렇게 정성을 다하는 진정성은 주변을 감동시켜 모두의 잠재적 동의를 이끌어내게 됩니다. 이 모두는 세자가 솔선수범한 결과입니다. 어찌 보면 인간의 본성이 착함을 말하는 맹자의 주장을 따르면서 세상과 소통하는 방법을 세자 스스로 터득해 나갔다고 할 수 있을 것입니다.

등문공 상편 3장 : 恒産恒心

일정한 생업과 떳떳한 마음

이제 등나라 왕이 된 문공은 정식으로 맹자를 초빙하여 국가를 다스리는 방도를 묻자, 맹자는 민생안정을 위한 평소의 정치적 소신을 자신 있게 말합니다.

백성에게 농사는 무엇보다 중요하니 더디거나 소홀히 해서는 안 됩니다. 『시경』에 '겨울철에는 낮에 띠풀을 베러가고, 밤에 새끼를 꼬아 빨리 지붕을 정비해야만 다가오는 봄에 비로소 여러 곡식을 파종할 수 있다.'고 했습니다. 농사짓기 바쁜 봄에는 지붕을 수리할 겨를이 없기 때문에 겨울철에 미리 수리한다는 것입니다. 백성에게 농사는 그처럼 급한 것이니 농업에 지장을 주어서는 안 된다는 우려에서 나온 말입니다.

民事는 不可緩也니 詩云 晝爾于茅요 宵爾索綯하여 亟其乘屋이오사
민 사   불 가 완 야   시 운 주 이 우 모   소 이 삭 도   극 기 승 옥

其始播百穀이라하니이다
기 시 파 백 곡

※ **민사**(民事): 농사. **시**(詩): 『시경』 「빈풍(豳風)」편의 칠월(七月). **우**(于): 가서 취함. **도**(綯): 새끼를 꼬는 것. **극**(亟): 급히 하다. '극'으로 읽음. **파**(播): 뿌리다.

백성들의 삶이란 먹고 살아갈 일정한 직업이 있는 자는 떳떳한 마음을 갖고, 일정한 직업이 없는 자는 떳떳한 마음이 없을 것입니다. 진실로 떳떳한 마음이 없으면, 제멋대로 함부로 하거나 고집부리며 간사하고 사치스런 행동을 할 것입니다. 급기야 죄에 빠지도록 해놓고 뒤이어 처벌한다면 이는 백성을 그물질하는 것과 같습니다. 어찌 어진 사람이 다스리는 자리에 있으면서 백성을 그물질하는 것을 할 수 있단 말입니까? 그러므로 현명한 군주는 반드시 공손하고 검소한 마음으로 아랫사람을 예

우하며, 백성들의 것을 거둬들이는 것에 제한을 두었던 것입니다. 노나라 계씨의 가신인 양호(陽虎) 같은 자는 '부자가 되려면 어진 사람이 못되고, 어진 사람이 되자면 부자가 못된다.'고 하였으니, 이 말을 반면교사로 경계 삼을 필요가 있습니다. 부자가 되려는 욕망 때문에 백성을 생각하는 어진 마음을 외면했기 때문입니다.

民之爲道也는 有恒産者는 有恒心이요 無恒産者는 無恒心이니 苟無恒心이면
민 지 위 도 야　유 항 산 자　유 항 심　　무 항 산 자　무 항 심　　구 무 항 심

放辟邪侈를 無不爲已니 及陷乎罪然後에 從而刑之면 是는 罔民也니
방 벽 사 치　무 불 위 이　급 함 호 죄 연 후　종 이 형 지　시　망 민 야

焉有仁人이 在位하여 罔民을 而可爲也리오 是故로 賢君이 必恭儉하여 禮下하며
언 유 인 인　재 위　　망 민　이 가 위 야　　시 고　현 군　필 공 검　예 하

取於民이 有制니이다 陽虎曰 爲富면 不仁矣요 爲仁이면 不富矣라하니이다
취 어 민　유 제　　양 호 왈 위 부　불 인 의　위 인　　불 부 의

※ **방벽**(放辟): 함부로 하거나 자신의 고집을 내세움. **망**(罔): 그물질하다. **언**(焉): 어찌.

일정한 직업이 있어야 떳떳한 마음도 가질 수 있다는, 즉 항산(恒産) 속에 항심(恒心)이 있다는 말은 맹자의 대표적 주장 가운데 하나입니다. 눈앞의 현실도 헤쳐 나가기도 버거운 사람들에게 도덕적 마음까지 요구할 수는 없기 때문이죠. 왜 그렇게 하지 못하느냐고 다그치거나 처벌하는 것만이 능사가 아닐 것입니다. 아울러 맹자는 민생안정의 조건으로 당시 생산 기반인 농업을 중시할 것과 조세의 공평성을 제시합니다.

하은주 시대에 백성에게 일정한 생업을 제공하고 세금을 거두는 방법을 말씀드리겠습니다. 하나라는 집집마다 50묘(苗)씩 주면서 공법(貢法)을 시행하였고, 은나라는 70묘씩 주면서 조법(助法)을 행했고, 주나라는 100묘씩 주며 철법(徹法)을 시행하였습니다. 그러나 이름만 달랐지 10분의 1을 취하는 실상은 같았습니다. 결코 과중한 부담이라 할 수 없을 것입니다. 철법에서 '철(徹)'은 밭갈 때 백성이 힘을 합해 경작하고 거둘 때 이랑을 세어서 고르게 나눈다는 의미입니다. 조법은 개인적인 밭의 세금을 받지 않고 여덟 집의 힘을 빌려 공전(公田)을 경작하는데 그들의 힘을 빌린다는 '자(藉)'의 뜻을 취한 것입니다. 이처럼 3대에

는 생업에 종사할 일정한 토지를 백성에게 주고, 그에 따른 세금을 취하는 제도를 마련하는 등 어진 정치를 행하였습니다.

夏后氏는 五十而貢하고 殷人은 七十而助하고 周人은 百畝而徹하니
하 후 씨   오 십 이 공   은 인   칠 십 이 조   주 인   백 묘 이 철

其實은 皆什一也니 徹者는 徹也요 助者는 藉也니이다
기 실   개 십 일 야   철 자   철 야   조 자   자 야

> ※ 공(貢): 해마다 일정하게 개인에게 받는 세금. 조(助): 공동경작 방식으로 거둬들이는 세금. 철(徹): 통하고 골고루 한다는 의미의 세금. 자(藉): 빌리다.

역대 세금징수법의 특징을 열거한 맹자는 옛날 현인으로 알려진 용자(龍子)가 제시한 방안에 따른 조법 방식을 적절한 대안으로 제시합니다.

용자는 '토지를 다스림에 조법보다 좋은 것이 없고, 공법보다 나쁜 것이 없다.'고 하였습니다. 공법이란 몇 년의 평균을 계산하여 세금을 일정하게 정하는 것입니다. 그러나 풍년에는 곡식이 낭자하여 많이 취하더라도 포악하다고 할 수 없는데도 오히려 적게 취하고, 흉년에는 땅에 비료 주기에도 부족한데 반드시 일정액을 가득히 취합니다. 그 결과 백성의 부모가 되어서 오히려 백성들이 원망하는 마음을 품으면서 일년 내내 부지런히 노동해도 그 부모를 봉양할 수 없도록 합니다. 또한 빚을 내어 세금에 보태도록 하여 늙은이와 어린이들이 구덩이나 골짜기에서 먹을 것을 찾아 헤매게 한다면, 어찌 백성의 부모가 될 수 있겠습니까?

龍子曰 治地는 莫善於助요 莫不善於貢이니 貢者는 校數歲之中하여
용 자 왈 치 지   막 선 어 조   막 불 선 어 공   공 자   교 수 세 지 중

以爲常하니 樂歲에 粒米狼戾하야 多取之而不爲虐이라도 則寡取之하고
이 위 상   낙 세   입 미 낭 려   다 취 지 이 불 위 학   즉 과 취 지

凶年에 糞其田而不足이어늘 則必取盈焉하나니 爲民父母하여 使民으로
흉 년   분 기 전 이 부 족   즉 필 취 영 언   위 민 부 모   사 민

盻盻然將終歲勤動하야 不得以養其父母하고 又稱貸而益之하야 使老稚로
혜 혜 연 장 종 세 근 동   부 득 이 양 기 부 모   우 칭 대 이 익 지   사 노 치

轉乎溝壑이면 惡在其爲民父母也리오하니이다
전 호 구 학   오 재 기 위 민 부 모 야

> ※ 교(校): 비교하다. 낭려(狼戾): 많다는 의미의 낭자(狼藉)와 같음. 분(糞): 거름주다. 혜혜연(盻盻然): 흘겨보며 원망하다. 칭(稱): 이자를 받음. 대(貸): 빌려주고 이자를 더해 받음. 치(稚): 어린 자식.

또한 조법이 시행된 역사에 대한 근거로 『시경』을 제시합니다.

대대로 받는 세록(世祿)은 등나라가 본래부터 시행하고 있었던 것이라 문제될 것이 없으니, 이제 조법만 보완하면 될 것입니다. 조법에 관한 구체적인 전적이 남아있지 않지만 『시경』에 '우리 공전(公田)에 먼저 비를 내리시고 우리 사전(私田)에까지도 미쳐 주소서.'라는 말이 있습니다. 조법에는 공전이 있고, 시는 주나라 시이니 주나라 역시 조법을 사용했음을 알 수 있습니다.

夫世祿은 滕이 固行之矣니이다 詩云 雨我公田하여 遂及我私라하니
부세록　등　고행지의　　시운 우아공전　　수급아사

惟助에 爲有公田하니 由此觀之컨댄 雖周나 亦助也로소이다
유조　위유공전　　유차관지　　수주　역조야

※ 시(詩): 『시경』「소아(小雅)」편의 대전(大田). 우(雨): 비 내림.

우리에게 익숙한 십일조는 중국에서도 오래된 전통입니다. 공법, 철법, 조법 등 시대마다 용어를 달리했지만 백성들의 부담을 줄여주기 위한 민생안정의 목적에는 변함이 없었던 것이지요. 그러나 맹자는 고정된 세액을 정함으로써 탄력적 운영을 막았던 공법보다는, 공전과 사전을 분리하여 국가와 백성 모두에게 이익이 돌아가는 조법을 강조합니다. 이미 대대로 관료들의 봉록이 안정되었듯이, 백성들에게도 일정한 토지의 배분과 조법을 통한 과세의 형평성이 시급하다는 것입니다.

또한 맹자는 경제적 안정뿐 아니라 일정한 마음을 지닐 수 있는 항심(恒心)의 기초로서 교육의 중요성에 대해서도 강조합니다. 조법의 시행으로 백성들이 일정한 생업이 갖게 해서, 떳떳한 마음을 회복하여 교화가 일어날 수 있도록 해야 한다는 것입니다.

옛날에는 상·서·학·교를 세워 백성들을 가르쳤으니, 상(庠)은 노인을 봉양하는 마음을 기른다는 뜻이고, 교(敎)는 백성을 가르친다는 뜻이고, 서(序)는 활쏘기를 익혀 질서를 배운다는 뜻입니다. 하나라에서는

교라 하였고, 은나라에서는 서라 하였고, 주나라에서는 상이라 하였으니, 시골학교인 향학(鄕學)의 서로 다른 이름입니다. 학(學)의 경우는 삼대가 공유한 이름인 국학(國學)으로 모두 인륜을 밝히는 것이었습니다. 부자유친(父子有親), 군신유의(君臣有義), 부부유별(夫婦有別), 장유유서(長幼有序), 붕우유신(朋友有信)의 다섯 가지는 사람이 사람되는 큰 윤리이기 때문입니다. 인륜이 위에서 밝아지면 백성이 아래에서 그 가르침에 순응하여 친해집니다.

만약 천하의 왕이 되실 자가 나오면 반드시 등나라에 와서 본보기를 삼을 것이니, 이는 왕자의 스승이 되시는 길입니다. 『시경』에 이르기를, '주나라가 비록 오래된 나라이지만, 천명을 받아 오직 새롭도다.'고 하였습니다. 이는 문왕을 일컬은 것이니 그가 천명을 받아 주나라를 새롭게 일으킨 것입니다. 왕께서 힘써 행한다면 또한 등나라를 새롭게 할 수 있을 것입니다.

設爲庠序學校하여 以敎之하니 庠者는 養也요 校者는 敎也요 序者는 射也라
설 위 상 서 학 교   이 교 지   상 자 양 야   교 자 교 야   서 자 사 야

夏曰校요 殷曰序요 周曰庠이요 學則三代共之하니 皆所以明人倫也라 人倫이
하 왈 교   은 왈 서   주 왈 상   학 즉 삼 대 공 지   개 소 이 명 인 륜 야   인 륜

明於上이면 小民이 親於下니이다 有王者起면 必來取法하리니
명 어 상   소 민   친 어 하   유 왕 자 기   필 래 취 법

是爲王者師也니이다 詩云 周雖舊邦이나 其命維新이라하니 文王之謂也니
시 위 왕 자 사 야   시 운 주 수 구 방   기 명 유 신   문 왕 지 위 야

子力行之하시면 亦以新子之國하시리이다
자 역 행 지   역 이 신 자 지 국

※ 상(庠): 노인 봉양의 뜻. 교(校): 백성을 가르친다는 뜻. 서(序): 활쏘기를 익힌다는 뜻. 학(學): 중앙의 학교[國學]. 시(詩): 『시경』「대아」편의 문왕(文王). 자(子): 등문공을 가리킴.

백성의 생업을 일정하게 유지해 줄 방안과 백성 교화의 큰 원칙을 전해들은 등문공은 어느 정도 국정운영의 윤곽을 정했습니다. 맹자의 마지막 조언, 즉 조그만 등나라일지라도 얼마든 천하의 모범국이 될 수 있다는 말에 자신감이 붙었는지 모릅니다. 등문공은 이를 담당할 필전(畢戰)이란 신하를 보내 정전제의 구체적 내용에 대해 추가적으로 듣도록 합니다.

그대의 임금이 장차 어진 정치를 행하고자 하여 자네를 선택하여 시키셨으니, 반드시 힘쓰기 바랍니다. 어진 정치는 반드시 토지의 경계를 바르게 다스리는 것으로부터 시작되어야 합니다. 밭 사이의 경계가 분명하지 못하면 공전과 사전에 일정한 구분을 두었던 정전이 고르지 못하게 되어 사납고 강한 자들이 남들의 토지를 마음대로 차지하는 폐단이 있게 될 것이고, 그에 따라 세금을 거둬 봉록을 주는 일이 불공평해질 것입니다. 그러므로 폭군과 더러운 관리들은 반드시 그 경계 다스리는 일을 태만히 하는 것입니다. 만약 경계를 다스리는 것이 이미 바르게 되었다면 토지를 나누어 주고 봉록을 제정해 주는 일은 가만히 앉아서도 정해질 수 있을 것입니다.

子之君이 將行仁政하여 選擇而使子하시니 子必勉之이다 夫仁政은
자 지 군　 장 행 인 정 　선 택 이 사 자　 　자 필 면 지 　 부 인 정

必自經界始니 經界不正이면 井地不均하며 穀祿이 不平하리니 是故로
필 자 경 계 시 　경 계 부 정 　정 지 불 균 　 곡 록　 불 평 　 시 고

暴君汙吏는 必慢其經界하나니 經界旣正이면 分田制祿은 可坐而定也니라
포 군 오 리　 필 만 기 경 계 　경 계 기 정　 분 전 제 록　 가 좌 이 정 야

※ **필전**(畢戰): 등나라 신하. **정지**(井地): 땅을 구획하는 정전법(井田法). **경계**(經界): 땅의 한계를 나눔.

지금 등나라는 국토가 좁고 작아 겨우 50리 정도입니다. 그러나 장차 군자가 되어 벼슬할 사람도 있으며, 야인이 되어 농사 짓는 사람도 있겠지요. 군자가 없으면 야인을 다스리지 못하고, 야인이 없으면 군자를 기를 수 없습니다. 그러므로 정전제에 따라 밭을 나누고 그 세금으로 봉록을 제정하는 법이 시행되어야 하는 것입니다.

바라건대 교외의 땅은 정전의 형태로 아홉 구역을 만들어 가운데는 공전으로 삼고 여덟 집이 도와서 경작하여 그 수입으로 봉록을 마련하는 조법을 시행해야 합니다. 나라 안에는 산림과 언덕으로 둘러 쌓여 정전에 맞게 일정한 획을 긋지 못하므로 길고 짧은 부분을 대략 계산하여 한 집에 100묘씩 주어 그 10분의 1에 해당하는 세금을 스스로 바치도록 하는 공법을 쓰도록 하십시오. 주나라의 철법은 바로 이러한 방법으로

군자를 기르고 야인을 다스렸던 것입니다.

이뿐 아니라 군자는 대대로 봉록을 받는 세록(世祿) 이외에 등나라의 경우는 규전을 더 주어야 합니다. 경 이하로는 모두 깨끗하다는 의미의 규전(圭田) 50묘를 주어 제사를 받들도록 하니 군자를 두텁게 대우하는 것입니다. (가장에게 100묘씩 주는 동시에) 아직 가정을 꾸리지 못한 장정에게는 25묘를 주어 모든 농민들에게 골고루 관심을 두어야 합니다.

夫滕이 壤地褊小하나 將爲君子焉이며 將爲野人焉이니 無君子면 莫治野人이요
부등 양지편소 장위군자언 장위야인언 무군자 막치야인

無野人이면 莫養君子니라 請野에 九一而助하고 國中에 什一하여 使自賦하라
무야인 막양군자 청야 구일이조 국중 십일 사자부

卿以下는 必有圭田하니 圭田은 五十畝니라 餘夫는 二十五畝니라
경이하 필유규전 규전 오십묘 여부 이십오묘

> ※ **양(壤)**: 땅. **군자(君子)**: 벼슬아치. **야인(野人)**: 백성. **국중(國中)**: 수도. **규(圭)**: 깨끗함이니, 규전(圭田)은 제사를 받드는 땅. **여부(餘夫)**: 아직 장가들지 않은 남자들.

정전법이 제대로 시행되면 죽거나 이사를 해도 그 고을을 쉽게 떠나지 못할 것입니다. 고을에서 정전에 따라 논밭을 같이 하는 자들은 나가고 들어올 때 서로 짝을 지어 다니며, 집을 지키고 망볼 때에 서로 도와 도적을 막을 것이며, 질병이 있을 때에 서로 붙들어 주고 잡아 준다면 백성들이 친목하게 될 것입니다.

死徙에 無出鄕이니 鄕田同井이 出入에 相友하며 守望에 相助하며 疾病에
사사 무출향 향전동정 출입 상우 수망 상조 질병

相扶持하면 則百姓이 親睦하리라
상부지 즉백성 친목

> ※ **사(徙)**: 이사. **동정(同井)**: 공동으로 우물을 쓰는 8가구. **수망(守望)**: 도둑을 막는 것.

이어 맹자는 이미 잊혀진 정전의 법도에 대해 그림을 그리듯 자세히 덧붙입니다.

사방 1리를 9구역으로 나누어 우물 정(井) 자처럼 900묘를 만들었습니다. 가운데 100묘를 공전(公田)으로 삼고 둘레의 여덟 집은 각각 100묘

를 개인적으로 경작하는 사전(私田)으로 줍니다. 그들은 똑같이 힘을 합쳐 공전을 가꾸며, 공전의 일을 마친 다음에 감히 사전에서 일합니다. 공전의 일을 먼저하고 사전의 일을 나중에 하여 군자의 봉록을 위하는 것과 야인들의 생활을 구분하도록 했던 것입니다. 이것이 정전제의 대략입니다. 실정에 맞게 정전제를 윤택하게 적용하는 일은 임금과 그대에게 달려 있습니다.

方里而井이니 井이 九百畝니 其中이 爲公田이라 八家皆私百畝하여
방 리 이 정　　정 　구백묘　기중 　위공전　　팔가개사백묘

同養公田하여 公事를 畢然後에 敢治私事니 所以別野人也니라
동양공전 　　공사 　필연후 　　감치사사 　소이별야인야

此其大略也니 若夫潤澤之는 則在君與子矣니라
차기대략야 　　악부윤택지 　즉재군여자의

맹자가 주목한 정전제는 민생안정을 위한 일정한 토지배분과 적정한 세금의 징수를 위한 실천방안이었습니다. 공전을 먼저하고 사전을 뒤로 하는 선공후사(先公後私)의 정신 역시 그 속에서 찾아볼 수 있습니다.

토지의 경계를 바로잡는 것이 어진 정치의 시작이라는 맹자의 말은 전통시대 국가경영의 이상향이기도 했습니다. 민생안정은 공적 윤리의 정립을 위한 교화의 출발이기도 합니다. 오늘날도 역시 문제는 항산(恒産)을 통한 민생안정과 항심(恒心)을 위한 도덕교화라는 두 토끼를 어떻게 잡을 수 있느냐일 것입니다. 민생을 돌보는 동시에 인간다움의 꿈을 실현시켜가는 지도자를 기대해 봅니다.

사회적 역할이 다르다

중국에서 신농씨는 인류에게 농사기술을 일깨워준 농업의 신으로 추앙받는데, 평소 그 말을 숭상하며 농사를 특별히 강조하던 허행(許行)이란 사람이 있었습니다. 그는 초나라에서 등나라의 궁궐에 이르러 문공에게 간청합니다. "먼 지방 사람이 군주께서 정전법에 기초한 어진 정치를 시행하신다는 말을 듣고, 한 자리 얻어 왕의 백성이 되기를 원합니다." 그 말을 들은 문공은 허행에게 거처할 곳을 주니, 함께 온 수십 명이 모두 터럭으로 짠 천한 옷을 입고 직접 신발을 만들고 돗자리를 짜서 시장에 내다 팔며 먹고 살았습니다.

그로부터 얼마 뒤에 초나라 유학자 진량을 따르던 진상(陳相) 형제 역시 농기구를 챙겨 송나라에서 등나라로 찾아옵니다. "군주께서 성인의 정치를 행하심을 들었으니 이 또한 성인이실 것이니, 성인의 백성이 되기를 원합니다." 너나없이 등나라로 찾아오니 민심이 모여드는 좋은 징조라 할 수 있습니다. 어느 곳에서인가 허행을 만난 진상은 크게 기뻐하면서 그동안 스승에게 배웠던 유학을 다 버리고 허행의 학설을 배웠습니다. 점차 자신감이 붙은 진상은 맹자를 뵙고 허행의 말을 칭찬하면서 말하였습니다.

등나라 군주는 진실로 현명한 군주임에는 분명하지만, 아직 도를 듣지 못한 듯 합니다. 어진 자는 백성들과 함께 밭을 경작하여 먹으며 스스로 불을 때어 밥을 지으면서 정치도 하는 것입니다. 지금 등나라는 백성에게 취한 것을 저장하는 곡식 창고와 물품 창고를 두고 있으니, 이것은 백

성을 괴롭혀 자신을 봉양하는 것과 마찬가지입니다. 어찌 어질다 하겠습니까?

滕君則誠賢君也어니와 雖然이나 未聞道也로다 賢者는 與民並耕而食하며
등군즉성현군야　　　　수연　　　미문도야　　　　현자　　　여민병경이식

饗飧而治하나니 今也에 滕有倉廩府庫하니 則是厲民而以自養也니 惡得賢이리오
옹손이치　　　금야　　등유창름부고　　　즉시여민이이자양야　　오득현

※ 옹손(饗飧): 옹(饗)은 아침밥이고, 손(飧)은 저녁밥으로 직접 밥을 준비함. 려(厲): 해침.

허행의 말을 빌려 어진 군주란 백성과 똑같이 농사짓고 밥도 해먹으면서 동고동락해야 한다고 말하는 것입니다. 그 이면에는 평소 군자와 소인을 분별하였던 맹자의 주장을 반박하는 의도도 있습니다. 맹자는 하나하나 따져 묻습니다.

"허선생은 반드시 스스로 곡식을 심은 뒤에 먹던가?"

"그렇습니다."

"그래요. 그렇다면 허선생은 반드시 자기 스스로 베를 짠 뒤에 입던가?"

"아닙니다. 허선생은 하찮은 갈옷이라도 자기 스스로 만들어 입곤 합니다."

"그래요. 그렇다면 허선생은 머리에 관을 쓰던가?"

"그렇죠. 관을 씁니다."

"무슨 관을 쓰던가?"

"흰 비단으로 짠 관을 씁니다."

"그것도 스스로 짠 것인가?"

"아닙니다. 자신이 경작한 곡식을 주고 바꿉니다."

"그렇다면 허선생은 왜 스스로 짜지 않는 것인가?"

"농사일에 방해를 주기 때문입니다."

"그렇단 말이지……. 허선생은 가마솥이나 시루를 가지고 밥을 지으며, 쇠붙이로 밭을 경작하던가?"

"당연히 그렇습니다."

"자기 스스로 만드는 것인가?"

"아닙니다. 곡식을 주고 바꿔옵니다."

"許子는 必種粟而後에 食乎아" "然하다" "許子는 必織布而後에 衣乎아"
　허 자　필종속이후　식 호　연　　　허 자　필직포이후　의 호

"否라 許子는 衣褐이니라" "許子는 冠乎아" "冠이니라" "奚冠고" "冠素니라"
　부　허 자　의 갈　　　허 자　관 자　관　　해 관　관 소

"自織之與아" "否라 以粟易之니라" "許子는 奚爲不自織고" "害於耕이니라"
　자 직 지 여　부　이 속 역 지　　　허 자　해 위 부 자 직　　해 어 경

"許子는 以釜甑爨하며 以鐵耕乎아" "然하다"
　허 자　이 부 증 찬　　이 철 경 호　연

"自爲之與아" "否라 以粟易之니라"
　자 위 지 여　부　이 속 역 지

※ **해**(奚): 어찌. **부**(釜): 솥. **증**(甑): 시루. **찬**(爨): 불 때는 것. **철**(鐵): 농사짓는 도구.

간단한 문답처럼 전개되지만 자기 혼자 모든 일을 할 수 없다는 맹자의 추궁이 담겨있습니다. 농사 짓는 사람이 자급자족하려 해도 자신이 모든 것을 할 수는 없습니다. 자신은 농사짓는 일에만 충실할 뿐이요, 남들이 만든 옷이나 관을 얻기 위해서 자기의 곡식과 바꿔가며 생활하는 것이 일반적입니다. 상대로부터 서로 교환하여 생활한다는 말을 끄집어내려는 맹자의 의도된 논법이 돋보이는 대목입니다.

"곡식을 가지고 시루나 솥 같은 철제와 바꾸는 것이 옹기장이나 대장장이에게 피해를 주는 것이 아니니, 마찬가지로 옹기장이나 대장장이 역시 그들이 만든 그릇이나 연장을 가지고 곡식과 바꾸는 것이 어찌 농부에게 피해를 주는 것일까? 또한 허선생은 옹기장이나 대장장이 노릇을 하면서 단지 모두 그 집안에서 취하여 사용하지 않고, 어찌하여 이리저리 다니면서 여러 기술자들과 교역하는가? 왜 허선생은 번거로움을 귀찮게 여기지 않는 것인가?"

"여러 기술자의 일은 본래 밭을 갈면서 동시에 할 수 없기 때문이라 생각합니다."

"以粟易械器者 不爲厲陶冶니 陶冶亦以其械器易粟者 豈爲厲農夫哉리오
이 속 역 계 기 자 불 위 려 도 야   도 야 역 이 기 계 기 역 속 자 기 위 려 농 부 재

且許子는 何不爲陶冶하여 舍皆取諸其宮中而用之하고
차 허 자   하 불 위 도 야   사 개 취 저 기 궁 중 이 용 지

何爲紛紛然與百工交易고 何許子之不憚煩고"
하 위 분 분 연 여 백 공 교 역   하 허 자 지 불 탄 번

"百工之事는 固不可耕且爲也니라"
백 공 지 사   고 불 가 경 차 위 야

※ **계기**(械器): 가마솥과 시루 같은 도구 **야**(冶): 가마솥과 쇠붙이를 만드는 자. **사**(舍): 다만.

그렇다면 천하를 다스리는 일만은 밭을 갈면서 동시에 여러 가지를 할 수 있단 말인가? 정치를 하는 대인의 일도 있고 생업에 종사하는 소인의 일도 있다. 한 사람의 몸으로 여러 기술자들이 하는 것을 겸비할 수 있다고 하여, 만일 꼭 스스로 만들고 난 다음에 써야 한다고 하면, 이는 천하 사람을 끌어들여 도로에서 쉴 틈 없이 분주하게 다니도록 하는 것과 같을 것이다. 필요한 모든 것을 그 스스로 마련해야 하기 때문이다. 이러한 번거로움을 막기 위해 '백성을 다스리는 데 마음을 다하는 사람도 있고 생업에 종사하는 데 수고를 다하는 사람도 있으니, 마음을 수고롭게 하는 자는 남들을 다스리고 힘으로 애쓰는 자는 다스림을 받는다.'고 말하는 것이다. 남들에게 다스림을 받는 사람은 세금을 내어 마음을 다하는 자들을 먹여 살리고, 남을 다스리는 자는 백성들에게 얻어먹고 살아가는 것이 천하의 공통된 원리다.

"然則治天下는 獨可耕且爲與아 有大人之事하며 有小人之事하니
연 즉 치 천 하   독 가 경 차 위 여   유 대 인 지 사   유 소 인 지 사

且一人之身而百工之所爲備하니 如必自爲而後에 用之면 是는
차 일 인 지 신 이 백 공 지 소 위 비   여 필 자 위 이 후   용 지   시

率天下而路也니라 故로 曰 或勞心하며 或勞力이니 勞心者는 治人하고
솔 천 하 이 로 야   고   왈 혹 노 심   혹 노 력   노 심 자   치 인

勞力者는 治於人이라하니 治於人者는 食人하고 治人者는 食於人이
노 력 자   치 어 인   치 어 인 자   사 인   치 인 자   사 어 인

天下之通義也니라"
천 하 지 통 의 야

※ **로**(路): 쉴 틈 없이 길에서 분주하게 다님. **사**(食): 얻어먹는다는 의미로 사용될 때는 '사'로 읽음.

우리가 사는 세상에 정치가도 있고 사업가도 있듯이 저마다 역량에 따라 하는 일은 다릅니다. 정치가는 공익을 위해 집중하고, 일반 생업에 종사하는 자들은 세금을 내면서 안정된 생활을 보장받을 수 있는 것입니다. 그러므로 유학에서는 마음을 쓰는 노심자(勞心者)와 힘을 사용하는 노력자(勞力者)를 구분합니다. 즉 백성을 위해 수고로운 마음을 아끼지 않는 자는 남들을 다스리고, 생업을 위해 힘을 다하는 사람들은 그들에게 다스림을 받는다는 역할의 차이를 인정했던 것입니다. 일종의 상생 전략이라 할 수 있겠지요. 각각의 명분에 따른 역할을 다한다는 정명론을 연상케 하는 대목이기도 합니다. 그리고 맹자는 역대 성인들로 칭송받는 이들이 그저 놀고먹던 사람들이 아니었음을 자세히 고증해 나갑니다.

이단(異端)의 배척

맹자는 허행의 철저한 자급자족에 대한 비판을 이어갑니다. 그의 주장은 역사적 상황에 대한 구체적이면서도 생생한 이야기가 풍부히 담겨있어 사료적 가치가 있습니다. 물길을 잡는 치수사업과 농사의 장려 및 교육에 힘쓰는 과정들이 시차적으로 소개되어 있기 때문이죠.

요임금의 때는 천하가 아직 평정되지 못한 시절인지라 홍수가 제멋대로 흘러 천하를 범람시키고 초목이 무성하게 우거져 금수가 들끓던 상황이었다. 그로인해 백성은 농사지을 땅이 없어서 오곡이 익지 못했으며, 금수가 사람에게 들이닥쳐 짐승과 새 발자국이 나라 안에 넘쳐나기에 이르렀다. 요가 홀로 이를 걱정하였으나 혼자 모든 것을 다스릴 수 없었기에 순을 등용하여 다스림을 펴게 하였다. 순은 먼저 익(益)을 시켜 불을 맡도록 하였는데, 익은 산과 연못에 불을 질러 태우자 머무를 곳 없던 금수들이 멀리 도망쳐 숨었다. 이어 우(禹)를 시켜 아홉 하천을 소통하도록 하였다. 책임을 맡은 우는 서북쪽 제수와 탑수를 연결해 바다로 흘러가게 하며, 동남쪽 여수와 한수를 트고 회수와 사수를 열어 강으로 물줄기를 흐르도록 한 뒤에야 물줄기가 바로 잡혀 나라 사람들이 곡식을 먹을 수 있었다. 치수를 담당하던 당시에 우왕은 8년 동안 밖에 있으면서 세 번이나 집 문 앞을 지나면서도 들어가지 못할 정도로 백성 구하기를 급하게 하셨으니, 비록 밭을 갈고자 하시나 겨를이 있었겠는가?

當堯之時하여 天下猶未平하여 洪水橫流하여 氾濫於天下하여 草木暢茂하며
당 요 지 시   천 하 유 미 평   홍 수 횡 류   범 람 어 천 하   초 목 창 무

禽獸繁殖이라 五穀不登하며 禽獸偪人하여 獸蹄鳥跡之道 交於中國이어늘
금 수 번 식   오 곡 부 등   금 수 핍 인   수 제 조 적 지 도   교 어 중 국

222

堯獨憂之하셔 舉舜而敷治焉이어시늘 舜이 使益掌火하신대 益이
요 독 우 지　　거 순 이 부 치 언　　순　사 익 장 화　　익

烈山澤而焚之하니 禽獸逃匿이어늘 禹疏九河하며 瀹濟漯而注諸海하시며
열 산 택 이 분 지　　금 수 도 닉　　우 소 구 하　　약 제 탑 이 주 저 해

決汝漢하며 排淮泗而注之江하시니 然後에 中國이 可得而食也하니
결 여 한　　배 회 사 이 주 지 강　　연 후　중 국　가 득 이 식 야

當是時也하여 禹八年於外에 三過其門而不入하시니 雖欲耕이나 得乎아
당 시 시 야　　우 팔 년 어 외　삼 과 기 문 이 불 입　　수 욕 경　　득 호

※ **등**(登): 익다. **창무**(暢茂): 무성하게 자라남. **돈**(遆): 발자국. **敷**(數): 펼치다. **열**(烈): 성대하게 타
오르는 불. **약**(瀹): 소통. **제탑**(濟漯): 강 이름. **배**(排): 막힌 것을 제거함. **여한회사**(汝漢淮泗):
네 개의 강 이름.

기(棄)에게 후직(后稷)의 벼슬을 맡겨 농사짓는 법을 가르쳐 오곡을 심어 번식하도록 하여 오곡이 익어감에 인민이 잘 길러지게 되었다. 또한 사람에게는 도리가 있는데 배불리 먹고 따뜻하게 옷을 입고 편안히 거처하기만 하고 가르침이 없다면 금수에 가까워지기 마련이다. 성인이 이를 근심하여 설(契)을 사도(司徒)로 삼아 인륜을 가르치게 하였다.

부모와 자식 사이에는 친함이 있으며, 임금과 신하 사이에는 의리가 있으며, 남편과 아내 사이에는 분별이 있으며, 어른과 어린이 사이에는 차례가 있으며, 친구 사이에는 믿음이 있다는 오륜이 바로 그것이다. 훌륭하고 업적이 많으신 임금으로 칭송되던 요임금인 방훈(放勳)이 말하였다. '인륜에 힘쓰는 백성을 위로하고 인륜에 귀향하려는 백성을 오게 하며, 인륜에 마음을 두지 않는 백성들은 도와서 바로잡아 주고 인륜을 어기는 자들은 곧게 해주며, 그들을 도와주어 인륜을 세워 행동하게 하여 스스로의 본성을 얻도록 하고, 또 이어서 경계하고 깨닫게 진작시켜 은혜를 베풀어 주어라.' 성인이 백성을 걱정하는 마음이 이와 같으니, 어느 겨를에 밭을 갈겠는가?

后稷이 敎民稼穡하여 樹藝五穀한대 五穀이 熟而民人이 育하니 人之有道也에
후 직　교 민 가 색　　수 예 오 곡　　오 곡　숙 이 민 인　육　　인 지 유 도 야

飽食煖衣하여 逸居而無敎면 則近於禽獸일새 聖人이 有憂之하셔
포 식 난 의　　일 거 이 무 교　　즉 근 어 금 수　　성 인　유 우 지

使契爲司徒하여 敎以人倫하시니 父子有親이며 君臣有義며 夫婦有別이며
사 설 위 사 도　　교 이 인 륜　　부 자 유 친　　군 신 유 의　부 부 유 별

長幼有序며 朋友有信이니라 放勳이 曰勞之來之하며 匡之直之하며
장 유 유 서　　붕 우 유 신　　　　방 훈　　왈 노 지 내 지　　광 지 직 지

輔之翼之하여 使自得之하고 又從而振德之라하시니 聖人之憂民이
보 지 익 지　　사 자 득 지　　우 종 이 진 덕 지　　　성 인 지 우 민

如此하시니 而暇耕乎아
여 차　　　이 가 경 호

※ **수(樹)**: 심음. **예(藝)**: 번식함. **설(契)**: 순임금의 신하 이름. **사도(司徒)**: 관직명. **방훈(放勳)**: 요임
　금의 호.

요와 순이 백성을 걱정했던 것은 그들에게 일일이 혜택을 주지 못할까 근심한 것이 아니다. 요는 순을 얻지 못하는 것을 자기의 근심으로 삼으셨고, 순은 우와 고요를 얻지 못한 것을 자기의 근심으로 삼으셨던 것이다. 반면에 100묘의 땅이 잘못될까 걱정하는 것을 자기의 근심으로 삼는 자는 농부이니, 어찌 요순이 그런 자그마한 일을 근심하겠는가?

백성들이 먹고사는 것을 걱정하여 재물을 나누어 주는 것은 조그마한 은혜라 말할 수 있고, 사람됨을 알지 못할까 걱정하여 사람들에게 착한 것을 가르치는 것은 충이라 말할 수 있다. 그러나 효과가 제한적이고 오래가기 어렵다. 오직 천하를 위하여 적임자를 얻어 은혜가 광대하고 교화가 두루 시행되어야 비로소 인이라 이를 수 있다. 그런 사람을 얻는 것이 어찌 쉽겠는가? 그러므로 천하를 남에게 물려주기는 쉽지만 천하를 위하여 인재를 얻기란 어려운 일이다.

堯以不得舜으로 爲己憂하시고 舜이 以不得禹皐陶로 爲己憂하시니
요 이 부 득 순　　위 기 우　　순　　이 부 득 우 고 요　　위 기 우

夫以百畝之不易로 爲己憂者는 農夫也니라 分人以財를 謂之惠요
부 이 백 묘 지 불 이　　위 기 우 자　　농 부 야　　분 인 이 재　　위 지 혜

敎人以善을 謂之忠이요 爲天下得人者를 謂之仁이니 是故로 以天下與人은
교 인 이 선　　위 지 충　　위 천 하 득 인 자　　위 지 인　　시 고　　이 천 하 여 인

易하고 爲天下得人은 難하니라
이　　위 천 하 득 인　　난

※ **이(易)**: 다스리다. 쉽다.

공자께서 말씀하였다. '위대하다. 요의 임금 노릇 하심이여! 오직 하늘이 위대한데 요만이 이것을 본받으셨으니, 백성은 넓고 넓은 그 덕을 무엇

이라 형용할 수 없으니, 이는 하늘과 더불어 하나된 자이시다. 또한 임금 답도다, 순이여! 높고 높이 올라 온 천하를 소유하고서도 지위의 높음에 개의치 않으셨다.' 요나 순에서 천하를 다스림에 어찌 그 마음을 쓴 바가 없었겠는가마는 그 누구도 직접 밭 가는 것에 마음을 두지 않으셨다.

孔子曰 大哉라 堯之爲君이여 惟天이 爲大어늘 惟堯則之하시니
공자왈 대재   요지위군   유천   위대   유요칙지

蕩蕩乎民無能名焉이로다 君哉라 舜也여 巍巍乎有天下而不與焉이라 하시니
탕탕호민무능명언   군재   순야   외외호유천하이불여언

堯舜之治天下 豈無所用其心哉시리오마는 亦不用於耕耳시니라
요순지치천하기무소용기심재   역불용어경이

※ **칙**(則): 법칙. **탕탕**(蕩蕩): 드넓은 모양. **외외**(巍巍): 높고 큰 모양.

맹자는 역사상 성현으로 평가받는 요, 순, 우의 업적을 개략적으로 검토하고 있습니다. 홍수 피해에 시름하는 백성들을 위해 치수사업에 주력했고, 현명한 신하를 등용하여 단계적으로 농업 진흥과 백성교화 정책을 실시하였습니다. 이 모두가 천하를 위한 시급한 마음에서 나온 것으로 어느 겨를에 직접 농사를 지을 수 있겠느냐고 반문합니다. 적임자를 가려내기 위한 인재 선발에 주력했던 그 어진 마음이 몸을 직접 사용하여 토지를 경작하는 것보다 중요하다는 것이지요.

이어서 천하를 위한 진정어린 그 마음을 이해하지 못하고 허행을 칭찬하는 진상 형제에게 따져 묻습니다.

나는 중화의 법을 써서 오랑캐의 도를 변화시켰다는 말은 들었지만, 중화의 가르침을 배우고서 도리어 오랑캐에게 변화되었다는 말은 듣지 못하였다. 진량은 초나라 출신인데, 주공과 중니의 도를 좋아하여 북쪽으로 중국에 가서 공부하자 북방의 학자들 가운데 혹시라도 그보다 앞선 자가 없었으니, 저 이른바 호걸스러운 선비라는 것이다. 그대 형제가 수십 년 동안 그를 섬기면서 주공과 공자의 바른 도를 들은 지 이미 오래인데, 스승이 죽자 하루아침에 배반하여 그 배운 것을 모두 버리니, 이 어찌된 마음인가?

吾聞用夏變夷者요 未聞變於夷者也케라 陳良은 楚産也니 悅周公仲尼之道하여
오 문 용 하 변 이 자　미 문 변 어 이 자 야　진 량 　 초 산 야　열 주 공 중 니 지 도

北學於中國이어늘 北方之學者未能或之先也하니 彼所謂豪傑之士也라
북 학 어 중 국 　북 방 지 학 자 미 능 혹 지 선 야　피 소 위 호 걸 지 사 야

子之兄弟가 事之數十年이라가 師死而遂倍之온여
자 지 형 제 　사 지 수 십 년 　사 사 이 수 배 지

※ 산(産):출신. 선(先):뛰어남. 배(倍):배반[背].

자네는 공자 제자들이 스승을 높이던 일을 아는가? 옛적에 공자께서 돌아가시자 문인들은 부모상을 당한 듯 스승을 향한 마음에서 우러나오는 심상(心喪) 3년을 거행하였다. 3년이 지난 다음에 문인들은 맡은 일을 정리하고 돌아가려고 할 적에, 상사를 주관하던 자공에게 읍하고 서로를 향해 통곡하며 모두 목소리를 잃을 지경에 이른 뒤에 돌아갔다. 문인이 그 스승을 좇아 사모하는 것이 이와 같았다. 그런데도 자공만은 다시 돌아와 묘 마당에 집을 짓고 홀로 다시 3년을 거처한 뒤에 돌아갔다.

후일에 자하, 자장, 자유가 유약의 언행과 기상이 성인과 비슷하다고 하여, 공자를 섬기던 예로써 그를 섬기고자 증자에게 강권하자 증자는 말하였다. '안될 일이다. 스승에 대해서는 원래 도덕을 의논하고 형상이 같은 것은 의논하지 않는다. 모습이 비슷하다고 따를 수 없다. 우리 스승님의 인품은 장강과 한수의 물로 씻은 것과 같으며, 그 빛나심은 가을볕으로 쪼이는 것과 같이 희고 희어서 더할 수가 없으니, 어찌 유약이 비슷할 수 있겠는가? 그를 선생님으로 섬기면 도리어 선생님을 낮추는 것이다.' 증자가 그 스승을 사모하여 차마 배반하지 못함이 다시 이와 같았으니, 자네 형제가 진량을 이와 같이 보면 어떠하겠는가?

昔者에 孔子沒커시늘 三年之外에 門人이 治任將歸할새 入揖於子貢하고
석 자 　공 자 몰 　삼 년 지 외 　문 인 　치 임 장 귀 　입 읍 어 자 공

相嚮而哭하여 皆失聲然後에 歸어늘 子貢은 反築室於場하여 獨居三年然後에
상 향 이 곡 　개 실 성 연 후 　귀 　자 공 　반 축 실 어 장 　독 거 삼 년 연 후

歸하니라 他日에 子夏子張子游 以有若似聖人이라하여 欲以所事孔子로
귀 　타 일 　자 하 자 장 자 유 이 유 약 사 성 인 　욕 이 소 사 공 자

事之하여 彊曾子한댄 曾子曰 不可하니 江漢以濯며 秋陽以暴之라
사 지 　강 증 자 　증 자 왈 불 가 　강 한 이 탁 지 　추 양 이 폭 지

皜皜乎不可尙已라하시니라
호 호 호 불 가 상 이

※ **향(嚮)**: 향하다. **장(場)**: 마당. **유약(有若)**: 공자의 제자. **강(彊)**: 강제로 권하다. **강한(江漢)**: 장강과 한수. **폭(暴)**: 햇볕을 쬐어 말림. **호호(皜皜)**: 결백한 모양. **상(尙)**: 더하다.

스승 공자에 대한 추모의 정과 진정 어린 찬양의 목소리가 담겨있습니다. 특히 증자의 공자에 대한 평가는 사뭇 남다릅니다. "강한이탁지(江漢以濯之), 추양이폭지(秋陽以暴之)." 즉 장강과 한수의 거친 물살처럼 거침없이 내달리는 시원한 기상과 가을철 내리쬐는 햇살의 따사로움처럼 온화함을 연상케 합니다. 그러한 인품의 소유자인 공자를 사숙하던 맹자였기에 진상에게 다시 초심으로 돌아가 일상에서 유학의 진리를 실천하라고 권유합니다.

지금 허행은 남만의 듣기 거북한 소리를 내는 사람이고 배운 것이 선왕이 전한 도가 아니니, 자네의 스승과는 서로 반대가 된다. 그런데 자네가 그대의 스승을 배반하고 허행을 배우니, 이는 또한 증자가 그 스승을 높인 것과는 크게 다르다. 군자가 학문을 택하는 것은 새가 깃드는 곳을 선택하는 것과 같다. 나는 어두운 골짜기에서 나와 높은 나무로 옮긴다는 말은 들었지만, 반대로 높은 나무에서 내려와 어두운 골짜기로 들어간다는 말은 듣지 못하였다. 『시경』 「노송」에 이르기를, '서북쪽의 융과 적을 공격하니 남쪽의 형과 서가 이에 다스려졌다.'고 하였다. 주공이 만일 살아 계셨더라면 그 역시 이처럼 그들을 응징하셨을 것이다. 그런데 자네가 이것을 좋아서 배우니, 높은 나무에서 내려와 어두운 골짜기로 들어가는 것처럼 잘 변하지 못한 것이다.

今也에 **南蠻鴃舌之人**이 **非先王之道**어늘 **子倍子之師而學之**하니
금 야   남 만 격 설 지 인   비 선 왕 지 도   자 배 자 지 사 이 학 지

亦異於曾子矣로다 **吾聞出於幽谷**하여 **遷于喬木者**요
역 이 어 증 자 의   오 문 출 어 유 곡   천 우 교 목 자

未聞下喬木而入於幽谷者케라 **魯頌**에 **曰 戎狄是膺**하니 **荊舒是懲**이라하니
미 문 하 교 목 이 입 어 유 곡 자   노 송   왈 융 적 시 응   형 서 시 징

周公이 方且膺之어시늘 子是之學하니 亦爲不善變矣로다
주공 방차응지 자시지학 역위불선변의

※ 격설(鴃舌): 남쪽 변방에 사는 새소리로 허행(許行)을 가리킨 것. 시(詩): 『시경』 「노송(魯頌)」편
의 비궁(閟宮). 응(膺): 공격. 형(荊): 초나라의 본래 이름. 서(舒): 초나라와 가까운 나라. 징(懲):
다스려짐.

거듭되는 맹자의 따끔한 지적을 받고 진상은 어쩔 줄 모르며 허행을
변호하기 시작합니다.

농사짓는 허선생의 순박한 도에 따르면, 시장의 물건 값이 두 가지가 아
니라 일정하게 될 것이니 교역에 적당함을 얻어 나라 사람들이 서로 속
이지 아니할 것입니다. 비록 아무것도 모르는 오척의 아이가 시장에 가
더라도 값을 속이는 자가 없을 것입니다. 베와 비단이 길고 짧음이 같으
면 값도 서로 비슷하고, 삼과 실, 생사와 솜이 가볍거나 무거움이 같으면
값도 서로 같고, 오곡의 많고 적음이 같으면 값도 서로 같을 것이고, 신
의 크고 작음이 같으면 값도 곧 서로 비슷할 것입니다. 시장의 물건 값이
이처럼 한결같으므로 속이는 일 없이 순박한 풍속으로 돌아올 수 있습
니다.

從許子之道면 則市賈不貳하여 國中이 無僞하여 雖使五尺之童으로 適市라도
종 허 자 지 도 즉 시 가 불 이 국 중 무 위 수 사 오 척 지 동 적 시

莫之或欺니 布帛長短이 同則賈相若하며 麻縷絲絮輕重이 同則賈相若하며
막 지 혹 기 포 백 장 단 동 즉 가 상 약 마 루 사 서 경 중 동 즉 가 상 약

五穀多寡同則賈相若하며 屨大小同則賈相若이니라
오 곡 다 과 동 즉 가 상 약 구 대 소 동 즉 가 상 약

※ 적(適): 가다. 구(屨): 신발.

허행의 주장에 따른다면 가격에 속임수나 거품이 없는 안정된 시장정
책을 펼쳐나갈 수 있다는 것이지요. 그러나 그러한 논리는 교역하는 물
건의 정밀하고 거침과 좋고 나쁨의 질적 차이를 고려하지 않고 양적인
평균에만 초점을 두고 있다는 것을 놓치지 않은 맹자의 반론은 계속됩
니다.

물건의 재질에 좋고 나쁜 차이가 있고 들어간 공력 또한 다르며, 그러한 차이가 물건의 실정이다. 경우에 따라서는 값의 차이가 두 배나 다섯 배, 혹은 열 배나 백 배, 더 나아가 천 배나 만 배의 차이가 나는 것도 있다. 그대는 이것을 나란히 하여 똑같이 하려 하니, 이는 천하를 어지럽히는 짓이다. 만일 큰 신과 작은 신의 값이 같다면 사람들이 어찌 큰 신을 만들겠는가? 허자의 도를 따른다면 서로를 속여 가며 허접한 물건으로 거짓을 행하게 만들 것이다. 다투는 것을 멈추게 하려다가 도리어 다투는 계기를 열어주는 꼴이니, 어찌 국가를 다스릴 수 있겠는가?

夫物之不齊는 物之情也니 或相倍蓰하며 或相什伯하며 或相千萬이어늘
부물지부제   물지정야   혹상배사   혹상십백   혹상천만

子比而同之하니 是는 亂天下也로다 巨屨小屨同賈면 人豈爲之哉리오
자비이동지   시   난천하야   거구소구동가   인기위지재

從許子之道면 相率而爲僞者也니 惡能治國家리오
종허자지도   상솔이위위자야   오능치국가

※ **정**(情): 실정. **십백**(什伯): 열 배나 백 배. **사**(蓰): 다섯 배.

철저히 자급자족하면서 백성들에게 일절 피해를 주지 않으려는 허행의 의도가 결국 어떠한 지점까지 갈 수 있는지를 보여주는 대목입니다. 지위고하를 막론하고 농사를 포함하여 모든 것을 스스로 겸비해야 한다는 주장은 차이를 넘어서 일률적인 같음을 지향하고 있기 때문이지요. 그러나 질적인 차이를 간과한 채 양적 동일성만을 주장하는 것은 오히려 현실성이 없다는 것이 맹자의 진단입니다. 백성의 고충을 생각하는 지도자의 노력도 일반인과 같은 값으로 평가받아서는 안 된다는 주장 역시 같은 맥락입니다.

여기서 우리는 맹자의 시대에 이미 유학이 전방위적으로 공격받고 있었고, 농업을 주장하는 허행의 경우도 그러한 사례의 하나였음을 알 수 있습니다. 유학의 입장에서 이단을 배격하려는 맹자의 주장은 이처럼 다양한 각도로 진행됩니다.

등문공 상편 5장 : 親親仁民

묵가의 겸애(兼愛)에 대한 비판

묵자로 알려진 묵적(墨翟)의 도를 따르던 이지(夷之)란 사람이 있었는데, 맹자의 제자인 서벽의 소개로 맹자를 만나려 하였습니다. 그의 흔들리는 마음을 간파한 맹자는 병을 넌지시 떠보며 말합니다.

내 진실로 만나보기를 원하지만 아직 병이 있는지라, 병이 낫기를 기다려 볼터이니, 이자는 굳이 올 것이 없다.

吾固願見이라니 今吾尚病이라 病愈어든 我且往見호리니 夷子는 不來니라
오 고 원 견　　　금 오 상 병　　병 유　　아 차 왕 견　　　이 자　불 래

　※ **고(固):** 진실로. **상(尙):** 아직. **유(愈):** 낫다.

병을 이유로 그의 진정성을 시험하려 했던 것입니다. 어느 정도 시간이 흐른 다음에 이지는 또다시 맹자와의 면담을 요구하였습니다. 이제는 때가 되었다 싶어 맹자는 말합니다.

내 이제는 볼 수 있을 것 같다. 하지만 그들의 잘못됨을 명확히 드러내지 않는다면 유가의 도가 제대로 드러나지 못할 것이니, 둘러대지 않고 직설적으로 말하겠다. 이지는 묵자를 배운 자라고 들었다. 묵자는 그 부모의 장례를 치를 때 그럭저럭 소박하게 치르는 것을 원칙으로 삼고 있으며, 이지 역시 이 방법으로 천하의 풍속을 바꾸려 한다. 그들이 이렇게 소박하게 장례를 치르는 방식이 어찌 잘못되었거나 귀하지 않다고 여겼겠는가? 그런데도 이지 정작 그 부모의 장례를 후하게 모셨으니, 이는 그가 평소 무시했던 방법으로 오히려 부모를 섬기는 것이다. 묵자의 도를 배우면서 그 가르침

을 따르지 않으니, 이것은 무슨 이유인가?

吾今則可以見矣어니와 不直則道不見하나니 我且直之호니라 吾聞夷子는
오 금 즉 가 이 견 의　　　　부 직 즉 도 불 현　　　아 차 직 지　　　오 문 이 자

墨者라호니 墨之治喪也는 以薄爲其道也라 夷子思以易天下하나니
묵 자　　　묵 지 치 상 야　　이 박 위 기 도 야　　이 자 사 이 역 천 하

豈以爲非是而不貴也리오 然而夷子葬其親이 厚하니 則是以所賤事親也로다
기 이 위 비 시 이 불 귀 야　　연 이 이 자 장 기 친　　후　　　즉 시 이 소 천 사 친 야

서벽이 맹자의 말을 이지에게 그대로 전하자, 이지는 맹자의 뜻을 알아듣고 나름대로 변론을 펼칩니다. 묵자의 모두를 사랑하라는 겸상애(兼相愛)의 주장은 백성에 대한 사랑을 강조하는 유가와 결이 다르지 않다는 것이지요.

맹선생님은 모두를 사랑하는 것을 옳지 않다고 생각하시겠지만, 유자의 도에도 우리 묵가와 같은 것이 있습니다. 『서경』「강고」편에 '옛사람이 백성을 사랑하기를 갓난아기 보호하는 것과 같다.'고 하니, 이 말이 무엇을 말하는 것이겠습니까? 제 생각에 부모를 사랑하는 것과 백성을 사랑하는 데 있어 사랑이라는 점에는 본래 차등이 없고, 다만 사랑을 베푸는 차례는 부모로부터 시작된다고 봅니다.

儒者之道에 古之人이 若保赤子라하니 此言은 何謂也오
유 자 지 도　　고 지 인　　약 보 적 자　　　차 언　　하 위 야

之則以爲愛無差等이요 施由親始라하노라
지 즉 이 위 애 무 차 등　　시 유 친 시

서벽으로부터 모두를 사랑하는 그 마음으로 부모의 장례를 후하게 지냈을 뿐인데 무엇이 문제가 있겠느냐는 이지의 생각을 전해들은 맹자는 주저없이 말합니다. 바로 유가와 묵가의 경계지점이기에 확실히 해둘 필요가 있었던 것이지요.

이지는 정말로 사람들이 그 형의 아들을 친히 하는 것이 이웃집의 갓난아이를 친히 하는 것과 같다고 여기는가? 그가 저 『서경』에서 취한 비유는 취지가 다르다. 『서경』에서는 무지한 백성들이 법을 범하는 것이 마

치 아무 것도 모르는 갓난아이가 엉금엉금 우물에 기어 들어가는 것 같아서, 갓난아이의 죄가 아님을 안타까운 심정으로 표현한 것일 뿐이다. 그러므로 백성을 보호하는 것을 마땅히 갓난아이를 보호하는 것과 같이 해서 그들이 법을 어기는 것을 불쌍히 여기고 기뻐하지 말라는 것이다. 그 형의 아들을 사랑하는 것을 정말로 이웃의 갓난아이를 사랑하는 것과 같이 해서 모두를 차등이 없이 대하는 사랑을 말하는 것이 아니다.

또한 하늘이 만물을 냄에 반드시 부모로 이어지는 하나의 근본을 세우므로 그 부모를 사랑하는 마음은 다른 사람을 대하는 태도와는 다르다. 이지의 말에 따르면 그 부모를 대하는 것이 길 가는 사람과 다름이 없지만, 다만 그 베푸는 차례는 부모로부터 시작한다고 하니 이것은 근본을 둘로 하는 것이다. 모든 사람들을 사랑하는 것과 부모를 사랑하는 것의 차이를 두지 않기 때문이다.

夫夷子는 信以爲人之親其兄之子가 爲若親其隣之赤子乎아 彼有取爾也니
부 이 자   신 이 위 인 지 친 기 형 지 자   위 약 친 기 인 지 적 자 호   피 유 취 이 야
赤子匍匐將入井이 非赤子之罪也라 且天之生物也 使之一本이어늘
적 자 포 복 장 입 정   비 적 자 지 죄 야   차 천 지 생 물 야 사 지 일 본
而夷子는 二本故也로다
이 이 자   이 본 고 야

맹자가 말한 하나의 근본이란 본래 내재된 자연스런 감정의 표출을 의미합니다. 눈앞의 가까운 부모를 생각하는 따뜻한 마음이 먼저이고, 물결치듯 그 마음을 주변으로 미루어 나간다는 것이지요. 반면에 모두를 사랑하려는 마음을 가져야 된다는 묵자의 학설을 따르면서도 동시에 감정적으로는 자기 부모에게 잘하려는 마음이 들기에, 이지의 경우는 마음에 두 근본을 두었다고 비판하는 것입니다. 그렇다면 왜 우리는 자기와 가장 가까운 사람, 즉 부모에게 먼저 손이 나가는 것일까요? 맹자는 심리적인 불편함에 땀 흘리는 인간의 모습을 생생하게 제시합니다.

상고시대에 그 부모를 장례 지내지 않은 자가 있었는데, 그 부모가 죽자 시신을 골짜기에 내다버렸다. 훗날 그곳을 지날 적에 여우와 살쾡이가

파먹으며 파리와 버러지가 모여서 빨아먹는 것을 보고, 이마에 땀이 흥건히 젖어서 곁눈질하여 차마 똑바로 보지 못하였다. 땀이 흥건히 젖은 것은 남들이 볼까봐 그런 것이 아니라 애통하고 절박한 심정이 얼굴로 드러난 것이다. 만일 다른 사람의 경우라면 차마 견디지 못하는 마음은 있을지라도 그처럼 애통한 심정을 지니지는 못했을 것이다. 그는 집으로 돌아와서 삼태기와 들것에 흙을 담아 시신을 가렸으니, 이것이 후세에 장례의 예로 정해진 것이다. 시신을 가리는 것이 진실로 옳은 일이라면, 효자와 어진 사람이 그 어버이를 장례 지냄에 반드시 도리가 있어 신중을 다하는 것이다.

蓋上世에 嘗有不葬其親者러니 其親이 死커늘 則擧而委之於壑하고
개 상 세   상 유 부 장 기 친 자   기 친 사   즉 거 이 위 지 어 학

他日過之할새 狐狸食之하며 蠅蚋姑嘬之어늘 其顙有泚하여 睨而不視하니
타 일 과 지   호 리 식 지   승 예 고 최 지   기 상 유 자   예 이 불 시

夫泚也는 非爲人泚라 中心이 達於面目이니 蓋歸하여 反虆梩而掩之하니
부 자 야   비 위 인 자   중 심 달 어 면 목   개 귀   반 류 리 이 엄 지

掩之誠是也면 則孝子仁人之掩其親이 亦必有道矣니라
엄 지 성 시 야   즉 효 자 인 인 지 엄 기 친   역 필 유 도 의

※ **상세**(上世): 아주 옛날. **위**(委): 버리다. **고**(姑): 어조사. **최**(嘬): 파먹는 것. **차**(泚): 땀이 흐르는 모양. **예**(睨): 곁눈으로 보는 것. **류**(虆): 흙을 담는 삼태기. **리**(梩): 흙을 나르는 수레. **시**(是): 옳다.

서벽을 통해 맹자의 말을 전해들은 이지는 한동안 멍하니 하늘만 쳐다보다 말합니다. "맹선생께서 이미 나를 가르치셨구나!" 자신이 왜 부모의 초상에 남다른 정성을 다했는지 비로소 알았기 때문입니다. 처참히 훼손된 부모의 시신을 보면서 자신도 모르게 흐르는 땀의 정체는 그이가 오직 자신과 절친했던 부모였기 때문에 그런 것이며, 타인의 경우라면 그 애통함의 강도가 다를 것입니다. 피는 물보다 진하다는 자연적 심정을 애써 외면하지 말라는 맹자의 논리는 유학의 특징이기도 합니다. 바로 그런 부모에 대해 느끼는 자연스런 감정으로부터 출발하여 타자에 대한 배려와 공익을 중시하는 마음으로 확대시켜 가려는 노력을 촉구하기 때문입니다.

모든 이의 행복한 삶을 궁극적 이상으로 삼는다는 점에서는 유가든

묵가든 동일할 것입니다. 하지만 가까운 대상에서부터 그 진정성을 확대하려는 것과 모두를 차별 없는 사랑의 마음으로 대하려는 것은 방법에서 다릅니다. 어느 방법이 더 효과적일까요?

孟子

등문공 하편

등문공 하편 1장 : 枉尺直尋

지조를 굽히지 않는 삶

맹자는 이런저런 목소리가 난무하던 전국시대의 한 중심에서 활동했던 인물입니다. 항상 당당함이 넘쳐나던 그였지만 쉽사리 나서지도 않았습니다. 조금만 관심을 가지면 그를 영입하려는 제후들도 있었을 법한데도 말입니다. 함부로 현실에 발을 들여놓지 않는 맹자를 보고 제자인 진대(陳代)가 답답한 나머지 조심스럽게 말을 꺼냅니다.

군자가 제후를 찾아다니지 않는 것은 진실로 몸을 지키는 떳떳한 법이겠으나, 저의 소견으로는 아무래도 작은 절개인 듯합니다. 이제 한번 제후를 만나보고 그 제후를 크게는 천하의 왕자를 만들거나 작게는 패자가 되게 할 수도 있을 것이니, 뜻을 얻고 공을 세울 수 있는 좋은 기회가 될 것입니다. 옛 기록에도 '한 자[尺]를 굽혀 한 길[尋]을 편다'라는 말이 있으니 마땅히 한번 해 볼 만할 듯합니다.

不見諸侯 宜若小然하이다 今一見之하시면 大則以王이요 小則以霸니
불 견 제 후 의 약 소 연   금 일 견 지   대 즉 이 왕   소 즉 이 패

且志에 日 枉尺而直尋이라하니 宜若可爲也로소이다
차 지   왈 왕 척 이 직 심   의 약 가 위 야

※ **진대**(陳代): 맹자의 제자. **소**(小): 작은 절개. **왕**(枉): 굽히다. **심**(尋): 여덟 자[8尺].

자네는 그렇게 생각하느냐? 옛적에 임금이 대부를 부를 때 깃발을 보내고 동산을 지키는 관리인 우인(虞人)을 부를 때는 가죽 관을 보내는 법도가 있었다. 그런데 제나라 경공이 사냥할 적에 대부를 부르는 깃발로 동산 관리인을 부르자 그가 오지 않으니, 왕은 화를 내면서 죽이려고 하였다. 공자는 그를 칭찬하기를 '뜻있는 선비는 올곧게 살다가 관도 없이 개천이나 구덩이에 버려져 죽을 것을 각오하고, 용감한 군인은 싸우다가 자기 목이 달아날 것

을 잊지 않는다.'고 하였다. 공자가 어찌하여 이 말을 취했겠는가? 동산을 지키는 관리인도 자기의 신분에 맞지 않는 부름에 냉큼 가지 않은 것을 칭찬한 것이다. 저런 사람도 그러한 지조가 있는데, 하물며 도를 지키는 군자라는 사람이 어찌 법도에 따른 부름을 기다리지 않고 스스로 제후를 만나보러 가겠는가? 군자의 처세는 오직 의가 있음을 알 따름이다. 그런데 지금 한 자를 굽혀 한 길을 편다고 말하는 것은 이익을 따지는 것이다. 만일 이익만을 계산하여 비록 한 길을 굽혀 한 자를 펴서 사소한 이익이 있더라도 그렇게 하여야 한단 말인가?

昔에 齊景公이 田할새 招虞人以旌한대 不至어늘 將殺之러니
석   제경공   전   초우인이정   부지   장살지

志士는 不忘在溝壑이요 勇士는 不忘喪其元이라하시니
지사 불망재구학   용사 불망상기원

孔子는 奚取焉고 取非其招不往也시니 如不待其招而往엔 何哉오
공자 해취언 취비기초불왕야   여부대기초이왕   하재

且夫枉尺而直尋者는 以利言也니 如以利則枉尋直尺而利라도 亦可爲與아
차부왕척이직심자 이리언야   여이리즉왕심직척이리   역가위여

> ※ **전(田)**: 사냥. **우인(虞人)**: 사냥터인 동산을 지키는 관리. **정(旌)**: 대부를 부를 때 사용하는 깃발로 우인(虞人)을 부를 때에는 가죽으로 만든 피관(皮冠)을 사용함. **원(元)**: 머리.

무조건 나가는 것이 아니라 각자의 역할에 마땅하게 처신해야 한다는 것이지요. 맹자는 또 다른 사례도 제시합니다.

옛적에 진나라 대부인 조간자가 말을 잘 모는 왕량(王良)을 시켜 총애하던 신하인 해(奚)와 함께 수레를 몰아서 사냥하게 하였다. 종일토록 한 마리의 짐승도 잡지 못하자, 해가 돌아와서 보고하기를 '천하에 둘도 없이 서투른 말몰이꾼입니다.'라고 하였다. 어떤 사람이 이 말을 왕량에게 전하자, 왕량은 다시 한 번 기회를 청하다가 겨우 승낙을 얻어냈다. 이번 사냥에는 하루아침에 열 마리의 짐승을 잡자, 해가 보고하기를 '천하에 훌륭한 말몰이꾼입니다.'라고 하였다. 그러자 조간자는 '내가 그에게 너와 함께 수레를 타도록 시키겠다.'고 하고는 왕량에게 이 뜻을 전했다. 그런데 뜻밖에도 왕량은 대부의 제안을 거부하면서 이렇게

말하였다.

"말 모는 것 자체에 법도가 있고, 쏘는 것에도 저마다 재주와 힘이 있습니다. 처음에 제가 해와 함께 말을 탈 적에 저는 말 모는 법도를 좇아서 달리고 몰았더니, 저 해라는 자는 이리저리 흔들리며 맞히지 못하여 종일토록 짐승 하나도 잡지 못하였습니다. 다른 날에는 제가 법도를 접고 꼼수로 금수를 몰아주니, 그제야 해는 겨우 맞출 줄 알아서 하루아침에 열 마리를 잡았습니다. 『시경』에 '말몰이꾼이 말 모는 법을 잊지 않거늘, 사수가 화살을 쏨에 깨뜨리듯이 명중한다.'고 했습니다. 쏘는 자와 말 모는 자가 하나의 법도로 서로 짝을 이루는 것이 군자의 일이며, 저 해처럼 법도를 어기고 요행으로 맞히는 것은 소인의 짓입니다. 저는 평소에 다만 법도가 있음을 알고 소인과 함께 수레를 모는 것은 익히지 않았으니, 그와 함께 수레를 타라고 하는 명령은 사양하겠습니다."

왕량은 말몰이꾼에 불과한데도 화살을 쏘는 자에게 뜻을 굽혀서 아첨하는 것을 부끄러워하였다. 만일 아첨하여 짐승 얻기를 바랐다면 하루아침에 열 마리가 아니라 언덕같이 많더라도 또한 즐거워하지 않았을 것이다. 한 자를 굽혀 한 길을 펴는 일을 하지 않는 것도 이와 같다. 만일 군자의 몸으로 그 스스로 지키는 도를 굽혀서 제후를 만나 보려는 것은 과연 무엇을 위함인가? 내 생각에는 왕자나 패자를 이룰 수 있다 하더라도 이는 구름 같은 짐승에 불과하다고 본다. 한 자를 굽혀서 한 길을 편다 하더라도 또한 해서는 안 되는 일이 있다. 또한 자네가 앞서 말했던 한 자를 굽혀 한 길을 편다는 것은 잘못된 생각이다. 군자의 한 몸은 곧 천하의 표준이다. 반드시 몸을 바르게 하여야 비로소 남들을 바르게 할 것이다. 자기 몸을 굽힌 자가 남을 곧게 펴는 경우는 없는 법이다. 따라서 한 길을 굽히더라도 또한 한 자도 펴지 못할 것이니, 왕업과 패업을 어찌 이루겠는가? 내가 제후를 보지 않는 것이 어찌 작은 절개이겠는가?

昔者에 趙簡子使王良으로 與嬖奚乘한대 終日而不獲一禽하고
석 자 조 간 자 사 왕 량 여 폐 해 승 종 일 이 불 획 일 금

嬖奚反命曰 天下之賤工也러이다 或이 以告王良한대 良이 曰 請復之호리라
폐 해 반 명 왈 천 하 지 천 공 야 혹 이 고 왕 량 양 왈 청 부 지

彊而後可라하여늘 一朝而獲十禽하고 嬖奚反命曰 天下之良工也러이다
강 이 후 가　　　　일 조 이 획 십 금　　　폐 해 반 명 왈 천 하 지 양 공 야

簡子曰 我使掌與女乘호리라하고 謂王良한대 良이 不可曰
간 자 왈 아 사 장 여 여 승　　　　　위 왕 량　　　양 불 가 왈

"吾爲之範我馳驅호니 終日不獲一하고 爲之詭遇호니 一朝而獲十하니
오 위 지 범 아 치 구　　　종 일 불 획 일　　　위 지 궤 우　　　일 조 이 획 십

詩云 不失其馳어늘 舍矢如破라 하니 我는 不貫與小人乘호니 請辭라하니라
시 운 불 실 기 치　　　사 시 여 파　　　아　불 관 여 소 인 승　　　청 사

御者且羞與射者比하여 比而得禽獸 雖若丘陵이라도 弗爲也하니
어 자 차 수 여 사 자 비　　　비 이 득 금 수 수 약 구 릉　　　불 위 야

如枉道而從彼엔 何也오 且子過矣로다 枉己者 未有能直人者也니라
여 왕 도 이 종 피　　하 야　　차 자 과 의　　　왕 기 자 미 유 능 직 인 자 야

※ **조간자**(趙簡子): 진(晉)나라 대부인 조앙(趙鞅). **왕량**(王良): 말몰이를 잘하는 자. **해**(奚):조간
자가 총애하던 신하의 이름. **장**(掌): 주관함. **궤우**(詭遇): 부정한 방법으로 말을 몰아 짐승과 만
나게 하는 것. **시**(詩):『시경』「소아(小雅)」편의 거공(車攻). **관**(貫): 익히다. **비**(比): 아부.

맹자는 쉽게 부를 수 있는 사람이 아니었습니다. 그렇다고 그 스스로
눈치를 보며 함부로 찾아 나서지도 않았습니다. 차라리 도를 행하지 못
할지언정 자신의 거취를 결코 가볍게 여기지 않았던 것이지요. 양반은
추워도 곁불도 쬐지 않는다는 말이 있듯이, 답답하게 보일지라도 원칙
과 지조를 지키려는 당당함은 바로 이러한 자세에서 나왔던 것입니다.

대장부의 기개

많은 이들이 애독하는 맹자 구절 가운데 빠지지 않고 등장하는 말이 있습니다. 부귀에 굴복당하지 않고 당차게 살아가겠다는 구절로 경춘 (景春)이란 사람의 질문에서 시작됩니다.

공손연과 장의는 어찌 진실로 대장부가 아니겠습니까? 한번 노함에 제 후들이 두려워하고, 조용히 있으면 천하가 잠잠합니다.

公孫衍張儀는 豈不誠大丈夫哉리오 一怒而諸侯懼하고 安居而天下熄하니라
공 손 연 장 의   기 불 성 대 장 부 재   일 노 이 제 후 구   안 거 이 천 하 식

※ **공손연**(公孫衍), **장의**(張儀): 위(魏)나라 출신의 정치가들. **식**(熄): 불이 꺼지다.

위나라 출신 공손연(公孫衍)과 장의(張儀)는 언변이 뛰어나 각국 제후 들을 대상으로 유세하던 사람들입니다. 공손연의 경우는 조, 한, 위 등 쟁쟁한 나라의 재상을 역임하면서 연합국을 형성하여 초강대국 진(秦) 나라를 위협하기도 하는 등 전국시대의 지형도를 바꿔 나갔던 인물입니다. 그들의 마음에 차지 않는 일이 있으면 제후들을 설득하여 군대를 움직이게 하니 상대적으로 약한 제후들은 모두 두려워하고, 만일 그들이 편안히 집에 거처하면 천하가 싸우지 않고 안정될 정도였습니다. 한 사람의 기쁨과 노여움에 천하의 편안과 위태함이 달렸으니, 이들은 많은 사람들이 선망하는 대상이기도 했습니다. 그렇다고 그들을 대장부라 말할 수 있을까요? 맹자는 대장부란 자신의 욕망을 좇는 이들이 아님을 비유를 통해 말하면서 그들을 평가절하합니다.

감정에 따라 천하를 쥐락펴락하는 이들이 어찌 대장부라 할 수 있겠는 가? 자네는 예를 배우지 않았던가? 예에 따르면 '장부가 관례를 할 때에 아버지가 성인의 마음가짐으로써 훈계하고, 여자가 시집갈 때에 어머니 는 순종하는 의리로써 명한다. 시집갈 때 어머니가 문에서 배웅할 때 경 계하기를 너의 집에 가서 반드시 공경하고 조심하여 네 남편의 말을 어 기지 말라.'고 하였다. 순종함을 바름으로 삼는 것은 부녀자의 일반적인 도리이다.

是焉得爲大丈夫乎리오 子未學禮乎아 丈夫之冠也에 父命之하고
시 언 득 위 대 장 부 호　　　자 미 학 례 호　　장 부 지 관 야　　　부 명 지

女子之嫁也에 母命之하나니 往에 送之門할새 戒之曰 往之女家하여
여 자 지 가 야　　모 명 지　　　왕　송 지 문　　계 지 왈 왕 지 여 가

必敬必戒하여 無違夫子라하나니 以順爲正者는 妾婦之道也니라
필 경 필 계　　　무 위 부 자　　　이 순 위 정 자 는 첩 부 지 도 야

※ 관(冠): 관례(冠禮). 성인식. **여가**(女家): 시집가서 살게 될 남편의 집. **부자**(夫子): 남편.

맹자는 갑자기 관례와 혼례 때 부모가 들려주는 경계의 메시지를 인 용합니다. 맹자의 의도를 정확히 이해하지 못하면 듣기에 따라서 다소 혼란스러운 대목일지 모릅니다. 당시 공손연과 장의란 자는 제후들을 두렵게 만드는 자들입니다. 그러나 맹자가 보기에 그들은 제후가 적국 을 노여워하면 제후의 심리를 간파하고 전쟁을 일으키고, 제후가 싸우 는 것을 싫어하면 위에서 원하는 대로 군사를 해산시키는 등 아첨으로 그 자리를 유지했던 인물입니다. 그렇게 제후의 입맛에 맞춰가며 권세 를 얻는 것은 아녀자들에게나 있을 법한 순종(順從)의 자세에 지나지 않 는다는 것입니다. 그저 따르는 것만이 능사는 아니라는 것이지요. 적어 도 큰 인물이라는 대장부는 그렇게 하지 않는다는 것입니다. 여기서 대 장부란 맹자 자신이 생각하는 평소 포부이기도 합니다.

천하의 넓은 집에 거처하며
천하의 바른 자리에 서며
천하의 큰 도를 행한다.

뜻을 얻으면 백성과 함께 그 길로 나아가고
뜻대로 안 되더라도 홀로 그 길을 걸어갈 뿐이니,

부귀에 그 마음이 흔들리지 않으며
빈천에 그 절개를 변하지 않으며
무력에도 지조를 굽히지 않는 자,

이를 대장부라 말한다.

居天下之廣居하며 立天下之正位하며 行天下之大道하여
거 천 하 지 광 거   입 천 하 지 정 위   행 천 하 지 대 도

得志하얀 與民由之하고 不得志하얀 獨行其道하여
득 지   여 민 유 지   부 득 지   독 행 기 도

富貴不能淫하며 貧賤不能移하며 威武不能屈이
부 귀 불 능 음   빈 천 불 능 이   위 무 불 능 굴

此之謂大丈夫니라
차 지 위 대 장 부

※ 광거(廣居): 인(仁)을 비유. 정위(正位): 예(禮)를 비유. 대도(大道): 의(義)를 비유. 음(淫): 방탕
한 마음. 이(移): 절개를 변함. 굴(屈): 지조가 꺾임.

마음 깊숙이 우러나오는 소리이기에 한 편의 시처럼 줄줄 나옵니다.
어진 마음[仁]으로 천지만물과 더불어 한몸이 되어 살고자 하므로 천하
라는 넓은 곳이 그의 거처입니다. 예[禮]로써 몸가짐을 알맞게 하고 털
끝만큼도 편견이 없으니 그가 선 곳이 천하의 올바른 자리입니다. 의로
운 마음[義]으로 떳떳하고 마땅하게 처신하니 그가 걸어가는 길이 천하
의 큰 도리입니다. 이러한 포부를 지닌 인물은 자신의 뜻을 펼칠 기회를
얻으면 백성과 더불어 그 도리를 공유할 것이며, 혹시라도 뜻을 얻지 못
할지라도 홀로 그 도리를 묵묵히 실천합니다. 이런 까닭에 부귀하더라
도 그 마음이 방탕하지 않을 것이며, 빈천하더라도 평소에 지녔던 소신
이 흔들리지 않을 것이며, 힘을 가진 자의 위협 앞에서도 절개를 굽히지
않을 것입니다.

맹자가 생각한 대장부란 바로 이러한 포부와 실천력을 지닌 사람입니
다. 멋있지 않습니까? 공손연이나 장의처럼 타인에게 아첨하거나 순종
하는 것만이 미덕이 아닙니다. 맹자의 기상에는 천하를 향한 담대한 스

케일이 돋보이고, 어떤 상황을 만나도 비굴하지 않고 당차게 살아나가고 싶은 마음이 엿보입니다. 우리 모두 진정한 장부의 길을 걷지 않으렵니까?

벼슬하기 어려운 세상

맹자가 제후를 찾아보려 하지 않자 주소(周霄)라는 위나라 사람이 비꼬며 말문을 엽니다.

"옛날의 군자들은 지위를 얻어 벼슬하고자 했습니까?"

"도를 실천하려는 데 뜻을 둔 군자는 벼슬할 것이다. 옛 기록에 '만일 공자께서 석 달을 벼슬자리를 잃어 임금을 섬기지 못하면 자신의 뜻을 펼치지 못할까 안절부절 애태우듯 하셨고, 다른 나라에서 벼슬을 하고자 국경을 벗어날 때는 반드시 폐백을 싣고 가서 그 나라 임금을 섬기려는 예를 갖추려 하셨다.'고 씌어 있다. 또 공명의는 '옛사람이 석 달 동안 섬길 임금이 없으면 조문하듯 위로했다.'고 하였으니, 뜻을 잃고 도를 펼치지 못함을 위로한 것이다."

"古之君子仕乎잇가
고 지 군 자 사 호

"仕나라 傳에 曰 孔子三月無君 則皇皇如也하사 出疆에 必載質라하고
사   전   왈 공 자 삼 월 무 군 즉 황 황 여 야   출 강   필 재 지

公明儀曰 古之人이 三月無君則弔라하니라"
공 명 의 왈 고 지 인   삼 월 무 군 즉 조

※ **황황여(皇皇如)**: 구하는 것을 얻지 못해 애태움. **지(質)**: 예물로 사용하는 폐백.

공자는 진리를 실행하려는 마음에서 자신의 이상을 믿고 벼슬을 맡겨줄 군주가 있다면 언제든 현실에 참여할 마음이 있었습니다. 이것이 그가 주유천하하면서도 폐백을 항상 지니고 다녔던 이유였습니다. 석 달을 벼슬하지 못하면 조문(弔問)하듯 했다는 말은 도를 펼치지 못하는 상

황에 대한 안타까움의 표현입니다. 그러나 버슬자리를 얻지 못해 안달이 난 것은 아니냐는 오해의 소지도 있었습니다.

"석 달이란 시간은 그리 오랜 기간이 아닌데, 임금을 섬기지 못했다고 위문 가는 것은 벼슬하는 것에 너무 조급한 것이 아닙니까?"

"선비가 지위를 잃는 것은 제후가 나라를 잃는 것과 같다. 『예기』에 따르면 제후는 몸소 밭을 갈며 나머지는 백성으로 하여금 돕도록 하여 그 밭의 곡식으로 종묘에서 제사 드리는 음식으로 쓰게 하며, 제후의 부인은 친히 양잠하여 실을 켜서 부인들로 하여금 천을 만들어 제사 지내는 옷을 준비한다고 하였다. 만약 제후가 나라를 잃으면, 직접 밭을 갈고 양잠하는 예를 행하지 못하여 희생으로 쓸 가축들이 살찌지 못하며 제사 음식이 정갈하지 못하고 의복 또한 갖추지 못하므로 종묘와 사직의 제사를 받들지 못한다. 비록 조상을 존경할 마음이 있으나 어찌 스스로 다할 수 있겠는가? 또한 예법에는 선비 역시 밭이 없으면 제사 지내지 못한다고 하였다. 만일 지위를 잃으면 경작할 밭이 없어서 희생으로 쓸 고기와 그릇과 의복이 갖추어지지 못하여 감히 제사 드리지 못하고 잔치를 열 수도 없을 것이다. 따라서 그 조상들에게 제사를 드릴 수 없으므로 위문하는 것이 당연하지 않은가?"

"三月無君則弔 不以急乎잇가"
삼 월 무 군 즉 조 불 이 급 호

"士之失位也 猶諸侯之失國家也니 禮에 曰諸侯耕助하여 以供粢盛하고
사 지 실 위 야 유 제 후 지 실 국 가 야   예   왈 제 후 경 조 하여   이 공 자 성

夫人이 蠶繅하여 以爲衣服이라하니 犠牲이 不成하며 粢盛이 不潔하며 衣服이
부 인   잠 소 하여   이 위 의 복   희 생   불 성   자 성   불 결   의 복

不備하면 不敢以祭하고 惟士無田則亦不祭하나니 牲殺器皿衣服이 不備하여
불 비   불 감 이 제   유 사 무 전 즉 역 부 제   생 살 기 명 의 복   불 비 하여

不敢以祭則不敢以宴이니 亦不足弔乎아"
불 감 이 제 즉 불 감 이 연   역 부 족 조 호

※ **이**(以): 이(已) 자와 통하니 '너무'라는 뜻. **자**(粢): 기장과 피. **성**(盛): 그릇에 담다. **희생**(犠牲): 제사에 쓰이는 가축.

옛사람은 제사를 중시하였는데, 선비들이 제사를 지내려면 반드시 밭

이나 봉록이 있어야 합니다. 일 년에는 계절마다 네 번의 제사가 있었는데, 만일 지위를 잃은 것이 석 달이면 일 년에 한번은 제사를 지내지 못하게 되므로 위문했던 것입니다. 이것이 옛사람이 벼슬하는 것을 급하게 여겼던 이유 가운데 하나였습니다.

"그렇다면 국경을 나갈 적에 반드시 폐백을 싣고 가는 것은 무슨 까닭입니까?"

"선비가 벼슬하는 것은 농부가 밭을 가는 것과 같으니, 농부가 어찌 국경을 나가면서 쟁기와 보습 같은 농기구를 버리고 가겠는가?"

"*出疆*에 *必載質*는 *何也*잇고"
　　출 강　　필재지　　하야

"*士之仕也 猶農夫之耕也*니 *農夫豈爲出疆*하여 *舍其耒耜哉*리오"
　사 지 사 야 유 농 부 지 경 야　 농 부 기 위 출 강　 사 기 뇌 사 재

※ 강(疆): 땅의 경계. 지(質): 폐백, 예물의 의미일 때 '지'로 읽음.

맥락의 깊이는 다르지만 선비는 벼슬을 원한다는 답변을 이끌어낸 주소는 이어 본격적인 질문으로 이어갑니다.

"우리 진(晉)나라 또한 벼슬할 만한 나라이지만, 임금을 섬기지 못하면 위문하고 국경에 나감에 폐백을 싣고 벼슬을 구하는 것처럼 조급히 한다는 말은 듣지 못하였습니다. 만일 벼슬하기를 이와 같이 급히 한다면 벼슬을 쉽게 할 것인데, 그대와 같은 군자가 벼슬하기를 어렵게 여기고 주저하는 이유가 무엇입니까?"

"벼슬을 할때는 진실로 벼슬하는 도리가 있다. 비유하면 남자가 태어나면 그를 위하여 아내가 있기를 원하며, 여자가 태어나면 그를 위하여 남편이 있기를 원하는 것은 부모의 자연스런 마음이어서 사람마다 같은 마음이다. 그러나 부모의 결혼 허락과 중매쟁이의 말을 기다리지 않고 구멍을 뚫고 서로 엿보며 담을 넘어 서로 따라 다니면, 부모와 나라 사람들이 모두 천하게 여길 것이다. 구차스럽게 합하려고 하였기 때문이다.

246

옛사람이 벼슬을 하고자 하지 않은 것은 아니지만, 그 거취에 군신이 지켜야 할 의리가 없고 진퇴에도 예의가 없어서 그 도리의 올바름을 따르지 않는 것을 미워하였다. 도리를 따르지 않고 마냥 몸을 굽혀 제후를 만나보려는 자는 구멍을 뚫고 만나려는 것과 같을 것이니, 사람들이 천하게 여길 것이므로 군자는 벼슬하기 어려운 것이다."

"晉國이 亦仕國也로대 未嘗聞仕如此其急호니 仕如此其急也인댄
　진국　　역사국야　　　미상문사여차기급　　　사여차기급야

君子之難仕는 何也잇고"
군자지난사　　하야

"丈夫生而願爲之有室하며 女子生而願爲之有家는 父母之心이라
장부생이원위지유실　　　여자생이원위지유가　　부모지심

人皆有之언마는 不待父母之命과 媒妁之言하고 鑽穴隙相窺하며 踰墻相從하면
인개유지　　　　부대부모지명　　매작지언　　　찬혈극상규　　　유장상종

則父母國人이 皆賤之하나니 古之人이 未嘗不欲仕也언마는 又惡不由其道하니
즉부모국인　개천지　　　고지인　　미상불욕사야　　　우오불유기도

不由其道而往者는 與鑽穴隙之類也니라"
불유기도이왕자　　여찬혈극지류야

※ 실(室): 아내. 매작(媒妁): 중매. 찬(鑽): 뚫다.

맹자에 따르면, 군자는 생계유지를 넘어 제사도 모시기 위해 벼슬을 통한 현실참여를 시급한 일로 여겼습니다. 그렇다고 쉽게 벼슬의 유혹에 빠질 사람들도 아닙니다. 벼슬하기를 재촉하는 마음이 도리를 행하려는 심정에서 나온 것이라면, 벼슬하기를 어렵게 여기는 것은 도리를 지키려는 선비의 절개이기 때문입니다. 아무나 섬길 수 없다는 그 마음은 이익을 좇다가 혹시라도 의리를 저버리지나 않을까 하는 마음이 앞서기 때문이기도 할 것입니다. 이래저래 맹자와 같은 깐깐한 선비는 쉽게 대할 수 없는 사람이면서 동시에 건전한 사회를 위해 꼭 필요한 인물입니다.

뜻으로 살아가는 선비들

맹자의 움직임은 우리가 생각하는 것보다 규모가 컸습니다. 그 혼자 제후들을 찾아다녔던 것이 아니라 맹자학단이라 불릴 만한 일군의 추종 자들이 함께 움직였기 때문입니다. 몇몇 제자들만 데리고 때로는 초라한 모습으로 주변국들을 돌아다니던 이른바 공자의 '주유천하(周遊天下)'와는 비교가 되지 않았던 것이지요. 그 화려한 모습에 뒤따르던 제자 역시 다소 부담이 되었던 듯 맹자의 제자인 팽갱(彭更)이 묻습니다.

"일개의 선비로서 뒤따르는 수레 수십 대에 추종하는 수백 명을 거느리고 여러 제후에게 밥을 얻어먹는 것은 너무 지나치지 않습니까?"

"군자가 사양하거나 받을 때에는 다만 도리에 맞는지를 볼 뿐이다. 자기의 도리에 맞지 않는 것이라면 한 그릇의 적은 밥이라도 남에게 함부로 받아서는 안 되지만, 만일 도리에 합당하다면 순임금은 요임금이 다스리던 천하를 받는 것도 지나치다고 여기지 않으셨다. 그대는 순임금이 크나큰 천하를 받는 것을 거창하다고 생각하는가?"

"순임금의 경우를 말하는 것이 아닙니다. 저는 다만 선비들이 그 나라에서 일하지 않고 편안히 밥만 얻어먹는 것은 잘못이라고 생각합니다."

"後車數十乘과 從者數百人으로 以傳食於諸侯 不以泰乎잇가"
후 거 수십 승 종 자 수백 인   이 전 식 어 제후 불 이 태 호

"非其道則一簞食라도 不可受於人이어와 如其道則舜이 受堯之天下하사대
비 기 도 즉 일 단 사   불 가 수 어 인   여 기 도 즉 순 수 요 지 천 하

不以爲泰하시니 子以爲泰乎아" "否라 士無事而食이 不可也니이다"
불 이 위 태   자 이 위 태 호   부 사 무 사 이 식 불 가 야

※ **팽갱**(彭更): 맹자의 제자. **태**(泰): 사치스럽다. **자**(子): 그대.

"당연히 놀고먹어서는 안 될 일이지만, 그대는 선비의 공로가 실제로 크다는 것을 알지 못하고 있구나. 그대가 수고한 것을 소통시키고 일한 것을 바꾸어 남은 것으로 부족한 것을 채워주지 않는다면, 농부는 남아서 버리는 곡식이 있으며 베를 짜는 여자는 남아도는 비단을 쓸데없이 쌓아둘 것이다. 그대가 만일 그 모두를 유통시킬 수만 있다면, 목수와 수레바퀴를 만드는 기술자들이 모두 자신의 일만을 가지고도 모두 그대에게 먹을 것을 얻을 것이다. 그런데 지금 여기에 교육을 담당하는 어떤 사람이 있는데, 집에 들어오면 부모에게 효도하고 나가면 어른에게 공손하며 선왕이 전하신 인의의 도리를 굳게 지켜 후세의 학자를 기다린다고 하더라도 그대에게서 먹을 것을 얻지 못할 것이다. 그대는 어찌 목수와 수레바퀴를 만드는 기술자는 높이면서도 인의의 도리를 행하는 사람을 가볍게 여기는가?"

"그럴 리가 있겠습니까? 목수와 수레바퀴를 만드는 기술자는 그 뜻이 장차 먹을 것을 구하려는 것이지만, 군자가 인의의 도리를 행하는 것 역시 그 뜻도 장차 먹고살기를 구하려는 것입니까?"

"子不通功易事하야 以美補不足이면 則農有餘粟하며 女有餘布어니와
자 불 통 공 역 사   이 연 보 부 족   즉 농 유 여 속   여 유 여 포

子如通之면 則梓匠輪輿 皆得食於子하리니 於此有人焉하니 入則孝하고
자 여 통 지   즉 재 장 윤 여 개 득 식 어 자   어 차 유 인 언   입 즉 효

出則悌하야 守先王之道하야 以待後之學者호대 而不得食於子하나니
출 즉 제   수 선 왕 지 도   이 대 후 지 학 자   이 부 득 식 어 자

子何尊梓匠輪輿而輕爲仁義者哉오"
자 하 존 재 장 윤 여 이 경 위 인 의 자 재

"梓匠輪輿는 其志將以求食也어니와 君子之爲道也도 其志亦將以求食與잇가"
재 장 윤 여 기 지 장 이 구 식 야   군 자 지 위 도 야   기 지 역 장 이 구 식 여

"그대는 어찌 군자의 뜻을 따지는가? 그는 자네에게 공로가 있어서 먹일 만하면 먹여주는 것이지 그냥 먹이는 것이 아니다. 또 그대는 뜻있는 사람을 먹이겠는가? 아니면 공로가 있는 사람을 먹이겠는가?"

"저는 뜻을 지닌 사람을 먹일 것입니다."

"子何以其志爲哉오 其有功於子에 可食而食之矣니 且子는 食志乎아 食功乎아"
자 하 이 기 지 위 재　기 유 공 어 자　가 사 이 사 지 의　차 자　사 지 호　사 공 호

"食志니이다"
사 지

※ **선**(羨): 남음. **유여**(有餘): 바꿔서 쓰지 않고 쓸데없이 쌓여 있음. **재장**(梓匠): 목수. **윤여**(輪輿):
수레를 만드는 사람. **사**(食): 먹이다로 쓰일 때는 '사'로 읽음.

　선비가 대접받는 이유는 무엇일까요? 공이 있어서일까요, 아니면 뜻
이 고상해서일까요? 언뜻 생각하기에도 선비가 뜻하는 바가 있어서 먹
고사는 일에 얽매이지 않을 것 같습니다. 그러나 교육과 문화 등 공동체
를 위한 숨은 노력 때문에 그에 적합한 보상도 뒤따르는 것입니다. 하다
보니까 되는 것이지요. 즉 선비의 뜻만 보고 먹을 것을 주는 것이 아니
라, 그 뜻에 따른 일정한 공이 있기에 먹고살 것을 제공받는 것이지요.
여기서 맹자가 말하고 싶은 것은 자신을 따르는 많은 사람들은 윤리 도
덕의 정신적 측면에 도움을 주는 큰 공이 있을 것이기에 제후들이 먹여
살리는 것이 자연스럽다는 주장입니다. 팽갱에 대한 맹자의 비판적 내
용을 좀 더 살펴보겠습니다.

　**"그대가 뜻을 지닌 사람을 먹인다고 했는데, 가령 여기에 어떤 사람이
기와를 깨뜨리고 담장에 함부로 낙서를 하는 등 공은 없고 피해만 있다
고 하자. 그렇더라도 그 뜻이 장차 먹을 것을 구하려는 것이라고 한다면
그대는 그를 먹여 살리겠는가?"**

　"무슨 말씀입니까? 당연히 먹이지 않을 것입니다."

　**"그렇다면 그대는 뜻이 있다고 해서 먹이는 것이 아니고, 공이 있는 사
람을 위주로 먹이는 것이다. 선비는 도리를 세우는 공로가 있는데 일 없
이 먹는다고 하니, 인의를 행하는 자를 가볍게 여기는 것이 아니겠는
가?"**

　"有人於此하니 毁瓦畵墁이요 其志將以求食也則子食之乎아"
유 인 어 차　훼 와 획 만　기 지 장 이 구 식 야 즉 자 사 지 호

250

"否라" "然則子非食志也라 食功也로다"
부   연즉자비사지야   사공야

※ **만(墁)**: 담장. **훼와획만(毁瓦畵墁)**: 성과는 없고 피해만 있음을 비유.

맹자 당시는 성과와 이익만을 앞세우는 말들이 난무하던 시대였습니다. 예나 지금이나 눈앞의 결과와 성과를 따지는 것은 익숙한 일들입니다. 모두를 위한 공로가 있으면 먹여 살리는 것은 당연하겠지만, 문제는 어떤 공이냐입니다. 맹자는 뜻을 먹고사는 선비 역시 노동자 못지않게 공동체를 위한 큰 공로가 있다고 주장합니다. 그저 놀고먹는 것이 아니라는 말이지요.

긍정적인 전통 문화를 전승하려는 숨은 누군가의 노력을 우리는 어떠한 방식으로 기억해야 할까요? 윤리 도덕을 숭상하는 선비 역시 노동자로 대우를 받기에 충분할까요? 만약 대우를 받게 된다면 지식인으로서 선비들이 지녀야 할 책임의식은 어떠해야 할까요?

등문공 하편 5장 : 如時雨降

가뭄에 비 오듯 오소서

맹자가 한때 왕도정치의 기대를 품었던 등나라는 이웃 송나라에게 멸망을 당합니다. 그렇다고 제후들이 패권다툼이 심해지던 상황에서 송나라는 절대 강자가 아니었음은 물론입니다. 그렇지만 맹자의 제자인 만장은 기대감을 가지고 물어봅니다.

송은 작은 나라입니다. 이제 왕도정치를 행하려 하더라도 제나라와 초나라가 괘씸히 여겨 정벌한다면 어떻게 해야 됩니까?

宋은 小國也라 今에 將行王政하나니 齊楚惡而伐之則如之何니잇고
송   소국야   금   장행왕정   제초오이벌지즉여지하

여기서 송나라를 작은 나라라고 말했지만, 실은 이때의 송나라는 이미 등나라와 설나라를 멸망시켰고, 주변의 제·초·위 등의 강대국과 맞서 천하에 패자가 되고자 하는 열망에 사로잡혀 있었습니다. 만장은 송나라가 장차 왕도정치를 시행했으면 하는 기대심리로 맹자에게 물은 것입니다. 맹자는 송나라의 선조였던 탕임금의 이야기를 꺼내어 왕도정치의 한 모습을 보여줍니다.

탕왕이 박 땅에 계실 적에 갈나라와 이웃하였는데 갈임금이 제멋대로 행동하며 제사를 드리지 않았다. 탕왕이 안타깝게 생각하고 사람을 시켜서 '어찌하여 제사를 지내지 않습니까?'라고 묻자, 그는 '제사에 바칠 희생을 제공할 수 없기 때문이다.'고 답하였다. 이 말을 들은 탕왕은 사람을 시켜 소와 양을 보내주었지만, 갈 임금은 그것을 잡아먹고는 전

과 마찬가지로 제사를 드리지 않았다. 탕왕이 또 사람을 시켜 '어찌하여 제사를 지내지 않습니까?'라고 물으니, '제사에 바칠 음식이 없기 때문이다.'고 답하였다. 그러자 탕왕이 박 땅의 백성을 시켜 갈나라에 가서 그들을 위해 밭가는 것을 도와주게 하고, 노약자들과 일꾼들에게 먹을 것을 제공하였다. 그러나 갈임금은 그의 백성을 거느리고 가서 술과 밥, 기장과 쌀을 가져오는 길목을 지켰다가 모조리 빼앗고 주지 않는 자들은 죽였다. 이때 기장밥과 고기를 가지고 오는 어린아이가 있었는데 그 어린 것까지 죽이고 음식을 빼앗았다.

『서경』에 이르기를 '갈임금이 밥을 제공하는 자를 원수로 여겼다.'라는 기록이 있으니, 바로 이 어린아이를 죽이고 가진 것을 모조리 빼앗은 일을 말하는 것이다. 포학함이 이에 이르자 탕임금은 그 어린아이를 죽인 것을 명분으로 내세워 정벌하였다. 이러한 내막을 들은 사해의 모든 사람들은 '탕임금의 마음이 천하의 부유함을 탐내서가 아니라, 백성들을 생각하는 마음으로 평범한 남녀가 죄 없이 죽임을 당한 원수를 갚은 것이다.'라고 말하였다.

湯이 居亳하실새 與葛爲鄰이러시니 葛伯이 放而不祀어늘 湯이 使人問之曰
탕   거박   여갈위린   갈백   방이불사   탕   사인문지왈

何爲不祀오 曰無以供犧牲也로이다 湯이 使遺之牛羊하신대 葛伯이 食之하고
하위불사 왈무이공희생야   탕 사유지우양   갈백   식지

又不以祀어늘 湯이 又使人問之曰何爲不祀오 曰無以供粢盛也로이다
우불이사   탕 우사인문지왈하위불사 왈무이공자성야

湯이 使亳衆으로 往爲之耕이어시늘 老弱이 饋食러니 葛伯이 帥其民하야
탕 사박중   왕위지경   노약 궤사   갈백   솔기민

要其有酒食黍稻者하여 奪之호대 不授者를 殺之하더니 有童子가
요기유주사서도자   탈지   불수자 살지   유동자

以黍肉餉이어늘 殺而奪之하니 書에 曰葛伯이 仇餉이라하니 此之謂也니라
이서육향   살이탈지   서 왈갈백 구향   차지위야

爲其殺是童子而征之하신대 四海之內皆曰 非富天下也라 爲匹夫匹婦하여
위기살시동자이정지   사해지내개왈 비부천하야 위필부필부

復讎也라하니라
복수아

※ 갈백(葛伯): 갈나라 임금. 박중(亳衆): 박 땅에 살고 있는 탕임금의 백성. 향(餉): 먹이다. 서
(書): 『서경』의 중회지고(仲虺之誥)편. 구향(仇餉): 밥을 먹이는 자와 원수가 됨.

탕임금이 갈나라를 시작으로 11개국을 정벌하셨는데, 천하에 아무도 대적할 이가 없었다. 동쪽을 향하여 정벌하면 서쪽 사람들[西夷]이 원망하며 남쪽을 향하여 정벌하면 북쪽 사람들[北狄]이 원망하며 '어찌하여 우리나라를 나중에 정벌하시는가?'라고 말할 정도였다. 백성들은 탕임금이 자기 나라를 정벌하러 오기를 마치 큰 가뭄에 비를 바라듯이 하여, 그들이 이미 나라 안으로 들어왔을 때는 시장으로 향하는 발걸음을 멈추지 않았고, 김매는 농민들이 동요하지 않는 등 안정을 되찾았다. 탕임금이 죄 있는 자기 나라 군주를 죽이고 백성을 위문한 것을 마치 단비가 내리듯 백성들이 크게 기뻐하였던 것이다. 『서경』에 '우리 임금을 애타게 기다렸는데, 우리 임금께서 드디어 오시니 앞으로 포악한 형벌이 없겠구나!'라고 하였다.

湯이 始征을 自葛로 載하샤 十一征而無敵於天下하니 東面而征에 西夷怨하며
탕 시정 자갈 재 십일정이무적어천하 동면이정 서이원
南面而征에 北狄이 怨하여 曰奚爲後我오하여 民之望之若大旱之望雨也하여
남면이정 북적 원 왈해위후아 민지망지약대한지망우야
歸市者弗止하며 芸者不變이어늘 誅其君弔其民하신대 如時雨降이라
귀시자불지 운자불변 주기군조기민 여시우강
民이 大悅하니 書에 曰後我后하노소니 后來하시면 其無罰아 하니라
민 대열 서 왈혜아후 후래 기무벌

※ 재(載): 시작하다. 정(征): 정벌하다. 조(弔): 위로하다. 혜(徯): 기다리다. 후(后): 임금

상나라를 건국한 탕임금의 이야기는 워낙 유명합니다. 오로지 백성만을 향한 마음으로 포악한 군주였던 걸왕을 정벌하여 모든 이들의 칭송을 받던 성군이었기 때문입니다. 특히 백성 사랑이라는 명분이 분명하였기에 천하에 그 누구도 쉽게 대적할 이가 없었고, 그러한 분은 오랜 가뭄에 촉촉이 내리는 비와 같다는 의미의 '시우(時雨)'였던 것입니다. 맹자는 탕임금뿐만 아니라, 같은 맥락에서 상나라의 포악했던 마지막 군주 주(紂)를 정벌한 무왕(武王)에 관한 이야기도 소개합니다.

유국(攸國)이란 나라가 주나라의 신하로 복종하지 않음에 동쪽으로 정벌하여 그곳 남녀들을 편안하게 하자, 그들은 검고 누런 폐백을 상자에

넣어가지고 와서 말하였다. '상나라를 섬겼듯이 이제 이어서 우리 주나라 임금을 섬기렵니다. 무왕께서 하늘의 아름다운 명을 따르셨으니 섬기는 우리들 또한 그 좋은 복을 받을 것이므로 기꺼이 큰 도읍인 주나라에 신하로 복종합니다.' 이처럼 상나라에서 벼슬하던 군자들은 검고 누른 폐백을 상자에 담아 주나라 군자를 맞이하였고, 그곳 소인[백성]들은 대나무에 싼 밥과 물병을 들고 주나라 소인[백성]들을 맞이하였다. 그들은 왜 그러했을까? 무왕께서 백성을 홍수와 화재 속에서 구원하듯 하였고, 백성을 해치는 잔학한 자들을 잡아내 죽였기 때문이다.

有攸不爲臣이어늘 東征하사 綏厥士女하신대 匪厥玄黃하야 紹我周王見休하여
유유불위신   동정   유궐사녀   비궐현황   소아주왕견휴

惟臣附于大邑周하니 其君子는 實玄黃于匪하여 以迎其君子하고 其小人은
유신부우대읍주   기군자   실현황우비   이영기군자   기소인

簞食壺漿으로 以迎其小人하니 救民於水火之中하여 取其殘而已矣니라
단사호장   이영기소인   구민어수화지중   취기잔이이의

※ **유유**(有攸): 유국이라는 나라. 혹은 유(攸) 자가 흔히 소(所) 자와 같이 사용되므로 주나라를 인정하지 않았던 어떤 곳[所]이란 의미로 사용되기도 함. **비**(匪): '광주리 비(篚)'와 같음. **현황**(玄黃): 폐백. **소**(紹): 섬기다. 잇다. **휴**(休): 아름다움. **소인**(小人): 일반 백성.

맹자는 백성을 해치는 잔학한 자를 죽였다는 사례를 『서경』의 다음과 같은 기록을 통해 덧붙이며, 왕도정치가 천하를 안정시키는 정답임을 말합니다.

『태서』에 말하였다. '우리의 용맹스런 위엄을 떨쳐 저들의 국경을 침범하여 잔학한 자를 골라 죽여서 정벌의 공이 크게 베풀어졌다. 이는 탕임금이 걸을 내쳐서 포학함을 제거하고 백성을 구원한 것과 비교하면 더욱 빛나도다.' 왕도정치를 행하지 않는다면 더 말할 필요도 없겠지만, 만일 왕도정치를 실행한다면 온 천하가 다 머리를 들고 우러러보며 내임금으로 삼고자 할 것이니, 제나라와 초나라가 비록 크다고 하지만 무엇을 두려워하겠는가?

太誓에 曰 我武를 惟揚하야 侵于之疆하여 則取于殘하여 殺伐用張하니
태서   왈 아무   유양   침우지강   즉취우잔   살벌용장

于湯에 有光이라하니라 不行王政云爾언정 苟行王政이면
우 탕 유 광 　　　불 행 왕 정 운 이 　구 행 왕 정

四海之內 皆擧首而望之하여 欲以爲君하리니 齊楚雖大나 何畏焉이리오
사 해 지 내 개 거 수 이 망 지 　욕 이 위 군 　　제 초 수 대 　하 외 언

※ 태서(太誓): 『서경』 「주서(周書)」의 편명. 강(疆): 국경. 우(于): 어조사로 탕과 비교할 때라는 의
미로 사용.

『맹자』 자체도 어려운 대목이 많은데, 『맹자』에서 인용하는 『서경』이나
『시경』의 구절은 더욱 어렵습니다. 맹자 이전의 역사적 기록 가운데 맥
락에 따라 핵심적인 구절만을 따와 적절하게 제시하기 때문입니다. 『맹
자』의 대표적인 주석가인 후한시대 조기(趙崎)는 맹자가 오경 중에서도
특히 『시경』과 『서경』에 장점이 있다고 하였는데, 그 말이 맞는 것 같습
니다. 여기서 맹자는 『서경』의 글을 자유롭게 인용하면서 왕도정치의 역
사적 사례를 제시하고 있습니다. 왕도정치의 이상을 설파하는 맹자의
일관된 논리는 힘이 아니라 백성을 사랑하는 진정 어린 마음을 강조한
다는 점입니다. 그러나 신흥강대국으로 반짝 부상한 송나라는 다른 제
후국들이 그러했듯 영토의 확장에만 관심이 많았을 뿐입니다. 과연 그
러한 송나라가 맹자의 희망대로 왕도정치를 행할 수 있었을까요?

등문공 하편 6장 : 哮啄同時

혼자 힘으로는 역부족

송나라 임금이었던 언(偃)은 제후들의 패권을 내다보며 자신의 세력을 확대했던 인물이었지만, 결과적으로 송나라는 그로 인해 멸망하게 됩니다. 갈수록 음주가무에만 빠져들고 간언하는 신하들이 있으면 그 자리에서 활을 쏘아 죽이는 등 송나라의 걸왕이라 불릴 정도로 포학함이 극치에 달했기 때문입니다. 망국의 길을 막고자 노력했던 인물 중에 대불승(戴不勝)이라는 신하가 있었습니다. 그는 착한 선비로 알려진 설거주(薛居州)를 왕에게 추천하며 왕의 변화를 기대합니다. 가능할까요? 맹자는 외국어 배우는 것을 비유하며 적절한 환경이 조성되어야 효과를 볼 수 있음을 말합니다.

"그대는 그대의 왕이 좋은 군주가 되기를 바라는가? 내 뚝뚝히 그대에게 일러주리라. 만약 여기에 초나라 대부가 있는데 그의 아들이 제나라 말을 배우기 원한다면, 제나라 사람을 스승으로 삼아 가르치게 하겠는가? 아니면 초나라 사람에게 가르치게 하겠는가?"

"제나라 말을 배우려면 당연히 제나라 사람을 스승으로 삼아 가르칠 것입니다."

"만약 한 명의 제나라 사람이 그를 가르치는데 여러 초나라 사람들이 주변에서 떠들어댄다면, 비록 날마다 매질하면서 제나라 말을 하라고 요구하더라도 할 수 없을 것이다. 반면에 그를 데리고 제나라의 장악이라는 땅에 수년 동안 살게 한다면 비록 날마다 매질하면서 초나라 말을 하라고 하더라도 역시 할 수 없을 것이다."

"子欲子之王之善與아 我明告子호리라 有楚大夫於此하니
자 욕 자 지 왕 지 선 여 아 명 고 자 유 초 대 부 어 차

欲其子之齊語也則使齊人傳諸아 使楚人傳諸아"
욕 기 자 지 제 어 야 즉 사 제 인 부 저 사 초 인 부 저

"使齊人傳之니라"
사 제 인 부 지

"一齊人이 傳之어든 衆楚人이 咻之면 雖日撻而求其齊也라도 不可得矣어니와
일 제 인 부 지 중 초 인 휴 지 수 일 달 이 구 기 제 야 불 가 득 의

引而置之莊嶽之間數年이면 雖日撻而求其楚라도 亦不可得矣리라"
인 이 치 지 장 악 지 간 수 년 수 일 달 이 구 기 초 역 불 가 득 의

※ **대불승**(戴不勝): 송나라 신하 이름. **부**(傳): 스승으로 삼아 가르치게 하다. **휴**(咻): 떠들다. **장악**
(莊嶽): 제나라 거리 이름. **초**(楚): 초나라 말.

효과적인 외국어 학습을 위해 그 나라로 가는 경우도 많습니다. 그러
나 정작 외국에서 모국어를 사용하는 사람들과만 어울려 지낸다면 별로
효과가 없다는 것은 다 아는 사실입니다. 공간만 다를 뿐 생활환경은 국
내에 있을 때나 마찬가지이기 때문이죠. 반면에 외국인과 같이 생활하
는 문화에 충분히 적응되었다면, 자신도 모르게 어느 순간 그 나라 말이
제2의 모국어가 될 것입니다. 맹자는 신하가 임금을 착하게 만들고자
하는 것도 진정성을 따지자면 부모가 자녀를 교육시키는 것과 마찬가지
라 비유합니다. 효과적인 외국어 학습을 위해 주변 환경을 그에 맞추듯
이, 좋은 왕을 만들기 위해 주변의 신하들이 모두 비슷한 생각으로 왕을
모셔야 한다는 것이지요. 맹자는 당시 송나라 상황을 염두에 두고 말을
이어갑니다.

그대는 설거주를 왕에게 천거하였으니, 그의 마음과 행실이 착한 선비
이므로 반드시 임금을 착하게 인도할 것으로 생각하여 왕의 주변에 있
도록 하였을 것이다. 만약 왕의 처소에 있는 어른과 어린이나 지위가 높
고 낮은 사람이 모두 설거주와 같은 사람이라면, 바른 사람이 조정에 가
득하여 보고 듣는 것이 다 착할 것이니 왕이 누구와 더불어 착하지 않은
짓을 하겠는가? 그러나 만일 왕의 처소에 있는 어른과 어린이나 지위가
높고 낮은 사람들이 모두 설거주와 같은 사람이 아니라면, 아첨과 참소

가 왕의 주변에 가득하여 착한 말과 행실이 왕에게 전달되지 못할 것이니 왕이 누구와 더불어 착한 일을 하겠는가? 자네가 천거한 설거주는 비록 착한 선비이기는 하지만 하나의 설거주일 뿐이다. 설거주 혼자 송왕에게 어찌하겠는가?

子謂薛居州를 善士也라하여 使之居於王所하나니 在於王所者 長幼卑尊이
자 위 설 거 주   선 사 야   사 지 거 어 왕 소   재 어 왕 소 자 장 유 비 존
皆薛居州也면 王誰與爲不善이며 在王所者 長幼卑尊이 皆非薛居州也면
개 설 거 주 야   왕 수 여 위 불 선   재 왕 소 자 장 유 비 존   개 비 설 거 주 야
王誰與爲善이리오 一薛居州獨如宋王에 何리오
왕 수 여 위 선   일 설 거 주 독 여 송 왕   하

※ **설거주**(薛居州) : 송나라 신하. **왕소**(王所) : 왕의 처소.

한 사람의 의지만 가지고 모든 변화를 이끌어내기는 어려움이 많습니다. 어진 군주로 이끌려는 노력도 한두 사람의 힘만으로 될 수 있는 일이 아니지요. 맹자의 생각으로는 소인들로 둘러싸인 현실에서 군자 한 사람만의 힘으로는 임금을 바르게 할 수 없다는 것입니다. 그렇다고 개선의 노력마저 멈출 수는 없는 일이기에 맹자의 안타까움은 더해갔을 것입니다.

소신있게 살아가기

권력 앞에 언제나 당당했던 맹자는 웬만해서는 제후를 찾아가지 않았습니다. 굽혀야 얻을 것이 있다는 세속의 믿음도 맹자에게는 통하지 않았던 것입니다. 안달이 난 것은 제자들이었습니다. 강단 있는 스승의 태도에 박수를 보내면서도 내심 권력의 언저리에 머물기를 바랐기 때문입니다. 제자인 공손추는 슬쩍 군자의 바른 처신 방법을 묻습니다.

"도를 행하는 것으로 마음을 삼는 군자는 반드시 군주를 찾아뵙고 벼슬하는 것인데, 지금 선생님께서 기꺼이 제후들을 찾아보지 않는 것은 어떠한 이유입니까?"

"옛적에 군자는 신하가 되지 않았으면 군주를 만나보지 않았으니 스스로를 중하게 여기는 까닭이다. 위나라 문후가 단간목을 만나보려 하자 담장을 넘어 피하였고, 노나라 목공이 설류를 찾아가자 문을 걸어 잠그고 받아들이지 않았으니, 이는 모두 자신의 절개를 지킨 것이지만 너무 심한 경우이다. 만약 만나보려는 제후의 정성이 절실하다면 만나볼 수도 있는 것이다."

"不見諸侯가 何義잇고"
불 견 제 후   하 의

"古者에 不爲臣하여는 不見하더니라 段干木은 踰垣而辟之하고
고 자 불 위 신   불 견   단 간 목 유 원 이 피 지

泄柳는 閉門而不內하니 是皆已甚하니 迫이어든 斯可以見矣니라"
설 류 폐 문 이 불 납 시 개 이 심   박   사 가 이 견 의

※ **단간목**(段干木): 위(魏)나라 사람. **설유**(泄柳): 노나라 목공(繆公) 때 인물. **납**(內): 받아들일 납(納)과 같음. **이**(已): 너무. **박**(迫): 만나보려는 생각이 절실함.

맹자는 벼슬하지 않고 자신의 절개만을 지키는 것에 찬성하지 않았습니다. 상대가 자신을 간절히 원할 때는 나가야 된다는 것이지요. 그러나 나감에도 절차가 있습니다. 상대가 진심이 없고 형식적으로 대하면 가볍게 승낙할 수 없는 것이지요. 마치 공자가 예법을 염두에 두면서도 나가고 물러남에 신중을 기했던 것처럼 말입니다.

양화는 공자가 자신을 찾아오게 하고 싶었으나 사람들이 무례하다고 비난하는 것을 싫어하였다. 당시에는 대부가 관리인 사(士)에게 물건을 내려줄 때, 집에서 직접 받지 못했다면 대부의 집을 찾아가 절하는 법도가 있었다. 양화는 이것을 핑곗거리로 삼아 공자가 집에 없을 때를 엿보아 공자에게 삶은 돼지고기를 보내주었는데, 공자 역시 그가 없는 때를 엿보고 찾아가 절하였다. 만일 이때에 양화가 먼저 진심으로 예를 갖추고 찾아왔다면, 공자가 어찌 그를 만나보지 않으셨겠는가?

陽貨欲見孔子而惡無禮하여 大夫有賜於士어든 不得受於其家면
양 화 욕 현 공 자 이 오 무 례　　　대 부 유 사 어 사　　　부 득 수 어 기 가

則往拜其門일새 陽貨矙孔子之亡也而饋孔子蒸豚한대
즉 왕 배 기 문　　양 화 감 공 자 지 무 야 이 궤 공 자 증 돈

孔子亦矙其亡也而往拜之하시니 當是時하여 陽貨先이면 豈得不見이시리오
공 자 역 감 기 무 야 이 왕 배 지　　　당 시 시　　양 화 선　　　기 득 불 견

양화는 노나라 계씨의 가신으로 주군인 계환자를 옥에 가두고 나라의 정치를 전횡했던 인물입니다. 그가 공자에게 손을 벌렸던 이유는 명망이 있었던 공자를 영입하여 자신의 권세를 늘리려는 속셈이었습니다. 예를 중시하던 공자였기에 예법을 핑계로 공자가 자신을 찾아오게 하자, 공자 역시 예법대로 그를 찾아갔지만 그와의 만남을 피했던 것이지요. 그 결과는 어떠했을까요?

『논어』「양화」편에는 이와 유사한 내용 및 양화와의 대화가 비교적 자세히 소개되어 있습니다. 예법의 형식대로 공자를 찾아오게 한 양화는 길에서 우연한 만남을 가장하여 공자와 마주칩니다. 양화는 훌륭한 보

배인 공자가 세상에 나오는 것이 타당한 일이며, 세월은 흘러만 가니 때를 놓치지 말라고 권유합니다. 이때 공자는 벼슬하려는 의욕이 없었던 것이 아니라, 다만 양화와 같은 악한 자들과 함께 할 수 없었던 것이지요. 그럼에도 공자는 장차 벼슬할 것이라는 승낙의 말을 던집니다. 다소 의아스러운 공자의 대답입니다. 그러나 현실참여와 시기를 놓치지 말라는 말 그 자체를 부정할 수 없었기에 인정했을 뿐이고 양화와 더 이상 말을 섞지 않았던 것입니다. 공자의 처신은 인사치례를 다했으니 예법을 어긴 것이 아니었고, 권력을 전횡하던 악한 사람들과 일정한 선을 긋는 의로움도 지켰던 것이지요. 맹자는 공자의 정신을 이어받은 제자들의 사례를 추가합니다.

증자가 말하기를 '어깨를 들먹거리고 아첨하며 웃기란 뜨거운 여름에 밭에서 일하는 것보다 더 수고롭다.'고 하였다. 자로 역시 '사귐에 있어 뜻이 같지 않은데도 억지로 더불어 말을 섞는 자의 얼굴빛을 보면 부끄러워 얼굴이 붉어지니, 이런 사람은 내 알 바가 아니다.'라고 하였다. 이런 점으로 미루어 보면 군자의 평소 소신을 알 수 있다.

曾子曰 脅肩諂笑가 病于夏畦라하며 子路曰 未同而言을 觀其色컨댄
증 자 왈 협 견 첨 소   병 우 하 규   자 로 왈 미 동 이 언   관 기 색

赧赧然이라 非由之所知也라하니 由是觀之則君子之所養을 可知已矣니라
난 난 연   비 유 지 소 지 야   유 시 관 지 즉 군 자 지 소 양   가 지 이 의

※ **협견**(脅肩): 몸을 굽신거림. **첨소**(諂笑): 억지로 웃는 것. **병**(病):수고롭다. **난난연**(赧赧然): 부끄러워 얼굴빛이 붉어지는 모양. **유**(由): 자로(子路)의 이름.

증자와 자로는 공자의 정신을 충실히 배운 제자들입니다. 그들은 아첨을 미워하고 반드시 예법에 맞게 처신한 것이요, 마음에 없이 억지로 합하려는 것을 싫어하였으니 반드시 의리로써 대처했다고 할 것입니다.이처럼 군자는 평소에 기개와 절개를 길러 떳떳하고 올곧은 도로써 생활해 나갔음을 알 수 있습니다.

맹자인들 현실에 참여하면서 자신의 이상을 펴고 싶지 않았겠습니까!

그러나 소신을 굽히면서까지 권력에 아부하는 모양새를 보이고 싶지 않았던 것입니다. 만약 맹자였다면 우리는 어떻게 했을까요?

하기 싫은거죠?

민생안정은 맹자가 언제나 급선무로 생각하는 왕도정치의 실천방안입니다. 그러나 강대국을 지향하는 왕들이 부국강병의 경제적 기반인 세금을 줄이자는 주장에 쉽게 동의하기는 어려웠을 것입니다. 송나라 대부인 대영지(戴盈之)도 맹자의 취지에는 동감하지만 섣불리 시행하기 어렵다는 점을 에둘러 말합니다.

선생님의 말씀대로 과세부담을 줄이는 것이 어진 정치일 것입니다. 송나라에서도 십일조의 세금을 거두는 정전법을 시행하고 관세 및 시장의 영업세를 철폐하고 싶은데, 지금 당장은 급하게 시행할 수 없습니다. 청컨대 조금 가볍게 적용하다가 내년을 기다려 줄이거나 철폐하는 것이 어떻겠습니까?

什一과 去關市之征을 今兹未能인대 請輕之하여 以待來年然後에 已호대
십 일   거 관 시 지 정   금 자 미 능   청 경 지   이 대 내 년 연 후   이

何如하니잇고
하 여

※ **대영지(戴盈之)**: 송나라 대부. **십일[什一]**: 정전법[井田法]. **자[兹]**: 해[年]. **이[已]**: 그만두다.

이것은 닭을 훔치는 사람의 말과 같습니다. 어떤 사람이 날마다 그 이웃집 닭을 훔치자 주변 사람이 '제 소유가 아닌 것을 취하는 것은 군자의 도리가 아니다.'라고 일러줍니다. 그러자 닭을 훔치는 자가 '청하건대 지금부터 날마다 훔치는 것을 줄여서 한 달에 한 마리씩 훔치다가 내년을 기다린 이후에 훔치는 것을 그치겠다.'고 말했다고 합시다. 타당하다고 생각하십니까? 만약 도리에 맞지 않다는 것을 알았다면 속히 그만둘

잘못이지 어찌 내년을 기다린단 말입니까?

今有人이 日攘其鄰之雞者어든 或이 告之曰 是非君子之道라한대
금 유 인   일 양 기 린 지 계 자   혹   고 지 왈 시 비 군 자 지 도

曰 請損之하여 月攘一雞하야 以待來年然後에 已로다
왈 청 손 지   월 양 일 계   이 대 내 년 연 후   이

如知其非인댄 斯速已矣니 何待來年이리오
여 지 기 비 의   사 속 이 의   하 대 내 년

※ **양**(攘): 훔치다. **손**(損): 줄여주다.

잘못을 알았다면 고치기를 꺼리지 말라는 말은 맞습니다. 대영지 역시 세금 경감에 대한 원론적인 방향에는 동의하지만, 현실을 고려할 때 지금 당장의 전면적 개혁의 어려움을 말합니다. 그러나 맹자에게는 그런 말들이 하기 싫다는 변명으로 들렸을 것입니다. 그는 잘못을 알고도 단호하게 개혁하지 못하는 상황을 닭을 훔치는 절도죄에 비유하면서 결코 미룰 일이 아님을 다그칩니다.

맹자의 비유는 때로는 상대의 말문을 막히게 만들기도 합니다. 이어지는 대화가 없기에 속단할 수 없지만, 현직에 있었던 송나라 대부가 과도한 세금징수를 절도죄에 비유하는 맹자의 주장을 과연 수긍했을까요?

어쩔 수 없어서 나선다

『맹자』책은 주로 대화체로 구성되었으며, 상대의 주장을 보기 좋게 반박해 들어가는 맹자의 말솜씨는 보통이 아닙니다. 막힘없이 자신의 주장을 펼쳐가는 달변가의 모습이 맹자이기도 했던 것 같습니다. 변론을 좋아한다, 즉 호변(好辯)이라는 주변의 수군거림에 맹자 역시 동의하고 있었기 때문입니다. 맹자는 왜 그렇게 논변을 좋아했을까요? 공도자가 대놓고 물어봅니다.

> "잘 모르는 사람들은 모두 선생님이 변론을 좋아한다고 일컬으니, 왜 그런 말이 있는지 감히 여쭙겠습니다."

> "내 어찌 변론을 좋아하겠는가? 어쩔 수 없어서 그만두지 못하는 것이다. 천하에 사람들이 살아온 지 오래되었기에 잘 다스려진 때도 있었고 혼란스러운 때도 있었다."

"外人이 皆稱夫子好辯하나니 敢問何也잇고"
외인　개칭부자호변　　감문하야

"予豈好辯哉리오 予不得已也로라 天下之生이 久矣라 一治一亂이니라"
여기호변재　　여부득이야　　천하지생　구의　일치일란

맹자는 일치일란(一治一亂), 즉 한번은 다스려지고 한번은 혼란스러운 역사의 진행을 이치에서 볼 때 그다지 이상할 것이 없다고 말합니다. 이제 그의 입을 통해 중국의 고대사가 자연스럽게 펼쳐집니다. 몇백 년의 역사가 혼란과 평화의 사이클로 정리되는 순간입니다.

> 가장 큰 혼란은 요임금 때 홍수로 인해 근심했던 일이다. 요가 임금의 자

리에 있을 때 물길이 가로막혀 거꾸로 흘러 온 나라를 범람하자, 뱀과 용이 그곳에 살고 백성은 살 곳조차 없었다. 낮은 곳의 사람은 나무 위에 새 둥지처럼 집을 지어 살고, 높은 데 사는 사람은 짐승처럼 굴을 파고 살았다. 『서경』에 순임금이 말하기를 '큰물이 나를 경계하였다.'고 하니, 여기서 큰물이란 바로 홍수를 이른다. 이것은 천지의 기운이 제대로 통하지 못하고 사람의 일처리가 잘못된 것이니, 그때는 천하가 어지러웠다.

이런 상황을 개선하고자 요임금은 순을 등용하고 순은 다시 우를 시켜 홍수를 다스리게 하였다. 우의 치수방법은 땅을 파서 물길이 바다로 흐르게 만드는 것이었다. 뱀과 용을 몰아서 습지로 쫓아내자 물이 골짜기 사이의 땅으로 흘렀으니, 지금의 장강, 회수, 황하, 한수가 모두 그곳이다. 물길에 따라 험하고 막힌 곳이 이미 없어져 뱀과 용을 몰아냈고 사람을 해치는 짐승들이 없어진 다음에야 사람들이 평지를 얻어 거처하게 되었으니, 이는 잘 다스려졌던 경우이다.

當堯之時하여 水逆行하여 氾濫於中國하니 蛇龍이 居之하니 民無所定하여
당 요 지 시　　수 역 행　　범 람 어 중 국　　사 룡　 거 지　　　민 무 소 정

下者는 爲巢하고 上者는 爲營窟하니 書에 曰 洚水警余라하니 洚水者는
하 자　위 소　　상 자　 위 영 굴　　서　왈 강 수 경 여　　　강 수 자

洪水也니라 使禹治之어시늘 禹掘地而注之海하시고 驅蛇龍而放之菹하신대
홍 수 야　　사 우 치 지　　　우 굴 지 이 주 지 해　　구 사 룡 이 방 지 저

水由地中行하니 江淮河漢이 是也라 險阻旣遠하며 鳥獸之害人者消然後에
수 유 지 중 행　　강 회 하 한　 시 야　 험 조 기 원　　조 수 지 해 인 자 소 연 후

人得平土而居之하니라
인 득 평 토 이 거 지

※ **하**(下): 낮은 지역. **상**(上): 높은 지역. **영굴**(營窟): 굴속에서 거처. **서**(書): 우서(虞書)의 대우모 (大禹謨)편. **저**(菹): 못에 풀이 자라는 곳. **험조**(險阻): 물이 범람함.

그렇지만 항상 잘 다스려질 수 없었기에 요순이 돌아가시자 성인의 도가 쇠약해졌다. 폭군이 대대로 나와 백성들의 집을 헐어 연못으로 만드니 백성들이 편안히 살 곳이 없었으며, 멀쩡한 농지를 묵혀 짐승들이 뛰어노는 동산을 만드니 백성들이 옷과 음식을 얻을 수 없게 되었다. 게다가 백성을 해롭게 하는 간사한 말과 포학한 행동이 다시 생겨나 동산과 연못과 습지를 더욱 많이 만들어 금수가 몰려 들었으며, 특히 상나라 마

지막 왕인 주왕 때에는 천하가 크게 어지러워졌다.

그러나 어지러운 대로 끝날 세상은 아니었다. 주공께서 무왕을 도와 주왕을 죽이고, 주왕을 도와서 포학함을 일삼던 엄나라를 정벌한 지 3년 만에 그 군주를 토벌하였으며, 주왕이 총애하던 신하 비렴을 바닷가로 내몰아 죽였고, 기타 멸망시킨 포악한 나라가 50개였다. 아울러 호랑이와 표범, 코뿔소와 코끼리를 몰아서 멀리 쫓아내니 천하가 크게 기뻐하였다. 이를 『서경』에서는 '크게 밝도다, 문왕의 창업하신 지략이여! 잘도 계승하셨도다, 무왕의 공이여! 우리 뒷사람을 도와 인도하시되 모두 바르게 잡아주시니 조금이라도 흠잡을 데 없도다!'라고 찬탄하며 기록하고 있다.

堯舜이 旣沒하시니 聖人之道衰하여 暴君이 代作하여 壞宮室以爲汙池하여
요순 기몰 성인지도쇠 포군 대작 괴궁실이위오지

民無所安息하며 棄田以爲園囿하여 使民不得衣食하고 邪說暴行이 又作하여
민무소안식 기전이위원유 사민부득의식 사설포행 우작

園囿汙池沛澤이 多而禽獸至하니 及紂之身하여 天下又大亂하니라
원유오지패택 다이금수지 급주지신 천하우대란

周公이 相武王하서 誅紂하시고 伐奄三年에 討其君하시고
주공 상무왕 주주 벌엄삼년 토기군

驅飛廉於海隅而戮之하시니 滅國者五十이요 驅虎豹犀象而遠之하신대
구비렴어해우이육지 멸국자오십 구호표서상이원지

天下大悅하니 書에 曰丕顯哉아 文王謨여 丕承哉아 武王烈이여
천하대열 서 왈비현재 문왕모 비승재 무왕렬

佑啓我後人하사대 咸以正無缺이라하니라
우계아후인 함이정무결

※ 궁실(宮室): 백성들이 사는 곳. 패(沛): 초목이 자라는 곳. 엄(奄): 나라 이름. 비렴(飛廉): 주(紂)가 총애하던 신하. 서(書): 주서(周書)의 군아(君牙)편. 비(丕): 크다. 모(謨): 가르침.

  흥망성쇠를 거듭하는 인류의 역사는 한번 다스려지면 또 한번은 혼란스럽다는 일치일란(一治一亂)의 연속이라 말할 수 있을 것입니다. 맹자는 홍수 피해를 극복했던 요순의 노력, 폭군을 정벌했던 문왕의 무왕의 치적을 소개하면서 혼란과 안정, 전쟁과 평화가 교차되는 역사적 상황을 담담히 소개하고 있습니다. 같은 맥락에서 공자의 역사적 지위를 높이 평가합니다.

그러나 시간이 흘러 춘추시대에 이르자 세태는 시들고 성인의 도는 희미해졌다. 백성을 해치는 간사한 말과 포학한 행동이 또다시 일어나 신하로서 군주를 시해하는 자가 있고, 자식으로서 아버지를 죽이는 자도 있었다. 공자는 이러한 혼란스런 세태를 깊이 근심하여『춘추』를 지으셨다.『춘추』는 천자의 일을 받들어 행하신 것으로 왕도정치에 따른 원칙과 예법을 세우며, 덕을 밝히고 죄를 토벌하는 대강을 쓴 것이다. 그러므로 공자는 '나를 알아줄 이도 아마『춘추』때문일 것이며, 나를 탓하는 자도『춘추』때문이지 않을까'라고 하셨다.

世衰道微하여 邪說暴行이 有作하여 臣弑其君者有之하며
세 쇠 도 미   사 설 포 행   유 작   신 시 기 군 자 유 지

子弑其父者有之하니라 孔子懼하서 作春秋하시니 春秋는 天子之事也라
자 시 기 부 자 유 지   공 자 구   작 춘 추   춘 추   천 자 지 사 야

是故로 孔子曰 知我者도 其惟春秋乎며 罪我者도 其惟春秋乎인져하시니라
시 고   공 자 왈 지 아 자   기 유 춘 추 호   죄 아 자   기 유 춘 추 호

※ 유(有): 또한 우(又)와 같음.

공자의『춘추』에 대한 자부심이 담긴 말입니다. 나를 알아줄 사람도 『춘추』때문이지 않을까라는 말은『춘추』에 쓰인 공자의 한마디 한마디가 왕도를 밝히는 토대이며 이를 통해 인륜의 기강이 크게 밝아질 것이라는 기대감을 표현한 것입니다. 반면에 나를 탓할 자도『춘추』때문일 것이라는 말은 비록 공자가 당대에 천자와 같은 지위나 권위를 얻지 못했더라도『춘추』에 쓰인 공자의 말에 따라 난신적자(亂臣賊子)들이 감히 제멋대로 하지 못하므로 그 기준을 마련한 공자를 원망한다는 의미가 담겨있습니다. 공자가 지은『춘추』는 만고의 충신과 난신적자들이 두려워하는 기준이 되었으니 결코 가볍게 여길 수 없는 것입니다. 결과적으로 공자의 정신과 시대적 소명이『춘추』하나에 올곧이 살아 숨쉬고 있다고 할 것입니다.

그렇다면 역사의 흥망성쇠를 간파하고 있던 맹자 자신은 무엇을 소명의식으로 삼았을까요?

이단배척과 유학의 부흥

　공자가 『춘추』를 지어 만세토록 이어갈 기강이 세워지기를 소망했듯이, 제후들의 패권다툼이 한층 치열해진 전국시대에 맹자 역시 시대적 소명의식을 가지고 있었습니다. 당시 횡행하던 양주와 묵적의 학설이 기존 질서의 해체를 가속화시킨다고 보고 그들에 대한 비판의 끈을 놓치지 않았던 것입니다. 사회 곳곳에 스며든 이들의 논의를 잠재워야만 공자가 주장했던 유학의 정신이 부흥할 수 있다는 확고한 신념이었습니다.

　공자가 돌아가신 이래로 성스러운 임금이 오랫동안 나오지 않자 사회기강을 엄숙하게 하고 세상을 올바른 도리로 이끌 이가 없었다. 그리하여 제후들이 힘을 다투면서 거리낌 없이 방자해졌으며, 처사들 또한 학파별로 논의들이 제멋대로 갈리게 되었다. 양주(楊朱)와 묵적(墨翟)의 이상한 학설이 더욱 심했고 천하에 가득했으니, 인의의 도덕을 말하는 자가 양주에게 돌아가지 않으면 묵적에게 돌아가게 되었다. 그 잘못된 학설이 사람을 미혹함이 이와 같았다.

　저 양주(楊朱)는 다만 자기 몸만을 사랑할 줄 아는 위아(爲我)를 주장할 뿐이요 몸을 바르게 하는 의리가 있는 줄을 모르니, 이는 사회성이 결핍되고 임금을 부인하는 것이다. 묵적(墨翟)은 사랑에 차등이 없다는 겸애(兼愛)를 주장하여 자기 부모를 길에 다니는 사람과 다름 없게 보는 것이니, 이는 아버지가 없는 것이다. 사람이 사람된 까닭은 그 군신의 의리와 부자의 친함이란 큰 윤리가 있기 때문이다. 그런데 지금 양주와 묵적은 아버지도 없고 임금도 없으니, 곧 사람의 도리를 없애버리려는 것이니 짐승과 같아질 것이다. 이 잘못된 학설을 가지고 사람을 이끈다면 그

해로움이 어떠하겠는가?

인간이 짐승과 같아진다는 경고를 공명의(公明儀)는 이렇게 말했다. '도살장에 살찐 고기가 있고 마구간에 살찐 말이 있으면서도 백성들은 굶주린 얼굴빛이고 들에는 굶어 죽은 시체가 넘쳐난다면, 이것은 짐승을 거느려 사람을 먹게 하는 것이다.' 지금 양주와 묵적의 해로움은 이보다 더 심하다. 나만을 위하거나 모두를 겸하여 사랑한다는 양주와 묵적의 도가 그치지 않는다면, 공자께서 주장하신 인의의 도리가 가려져 나타나지 못할 것이다. 저들의 올바르지 못한 말들은 백성을 현혹시켜 인의의 도리가 마침내 막히게 될 것이고, 인의의 도리가 막히면 짐승을 몰아다가 사람을 먹게 하거나 나아가 사람들끼리 짐승처럼 서로를 잡아먹는 상황까지 발생할 것이다. 이것이 천지의 기운이 쇠퇴하고 인사를 잃어버려 천하가 한번 어지러워진 상황이다.

聖王이 不作하여 諸侯放恣하며 處士橫議하여 楊朱墨翟之言이 盈天下하여
성 왕   부 작   제 후 방 자   처 사 횡 의   양 주 묵 적 지 언   영 천 하

天下之言이 不歸楊則歸墨하니 楊氏는 爲我하니 是는 無君也요 墨氏는
천 하 지 언   불 귀 양 즉 귀 묵   양 씨   위 아   시   무 군 야   묵 씨

兼愛하니 是는 無父也니 無父無君은 是禽獸也니라
겸 애   시   무 부 야   무 부 무 군   시 금 수 야

公明儀曰 庖有肥肉하며 廄有肥馬어든 民有飢色하며 野有餓莩면 此는
공 명 의 왈 포 유 비 육   구 유 비 마   민 유 기 색   민 유 기 색   차

率獸而食人也라하니 楊墨之道不息하면 孔子之道不著하리니 是는 邪說이
솔 수 이 식 인 야   양 묵 지 도 불 식   공 자 지 도 부 저   시   사 설

誣民하여 充塞仁義也니 仁義充塞則率獸食人하다가 人將相食하리라
무 민   충 색 인 의 야   인 의 충 색 즉 솔 수 식 인   인 장 상 식

나는 이렇게 될까 두렵기 때문에 옛 성인의 도를 수호하여 양주와 묵적의 학설을 철저히 막으며, 정도에서 벗어난 그 방탕한 말을 추방하여 부정한 말이 나오지 못하게 하려는 것이다. 이것이 내가 도를 보호하는 마음이다. 출발은 미약할지 모르지만 현실적으로 저 이단의 폐해는 매우 심각할 것이다. 부정한 말과 잘못된 학설을 내는 마음은 일상생활을 그르치고, 그러한 일상의 반복은 세상의 도리와 기강을 잡으려는 정치에 피해를 주게 된다. 성인이 다시 나오시더라도 잘못된 마음이 일을 망치고, 그 일이 정치에 피

해를 준다는 나의 말을 바꾸지 아니할 것이다. 만일 저 이단을 막지 않는다면 무엇을 기준으로 천하를 다스리겠는가?

吾爲此懼하여 閑先聖之道하여 距楊墨하며 放淫辭하야
오 위 차 구   한 선 성 지 도   거 양 묵   방 음 사

邪說者不得作게하노니 作於其心하야 害於其事하며 作於其事하여 害於其政하노니
사 설 자 부 득 작   작 어 기 심   해 어 기 사   작 어 기 사   해 어 기 정

聖人이 復起셔도 不易吾言矣시리라
성 인   부 기   불 역 오 인 의

※ **한**(閑): 지키다. **방**(放): 추방하다. **작**(作): 일어나다.

맹자가 진단한 당대 시대적 병폐는 양주와 묵적 같은 이단 학설의 범람이었습니다. 맹자가 보기에 양주는 공동체의 질서를 무시하는 지극히 개인주의적 경향을 가졌습니다. 자기 몸만을 사랑할 줄 아는, 그래서 사회관계의 정점에 있는 임금을 부인하고 자기만을 위하는 위아(爲我)주의라고 몰아세웁니다. 이와 정반대의 주장을 펴는 묵자의 논리 역시 개인의 자연스런 감정을 이해하지 않고 모든 사람의 이익만을 앞세우려는 잘못된 주장이라 보았습니다. 내 부모에 대한 사랑의 감정을 타인의 부모와 구별하지 말고 차등 없이 사랑하라는 겸애(兼愛)가 오히려 윤리의 시작인 가정의 붕괴로 이어진다고 보았던 것입니다.

맹자의 시각에서 자기만을 위하려는 양주의 논리는 개인주의의 극단적 형태라면, 묵자의 모든 이들을 사랑하려는 겸애는 인간의 현실을 고민하지 않고 이상만을 주장하는 이단의 논리였습니다. 그래서 그들의 생각이 더 이상 퍼져나가지 않도록 하기 위해 맹자 자신이 나설 수밖에 없다는 것입니다. 그리고 자신의 논리를 다음과 같이 일목요연하게 정리합니다.

종합하면 옛적에 우왕이 홍수를 막아내니 천하가 태평스럽게 되었고, 주공이 이적을 통합하고 맹수를 멀리 쫓아내자 백성들이 편안하게 되었고, 공자가 『춘추』를 완성하여 큰 의리를 밝히자 난신적자들이 벌벌 떨

었다. 이렇게 천하의 혼란을 다스림은 세 성인의 공로에 힘입은 것이고, 당시 상황에서 그들은 어쩔 수 없는 걱정과 답답함에서 그러했던 것이다. 『시경』에 이르기를, '서쪽의 융과 북쪽의 적을 정벌하니, 남쪽의 형과 서가 징계 삼아 다스려지네. 이렇게 되니 그 누가 나를 감히 대적하리오!'라고 하였다. 이 시는 주공이 오랑캐와 중국의 경계를 바르게 하는 데 그 엄격함이 이와 같았음을 말한 것이다. 지금 양주와 묵적의 학설은 끝내는 아버지도 없고 임금도 없게 되어 이적과 다름없는 주장일 것이니, 주공도 반드시 정벌할 것이다.

昔者에 禹抑洪水而天下平하고 周公이 兼夷狄驅猛獸而百姓이 寧하고
석 자   우 억 홍 수 이 천 하 평   주 공   겸 이 적 구 맹 수 이 백 성   영

孔子成春秋而亂臣賊子懼하니라 詩云 戎狄是膺하니 荊舒是懲하여
공 자 성 춘 추 이 난 신 적 자 구   시 운 융 적 시 응   형 서 시 징

則莫我敢承이라하니 無父無君은 是周公所膺也니라
즉 막 아 감 승   무 부 무 군   시 주 공 소 응 야

이어 맹자는 자신의 역사적 소명의식을 다시금 각오하듯 압축적으로 말합니다.

나 또한 인심을 바로잡고, 부정한 말을 종식시키며, 치우친 행동을 막으며, 방탕한 말을 추방하여, 세 성인을 계승하려고 하는 것이다. 내 어찌 변론을 좋아하겠는가! 나는 어쩔 수 없어서 그러는 것이다. 양주와 묵적을 막을 것을 말하는 자는 성인의 무리이다.

我亦欲正人心하여 息邪說하며 距詖行하며 放淫辭하여 以承三聖者로니
아 역 욕 정 인 심   식 사 설   거 피 행   방 음 사   이 승 삼 성 자

豈好辯哉리오 予不得已也니라 能言距楊墨者는 聖人之徒也니라
기 호 변 재   여 부 득 이 야   능 언 거 양 묵 자   성 인 지 도 야

※ 억(抑): 막다. 겸(兼): 겸병. 응(膺): 정벌하다. 승(承): 대적하다. 피(詖): 치우치다. 거(距): 막다.

맹자는 인의에 기반을 둔 윤리 도덕이 바로 서는 사회를 꿈꾸었고, 이에 방해를 주는 양주와 묵적 같은 부정한 학설이 더 이상 행해지지 않도록 근절시키는 것을 자신의 소명의식으로 삼았던 것입니다. 인심을 바

로잡으려는 정인심(正人心), 부정한 말을 종식시키려는 식사설(息邪說)은 맹자의 이단배척을 압축적으로 대변해 줍니다. 특히 맹자에게 있어 개인주의적 경향인 양주와 비현실적인 이상적 공동체를 내세우는 묵적의 논리를 배척하는 것은 결과적으로 유학의 부흥을 위한 첫걸음이었습니다. 이것은 맹자가 변론을 좋아한다는 다소 비판적 시선을 감수하면서까지 자기주장을 소신 있게 펼쳐 나갔던 힘이었습니다.

그런데 양주와 묵적의 학설에 대한 맹자의 반박은 타당한 것일까요? 자기의 삶을 소중히 간직하려는 양주의 논리는 그 하나뿐인 삶에 대한 애착 때문에 사회적인 도구나 수단으로 쉽게 빠지지 않겠다는 것이겠지요. 차라리 은둔자의 삶을 살지라도 말입니다. 그리고 묵자의 논리 역시 개인적 감정을 넘어선 공동체의 평화를 지향한다는 점에서 재평가할 필요가 있습니다.

그러나 잠시 그 정당성 여부를 제쳐두더라도, 유학의 올곧음을 결사적으로 지켜 내려는 맹자의 목소리는 또렷합니다. "내 어찌 변론을 좋아하겠는가! 부득이해서 그런 것이다." 우리 시대 어쩔 수 없이 내야만 하는 목소리는 무엇인가요? 있기는 있는 건가요?

청렴도 정도껏 해야죠

청렴하게 살아가는 것은 칭찬받을 만한 삶이고, 오늘날도 세상의 더러움에 물들지 않는 공직자를 청백리라 하여 높이고 있습니다. 내 것이 아닌 것을 분별하는 안목이 있고 정당하지 않다면 구차스럽게 취하지 않는 자세를 청렴이라 할 것입니다. 그렇다면 어디까지가 청렴이라 할 수 있을까요? 제나라 사람인 광장(匡章)이 자랑 삼아 진중자에 대해 말했습니다.

제가 아는 진중자는 어찌 진실로 청렴한 선비가 아니겠습니까? 오릉 땅에 거처할 적에 3일 동안 먹지 못하여 귀에 들리는 것이 없으며 눈에 보이는 것이 없었습니다. 그 빈곤이 이와 같았음에도 남들에게 먹을 것을 구하지 않다가, 마침 우물가에서 배 하나를 보았습니다. 벌레가 알맹이를 거의 반이 넘게 파먹은 상태였습니다. 간신히 기어가서 주워 먹는데 힘이 없어 세 번이나 빨아 넘긴 뒤에야 귀가 열리고 눈이 보였답니다. 지극히 청렴한 사람이 아니면 누가 그렇게 하겠습니까?

陳仲子는 豈不誠廉士哉리오 居於陵할새 三日不食하여 耳無聞하며
진중자   기불성염사재   거오릉   삼일불식   이무문

目無見也러니 井上有李蠐食實者 過半矣어늘 匍匐往將食之하여
목무견야   정상유리조식실자 과반의   포복왕장식지

三咽然後에야 耳有聞하며 目有見하나라
삼연연후   이유문   목유견

※ **염사**(廉士): 청렴한 선비. **오릉**(於陵): 지명. **조**(蠐): 굼벵이 벌레. **포복**(匍匐): 기어감. **인**(咽):
삼킴.

광장의 자랑을 들은 맹자가 답합니다.

제나라 선비들이 모두 부귀에 빠지고 명성을 쫓는데 중자만이 청렴함을 지키려 하니 나는 반드시 그를 제나라 선비 중에 으뜸인 거벽(巨擘)이라 생각한다. 그렇지만 중자의 행위를 어찌 청렴한 선비라 할 수 있단 말인가? 만일 중자의 지조를 충실히 채워 나가려면, 지렁이처럼 세상에 구하는 것이 없어야만 그 청렴함을 이룰 수 있을 것이다. 과연 가능한 일이겠는가? 왜냐하면 지렁이는 위로는 마른 흙을 먹고 밑에서는 황톳물을 마시므로 하나라도 세상에서 구함이 없이 스스로 만족하기 때문이다. 세상에 주변에 의지하지 않고 살아가는 사람이 있단 말인가? 중자가 사는 집은 청렴한 백이가 지은 것인가? 아니면 도척 같은 도둑의 왕이 지은 것인가? 또 먹는 곡식은 백이가 심은 것인가? 아니면 도척이 심은 것인가? 중자가 과연 의로움 하나만으로 살아간다고 말할 수 있겠는가? 이것은 알 수 없는 일이다.

於齊國之士에 吾必以仲子로 爲巨擘焉이어니와 雖然이나 仲子는 惡能廉이리오
어 제 국 지 사   오 필 이 중 자   위 거 벽 언   수 연   중 자 오 능 렴

充仲子之操면 則蚓而後可者也니라 夫蚓은 上食槁壤하고 下飮黃泉하나니
충 중 자 지 조   즉 인 이 후 가 자 야   부 인   상 식 고 양   하 음 황 천

仲子所居之室은 伯夷之所築與아 抑亦盜跖之所築與아 所食之粟은
중 자 소 거 지 실   백 이 지 소 축 여   억 역 도 척 지 소 축 여   소 식 지 속

伯夷之所樹與아 抑亦盜跖之所樹與아 是未可知也로다
백 이 지 소 수 여   억 역 도 척 지 소 수 여   시 미 가 지 야

※ **거벽**(巨擘): 가장 큰 손가락. 대표인물. **인**(蚓): 지렁이. **고양**(槁壤): 마른 흙. **황천**(黃泉): 땅 속의 탁한 물. **억**(抑): 그렇지 않다면.

청렴함을 지키려 한다는 점에서는 선비 중 으뜸이라 할 수는 있지만 청렴하다고는 할 수 없다는 맹자의 말에 광장이 깜짝 놀라며 묻습니다.

이것이 청렴함과 무슨 상관이 있겠습니까? 저 중자는 몸소 신을 짜서 신고 그 아내는 길쌈하여 바꾸어 먹고 살아갑니다. 이것은 다 스스로의 힘으로 먹는 것이지, 의롭지 않은 것을 남에게서 취한 것이 아닙니다.

是何傷哉리오 彼身織屨하고 妻辟纑하여 以易之也니라
시 하 상 재   피 신 직 구   처 벽 로   이 역 지 야

광장의 반문에 맹자는 이미 준비하고 있었던 듯 자세한 실례를 들어 대답합니다.

자네는 자신의 힘으로 스스로 먹는 것을 청렴하다고 하는가? 중자의 처지가 그렇게 할 수밖에 없었음을 모르는구나. 중자의 집안은 제나라에서 대대로 벼슬하였다. 형인 대가 합 땅에서 받는 봉록이 만종이었는데, 이것은 국가로부터 받은 떳떳한 봉록이고 의롭지 못하게 얻은 것이 아니다. 그럼에도 그는 형의 봉록을 의롭지 못한 것이라 하여 먹지 않았으며 형의 집을 의롭지 못한 집이라 하여 거처하지 않고, 형을 피하고 어머니를 떠나 오릉에 살았다.

어느 날 고향집에 돌아와 보니, 자기 형에게 살아있는 거위를 보내준 자가 있었는데 이것은 교제하는 떳떳한 예이다. 그런데도 그는 이마를 자주 찌푸리며 말하기를, '이것은 의롭지 못한 물건이다. 저 꽥꽥거리는 것을 어디에 쓰겠는가?'라고 하였다. 후일에 그 어머니가 이 거위를 잡아서 그에게 먹이고 있었다. 형이 밖에서 돌아와 비웃으며 '네가 지금 먹는 것은 지난번 내가 받았던 꽥꽥거리던 것의 고기이다.'라고 말하자, 그는 밖으로 나가 그것을 토하였다. 그 형이 남에게서 받은 물건이 의롭지 않은 것이라 하여 그런 것이다.

어미가 해준 것은 의롭지 않다고 하여 먹지 않으면서 아내가 길쌈하여 바꾼 곡식은 먹고, 형의 집은 의롭지 않다고 하여 거처하지 않으면서도 오릉에는 거처하였다. 그러나 그가 먹고사는 모든 것이 의롭다고 장담할 수 있겠는가? 여기서는 안 되고 저기서는 되니, 이러고도 어찌 그 지조를 채울 수 있겠는가? 중자 같은 자는 지렁이처럼 구하는 것 없이 스스로 만족한 다음에야 그 지조를 철저히 지켜 나갈 수 있을 것이다. 사람이 어찌 지렁이가 될 수 있으며, 또한 어찌 중자의 청렴함과 같은 데에 이를 수 있겠는가?

仲子는 齊之世家也라 兄戴蓋祿이 萬鍾이러니 以兄之祿으로
중자 제 지 세 가 야   형 대 합 록   만 종   이 형 지 록

爲不義之祿而不食也하며 以兄之室로 爲不義之室而不居也하고
위 불 의 지 록 이 불 식 야   이 형 지 실   위 불 의 지 실 이 불 거 야

辟兄離母하야 處於於陵이러니 他日에 歸則有饋其兄生鵝者어늘 己頻顑曰
피 형 이 모   처 어 오 릉   타 일   귀 즉 유 궤 기 형 생 아 자   기 빈 축 왈

惡用是鶃鶃者爲哉리오 他日에 其母殺是鵝也하여 與之食之러니
오 용 시 얼 얼 자 위 재   타 일   기 모 살 시 아 야   여 지 식 지

其兄이 自外至曰 是鶃鶃之肉也라한대 出而哇之하니라 以母則不食하고
기 형   자 외 지 왈 시 얼 얼 지 육 야   출 이 와 지   이 모 즉 불 식

以妻則食之하며 以兄之室則弗居하고 以於陵則居之하니
이 처 즉 식 지   이 형 지 실 즉 불 거   이 오 릉 즉 거 지

是尙爲能充其類也乎아 若仲子者는 蚓而後에 充其操者也니라
시 상 위 능 충 기 류 야 호   약 중 자 자   인 이 후   충 기 조 자 야

※ **벽**(辟): 길쌈. **합**(蓋): 땅이름. **기**(己): 진중자. **열열**(鶃鶃): 거위의 소리. **와**(哇): 토함.

맹자는 청렴의 가치를 높입니다. 부정부패에 연류되지 않으려는 진중자를 으뜸으로 평가하기 때문입니다. 그러나 청렴에도 정도가 있습니다. 진중자는 스스로가 정한 지조를 지키려고 형을 피하고 부모를 떠나서 제 가족들끼리만 살아가고 있었습니다. 그는 국가로부터 정당하게 받은 형의 봉록조차도 의롭지 않은 것이라 생각하고, 형에게 온 선물조차도 뇌물로 간주하고 먹다가도 토해 낼 정도였습니다. 맹자는 그러한 행위를 과연 청렴하다고 말할 수 있을까 반문합니다. 모든 관계를 끊고 살아가는 그러한 모습을 지렁이에 비유하기도 합니다. 흙이나 파먹고 살아가는 지렁이처럼 제 자신은 청렴하다고 자부할지 모르지만, 인간관계를 저버리고 도도하게 독야청청 살아가는 삶을 과연 청렴하다고 할 수 있느냐는 것이지요. 인륜을 무시한 은둔자의 청렴을 무의미하다고 보는 유학의 주장은 일관됩니다.

7

孟子

이루 상편

이루 상편 1장 : 徒善不足

마음과 제도의 이중주

'도구가 반이다'는 말처럼 모든 일에는 그 일에 적합한 도구가 있어야 효과를 거둘 수 있습니다. 그렇다면 드넓은 천하를 다스리는 효율적인 방법이 있다면 무엇일까요? 평소 어진 마음을 강조하던 맹자였기에 백성을 향한 마음이 먼저 떠오릅니다. 그러나 그렇게 착한 마음만 가지고 과연 모든 일이 이루어질 수 있을까요?

이루의 밝은 눈과 공수자의 정교한 솜씨로도 컴퍼스와 자를 사용하지 않으면 둥글거나 네모난 그릇을 만들 수 없고, 사광의 밝은 귀라도 표준 음높이인 육률(六律)이 아니고는 다섯 음을 조율할 수 없다. 마찬가지로 요순처럼 인자하신 마음을 지닌 임금이라도 어진 정치[仁政]를 하지 않았다면 천하를 평화롭게 다스릴 수 없었을 것이다.

그런데 지금 사람을 사랑하는 어진 마음과 어진 소문이 들리면서도 백성이 그 혜택을 입지 못하며 후세에 본보기가 되지 못하는 것은 선왕이 했던 도리인 인정을 시행하지 않았기 때문이다. 따라서 '단순히 착한 마음만 가지고는 정치를 할 수 없으며, 단순히 제도만 있고 실행하려는 마음이 없다면 임금의 은혜가 저절로 행해지지 않는다.'고 하였다. 『시경』에서도 '허물이 없고 잊어버리지 않는 것은 옛 법도를 좇았기 때문이다.'고 하였으니, 선왕의 법도를 따르면서 잘못될 리는 없다는 것이다.

離婁之明과 公輸子之巧로도 不以規矩면 不能成方圓이요 師曠之聰으로도
이 루 지 명　　공 수 자 지 교　　불 이 규 구　　불 능 성 방 원　　사 광 지 총

不以六律이면 不能正五音이요 堯舜之道로도 不以仁政이면 不能平治天下니라
불 이 육 률　　불 능 정 오 음　　요 순 지 도　　불 이 인 정　　불 능 평 치 천 하

今有仁心仁聞 而民不被其澤하여 不可法於後世者는 不行先王之道也일새니라
금 유 인 심 인 문 이 민 불 피 기 택   불 가 법 어 후 세 자   불 행 선 왕 지 도 야

故로 曰徒善이 不足以爲政이요 徒法이 不能以自行이라하나니라 詩云 不愆不忘은
고   왈 도 선   부 족 이 위 정   도 법   불 능 이 자 행   시 운   불 건 불 망

率由舊章이라하니 遵先王之法而過者는 未之有也니라
솔 유 구 장   준 선 왕 지 법 이 과 자   미 지 유 야

※ **이루**(離婁): 눈이 밝기로 유명한 사람. **공수자**(公輸子): 노나라의 솜씨 있는 기술자. **규구**(規
矩): 원을 만드는 도구는 규(規), 각을 재는 도구는 구(矩). **사광**(師曠): 진나라의 유명한 악사. **육
율**(六律): 대나무 통을 사용하여 궁(宮)·상(商)·각(角)·치(徵)·우(羽) 다섯 음의 높낮이를 조
절함. **도**(徒): 단지, 한갓[호]. **건**(愆): 허물. **장**(章): 법전.

　맹자는 우리가 훌륭한 왕들을 대대로 기억하고 있는 것은 그들이 백
성을 향한 어진 정치를 시행했었기 때문이라 진단합니다. 어진 정치란
백성의 마음을 헤아리고 고충을 함께하려는 따뜻한 마음의 현실적 표현
입니다. 예를 들어 제나라 선왕은 도살장으로 끌려가는 소 한 마리가 내
는 소리를 차마 견디지 못하여 양으로 바꾸었으니 어진 마음의 소유자
라 할 것입니다. 그러나 맹자는 이에 만족하지 않습니다. 당시 제나라
사람들이 실질적으로 그 어진 마음에서 비롯된 혜택을 받지 못하였으
니, 이것은 왕이 마음만 따뜻했지 구체적으로 어진 정치를 어떻게 시행
해야 할지 제대로 몰랐기 때문입니다. 인자하다는 소문 역시 실질적 혜
택으로 연결되지 않으면 어진 정치와는 거리가 있습니다.

　어진 정치란 따뜻한 마음만으로 되는 것은 아닙니다. 공정한 세법의
시행이나 안정된 마음으로 생업에 종사할 수 있도록 하는 제도적 방안
이 있어야만 그 마음도 현실화될 수 있기 때문입니다. 그렇습니다. 맹자
도 인용하듯이 "도선(徒善)이 부족이위정(不足以爲政)이요, 도법(徒法)
이 불능이자행(不能以自行)이라", 즉 단순히 착한 마음만 가지고는 정
치를 할 수 없고, 단순히 제도만으로 저절로 행해지는 것은 아닙니다.
지도자의 착한 마음만으로는 정치의 효과를 볼 수 없고, 그렇다고 제도
그 자체만으로 모든 것이 저절로 될 수 없다는 맹자의 말은 여전히 유효
할 것입니다.

성인이 도구를 만들 때 모든 시력을 다하셨고 게다가 컴퍼스나 자, 수평자나 먹줄까지 마련해 주셨으니, 그것으로 모난 것과 둥근 것, 평평한 것과 곧은 것을 얼마든지 만들어 사용할 수 있게 되었다. 또 청력을 다 썼고 거기에 6율을 마련해 주니 5음을 조율하는 데 얼마든지 이용할 수 있었다. 마찬가지로 성인은 마음을 다 쏟았고, 거기에다 남들에게 차마 하지 못하는 정치를 제도적으로 마련해 주셨으니, 그의 어짊이 천하 모두에 뒤덮였다. 그러므로 '높게 만들려면 반드시 언덕을 이용하고 낮게 만들자면 반드시 연못을 이용한다.'고 하니, 언덕이나 연못의 자연스런 상태를 이용하면 적은 힘으로 효과를 보기 때문이다. 마찬가지로 정치를 하면서 선왕의 도리를 쓰지 않는다면 지혜로운 자라 할 수 있겠는가!

聖人이 旣竭目力焉하시고 繼之以規矩準繩하시니 以爲方員平直에
성인　기갈목력언　　　계지이규구준승　　　이위방원평직

不可勝用也며 旣竭耳力焉하시고 繼之以六律하시니 正五音에 不可勝用也며
불가승용야　기갈이력언　　　계지이육률　　　정오음　불가승용야

旣竭心思焉하시고 繼之以不忍人之政하시니 而仁覆天下矣시니라
기갈심사언　　　계지이불인인지정　　　이인부천하의

故로 曰爲高호대 必因丘陵하며 爲下호대 必因川澤이라하니 爲政호대
고　왈위고　　필인구릉　　위하　　필인천택　　　위정

不因先王之道면 可謂智乎아
불인선왕지도　가위지호

　　※ 준(準): 수준기. 승(繩): 먹줄. 부(覆): 혜택을 끼치다.

　맹자가 성인의 도리를 강조하는 것은 피상적인 어진 마음만을 말할 것이 아니라, 실질적으로 백성에게 혜택이 돌아가는 어진 정치가 작동될 수 있는 참모습을 보여 달라는 것이지요. 성인으로 칭송받는 요순은 진정 어린 마음으로 백성의 고충을 헤아렸고, 더 나아가 그 혜택이 당대에만 그치지 않고 먼 후대까지 이어지도록 제도적인 보완책을 마련했습니다. 맹자가 강조한 선왕의 도리란 그러한 어진 마음에서 출발하여 구체화된 어진 정치입니다. 이어서 맹자는 어진 정치의 실상으로 나아가기 위한 구체적 대안으로 윗자리에서 모범을 보이는 임금과 그를 보좌하는 신하의 책임의식에 대해 덧붙여 말합니다.

이런 까닭에 선왕의 도리를 행하는 오직 어진 사람만이 마땅히 높은 자리에 있어야 하는 것이니, 만약 어질지 못한 사람이 높은 자리에 앉으면 이는 대중에게 악의 씨를 퍼트리는 것이다. 만일 윗사람이 도리로써 만사를 헤아리지 않으며 아랫사람이 법도로써 스스로 지키지 않게 되어, 조정 관리들이 법을 믿지 않으며 장인들은 기준 척도를 믿지 않으며, 군자라는 이는 의리를 벗어나는 일을 하고 소인들은 형벌을 무시하는데, 그러고도 나라가 남아 있다면 그야말로 요행일 것이다.

그러므로 '성곽이 튼튼하지 않다거나 병기가 많지 않은 것은 나라의 재난이 아니요, 또 밭과 들이 개간되지 못하고 재화가 모이지 않는 것이 나라의 재앙이 아니다. 윗사람이 예를 무시하고 아랫사람에게 교육이 없으면 백성을 해치는 도적들이 무더기로 쏟아져 나와 얼마 걸리지 않아 망할 것이다.'고 말하는 것이다.

是以惟仁者아 宜在高位니 不仁而在高位면 是는 播其惡於衆也니라
시 이 유 인 자　 의 재 고 위　 불 인 이 재 고 위　 시　 파 기 악 어 중 야

上無道揆也하며 下無法守也하여 朝不信道하며 工不信度하여 君子犯義요
상 무 도 규 야　 하 무 법 수 야　 조 불 신 도　 공 불 신 도　 군 자 범 의

小人이 犯刑이면 國之所存者幸也니라 故로 曰城郭不完하며
소 인　 범 형　 국 지 소 존 자 행 야　 고　 왈 성 곽 불 완

兵甲不多가 非國之災也며 田野不辟하며 貨財不聚가 非國之害也라
병 갑 부 다　 비 국 지 재 야　 전 야 불 벽　 화 재 불 취　 비 국 지 해 야

上無禮하며 下無學이면 賊民이 興하여 喪無日矣라하니라
상 무 례　 하 무 학　 적 민　 흥　 상 무 일 의

※ 규(揆): 헤아림. 도규(道揆)는 의리로써 사태를 헤아려 마땅하게 하는 것. 공(工): 관리. 도(度): 법도. 벽(辟): 개간하다[闢].

이어서 맹자는 임금을 보필할 신하의 자세에 대해서도 언급합니다.

『시경』에 이르기를, '하늘이 바야흐로 주나라를 무너뜨리려 하니, 그처럼 예예(泄泄)하지 말라.'고 하니, 여기서 '예예'는 태만하고 게으르다는 의미의 '답답(沓沓)'함을 뜻하는 당시 사람의 말이다. 임금을 섬김에 의리가 없고, 나아가며 물러감에 예의가 없으며, 말끝마다 선왕의 도를

비판하면서 시행할 수 없다고 말하는 사람은 '답답'한 사람이다. 이것은 임금의 뜻만을 따라서 기쁘게 하여 충성을 다하는 정성이 없는 것이다. 임금이 어찌 이러한 신하를 쓸 수 있겠는가? 따라서 '어려운 일을 군주에게 요구하여 그가 어진 마음으로 어진 정치를 하여 요순처럼 되기를 바라는 것을 공손이라 이르고, 그 군주가 선한 것을 베풀고 사악함을 막도록 하는 것을 공경이라 하며, 우리 임금이 무능하다고 떠벌리는 것을 도적이라 이른다.'고 하는 것이다.

詩曰 天之方蹶시니 無然泄泄라하니 泄泄는 猶沓沓也니라 事君無義하며
시왈 천지방궤   무연예예   예예 유답답야   사군무의

進退無禮하고 言則非先王之道者 猶沓沓也니라 故로 曰 責難於君을
진퇴무례   언즉비선왕지도자 유답답야   고 왈 책난어군

謂之恭이요 陳善閉邪를 謂之敬이요 吾君不能을 謂之賊이라하니라
위지공   진선폐사 위지경   오군불능 위지적

※ **시(詩)**: 『시경』 「대아(大雅)」편의 판(板). **궤(蹶)**: 전복시키다. **예예(泄泄)**: 게으르고 느린 모양으로 당시 답답(沓沓)이란 말과 같음. **비(非)**: 비방하다. **적(賊)**: 해치다.

어진 마음을 강조하던 맹자의 의도와 그 결론은 바로 어진 정치의 시행이었습니다. 그는 일을 효과적으로 처리하기 위한 도구가 있듯이, 백성을 향한 어진 마음이 어디에서부터 시작되어야 하는지를 선왕들이 생생하게 보여준 어진 정치에서 찾고 있습니다. 백성들에게 혜택이 돌아가기 위해서는 단순히 어진 마음만으로는 부족하고, 법 자체에만 내맡겨둘 수도 없습니다. 어진 마음과 어진 정치가 선순환적으로 연계되어야 실효성이 있기 때문입니다.

이 장은 정치를 하는 자는 마땅히 어진 마음과 어진 소문을 두고서 선왕의 정치를 행해야 하며, 군주와 신하 또한 각각 그 책임을 져야 함을 말한 것이다.[*]

---

[*] 『맹자집주』 「이루」 상편 1장. 鄒氏(鄒浩)曰 "此章 言爲治者, 當有仁心仁聞, 以行先王之政, 而君臣 又當各任其責也."

맹자가 주장하는 어진 정치란 위아래 모두가 도덕적 가치를 중시하며 백성을 향한 한결같은 책임의식에서 시작합니다. 그 가운데 군주를 향한 진정한 의미의 공경의 마음이 담겨 있습니다. 맹자는 묻습니다. 오늘날 당신은 어떤 생각과 방법을 가지고 세상과 소통하려 하는지요?

어진 마음은 흥망성쇠의 기준

요순과 같은 성인을 본받으려는 것은, 공자와 맹자 이래 유학의 뚜렷한 전통이었습니다. 그렇다면 성인의 어떤 점들이 그들을 사로잡았을까요? 단순히 당대의 훌륭한 업적 때문만은 아닐 것입니다. 그것은 바로 그들이 사람됨의 도리인 인륜을 제시하고 이를 실천하려는 노력이 뒤따랐기 때문입니다. 맹자는 군주와 신하의 도리를 통해 인륜의 표준으로서 성인의 길을 따를 것을 권합니다.

컴퍼스와 자는 네모나고 둥근 것을 만드는 표준이듯이, 성인은 인륜의 지극한 기준이 되는 분이시다. 군주가 되고자 하면 군주의 도리를 다할 것이요, 신하가 되고자 하면 신하의 도리를 다해야 한다. 두 가지는 모두 지극한 도리를 다하신 요순을 본받을 따름이다. 순이 요임금을 섬기던 바로써 군주를 섬기지 않으면 그의 군주를 공경하지 않는 사람이요, 또한 요임금이 백성을 다스리던 바로써 그의 백성을 다스리지 않는다면 백성을 해치는 사람일 것이다. 공자의 말씀에 따르면 '길은 둘이니 어질게 사느냐? 그렇지 않으면 어질지 못하게 살아가느냐일 따름이다.'

規矩는 方員之至也요 聖人은 人倫之至也니라 欲爲君인댄 盡君道요 欲爲臣인댄
규구　방원지지야　성인　인륜지지야　욕위군　진군도　욕위신

盡臣道니 二者를 皆法堯舜而已矣니 不以舜之所以事堯로 事君이면
진신도　이자　개법요순이이의　불이순지소이사요　사군

不敬其君者也요 不以堯之所以治民으로 治民이면 賊其民者也니라
불경기군자야　불이요지소이치민　치민　적기민자야

孔子曰道二니 仁與不仁而已矣라하시니라
공자왈도이　인여불인이이의

맹자는 요순을 본받아 행동하면 군주와 신하의 도리를 다하여 어질게 될 것이요, 그렇지 않으면 임금을 업신여기고 백성을 해롭게 하여 어질지 못하게 될 것으로 보았습니다. 공자의 말까지 인용하여 중간은 없다고 단언합니다. 인에서 벗어나면 어질지 못한 곳으로 빠질 것이니 신중하게 선택하라는 것이지요. 그리고 역사적인 사례를 덧붙여 인으로의 길을 촉구합니다.

어질지 못하여 백성에게 포학함이 심하다면 자신도 죽임을 당하고 나라도 망할 것이며, 심하지 않더라도 몸은 위태롭고 나라의 땅은 줄어들 것이다. 또한 그 자신만 화를 입을 뿐 아니라 자신의 못된 행동 때문에 사후에 암흑을 뜻하는 '유(幽)'로 시호를 받은 유왕이나 포학하다는 '려(厲)'의 시호를 받은 려왕처럼 된다면, 제아무리 효자며 자상한 자손이 있더라도 백세토록 선대의 나쁜 이름을 고칠 수 없을 것이다. 어질지 못한 재앙이 이 지경까지 이를 것이니 두려워하지 않을 수 있겠는가? 『시경』에 말한 '은나라의 거울이 멀리 있지 않으니 하후의 세대에 있느니라'는 말은 바로 이것을 이르는 것이다.

暴其民이 甚則身弑國亡하고 不甚則身危國削하나니 名之曰幽厲면
포 기 민   심 즉 신 시 국 망   불 심 즉 신 위 국 삭   명 지 왈 유 려

雖孝子慈孫이라도 百世에 不能改也니라 詩云 殷鑒不遠이라
수 효 자 자 손   백 세   불 능 개 야   시 운 은 감 불 원

在夏后之世라 하니 此之謂也니라
재 하 후 지 세   차 지 위 야

※ 유(幽): 어둡다. 려(厲): 사납다. 시(詩): 『시경』「대아(大雅)」편의 탕(蕩).

맹자의 경고는 때로는 가혹할 정도입니다. 군주가 함부로 백성에게 포학하게 굴면 자신도 죽고 나라도 망할 것이라는 신시국망(身弑國亡)의 결과에 이를 것이요. 그 정도가 약할지라도 몸은 위태롭고 영토는 축소되는 신위국삭(身危國削)이 될지 모른다고 말합니다. 또한 자신이 악인이라 낙인 찍히면 후손들은 대대로 그 오명을 뒤집어쓴 채 살아갈 수

밖에 없다고 경고합니다. 포학함을 일삼던 은나라 주왕이 무왕에게 정벌을 당한 것은 무도했던 하나라의 걸왕이 탕임금에게 멸망 당했던 그 이전의 역사를 거울삼지 못했기 때문입니다. 그러므로 권력을 지녔다고 백성을 마음대로 대하지 말고 조심하면서 살아가라는 것이지요. 이 모두가 권력자의 입장으로서는 듣기 거북한 말들입니다.

맹자가 그렇게 소신을 가지고 말할 수 있었던 기준은 그가 인용한 공자의 말에서 찾을 수 있습니다. "길은 다만 두 가지일 뿐이니 어질게 사느냐? 그렇지 않으면 어질지 못하게 살아가느냐이다." 이어지는 3장에서도 맹자는 이 점을 특별히 중시하면서 어질지 못했을 경우의 불행한 결과를 보충하여 덧붙입니다.

하은주 3대가 천하를 얻은 것은 우와 탕과 문왕과 무왕의 어진 마음에서 기인하였고, 반면에 천하를 잃은 것은 걸과 주나 유왕과 려왕처럼 어질지 못함에서 비롯하였다. 천하를 얻고 잃음이 어질 인(仁) 한 글자에 달려 있는 것이다.

천하뿐 아니라 제후 나라들의 흥망성쇠도 모두 그 렇다. 천하를 소유한 천자가 어질지 못하면 백성들의 마음이 떠나서 사해(四海)를 보전하지 못할 것이요, 사직(社稷)을 가진 제후가 어질지 못하면 나라가 없어져 사직을 보전하지 못할 것이요, 종묘(宗廟)를 가진 경대부가 어질지 못하면 제사를 지낼 종묘를 보전하지 못할 것이요, 선비와 일반 사람이 어질지 못하면 법망에 걸려서 제 몸 하나 보전하지 못하고 죽을 것이다.

자신에게 가장 소중한 것을 보전할 수 없다는 것은 어질지 못하기 때문이다. 지금 죽고 망하는 것을 싫어하면서도 어질지 못한 짓을 즐겨하니, 이는 마치 취하기를 싫어하면서도 억지로 술을 마시는 것과 같다.

三代之得天下也는 以仁이요 其失天下也는 以不仁이니라
삼 대 지 득 천 하 야　이 인　기 실 천 하 야　이 불 인

國之所以廢興存亡者도 亦然하니라 天子不仁이면 不保四海하고 諸侯不仁이면
국 지 소 이 폐 흥 존 망 자　역 연　천 자 불 인　불 보 사 해　제 후 불 인

不保社稷하고 卿大夫不仁이면 不保宗廟하고 士庶人이 不仁이면 不保四體니라
불보사직　경대부불인　　불보종묘　　사서인　불인　　불보사체

今에 惡死亡而樂不仁하나니 是猶惡醉而強酒니라
금　오사망이락불인　　시유오취이강주

※ **사직**(社稷): 제후국에서 토지와 곡식의 신에게 제사를 지내는 곳. **오**(惡): 싫어하다. **취**(醉): 취하다.

맹자가 보기에 어진 마음을 지니느냐 그렇지 않느냐는 단순한 선택이 아니라 생사가 걸릴 정도로 중요한 문제입니다. 타자를 향한 따뜻한 마음으로 모두가 하나됨을 추구하는 어진 정치인 인정(仁政)은 공동체의 흥기와 존립의 원동력이었던 것입니다. 여기서 맹자의 비유가 멋있습니다. 오취강주(惡醉强酒)! 흥청망청 취하기 싫어하면서도 이리저리 찾아가며 술 마시려는 이중성을 폭로하기 때문입니다. 공자는 우리의 선택지를 어진 마음을 지니느냐 혹은 어질지 못한 마음으로 생활할 것이냐로 압축합니다. 맹자는 궁금해 할지 모릅니다. 오늘날을 살아가는 후손들은 어느 길을 선택하여 가고 있는지 말입니다.

이루 상편 4~5장 : 反求諸己

모든 일은 자기 하기 나름이다

모든 잘잘못을 자기 탓으로 돌리려는 반성형 사고는 유학에서의 전형적 모습이기도 합니다. 나의 부족함 혹은 성급함이 일을 그르치고 상대와 벽을 쌓는 원인이 되기 때문입니다. 맞는 말입니다. 하지만 나만 부족하고 상대는 잘못이 없단 말입니까? 왜 나만 반성한단 말입니까? 손뼉도 마주쳐야 소리가 나듯 상대는 잘못이 없단 말입니까? 여러 생각이 교차하지만, 우선 맹자의 말부터 들어보겠습니다.

> 남을 사랑하였는데 친밀히 여기지 않거든 나의 어진 마음을 다했는지 돌이켜보며, 남을 다스렸는데 잘 다스려지지 않으면 나의 지혜를 다했는지 돌이켜보며, 남을 예로써 대했는데 답하지 않으면 나의 공경하는 마음이 부족하지 않았는지 돌이켜보라. 일을 하면서 뜻대로 되지 않는다면 모두 자신을 돌이켜보아야 하니, 내 자신이 올바르다면 천하 모두가 내게로 돌아오는 효과가 있을 것이다.

愛人不親이어든 反其仁하고 治人不治어든 反其智하고 禮人不答이어든
애 인 불 친　　　 반 기 인　　　치 인 불 치　　　 반 기 지　　　 예 인 부 답

反其敬이니라 行有不得者어든 皆反求諸己니 其身이 正而天下歸之니라
반 기 경　　　　 행 유 부 득 자　　　 개 반 구 저 기　　　기 신　 정 이 천 하 귀 지

※ **부득(不得)**: 뜻대로 되지 않음. **저(諸)**: 모두라는 의미일 때는 '제'로 읽지만, ~에서라는 '지어 (之於)'의 두 글자가 압축된 의미일 때는 '저'로 읽음.

맹자는 문제의 원인을 자신에게 되돌리는 반구저기(反求諸己)를 권합니다. 내가 아무리 잘해 주었더라도 정작 그가 나를 친하게 대하지 않았다면 혹시라도 나에게 상대를 향한 진정어린 마음이 부족했는지 반성하

라는 것입니다. 나름 신경을 썼는데도 잘 다스려지지 않거나, 상대를 예로 대우했는데 반응이 시원찮을 경우도 마찬가지입니다. 나의 지혜가 부족해서 잘 다스려지지 않았나, 아니면 나의 공경이 부족해서 상대의 반응이 그 정도란 말인가라고 반성할 것을 권유합니다. 모든 일이 그렇습니다. 뜻대로 되지 않는 일이 있거든 자신을 되돌아보는 반구저기(反求諸己)의 자세가 필요합니다. 내가 진정으로 바르게 되면 천하 모든 이들이 나를 향해 마음을 열 것이라 기대하는 것입니다. 아니, 천하가 나에게로 돌아올 것이라는 맹자의 말은 그 효과에 대한 자신감 넘치는 목소리입니다. 맹자는 말미에 복은 자기가 구하기 나름이라는 시경의 구절을 인용합니다.

『시경』에 말하기를, '오래도록 천명에 부합할 것을 생각함이 스스로 많은 복을 구하는 길이다'고 하였다.[*]

詩云 永言配命이 自求多福이라하니라
시 운 영 언 배 명   자 구 다 복

※ 시(詩): 『시경』「대아(大雅)」편의 문왕(文王). 영(永): 오랫동안. 언(言): 생각하다[念]. 명(命): 천명.

자기반성을 촉구하는 맹자의 권유는 다음 장(5장)에서도 이어집니다.

사람들이 흔히 하는 말에 모두들 천하국가라 하는데, 천하의 근본은 나라에 있고 나라의 근본은 가정에 있고 가정의 근본은 자기 몸에 달려 있는 것이다.

人有恒言호대 皆曰 天下國家라하나니 天下之本은 在國하고
인 유 항 언   개 왈 천 하 국 가   천 하 지 본   재 국
國之本은 在家하고 家之本은 在身하니라
국 지 본   재 가   가 지 본   재 신

※ 항(恒): 항상.

---

[*] 이 구절은 「공손추」상편 4장에서도 나온다. "禍福無不自己求之者, 詩云 '永言配命 自求多福'."

천하국가를 위해서라는 말은 쉽게 하면서도 정작 그 순서에 대해서는 생각하지 않는 경우가 많습니다. 유학에서는 천하 모두를 말하기에 앞서 몸을 닦는 수신(修身)을 출발점으로 하여 가정에서 나라로, 나라에서 천하로 확대되어 가는 구도를 띠고 있습니다. 그러므로 『대학』에서는 천자로부터 일반 사람에 이르기까지 모두 다 수신을 근본으로 삼는다고 하였던 것입니다.** 모든 것은 자기 하기 나름이라는 것이지요.

그러나 자신을 되돌아보아야 한다는 맹자의 주장은 생각보다 받아들이기 쉽지 않습니다. 나에 대한 반성보다는 타자의 반응이나 태도에 더욱 신경 쓰이기 때문입니다. 수신을 강조하는 맹자의 언급은 너무도 많이 들어왔습니다. 혹시라도 타인의 마음을 먼저 생각하지 못했던 것은 내가 먼저 이해타산을 따졌던 것은 아니었을까요? 엄밀히 생각하면 내가 상대로부터 원하는 것이 있었기에 그렇게 했을 것이고, 그에 따른 적절한 보상이나 대가가 반드시 돌아오는 것도 아닐 것입니다. 진정성이 부족한 사랑이나 상대의 장단점을 고려하지 못한 일처리, 그리고 형식에 그친 공경심 등은 모두가 상대의 진심 어린 마음을 얻기에 부족할 것입니다.

소통의 벽에 직면한 사람에게는 맹자의 '내 탓'을 말하는 반구저기(反求諸己)란 여전히 낯설기만 합니다. 그렇다면 나만의 반성을 넘어 상대방 역시 자신을 되돌아보는 진정한 상호소통의 방법이 있다면 무엇일까요?

** 『대학』 경문 1장. "自天子以至於庶人, 壹是皆以修身爲本."

덕으로 교화시키는 정치

　모든 이들의 마음을 얻어 도덕적으로 교화시킬 수 있는 방법이 있다면 무엇일까요? 왕이 직접 발로 뛰면서 모든 이들의 마음을 헤아릴 수는 없는 노릇이므로 맹자는 백성의 마음이 향하는 가문, 즉 큰 집 사람들이란 뜻의 거실(巨室)에서 마음을 얻는 것이 필요하다고 말합니다.

> **정치를 하는 것이 어렵지 않으니, 대대로 벼슬해온 큰 집인 거실[巨室]에 죄를 얻지 않으면 된다. 큰 집이 사모하는 것을 한 나라가 사모하고, 한 나라가 사모하는 것을 천하가 사모하므로 물이 성대하게 넘치듯이 덕의 교화가 사해에 가득할 것이다.**

　　爲政이 不難하니 不得罪於巨室이니 巨室之所慕를 一國이 慕之하고
　　위정　불난　　부득죄어거실　　거실지소모　일국　모지
　　一國之所慕를 天下慕之하나니 故로 沛然德教가 溢乎四海하나니라
　　일국지소모　천하모지　　고　패연덕교　일호사해

> ※ **거실**(巨室): 대대로 벼슬한 큰 가문으로 경이나 대부의 집안. **모**(慕): 사모하다. 기꺼이 복종하는 마음. **패연**(沛然): 성대하게 흐르는 모양. **일**(溢): 충만하다.

　거실(巨室)이란 대대로 벼슬하는 고위층 집안으로, 민심의 동향을 비교적 잘 알고 있는 가문을 말합니다. 임금이 그들에게 죄를 얻지 않는다는 말은 왕 스스로가 올바르게 처신하여 그들에게 서운하거나 노여운 생각이 일어나지 않도록 하는 것입니다. 왜냐하면 평소 백성들의 신임을 받는 그들은 왕을 보좌하는 동시에, 왕이 백성들과 접하는 통로이기 때문입니다. 따라서 큰 집안에서 마음으로 기뻐하며 진심으로 복종한다면 그를 믿고 따르는 백성들의 마음을 얻는 것이요, 그 마음은 천하 모

두로 퍼져나갈 것입니다. 마치 홍수로 물이 불어 넘쳐나듯 말입니다.

군자는 인심이 따르지 않을까 걱정하지 말고 자신의 몸이 닦여지지 않는 것을 걱정한다. 자신의 몸이 닦여지면 복종시키기 어려운 사람들이 먼저 복종하여 복종하지 않을 사람이 없을 것이다.[*]

인심을 모으기 위해 맹자가 생각하는 선결조건이 있습니다. 왕이 몸가짐을 올바르게 하여 가까이에 있는 사람들이 저절로 고개 숙이도록 해야 하는 것입니다. 자신도 제대로 못하면서 타인들에게 강요할 수는 없기 때문입니다.

맹자는 덕으로 넘치는 교화의 정치야말로 모든 이들의 마음을 사로잡는 효과적인 정치술이라 봅니다. 이러한 생각은 정치란 덕으로써 해야 한다는 공자의 '위정이덕(爲政以德)'을 보다 구체화한 것입니다.

---

[*] 『맹자집주』「이루」상편 6장. "盖君子 不患人心之不服, 而患吾身之不脩. 吾身既脩, 則人心之難服者, 先服, 而無一人之不服矣."

이루 상편 7장 : 順天者存

순리대로 살아가는 자세

약육강식의 힘이 지배하는 현실은 예나 지금이나 마찬가지입니다. 그렇다고 거부하기 힘든 강자의 힘만을 인정하고 따르는 것이 능사는 아닐 것입니다. 맹자는 힘이 아니라 덕에 기반을 둔 질서 있는 사회를 꿈꿉니다. 부족한 덕을 채워 나가려는 노력이 진정한 강자로 거듭날 수 있는 길이라는 것이지요. 가능할까요? 맹자의 주장을 들어보기로 하겠습니다.

천하에 질서가 잡혀 있을 때면 작은 덕을 지닌 사람이 큰 덕을 지닌 사람에게 부림을 받고, 작은 인물이 큰 인물에게 부림을 받는다. 반면에 천하가 무질서하다면 제후들 내부에 작은 자가 큰 자에게 부림을 당하고, 약자가 강자에게 부림을 당한다. 이 두 가지는 하늘의 자연스런 이치이니, 하늘에 따르는 자는 살고 하늘을 어기는 자는 망한다.

天下有道엔 小德이 役大德하며 小賢이 役大賢하고 天下無道엔 小役大하며
천하유도 소덕 역대덕 소현 역대현 천하무도 소역대
弱役強하나니 斯二者는 天也니 順天者는 存하고 逆天者는 亡하나니라
약역강 사이자 천야 순천자 존 역천자 망

> ※ **천(天)**: 필연적 이치. **역(役)**: 부리다. 시키다.

맹자는 천하의 질서가 유지될 때와 무질서할 때의 두 경우로 나누고, 그 기준을 덕과 힘으로 대비시킵니다. 덕을 숭상할 때의 위계질서는 큰 덕과 더불어 재능을 겸비한 현자가 이치적으로 윗자리에 있게 된다는 것이요, 반면에 천하에 도가 없이 무질서할 때는 힘의 강약이 질서의 척도가 되는 형국으로 바뀐다는 것입니다. 그리고 두 경우 모두가 자연스

런 이치이자 피할 수 없는 형세로 봅니다. 우리가 들었던 '순천자존(順天者存), 역천자망(逆天者亡)', 즉 하늘의 이치를 따르는 자는 살 것이요 하늘의 이치를 어기는 자는 망한다는 구절이 바로 여기서 나옵니다.

그러나 맹자는 덕을 키워나가는 수덕(修德)을 주장하면서도 오로지 덕만을 강조하지는 않습니다. 덕이 없는 세상은 힘의 우열에 따라 국가의 존망이 다를 수밖에 없다는 현실적 모습을 ㄱ 역시 너무도 잘 알고 있었기 때문입니다. 이어지는 제나라의 사례가 그러한 경우입니다. 제나라는 본래 강하고 큰 나라였으나 경공에 이르러 주변 강대국의 부림을 받을 때의 상황입니다.

> 제나라 경공은 '명령을 내릴 수도 없는 상황에서 또한 명령을 받지도 않는다면, 이것은 남과의 관계를 끊어버리는 것이다.'고 하면서, 눈물을 흘리며 강대국인 오나라로 딸을 시집보냈다. 강대국 오나라를 제나라가 감당할 수 없었기 때문이었다. 지금 그보다 작은 나라가 스스로 덕을 닦지도 않고 큰 나라의 명을 받는 것을 부끄러워하는 것은, 마치 제자로서 스승에게 명을 받는 것을 부끄러워하는 것과 같은 것이다.

齊景公이 曰旣不能令하고 又不受命이면 是는 絶物也라하고 涕出而女於吳하니라
제 경 공   왈 기 불 능 령   우 불 수 명   시   절 물 야   체 출 이 여 어 오

今也에 小國이 師大國而恥受命焉하나니 是猶弟子而恥受命於先師也니라
금 야   소 국   사 대 국 이 치 수 명 언   시 유 제 자 이 치 수 명 어 선 사 야

※ 물(物): 사람[人]. 체(涕): 눈물을 흘리다. 여(女): 시집보내다. 선사(先師): 스승.

스스로 강하지 못하여 강대국을 섬길 수밖에 없는 것은 어찌할 수 없는 현실입니다. 소국의 자주독립도 중요하지만, 강대국 중심의 국제질서를 무시할 수 없기 때문이죠. 그러나 한편으로는 천하의 질서를 만들어가던 이도 있었습니다. 맹자는 문왕이 바로 그러한 경우이고 그이의 어진 마음의 덕이 바로 그 원동력이라 보았습니다.

만일에 강대국 섬기는 것을 부끄러워한다면, 문왕을 스승 삼아 본받는 것보다 좋은 것이 없다. 문왕을 본받아 그 덕을 닦아나간다면 큰 나라는 5년, 작은 나라는 7년이면 반드시 천하에 정치를 펼쳐나갈 수 있을 것이다. 문왕의 일에 대해『시경』에서는 다음과 같이 말하였다.

'은나라 자손의 수가 수십만 명뿐이겠는가마는 상제가 이미 명하신지라 모두 주나라에 복종하는구나. 오직 주나라에 복종하니 천명은 일정한 것이 아니라 덕 있는 자에게 돌아가기 때문이다. 자손뿐 아니라 은나라의 뛰어난 신하들도 새로운 주나라 서울에서 천자의 제사인 관제(裸祭)를 돕는구나!'

이에 대해 공자는 '어진 자가 있으면 무리가 많다고 당해낼 수 없으니, 나라의 임금이 인을 좋아하면 천하에 대적할 자가 없다.'고 풀이하셨다.

이제 천하에 대적할 자가 없기를 바라면서도 문왕처럼 인정(仁政)을 행하지 않는다면, 이것은 뜨거운 것을 쥐고서 물로 씻지 않는 것과 같다.『시경』에도 '누가 뜨거운 것을 쥐고서 씻지 않을 수 있겠는가?'라고 하였다.

如恥之인댄 莫若師文王이니 師文王이면 大國은 五年이요 小國은 七年에
여 치 지   막 약 사 문 왕   사 문 왕   대 국   오 년   소 국   칠 년

必爲政於天下矣라라 詩云 商之孫子 其麗不億이언마는 上帝旣命이라
필 위 정 어 천 하 의   시 운 상 지 손 자 기 려 불 억   상 제 기 명

侯于周服이로다 侯服于周하니 天命靡常이라 殷士膚敏이 裸將于京이라하여늘
후 우 주 복   후 복 우 주   천 명 미 상   은 사 부 민   관 장 우 경

孔子曰 仁不可爲衆也니 夫國君이 好仁이면 天下無敵이라하시니라
공 자 왈 인 불 가 위 중 야   부 국 군   호 인   천 하 무 적

今也에 欲無敵於天下而不以仁하나니 是猶執熱而不以濯也니
금 야   욕 무 적 어 천 하 이 불 이 인   시 유 집 열 이 불 이 탁 야

詩云 誰能執熱하여 逝不以濯이리오하니라
시 운 수 능 집 열   서 불 이 탁

※ 시(詩):『시경』「대아(大雅)」편의 문왕(文王). 려(麗): 숫자. 후(侯): 유(維)처럼 어조사로 쓰임. 미(靡): 아니다. 은사(殷士): 은나라 자손의 신하. 부(膚): 크다. 관(裸): 종묘제사에 울창의 술을 땅에 부어 신을 부르는 의식. 장(將): 돕다. 서(逝): 어조사. 탁(濯): 씻다.

맹자는 어진 자에게 대적할 사람은 없다는 '인자무적(仁者無敵)'을 제

시하면서 자신의 주장에 확신을 더해갑니다. 천하에서 자신을 대적할 사람이 없게 하고자 한다면 어진 마음에서 우러나오는 정치, 즉 인정(仁政)을 베풀어야 한다는 것이지요. 그리고 무력이 아니라 덕으로써 천하를 움켜쥐면서 새롭게 주나라를 창건했던 문왕이 그 좋은 모델이 될 수 있다고 주장합니다. 상나라 자손과 관료들의 숫자가 아무리 많았더라도 결국 문왕에게 모여들었던 것처럼 말입니다. 여기서는 문왕의 정치에 대해 구체적으로 소개하고 있지는 않지만, 뜨거운 불을 끄기 위해 찬물을 찾듯이 분명한 원칙과 방법은 알아야 한다고 덧붙입니다. 덕행을 쌓고 어진 정치를 행하는 것이 맹자가 말하는 대원칙일 것입니다.

스스로 강하지 못하면 하늘이 명하는 바를 들을 것이요, 덕을 닦고 인을 행하면 하늘의 명이 자신에게 있게 된다.[*]

맹자는 현실적 힘보다는 분명히 덕성의 함양에 방점을 두고 있습니다. 어진 자에게 대적할 사람이 없다는 말이 있듯이, 현실적인 권력에 대항하거나 그를 넘어설 진정한 힘이란 덕을 키워 나가는 것입니다. 긴 안목으로 볼 때 약육강식의 고리에서 진정으로 벗어나는 방법이 있다면, 그건 배타적인 우월의 힘에서 나올까요, 아니면 공존의 지평을 넓혀가려는 모두를 향한 따뜻한 마음에서 찾아야 할까요?

---

[*] 『맹자집주』「이루」상편 7장. "不能自强, 則聽天所命, 修德行仁, 則天命在我."

이루 상편 8장 : 滄浪之水

스스로의 선택에 달려있다

　모든 일은 자기 하기 나름임을 강조하는 맹자의 말 가운데 유독 가슴
에 와닿는 구절이 있습니다. "물이 맑거든 갓끈을 씻고 물이 흐리거든
발을 씻는다."는 말이 그것입니다. 맹자는 당시 어질지 못한 군주를 경
계하는 취지에서 말문을 엽니다.

> 어질지 못한 자들과 어떻게 진심으로 더불어 말할 수 있겠는가? 그들은
> 위태로운 상황을 편안히 여기고 재앙을 이롭게 여기며, 멸망에 이르게
> 될 것을 즐길 만하다고 여겨 제멋대로 행동할 것이다. 어질지 못한 그들
> 과 더불어 말할 수 있다면, 어찌 나라를 망치고 집안을 무너뜨린 경우가
> 있었겠는가?

不仁者는 可與言哉아 安其危而利其菑하여 樂其所以亡者하나니
불인자　가여언재　안기위이이기재　낙기소이망자

不仁而可與言이면 則何亡國敗家之有리오
불인이가여언　즉하망국패가지유

　어질지 못한 이들은 패망을 자초할 것이니 더불어 말할 필요가 없다
는 극단적 경고에 이어 맹자는 당시 아이들의 노래 가운데 하나를 소개
합니다.

> 창랑의 물이 맑거들랑 내 갓끈을 씻음직하고,
> 창랑의 물이 흐리걸랑 내 발을 씻음직하다.
>
> 이 말을 듣고 공자는 '제자들아, 들어 보거라. 맑으면 갓끈을 씻고, 흐리
> 면 발을 씻는다라고 하니 이것은 스스로가 선택하는 것이다.'고 하였다.

滄浪之水淸兮어든 可以濯我纓이요
창 랑 지 수 청 혜　　가 이 탁 아 영

滄浪之水濁兮어든 可以濯我足이라하여늘
창 랑 지 수 탁 혜　　가 이 탁 아 족

孔子曰 小子아 聽之하라 淸斯濯纓이요 濁斯濯足矣로소니 自取之也라하시니라
공 자 왈 소 자　청 지　　청 사 탁 영　　탁 사 탁 족 의　　자 취 지 야

　※ 유자(孺子): 어린아이. 창랑(滄浪): 물 이름. 영(纓): 갓 끈. 사(斯): '한다면'이라는 조건을 뜻함.

　공자는 아이들의 노래를 스스로의 선택이라는 '자취(自取)'로 요약합
니다. 같은 물일지라도 그 물의 사용처가 다른 것은 모두 물 스스로의
맑고 흐림에 달려 있다는 것입니다. 다른 맥락으로 보면 물을 선택하는
사람의 결단을 말하는 것으로 해석할 수도 있겠지요. 그러나 맹자는 자
취의 의미가 스스로의 선택에 따른 결과임을 분명히 합니다.

**사람은 반드시 스스로 하찮게 여긴 다음에야 남이 하찮게 여기며, 집안
도 반드시 스스로 서로를 헐뜯은 다음에야 남이 헐뜯으며, 나라도 반드
시 스스로 내분이 있은 다음에야 남이 와서 쳐부수는 것이다.**

夫人必自侮然後에 人이 侮之하며 家必自毁而後에 人이 毁之하며
부 인 필 자 모 연 후　인　모 지　　가 필 자 훼 이 후　인　훼 지

國必自伐而後에 人이 伐之하나니라
국 필 자 벌 이 후　인　벌 지

　※ 모(侮): 업신여기다. 훼(毁): 헐뜯다. 벌(伐): 공격하다.

　모든 문제의 원인은 알고 보면 자기에게서 비롯된다는 것이지요. 스
스로를 하찮게 여기기에 남들도 무시하는 것이요, 자기들끼리 헐뜯으며
싸우는 결과는 패가망신의 지름길임은 너무도 분명합니다. 맹자는 『서
경』의 말을 인용하며 자신의 논지를 정당화시킵니다.

**「태갑」에 이르기를, '하늘이 내리는 재앙은 준비를 하면 오히려 피할 수
도 있지만, 스스로 저지른 죄로 벌을 받는 재앙은 피할 수 없다.'고 한 것
은 이를 두고 한 말이다.**

太甲에 曰 天作孽은 猶可違어니와 自作孽은 不可活이라하니 此之謂也니라
태 갑   왈 천 작 얼   유 가 위   자 작 얼   불 가 활   차 지 위 야

※ **얼**(孽): 재앙.

맹자의 주장은 암시적이면서도 목적지는 하나로 모이고 있습니다. 먼저 자신의 사적 욕심과 향락에 젖은 어질지 못한 자의 행위가 결과적으로 국가의 패망에 이를 것이라 경고하며, 이는 모두 스스로 불러들인 자취(自取)의 결과임을 아이들의 노래와 공자의 탄식에서 끌어냅니다. 그리고 자신의 잘못으로 초래한 부정적 결과들을 적실하게 보여줍니다.

맹자는 자신의 충고를 받아들일 군주를 진정으로 만나고 싶어 했습니다. 그러나 맹자의 말에 관심을 갖고 귀 기울어 주는, 맹자의 표현을 빌리면 '더불어 말할 만한' 군주는 그리 많지 않습몰아줍니다. 재앙과 행복은 모두 스스로의 결단에서 비롯되는데도 말입니다. 남 탓하기 쉬운 세상에 사는 오늘날에도 우리 주변에 현대판 창랑가가 울려 퍼지기를 기대합니다.

어둠이 깊을수록 새벽은 다가온다

군주는 민생을 살피는 데 힘써야 한다는 것이 맹자의 일관된 주장입니다. 맹자는 천하를 얻는 근본을 민심의 사로잡는 데 초점을 두고 말합니다.

걸과 주가 천하를 잃은 것은 그 백성을 잃었기 때문이니, 그 백성을 잃었다는 것은 그들의 마음을 잃었다는 것이다. 천하를 얻는 데 방도가 있으니, 그 백성을 얻으면 천하를 얻을 수 있다. 그 백성을 얻는데도 방도가 있으니, 그들의 마음을 얻으면 백성을 얻을 수 있다. 그들의 마음을 얻는데 방도가 있으니, 하고 싶어 하는 일을 나눠주어 모여들게 하고, 싫어하는 일을 그들에게 억지로 시키지 말아야 할 것이다.

桀紂之失天下也는 失其民也니 失其民者는 失其心也라 得天下有道하니
걸 주 지 실 천 하 야　실 기 민 야　실 기 민 자　실 기 심 야　득 천 하 유 도

得其民이면 斯得天下矣리라 得其民이 有道하니 得其心이면 斯得民矣리라
득 기 민　사 득 천 하 의　득 기 민 유 도　득 기 심　사 득 민 의

得其心이 有道하니 所欲을 與之聚之요 所惡를 勿施爾也니라
득 기 심 유 도　소 욕　여 지 취 지　소 오　물 시 이 야

※ **사**(斯): 이에. 그 결과. **이**(爾): 어조사.

백성이 어진 자에게 돌아오는 모습이 마치 물이 위에서 아래로 흐르듯하고 짐승들이 텅 빈 들판을 내달도록 하는 것과 같다. 그러므로 깊은 물을 위해 물고기를 몰아주는 것은 수달이니, 물고기는 본래 깊은 물로 가려고 하는데 수달을 두려워하기 때문에 더욱 깊은 물로 피하려는 것이다. 무성한 수풀로 참새를 몰아주는 것은 매이니, 참새는 본래 무성한 수풀로 가려고 하는데 매를 두려워하기 때문에 더욱 무성한 수풀로 피하

는 것이다.

마찬가지로 백성은 본래 탕왕이나 무왕 같은 성군에게 돌아가려고 하는데 걸왕과 주왕를 두려워하기 때문에 더욱 탕왕이나 무왕에게 피하려고 하니, 탕왕과 무왕을 위하여 백성을 몰아주는 것은 결과적으로 걸과 주이다. 지금 천하의 임금 가운데 어진 이를 좋아하는 사람이 있다면 백성을 괴롭히고 있는 제후들이 모두 그를 위해 백성을 몰아줄 것이니, 비록 왕 노릇을 바라지 않더라도 어쩔 수 없을 것이다.

民之歸仁也 猶水之就下며 獸之走壙也니라 故로 爲淵敺魚者는 獺也요
민 지 귀 인 야 유 수 지 취 하　수 지 주 광 야　　고　위 연 구 어 자　　달 야

爲叢敺爵者는 鸇也오 爲湯武敺民者는 桀與紂也니라 今天下之君이
위 총 구 작 자　전 야　위 탕 무 구 민 자　　걸 여 주 야　　금 천 하 지 군

有好仁者면 則諸侯皆爲之敺矣니 雖欲無王이나 不可得已니라
유 호 인 자　즉 제 후 개 위 지 구 의　　수 욕 무 왕　　불 가 득 이

※ 구(敺): 몰다. 달(獺): 수달. 작(爵): 참새. 전(鸇): 매.

맹자의 비유는 역설로 가득한 경우가 있습니다. 물고기는 연못으로 모여들기 마련인데, 때마침 수달이 쫓아오니 연못을 위해 물고기를 몰아주는 자는 수달이라는 비유가 그렇습니다. 울고 싶은데 뺨 때려 준다는 말입니다. 마찬가지 이치로 탕왕이나 무왕처럼 어진 정치를 펼치는 군주에게 가고 싶은데 자연스럽게 그를 향해 백성들을 몰아주는 자는 걸왕과 주왕이라는 것이지요. 어둠이 깊어질수록 새벽은 가까워진다고 맹자는 생각했던 것입니다. 즉 폭정에 시달리는 이때야말로 어진 자의 진가가 발휘되는 시점이라는 것입니다. 그런데 결코 녹록치 않은 현실입니다. 이 점을 잘 아는 맹자이기에 어찌 보면 저주의 말처럼 들릴 정도로 안타까운 마음을 쏟아냅니다.

지금 왕 노릇 하기를 바라는 자는 마치 7년된 고질병에 3년 묵은 쑥으로 낫게 하려는 것과 같으니 쉬운 일이겠는가? 그러나 만일 지금이라도 쑥을 비축해두지 않는다면 평생을 다해도 구하지 못할 것이다. 마찬가지

로 진실로 지금부터라도 인에 뜻을 두지 않는다면 백성의 마음이 나날이 떠나고 나라의 형세가 날로 어려워져서 평생토록 근심과 치욕을 받으며 죽음의 구덩이에 빠질 것이니, 그 누가 왕 노릇을 할 수 있단 말인가? 『시경』에 이르기를, '그 어찌 홀로 착할 수 있으리오! 곧 서로를 이끌어 혼란에 빠질 따름이다.'라고 한 것은 이를 두고 한 말이다.

今之欲王者는 猶七年之病에 求三年之艾也니 苟爲不畜이면 終身不得하리니
금 지 욕 왕 자   유 칠 년 지 병   구 삼 년 지 애 야   구 위 불 축   종 신 부 득

苟不志於仁이면 終身憂辱하야 以陷於死亡하리라 詩云 其何能淑이리오
구 부 지 어 인   종 신 우 욕   이 함 어 사 망   시 운 기 하 능 숙

載胥及溺이라하니 此之謂也니라
재 서 급 닉   재 서 급 닉

※ 애(艾): 쑥. 시(詩): 『시경』 「대아(大雅)」편의 상유(桑柔). 숙(淑): 착함. 재(載): 곧 '즉(卽)'과 같음. 서(胥): 서로

맹자는 민심을 얻는 어진 정치야말로 천하를 얻는 방도이며, 그 핵심으로 백성이 바라는 것을 해주며 그 싫어하는 바를 억지로 시키지 말라는 인(仁)의 정신을 강조합니다. 만일 그렇게 백성을 향한 따뜻한 마음의 정치가 행해진다면 민심은 시키지 않더라도 자연스럽게 어진 이에게 쏠릴 것이라 말합니다. 그렇지 않다면 부국강병의 쟁탈전에서 평생토록 걱정과 치욕 속에 살다가 모두가 공멸하게 될지도 모른다고 제후들을 강하게 자극합니다. 폭군의 잔악한 행위가 백성들로 하여금 오히려 어진 정치를 시행하려는 인물들을 갈구하게 될 것이라는 맹자의 주장은 단순히 반사이익에 불과하거나 비현실적인 논리적 비약에 불과할까요?

이루 상편 10~11장 : 自暴自棄

자포자기 않는 일상의 성실한 삶

　포기하지 말고 끝까지 가라는 말은 많이 들었어도 포기(暴棄)라는 말이 『맹자』에 나온 말임을 아는 사람은 그리 많지 않을 것입니다. 맹자가 말한 포기는 스스로를 해롭게 하거나 스스로를 버린다는 자포자기(自暴自棄)를 줄인 말입니다. 그렇다면 스스로의 무엇을 해치거나 버리지 말라는 것일까요? 맹자에게 있어 그것은 바로 고유한 인간의 본성인 선의 가치입니다.

　　스스로를 해치는 자포(自暴)하는 자와는 함께 이야기할 수 없고, 스스로를 버리는 자기(自棄)하는 자와는 같이 일할 수 없다. 말할 때마다 예와 의를 비방하는 자를 일러 스스로를 해치는 자포라 하고, 자신은 인에 거하거나 의를 따를 수 없다고 말하는 것은 스스로를 버리는 자기라 말하는 것이다.

　　自暴者는 不可與有言也요 自棄者는 不可與有爲也니
　　　자 포 자　　불 가 여 유 언 야　　자 기 자　　불 가 여 유 위 야
　　言非禮義를 謂之自暴也요 吾身不能居仁由義를 謂之自棄也니라
　　언 비 예 의　　위 지 자 포 야　　오 신 불 능 거 인 유 의　　위 지 자 기 야

　　　※ 포(暴): 해치다, 해롭게 하다. 비(非): 비방하다.

　맹자가 사용하는 자포자기는 그 대척점에 예의와 인의가 놓여 있습니다. 어떤 사람이 예란 인간다움의 표현임을 생각하지 않고 말끝마다 상대를 비방하면서, 나는 애초에 예의란 모르는 사람이라고 노골적으로 말한다고 생각해 봅시다. 자기 고집만을 내세우는 그런 사람 앞에서는 무슨 말을 해도 듣지 않으려 할 것입니다. 아무리 대화를 하려 해도 그

는 믿으려 하지도 않을 것이고 말해 봐야 입만 아플지도 모릅니다. 반면에 자신의 행위를 반성하지 않는 자는 인의라는 도덕이 인간다움을 향한 유익한 덕목임을 알면서도 게으름에 빠진 자신은 도저히 인에 거처하거나 의를 따르는 실천적 행위를 할 수 없다고 말하는 사람들입니다. 심지가 약하고 개선의지도 약한 사람이니 이런 사람과 같이 어떤 일을 도모할 수 있단 말입니까? 맹자가 보기에 나약하여 행동으로 옮길 수 없는 사람들은 예의나 인의라는 도덕가치를 불신하고 방기하는 자포자기하는 사람들입니다.

그렇게 나락으로 떨어질 수 있는 인간에 대한 맹자의 경멸과 부정 이면에는 개선 가능한 인간의 노력에 대한 촉구가 있습니다. 도덕적인 마음의 확충을 강조하는 정자의 다음과 같은 풀이가 그렇습니다.

사람이 만일 선으로 자신을 다스려 나갈 수 있다면 변하지 않을 사람이 없을 것이니, 비록 지극히 멍청하고 어리석은 자라 할지라도 모두 점차 자신을 연마시켜 나갈 수 있을 것이다. 자신을 해치는 자는 도덕적인 마음을 거부하고 믿지 아니하며, 스스로를 버리는 자는 그 마음을 끊고서 행하지 않는 것이다. 이들은 비록 성인들과 함께 생활하더라도 교화되어 성인의 경지로 들어갈 수 없다. 이것이 공자께서 말씀하신 '가장 미련하여 변화시킬 수 없다.'는 말이다.[*]

그러나 인간의 본성이 선하다고 확신하는 맹자에게 도덕은 믿거나 말거나 하는 선택사항이 결코 될 수 없습니다.

---

[*] 『맹자집주』「이루」상편 10장. 程子曰 "人苟以善自治, 則無不可移者, 雖昏愚之至, 皆可漸磨而進也, 惟自暴者, 拒之以不信, 自棄者, 絶之以不爲, 雖聖人與居, 不能化而入也, 此所謂下愚之不移也."

인이란 사람의 편안한 집이요, 의는 사람의 올바른 길이다. 그 편안한 집을 비워두고 살지 않으며 바른길을 버려두고 가지 않으니 슬프도다!

仁은 人之安宅也요 義는 人之正路也라 曠安宅而弗居하며
인　　인지안택야　　　의　　인지정로야　　광안택이불거

舍正路而不由하나니 哀哉라
사정로이불유　　　애재

※ **광**(曠): 비다. **사**(舍): 버리다[捨]. **유**(由): 행하다.

인(仁)은 거처하기에 편안한 집이고 의(義)는 행해야 할 바른길이라는 맹자의 안택정로(安宅正路)라는 비유는 자포자기와 대비됩니다. 제멋대로 판단하며 불신하고, 요행을 바라면서 다른 길을 찾는 사람은 편안한 마음으로 올바르게 행동할 수 있는 길이 우리 마음속에 자연스럽게 있음을 애써 외면하는 것입니다.

맹자는 그러한 세태에 안타까움을 감추지 못합니다. 그렇다면 자포자기를 넘어서는 길이 있을까요? 있다면 무엇일까요? 닫힌 자아의 빗장을 열고 타인과 적절한 관계를 맺는 일입니다.

『맹자』의 바로 이어지는 장에서는 일상의 회복을 위한 하나의 실천방안을 제시하고 있습니다. 유학에서 항상 강조하는 효도와 공경이 바로 그러한 덕목입니다. 부모를 중심으로 하는 친족관계는 선택적 상황이 아니라 태어나면서 주어진 관계이고, 진정성을 토대로 그들과의 원만한 관계를 맺는 것은 쉬운 듯하면서도 어려운 일입니다. 그래서 진리는 가까이 있고 실천은 어렵다는 것이지요. 맹자는 유학이 지향하는 일상에서의 소중함을 다음과 같이 말합니다.

진리는 가까이 있음에도 먼 곳에서 구하려 하며, 일은 쉬운 데 있음에도 어려운 데에서 구하려 한다. 사람마다 모두 자신의 부모를 친히 하고 어른을 어른으로 모시면 천하가 평화로워질 것이다.

道在爾而求諸遠하며 事在易而求諸難하나니
도재이이구저원　　　사재이이구저난

人人이 親其親하며 長其長이면 而天下平하리라
인인 친기친 장기장 이천하평

※ 이(邇): 가깝다. '이(邇)'와 통용됨.

유학에서 세상 모든 이들이 평화롭게 되기 위한 출발지를 가정의 화목에서 찾는 것은 특별한 이유가 있어서 그런 것은 아닙니다. 부모에 대한 자연스러운 마음의 표출인 효도와 형제 및 수변의 연장자를 향한 공경의 마음으로 세상과 소통하라는 것이지요. 타자에 대한 진정성을 갖춘 태도를 가까운 이들로부터 확충시켜 나가려는, 즉 자신의 진솔한 경험에서 우러나오는 성숙된 인격의 성장을 도모하려는 것입니다. 주자는 내 부모를 정성스럽게 섬기려는 친친(親親)의 자세는 인의 마음을 확인하는 길이요, 어른을 어른답게 대우하려는 장장(長長)은 의로운 마음의 실천이라 풀이하기도 합니다. 맹자는 이렇게 진정 어린 마음이 모두에게 넘쳐난다면 세상은 평화롭게 될 것이라 기대합니다.

갈수록 지나쳐온 삶의 길을 되돌아보며 느끼는 것은 의외로 가까운 곳에 답이 있다는 점입니다. 가까운 이에 대한 진정성을 발휘하지 못하면서 한발 멀리 떨어진 타자들과의 원만한 관계를 유지하려는 것은 얼핏 보면 지름길처럼 쉬운 듯하면서도 실상은 멀고도 어렵게 가게 되는 우회도로일지 모릅니다.

맹자는 효도와 공경의 마음을 통해 관계 맺고 확대되는 일상의 성실한 삶을 다시금 강조하고 있습니다. 더 나아가 자포자기하는 일 없이 끝까지 지켜갈 수 있는 우리들 삶의 방향과 길을 인의예지(仁義禮智)라는 도덕적 마음을 통해 제시하고 있습니다. 오늘날 우리의 삶은 맹자가 경계했듯이 애초부터 지니고 있는 넉넉하고 편안한 마음과 의롭고도 올바른 길을 저버리고 그럭저럭 살아가고 있지나 않은지요?

이루 상편 12장 : 誠身有道

성실한 삶의 자세

예나 지금이나 집안의 가훈이나 학교 교훈에서 가장 많이 쓰이는 단어가 근면 혹은 성실입니다. 일상에서의 성실은 그만큼 중요하게 다가섭니다. 그러나 성실이 어떤 의미를 담고 있는지, 왜 성실해야 하는지 등 성실의 의미와 조건에 대해서는 그다지 알려주지 않았던 것 같습니다. 맹자는 일상에서 성실의 중요함을 말하고, 성실하도록 노력하는 것이 인간답게 되어가는 도리임을 말합니다.

아래의 위치에 있으면서 윗사람의 신임을 얻지 못하면 백성을 다스릴 수 없다. 윗사람에게 신임을 얻는 방도가 있으니, 친구에게 신뢰를 받지 못하면 윗사람에게 신임을 얻을 수 없다. 친구에게 신뢰를 받을 수 있는 방도가 있으니, 부모를 섬김에 기쁨을 드리지 못하면 친구에게 신뢰를 받을 수 없다. 부모를 기쁘게 해드릴 방도가 있으니, 자신을 반성하여 성실하지 못하다면 부모를 기쁘게 못해 드릴 것이다. 자신을 성실하게 하는 방도가 있으니, 선에 밝지 못하면 자신을 성실하게 하지 못할 것이다.

居下位而不獲於上이면 民不可得而治也리라 獲於上이 有道하니 不信於友면
거 하 위 이 불 획 어 상   민 불 가 득 이 치 야   획 어 상 유 도   불 신 어 우

弗獲於上矣리라 信於友有道하니 事親弗悅이면 弗信於友矣리라 悅親이 有道하니
불 획 어 상 의 신 어 우 유 도   사 친 불 열   불 신 어 우 의 열 친 유 도

反身不誠이면 不悅於親矣리라 誠身이 有道하니 不明乎善이면 不誠其身矣리라
반 신 불 성   불 열 어 친 의 성 신 유 도   불 명 호 선   불 성 기 신 의

※ **획**(獲): 얻다. **도**(道): 방법.

맹자는 어떻게 하면 일을 잘 처리할 것인지 현실적 문제를 제기하고 여기서부터 문제해결의 실마리를 찾아 들어갑니다. 실무를 담당하면서

상관으로부터 인정을 받지 못한다면, 맡은 일에 대한 권위와 책임이 약해져 일처리가 어려울 때가 있습니다. 자신에 대한 상관의 평가는 때로는 동료의 평가에서 비롯되므로, 먼저 동료들 사이에 협조와 신뢰를 쌓아갈 필요가 있습니다. 동료의 신뢰는 자신의 평소 행동 특히 부모에 대한 효도에서 비롯되고, 그 효심은 성실한 마음에서 나오는 것입니다.

굳이 효도를 말하지 않더라도 성실함은 언제나 삶의 중요한 화두입니다. 그렇다면 성실을 위한 조건은 무엇일까요? 맹자는 선에 밝지 못하면 성실하지 못할 것이라 말합니다. 여기서 선이란 악과 대비되는 윤리적 가치를 말하는 것이 아닙니다. 일에 나아가 그 이치를 철저히 탐구함으로써 상황에 대한 거짓이 없는 진실을 획득하는 것이 선을 밝히는 일입니다. 사태의 진실을 정확히 파악하는 노력이 성실한 행위의 바탕이 된다는 말입니다.

올바른 방법의 획득을 통한 성실한 마음은 안으로 부모에 대한 효도와 밖으로 친구와의 신뢰, 더 나아가 위로 상관의 신임을 얻어 아래로 백성을 다스리는 효과로 이어집니다. 따라서 성실한 자세는 모든 문제 해결의 키워드가 됩니다. 다음 구절에 제시된 맹자의 성실함은 자주 인용되는 대목입니다.

성실은 하늘의 도이며, 성실하고자 생각하는 것은 사람의 도리이다. 지극히 성실하고서 남을 감동시키지 못하는 자는 있지 않으니, 성실하지 않고서 남을 감동시킬 수 있는 사람은 없다.

誠者는 天之道也요 思誠者는 人之道也니라
성자 천지도야 사성자 인지도야
至誠而不動者 未之有也니 不誠이면 未有能動者也니라
지성이부동자 미지유야 불성 미유능동자야

성(誠)은 성실, 진실, 혹은 정성의 뜻으로 쓰입니다. 인위적으로 그 어떤 것도 개입되지 않는 진실함 자체로 자연이 주는 본래 수수한 모습이라 할 수 있으니, 맹자는 성실이란 하늘의 길이라는 의미의 천도(天道)

라 말합니다. 반면에 그러한 자연스러운 모습으로 변화되고자 하는 성실함이란 천도와 대비된 사람다운 길로 인도(人道)라 말합니다. 성실 그 자체인 하늘과는 달리 사람의 경우 간혹 성실하지 못한 마음이 있기 마련입니다. 따라서 성실함의 회복을 통해 하늘의 도리를 온전히 하려는 노력이 사람으로서 행할 마땅한 도리이므로 자신을 성실하게 하려는 일에 힘쓰지 않을 수 없습니다. 이처럼 성실이란 성(誠)을 통해 하늘과 사람의 도가 연결되는 것이지요.

지극히 성실한 삶의 자세는 주변을 감동시켜 상관의 신임을 얻을 뿐만이 아니라 친구의 신뢰를 얻고 부모를 기쁘게 하는 효과로 이어집니다. 성실한 마음으로 부모를 섬기면 부모가 기뻐하고, 성실한 자세로 친구를 사귀면 친구의 신뢰를 얻고, 성실한 태도로 임금을 섬기면 임금의 신임을 얻어, 이로써 백성을 다스리면 감동하지 않을 백성이 없을 것이라는 말입니다. 지극스런 정성은 하늘도 감동시킨다는 '지성이면 감천'이란 말도 이러한 사유에서 나온 것입니다.

맹자는 성실이 모든 것의 근본이므로 매사에 성실한 자세로 임할 것을 강조합니다. 성실과 관련된 맹자의 언급은 그의 정신적 스승으로 일컬어지는 자사(子思)의 『중용』에서 성인의 마음을 닮은 사람과 그렇게 되도록 노력하는 자로 구분하여 구체적으로 서술되면서,* 성실은 유학의 정신을 관통하는 핵심어로 자리 잡습니다. 거짓됨 없이 성실하게 살아가려는 자세는 여전히 현재진행형이 되어야 할 것입니다. 그렇지 않을까요?

---

* 『중용』 20장. "誠者 天之道也, 誠之者 人之道也. 誠者 不勉而中, 不思而得, 從容中道, 聖人也. 誠之者, 擇善而固執之者也."

민심의 바람

민심의 추이는 쉽게 예측할 수 없겠지만, 그래도 신망을 받는 지도자들의 태도에 관심을 둘 필요가 있습니다. 맹자는 주나라 개국의 토대를 마련한 문왕에게로 쏠리던 당시의 상황을 회고합니다.

백이가 폭군인 주왕을 피하여 북해의 기슭에서 살고 있었는데, 문왕이 일어났다는 소문을 듣고 '어찌 돌아가지 않으리오! 나는 서백인 문왕이 노인을 잘 봉양한다고 들었다.'고 하였다. 또한 태공이 주왕을 피하여 동해의 기슭에 살고 있었는데, 문왕이 일어났다는 소문을 듣고서 '어찌 돌아가지 않으리오! 내가 듣기에 서백은 노인을 잘 봉양한다.'고 하였다.

伯夷辟紂하여 居北海之濱이러니 聞文王作興하고 曰 盍歸乎來리오
백 이 피 주 　거 북 해 지 빈 　　 문 문 왕 작 흥 　 왈 합 귀 호 래

吾聞西伯은 善養老者라고 太公이 辟紂하여 居東海之濱이러니
오 문 서 백 　선 양 로 자 　　 태 공 　 피 주 　하여 거 동 해 지 빈

聞文王作興하고 曰 盍歸乎來리오 吾聞西伯은 善養老者라하니라
문 문 왕 작 흥 　 왈 합 귀 호 래 　 오 문 서 백 　선 양 로 자

> ※ **빈**(濱): 물가. **합**(盍): '어찌 않겠는가'라는 '하불(何不)'을 줄인 말. **서백**(西伯): 서방 제후들의 대표로 문왕을 가리킴.

서쪽 제후들이 문왕을 중심으로 힘을 모았기에, 여기서 서백(西伯)은 곧 문왕을 지칭합니다. 문왕은 홀아비나 과부, 고아나 독거노인 등 소외받는 이들의 복지까지도 신경을 쓰는 어진 정치를 지향하였습니다. 백이와 태공이 말하는 문왕의 노인 봉양은 그 중 하나의 사례에 불과할 것입니다. 그들은 약자들의 고충까지도 헤아렸던 문왕의 섬김의 리더십에 감동받았던 것입니다.

백이와 태공 두 분은 연륜과 덕이 높은 천하의 노인[大老]들인데, 이들이 문왕에게로 돌아온 것이니, 이는 천하의 아버지 된 사람이 돌아온 것과 같다. 천하의 아버지 된 사람이 돌아왔으니, 그 아들로서 어찌 그 아버지를 배반하고 다른 길로 갈 수 있겠는가? 따라서 두 노인이 돌아오자 천하 사람들이 돌아오지 않을 수 없었다. 제후 가운데 문왕의 정치를 행하는 자가 있다면 7년 이내에 반드시 사해를 통일시켜 천하에 정치를 베풀 수 있을 것이다.

二老者는 天下之大老也而歸之하니 是는 天下之父歸之也라 天下之父歸之어니
이 로 자 천 하 지 대 로 야 이 귀 지   시 천 하 지 부 귀 지 야   천 하 지 부 귀 지
其子焉往이리오 諸侯有行文王之政者면 七年之內에 必爲政於天下矣리라
기 자 언 왕   제 후 유 행 문 왕 지 정 자   칠 년 지 내 필 위 정 어 천 하 의

맹자가 먼저 문왕이 어진 정치를 시행하여 나라 원로들의 마음을 얻었다는 사례를 적시한 것은 그가 천하의 마음을 얻었음을 보여준 것입니다. 이로써 천하의 왕을 꿈꾸는 제후들도 문왕의 어진 정치를 본받아야 한다는 것을 간접적으로 권면하였던 것입니다. 맹자는 백이나 태공 같은 이들을 단순한 원로가 아닌 천하의 신망을 받는 큰 노인이란 의미의 대로(大老)로 표현하는데, 우리 시대 민심을 대변할 대로가 있다면 누구일까요? 그리고 진정으로 민심에 귀 기울이는 정치란 어떤 것일까요?

이루 상편 14장 : 爲民政治

전쟁으로 죽어가는 백성의 고충

맹자가 항상 염두에 두었던 모델은 공자였고, 공자의 꿈은 맹자에게서 되살아납니다. 맹자는 『논어』에 나오는 염구(冉求)의 행위에 대한 공자의 평가를 인용하여 백성을 향한 그의 마음을 전합니다.

공자의 제자인 염구가 노나라 대부인 계씨의 가신이 되어 그의 악덕을 바꾸지 못했고, 도리어 거둔 세금이 이전보다 배가 되자, 공자께서는 말씀하셨다. '염구는 내 제자가 아니다. 제자들아, 북을 울려 그의 죄를 성토해도 괜찮다.'

求也爲季氏宰하여 無能改於其德이요 而賦粟이 倍他日한대
구 야 위 계 씨 재   무 능 개 어 기 덕   이 부 속   배 타 일
孔子曰 求는 非我徒也리로소니 小子아 鳴鼓而攻之可也라하시니라
공 자 왈 구   비 아 도 야   소 자   명 고 이 공 지 가 야

공자는 평소 권력의 힘을 믿고 무례하게 굴었던 계씨의 행동에 불만이 많았습니다. 당시 계씨에게서 벼슬한 제자들 가운데 유독 염구만을 지적한 것은 그가 지닌 정치적 능력으로 권력의 비호에 앞장섰기 때문입니다. 비슷한 맥락으로 쓰인 『논어』의 원래 내용은 다음과 같습니다.

계씨는 왕실의 친척인 주공보다도 더 부유했는데, 염구가 그를 위해 세금을 거두어 모아서 더욱 부유하게 해주었다. 이에 공자는 '나의 제자가 아니다. 제자들아 북을 울려 공격해도 괜찮다.'고 하였다.[*]

---

[*] 『논어』「선진」편 16장. "季氏富於周公, 而求也 爲之聚斂而附益之, 子曰 '非吾徒也. 小

이어서 맹자는 권력자의 독식에 힘을 보태는 것이 아니라 백성을 향한 어진 정치에 봉사하는 것이 공직자의 자세임을 말합니다.

공자가 염구를 꾸짖은 것을 통해 본다면, 군주가 어진 정치를 행하지 않음에도 그 군주를 부유하게 한다면 모두 공자에게 버림을 받을 자이다. 백성의 재물만 빼앗고 사람을 죽이는 데 이르지 아니하였는데도 공자가 이처럼 미워하였던 것이다. 그런데 하물며 군주를 위하여 억지로 전쟁을 일으켜 땅을 얻고자 싸움하여 사람을 죽인 것이 들에 가득하며, 성을 빼앗고자 다투어 사람을 죽인 것이 성안에 가득한 상황이니 오죽하겠는가? 이것은 이른바 토지 때문에 사람 고기를 먹는다는 것이니, 그 죄가 죽어도 용서될 수 없을 것이다. 따라서 전쟁을 잘하는 자는 제일 높은 형벌을 내리고, 제후들과 연맹을 맺는 자는 그 다음 형벌에 처하고, 황무지를 개간하여 땅을 경작하는 노동을 떠넘기려 자는 그 다음 형벌을 내려야 할 것이다.

由此觀之건댄 君不行仁政而富之면 皆棄於孔子者也니 況於爲之强戰하여
유 차 관 지   군 불 행 인 정 이 부 지   개 기 어 공 자 자 야   황 어 위 지 강 전

爭地以戰에 殺人盈野하며 爭城以戰에 殺人盈城이온여
쟁 지 이 전   살 인 영 야   쟁 성 이 전   살 인 영 성

此所謂率土地而食人肉이라 罪不容於死니라 故로 善戰者는 服上刑하고
차 소 위 솔 토 지 이 식 인 육   죄 불 용 어 사   고   선 전 자   복 상 형

連諸侯者次之하고 辟草萊任土地者次之니라
연 제 후 자 차 지   벽 초 래 임 토 지 자 차 지

※ **벽**(辟): 개간함. **복**(服): 형벌을 받다. **래**(萊): 황무지.

앞서 맹자는 짐승을 키우기 위해 백성이 먹을 것이 부족해지는 상황을 비판했는데, 여기서는 땅덩어리를 확장하거나 성을 빼앗기 위한 전쟁으로 백성들이 죽어가는 것을 강하게 비판합니다. 토지 때문에 사람의 고기를 먹는다는 "솔토지이식인육(率土地而食人肉)"의 상황묘사가

子, 鳴鼓而攻之, 可也."

그렇습니다. 과도한 세금부담을 넘어, 당시 제후들이 전쟁을 일으키며 그로 인해 백성들이 죽어나가도 거들떠보지 않았기 때문입니다. 따라서 맹자는 힘의 우열을 따져 전쟁을 일으키는 자들에게 죄를 물었고, 제후들의 연맹이나 백성들의 강제노역에도 반대했던 것입니다.

맹자의 주장에 따르면 결국 어진 정치에서 해답을 찾을 수 있을 것입니다. 권력의 힘이 아니라, 백성 모두의 삶을 우선시하는 정치 말입니다.

이루 상편 15장 : 莫良眸子

눈은 마음의 표상

상대의 마음을 읽는 독심술을 가지고 있지 않더라도, 그의 진실을 알아보는 방법은 무엇일까요? 맹자는 마음의 표상인 눈동자는 속일 수 없다고 말합니다.

사람에게 있어 눈동자보다도 착한 것이 없으니, 눈동자는 그 악한 마음을 감추지 못한다. 마음이 올바르면 눈동자가 맑고, 마음이 바르지 못하다면 눈동자가 흐리다. 상대의 말을 들어보고 그 눈동자를 관찰한다면 사람들이 어찌 자신을 속일 수 있겠는가?

存乎人者莫良於眸子하니 眸子不能掩其惡하나니 胸中이 正則眸子瞭焉하고
존 호 인 자 막 양 어 모 자　　모 자 불 능 엄 기 악　　　흉 중　　정 즉 모 자 료 언

胸中이 不正則眸子眊焉이니라 聽其言也요 觀其眸子면 人焉廋哉리오
흉 중　　부 정 즉 모 자 모 언　　　청 기 언 야　　관 기 모 자　　인 언 수 재

※ **양**(良): 선함. **모자**(眸子): 눈동자. **료**(瞭): 맑다. **모**(眊): 흐리다. **수**(廋): 숨기다.

마음을 표현하는 몸짓은 다양하지만, 눈동자만큼 본심을 그대로 드러내는 경우는 없을 것입니다. 눈동자는 마음의 착함과 악함을 여과 없이 그대로 투영하기 때문입니다. 티 없이 맑은 투명한 눈동자에서 상대의 선한 마음을 읽을 수 있고, 시선을 피하듯 흐리멍텅한 눈동자에서 감추고 싶어하는 그 무엇이 있을 것이라 짐작할 수도 있습니다. 외부와 소통하는 우리 마음은 눈동자를 통해 그대로 드러나기 때문입니다.

물론 상대의 말을 통해서 그 진심을 알 수도 있을 것입니다. 그러나 능숙한 거짓말도 있기에 말만 듣고서는 그 마음을 온전히 알아챌 수 없

는 경우가 많습니다. 말을 들으면서 마음의 소리를 살피는 것도 필요하지만, 동시에 반드시 그 눈동자를 관찰하여서 눈에 드러나는 마음의 표상을 확인해야 할 것입니다. 만일 그 말이 착하고 눈동자도 또렷하면 그 사람의 마음이 바르다는 것을 직감할 수 있고, 말하는 것은 비록 착할지라도 눈동자가 흐리멍텅하다면 그 사람의 흐트러진 마음도 어느 정도 알아챌 수 있을 깃입니다.

맹자는 말뿐 아니라 눈동자를 통해서 드러나는 속마음은 속일 수 없다고 말합니다. 그가 얼마나 많은 사람들의 진심을 헤아리기 위해 노력했는가를 알 수 있게 해주는 대목이기도 합니다. 만약 내 마음에 사심이 있다면 누군가를 만나기 전에 거울 한번 보고 가야겠는데요.

공손하고 검소한 마음가짐

맹자는 공손과 검소를 내세우면서도 실상은 그렇지 못한 당시 군주들의 이중성을 꼬집어 말합니다.

> 공손한 사람은 남을 업신여기지 않고, 검소한 사람은 남의 것을 빼앗지 않는다. 남을 업신여기고 빼앗는 군주는 오직 남들이 자신에게 순종하지 않을까 염려하니, 어찌 그 속마음이 공손하거나 검소할 수 있겠는가? 공손함과 검소함을 어떻게 말소리나 웃는 모습으로 꾸며낼 수 있겠는가?

恭者는 不侮人하고 儉者는 不奪人하나니 侮奪人之君은 惟恐不順焉이어니
공 자　불 모 인　　검 자　불 탈 인　　모 탈 인 지 군　유 공 불 순 언

惡得爲恭儉이리오 恭儉은 豈可以聲音笑貌爲哉리오
오 득 위 공 검　　공 검　기 가 이 성 음 소 모 위 재

　※ 모(侮): 업신여기다. 오(惡): 어찌.

　겸손한 마음으로 남을 업신여기지 않는 공손함과, 남의 것을 빼앗지 않으려는 검소함은 군주가 지녀야 할 중요한 덕목의 하나입니다. 군주가 아니라 보통사람들의 경우도 마찬가지일 것입니다. 남들을 인정할 줄 아는 포용력이 있기에 공손한 자세도 나오고, 남들 것을 빼앗지 않아도 괜찮을 만큼의 여유로운 마음을 지녔기에 검소한 태도를 유지할 수 있습니다. 반면에 교만과 사치에 젖어든 군주라면 오직 다른 사람이 자기가 업신여기고 빼앗는 것에 대해 순종하지 않을까 두려워하니, 어찌 공손하고 검소하다는 '공검(恭儉)' 두 글자를 말할 수 있겠습니까? 일시적으로 남들의 시선은 피할 수 있을지 모릅니다. 그러나 공손하고 검소

한 마음의 소리는 말솜씨나 겉으로 웃는 모습만으로 포장될 수 없습니다. "공자불모인(恭者不侮人), 검자불탈인(儉者不奪人)." 공손한 자는 남들을 업신여기지 아니하고, 검소한 자는 남의 것을 빼앗지 않는다는 맹자의 말은 오늘날도 여전히 이어나갈 소중한 정신적 유산입니다.

정도(正道)와 권도(權道) 사이에서

논변은 맹자만이 잘했던 것은 아니었습니다. 제나라에서 변론을 잘하던 선비인 순우곤(淳于髡)은 맹자가 자신을 굽혀 제후를 찾아보지 않는 것을 비유적으로 말합니다.

"남녀가 직접 손으로 주고받지 않는 것이 예입니까?"

"예입니다."

"그러나 형수가 물에 빠져 허우적댄다면 시동생은 형수의 손을 잡고 구해주어야 하지 않을까요?"

"물론이지요. 형수가 물에 빠졌는데 구해주지 않는다면 이것은 승냥이나 이리와 같은 자일 것입니다. 남녀가 주고받기를 직접 하지 않는 것은 예이며, 형수가 물에 빠졌거든 손을 잡아 구해주는 것은 권도(權道)입니다."

"男女授受不親이 禮與잇가"   "禮也니라"   "嫂溺則援之以手乎잇가"
남 녀 수 수 불 친   예 여   예 야   수 익 즉 원 지 이 수 호

"嫂溺不援이면 是는 豺狼也니 男女授受不親은 禮也요 嫂溺이어든
수 익 불 원   시 시 랑 야   남 녀 수 수 불 친   예 야   수 익

援之以手者는 權也니라"
원 지 이 수 자   권 야

※ **원**(援): 구원하다. **수**(嫂): 형수. **시랑**(豺狼): 이리. **권**(權): 저울의 추.

맹자는 남녀 사이에 혐의를 피하기 위해 분별을 중시하였다는 고대의 예법을 근거로 삼지만, 순우곤은 물에 빠졌을 경우에도 그렇게 하겠느냐는 상황논리를 제시합니다. 이에 대해 맹자는 권도(權道)라 답하는데,

여기서 권(權)이란 무게를 재는 저울추로서 물건의 무겁고 가벼움을 왔다갔다 저울질하여 그에 합당한 값을 정하는 데 사용하는 도구입니다. 맹자는 당면한 상황을 저울질하여 최적의 상태인 중도를 얻는 것이 예법에 맞다고 보고, 이러한 예를 일정한 예법인 상도(常道)와 대비된 권도라 말하는 것입니다. 사람이 죽어가는 상황에서 남녀의 구별이 무슨 대다수냐는 말입니다. 당연하겠지요. 순우곤은 맹자의 이러한 답변을 유도하고, 그가 하고 싶은 말을 이어 나갑니다.

지금 천하가 도탄에 빠졌는데 선생님이 구하지 않는 것은 무엇 때문입니까?

今天下溺矣어늘 **夫子之不援**은 **何也**잇고
금 천 하 익 의　　부 자 지 불 원　　하 야

천하 백성들이 도탄에 빠져 허덕이는데, 평소 백성의 고충을 생각하라는 맹자 자신은 제후를 쉽게 만나보지 않는 의리를 지킬뿐 권도를 좇아서 백성을 구하는 데 발벗고 나서지 않는다는 것입니다. 천하 백성을 구제하려는 대의를 생각하라는 것이지요. 그러나 맹자는 천하 백성을 구하는 것과 물에 빠진 형수를 구하는 것은 방법이 다르다고 선을 긋습니다.

천하가 물에 빠지면 도로써 구하는 것이고, 형수가 물에 빠지면 손으로 구하는 것인데, 그대는 손으로 천하를 구하고자 하는가?

天下溺이어든 **援之以道**요 **嫂溺**이어든 **援之以手**니 **子欲手援天下乎**아
천 하 익　　원 지 이 도　　수 익　　　원 지 이 수　　자 욕 수 원 천 하 호

천하 백성을 구제하려는 맹자의 방법은 다름아닌 정도(正道)에 따르는 길이니, 형수를 위급한 상황에서 구할 때 손을 잡는 예법과 비교할 수 없다는 것입니다. 대의명분이 아무리 좋다고 하더라도 무작정 달려

들 수는 없습니다. 만일 천하를 위해 자신의 지조를 굽혀서 남에게 영합되기를 바란다면 스스로가 먼저 천하를 구하는 도구를 잃어버리는 것이 될 것입니다. 주자는 이 장의 근본 의미는 자신을 곧게 하고 도리를 지킴이 천하를 구제하는 것이니, 도리를 굽혀 남을 따름은 단지 자신의 지조를 잃게 되는 것이라 해석합니다.[*]

상황의 변화에 따른 권도는 물론 필요합니다. 그러나 우리에게 올곧게 지켜야 될 도리가 있다면 무엇인지, 그리고 자신의 지조를 잃지 않으면서도 세상 모두의 긍정적 변화를 이끌어낼 수 있는 도리란 무엇인지 고민스럽기만 합니다.

---

[*] 『맹자집주』「이루」상편 17장. "此章 言直己守道, 所以濟時, 枉道徇人, 徒爲失己."

이루 상편 18장 : 易子教之
자녀는 바꾸어 교육한다

자녀교육은 예나 지금이나 어렵기는 마찬가지입니다. 불을 쫓는 불나방은 불에 너무 가까이 접근하면 몸이 타죽고 멀어지면 추위에 떨게 됩니다. 이와 마찬가지로 자녀들을 교육할 때도 너무 가까이 다가설 수도 멀리 떨어질 수도 없는 경우가 많습니다. 어떻게 해야 할까요? 공손추는 맹자에게 군자가 직접 자기 자식을 가르치지 않는 까닭을 묻습니다.

자식을 가르치지 않는다는 것은 무관심이나 방치가 아니라 자신이 직접 교육하지 않는다는 의미입니다. 자녀의 상황을 누구보다도 잘 아는 부모인지라 자신이 직접 자녀를 가르친다면 더 많이 그리고 더 자세히 알려줄 수도 있는데, 왜 그런 말이 있을까요? 맹자는 부모와 자녀 사이의 사랑을 온전히 유지하는 측면에서 답합니다.

제대로 될 수 없는 상황이기 때문이다. 가르치는 사람은 반드시 올바른 도리로써 이끌어주는 것이니, 자식이 올바르게 가르친 대로 행하지 않는다면 노여움이 뒤따르고, 사랑하는 부모의 노여움이 이어지면 도리어 자식의 마음을 상하게 만든다. 또한 자식이 생각하기에 '아버지는 나에게 올바른 길로써 가르치면서도 정작 그 자신은 올바른 행실을 하지 못한다.'고 한다면, 이것은 부자가 서로 상처를 입는 것이니, 부자간에 감정이 상한다면 좋을 것이 없다.

勢不行也니라 教者는 必以正이니 以正不行이어든 繼之以怒하고
세 불 행 야   교 자   필 이 정   이 정 불 행   계 지 이 노

繼之以怒則反夷矣니 夫子教我以正하사대 夫子도 未出於正也라하면
계 지 이 노 즉 반 이 의   부 자 교 아 이 정   부 자   미 출 어 정 야

則是父子相夷也니 父子相夷則惡矣니라
즉 시 부 자 상 이 야   부 자 상 이 즉 악 의

※ **이**(夷): 손상되다. **부자**(夫子): 부모. **악**(惡): 나빠지다.

부모는 자신의 능력이 부족하여 자녀를 가르치지 못하는 것이 아닙니다. 한두 번 알려주어도 개선되지 않으면 자신의 일인 양 왠지 모를 화가 치밀어오릅니다. 그렇게 감정이 상하는 것은 자녀들 역시 마찬가집니다. 더욱이 부모가 가르치는 내용이 도덕적 행동일 경우에는 더할 것입니다. 가까이서 마주하는 부모의 이율배반적 행동으로 인해 감정이 상할 수도 있기 때문입니다. 그래서 맹자는 부모가 자녀를 직접 교육하는 일은 형세상 어려울 것이라 말한 것입니다. 그렇다면 부자간에 서로 상처입지 않고 교육의 효과를 거둘 수 있는 맹자의 대안은 무엇일까요?

옛 날에는 자녀를 바꾸어 가르쳤다.

易子而教之하니라
역 자 이 교 지

자녀를 바꾸어 교육시킨다는 역자교지(易子教之)는 맥락이 있는 이야기입니다. 부모가 직접 자녀를 가르치면 부자간의 따뜻한 정이 손상될 수 있고, 가르치지 않는다면 자녀를 해롭게 방치하는 것이므로, 다른 사람의 자녀와 바꾸어서 가르친다는 것입니다. 부자의 정도 이어가고 올바른 교육도 시킬 수 있는 두 가지 장점을 동시에 얻을 수 있다는 것이지요. 이어 맹자는 교육을 이유로 부자 사이의 정이 멀어져서는 결단코 안 됨을 말합니다.

부자 사이는 착함을 요구하지 말아야 한다. 착하도록 요구하면 정이 멀어지고, 정이 떨어지면 이보다 더 좋지 못한 것은 없다.

父子之間은 不責善이니 責善則離하나니 離則不祥이 莫大焉이니라
부 자 지 간   불 책 선   책 선 즉 이   이 즉 불 상   막 대 언

※ **책**(責): 요구하다.

착함을 요구하는 것은 친구 사이에 해당하는 도리입니다. 부모 사이는 천륜이라는 말이 있듯이 두터운 은혜로 서로 화합하는 것이 중요하며, 서로의 잘잘못을 파고들지 않아야 합니다. 도덕적 행위를 요구하는 것은 자칫 서로의 감정을 상하게 만들고 멀어지는 계기가 될 수도 있기 때문입니다. 맹자 어머니가 맹자에게 좋은 교육환경을 찾아 세 번이나 이사했다는 맹모삼천지교(孟母三遷之敎)의 고사가 있듯이, 아마도 맹자는 자신의 교육을 위해 헌신적인 노력을 아끼지 않았던 어머니의 그 따뜻한 마음만은 잊지 않고 있었던 듯합니다. 오늘날도 마찬가지입니다. 부모와 자녀 사이의 정은 결코 떨어져서는 안될 것입니다. 자녀교육이 아무리 중요하더라도 말입니다.

부모의 마음을 헤아리는 효심

효도에 대한 맹자의 언급은 많고 무엇이 진정한 효도인지를 생각하게 해주는 대목도 있습니다. 물질적 봉양을 넘어 부모의 마음까지도 헤아리는 것이 필요하다는 것입니다. 그러나 그보다도 맹자의 주장에서 우리가 주목해야 할 점은 진정한 효도란 자신의 몸을 올곧게 지켜가려는 자세에서 비롯된다는 점입니다.

섬기는 일 가운데 무엇이 큰 것이냐? 어버이를 섬기는 일이 가장 크다. 지키는 일 가운데 무엇이 큰 것인가? 몸을 지키는 몸단속이 제일 크다. 자기 몸가짐을 잃지 않고서 그 어버이를 섬길 수 있는 사람을 들어보았지만, 자기 몸가짐을 잃어버리고 그 어버이를 섬길 수 있었다는 사람을 나는 아직 들어보지 못하였다. 따라서 누구인들 섬기지 못할까마는 어버이를 섬기는 것이 섬김의 근본이요, 무엇인들 지키지 못할까마는 몸단속이 지킴의 근본이다.

事孰爲大오 事親이 爲大하니라 守孰爲大요 守身이 爲大하니라
사 숙 위 대 사 친 위 대 수 숙 위 대 수 신 위 대

不失其身而能事其親者를 吾聞之矣요 失其身而能事其親者를 吾未之聞也로라
불 실 기 신 이 능 사 기 친 자 오 문 지 의 실 기 신 이 능 사 기 친 자 오 미 지 문 야

孰不爲事리오마는 事親이 事之本也요 孰不爲守리요마는 守身이 守之本也니라
숙 불 위 사 사 친 사 지 본 야 숙 불 위 수 수 신 수 지 본 야

효의 중요성은 두말할 필요 없겠지만, 효의 가장 좋은 방법은 무엇일까요? 맹자는 자신의 몸가짐을 바르게 지키려는 수신(守身)을 으뜸으로 제시합니다. 의롭지 못한 일에 꺾이지 않고 자신의 지조를 지켜가는 것

도 그 하나의 모습일 것입니다. 평생토록 몸가짐을 올곧게 지키고자 노력하는 사람은 그 자신도 지킬 뿐만 아니라, 결과적으로 자신을 낳아준 부모를 빛나게 만들어 준다는 것입니다. 누구의 자녀라는 칭찬이 부모 섬기는 제대로 된 지름길이라는 것이지요. 따라서 맹자는 자신의 몸가짐을 잃어버리고서 그 부모를 섬길 수 있었다는 사람을 들어본 적이 없다고 말하는 것입니다. 만일 그 몸을 지키지 못한다면 자기 몸이 상할뿐 아니라 어버이를 욕되게 하는 것이기 때문입니다.

따라서 부모에게 누를 끼치지 않으려는 그 마음으로 군주에게 충성을 다하고 연장자의 의견을 경청할 수 있기에, 효는 모든 행위의 근본이라는 것입니다. 이러한 점에서 진정으로 효의 마음이 나올 수 있도록 그 어느 것보다도 자신의 몸가짐을 바르게 지키는 것이 모든 일의 출발지라고 보았습니다. 그렇다면 부모를 섬기고 몸을 지키는 것이 이같이 크다면, 몸을 지켜서 부모를 섬기는 도리를 어떻게 행해야 할 것인가? 맹자는 증자가 보여준 효도의 사례를 제시합니다.

증자는 자신의 아버지 증석을 봉양할 때 꼭 술과 고기를 준비하였는데, 상을 물리려고 할 때 반드시 '누구에게 줄까요?'라고 여쭈었다. '남은 것이 있느냐?'고 물으시면 반드시 '있습니다.'라고 대답하였다. 시간이 흘러 증석이 죽고 아들인 증원이 증자를 봉양할 때도 반드시 술과 고기를 준비하였는데, 상을 물리려고 할 때 '누구에게 줄까요?'라고는 여쭙지 않았다. '남은 것이 있느냐?'라고 물으면 '없습니다.'라고 대답하였는데, 다음에 다시 올리기 위한 것이었다. 이것은 이른바 '입과 몸을 봉양한다.'는 양구체(養口體)요, 증자처럼 하는 것은 '뜻을 봉양한다.'는 양지(養志)라 할 수 있다. 어버이를 섬기는 것은 증자처럼 하는 것이 옳을 것이다.

曾子養曾晳호대 必有酒肉이러시니 將徹할새 必請所與하시며 問有餘어든
증자양증석   필유주육   장철   필청소여   문유여

必曰有라하더시다 曾晳이 死커늘 曾元이 養曾子호대 必有酒肉하더니 將徹할새
필왈유   증석 사   증원 양증자   필유주육   장철

不請所與하며 問有餘어시든 曰亡矣라하니 將以復進也라 此所謂養口體者也니
불청소여　　문유여　　왈무의　　장이부진야　차소위양구체자야

若曾子則可謂養志也니라 事親을 若曾子者可也니라
약증자즉가위양지야　　사친　약증자자가야

※ 증석(曾皙): 증자의 아버지로 이름은 점(點). 증원(曾元): 증자의 아들. 철(徹): 상을 물리다.

부모봉양이란 점에서는 증자나 그 아들 증원이 똑같았지만, 증자가 그의 아버지를 모실 때는 그 마음까지 헤아리려고 노력했다는 점에 차이가 있습니다. 혹시 남는 음식이 있느냐는 가벼운 말 한마디에 증자는 주변 사람까지 생각하는 부친의 마음까지도 충분히 고려하였다면, 아들인 증원의 경우는 아버지에 대한 육체적 봉양에서만 그치고 만 것입니다. 물론 아버지의 건강을 생각하는 증원의 효가 잘못된 것은 아니겠지요. 다만 남는 음식이 없다고 냉정하게 끊고 자신의 아버지 마음이 어떠한지를 더 이상 생각하지 않았다는 것이 아쉽다는 것입니다. 맹자는 이를 정신을 봉양하는 양지(養志)와 몸을 봉양하는 양구체(養口體)로 구분합니다. 물론 몸도 잘 모시지 못하면서 정신 봉양을 강조해서는 안 될 것입니다. 그러나 효도에는 몸도 봉양할 줄 알고 동시에 그 마음까지도 봉양하는 자세가 필요하다는 것이지요.

이처럼 맹자의 원문에는 효의 중요성에 대한 사례만 소개되었을뿐, 맹자가 연결지어 말한 몸가짐을 어떻게 지켜야 한다는 말은 더 이상 소개되고 있지 않습니다. 그러나 증자와 같이 부모의 마음까지도 읽어내려는 효자라면 매사에 최선을 다하려는 마음가짐으로 대처했다는 것은 짐작하기 어렵지 않을 것입니다. 『논어』에서 제시된 증자의 '세 가지 반성'인 삼성(三省)이 바로 그러합니다. "나는 날마다 내 자신을 세 가지로 반성한다. 남들을 위한 일처리에 최선을 다하지 않았던가, 벗들과의 사귐에 신뢰감을 저버리지 않았던가, 스승에게 전해 받은 것을 제대로 익히지 않았던가!"[*]

---

[*] 『논어』「학이」편. 曾子曰 "吾日三省吾身, 爲人謀而不忠乎? 與朋友交而不信乎? 傳不

이러한 증자의 삼성의 마음가짐이 자신을 지키는 일을 대변하는 것이 아닐까요? 유학자들의 그처럼 올곧게 살아가려는 마음가짐은 부모의 마음을 헤아리는 효도뿐 아니라 타자를 이해하고 배려하는 출발지였습니다. 오늘날 우리의 출발지는 어디에서 찾아야 할까요?

習乎?"

이루 상편 20장 : 正君國定

마음을 바로잡는 것이 급선무

일처리에 선후가 있는데, 말단적 치유보다는 근본적 처방을 앞세우는 주장은 항상 현실과 대립을 낳기도 합니다. 맹자로 대표되는 유가의 주장은 주로 근본에서부터 따져들면서 현실의 당면한 문제를 해결하고자 합니다. 인물 등용의 문제와 그로 인한 정치적 혼선을 맹자는 다음과 같이 말합니다.

> 군주가 등용했던 인물을 하나하나 모두 탓할 수 없으며, 군주의 잘못된 정치를 하나하나 흠잡을 수 없다. 오직 큰 덕을 갖춘 대인이라야 잘못된 군주의 마음을 바로잡을 수 있다. 군주가 어질면 모든 일이 어질지 않음이 없고, 군주가 의로우면 모든 일이 의롭지 않음이 없으며, 군주가 올바르면 모든 일이 바르지 않음이 없을 것이니, 한번 군주의 마음을 바로잡으면 나라가 안정될 것이다.

人不足與適也며 政不足與間也라 唯大人이아 爲能格君心之非니 君仁이면
인 부 족 여 적 야　정 부 족 여 간 야　유 대 인　위 능 격 군 심 지 비　군 인

莫不仁이요 君義면 莫不義요 君正이면 莫不正이니 一正君而國이 定矣니라
막 불 인　군 의　막 불 의　군 정　막 부 정　일 정 군 이 국　정 의

※ 적(適): 탓하다. 간(間): 비난하다. 격(格): 바르게 하다.

현명한 인재를 등용하고 좋은 정치를 행하고자 하는 군주라도 실수가 있기 마련입니다. 등용했던 모든 사람을 싸잡아 비난하거나, 모든 정치적 행위를 부정하는 것은 대안이 될 수 없을 것입니다. 그러나 잘못된 현실을 바로잡는 힘은 최고 통치자의 손에 달려 있으므로, 모든 것은 그 군주의 마음을 바로잡는 데 있습니다. 맹자는 덕을 지닌 대인이라야 바

로 그러한 역할을 제대로 할 수 있다고 봅니다. 정치의 잘못과 인물 등용의 실수는 지혜로운 신하가 나오면 고칠수 있고 충직한 자가 나오면 간언할 수도 있습니다. 그러나 군주에게 나쁜 마음이 남아 있으면 당면한 일마다 하나하나 고치더라도 뒤에 다시 유사한 일이 반복될 것입니다. 그러므로 보필하는 직책, 여기서는 덕을 갖춘 대인이라 일컬어지는 그러한 인물은 반드시 잘못된 군주의 마음을 바로잡는 것을 최우선시하는 것입니다. 물론 잘못된 인물 등용과 정치운용이 고쳐져야 함은 당연합니다.

유학자들은 군주의 마음을 바르게 하지 못한다면 모든 일처리의 근본이 바르지 못하니, 그로부터 나오는 말단이 어찌 바를 수 있겠냐는 논리를 전개합니다. 이것은 유학, 특히 성리학을 국가의 핵심이념으로 삼았던 조선 지식인의 보편적 생각이기도 했습니다. 우선 임금의 마음이 바로 잡혀야 국가의 기강이 제대로 설 수 있다는 것이지요. 어떻게 생각하시는지요? 부패한 제도를 개혁하는 것이 먼저인가요, 아니면 그 모두를 운용할 지도자의 바른 마음의 정립이 급선무인가요?

칭찬과 비방이 뒤섞인 세상살이

『맹자』에 수록된 다음과 같은 짧막한 구절이 오히려 공감을 불러일으키기도 합니다.

생각지도 못했던 칭찬을 들을 수도 있으며, 잘하려는 것이 오히려 비방을 받을 수도 있다.

有不虞之譽하며 有求全之毀하니라
유 불 우 지 예   유 구 전 지 훼

※ **우**(虞): 헤아리다. **훼**(毀): 비난, 비방.

세상은 꼭 이치대로 되는 것만은 아닙니다. 칭찬을 불러올 만한 행동이 아닌데도 우연히 칭찬을 받는 경우인 불우지예(不虞之譽)도 있습니다. 반면에 남들의 비방을 모면하기 위해 사전에 충분히 노력했음에도 근거없이 떠도는 훼방을 받게 되는 구전지훼(求全之毀)도 있습니다. 맹자는 두 경우를 모두 경험했던 모양입니다. 그러나 이에 대한 어떠한 평가도 내리고 있지 않습니다. 물론 실상과 부합되지 않는 생각지도 못한 칭찬보다는 비판을 받더라도 잘못을 개선하기 위한 노력이 더욱 권장할 만한 일이겠지요.

주자는 맹자의 말을 보충하여 이렇게 말합니다.

비방하거나 칭찬하는 말이 반드시 모두 진실된 것은 아니다. 몸을 닦는 수신하는 자는 주변의 칭찬이나 비방에 대번에 근심하거나 기뻐해서는 안 될 것이요, 남을 관찰하는 자는 이것으로써 가볍게 그 사람의 진퇴를 결정

해서는 안 될 것이다.[*]

　세속의 평가에 흔들리지 않으며, 공정한 눈을 놓쳐서도 안 된다는 것이지요. 어떻게 살면 타인의 칭찬과 비방에 흔들리지 않고 담담하게 살아갈 수 있을까요?

---

*　『맹자집주』「이루」상편 21장. "毀譽之言, 未必皆實, 脩己者 不可以是遽爲憂喜, 觀人者 不可以是輕爲進退."

말실수에 대한 경계

말에 대한 경계는 많이 듣지만, 말실수는 좀체로 줄어들지 않습니다. 맹자는 그 원인을 다음과 같이 보고 경계합니다.

사람들이 말을 쉽게 하는 것은 책망을 당하지 않았기 때문이다.

人之易其言也는 無責耳矣니라
인 지 이 기 언 야 　 무 책 이 의

※ **이(易)**: 쉽게 하다. **이(耳)**: 어조사.

말실수, 즉 실언(失言)에 대한 꾸짖음을 이전에 당한 적이 없었기에 함부로 말한다는 것입니다. 주워 담지 못할 언행에 대한 따끔한 경계를 들은 적이 있었더라면, 똑같은 실수를 반복하지 않으려고 노력하리라는 기대감이 담겨있습니다. 이래저래 책임지지 못할 말들을 하며 살아가고 있지는 않은지 모르겠습니다.

스승되기 좋아하는 병폐

공자뿐 아니라 맹자도 언제든 경계해야 할 바를 말합니다.

사람들의 결점은 남의 스승이 되기를 좋아하는 데 있느니라.

人之患이 在好爲人師니라
인 지 환   재 호 위 인 사

　잘난 체하는 사람들을 위한 말로도 풀이될 수 있을 것 같고, 현재에 만족하지 않고 끝없는 진보를 촉구하는 말로도 이해됩니다. 자신의 성숙을 위해 더욱 노력하는 모습 그 자체도 스승의 모습입니다. 참고로 한퇴지는 스승을 찾아 배워야 한다는 취지에서 「사설(師說)」을 지었는데, 여기서 스승의 조건으로 진리를 전수하고[傳道], 학문을 가르치고[授業], 의문을 풀어주는[解惑] 세 가지 조건을 제시합니다. 잘난 체하지 않으면서도 스승다운 스승이 될 수 있는 품격은 무엇일까요?

지조있는 삶의 자세

맹자는 평소 제자인 악정자(樂正子)를 선을 좋아하거나 신의가 있는 사람으로 호평하기도 했습니다. 그런데 그가 자오(子敖)라는 간신과 가까이 지낸다는 것을 알고 불편하게 여겼던 터에, 마침 자오와 같이 제나라에 왔다는 소리를 들었습니다. 내심 악정자가 자신을 먼저 찾아오기를 기다리고 있었는데 며칠이 지나서야 방문합니다.

"자네도 나를 만나러 오는구나?"
"선생님은 어찌하여 이런 말씀을 하십니까?"
"자네가 온 지 며칠 되었지?"
"조금 지났습니다."
"조금 지났다면 내가 이런 말을 하는 것도 마땅하지 않겠는가?"
"숙소를 정하지 못해서 그러했습니다."
"자네는 그렇게 배웠는가? 숙소를 정한 후에 어른을 찾아뵈라고 말이야?"

"子亦來見我乎아" "先生은 何爲出此言也시니잇고" "子來幾日矣오"
　자 역 내 견 아 호　　　선 생　하 위 출 차 언 야　　　　자 래 기 일 의

"昔者니이다" "昔者則我出此言也 不亦宜乎아" "舍館을 未定이러이다"
　석 자　　　석 자 즉 아 출 차 언 야 불 역 의 호　　　사 관　미 정

"子聞之也아 舍館을 定然後에 求見長者乎아"
　자 문 지 야　사 관　정 연 후　구 견 장 자 호

　※ **석자**(昔者): 이전. **사관**(舍館): 객사, 숙소.

무언가 사태의 심각성을 간파한 악정자는 즉시 말합니다.

"제가 잘못했습니다."

克이 有罪호이다
극   유 죄

제자가 늦게 찾아온다고 꾸짖는 맹자의 태도는 다소 의외입니다. 타
국에 있는 스승을 즉시 찾아뵙지 않는 것이 그렇게 큰 잘못이겠습니까?
악정자에게도 무언가 급한 일이 있었겠지요. 그러나 맹자의 속내는 그
런 것이 아니었습니다.『맹자』에는 장을 달리하여 구분했지만, 이어지는
대화에는 맹자의 속내가 그대로 드러납니다.

**자네가 자오를 따라온 것은 한갓 먹고 마시기 위해서이다. 나는 자네가
배운 옛 성현의 도리를 먹고 마시는 데 쓰리라고 생각지도 못했네.**

子之從於子敖來는 徒餔啜也로다 我不意子學古之道而以餔啜也호라
자 지 종 어 자 오 래   도 포 철 야   아 불 의 자 학 고 지 도 이 이 포 철 야

※ **자오**(子敖): 왕환(王驩)의 자(字). **도**(徒): 한갓. 다만. **포**(餔):먹다. **철**(啜): 마시다.

맹자가 악정자를 책망한 것은 그가 사람답지 못한 자오를 따라다니는
것에 이유가 있었던 것입니다. 타국에서 스승을 곧바로 찾아보지 않는
것이 문제가 아니라 자오 같은 사람을 쫓아다니는 악정자의 태도가 불
쾌했던 것이지요. 그래서 자오를 정면에서 비판하지 않고 '한갓 먹고 마
신다'라고 에둘러 표현한 것인데, 악정자가 그 점을 금세 알아채고 자신
의 잘못을 시인했던 것입니다. 지조 있게 살려는 스승과 제자의 마음이
이심전심(以心傳心)으로 통하고 있습니다.

이루 상편 26장 : *無後爲大*

결혼을 통한 계승의 의무

맹자의 가치관은 오늘날과는 다른 점이 있기도 합니다. 후손이 끊기는 것을 불효라고 보는 것이 그 중 하나입니다. 이 점을 어떻게 이해해야 할까요?

불효에는 세 가지 있으니, 후손이 없는 것이 가장 크다.

不孝有三하니 無後爲大하니라
불 효 유 삼   무 후 위 대

※ **후(後)**: 후손.

예법에 따르면 세 가지 불효란 첫째로 의롭지 못한 부모의 행위에 아부하고 순종하면서 부모를 더욱 불의에 빠지게 하는 것, 둘째로 집안이 가난하고 어버이가 늙었는데도 벼슬에 나아가지 않는 것, 셋째로 장가들지 않아 아들이 없어서 선조의 제사를 끊게 하는 것입니다.[*] 세 가지 중에 후손이 없는 무후(無後)가 가장 큰 불효라고 보았습니다. 후손이 없으면 선조가 서로 전한 갈래가 끊어지고 부모의 제사에 주인이 없는 것이니, 이보다 큰 불효가 있겠느냐는 말이지요. 이어 맹자는 순임금의 사례를 들어 후손이 끊어지는 일이 큰 불효임을 다시 한번 말합니다.

순임금이 부모에게 알리지 않고 장가든 것은 후손이 없을까 염려해서이니, 군자는 부모에게 아뢴 것과 같다고 여긴다.

---

[*] 『맹자집주』「이루」 상편 26장. 趙氏曰 "於禮, 有不孝者三事, 謂阿意曲從, 陷親不義, 一也；家貧親老, 不爲祿仕, 二也；不娶無子, 絶先祖祀, 三也. 三者之中, 無後爲大."

舜이 不告而娶는 爲無後也시니 君子以爲猶告也라하니라
순 불고이취 위무후야 군자이위유고야

※ 취(娶): 아내를 맞이하다.

순임금의 아버지 고수(瞽瞍)는 본처의 아들인 순을 몹시 미워하여 죽이려고까지 하였던 사람입니다. 그런 아버지에게 결혼을 승낙받기 어렵다는 판단에 순은 정식으로 고하지 않고 요임금의 딸에게 장가들었습니다. 맹자는 그 이유를 결혼하지 않으면 후손이 끊길 것을 걱정해서 그런 것이라 보고, 효도의 차원에서 본다면 부모에게 고한 것이나 다름없다고 판단합니다. 여기서 상도(常道)와 권도(權道)라는 문제가 나옵니다. 즉 정식 절차를 밟아 결혼하는 것이 예법에 맞는 상도이겠지만, 만약 부모의 동의를 구하지 못할 상황에서 임의로 결혼한 순의 행동은 권도라고 보는 것입니다. 상황에 적실한 중(中)의 표준에 맞는 권도가 때로는 올바르다는 것입니다.

천하의 도에는 정도(正道)와 권도(權道)가 있다. 정도는 만세토록 지켜야 할 일정한 상도(常道)라면, 권도는 상황에 따른 일시적 운용이다. 상도는 모든 사람들이 지킬 수 있지만 권도는 진리를 체득한 사람이 아니라면 쓸 수 없는 것이다. 권도란 어쩔수 없는 상황에서 나온 것이다. 만약 아버지가 고수와 같은 악인이 아니요, 아들이 위대한 순과 같은 인물이 아니어서 아버지에게 고하지 않고 장가들려고 한다면 천하의 죄인이 될 것이다.[**]

부득이한 상황이 아니라면 함부로 권도를 취하지 말라는 일종의 보완책을 말하는 듯합니다. 모두가 지켜야 할 변함없는 도리이자 기준은 정

[**] 『맹자집주』「이루」 상편 26장. 范氏曰 "天下之道, 有正有權, 正者 萬世之常, 權者 一時之用. 常道 人皆可守, 權 非軆道者, 不能用也. 蓋權 出於不得已者也, 若父非瞽瞍, 子非大舜, 而欲不告而娶, 則天下之罪人也."

도이기 때문입니다. 자손이 끊어지는 것이 가장 큰 불효로 보았기에 순이 아버지 동의 없이 결혼한 것은 올바름을 지키기 위한 권도라는 것입니다. 여기서 결혼을 통한 후손의 이어짐을 효도라고 생각했던 전통적 사유가 잘 드러나고 있습니다. 그러한 사유에서 결혼은 결코 선택사항이 될 수 없으며, 자손을 통한 피의 연속성은 후손의 의무이기도 할 것입니다.

우리는 결혼을 효도의 한 방법이라 생각하는지요? 더 나아가 후손을 통한 단절 없는 이어짐의 연속이라는 전통적 사유를 어떻게 생각하시는지요?

이루 상편 27장 : 事親從兄

인간다움의 출발지인 효도와 공손

인과 의를 강조하는 맹자는 일상의 현실을 통해 그러한 도덕률을 구체화시켜 나갑니다. 효도와 공경이 바로 그것입니다.

인의 실상은 어버이를 섬기는 것이고, 의의 실상은 형을 따르는 것이다.

仁之實은 事親이 是也요 義之實은 從兄이 是也니라
인지실　사친　시야　의지실　종형　시야

부모를 섬기고 형을 공경하라는 말은 그 대상이 부모나 형에게만 한정되지 않습니다. 인의 출발지로서 부모에 대한 사랑을 먼저 말하지만, 이것을 중요하게 여기는 것은 백성에게 어질게 하고 만물을 사랑하는 것은 모두 이로부터 미루어 넓혀서 나오기에 중요하기 때문입니다. 공경함을 의의 발현으로 보는데, 이것이 중요한 까닭은 집안에서 연장자를 높이는 마음이 어른을 어른으로 대하고 귀한 이를 귀하게 여기며 어진 이를 높이는 것이 모두 이로부터 미루어 넓혀 나오기 때문입니다. 눈앞의 대상에 대한 절실한 감정의 확산을 도모하려는 것으로 다른 가치들도 모두 이와 연관됩니다.

지(智)의 실상은 이 두 가지를 알고 버리지 않는 것이고, 예(禮)의 실상은 이 두 가지를 알맞게 빛내는 것이며, 악(樂)의 실상은 이 두 가지를 즐거워하는 것이다. 즐거워한다면 우러나는 것이니, 자연스럽게 우러난다면 어찌 그만둘 수 있겠는가? 그만둘 수 없다면 자기도 모르게 발이 뛰고 손이 춤을 추게 될 것이다.

智之實은 知斯二者하야 弗去是也요 禮之實은 節文斯二者是也요
지 지 실   지 사 이 자   불 거 시 야   예 지 실   절 문 사 이 자 시 야

樂之實은 樂斯二者니 樂則生矣니 生則惡可已也리오
악 지 실   낙 사 이 자   낙 즉 생 의   생 즉 오 가 이 야

惡可已則不知足之蹈之하며 手之舞之니라
오 가 이 즉 부 지 족 지 도 지   수 지 무 지

※ **절문**(節文): 조절하여 빛나게 하다. **이**(已): 그치다. **도**(蹈): 춤추다. **오**(惡): 어찌.

여기에서 맹자가 말한 두 가지란 부모를 섬기는 것과 형을 따르는 일에 담긴 의미입니다. 맹자는 가족관계에서 시작되는 사랑과 공경의 마음은 일상의 모든 행위의 근본이자 출발지로 여겨졌습니다. 확실하게 온몸으로 체득하고, 절도에 맞는 주도면밀한 행동으로 자연스러운 몸가짐으로 이어지도록 하는 것입니다. 마치 자연의 생리에 맞게 초목이 무성하게 자라나듯이 말이죠.

오늘날 우리가 기억하는 것은 보통 부모에게 효도하고 형제간에 우애한다는 단편적인 내용에 머무르고 있습니다. 가족 윤리는 더 멀리 확산되는 촘촘한 관계망의 출발지로서 일반인도 알기 쉽게 말한 하나의 사례에 불과한 것임에도 말입니다. 그러나 가까운 사람에게도 제대로 못하는 사람이 저 멀리까지 넓혀간다는 것은 쉽지 않은 일이기에, 가족간의 사랑과 공경심은 인간다움을 위해 여전히 필요한 덕목이겠지요.

이루 상편 28장 : 舜之大孝
진심은 언젠가 통한다

　순임금이 후대에 칭송받는 사례 가운데 빠지지 않고 등장하는 것이 그이의 효도입니다. 고수 같은 최악의 부모를 만났어도 결국 성심을 다한 효도 덕분에 부모의 마음도 얻고, 그 진정 어린 마음으로 천하 모든 이들과 소통할 수 있었기 때문입니다.

**　천하 사람들이 크게 기뻐하여 장차 자신에게 돌아오려 하거든, 그렇게 천하가 기뻐하여 자신을 따르는 것을 마치 지푸라기처럼 하찮게 여긴 이는 오직 순임금뿐이었다. 그와 같이 부모의 마음을 얻지 못하면 사람이 될 수 없고, 부모의 뜻을 받들지 못한다면 자식이 될 수 없다고 생각하신 것이다.**

天下大悅而將歸己어든 視天下悅而歸己호대 猶草芥也는 惟舜이 爲然하시니
천 하 대 열 이 장 귀 기　　시 천 하 열 이 귀 기　　유 초 개 야　　유 순 위 연

不得乎親이란 不可以爲人이요 不順乎親이란 不可以爲子러시다
부 득 호 친　　불 가 이 위 인　　불 순 호 친　　불 가 이 위 자

　　※ **초개**(草芥): 지푸라기

　주변 모두가 자신을 추대하는데 마다할 사람은 없겠지만, 순임금의 경우는 남달랐습니다. 사회적 부귀영화보다는 가까이에 있는 부모의 마음을 얻지 못하는 안타까움이 앞섰기 때문입니다. 아무리 노력해도 가장 가까운 부모의 마음조차 얻지 못하고 있다는 자책감일 것이요, 더 나아가 부모에게 순종하지 못한다는 미안함일 것입니다. 여기서 부모의 뜻에 따른다는 순(順)의 의미는 맹목적 순응이나 순종 혹은 복종이 아닙니다. 이치에 합당한 방식으로 부모와 자녀가 서로 소통한다는 개념에

더 부합됩니다. 부모를 바른길로 깨우쳐주어 부모와 자녀가 어긋나지 않고 생각이 합치되어가는 모습입니다. 눈빛만 보아도 통하는 경지라고 나 할까요. 순을 큰 효자라고 말한 이유는 다음과 같습니다.

순임금이 부모 섬기는 도리를 다함에 그의 아버지 고수가 기뻐함에 이르게 되고, 고수가 기뻐함에 천하가 교화되었다. 고수가 기뻐함에 천하의 부자관계가 안정되었으니, 이를 일러 큰 효도라 말한다.

舜이 盡事親之道而瞽瞍底豫하니 瞽瞍底豫而天下化하며
순 진 사 친 지 도 이 고 수 지 예　　고 수 지 예 이 천 하 화

瞽瞍底豫而天下之爲父子者定하니 此之謂大孝니라
고 수 지 예 이 천 하 지 위 부 자 자 정　　차 지 위 대 효

※ **지**(底): 이르다. **예**(豫): 즐거워하다.

아주 나쁜 부모였지만 그를 향한 순임금의 효도는 멈추지 않았습니다. 얼굴을 부드럽게 하고 뜻을 온화하게 하면서 부모 섬기는 도리를 다했습니다. 부모의 잘못을 보기보다는 자식으로서 자신의 본분을 성실히 수행했던 것이지요. 마침내 고수도 아들의 진정성을 이해하고 마음을 풀며 순임금과 더불어 한마음이 됩니다. 이를 본받아 천하의 자식들은 섬기지 못할 부모가 없음을 알아서 힘써 효도를 하지 않음이 없었으며, 천하의 아버지들은 자식의 효도로 말미암아 즐거워하며 사랑하지 않음이 없는 교화가 펼쳐졌던 것입니다. 이처럼 순임금은 개인적인 효도를 넘어 천하 모든 이들의 효도하는 마음을 일깨우고 소통하였으니, 그에 비하면 임금이라는 사회적 지위는 대수롭지 않게 여겼던 것이지요. 이런 측면에서 순을 지극한 효자라는 의미의 대효(大孝)라 별칭했던 것입니다.

진정성은 모두와 소통하는 힘이 될 것입니다. 그러나 상대가 그 마음을 받아들이지 않을 경우, 특히 가장 가까운 사람에게 진정성이 통하지 않을 경우도 많습니다. 어떻게 해야 할까요? 맹자가 말했듯 그저 묵묵히 자기에게 주어진 길을 걸어야 할까요? 인간다움을 향한 그 인내심의 한계는 도대체 어디까지일까요?

孟子

8

이루 하편

이루 하편 1장 : 若合符節

진리는 통한다

맹자의 당찬 자신감은 어디에서 나오는 것일까요? 그는 성인의 마음은 시대를 넘어 서로 통한다고 보고, 진리의 계보도를 그려 나갑니다.

순임금은 저풍에서 태어나 부하로 옮겼다가 명조에서 돌아가셨으니, 동이(東夷) 사람이다. 문왕은 기주에서 태어나 필영에서 돌아가셨으니, 서이(西夷) 사람이다. 땅의 거리가 천여 리나 되며 세대의 선후가 천여 년이지만, 뜻을 얻어 중국에 행함에 있어서는 부절(符節)을 합한 것 같았다. 앞의 성인과 뒤의 성인의 법도는 한결같다.

舜은 生於諸馮하사 遷於負夏하사 卒於鳴條하시니 東夷之人也시니라
순　생어저풍　　천어부하　　졸어명조　　　동이지인야

文王은 生於岐周하사 卒於畢郢하시니 西夷之人也시니라
문왕　생어기주　　졸어필영　　　서이지인야

地之相去也 千有餘里며 世之相後也 千有餘歲로대 得志行乎中國하산
지지상거야 천유여리　세지상후야 천유여세　　　득지행호중국

若合符節하니라 先聖後聖이 其揆一也니라
약합부절　　　선성후성　기규일야

※ **저풍**(諸馮) · **부하**(負夏) · **명조**(鳴條) · **기주**(岐周) · **필영**(畢郢): 모두 지명임. **부절**(符節): 믿음의 징표. **규**(揆): 법도.

동이와 서이는 나라 한 가운데인 중국을 중심으로 동쪽 지역과 그 반대인 서쪽 지역을 뜻하는 말입니다. 그리고 부절(符節)은 약속을 적은 글을 반으로 나누어 각자 보관하고 있다가 일이 생기면 서로 합해서 신표로 삼을 때 사용하는 물건을 말합니다. 순임금과 문왕은 정반대에서 태어나 활동했던 인물이지만, 그 마음은 부절을 합한 듯 똑같았다는 것은 성인의 지침은 시간과 공간을 넘어 보편적으로 통한다는 것입니다.

순임금과 문왕이 공통으로 느꼈고 행하려는 그 마음을 맹자는 이어받고 싶었던 것입니다. 그렇다면 맹자가 갈망했던 동서고금을 관통하는 공통된 진리는 무엇이었을까요?

큰 밑그림을 그리는 정치

정나라 대부였던 자산(子産)은 능력 있는 인물이었습니다. 그가 정치를 담당할 때에, 물이 넘실대는 진수와 유수에서 사람들이 도보로 강을 건너가는 것을 보고 자신이 타던 수레로 그들을 건네주곤 하였습니다. 언뜻 보기에 칭찬받을 일이지만, 맹자는 그 일을 비난하며 말합니다.

그는 은혜롭지만 정치를 할 줄 모른다. 11월에 걸어서 건널 수 있는 다리를 만들고, 12월에 수레가 건널 수 있는 다리를 만든다면, 백성들이 건너는 것을 걱정하지 않을 것이다.

惠而不知爲政이로다 歲十一月에 徒杠이 成하며 十二月에 輿梁이 成하면
혜 이 부 지 위 정   세 십 일 월   도 강   성   십 이 월   여 량   성

民未病涉也니라
민 미 병 섭 야

> ※ **승여**(乘輿): 수레. **도강**(徒江): 걸어 다닐 수 있는 작은 다리. **여량**(輿梁): 수레가 다닐 수 있는 큰 다리.

자신의 수레를 사용하여 남을 건네주는 것은 물론 은혜로운 일입니다. 그러나 큰 그림을 그리는 정치라면 누구나 할 수 있는 그러한 사적인 은혜와 작은 이익을 베푸는 것에 머물러서는 안 된다는 것입니다. 11월이면 농사일을 거의 마쳤으므로 백성의 노동력을 이용하여 걸어서 건널 수 있는 다리를 완성할 수 있습니다. 12월에 이르러서는 농사일을 마무리하였고 강물이 얼어 있을 것이므로 백성의 힘을 이용하여 수레도 건널 수 있는 튼튼한 다리도 완성할 수 있습니다. 다리가 없으면 새로 만들고, 무너진 것은 재건축하되 때에 알맞게 일을 헤아리고, 백성의 노

동력을 빌리되 그들을 편안하게 하는 정책을 편다면, 백성이 물을 건너는 데 근심이 없을 것입니다. 그렇게 된다면 어찌 정치의 최일선에 있는 입장에서 자신의 수레로 일일이 사람을 건네줄 필요가 있겠습니까? 맹자는 바로 그러한 큰 밑그림을 실행하는 것이 정치가의 바른 자세라고 보면서 보충 설명합니다.

> **군자가 정치를 공평하게 한다면 출행할 때 사람들을 물리치는 것도 괜찮을 것인데, 어찌 사람마다 모두 건네줄 수 있겠는가? 따라서 정치하는 사람이 모든 사람마다 기쁘게 하려면 날마다 하여도 시간이 부족할 것이다.**

君子平其政이면 行辟人이 可也니 焉得人人而濟之리오
군자평기정　　　행벽인　　가야　　언득인인이제지

故로 爲政者가 每人而悅之면 日亦不足矣리라
고　위정자　　매인이열지　일역부족의

※ **평**(平): 공평하다. **벽**(辟): 물리치다.

사극에서 '물렀거라~ 대감마님 행차시다~'라는 말을 들어본 적이 있을 것입니다. 맹자는 바쁜 국가 공무를 처리하기 위해 길을 내달라는 것은 결코 잘못이 아니라고 보았습니다. 단 정치를 공평하게 처리하려 한다는 조건이 달려 있습니다. 군자다운 정치가는 중요한 것을 잡고 큰 것을 힘써서 만인을 위한 정당한 권력행사를 행해야 한다는 것입니다. 만일 큰 것을 보지 못하고 자신이 만나는 모든 사람들을 기쁘게 하여 결과적으로 자신을 기리게 하고자 한다면 시간이 부족할 것입니다. 제갈공명은 "세상을 다스림은 큰 덕으로써 하고 작은 은혜로써 하지 않는다."고 하였으니 같은 말입니다. 공평무사한 정치가를 기대하는 것은 예나 지금이나 마찬가지입니다.

하극상의 원인

   신하가 군주를 어떤 마음으로 모셔야 한다는 이야기는 많아도, 군주의 신하를 대하는 자세에 대한 언급은 그다지 많지 않습니다. 여느 왕들이 그러했듯이 제나라 선왕도 신하들 대우에 소홀한 측면이 있었습니다. 예전에 등용했던 인물을 잊고 지내다 다른 나라로 도망친 것조차 알지 못하는 지경에 이릅니다. 맹자는 그런 왕에게 쓴소리를 합니다.

> 임금이 신하 보기를 손이나 발처럼 한몸으로 여기시면 신하가 임금 보기를 배나 심장처럼 하고, 임금이 신하 보기를 개나 말처럼 하찮게 여기면 신하가 임금 보기를 길거리 가는 보통 사람처럼 하며, 임금이 신하 보기를 진흙이나 지푸라기처럼 천시하고 미워한다면 신하가 임금 보기를 도적이나 원수처럼 봅니다.

君之視臣이 如手足則臣視君을 如腹心하고 君之視臣이 如犬馬則臣視君을
군 지 시 신   여 수 족 즉 신 시 군   여 복 심   군 지 시 신   여 견 마 즉 신 시 군

如國人하고 君之視臣이 如土芥則臣視君을 如寇讎니이다
여 국 인   군 지 시 신   여 토 개 즉 신 시 군   여 구 수

   ※ **국인**(國人): 길거리에 가는 보통 사람. **개**(芥): 지푸라기. **구**(寇): 도적. **수**(讎): 원수.

   왕이 자신의 손발처럼 신하를 대우하는 것은 제 몸을 아끼듯 완전히 믿고 의지한다는 것이니, 그 은혜로움과 의리는 지극한 것입니다. 반면에 개나 말처럼 마구 부려먹을 대상으로 여기거나, 잡초처럼 짓밟고 다녀도 되는 정도로 하찮게 여긴다면 문제가 달라진다는 것입니다. 결과적으로 아랫사람이 어떻게 하느냐는 윗사람이 그를 어떻게 대우하느냐에 달려 있다는 것입니다. 심지어 원수처럼 여긴다는 말을 들은 제선왕

은 맹자의 말이 너무 심하다고 생각하여 불쾌한 심정으로 예법을 들어 반문합니다.

"예법에 옛 임금을 위하여 상복을 입는다고 하는데, 그렇다면 어떻게 해야 상복을 입을 수 있는지요?"

"신하의 간언을 실행하고 말을 들어주어 은택이 백성에게 내리도록 합니다. 만약 사연이 있어 떠나거든 임금이 사람을 시켜 인도하여 국경을 벗어나도록 하며, 또한 그가 가는 곳에 먼저 기별을 해주고 떠난 지 3년이 지나도 돌아오지 않은 다음에 그 토지와 주택을 거두니, 이것을 이른바 세 가지 예가 있다고 하는 것입니다. 이렇게 한다면 임금을 위하여 상복을 입게 됩니다."

"禮에 爲舊君有服하니 何如라야 斯可爲服矣니잇고"
　　예　　위구군유복　　　　하여　　　사가위복의

"諫行言聽하여 膏澤이 下於民이요 有故而去則君이 使人導之出疆하고
　간행언청　　　　고택　　하어민　　유고이거즉군　　사인도지출강

又先於其所往하며 去三年不反然後에 收其田里하나니 此之謂三有禮焉이니
우선어기소왕　　　거삼년불반연후　　수기전리　　　　차지위삼유례언

如此則爲之服矣니이다"
여차즉위지복의

※ **복(服)**: 상복. **고(膏)**: 윤택하다. **강(疆)**: 국경. **반(反)**: 돌아오다.

여기서 맹자가 말한 세 가지 예란 첫째로 도적의 노략질을 방지하여 국경까지 보호하는 것이요, 둘째로 그 신하가 가려는 나라의 임금에게 그의 어짊을 칭찬하여 그를 거두어 쓰기를 권하는 것이요, 셋째로 3년을 기다려도 돌아오지 않는다면 그 신하에게 주었던 토지와 주택을 거두는 것입니다. 자신을 저버리고 떠나는 신하를 위해 그토록 충분히 배려해주는 임금이 있을까요? 그러나 군주가 최소한 이러한 마음가짐으로 신하를 대우해야 자신과 한몸이 되는 신하를 얻을 수 있고, 그러면 그 신하는 진정으로 왕을 위해 상복을 입을 수 있다는 것입니다. 이어 맹자는 이와 정반대되는 현실을 말합니다.

반면에 지금은 신하가 되어 간언하면 실행하지 않고 말하면 들어주지 아니하여 은택이 백성에게 내리지 않습니다. 사연이 있어 떠나려 하면 임금이 강제로 구속하고, 또한 그가 떠나가려는 곳에 난처한 상황을 만들어 놓으며, 떠나는 즉시 그의 토지를 몰수하니, 이것을 일러 원수라 합니다. 원수에게 무슨 상복을 입겠습니까?

今也에 爲臣이라 諫則不行하며 言則不聽하여 膏澤이 不下於民이요
금 야 위 신   간 즉 불 행   언 즉 불 청   고 택 불 하 어 민

有故而去則君이 搏執之하고 又極之於其所往하며 去之日에 遂收其田里하나니
유 고 이 거 즉 군 박 집 지   우 극 지 어 기 소 왕   거 지 일 수 수 기 전 리

此之謂寇讎니 寇讎에 何服之有리오
차 지 위 구 수 구 수 하 복 지 유

※ 박(搏): 잡다. 극(極): 곤궁하게 만들다. 수(遂): 뒤를 이어서, 그 결과.

흔히 군주와 신하는 의리가 있다[君臣有義]고 말합니다. 일시적인 이해타산으로 뭉치는 관계가 아니라, 의로움이라는 의리를 기준으로 합심하는 관계라는 말입니다. 맹자는 평소 군주를 위해 충언을 아끼고 않고 자신의 포부를 실현하려 했던 신하의 말을 귀담아듣지 않고 있다가 정작 그가 어떤 이유가 있어 떠나면 보복에 가까운 조치를 내리는 왕을 누가 따르겠느냐는 반박합니다. 그런데 어느 경우에 신하는 마음을 돌리고 떠날까요? 구체적으로 명시하지는 않았지만 아마도 이어지는 다음 구절이 그 내용이 아닐까 싶습니다.

죄 없이 선비를 살해하면 대부가 그 나라를 떠날 수 있고, 죄 없이 백성을 함부로 죽이면 선비는 그 나라를 옮길 수 있다.

無罪而殺士 則大夫可以去요 無罪而戮民 則士可以徙니라
무 죄 이 살 사 즉 대 부 가 이 거 무 죄 이 륙 민 즉 사 가 이 사

※ 륙(戮): 죽이다. 사(徙): 옮기다.

아랫사람을 함부로 대하는 군주를 보면서 그러한 재앙은 자기도 예외가 아닐 것이라 판단하기에 떠나가는 것입니다. 군자는 마땅히 기미를 보고 떠날 결심을 하는데, 피해가 임박해지기까지 마냥 기다린다면 정

작 떠나야 될 상황에서 떠날 수 없기 때문입니다.

왕의 행동 여하에 따라 자신이 섬겼던 왕을 원수처럼 대할 수 있다는 맹자의 주장은 보통 사람이라면 쉽게 꺼내지 못할 말들입니다. 이러한 내용들은 『맹자』 책이 오랫동안 금서로 묶였던 이유였겠지요. 신하를 융숭히 대접하여 같은 마음으로 백성을 위한 정치를 행하라는 맹자의 의도를 정확히 이해하지 못한다면, 왕을 무시하거나 혁명을 부채질하는 책으로도 볼 수 있기 때문입니다.

우리는 주변 사람을 어떻게 대하고 있나요? 어떻게 그들을 대우해야 진심으로 나와 한몸이 되어 움직이게 할 수 있을까요?

도덕성을 갖춘 군주의 모범적 행동

『맹자』에는 맥락이나 내용에서 비슷한 구절도 있고, 어떤 경우는 축약
형태로 쓰이는 경우도 있습니다. 군주의 인과 의를 강조하는 다음과 같
은 내용이 그렇습니다.

> **군주가 어질면 어질지 않는 일이 없고, 군주가 의로우면 의롭지 않는 일**
> **이 없다.**
>
> 君仁이면 莫不仁이요 君義면 莫不義니라
> 군 인　　막 불 인　　군 의　　막 불 의

인의의 도덕적인 자질을 지닌 군주의 역할을 강조하고 있습니다. 이
구절을 앞서 살펴보았던 「이루」 상편 20장의 내용과 비교해 볼까요?

> 군주가 등용했던 인물을 하나하나 모두 탓할 수 없으며, 군주의 잘못된
> 정치를 하나하나 흠잡을 수 없다. 오직 큰 덕을 갖춘 대인이라야 잘못된 군
> 주의 마음을 바로잡을 수 있다. 군주가 어질면 모든 일이 어질지 않음이 없
> 고, 군주가 의로우면 모든 일이 의롭지 않음이 없으며, 군주가 올바르면 모
> 든 일이 바르지 않음이 없을 것이니, 한번 군주의 마음을 바로잡으면 나라
> 가 안정될 것이다. [*]

---

[*] 『맹자』 「이루」 상편 20장. 孟子曰 "人不足與適也, 政不足間也. 惟大人爲能格君心之
非, 君仁莫不仁, 君義莫不義, 君正, 莫不正, 一正君而國定矣."

우리가 이미 앞에서 살펴보았던 내용은 인재 등용이나 정치 운용에서 군주의 잘못된 마음을 바로잡는 데 초점이 있고, 여기서는 다만 군주가 지녀야 할 자세를 포괄적으로 제시하고 있을 뿐입니다. 인의(仁義)에 기반을 둔 군주의 모범적 행동은 맹자의 일관된 주장이었습니다.

이루 하편 6장 : 隨事順理
이치에 맞는 도덕규범

예의를 강조하지만 관습처럼 내려오는 기존의 도덕규범 모두가 이치에 맞는 것은 아닐 것이기에 맹자는 말합니다.

예법에 맞지 않는 예와 의롭지 않은 의를 대인은 하지 않는다.

非禮之禮와 非義之義를 大人弗爲니라
비 례 지 례   비 의 지 의   대 인 불 위

예와 의를 말하고 행하지만 잘못된 주관에 빠질 때가 있습니다. 일에 따라 이치에 순응하고 때에 따라 마땅하게 처리하려는 대인은 기존의 관습을 마냥 따르지 않습니다. 여기서 맹자는 대인이라면 결코 그런 일을 하지 않는다고 강조하고 있습니다.

대인은 당대의 현실에 맞지 않는 예법을 고수하지 않으며, 의리를 가장하지 않고 상황에 적절한 의로움을 추구합니다. 일에 따른 이치를 따르고[隨事順理], 때에 따라 마땅하게 처리[因時處宜]하려는 것입니다. 예의를 앞세우면서도 부조리와 비리가 좀체 줄어들지 않는 현실에서 진정한 의미의 예의란 어떤 것일까요?

부형의 책임의식

때로는 무관심이 최선이라는 말도 있습니다. 그러나 가정교육에 있어서 부모와 형을 붙여 말하는 부형의 책임의식은 달라야 합니다.

> 중도에 맞게 살려는 사람은 중도를 따르지 않는 자를 기르며, 재주 있는 사람은 재주 없는 자를 길러준다. 따라서 사람들은 어진 부형이 있는 것을 즐거워한다. 만약 중도에 맞게 살려는 부형이 중도를 따르지 않는 자녀를 버리거나 재주 있는 부형이 재주 없는 자제를 버린다면, 잘나고 못난 부형의 현명함과 불초함의 차이가 한 치도 될 수 없을 것이다.

中也養不中하며 才也養不才라 故로 人樂有賢父兄也니 如中也棄不中하며
중야양부중　　중야양부재　고　인낙유현부형야　여중야기부중

才也棄不才면 則賢不肖之相去가 其間이 不能以寸이니라
재야기부재　즉현불초지상거　기간　불능이촌

※ **기**(棄): 버리다. **초**(肖): 닮다.

사람마다 기질의 차이가 있는 것은 당연합니다. 지나침도 모자람도 없는 훌륭한 인품을 고양시키려는 중도(中道)에 부합되려는 사람, 혹은 일의 성취를 가져올 뛰어난 재주를 지닌 사람이 주변에 있다는 것은 좋은 일입니다. 그렇지 못한 자들을 독려하고 일깨워줄 수 있기 때문입니다. 더욱이 그러한 사람이 혈연으로 연계된 가족이라면 더할 나위 없겠지요. 가까이서 보고 배우며 자기를 완성시킬 상대적으로 좋은 여건을 갖추었기 때문입니다. 때로는 그 좋은 요건이 성장의 방해요인이 되기도 할 경우도 있지만 말입니다.

그러나 일반적으로 부모와 형은 자녀와 동생의 지나침을 억제하고 미

치지 못한 것은 이끌어서 점차 자연스럽게 변화하는 성품을 길러 나가는 데 도움을 주고자 할 것입니다. 따라서 사람마다 어진 부형이 있어서 시간이 지나면 자신의 성숙을 기할 수 있을 것이라는 기대감에 즐거워하는 것이지요.

자녀가 어진 부형이 있음을 좋아함은 결국에는 자신을 이루어줄 수 있음을 좋아하는 것이다. 부형으로서 만일 자손이 어질지 못하다 하여 마침내 끊어버리고 가르칠 수 없다고 여긴다면 자신도 또한 중도에서 벗어나 재주가 없게 되는 것이다. 잘못된 자녀와 가르치지 못하는 부모 사이의 간격이 그 얼마나 되겠는가![*]

자녀를 일깨운다는 것은 쉬운 일이 아닙니다. 서로를 잘 알기 때문입니다. 만일 아침저녁으로 책망하여 급박하게 구하다가 자녀가 부족한 것을 느껴서 갑자기 가르치는 것을 그만둔다면, 이것은 자신의 인품과 재능을 버리는 것과 마찬가지가 될 것입니다. 뛰어난 성품과 재능을 지녔더라도 집안에서 자기 자녀조차 가르치지 못하는 꼴이 되기 때문입니다. 그래서 자녀를 바꿔서 교육시킨다는 말도 나온 것입니다. 맹자는 이러한 과정으로 자녀교육을 포기하게 된다면 뛰어난 부형이 결과적으로 못난 부형과 별반 차이가 없을 것이라 경계합니다. 자녀의 부족한 것을 기르려는 부형의 노력을 끝까지 포기해서는 안 된다는 것이지요.

갈수록 부모 되기 어려운 세상입니다. 부모는 자녀의 모범이 되어야 한다는 말이 부담스러울 때가 많습니다. 맹선생님, 자녀들에게 긍정적 영향을 주는 교육방법은 무엇일까요? 그리고 부모의 노력만 가지고 되는 것일까요?

---

[*] 『맹자집주』「이루」하편 7장. "樂有賢父兄者, 樂其終能成己也. 爲父兄者, 若以子弟之不賢, 遂遽絶之而不能敎, 則吾亦過中而不才矣, 其相去之間, 能幾何哉!"

잘못을 줄여 가려는 노력

부정의 부정은 긍정입니다. 잘못을 하지 말아야지 하는 생각은 역으로 올바른 행위로 나아갈 수 있습니다. 맹자는 역시 선을 촉구하는 방법으로 다음과 같이 말합니다.

사람은 잘못된 일을 하지 말아야지 하는 마음을 가진 뒤에야 올바른 일을 할 수 있다.

人有不爲也而後에 可以有爲니라
인 유 불 위 야 이 후   가 이 유 위

천하의 일 가운데 마땅히 해야 할 것도 있고 해서는 안 될 것도 있습니다. 해야만 하는 것과 해서는 안 될 것을 살피고 선택하여, 마땅히 해서는 안 될 일은 단연코 하지 않는 노력을 기울여야 할 것입니다. 그런 과정이 축적되어 마땅히 할 것을 한다면 큰 일을 이룰 수 있을 것입니다. 악을 줄이면 선이 증가한다는 것이지요. 결과는 같을 것입니다. 어질지 못한 일을 하지 않는 것이 어진 일이 될 수 있듯이, 나쁜 습관을 제거하는 것은 성숙된 자아로 나아가는 길이 될 것입니다. 우리는 무엇부터 줄여 나갈까요?

남의 잘못을 드러내지 말자

맹자는 남의 잘못을 말하기 좋아하는 자를 경계하며 말합니다.

다른 사람의 좋지 못한 점을 말하다가 마땅히 뒤의 근심을 어찌 감당할 것인가?

言人之不善하다가 當如後患에 何오
언 인 지 불 선　　당 여 후 환　하

남의 잘못을 숨겨주는 포용력은 해로움을 멀리하는 방법이기도 합니다. 만일 남의 착하지 못한 점을 들춰내기 좋아한다면, 그들은 반드시 원망하고 분하여 나에게 피해를 줄 것이니, 그 뒷감당을 어찌하려 하십니까?

일상이 답이다

맹자가 보는 공자와 같은 성인의 삶은 거창한 것이 아니었습니다.

공자는 너무 심한 일을 하지 않으신 분이셨다.

仲尼는 **不爲已甚者**러시다
중 니　　불 위 이 심 자

> ※ 이(已): 너무 지나치게, 태(太)와 같음.

　맹자는 공자의 일생을 너무 심한 것을 하지 않으면서 자신에게 주어진 본분에 걸맞게 사셨던 분으로 평가합니다. 여기서 공자가 하지 않았던 너무 심한 것은 무엇이었을까요? 너무도 짧은 구절인지라 분명히 알수 없지만, 인간으로서 지켜야 할 일상의 평범함 삶의 가치를 추구했다는 정도는 유추할 수 있을 것입니다. 진리는 역시 평범한 일상에 있는 것 같습니다.

오직 의로움을 따르리라

맹자는 개인적 신념과 행동보다는 때로는 원칙에 따른 유연한 자세도 필요함을 말합니다.

대인은 말한 것이 반드시 그대로 되리라 확신하지 않았으며, 행동은 반드시 밀어붙일 것을 기약하지 않았다. 오직 의리가 있는 바를 따른다.

大人者는 言不必信이며 行不必果요 惟義所在니라
대인자　　언불필신　　　행불필과　　유의소재

※ **과**(果): 결행하다.

맹자가 말하는 대인이란 말은 성실하고 행동은 과감한 실천을 보여주는 인물입니다. 그러나 그의 말과 행동은 꼭 그렇게 하겠다는 목적의식에 사로잡혀 있지 않습니다. 무엇이 올바른지 상황을 충분히 고려하면서 말과 행동을 그에 맞춰 조절할 수 있는 타협적 태도를 지녔기 때문입니다. 의리에 맞지 않는다면 애초에 했던 자신의 말도 수정할 수 있어야 하고, 때로는 과감한 행동이 주는 역효과도 생각하는 것입니다. 공자도 "군자는 일처리에 있어 꼭 그래야 하는 것도 없고 반드시 그렇지 말아야 하는 것도 없다. 의리에 따라 행동할 뿐이다."[*]고 하였습니다.

비슷한 맥락에서 맹자 역시 "오직 의리가 있는 곳을 따른다."는 유의소재(惟義所在)를 말하는 것입니다. 의리에 따른 행동을 주안점에 둔다면 믿음과 결단이 수반됩니다. 그러나 역으로 성실과 결단만 주장하는

---

* 『논어』 「이인」편. "君子之於天下也, 無適也, 無莫也, 義之與比."

것은 의리에 맞지 않을 수도 있습니다. 의리에 맞는 소신 있는 행동이 필요할 것이고, 그렇게 할 수 있는 사람을 맹자는 대인이라 보았던 것입니다.

초심을 잃지 않는 마음가짐

맹자가 말하는 대인은 어떤 사람이고, 큰 인물이 지녀야 하는 마음가짐은 무엇일까요?

대인은 갓난이 때의 순수한 마음인 적자지심(赤子之心)을 잃지 않는 사람이다.

大人者는 不失其赤子之心者也니라
대 인 자 불 실 기 적 자 지 심 자 야

대인은 어느 한곳에 구애됨 없이 모든 것에 통달하고 대응할 수 있는 드넓은 마음가짐을 지닌 사람입니다. 그러한 마음은 티 없이 맑고 거짓 없는 순수함에서 출발합니다. 맹자는 갓난아이의 마음이 그러할 것이라 생각합니다. 물론 아무것도 모르는 갓난아이가 세상물정을 어느 정도 아는 어른의 모델이 될 수 없습니다. 그러나 무엇인가를 인위적으로 꾸며대지 않는 솔직하고 순수한 마음에서는 서로 통할 것입니다. 대인은 그러한 마음으로 세상과 마주하기에 외물의 유혹에 빠지지 않고, 애초에 지닌 순수성을 유지하면서 세상 모두와 소통할 수 있는 큰 그릇이 되어가는 것입니다. 우리도 일상이 복잡해지고 꼬일수록 순수했던 초심을 잃지 않으려 노력해야 합니다.

장례는 삶에서 가장 큰 일

효도의 끝은 어디일까요? 살아 있을 때는 물론이고 돌아가신 이후에도 효심을 잃지 말 것을 맹자는 다음과 같이 말합니다.

산 사람을 봉양하는 것은 큰일에 해당되지 못하며, 오직 죽은 사람을 보내는 것이 큰일에 해당한다.

養生者는 不足以當大事요 惟送死야 可以當大事니라
양생자　부족이당대사　유송사　가이당대사

큰일이 아니라는 것은 상대적으로 더 큰일이 있다는 말입니다. 부모가 살아계신 동안에는 당장은 미흡한 것이 있더라도 다른 날에 보충할 시간도 있습니다. 그러나 부모가 돌아가시는 큰 변고를 당해서 혹시 부족하거나 미진한 일처리가 있으면 두고두고 후회할 수 있으니, 이것이 진실로 큰일에 해당된다고 보는 것입니다. 따라서 맹자의 말은 살아계실 때 사랑과 공경으로 봉양하는 일을 가볍게 여긴다는 것이 아니라, 마지막 순간까지도 삼가면서 최선을 다해야 한다는 것입니다. 옛사람들이 부모님의 초상에 대비해 평소 상례에 관한 책을 읽으면서 뒤늦은 후회가 없도록 하려는 마음도 바로 이러한 삶에서의 큰일[大事]에 대비하려는 마음이었을 것입니다.

근원을 찾는 배움의 길

군자가 추구하는 학문은 의식적이고 강제적인 배움이 아니었습니다. 그렇다고 단순히 외적 지식의 획득을 통한 자기만족에 그치지도 않았습니다. 맹자는 배움이란 진리를 자기 자신 안에서 찾아 자연스럽게 삶의 현장에서 터득해 가는 과정이라 보고 이렇게 말합니다.

> 군자가 도로써 깊이 나아가려는 것은 스스로의 터득인 자득을 위해서이다. 스스로 터득하면 생활이 편안해지고, 생활이 편안해지면 이해도 깊어질 것이다. 이해가 깊어지면 가까운 주변에서 취하는 모든 것에서 그 근원을 만날 것이다. 그러므로 군자는 스스로의 힘으로 올바른 길을 터득하고자 하는 것이다.

君子深造之以道는 欲其自得之也니 自得之則居之安하고
군 자 심 조 지 이 도   욕 기 자 득 지 야   자 득 지 즉 거 지 안

居之安則資之深하고 資之深則取之左右에 逢其原이니
거 지 안 즉 자 지 심   자 지 심 즉 취 지 좌 우   봉 기 원

故로 君子는 欲其自得之也니라
고   군 자   욕 기 자 득 지 야

※ **조**(造): 나아가다. '예(詣)'와 같음. **자**(資): 의지하다. **봉**(逢): 만나다.

내 안에 갖추어진 이치를 깨닫고 얻으려는 공부 방법이 자득(自得)입니다. 단순히 스스로의 만족을 위한 배움을 넘어, 진리가 자기 안에서 살아 숨 쉬는 현장을 얻으려는 것입니다. 그래서 깊이 나아가는 것입니다. 진리에 나아가기를 깊숙이 하지 않고 어느 정도에서 그친다면 깊은 경지[造詣]에 이를 수 없습니다. 또한 도(道)를 그 방법으로 사용하지 않고 억지로 하는 데에는 하루아침에 효험을 보고자 하는 성급함도 있을

것입니다. 주자는 말합니다.

군자는 깊이 나아가기를 힘쓰되 반드시 그 도로써 하는 것은 스스로 믿고
따르는 바를 두어 묵묵히 알고 마음속으로 통달하여 자연히 자기 몸에 얻어
지기를 기다리고자 해서이다. 자신이 스스로 터득하면 처함이 편안하고 견
고하여 흔들리지 않게 되고, 처함이 편안하고 견고해지면 의지하는 것이 깊
고 멀어서 다함이 없게 된다. 의지하는 것이 깊어지면 일상의 지극히 가까
운 곳에서 취할 수 있어 가는 곳마다 이용하는 근본을 만나지 않는 곳이 없
을 것이다.[*]

군자는 자기 스스로 참되고 올바른 길을 깨달아 얻어, 자기 안에 깃들
어 있는 도를 자연스럽게 발견하려고 합니다. 자신의 힘으로 스스로 깨
달았으니 깨달은 바에 대해 확신을 가질 수 있고, 흔들림 없이 편안할
수 있습니다. 흔들림이 없이 편안하니 깨달은 바에 대한 이해도 한층 더
깊어집니다. 이해가 깊어지면 깨달은 바를 자기 주변의 어떤 상황에 적
용하더라도 참되고 바른길과 만날 수 있습니다. 그래서 군자는 자기 스
스로의 힘으로 참되고 바른길을 깨닫고자 하는 것입니다. 자득을 통한
자연스런 배움의 과정은 자기 주변 모두에 대한 철저한 이해로 확장되
어 갑니다. 맹자가 말했듯 빨리 도달하려는 성급함을 누르고 편안함을
느낄 정도로 체화된 자연스런 앎의 길은 여전히 우리가 걸어가야 할 오
래된 미래입니다.

---

[*] 『맹자집주』「이루」 하편 14장. "君子務於深造而必以其道者, 欲其有所持循, 以俟夫黙
識心通, 自然而得之於己也. 自得於己, 則所以處之者, 安固而不搖, 處之安固, 則所
藉者深遠而無盡, 所藉者深, 則日用之間, 取之至近, 無所往而不値其所資之本也."

이루 하편 15장 : 博學約說
폭넓게 배우면서 핵심을 간추린다

책이 많다고 혹은 책을 많이 읽었다고 반드시 공부를 잘하는 것이 아니듯이, 배움이란 단지 넓혀가는 것만을 뜻하지는 않을 것입니다. 그렇다고 폭넓음이 빠진 채 남들이 해놓은 요점만을 습득하려는 것도 문제일 것입니다. 맹자는 배움에 있어 폭넓음과 자세함의 목적지를 이렇게 말합니다.

널리 배우면서 자세히 설명하는 것은 장차 그로써 돌이켜서 핵심을 말하고자 해서이다.

博學而詳說之는 將以反說約也니라
박 학 이 상 설 지   장 이 반 설 약 야

※ **약**(約): 핵심, 요약

많이 듣고 많이 알아서 학문이 넓어지면 배운 바의 이치를 일일이 강론하고 분석하여 자세하고 분명하게 말하는 것이 배움의 일반적 과정입니다. 단지 자신이 많이 배웠다는 것을 자랑하기 위해서나 아름다운 수식으로 포장하기 위해서나 자세히 설명하기 위해서 파고드는 것은 아닐 것입니다. 이러한 과정은 모든 이치를 꿰뚫어 다시 지극히 간략한 요점으로 돌이켜서 핵심을 알도록 하려는 학문의 진정한 목표이기도 합니다.

글을 널리 배워서 그 이치를 상세히 말하는 이유는 많은 지식을 자랑하고 화려함을 다투고자 함이 아니요, 터득하고 관통하여 돌이켜서 지극한 핵심

을 간추려 설명하려는 것이다.[*]

널리 배우고 핵심을 간추려 말한다는 맹자의 말은 공자의 "널리 글을 배우되 그것을 예로써 요약한다."는 박문약례(博文約禮)의 정신과도 통합니다. 배움이 핵심을 간추린 간략한 데 이른 뒤에야 허다하게 넓은 것을 자유롭게 쓸 수 있으며, 넓지 못하면 간략함을 쓸데가 없을 것입니다. 따라서 널리 배우고 자세히 말하는 것을 어찌 그만둘 수 있겠습니까? 다만 그 목적지를 분명히 해야 할 것입니다. 폭넓게 알고 자신의 삶의 경험에 빗대어 간추려 해석해낼 수 있다면, 세상을 바라보는 안목도 그만큼 커지기 때문입니다.

---

[*] 『맹자집주』「이루」하편 15장. "所以博學於文而詳說其理者, 非欲以誇多而鬪靡也, 欲其融會貫通, 有以反而設到至約之地耳."

이루 하편 16장 : 以善養人

마음을 얻는 자 천하를 얻는다

타자의 진정한 마음을 얻어내는 통치방법은 무엇일까요? 맹자는 눈앞에서의 복종이 아니라 마음에서 우러나오는 자발성을 진정한 힘이라 생각합니다.

선으로써 남을 굴복시켜 이기려는 자는 진심에서 우러나오는 것이 아니므로 남을 복종시킬 수 있는 경우가 없다. 반면에 선으로써 모두가 선으로 돌아가고자 남을 가르치고 기른 뒤에야 천하를 복종시킬 수 있다. 천하가 기쁜 마음으로 복종하지 않는데 왕 노릇 할 수 있는 경우는 아직 없었다.

以善服人者는 未有能服人者也니 以善養人然後에 能服天下하나니
이 선 복 인 자　　미 유 능 복 인 자 야　　이 선 양 인 연 후　　능 복 천 하
天下不心服而王者未之有也니라
천 하 불 심 복 이 왕 자 미 지 유 야

가끔은 『맹자』 책에 수록된 글자 그대로 풀이하면 고개가 갸우뚱해질 때도 있습니다. 위의 원문을 "선으로써 남을 복종시키는 자는 남을 복종시킬 수 없다."라고 하여 곧이곧대로 풀이하면 오해하기 쉽습니다. 평소 선을 강조하며 선한 마음의 확산을 강조했던 맹자였기 때문입니다. 그러나 일반적으로 선이란 공동체를 향한 도덕적인 마음을 뜻하기도 하고, 또는 남들과 비해 비교우위에 있는 자신의 장점을 가리키기도 합니다. 이에 대해 주자는 다음과 같이 해석합니다.

남을 복종시킨다[服]는 것은 남에게 이김을 취하고자 하고, 남을 기른

다[養人]는 것은 함께 선으로 돌아가고자 하는 것이다.[*]

만약 주자처럼 해석한다면, 자신의 선한 장점으로써 남을 굴복시키려는 자는 나중에 타인들이 자신처럼 잘할까 내심 기대한다는 것으로 이해될 수 있습니다. 그러나 진심으로 공동체의 선을 생각하는 마음에서 나온 것이 아니므로 사람들은 그런 형식적 마음을 따르지 않을 것입니다. 반면에 선으로써 남들을 일깨우고 길러준다는 것은 그들과 함께 선함으로 돌아가고자 하는 마음입니다. 더불어 살아가려는 마음인지라 천하 모든 이의 마음을 얻을 수 있는 토대가 될 수 있을 것입니다.

이와는 달리 두 구절을 대비적으로 생각하여 도덕적으로 선한 마음만으로는 남을 승복시킬 수 없고, 선한 마음을 지니고 동시에 남들을 기를 수 있는 실질적 혜택을 줄 때라야 많은 이들이 마음으로 승복할 수 있다고도 볼 수 있습니다. 항심(恒心)뿐 아니라 항산(恒産)의 병행을 주장했던 맹자를 생각할 때 선한 마음 그 자체만으로 부족하다는 생각이 들기 때문입니다. 그러나 자발적 복종인 심복(心服)까지 이끌어 내려는 진정성을 강조하는 맹자의 취지는 여전합니다.

---

[*] 『맹자집주』 「이루」 하편 16장. "服人者, 欲以取勝於人; 養人者, 欲其同歸於善."

현자의 말에 귀 기울이자

맹자는 현자를 우대하라는 짧으면서도 강한 메시지를 전합니다.

말에 실질이 없는 것은 길하지 못할 것이니, 현명한 사람을 가리는 것이 이에 해당한다.

言無實不祥하니 不祥之實은 蔽賢者當之니라
언 무 실 불 상   불 상 지 실   폐 현 자 당 지

　※ **상**(祥): 상서롭다, 좋다. **당**(當): 해당한다.

무실불상(無實不祥)은 두 가지로 해석될 수 있습니다. 하나는 말에 실질로 이어지는 행동이 있으면서 좋지 못한 경우는 없다는 것이고, 다른 하나는 무실(無實)과 불상(不祥)을 구분하여 말에 실질이 없는 자는 좋지 못한다는 풀이가 그것입니다.[*]

어떻게 해석하든 실질이 없는 말이 좋은 결과로 이어질 리는 없습니다. 예를 들어 현명한 자를 참소하고 막아 그들의 정당한 말을 가로막는 경우가 그렇습니다. 현자를 공정하게 등용하도록 추천해야 할 것인데, 오히려 현자를 시기하여 나라를 병들게 하는 자가 있다면 마땅히 내쳐야 함을 말하는 것입니다.

---

[*] 『맹자집주』「이루」하편 17장. 或曰 "天下之言, 無有實不詳者, 惟蔽賢 爲不詳之實; 或曰 言而無實者 不詳, 故蔽賢 爲不祥之實. 二說不同, 未知孰是."

이루 하편 18장 : 盈科而進

샘이 깊은 물은 영원하리라

공자의 물에 대한 비유는 나름의 혜안이 담겨 있습니다. 어진 자는 산을 좋아하고 지혜로운 자는 물을 좋아한다고 말하기도 하였고, 끊임없이 흐르는 물에서 역사의 연속성을 찬미하기도 하였습니다. 그러나 관점에 따라 다양한 의미로 해석될 여지가 있기에 서벽이란 사람은 맹자가 어떻게 공자의 생각을 이해하고 있는지 묻습니다.

"공자께서 물에 대해 자주 말하면서, '물이여! 물이여!' 하였으니, 물에서 무엇을 취한 것입니까?"

"근원이 있는 샘물은 용솟음쳐 밤낮을 가리지 않고 흘러 웅덩이를 채운 뒤에 나아가서 사방의 바다에 이르니, 근원이 있는 것이 이와 같으니 이것을 취하신 것일 뿐이다."

"仲尼亟稱於水曰 水哉水哉여하시니 何取於水也시니잇고"
　중 니 기 칭 어 수 왈　수 재 수 재　　　　　하 취 어 수 야

"原泉이 混混하여 不舍晝夜하여 盈科而後에 進하여 放乎四海하나니
　원 천　혼 혼　　　불 사 주 야　　　영 과 이 후　진　　방 호 사 해

有本者如是라 是之取爾시니라"
유 본 자 여 시　　시 지 취 이

※ **기**(亟): 자주. **혼혼**(混混): 물이 솟아나오는 모양. **사**(舍): 쉬다. **과**(科): 웅덩이. **방**(放): 도달하다.

끝없이 흐를 수 있는 물이 되기 위해서는 그 원천이 굳건해야 하며, 언제나 콸~콸~ 솟구칠 수 있는 수원지가 있고 방해를 받지 않는다면 밤낮을 가리지 않고 흘러 바다에까지 이를 수 있습니다. 이 구절에서 맹자가 말한 웅덩이를 채운 뒤에 나아간다는 '영과이후진(盈科而後進)'은

중간단계를 뛰어넘지 않으면서 지속적인 전진을 말할 때 자주 쓰는 말입니다.

물에 근원이 있어 그치지 않고 점진적으로 나아가서 바다에 이르듯이, 사람도 실질적인 행동이 있어 또한 그치지 않고 점차 나아가서 지극한 경지에 이르게 된다.[*]

잘 알려져 있듯이 왕조의 무궁한 번영을 기원하는 용비어천가의 한 대목도 바로 이러한 영원성을 기원하고 있습니다. "뿌리 깊은 나무는 바람에 흔들리지 아니 하므로 꽃 좋고 열매 많으며, 샘이 깊은 물은 가뭄에도 그치기 않기 때문에 시내를 이루어 바다까지 나아간다."[**] 맹자는 근본이 튼튼하기에 그렇게 될 수 있고 공자의 의도가 바로 여기에 있다고 보고 보충 설명합니다.

만일 근원이 없으면 7~8월 사이에 비가 집중되어 개천과 도랑이 모두 가득하지만, 그것이 마르는 것은 서서도 기다릴 수 있을 정도로 금세이다. 따라서 명성이 실상보다 지나친 것을 군자는 부끄러워한다.

苟爲無本이면 七八月之間에 雨集하야 溝澮皆盈이나 其涸也는 可立而待也니
구 위 무 본   칠 팔 월 지 간   우 집   구 회 개 영   기 학 야   가 립 이 대 야
故로 聲聞過情을 君子恥之니라
고   성 문 과 정   군 자 치 지

※ **구회**(溝澮): 개천과 도랑. **학**(涸): 마르다. **성문**(聲聞): 명예. **정**(情): 실상.

근원이 없는 물이 쉽게 마르듯이, 실제와 부합되지 않는 명예는 오래

---

[*] 『맹자집주』「이루」하편 18장. "水有原本, 不已而漸進, 以至于海. 如人有實行, 則亦不已而漸進, 以至于極也."

[**] 『용비어천가』 2장. "불휘 기픈 남군 부른매 아니 뮐씨 곶 됴코 여름 하느니. 식미 기픈 므른 구모래 아니 그츨씨 내히 이러 바르래 가느니."

376

갈 수 없으리라는 충고입니다. 흐르는 물을 보면서 근원에 힘을 기울이라는 맹자의 주장은 명예를 구하기에 조급했던 서벽에 대한 경계의 말이기도 했습니다. 성급한 명예욕보다는 실질에 부합되는 적절한 행동의 축적이 진정 명예로운 일이 아닐까요?

이루 하편 19장 : 由仁義行

사람다움의 길을 묻다

짐승과 다른 사람다움의 가치는 어디에 있는 것일까요? 맹자의 아래
주장은 성리학자들이 자주 애용하는 내용이기도 합니다.

**사람이 짐승과 다른 점은 많지 않은데, 서민은 그것을 버리고 군자는 그
것을 보존한다.**

人之所以異於禽獸者幾希하니 庶民은 去之하고 君子는 存之니라
인 지 소 이 이 어 금 수 자 기 희   서 민   거 지   군 자   존 지

거의 드물다[幾希]는 것은 적다는 말로, 별로 차이가 없다는 것입니
다. 성리학의 대전제인 리[理]와 기[氣]를 대입시켜 설명하곤 합니다.

사람과 만물이 태어남에 동일하게 천지의 리를 얻어 본성으로 삼았고, 동
일하게 천지의 기를 얻어 형체를 삼았다. 그 같지 못한 점은 오직 사람만이
그 사이에 올바른 형기를 얻어 그 본성을 온전히 할 수 있다는 것뿐이다. 비
록 맹자는 조금 다르다고 말하지만 사람과 만물이 구분되는 바는 실로 이
점에 있다.[*]

여타 존재자들처럼 사람은 천지의 이치와 기운을 동일하게 얻어 본성
과 형체로 갖추게 됩니다. 그러나 올바른 이치를 생각하고 그렇게 도덕

---

[*] 『맹자집주』「이루」하편 19장. "人物之生, 同得天地之理, 以爲性, 同得天地之氣 以爲形.
其不同者, 獨人於其間, 得形氣之正, 而能有以全其性, 爲少異耳. 雖曰'少異', 然人物之
所以分, 實在於此."

적인 존재가 되려고 노력한다는 점에서 인간다움의 특성을 말할 수 있습니다. 동물적 본능을 넘어 도덕적 본성 실현을 향한다는 점에서 다르지만, 여차하면 동물보다도 더 못한 욕망의 나락으로 빠질 수도 있다는 점을 잘 알아야 합니다. 그러므로 맹자는 도덕실천이라는 측면에서 인간과 동물과의 차이가 거의 드물다고 말했던 것입니다.

그러나 조금 다르다고 하지만 그 차이는 실상 큰 것입니다. 인의예지(仁義禮智)의 도덕적 본성은 본능에 충실한 여타의 존재자들에게 확연히 드러나거나 요구할 수도 없기 때문이지요. 물론 애완동물이 보여주는 친밀감 등 일부의 유사성은 배제할 수 없지만, 도덕적 본성의 실현 가능성이란 측면에서 본질적인 차이가 있는 것입니다. 그래서 성리학자들은 사람이 사람다울 수 있으려면 내재된 도덕성을 온전히 보존하려는 노력을 다해야 한다고 보는 것입니다. 상대적으로 올바른 형기를 부여받았으므로 그만큼 도덕실현의 성향이 본질적으로 갖춰진 존재라고 보기 때문입니다.

사람의 경우도 도덕성의 보존 여부에 따라 많은 인격적 차이를 보이게 됩니다. 서민은 금수와 사람다움의 차이를 알지 못하고, 마침내 지키지 못하고 버리니 금수와의 차이가 많지 않게 되어갑니다. 반면에 오직 군자는 금수와 다른 점이 도덕적 본성을 온전히 하는 데 있음을 알고, 조심조심 두려워하는 마음으로 그 본성을 온전히 보전하여 사람다움의 도리를 다하도록 최선의 노력을 다합니다. 예를 들어 맹자가 제시한 순임금 같은 경우가 그렇습니다.

순임금은 여러 사물의 이치를 밝히며 인륜을 자세히 살폈으니, 인의로 말미암아 행한 것이지 인의를 일부러 행한 것은 아니다.

舜은 明於庶物하시며 察於人倫하시니 由仁義行이라 非行仁義也시니라
순   명 어 서 물   찰 어 인 륜   유 인 의 행   비 행 인 의 야

※ 물(物): 사물. 유(由): 말미암다.

순으로 대표되는 성인은 사물의 이치를 탐구하고 인륜의 질서를 바로 세우려는 노력을 아끼지 않았습니다. 맹자가 그들을 칭송했던 것은 뛰어난 업적 때문이 아니었습니다. 그들은 자기 속에 내재된 인의의 도덕성에 따라 자율적으로 행동했던 것이지, 인의라는 어떤 원칙을 설정하고 그것을 실현했던 타율적 도덕가들이 아닙니다. 이미 마음에 뿌리내린 인의에 근본하여 행위의 모든 것이 이로부터 자연스럽게 나온 것입니다. 인의를 아름다운 도덕적 표준이라 설정한 다음에 애써 억지로 행하려고 한 것이 아니었기에 더욱 가치 있는 일입니다. 성스러운 행위가 자신도 견디지 못할 타자를 향한 도덕적 충동에서 나온 행위라는 것이지요. 이런 의미에서 "인의로 말미암아 행한 것이지 인의를 일부로 행한 것은 아니었다."라는 맹자의 말은 주목해야 할 구절입니다.

앞서 군자들은 그러한 사람다운 마음을 보존하려 노력한다고 했는데, 순과 같은 이는 보존하려는 노력을 넘어서 이미 그 자체로 체화되었던 분들입니다. 배우고 노력하는 단계가 아니라 애초에 인간다움의 결에 걸맞은 분이기에 성인으로 추앙받았던 것입니다. 인면수심(人面獸心)의 극악범죄들이 일어나는 것을 볼 때, 도덕성을 저버리면 사람이 짐승과 별로 차이나지 않는다는 맹자의 진단은 그리 틀린 말이 아닌 듯합니다. 애초부터 우리 마음에 있는 이 작지만 소중한 도덕적 울림 혹은 도덕적 성향을 놓치지 않고 살아가야 할 것입니다.

이루 하편 20장 : 坐而待旦

이어지는 성인들의 마음

내 마음의 도덕률에 따라 행한 것은 순임금만이 아니었습니다. 역대 성인들로 평가받는 인물들의 마음 역시 사람다운 세상을 향한 전진의 노력을 멈추지 않았습니다. 구체적으로 어떤 마음들이었을까요? 맹자는 마음에서 마음으로 이어지는 성현들의 특징적 사례를 간추려 말합니다.

우임금은 맛있는 술을 싫어하고 착한 말을 좋아하였다. 탕임금은 중도를 잡고 어진 이를 세움에 출신을 가리지 않았다. 문왕은 백성을 보살피되 혹시라도 상한 데가 있는 것처럼 어루만지시고, 도를 바라보기를 아직 보지 못한 듯이 하였다. 무왕은 가깝다고 허물없이 굴지도 않고 멀다고 해서 잊지도 않으셨다. 주공은 삼대의 성왕을 겸하여 네 가지 일을 실천할 것을 생각하셨다. 만일 사리에 부합하지 않는 점이 있으면 우러러보며 생각하되 밤낮을 가리지 않았고, 다행히 깨닫게 되면 빨리 행하려는 마음에 앉아서 날이 새기를 기다렸다.

禹는 惡旨酒而好善言이러시다 湯은 執中하시며 立賢無方이러시다
우   오지주이호선언   탕   집중   입현무방

文王은 視民如傷하시며 望道而未之見이러시다 武王은 不泄邇하시며
문왕   시민여상   망도이미지견   무왕   불설이

不忘遠이러시다 周公은 思兼三王하사 以施四事하사대 其有不合者어든
불망원   주공   사겸삼왕   이시사사   기유불합자

仰而思之하사 夜以繼日하사 幸而得之어시든 坐以待旦러시다
앙이사지   야이계일   행이득지   좌이대조

※ **지주**(旨酒): 좋은 술. **중**(中): 지나치거나 모자람도 없는 상태. **방**(方): 부류[類]. **설**(泄): 가까이하다. **조**(旦): 아침. 옛날에는 '조'로 읽음.

우임금의 심성을 알게 해주는 대표적인 일을 말하자면, 맛있는 술을 싫어한 것과 착한 말을 좋아한 점이었습니다. 『전국책(戰國策)』의 기록에 의하면 의적(儀狄)이 술을 만들자 우임금이 마시고 달게 여기면서 "후세에 반드시 술 때문에 나라를 망칠 자가 있을 것이다."라고 말하며 의적을 멀리하고 술을 끊었다고 합니다. 술로 인해 욕망의 노예가 될까 두려웠던 것이지요. 그리고 『서경』에는 "우임금이 좋은 말을 들으면 절하였다."고 하였으니, 그가 착한 말을 좋아한 것은 혹시라도 이치를 빠뜨릴까 두려워했기 때문입니다. 이것이 바로 우임금이 근심하고 조심하면서 평생을 부지런히 살았던 마음입니다.

우임금 뒤를 이은 탕임금은 정치할 때 오직 중도를 잡아 지나침과 모자람이 없도록 한 것은 모든 일처리에 정도를 어기지 않기 위함이었습니다. 또한 사람을 등용함에 오직 어진 사람이라면 그 출신 성분을 따지지 않는 입현무방(立賢無方)의 원칙을 견지하였습니다. 현명한 인재들과 더불어 나라를 다스리면서 천하 모든 이들의 마음을 잃을까 두려워하였기 때문입니다. 이것이 바로 탕임금이 부지런하며 조심하면서 애쓴 마음입니다.

문왕은 사람을 은혜롭게 다스리고 보호하며, 백성이 이미 편안하였는데도 오히려 상해나 당하지 않을까 안타깝게 생각하는 시민여상(視民如傷)의 마음을 지녔습니다. 또한 자신의 도리가 이미 지극하였음에도 바라보기를 아직도 멀었다고 생각하였습니다. 이처럼 문왕은 현재에 만족하지 않고 애민의식과 구도자의 절실함으로 밤낮을 가리지 않고 부지런히 노력했던 인물입니다.

문왕을 이은 무왕은 사람이란 가까울수록 홀시하기 쉬운데도 소홀히 대하지 않으셨으며, 쉽게 잊히기 쉬운 먼 사람까지도 결코 잊지 않으셨습니다. 포용력을 지닌 따뜻한 마음의 소유자였음을 알 수 있습니다.

그리고 주공은 우왕, 탕왕, 문왕, 무왕의 장점을 겸할 것을 생각하여, 앞서 네 조목을 행하였습니다. 혹시라도 시세의 변화에 따라 부합되지 않는 것이 있거든 우러러보며 생각하되 밤낮을 헤아리지 않았습니다. 이치는 통한지라 다행히도 깨닫게 되면 빨리 시행하고자 하는 급한 마음에 꼬박 날이 새기를 기다리기도 하였습니다.

맹자는 성인들의 걱정과 근심, 노력 등이 어디에 있는지를 대표적인 특징을 들어 예시하며 그 마음을 이어받고자 하였습니다. 다름 아니라 맛있는 술을 멀리하고 선한 말을 좋아했던 순임금, 중심을 잡고 부류에 상관없이 현자를 등용하였던 탕임금, 백성이 피해를 입을까 걱정하면서 구도자의 절실함을 키워 나갔던 문왕, 가까운 사람을 업신 여기지도 않고 멀리 있는 사람을 잊지도 않으려 노력하였던 무왕, 그리고 이 모두를 겸비하고자 노력하면서 현실적 상황에 적용시키고자 애를 썼던 주공이 바로 그러한 마음의 소유자였습니다. 매사에 '근심하고 부지런하며 조심하고 힘썼던[憂勤惕屬]' 이들과 같은 마음을 간직한다면 우리도 성인의 발자취에 성큼 다가설 것입니다.

이루 하편 21장 : 春秋筆法

공자의『춘추』를 회상하며

맹자는 앞서 성인들의 마음을 이어받은 공자의 자세를『춘추』를 통해 설명합니다.『춘추』는 단순한 역사에 대한 기록이 아닙니다. 역사적으로 잘하고 못한 일에 대한 의로움을 기준으로 하는 공자의 평가가 담겨 있기 때문입니다. 먼저 맹자는『춘추』가 나온 당시 상황을 말하면서 그 의미를 부각시킵니다.

왕자의 자취가 불이 꺼지듯 사라짐에 시도 없어졌으니, 시가 없어진 뒤에『춘추』가 지어진 것이다.

王者之迹이 熄而詩亡하니 詩亡然後에 春秋作하니라
왕 자 지 적   식 이 시 망   시 망 연 후   춘 추 작

※ **적**(迹): 자취. **식**(熄): 불이 꺼지다.

주나라가 성대할 때는 예악과 형벌의 기준이 천자로부터 나왔는데, 도읍을 동쪽으로 옮긴 동주시대부터는 그러한 질서가 유지되지 못했습니다. 이른바 춘추시대로 접어든 것이지요. 시(詩)가 없어졌다는 것은 사연이 있습니다. 신후와 견융이 서주를 공격하여 당시 천자였던 유왕을 죽이자, 강대국 진(晉)나라에서 망명을 왔던 태자를 평왕으로 세워그 뒤를 잇도록 하였습니다. 이때부터 왕실의 존엄이 제후와 별반 차이가 없이 떨어지게 됩니다. 각 나라 민심의 동향을 채집하고 조정의 권위를 노래하던 주체가 희미해졌으니, 시의 품격이 제대로 갖춰질 리 없었기에 시가 없어졌다고 말하는 것입니다. 맹자는 시가 없어진다면 상하의 명분질서가 어긋나고, 세상의 도리가 어지럽혀져 인심의 변화를 이

루 다 말할 수 없다고 보았던 것입니다. 그래서 공자가 이를 근심하여
『춘추』를 지어서 천하의 간사한 것과 바른 것을 구분함으로써 모든 왕의
큰 모범이 되게 하였던 것입니다.

> 진나라의 『승(乘)』, 초나라의 『도올(檮杌)』처럼 노나라의 『춘추(春秋)』
> 역시 같은 역사책이다. 그 일은 제나라 환공과 진나라의 문공의 일이며,
> 그 문장은 사관의 기록이다. 그러나 공자는 '그 대의[義]는 내가 은근히
> 취한 것이니라.'고 말하였다.

晉之乘과 楚之檮杌과 魯之春秋一也니라 其事則齊桓晉文이요 其文則史니
진 지 승　　　초 지 도 올　　　노 지 춘 추 일 야　　　기 사 즉 제 환 진 문　　　기 문 즉 사
孔子曰 其義則丘竊取之矣로라하시니라
공 자 왈 기 의 즉 구 절 취 지 의

※ **절취**(竊取): 겸손한 표현으로 은근히 취하다는 뜻.

　　노나라의 역사책을 사시의 순환을 염두에 둔 『춘추』라 불렀듯이, 당
시 여러 나라에는 모두 각자의 역사적 기록을 가지고 있었습니다. 진나
라의 『승』과 초나라의 『도올』과 노나라의 『춘추』가 이름은 다르지만 역사
기록이라는 점에서는 마찬가지였습니다. 왜 승(乘)이라 했는지는 불분
명하고, 도올(檮杌)이란 흉악한 짐승의 이름이니 악을 기록하여 경계를
삼으려는 목적이 있습니다. 『춘추』는 본래 노나라의 역사 기록이므로
그 내용은 제환공과 진문공이 정벌하고 모여서 맹세한 일이고, 그 문장
은 사관의 손을 통해 작성된 것입니다. 그러나 평가적 측면에서 신상필
벌(信賞必罰)의 대의가 분명하지 못하여 권선징악에는 미흡한 점이 있
었습니다. 애초에 노나라의 역사 기록이었으므로 왕자의 자취에 관계
된 내용이 부족했던 것입니다.
　　그러나 공자의 손을 거침으로써 『춘추』는 대의명분을 상징하는 기준
으로 적극 활용되었습니다. 부각시킬 내용은 더 쓰고 깎아버릴 내용은
깎아서 천하의 공과 죄를 살펴 임금에게 상주고 벌줌을 정하였으며, 이
미 잃어버린 권세를 거두어 천자에게 돌려보내고, 왕자의 자취가 비록

사라졌으나 없어지지 않도록 하고, 시가 비록 없어졌지만 사라지지 않도록 하였으니, 『춘추』는 진실로 모든 왕의 큰 법이 되었던 것입니다. 이렇게 공자가 조심하는 마음으로 공들여 쓴 『춘추』가 역사의 표준으로서 의미를 지니게 되었던 것입니다.

맹자는 『춘추』가 지어진 내력을 말하고, 이어서 『춘추』가 공자의 필삭을 거치지 않았다면 다른 나라의 역사 기록과 같은 사실적 내용의 서술에 그쳤을 것이라 말합니다. 상대적으로 역사에 대한 공자의 준엄한 자세인 '춘추필법(春秋筆法)'을 통해 대의를 밝히려는 공자의 의도가 부각된 것입니다. 맹자는 공자가 『춘추』에서 보여주었듯이 의로움에 따른 신상필벌의 정신이 바로 서게 된다면, 사라진 시의 정신도 잇고, 왕자의 자취도 보존될 것이라 보았던 것입니다. 중심과 기준이 점차 불명확해지는 현실에서 우리 시대의 『춘추』는 어떻게 하면 나올 수 있을까요?

이루 하편 22장 : 私淑孔子
공자를 사숙하려는 마음으로

　맹자의 공자에 대한 존경의 마음은 끊임없습니다. 자신이 공자를 사숙하였다는 말이 이를 대표합니다.

군자의 은택도 5대가 지나면 끊어지고, 소인의 은택도 5대면 끊어진다. 그러나 나는 직접 공자의 문도가 되지는 못했지만, 나는 다른 사람을 통해 사숙하였다.

*君子之澤*도 *五世而斬*이요 *小人之澤*도 *五世而斬*이니라
군 자 지 택　　오 세 이 참　　　소 인 지 택　　오 세 이 참

*予未得爲孔子徒也*나 *予私淑諸人也*로라
여 미 득 위 공 자 도 야　　여 사 숙 저 인 야

　　※ **택**(澤): 은택. **참**(斬): 끊어지다. **숙**(淑): 선하게 되다.

　지위 여부를 떠나 군자든 그렇지 않은 소인이든 5대인 150년이 지나면 기억에서 멀어지고 그 은택도 점점 희미해집니다. 그러나 정신이나 학문의 영역에 있어서는 다릅니다. 공자 사후 대략 100여 년이 지나서 태어난 맹자는 직접 공자에게 배운 제자가 아니었습니다. 맹자가 양나라에 있을 때를 기준으로 하면 공자의 활동 시기와는 140여 년이 되므로 5대라고 말했을지 모릅니다. 그러나 맹자는 다행히도 공자의 남은 은택이 공자의 손자인 자사를 통해 자신에게로 여전히 이어지고 있어서, 그를 통해 공자의 참 정신을 배울 수 있었다고 자부합니다. 여기서 사숙(私淑)이란 말이 나오는데, 직접 배우지 않고도 그 사람을 모범으로 삼아 따른다는 의미로, 이때 숙(淑)은 선하게 되었다는 뜻입니다. 혹은 방

언이라는 뜻도 있습니다. 맹자는 전해들은 공자의 학문을 통해 자신을 선하게 만들 수 있었다고 말합니다. 공자를 추존하는 동시에 맹자 자신은 겸손의 미덕을 보여주는 대목입니다.

과유불급의 지혜

지나침은 모자람과 같다는 과유불급(過猶不及)을 맹자처럼 이렇게 쉽게 말할 수 있을까요?

받을 수도 있거나 받지 않을 수도 있을 때 받는다면 청렴에 손상을 주게 되고, 주어도 좋고 주지 않아도 좋을 때 주면 은혜를 베풀려는 마음에 손상을 입게 되며, 죽을 수도 있고 죽지 않을 수도 있을 때 죽으면 용맹을 상하게 된다.

可以取며 可以無取에 取면 傷廉이요 可以與며 可以無與에 與면 傷惠요
가 이 취   가 이 무 취   취   상 렴   가 이 여   가 이 무 여   여   상 혜

可以死며 可以無死에 死면 傷勇이니라
가 이 사   가 이 무 사   사   상 용

일처리에서 이렇게 해도 좋고 저렇게 해도 좋은 경우가 있으나 경솔하게 함부로 선택해서는 안 될 것입니다. 해도 좋다는 경우는 대략적으로 볼 때 그렇다는 것이고, 해서는 안 될 것이라는 부정적인 생각은 다시 살펴보니 의심스러운 일이 많다는 것입니다. 맹자는 후자처럼 피해 입을 것까지 고려한다면 하지 않는 것이 좋다고 권유합니다.

남이 선물을 줄 때 별다른 생각 없이 불쑥 받기보다는, 혹시 구차스런 뇌물이 아닌지 생각해서 거절한다면 자신의 청렴함에 흠이 생기지 않을 것입니다. 남에게 무엇인가를 주는 은혜의 경우도 마찬가지입니다. 남에게 주기에 앞서 재차 생각해서 주지 않을 만한데도 준다면 이것은 정당하지 못한 은혜로서 도리어 은혜를 해치는 상은[傷恩]입니다. 죽는 것을 두려워하지 않는 용맹은 때로는 좋은 일이지만, 죽지 않을 수도 있는

데 죽는다면 이것은 올바르지 못한 용맹으로 도리어 용맹을 해치는 것입니다.

굳이 구별한다면 과도하게 취하여 청렴을 손상시킨다는 것이 보통 사람들의 부족함을 경계한 것이라면, 지나치게 주어서 은혜를 상하거나 죽을 때를 잘못 선택하여 용맹을 상하게 한다는 것은 어진 사람 가운데 지나친 자를 위한 경계입니다. 이 모두는 이치에 따른 중도를 벗어난 지나침으로 옳지 못한 행동이고, 이 모든 선택의 기준은 의로움이 될 것입니다. 예나 지금이나 과유불급(過猶不及)은 변함없는 삶의 지혜입니다.

단정한 사람에게 단정한 사람이 모인다

예(羿)는 활을 잘 쏘기로 이름난 유궁국(有窮國)의 군주로, 하나라가 쇠퇴할 때 천자를 죽이고 일시적으로나마 그 자리를 빼앗은 인물입니다. 그는 간사한 한착이란 자를 승상으로 세워두고 자신은 활솜씨를 뽐내며 사냥하기를 좋아하면서 통치는 등한시했습니다. BC 569년 예는 사냥에서 돌아올 때 가중을 살해하고 삶아서 그 아들에게 먹이는 악행도 서슴지 않았습니다. 그러나 자신의 활솜씨만을 믿던 그 역시 자신이 가르쳤던 방몽에게 죽임을 당하게 됩니다. 이를 『좌전』에서는 지나치게 사냥을 좋아하는 일을 경계하며 예의 망국을 반면교사로 기록하고 있는 반면, 『맹자』에서는 어떤 사람과 관계를 맺어야 하느냐는 점에 초점을 맞추어 설명하고 있습니다. 『맹자』에서 이야기의 시작은 다음과 같습니다.

> 방몽은 활 쏘는 것을 예(羿)에게 배웠는데 예의 활쏘기 방법을 다 배우고서 천하에 오직 예만이 자기보다 낫다고 생각하여, 이에 예를 죽였다. 이 말을 들은 맹자는 "이 또한 예에게도 죄가 있다."고 하였다.

逢蒙이 學射於羿하여 盡羿之道하고 思天下에 惟羿爲愈己라 하여
방몽 학사어예 진예지도 사천하 유예위유기

於是에 殺羿한대 孟子曰 是亦羿有罪焉이니라
어시 살예 맹자왈 시역예유죄언   ※ 유(愈): 낫다.

이와는 달리 옛날 노나라의 어진 사람으로 알려진 공명의는 "예가 방몽에게 죽었으니, 죄는 방몽에게 있고, 예는 죄가 없는 듯하다."고 하였는데, 맹자는 이 말을 비평하며 말합니다.

비록 죄가 적다고 말할 수 있을지라도, 어찌 예의 죄가 없다고 할 수 있겠는가?

薄乎云爾언정 惡得無罪리오
박 호 운 이   오 득 무 죄   ※ 박(薄): 적다.

이어서 맹자는 스승과 제자 사이의 선례를 들어 스승인 예에게도 책임이 있음을 다소 장황하게 설명합니다.

정나라 사람이 자탁유자를 시켜 위나라를 쳐들어가게 했는데, 위나라에서 유공사를 시켜 그를 뒤쫓게 했다. 도망치던 자탁유자가 말하기를, '오늘 나는 병이 나서 활을 잡을 수 없으니, 나는 죽었구나!'라고 하고, 마부에게 '나를 뒤쫓는 자가 누구인가?' 하고 물었다. 마부가 '유공사입니다.'라고 대답하자, 자탁유자는 '나는 살았구나!'라고 말하였다. 마부가 말하기를, '유공사는 위나라에서 활을 잘 쏘는 자입니다. 선생께서 나는 살았구나 하는 것은 무슨 뜻입니까?'라고 하였다. 자탁유사가 말하기를, '유공사는 윤공타에게 활쏘기를 배우고, 윤공타는 나에게 활쏘기를 배웠는데 윤공타는 단정한 사람이다. 그가 취한 벗은 반드시 올바른 사람일 것이다.'라고 하였다.

유공사가 이르러 '선생은 어찌하여 활을 잡지 않습니까?'라고 묻자, 자탁유사는 '오늘 나는 병이 나서 활을 잡을 수 없습니다.'라고 하였다. 그러자 유공사는 '소인은 윤공타에게 활쏘기를 배우고, 윤공타는 선생에게 활쏘기를 배웠으니, 제가 차마 선생의 활법으로 도리어 선생을 해칠 수는 없습니다. 그렇지만 오늘 일은 군주가 시키신 일이라 저도 감히 그만둘 수 없습니다.'라고 말하고, 활통에서 화살을 뽑아 수레바퀴에 두드려 쇠붙이를 빼버리고 화살 네 발을 쏜 뒤에 돌아갔다.

鄭人이 使子濯孺子로 侵衛어늘 衛使庚公之斯로 追之러니 子濯孺子曰 今日에
정 인   사 자 탁 유 자   침 위   위 사 유 공 지 사   추 지   자 탁 유 자 왈 금 일
我疾作이라 不可以執弓이로소니 吾死矣夫인저하고 問其僕曰 追我者는 誰也오
아 질 작   불 가 이 집 궁   오 사 의 부   문 기 복 왈 추 아 자   수 야

其僕이 曰庾公之斯也로소이다 曰吾生矣로다 其僕이 曰庾公之斯는
기 복   왈 유 공 지 사 야   왈 오 생 의   기 복   왈 유 공 지 사

衛之善射者也어늘 夫子曰吾生은 何謂也잇고 曰庾公之斯는
위 지 선 사 자 야   부 자 왈 오 생   하 위 야   왈 유 공 지 사

學射於尹公之他하고 尹公之他는 學射於我하니 夫尹公之他는 端人也라
학 사 어 윤 공 지 타   윤 공 지 타   학 사 어 아   부 윤 공 지 타   단 인 야

其取友必端矣리라 庾公之斯至曰 夫子는 何爲不執弓고 曰今日에 我疾作이라
기 취 우 필 단 의   유 공 지 사 지 왈   부 자   하 위 불 집 궁   왈 금 일   아 질 작

不可以執弓이로다 曰小人은 學射於尹公之他하고 尹公之他는 學射於夫子하니
불 가 이 집 궁   왈 소 인   학 사 어 윤 공 지 타   윤 공 지 타   학 사 어 부 자

我不忍以夫子之道로 反害夫子하노라 雖然이나 今日之事는 君事也라
아 불 인 이 부 자 지 도   반 해 부 자   수 연   금 일 지 사   군 사 야

我不敢廢라 하고 抽矢扣輪하여 去其金하고 發乘矢而後에 反하니라
아 불 감 폐   추 시 고 륜   거 기 금   발 승 시 이 후   반

스승이 처한 어려운 상황을 고려한 유공사의 일은 스승의 길 내지는 벗을 어떻게 선택해야 하는가를 생각하게 만듭니다. 맹자가 제시하였듯이 유공사와 같은 사람을 제자로 선택한 윤공타, 그리고 그 윤공타를 제자로 선택한 자탁유자의 일은 제자다운 제자를 선택하고 키워냈음을 보여줍니다. 자신이 단정한 사람이었기에 그가 선택한 사람 역시 단정하였다는 것이지요. 그들은 비록 활솜씨를 전수하는 것이 기술적인 일에 속할지라도 사람 보는 안목이 있었던 것입니다.

맹자는 이러한 사례에 근거하여 만약 예가 방몽을 제자로 잘 선택하여 가르쳤더라면 그의 손에 죽임을 당하는 일까지는 없었을 것인데 그렇지 못한 책임이 있다고 보았습니다. 예 자신이 천자의 자리를 찬탈했던 전력이 있었기에, 그가 활쏘기를 전수한 방몽 역시 그저 그런 부류의 사람인지라 예를 살해하기에 이르렀다는 것입니다. 따라서 맹자는 예의 잘못이 작다고는 말할 수 있을지라도, 예의 죄가 전혀 없다고는 할 수 없다고 평가했던 것입니다.

누구를 선택하여 가르치는 일의 출발은 역시 단정한 마음에서 비롯된다는 점을 보여줍니다. 그리고 비인부전(非人不傳)이라 했던가요. 사람답지 못하면 전해주지 않는다는 말도 여전히 고려할 사항일 것입니다.

이루 하편 25장 : *自新之心*

스스로를 새롭게 하려는 노력

맹자는 본성의 선함에 대한 강한 믿음을 가지고 있었습니다. 비록 지금은 아닐지라도 마음먹기에 따라 얼마든지 달라질 수 있음을 비유적으로 말합니다.

> **서시(西施)가 더러운 것을 뒤집어쓰고 있으면 사람들이 모두 코를 막고 지나갈 것이다. 비록 악한 사람일지라도 목욕재계를 한다면 상제에게 제사 지낼 수 있을 것이다.**

西子蒙不潔則人皆掩鼻而過之니라 雖有惡人이나 齊戒沐浴則可以祀上帝니라
서 자 몽 불 결 즉 인 개 엄 비 이 과 지　　수 유 악 인　　재 계 목 욕 즉 가 이 사 상 제

> ※ **몽(蒙)**: 뒤집어쓰다[冒]. **엄(掩)**: 가리다. **악인(惡人)**: 못생긴 사람. **사(祀)**: 제사드리다.

서시는 춘추시대 월(越)나라를 대표하는 미녀였습니다. 그러나 제아무리 아름다운 여인을 대표하는 서시일지라도 오물을 뒤집어쓰고 있으면 악취 때문에 사람들이 피해갈 것입니다. 이것은 스스로가 자신의 아름다운 천부적인 자질을 잃어버리고 남들이 싫어하는 것을 취했기 때문입니다. 사람이 본래 착한 심성을 가졌더라도 하루아침에 그 착함을 잃어버린다면 이와 다를 바 없을 것입니다. 반면에 악한 사람, 여기서는 추녀를 말하는데 그녀가 목욕재계하고 자신을 지극히 정성스럽고 깨끗이 한다면, 그 정성으로 말미암아 상제에게 제사를 모실 수 있을 것입니다. 사람이 비록 악함이 있을지라도 스스로를 새롭게 일구어 나가면 충분히 변화될 수 있음을 보여줍니다. 이처럼 착하고 악한 것이, 그리고 그 옮김과 변함이 오직 한 생각에 달려 있으니, 사람이 어찌 스스로 포

기하고 힘쓰지 않을 수 있겠습니까?

비유로 시작된 말이지만 자기 변화에 대한 책임의식이 강조되고 있습니다. 비록 바탕이 아름다운 사람이더라도 완전히 믿을 것이 없고, 악한 사람일지라도 포기할 수 없음을 말하는 것입니다. 우리는 마음먹기에 따라 얼마든 변신할 수 있으니, 악을 고쳐 선으로 옮겨 가려는 변화의 노력을 멈추지 말아야 할 것입니다.

순리대로 살아가는 삶

맹자의 글은 때로는 압축적이기에 어려운 곳도 있고, 그 내용에 있어서도 한참을 생각해야 하는 부분이 있습니다. 이 장이 그렇습니다. 자연의 순리대로 살아가야 한다는 취지는 알겠는데, 그 용어가 매우 함축적입니다.

> **천하 사람들이 본성을 말하는 것은 이미 일로 드러난 자취[故]로써 말할 따름이니, 자취란 순리에 따른 자연스런 추세[利]를 본보기로 삼아야 한다.**
>
> 天下之言性也는 則故而已矣니 故者는 以利爲本이니라
> 천 하 지 언 성 야   즉 고 이 이 의   고 자   이 리 위 본
>
> ※ **고**(故): 자취. **리**(利): 자연스런 추세.

본래의 성품인 본성을 알고 회복하는 것이 중요하지만, 구체적인 형상으로 드러나는 것이 아니므로 본성이 무엇인지를 말하기는 어렵습니다. 그러나 어떤 일에서 드러난 자취나 흔적을 통해 본성을 말할 수는 있는데, 이렇게 드러난 것을 '고(故)'라고 말합니다. 연고나 이유가 있어서 지금 여기에 이렇게 되었다는 뜻이지요. 그 드러난 자취를 통해 형용할 수 없었던 사물의 이치를 말할 수 있게 됩니다. 또한 우리가 감지할 수 있는 자취란 조작하거나 억지로 되어지는 것이 아니라, 순리에 따른 순조롭고 자연스런 추세로 그렇게 된 것입니다. 맹자는 이를 이로울 '리(利)' 자로 말하는데, 본능적으로 이익을 탐하듯 자연스럽게 펼쳐

지는 천하의 일을 본보기 삼아 그렇게 되어야 한다는 것입니다. 만유인력에 의해 물이 아래로 흐르듯이, 인간의 선한 본성에 따라야 한다는 말입니다.

그러나 천하 모든 일이 이치대로 순조롭게 진행되는 것은 아니므로 본성의 하나인 지혜의 힘을 빌려야 합니다. 그렇다고 머리 쓰는 일이 모두 지혜롭다고 할 수는 없기에 맹자는 지나치게 파고드는 천착(穿鑿)을 경계합니다.

> **지혜롭다는 사람을 미워하는 것은 그가 천착하기 때문이다. 만일 지혜로운 사람이 우임금이 물길을 자연스럽게 흘러가도록 한 것과 같이 한다면 그 지혜를 미워할 것이 없을 것이다. 우임금이 물길을 다스린 것은 아무 일이 없을 곳으로 흐르도록 한 것이니, 만일 지혜로운 사람도 억지로 하려는 일이 없는 방향으로 풀어낸다면 그 지혜 또한 크게 될 것이다.**

所惡於智者는 爲其鑿也니 如智者若禹之行水也면 則無惡於智矣리라
소 오 어 지 자   위 기 착 야   여 지 자 약 우 지 행 수 야   즉 무 오 어 지 의

禹之行水也는 行其所無事也시니 如智者亦行其所無事면 則智亦大矣리라
우 지 행 수 야   행 기 소 무 사 야   여 지 자 역 행 기 소 무 사   즉 지 역 대 의

※ **착(鑿)**: 뚫다.

천착이란 어떤 내용이나 원인을 파고들어 연구할 때는 좋은 뜻이지만, 필요 이상으로 꼬치꼬치 캐묻거나 이치에 맞지 않는 억지 주장으로 일관하는 부정적 의미도 있습니다. 맹자가 작은 지혜를 가진 사람을 미워하는 것은 그가 이치에 맞지도 않은데 아는 체하면서 천착하는 후자의 경우입니다. 그들은 순리에 따른 자연스러움을 놓치고 순조롭지 못한 길을 선택하기 때문입니다. 전체적인 흐름을 보지 못하고 자기 식으로 파고들기에 자칫 일을 어긋나게 할 수도 있다는 말이기도 합니다. 맹자는 만일 우임금의 치수사업처럼 순리대로 자연스런 물길의 흐름에 따르려는 노력을 한다면 참다운 지혜의 길로 나아갈 것이라 말합니다.

우임금의 성공적 치수사업은 모두 물의 성질과 땅의 자연스런 형세에 따른 것이니, 애초에 언덕을 쌓아 물길을 막는 등의 인위적인 조작을 하지 않았습니다. 이것이 후대에 두고두고 우임금을 칭송하는 이유이고, 자연의 결을 따르려는 그의 지혜를 본받고자 하는 것이기도 합니다. 만약 천착하려는 사람들이라면 물길의 흐름을 방해하는 것이 있다면 산이든 골짜기든 그냥 곧장 뚫고 나갔을 것입니다. 맹자는 신성으로 지혜로운 사람이라면 일상에 내재된 자연스러운 이치를 좇고 억지로 천착해서는 안 된다는 점을 책력을 통해서 예시합니다.

하늘이 높고 별들은 멀리 있지만, 만일 그렇게 되는 자취를 찾아낸다면 천년 후의 동지가 어느 날인지도 앉아서 헤아릴 수 있을 것이다.

天之高也와 星辰之遠也나 苟求其故면 千歲之日至를 可坐而致也니라
천 지 고 야   성 신 지 원 야   구 구 기 고   천 세 지 일 지   가 좌 이 치 야

※ **일지**(日至): 동짓날. **치**(致): 도달하다.

자연스럽게 전개되는 천하의 이치는 저 멀리 하늘의 운행까지도 예외가 아닙니다. 천체의 운행에 일정한 도수가 있고 별들의 배열에도 일정한 위치가 있으니, 순리대로 진행되는 자연의 순환법칙이 우리의 인식을 넓혀 줍니다. 만일 그 이치를 탐구한다면 천년 후의 동짓날이 어느 날인지 앉아서도 예측하여 달력을 만들 수 있을 것입니다. 하물며 우리 주변에 있는 가까운 사물들에서 그 자연스런 현상과 이치를 파악한다면 굳이 억지로 천착할 필요가 없을 것입니다.

맹자는 자연의 결을 따르는 것이 순리대로 사는 길이라 말합니다. 우임금이 물길의 자연스런 흐름에 따라 치수사업에 성공했듯이, 지혜로운 이는 순리에 따라 살아간다는 것입니다. 맹자가 억지로 들이 파는 천착하는 사람을 미워하는 것도 자연의 흐름을 거슬러 행동하기 때문입니다.

여기서 맹자는 비록 본성의 선함을 명시하지는 않았지만, 우리 속에 태생적으로 내재된 자연스런 본성을 어기지 말고 순리에 맞게 살아갈

것을 강조하려는 것으로 보입니다. 인위적으로 천착하지 않고 모든 일을 자연의 결에 맞게 순리대로 살고 싶은 욕망은 누구나 있을 것입니다. 그러나 자연성과 인위성의 경계는 어떻게 설정되는 것일까요? 맹자는 어떤 것을 인간 본성의 자연스러움으로 여겼을까요? 그가 말하는 본성의 선함이란 도대체 무엇을 의미할까요?

원칙대로 따르리라

제나라 대부였던 공항자가 자식의 초상을 당했을 때의 일입니다. 당시 맹자는 제나라 경대부들과 함께 왕명을 받들고 가서 조문하였습니다. 이때 우사의 지위에 있던 왕환도 조문을 왔는데, 그 모습이 가관이었습니다. 그의 권세가 막강했음을 보여주는 사례라 할 수 있습니다. 맹자는 먼저 당시 상황을 회상합니다.

공항자가 아들의 상을 당했을 때 우사(右師)인 왕환이 조문을 갔다. 그가 문에 들어서니 앞으로 나아가 우사와 말하는 자도 있고, 우사의 자리에 가서 말하는 자도 있었다.

公行子有子之喪이어늘 右師往吊할새 入門커늘 有進而與右師言者하며
공 행 자 유 자 지 상   우 사 왕 조   입 문   유 진 이 여 우 사 언 자

有就右師之位而與右師言者러니
유 취 우 사 지 위 이 여 우 사 언 자

※ **우사**(右師): 제나라의 실권자인 대부 왕환(王驩)

초상집에서 왕환보다 먼저 온 자 가운데 왕환이 자리를 정하기 전에 자기 자리를 내어주며 말을 건네는 자도 있고, 왕환이 자리를 정하자 그의 곁에 나가서 말하는 자도 있었던 모양입니다. 모두 막강한 권력을 지닌 왕환과 가까이 하려는 것이지요. 그 자리에 있던 맹자는 어떻게 했을까요? 짐작했듯이 맹자는 그런 한심한 모습을 외면하면서 왕환에게 말을 건네지 않았습니다. 왕환은 못마땅하게 여기며 주변 사람에게 말합니다.

여러 군자들은 모두 나와 더불어 말하는데 맹자만은 나와 말을 나누지 않으니, 이것은 나를 가볍게 보는 것이다.

諸君子皆與驩言이어늘 孟子獨不與驩言하시니 是는 簡驩也로이다
제 군 자 개 여 환 언　　　맹 자 독 불 여 환 언　　　시　간 환 야

그 말을 들은 맹자는 의연하게 예법에 따른 원칙을 말합니다.

예에 따르면 조정에서는 남의 자리를 지나 서로 말하지 아니하며, 품계를 넘어 서로 읍하지 않는다고 하였다. 나는 예를 행하고자 하는데, 자오(왕환의 자)가 나에게 자신을 가볍게 여긴다고 하니 또한 이상하지 않은가?

禮에 朝廷에 不歷位而相與言하며 不踰階而相揖也하나니 我欲行禮어늘
예　　조 정　　불 역 위 이 상 여 언　　　불 유 계 이 상 읍 야　　　아 욕 행 례
子敎以我爲簡하니 不亦異乎아
자 오 이 아 위 간　　　불 역 이 호

　　※ 환(驩): 왕환, 자는 자오(子敎). 간(簡): 소홀하다. 력(歷): 지나가다. 이(異): 괴상하다.

　간략히 여긴다는 것은 소홀하게 대하거나 무시하는 태도를 말합니다. 왕환은 모두들 자신에게 아첨하는데 맹자만 그렇지 않은 것에 불쾌했던 것입니다. 그러나 맹자는 군주의 명에 따라 제나라 경대부들과 같이 조문을 온 것이니 조정의 예법에 따라 각각 지위에 따른 서열이 있어야 한다고 말합니다.
　맹자는 조정의 예법에 따라 자신은 우사의 지위와는 품계가 다르므로 그에게 다가서지 않았다고 말합니다. 이것은 왕환을 소홀히 대우하는 것이 아니라 예법에 걸맞은 행위라고 주장합니다. 왕환의 권세에 아첨하지 않으면서도 예법에서 제시한 원칙에 따라 대처한 것이지요. 궁할 때는 때로 원칙이 힘이 될 수 있다는 것을 보여주는 사례입니다.

이루 하편 28장 : 終身之憂

평생을 걸어가야 할 길

소신을 갖고 살아가기는 쉽지 않습니다. 맹자는 도덕적 마음으로 최선을 다해 실천하려는 과정에서 인간다움의 길을 찾고 있습니다. 묵묵히 자기 빛깔을 찾아가려는 그러한 삶은 아무나 할 수 있는 일이 아닙니다.

> 군자가 남과 다른 점은 그 마음을 보존하고 있기 때문이다. 군자는 인으로 마음을 보존하며 예로 마음을 보존한다. 어진 사람은 남을 사랑하고, 예를 갖춘 사람은 남을 공경한다. 그렇게 남을 사랑하는 자는 남이 항상 사랑해 주고, 남을 공경하는 자는 남이 항상 공경해 준다.

君子所以異於人者는 以其存心也니 君子는 以仁存心하며 以禮存心이니라
군 자 소 이 이 어 인 자 이 기 존 심 야 군 자 이 인 존 심   이 례 존 심

仁者는 愛人하고 有禮者는 敬人하나니 愛人者는 人恒愛之하고 敬人者는
인 자 애 인   유 례 자 경 인   애 인 자 인 항 애 지   경 인 자

人恒敬之니라
인 항 경 지

도덕적 마음만을 기준으로 볼 때 사람이라고 모두 같은 사람은 아닙니다. 군자가 남과 다른 점은 그가 인과 예의 도덕적 마음을 보존하고 잊지 않으려 노력한다는 점입니다. 남을 사랑하고 남을 공경하는 마음을 통해 그 사람이 인과 예의 마음을 지녔는지를 확인할 수 있습니다. 그 결과 내가 남을 사랑함에 남 또한 항상 나를 사랑하고, 남을 공경함에 남 또한 항상 나를 공경하는 것이 인지상정입니다. 그러나 만약 상대가 나의 사랑과 공경에 별다른 반응을 보이지 않는다면 어떻게 대처할까요?

402

가령 어떤 사람이 있는데 그가 거스르는 행동으로 나를 대우하거든 군자는 반드시 스스로 반성하여, '내가 반드시 어질지 못하고 예가 없는가 보다. 이러한 일이 어찌 일어날 수 있는가.'라고 한다. 스스로를 반성하여 어질고 스스로를 반성하여 예가 있는데도 그의 거스르는 행동이 이와 같다면, 군자는 반드시 스스로를 반성하여 '내가 반드시 충실하지 못한가보다.'라고 한다. 그런데 스스로 반성하여 성실한데도 그의 거스르는 행동이 이와 같으면 군자는 '이 사람은 또한 함부로 행동하는 사람일 뿐이다. 이와 같다면 짐승과 무엇이 다르겠는가. 짐승에 대해 또한 무엇을 따지겠는가.'라고 말한다.

有人於此하니 其待我以橫逆則君子必自反也하여 我必不仁也이며
유 인 어 차　　기 대 아 이 횡 역 즉 군 자 필 자 반 야　　아 필 불 인 야

必無禮也로다 此物이 奚宜至哉오하나니라 其自反而仁矣며 自反而有禮矣로대
필 무 례 야　　차 물　해 의 지 재　　　　기 자 반 이 인 의　　자 반 이 유 례 의

其橫逆이 由是也어든 君子必自反也하여 我必不忠이로다하나니라
기 횡 역　 유 시 야　　군 자 필 자 반 야　　아 필 불 충

自反而忠矣로대 其橫逆由是也어든 君子曰 此亦妄人也已矣로다하나니
자 반 이 충 의　　기 횡 역 유 시 야　　군 자 왈 차 역 망 인 야 이 의

如此則與禽獸奚擇哉리오 於禽獸에 又何難焉이리오
여 차 즉 여 금 수 해 택 재　　어 금 수　우 하 난 언

> ※ **횡역**(橫逆): 포악하여 이치에 따르지 않음. **물**(物): 일. **유**(由): 같다[猶]. **해**(奚): 어찌. **망**(妄): 미치다. **난**(難): 비난.

군자는 스스로에 대한 반성인 자반(自反)을 통해 어질고 예의 바른 심성을 지니고, 또한 최선을 다하려는 마음을 갖습니다. 맹자는 아무리 반성해도 자신에게 문제가 없는데도 나에게 거스르는 행동을 보이는 것은 그 잘못이 상대에게 있다고 말합니다. 짐승과 같은 자에게 뭐라 따질 필요 없이 나는 다만 인간다움을 향한 인과 예의 실현에 진력할 따름이니, 어찌 인과 예가 효험이 없다고 여겨서 포기할 수 있겠습니까? 맹자는 진정 마음을 두어야 할 곳을 다음과 같이 말합니다.

그러므로 군자는 평생을 두고 해야 될 근심은 있어도 하루아침이면 해결될 일에 대한 걱정은 없다. 그래도 근심하는 것은 있으니, 순도 사람이

며 나도 사람인데 순임금은 천하에 모범이 되어 후세에 전할 수 있는 사람이 되었는데 나는 아직도 시골뜨기를 면하지 못하였으니, 이것이 근심할 만한 것이다. 근심한다면 어찌해야 하는가? 순임금처럼 할 뿐이다. 그렇게 되면 군자가 걱정할 바는 없을 것이리니, 인이 아닌 것은 하지 않으며 예가 아닌 것은 하지 않는다. 만일 하루아침의 걱정이 있다고 하여도 군자는 걱정하지 않는다.

是故로 君子有終身之憂요 無一朝之患也니 乃若所憂則有之하니 舜도 人也며
시 고   군자유종신지우   무일조지환야   내약소우즉유지   순 인야

我亦人也로대 舜은 爲法於天下하사 可傳於後世어시늘 我는 由未免爲鄕人也하니
아 역 인 야   순 위 법 어 천 하 가 전 어 후 세   아   유 미 면 위 향 인 야

是則可憂也라 憂之如何요 如舜而已矣니라 若夫君子所患則亡矣니라
시 즉 가 우 야   우 지 여 하   여 순 이 이 의   약 부 군 자 소 환 즉 무 의

非仁無爲也며 非禮無行也라 如有一朝之患이라도 則君子不患矣니라
비 인 무 위 야   비 례 무 행 야   여 유 일 조 지 환   즉 군 자 불 환 의

※ **내약(乃若)**: 이에, ~ 같은 경우에. **무(亡)**: 없다.

군자는 마음두기를 구차스럽게 아니하므로 뒷근심이 없습니다. 비정상적인 상황을 극복하고 큰 효자로 이름난 순임금을 모델로 하여 자신도 일상에서 그렇게 평생을 살아가야 할 것입니다. 이는 하루아침에 되는 것이 아니라 평생을 두고 걸어가야 할 종신지우(終身之憂)입니다. 그 마음을 보존하는 군자라야 할 수 있는 일입니다. 남들 신경 쓰지 않고 묵묵히 걸어가는 그 길 말입니다.

상황은 달라도 통하는 진리

 옛적에 요순의 치세에 우와 직은 평화로운 세상을 만났는데 세 번이나 자기 집 문을 지나치면서도 들어가지 않았으니, 공자는 현명하다고 평가했습니다. 그들이 백성을 위한 일에 수고로움을 아끼지 않았기 때문입니다. 안회는 난세를 만나 누추한 골목에서 살면서 밥 한 그릇과 물 한 바가지로 연명할 만큼 가난하게 지냈습니다. 다른 사람은 그러한 근심을 견디지 못할 것인데 안회는 그 즐거움을 바꾸지 않았으니, 공자는 현명하다고 생각했습니다. 몸을 닦는 데 독실했기 때문입니다. 맹자는 공자가 두 경우 모두 현명하다고 평가한 것에 대해 충분히 동의합니다.

우와 직과 안회는 다 같은 길을 걷는 사람이다.

禹稷顏回同道하니라
우 직 안 회 동 도

 우와 직은 국정에 적극 참여하면서 백성을 구제하였고, 안회는 물러나 자신의 몸을 닦았습니다. 유학에서는 나아가면 백성을 구제하는 일에 최선을 다하고, 물러나면 자신의 몸가짐을 단정히 유지할 것을 권장합니다. 현실에 나가도 좋고 물러나도 좋고, 모두 자신이 주어진 일상에 최선을 다하는 삶에 의미를 두는 것입니다. 상황은 다르지만 진리를 구현하려는 그 마음은 통한다는 것이지요.

우는 천하에 물에 빠진 자가 있으면 마치 자신이 그를 빠지게 한 것처럼 생각하고, 직은 천하에 굶주린 자가 있으면 마치 자신이 그들을 굶주리

게 한 것처럼 생각하였다. 따라서 이처럼 급하게 여긴 것이다. 우와 직과 안자(안회)가 입장을 바꾸더라도 모두 그렇게 하였을 것이다.

禹는 思天下有溺者어든 由己溺之也하시며 稷은 思天下有飢者어든
우   사천하유익자   유기익지야   직   사천하유기자

由己飢之也하니 是以로 如是其急也시니라 禹稷顔子易地則皆然이리라
유기기지야   시이   여시기급야   우직안자역지즉개연

※ 닉(溺): 빠지다. 지(地): 처지

우는 치수사업의 책임자였고, 직은 농사를 담당하는 관원이었기에 그 책임의식이 이처럼 막중했던 것입니다. 맹자는 그러한 현실적 책임을 맡고 있지 않았던 안자(안회)였기에 만약 입장이 바뀌었으면 안자 역시 자신의 책무를 다했을 것이라 보면서 예를 들어 설명합니다.

가령 같은 집의 사람들 가운데 싸우는 사람이 있다면, 이를 말리는데 비록 머리를 풀어헤치고 갓끈만 매고 말리더라도 급한 상황이므로 괜찮다. 그러나 고을 이웃에서 싸우는 사람이 있다면 머리를 풀어헤치고 갓끈만 매고서 말리는 것은 이상한 것이니, 문을 걸어 닫아 버리더라도 좋을 것이다.

今有同室之人이 鬪者어든 救之하대 雖被髮纓冠而救之라도 可也니라
금유동실지인   투자   구지   수피발영관이구지   가야

鄕隣에 有鬪者어든 被髮纓冠而往救之則惑이니 雖閉戶라도 可也니라
향린   유투자   피발영관이왕구지즉혹야   수폐호   가야

※ 투(鬪): 싸우다. 발(髮): 머리카락. 영(纓): 갓끈.

가까운 사람들이 싸우면 달려가 말리는 것이 의리에 맞고, 멀리 있는 사람들의 다툼에 무조건 말리려고 나선다면 낭패를 보기 쉽다는 말입니다. 백성을 위한 소임을 맡고 자신의 책무에 헌신했던 우나 직의 경우는, 외롭고 힘든 구도자의 길을 자처했던 안자와는 입장이 다릅니다. 서로의 이상은 통하지만 그 선택지는 달랐던 것입니다. 만약에 맹자가 다시 지금 세상에 태어났다면 어느 길을 택했을까요?

이루 하편 30장 : 責善不孝
부모에게 선하기를 요구하지 않는 효심

효도는 인간다움을 평가하는 중요한 기준이기도 합니다. 다만 개인적 상황에 따른 효도의 방법에는 차이가 있기 마련이죠. 맹자의 제자인 공도자는 제나라 사람 광장에 대한 나쁜 평판에도 불구하고 그와 교제하는 스승에 대해 조심스럽게 질문합니다.

광장을 온 나라 사람들이 모두 불효자라고 일컫는데, 선생님께서는 그와 교류하고 또한 예우하시니, 감히 그 이유를 묻겠습니다.

匡章을 通國이 皆稱不孝焉이어늘 夫子與之遊하시고 又從而禮貌之하시니
광 장 통 국 개 칭 불 효 언 부 자 여 지 유 우 종 이 예 모 지

敢問何也잇고
감 문 하 야

세상에서 불효라 말하는 것은 다섯 가지이다. 손발을 게으르게 놀려서 부모 봉양을 돌아보지 않는 것이 첫째 불효이고, 장기와 바둑 같은 잡기를 두고 술 마시기를 좋아하여 부모 봉양을 돌아보지 않는 것이 둘째 불효이며, 재물을 좋아하고 처자만 사사롭게 중시하면서 부모 봉양을 돌아보지 않는 것이 셋째 불효이고, 귀와 눈의 욕망을 좇아서 부모를 욕되게 하는 것이 넷째 불효이며, 용맹을 좋아하고 싸우며 사나워서 부모를 위태롭게 하는 것이 다섯째 불효이다. 광장이 이 가운데 하나라도 관계되는가?

世俗所謂不孝者五니 惰其四肢하여 不顧父母之養이 一不孝也요
세 속 소 위 불 효 자 오 타 기 사 지 불 고 부 모 지 양 일 불 효 야

博奕好飮酒하여 不顧父母之養이 二不孝也요 好貨財하며 私妻子하여
박 혁 호 음 주 불 고 부 모 지 양 이 불 효 야 호 화 재 사 처 자

不顧父母之養이 三不孝也요 從耳目之欲하여 以爲父母戮이 四不孝也요
불고부모지양　삼불효야　종이목지욕　　이위부모륙　사불효야

好勇鬪狠하여 以危父母五不孝也니 章子有一於是乎아
호용투한　　이위부모오불효야　장자유일어시호

※ 타(惰): 게으르다. 박혁(博奕): 바둑을 두다. 륙(戮): 욕을 먹다. 한(狠): 사납다.

맹자는 세상의 평가와는 달리 불효자의 몇 가지 사례에 광장은 해당되지 않기에, 그와의 교제에 문제가 없다는 것입니다. 그러면서 광장의 특수한 상황을 대변하기 시작합니다.

장선생(광장)은 아버지와 아들 사이에 선을 요구하다가 서로 맞지 않았던 것이다. 선을 요구하는 것은 친구 사이의 도리이니, 아버지와 아들 사이에 선을 요구하는 것은 은혜를 크게 해치는 것이다. 장선생이 어찌 부부나 자녀와 같은 가족들을 데리고 살고 싶지 않았겠는가? 아버지에게 죄를 얻어서 마음속으로 가까이 할 수 없었기 때문에 아내를 내쫓고 자녀를 물리쳐서 평생토록 아내와 자녀의 봉양을 받지 않았다. 그의 생각에는 이와 같이 하지 않으면 이것은 큰 죄라고 여긴 것이니, 이런 사람이 장선생일 따름이다.

夫章子는 子父責善而不相遇也니라 責善은 朋友之道也니 父子責善이
부장자　자부책선이불상우야　책선　붕우지도야　부자책선

賊恩之大者니라 夫章子는 豈不欲有夫妻子母之屬哉리오마는 爲得罪於父하여
적은지대자　부장자　기불욕유부처자모지속재　　위득죄어부

不得近이라 出妻屛子하여 終身不養焉하니 其設心에 以爲不若是면
부득근　출처병자　종신불양언　기설심　이위불약시

是則罪之大者라하니 是則章子已矣니라
시즉죄지대자　시즉장자이의

※ 장자(章子): 장선생. 광장(匡章)을 가리킴. 책선(責善): 선을 권장하거나 요구하다. 속(屬): 무리.
병(屛): 막다.

친구 사이에 선하기를 요구하는 책선(責善)을 부모와 자녀 사이에 적용해서는 사태가 커집니다. 자녀의 충고가 잘못되었다는 것이 아니라 감정이 상하기 때문입니다. 인륜도 좋지만 그보다 앞서는 천륜이 있기

때문이죠. 부모에게 선의 기준만으로 따지는 자녀를 보면서 애초의 친밀함이 약해지거나 배은망덕의 서운함이 더해가기도 합니다. 제나라 사람들이 모두들 불효자로 일컫는 광장의 경우는 책선의 함정에 빠진 것입니다. 맹자에 의하면 광장은 부모에 대한 자책감으로 자신의 가족들을 멀리하고 반성의 나날을 보냈습니다. 그런 모습을 가까이 지켜본 맹자는 그가 지닌 남다른 효심을 높이 평가한 것이지, 광장의 불효를 칭찬한 것은 아니었습니다. 사실 광장의 처음 마음은 아버지가 착한 것을 하게 하려고 한 것이지만, 말투와 얼굴빛이 좀 지나쳐서 아버지의 노여움을 사고, 나중에 자기 아내와 아들의 봉양을 편히 여기지 않으며 깊이 스스로를 허물하고 책망하였던 것입니다.

맹자가 말한 다섯 가지의 불효는 오늘날도 여전히 재현되고 있습니다. 게을러서, 잡기에 빠져서, 자기 것만 챙겨서, 욕망의 노예가 되어서, 남과의 이해다툼 등으로 부모 봉양에는 신경을 제대로 쓰지 못하는 현실이기 때문입니다. 그러나 맹자는 그 이외에도 선하기를 요구하는 책선으로 인한 피해를 덧붙입니다. 부자간에는 책선하지 말고 서로 부담 없이 의지하며 살아가는 친밀감이 필요하다는 것이지요. 부자유친은 인생이라는 장거리에서 가족관계를 편안하게 해주는 일종의 자유티켓이라 할 수 있을 것입니다.

상황에 따른 처신

증자가 노나라 무성이란 곳에 거처하면서 가르침을 베풀었는데, 언젠가 월나라 군대가 쳐들어와서 도적질을 할 때의 일입니다. 어떤 사람이 증자에게 묻습니다.

"도적이 이르렀는데 어찌하여 떠나지 않습니까?"
"피난갈 것이다. 내 집에 사람을 살도록 하여 저들이 땔나무를 훼손하지 말도록 하라."

"寇至하나니 盍去諸리오" "無寓人於我室하여 毀傷其薪木하라"
　구 지　　　합 거 저　　　무 우 인 어 아 실　　　훼 상 기 신 목

도적이 물러갔다는 말을 들은 증자는 말합니다. "내 집의 담장과 지붕을 수선하라. 내가 장차 돌아갈 것이다." 도적이 물러가고 증자가 돌아오자 주변 사람들이 수군거립니다.

무성의 대부가 선생을 대하기를 이처럼 진실하게 하고 또한 공경스럽게 했는데, 도적이 이르자 먼저 떠나서 백성들이 그대로 따르게 하고, 도적이 물러가자 되돌아오시니 잘못된 일인 듯합니다.

待先生이 如此其忠且敬也어늘 寇至則先去하여 以爲民望하시고
대 선 생　　여 차 기 충 차 경 야　　구 지 즉 선 거　　　이 위 민 망

寇退則反하시니 殆於不可로소이다
구 퇴 즉 반　　　태 어 불 가

이때 같이 있었던 심유행이 증자를 변호하며 말합니다.

이는 너희들이 알 바 아니다. 옛적에 우리 심유 집안에 부추(負芻)의 화가 있을 적에 선생을 따르던 70여 명이 거기에 참여한 사람이 없었다.

是는 非汝所知也라 昔에 沈猶有負芻之禍어늘 從先生者七十人이
시 비여소지야   석 심유유부추지화   종선생자칠십인

未有與焉이라하니라
미유여언

※ **합**(盍): 어찌 ~ 않는가. **신목**(薪木): 땔나무. **태**(殆): 매우. **여**(與): 참여하다.

무성에서 융숭한 대접을 받거나 심유씨 집안에 머물던 증자가 그 곳의 상황이 어려워지자 먼저 대피한 일을 어떻게 평가할까요? 조직의 운명을 같이 하지 않는 자에게 진심 어린 존경은 없을 것인데도 말입니다. 왜 증자는 그렇게 했을까요? 『맹자』에는 이와는 또 다른 사례가 제시되어 있습니다.

자사가 위나라에 있을 때, 제나라 도적이 침입하였다. 어떤 사람이 말하였다. '도적이 이르렀는데 어찌 떠나지 않으십니까?' 자사는 '만일 내[伋]가 떠나면 임금은 누구와 더불어 지키겠는가?'라고 말씀하셨다.

子思居於衛하실새 有齊寇러니 或曰寇至하나니 盍去諸리오
자사거어위   유제구   혹왈구지   합거저

子思曰如伋이 去면 君誰與守리오하니라
자사왈여급   거   군수여수

※ **합거저**(盍去諸): '어찌 떠나지 않으리오?' 여기서 저(諸)는 의문사로 지어(之於)의 준말.

이처럼 서로 다른 상황에 대해 맹자는 상황에 따른 역할이 다름을 설명합니다.

증자와 자사의 도는 같다. 증자는 스승이며 부형이고, 자사는 신하이며 미천하였으니, 증자와 자사가 입장을 바꾸었다면 모두 그러하였을 것이다.

曾子子思同道하니 曾子는 師也며 父兄也요 子思는 臣也며 微也니
증자 자사 동 도   증 자   사 야   부 형 야   자 사   신 야   미 야

曾子子思易地則皆然이리라
증 자 자 사 역 지 즉 개 연

※ **미**(微): 미천하다.

    환란을 당함에 증자는 떠나고 자사는 떠나지 않았지만, 맹자가 보기에 실은 다 같은 마음에서 나온 것이라는 것입니다. 증자는 부성에서 도를 가르치던 스승으로 부형과 같은 존재였고, 반면에 자사는 위나라에서 벼슬하는 신하로 지위도 낮았습니다. 신하로서 자사는 위태한 일을 보면 생명을 아끼지 않는 것이 임금을 섬기는 의리입니다. 만일 증자와 자사가 처지를 바꾸었다면, 각자 스승의 길이나 아니면 신하의 길을 선택했을 것이겠지요. 도가 같다는 것은 바로 이처럼 상황에 따른 처신이 달랐을 뿐이요, 그러한 상황이면 자신도 그렇게 할 수 있을 것이란 말입니다. 맹자가 보여준 상황논리는 원칙주의의 또 다른 표현임을 암시해 줍니다.

모두 사람다울 수 있다

제나라 출신 저자(儲子)라는 사람이 맹자에게 살짝 여쭈어 봅니다.

왕께서 사람을 시켜 선생님의 동향을 엿보도록 하였는데, 과연 남들과 다른 점을 지니고 계십니까?"

王이 使人瞷夫子하시나니 果有異於人乎잇가
왕 사 인 간 부 자 과 유 이 어 인 호

※ 간(瞷): 엿보다. 과(果): 과연.

뛰어난 사람은 남다른 무엇인가가 있을 것이라는 생각도 듭니다. 맹자의 주장이 때로는 너무 고상하여 평소 어떠한 생활 태도를 지니고 있는지 궁금했기에 왕은 맹자의 동정을 살피도록 하였던 것입니다. 맹자는 의연하게 답합니다.

어찌하여 다른 사람과 다를 까닭이 있겠는가? 요임금과 순임금도 일반 사람들과 똑같았을 것이다.

何以異於人哉리오 堯舜도 與人同耳시니라
하 이 이 어 인 재 요 순 여 인 동 이

요순도 일반인과 같다는 말은 애초에 본성의 착함이란 점에서 다름이 없다는 것입니다. 다만 성인은 자신이 타고난 성품대로 다하신 것이 일반인과 차이가 날 뿐이니, 자신의 본성을 회복하면 모든 사람은 요순처럼 성인이 될 것이라는 말을 암시하고 있습니다.

부끄럽지 않는 삶

맹자는 다소 긴 이야기를 꺼냅니다. 그 비유가 너무도 생생하고 우리네 사는 모습과 닮았기에 부끄러울 때가 있습니다.

제나라 사람 가운데 아내와 첩을 한 집에 두고 지내는 사람이 있었다. 남편이 밖으로 나가면 반드시 술과 고기를 배불리 먹고 돌아오곤 하였다. 그의 아내가 함께 마시고 먹은 사람을 물어보면 모두 부유하고 귀한 사람들이었다. 그의 아내가 첩에게 말하였다. '남편이 나가면 반드시 술과 고기를 배불리 먹은 뒤에 돌아오는데, 함께 음식을 먹은 사람을 물어보면 모두 부귀한 사람이라고 하지만, 지금까지 이름난 사람이라곤 찾아온 적이 없었네요. 내 장차 남편이 가는 곳을 엿보겠소.'

齊人이 有一妻一妾而處室者러니 其良人이 出則必饜酒肉而後에 反이어늘
제 인   유 일 처 일 첩 이 처 실 자   기 양 인   출 즉 필 염 주 육 이 후   반

其妻問所與飲食者則盡富貴也러라 其妻告其妾曰 良人이
기 처 문 소 여 음 식 자 즉 진 부 귀 야   기 처 고 기 첩 왈 양 인

出則必饜酒肉而後에 反할새 問其與飲食者하니 盡富貴也로대
출 즉 필 염 주 육 이 후   반   문 기 여 음 식 자   진 부 귀 야

而未嘗有顯者來하니 吾將瞯良人之所之也하리리
이 미 상 유 현 자 래   오 장 간 양 인 지 소 지 야

※ **처실**(處室): 한 집에서 같이 살다. **양인**(良人): 남편. **염**(饜): 배불리 먹다. **간**(瞯): 엿보다.

다음날 일찍 일어나 남편이 가는 곳을 뒤쫓아 가니, 모든 성안을 두루 돌아다녔지만 같이 서서 말하는 사람도 없었다. 마침내 동쪽 성곽의 무덤 사이에서 제사하는 사람에게 가더니 제사하고 남은 것을 구걸하고, 부족하면 또다시 둘레를 돌아보면서 다른 곳으로 갔다. 이것이 그가 배불리 먹는 방법이었다. 그 아내가 돌아와서 첩에게 말하였다. '남편은 우

러러보며 존경하면서 일생을 마쳐야 할 사람인데, 지금 이 모양입니다.'
첩과 함께 남편을 비난하면서 안마당에서 서로 울고 있었는데, 남편은
그것을 알지 못하고 으쓱거리며 돌아와서는 아내와 첩에게 교만하게 대
하였다.

蚤起하여 施從良人之所之하니 徧國中호대 無與立談者러니
조 기   이 종 양 인 지 소 지   변 국 중   무 여 입 담 자

卒之東郭墦間之祭者하여 乞其餘하고 不足이어든 又顧而之他하니
졸 지 동 곽 번 간 지 제 자   걸 기 여   부 족   우 고 이 지 타

此其爲饜足之道也러라 其妻歸告其妾曰 良人者는 所仰望而終身也어늘
차 기 위 염 족 지 도 야   기 처 귀 고 기 첩 왈 양 인 자 는 소 앙 망 이 종 신 야

今若此라 하고 與其妾으로 訕其良人而相泣於中庭이어늘 而良人이
금 약 차   여 기 첩   산 기 양 인 이 상 읍 어 중 정   이 양 인

未之知也하여 施施從外來하여 驕其妻妾하더라
미 지 지 야   시 시 종 외 래   교 기 처 첩

※ **이종**(施從): 뒤따라가다. **변**(徧): 두루 다니다. **번**(墦): 무덤. **산**(訕): 비난하다. **시시**(施施): 으쓱
   대는 모양.

긴 이야기를 마친 맹자는 자신이 말하려는 핵심을 꺼냅니다.

**군자의 입장에서 본다면, 지금 사람 가운데 부귀와 영달을 구하는 자들
은 그 아내와 첩이 그것을 보면 부끄러워하여 서로 울지 않을 자가 별로
없을 것이다.**

由君子觀之컨댄 則人之所以求富貴利達者 其妻妾이
유 군 자 관 지   즉 인 지 소 이 구 부 귀 이 달 자 기 처 첩

不羞也而不相泣者 幾希矣니라
불 수 야 이 불 상 읍 자 기 희 의

※ **읍**(泣): 울다. **기희**(幾希): 거의 드물다.

맹자는 제나라 사람이 다른 사람을 따르면서도 자신의 지조를 잃어
버리는 것이 이와 같음을 비유했던 것입니다. 일상을 살아가면서 염치
를 모르고 부귀영달만을 추구하는 사람이 되지 않기란 쉽지 않을 것입
니다. 따라서 군자는 세속의 욕망과 잠시 거리를 두고, 오직 이익과 의
리의 경계를 엄격히 하고 지극히 굳세고 지극히 큰 기운을 기르려는 것

입니다. 밖에서는 비굴하게 생활하면서 집에 돌아와서는 으스대는 그 한심한 모습이 혹시라도 우리 모습이 아닐까 싶어 부끄러울 때가 있습니다.

맹자

9

만장 상편

만장 상편 1장 : 勞而不怨

포기하지 않는 효심

맹자는 자신의 이상을 실현하려고 분주하게 돌아다녔고, 먼 훗날 그의 꿈은 『맹자』 7책으로 전해지고 있습니다. 그가 모든 것을 접고 물러나 『시경』, 『서경』 그리고 공자의 사유를 정리할 때 그와 같이했던 제자들은 주로 만장과 그 주변 사람들이었습니다. 제자인 만장은 질문자이자 기록자였던 것입니다. 그 기록은 주로 하·은·주 3대의 역사적 사실에 대한 세간의 의문을 정리한 것이었습니다. 어느 날 만장은 순이 천자가 되기 전에 역산(歷山)에서 농사 지을 때의 일화에 대해 묻습니다.

순임금이 밭에 가서 하늘을 부르짖으며 우셨으니, 어찌하여 그처럼 부르짖으며 우셨습니까?

舜이 往于田하사 號泣于旻天하시니 何爲其號泣也잇고
순   왕우전   호읍우민천   하 위 기 호 읍 야

※ 우(于): ~에서[於]. 읍(泣): 울다. 민(旻): 하늘.

순은 그냥 슬피 울었던 것이 아니라, 자신의 처지를 불쌍히 생각할 것이라 믿었던 하늘에 대해 호소하듯 울부짖었던 모양입니다. 그런 인자한 마음으로 보는 하늘을 민천(旻天)이라 말합니다. 순이 그랬던 것은 바로 부모에게 버림받은 자신의 처지가 억울하고 분통 터져서였을지 모릅니다. 맹자는 짧게 답합니다.

원망하고 사모하셨기 때문이다.

怨慕也시니라
원 모 야

원망[怨]과 사모[慕]. 두 글자는 많은 뜻을 함축하고 있습니다. 맹자는 순이 자신에게 어떤 잘못이 있어서 부모의 사랑은커녕 저주를 받는 인생인지 원망한 것이고, 이런 상황이 바뀌어 부모의 관심 받기를 간절히 바랐다고 보았습니다. 평소 자신을 죽이려고까지 했던 아버지 고수가 한 짓을 보면 부자관계를 포기할 듯도 한데, 순은 그러지 않았던 것이지요. 만장은 성인으로 추앙되는 순에게 원망의 마음이 있다는 것에 의심을 품고 다시 묻습니다.

"부모가 사랑하면 기뻐하면서 잊지 말고, 부모가 미워하면 더욱 노력하고 원망하지 말아야 할 것인데, 순이 하늘을 향해 울부짖은 것은 원망하는 마음이 있으신 것입니까?"

"아니다. 옛날에 장식이란 사람이 공명고에게 물었다. '순이 역산의 밭에 가셔서 몸소 밭을 갈아서 부모를 봉양했다는 것은 이미 가르침을 들었습니다. 그런데 저는 하늘과 부모에 대해 울부짖었던 것을 이해할 수 없습니다.' 이에 공명고는 '이것은 네가 알 바 아니다.'라고 하였다. 저 공명고의 생각에 순은 '효자의 마음은 이러한 근심이 없을 수 없다. 나는 온 힘을 다해 밭을 갈아 자식 된 직분으로 공손히 받들 따름이니, 부모께서 나를 사랑하지 않음은 나에게 무슨 죄가 있어서인가?'라고 여긴 것이다."

"父母愛之어시든 喜而不忘하고 父母惡之어시든 勞而不怨이니 然則舜은 怨乎잇가"
부모애지   희이불망   부모오지   노이불원   연즉순 원호

"長息이 問於公明高曰 舜이 往于田則吾旣得聞命矣어니와 號泣于旻天과
장식 문어공명고왈 순 왕우전즉오기득문명의   호읍우민천

于父母則吾不知也로이다 公明高曰 是는 非爾所知也라하니 夫公明高는
우부모즉오부지야   공명고왈 시는 비이소지야   부공명고

以孝子之心이 爲不若是恝이라 我는 竭力耕田하여 共爲子職而已矣니
이효자지심이 위불약시괄이라 아는 갈력경전하여 공위자직이이의

父母之不我愛는 於我何哉오하니라"
부모지불아애 어아하재

※ 이(爾): 너. 괄(恝): 걱정 없다. 소홀히 하다. 공(共): 공손할 공(恭)과 같음.

맹자는 증자의 제자였던 공명고의 말을 떠올리며 그의 심정을 유추해 봅니다. 효자의 마음에 근심이 없을 수 없다는 것은 부모의 마음을 얻지 못함으로 인한 걱정입니다. 밭을 갈며 자식 된 직분을 다하는 것으로 끝이 아니라는 말입니다. 순은 자식의 직분을 다하지 못해서 부모가 자신을 내친 것으로 보았는데, 정작 그 까닭을 잘 알지 못했기 때문에 하늘을 부르며 울부짖었던 것이라 보았습니다. 다시 말해 순이 원망했다는 말은 부모를 탓하는 것이 아니라, 부모의 뜻을 제대로 받들지 못한 자신을 원망하고 책망하였다는 말입니다. 자기반성형 사유가 부모에 대해서는 더했던 것입니다. 맹자는 또 다른 사례를 덧붙입니다.

> 요임금이 자신의 아홉 아들과 두 딸로 하여금 백관과 소와 양과 창고를 갖추어 순을 논밭의 가운데에서 섬기니, 천하의 선비가 순에게 나아가는 자가 많았다. 요임금이 장차 천하의 민심을 살펴 제위를 물려주려 하자, 순은 부모에게 순종하지 못하기 때문에 곤궁한 사람이 돌아갈 곳이 없는 것처럼 하였다.

帝使其子九男二女로 百官牛羊倉廩을 備하여 以事舜於畎畝之中하시니
제 사 기 자 구 남 이 녀　　백 관 우 양 창 름　비　　　이 사 순 어 견 묘 지 중

天下之士多就之者어늘 帝將胥天下而遷之焉이러시니 爲不順於父母라
천 하 지 사 다 취 지 자　　제 장 서 천 하 이 천 지 언　　　　위 불 순 어 부 모

如窮人無所歸러시다
여 궁 인 무 소 귀

*서(胥): 보다. 궁인(窮人): 매우 어려운 상황에 처한 사람.

요임금이 순에게 천하를 양위한 것은 유명한 이야기입니다. 천하의 모든 권력이 서서히 자신에게로 돌아왔지만, 순의 마음 한 구석에는 여전히 부모에게도 인정받지 못한 자신의 처지를 가슴 아파했습니다. 돌아갈 곳 없는 곤궁한 사람이란 표현에서 그이의 불편한 마음을 짐작할 수 있습니다. 맹자는 순의 입장에서 생각을 더해 갑니다.

천하의 선비가 좋아하는 것은 사람들이 원하는 것인데 그의 근심을 풀
수 없었고, 아름다운 여인은 사람들이 원하는 것인데 요임금의 두 딸을
아내로 삼고서도 그의 근심을 풀지 못하였으며, 부유함은 사람들이 원
하는 것인데 부유함이 천하를 가졌음에도 그의 근심을 풀지 못하고, 귀
함은 사람들이 원하는 것인데 귀함이 천자가 되었음에도 그의 근심을
풀지 못하였다. 이처럼 사람들이 좋아함과 아름다운 여인과 부유하고
귀함에서도 그의 근심을 풀 수 없었고, 오직 부모의 마음이 순리대로 편
안하게 되어야만 그의 근심을 풀 수 있었던 것이다.

天下之士悅之는 人之所欲也이어늘 而不足以解憂하시며 好色은 人之所欲이어늘
천 하 지 사 열 지   인 지 소 욕 야   이 부 족 이 해 우   호 색   인 지 소 욕

妻帝之二女하시대 而不足以解憂하시며 富는 人之所欲이어늘 富有天下하시대
처 제 지 이 녀   이 부 족 이 해 우   부   인 지 소 욕   부 유 천 하

而不足以解憂하시며 貴는 人之所欲이어늘 貴爲天子하시대 而不足以解憂하시니
이 부 족 이 해 우   귀   인 지 소 욕   귀 위 천 자   이 부 족 이 해 우

人悅之와 好色과 富貴에 無足以解憂者요 惟順於父母라야 可以解憂러시다
인 열 지   호 색   부 귀   무 족 이 해 우 자   유 순 어 부 모   가 이 해 우

※ 처(妻): 아내로 삼다.

불교에서 화장실을 해우소(解憂所)라고 하듯이, 근심을 푼다는 '해우
(解憂)'라는 말은 『맹자』에도 나오는 말로 효심을 뜻합니다. 천하 모든
것을 준다 하더라도 부모의 뜻을 받들어 편안한 관계를 유지해야 비로
소 마음에 걱정이 풀릴 것이라는 것입니다. 부모의 마음 하나 편안히 따
르지 못하는 처지에 다른 무엇을 제대로 할 수 있을까라는 심정이었을
것입니다. 그러나 이 마음이 부모에 대한 효심에서 그치는 것이 아니라,
바로 이러한 마음에서부터 타자에 대한 진심 어린 마음으로 확대해 나
갔던 점에 순의 효도가 지닌 진정한 가치가 있는 것입니다. 끝없이 확
대되는 사랑의 출발지로서 이러한 효심은 보통 마음이 아니기에 맹자는
순을 극찬합니다.

**사람이 어려서는 부모를 사모하다가, 여색을 알게 되면 젊고 예쁜 여자
를 찾게 되고, 처자식을 두면 처자식을 어여삐 여기고, 벼슬을 하면 군주**

를 갈망하고, 군주에게 신임을 얻지 못하면 조급하여 속을 태운다. 큰 효
는 종신토록 부모를 사모하는 것이니, 오십이 되어서도 사모하는 사람
을 나는 위대한 순에게서 이를 보았다.

人이 少則慕父母하다가 知好色則慕少艾하고 有妻子則慕妻子하고
인   소즉모부모   지호색즉모소애   유처자즉모처자

仕則慕君하고 不得於君則熱中이니 大孝는 終身慕父母하나니 五十而慕者를
사즉모군   부득어군즉열중   대효   종신모부모   오십이모자

予於大舜에 見之矣로라
여 어 대 순   견 지 의

※ **애**(艾): 쑥에 솜털이 돋아날 때처럼 어리고 예쁜 모양. **열중**(熱中): 마음속으로 애태우다.

맹자는 순임금의 부모에 대한 원망과 사모함을 일반적 삶의 과정을
통해 되짚어 봅니다. 어릴 때는 아직 세상 물정 모르기 때문에 부모만을
알고 사랑하며 따르지만, 차차 자라면서 이성을 좋아하고, 처자식을 생
각하는 마음으로 옮겨 갑니다. 점차 사회생활을 하고 자신의 일에 충실
하다 보면 때로는 부모조차 잊게 됩니다. 어지간한 효심을 지닌 사람이
아니라면 평생토록 어릴 때의 마음을 잃어버리지 않고 한결같이 부모를
생각하기란 어려울 것입니다. 맹자는 평생토록 부모의 마음을 따르려는
순에게서 효자의 마음을 읽었습니다. 그래서 순을 그냥 순이라 하지 않
고 '위대한'이란 수식어를 붙여 대순(大舜) 혹은 대효(大孝)라 일컬었던
것입니다. 순임금이 위대한 순이 되었던 까닭은 부모에게 상처받은 그
마음을 추스리는 동시에, 문제의 원인을 자기에게 돌리는 그 마음으로
세상 모두와 만났기 때문입니다. 마음을 얻는 자 천하를 얻으리라는 말
이 있듯이, 가깝게 지내야 할 사람의 마음을 얻는 일을 결코 포기해서는
안 될 것입니다. 그 대상이 부모라면 더욱 그러할 것입니다.

변칙과 원칙 사이에서

순의 불행한 가정환경과 그럼에도 불구하고 그의 부모에 대한 효심은 두고두고 회자되었습니다. 그의 상황은 너무 기구했으나, 그의 선택이 어찌 보면 유가적 사유를 읽을 수 있는 좋은 자료였기 때문입니다. 만장은 순의 효도방식에 의문을 갖고 질문합니다.

"『시경』에 이르기를, '아내를 취하려면 어찌해야 하는가. 반드시 부모에게 여쭈어야지.' 하니, 진실로 이 말대로라면 마땅히 순임금 같이 해서는 안 될 것입니다. 순이 부모에게 아뢰지 않고 장가든 것은 어째서입니까?"

"부모에게 여쭈었다면 장가들지 못했을 것이니, 남녀가 한 집에 거처하는 것은 사람으로서 큰 윤리인데, 만일 아뢰었다면 사람의 큰 인륜을 폐하여 부모를 원망하게 되었을 것이다. 이 때문에 여쭙지 않았던 것이다."

"詩云 娶妻如之何오 必告父母라하니 信斯言也인댄 宜莫如舜이어시니
　　시 운 취 처 여 지 하　　필 고 부 모　　　신 사 언 야　　　의 막 여 순

舜之不告而娶는 何也잇고"　"告則不得娶하시리니 男女居室은 人之大倫也니
순 지 불 고 이 취　　하 야　　　고 즉 부 득 취　　　남 녀 거 실　　인 지 대 륜 야

如告則廢人之大倫하여 以懟父母라 是以不告也시니라"
여 고 즉 폐 인 지 대 륜　　　이 대 부 모　　시 이 불 고 야

※ 시(詩): 『시경』「제풍(齊風)」편의 남산(南山). 신(信): 진실로. 취(娶): 아내를 맞이하다. 장가들다.
대(懟): 원망하다.

부모에게 여쭙고 장가드는 것은 당연한 일이지만, 순의 경우는 달랐습니다. 만일 여쭈었다가 허락을 받지 못하면 이에 따른 모든 원망을 부모에게 돌릴 것이므로 차라리 알리지 않았던 것입니다. 순은 상도(常道) 대신 권도(權道)를 행한 것이지요. 만장은 한 발 더 나아가 순은 그렇다

하더라도 순을 사위 삼은 요임금의 처신에 대해서도 묻습니다.

"순이 여쭙지 않고 장가든 것에 관해서는 이미 들었습니다만, 요임금이
순을 사위로 삼으면서 그 부모에게 알리지 않은 것은 어째서입니까?"
"요임금 또한 부모에게 알리면 사위로 삼을 수 없다는 것을 알았기 때문
이다."

"舜之不告而娶則吾旣得聞命矣어니와 帝之妻舜而不告는 何也잇고"
순 지 불 고 이 취 즉 오 기 득 문 명 의　　제 지 처 순 이 불 고　　하 야

"帝亦知告焉 則不得妻也시니라"
제 역 지 고 언 즉 부 득 처 아　　　　　　　　　　※ **처**(妻): 아내로 삼다.

요임금의 순에 대한 배려의 마음을 보여줍니다. 만일 순이 장가드는
사실을 고했다가 부모가 좋아하지 않는다면 순은 어버이의 명을 차마
어기지 못했을 것이고, 요임금 또한 억지로 하기는 어려웠을 것이기 때
문입니다. 따라서 요임금은 군주의 명령을 앞세워 대범하게 상황을 돌
파해간 것입니다.

이어서 만장은 동생 상을 편애하면서 순을 죽이려고 작당했던 비극적
인 가정사와 순의 처신에 대해 다음과 같이 구체적으로 적고 있습니다.

부모가 순에게 창고 지붕에 올라가 보수하도록 해놓고 사다리를 치운
다음에 고수(순의 아버지)는 아래에서 창고에 불을 질렀으나, 순은 사
태를 미리 간파하고 먼저 내려와서 목숨을 건졌다. 그 뒤에도 다시 순에
게 우물을 파도록 시키자 순은 우물 옆으로 숨을 수 있는 구멍을 파두었
다가 빠져나왔는데, 그런 줄 모르는 그들은 우물을 흙으로 덮었다. 순의
탈출을 몰랐던 이복동생 상(象)은 말하기를, '꾀를 내서 도군인 순을 매
장한 것은 모두 나의 공로이니, 소와 양은 부모가 갖고 창고도 부모가 가
지며, 방패와 창은 내 것이요 거문고도 내 것, 활도 내 것이며, 두 형수는
내 집을 돌보도록 할 것이다.'고 하였다. 그런데 상이 순의 거처에 들어
가자, 순은 평상에 앉아서 거문고를 타고 있었다. 상은 풀죽은 목소리로

'형 생각하는 마음에 울적하여 찾아뵈었다.'고 하면서 부끄러워하자, 순은 '이 신하들을 나를 대신하여 다스리라.'고 말하였다.

父母使舜으로 完廩捐階하고 瞽瞍焚廩하며 使浚井하여 出커시늘 從而揜之하고
부모사순 완름연계 고수분름 사준정 출 종이엄지

象이 曰謨蓋都君은 咸我績이니 牛羊父母요 倉廩父母요 干戈朕이요 琴朕이요
상 왈 모개도군 함아적 우양부모 창름부모 간과짐 금짐

弤朕이요 二嫂란 使治朕棲호리라하고 象이 往入舜宮한대 舜이 在牀琴이어시늘
저짐이 이수 사치짐서 상 왕입순궁 순 재상금

象이 曰鬱陶思君爾라하고 忸怩한대 舜이 曰惟茲臣庶를 汝其于予治라하시니
상 왈 울도사군이 육니 순 왈 유자신서 여기우여치

※ 완(完): 수리하다. 름(廩): 창고. 연(捐): 버리다. 계(階): 사다리. 엄(揜): 덮다. 상(象): 순의 이복동생. 모(謨): 꾀[謀]. 개(蓋): 덮다. 도군(都君): 순이 거주한 곳에는 3년이면 도읍을 이루었기 때문에 순을 도군이라 일컬음. 함(咸): 모두. 저(弤): 활. 이수(二嫂): 순의 두 아내. 서(棲): 침상. 울도(鬱陶):풀이 죽은 듯 침울한 모양. 육니(忸怩):부끄러워하는 모습.

사건의 전말을 소개한 만장은 순의 마지막 말에 의문을 품습니다.

"잘 알지 못하겠지만, 순은 상이 자기를 죽이고자 한 것을 알지 못한 것입니까?"
"어째서 알지 못했겠는가. 상이 근심하면 자기도 근심하고, 상이 기뻐하면 자기 또한 기뻐하였던 것이다."

"不識게이다 舜이 不知象之將殺己與잇가"
불식 순 부지상지장살기여
"奚而不知也시리오 象憂亦憂하시고 象喜亦喜하시니라"
해이부지야 상우역우 상희역희

형제의 정으로 동생의 기쁨과 슬픔을 함께 나누겠다는 맹자의 말을 어떻게 이해해야 할까요? 지난 잘못을 덮어두자는 것인지, 아니면 순도 다른 속셈이 있는 것인지 확실하지 않기에 만장은 다시 질문합니다.

"그렇다면 순은 거짓으로 기뻐한 것일까요?"
"아니다. 예전에 살아 있는 물고기를 정나라 자산에게 올린 자가 있었는데, 자산이 연못 관리인에게 못에서 기르라고 하였는데, 연못 관리인이

삶아 먹고 돌아와 말하였다. '처음 풀어놓을 때는 어릿어릿 느리게 움직이더니 잠시 후에 활기차게 유유히 달아났습니다.' 자산이 말하였다. '제 갈 곳을 얻었구나. 제 갈 곳을 얻었구나.' 연못 관리인이 나가서 말하였다. '누가 자산을 일러 지혜롭다 하더냐! 이미 삶아서 먹었는데, 말하기를 제 갈 곳을 얻었구나, 제 갈 곳을 얻었구나 하더라.' 그러므로 군자는 그럴듯한 방법으로 속일 수는 있지만, 이치에 맞지 않는 방법으로는 속이기 어려우니, 그가 형을 사랑하는 태도로 왔기 때문에 정말로 믿고 기뻐한 것이니, 어찌 거짓으로 꾸며댔겠는가?"

"然則舜은 僞喜者與잇가" "否라 昔者에 有饋生魚於鄭子産이어늘 子産이
연 즉 순   위 희 자 여   부 석 자   유 궤 생 어 어 정 자 산   자 산

使校人으로 畜之池한대 校人이 烹之하고 反命曰 始舍之하니 圉圉焉이러니
사 교 인   휵 지 지   교 인   팽 지   반 명 왈 시 사 지   어 어 언

少則洋洋焉하여 攸然而逝하더이다 子産이 曰 得其所哉인져 得其所哉인저어늘
소 즉 양 양 언   유 연 이 서   자 산   왈 득 기 소 재   득 기 소 재

校人이 出曰 孰謂子産을 智오 予旣烹而食之호니 曰 得其所哉인져
교 인   출 왈 숙 위 자 산   지   여 기 팽 이 식 지   왈 득 기 소 재

得其所哉인저라하니 故로 君子는 可欺以其方이어니와 難罔以非其道니
득 기 소 재   고   군 자   가 기 이 기 방   난 망 이 비 기 도

彼以愛兄之道來라 故로 誠信而喜之시니 奚僞焉이시리오"
피 이 애 형 지 도 래   고   성 신 이 희 지   해 위 언

※ 교인(校人):연못을 관리인. 궤(饋):선물하다. 어어(圉圉):피곤하여 펴지 못하는 모양. 유(攸):한 가롭다[悠]. 서(逝):가다. 방(方):도리(道). 망(罔):속이다.

군자는 선견지명이 있더라도 이치에 맞는 말일 경우에는 속는 줄 알면서도 당해 주곤 합니다. 이치에 따르는 삶을 소중하게 생각하기 때문이죠. 동생 상은 본래 형을 사랑하는 마음이 조금도 없었지만, 말을 꾸며대며 '형님 생각하는 울적한 마음에 찾아왔습니다.'라고 한 것은 그가 이치에 맞는 도리로써 말한 것입니다. 그 말 자체에 이상할 것이 없으므로, 맹자는 순이 거짓으로 기쁨을 흉내를 낸 것이 아니라고 보았습니다. 이처럼 유학자는 때로는 어리숙하기 짝이 없습니다. 변칙을 허용하되 원칙대로 살아가려는 마음이 앞서기 때문입니다. 이러한 마음은 유학이 역사적으로 살아남은 힘이자, 동시에 비판받는 이유이기도 합니다.

만장 상편 3장 : 親愛之心

모든 이들을 고려한 어진 마음

만장은 모든 일을 공적으로 처리하리라 생각하던 순임금의 처신에 의문을 품습니다. 악행을 저지른 동생 상에 대한 순의 관대한 처분 때문이었죠.

"상이 날마다 순을 살해할 것을 일삼았는데, 순이 천자로 즉위하여 그를 추방하기만 한 것은 어째서입니까?"

"봉해 주었던 것인데, 어떤 사람들은 추방하였다고 말한다."

象이 日以殺舜爲事어늘 立爲天子則放之는 何也잇고
상   일 이 살 순 위 사   입 위 천 자 즉 방 지   하 야

封之也어시늘 或曰 放焉이라하니라
봉 지 야   혹 왈 방 언

※ **방**(放) : 떠나지 못하게 한곳에 놓다[置].

추방은 일정한 곳에 두고서 떠나지 못하도록 했던 일종의 위리안치(圍籬安置)의 형벌을 말하는데, 맹자는 내쫓은 것이 아니라 정식으로 일정지역에 임명해 주었다고 말합니다. 상의 악행은 권력의 힘으로 죽일 법도 한데 말입니다. 만장은 형벌의 공평성을 들어 반문합니다.

순이 공공(共工)을 유주에 귀양 보내고, 환도(驩兜)를 숭산으로 추방하며, 삼묘(三苗)를 삼위에서 죽이고, 곤(鯤)을 우산에서 목을 베어 네 사람을 처벌하자, 천하 사람들이 모두 복종한 것은 어질지 못한 불인한 자를 처벌했기 때문입니다. 상이 지극히 불인하였는데도 유비 땅에 봉하니, 유비의 백성들은 무슨 죄입니까? 어진 자도 진실로 이와 같습니까?

다른 사람에게 죄가 있으면 처벌하면서, 아우에게 죄가 있으면 봉해 주다니 말입니다.

舜이 流共工于幽州하시고 放驩兜于崇山하시고 殺三苗于三危하시고
순 유공공우유주   방환도우숭산   살삼묘우삼위

殛鯀于羽山하사 四罪하신대 而天下咸服은 誅不仁也니 象이 至不仁이어늘
극곤우우산   사죄   이천하함복   주불인야   상 지불인

封之有庳하시니 有庳之人은 奚罪焉고 仁人도 固如是乎잇가 在他人則誅之하고
봉지유비   유비지인   해죄언   인인 고여시호   재타인즉주지

在弟則封之온여
재제즉봉지

※ 류(流): 옮기다. 극(殛): 죽이다. 주(誅): 죽이다. 토벌하다. 유주(幽州) · 숭산(崇山) · 삼위(三危) · 우산(羽山): 모두 땅이름. 유비(有庳): 지역.

순임금은 겉으로 공손한 척하면서 세상을 미혹하는 관리인 공공을 북쪽 끝 유주로 귀양 보내고, 당파를 일삼던 환도를 남쪽 끝 숭산으로 내치며, 자신의 강함을 믿고 항복하지 않았던 삼묘의 군주를 삼위의 서쪽 끝에서 죽이고, 명을 거스르고 동족을 해치며 치수의 사업을 완성하지 못한 곤을 우산의 동쪽 끝에서 목을 베었습니다. 이렇게 넷의 죄를 다스림에 천하 사람들이 순응한 것은 그들이 모두 불인하였기 때문입니다. 그런데 만장이 보기에 상의 불인함도 그들 못지않다고 생각되었습니다. 그럼에도 상을 벌주지 않고 도리어 유비 땅에 봉하였으니, 이는 유비의 사람들에게 고통을 안기게 될 것이라는 것입니다. 그러나 맹자의 생각은 달랐습니다.

어진 사람은 아우에게 노여움을 품지 않으며 원망함을 묵히지 않고, 친애하며 사랑해줄 따름이다. 친하면 귀하게 할 것이고, 사랑하면 부유하게 만들 것이니, 유비에 봉함은 부유하고 귀하게 한 것이다. 자신은 천자인데 아우가 필부라면, 친하고 사랑한다고 말할 수 있겠는가?

仁人之於弟也에 不藏怒焉하며 不宿怨焉이요 親愛之而已矣니
인인지어제야   부장노언   불숙원언   친애지이이의

親之란 欲其貴也요 愛之란 欲其富也니 封之有庳는 富貴之也시니
친지 욕기귀야   애지 욕기부야   봉지유비   부귀지야

身爲天子요 弟爲匹夫면 可謂親愛之乎아
신 위 천 자   제 위 필 부   가 위 친 애 지 호

※ 숙(宿): 묵히다, 쌓아두다. 유비(有庳): 땅이름.

"그렇다면 감히 묻겠습니다. 어떤 사람은 '추방했다'고 하는데 무슨 뜻입니까?"

"상은 그 나라에서 자신의 마음대로 하지 못하고, 천자가 관리로 하여금 그 나라를 다스리고 그 조세를 받게 하였으니, 추방했다고 말하는 것이다. 어찌 그 백성에게 포악하게 할 수 있었겠는가! 비록 그렇지만 항상 보고자 하였기 때문에 끊임없이 조정에 오게 하니, '조공할 때가 되지 않았는데 정사로써 유비의 군주를 접견하였다.'는 것은 이를 두고 말한 것이다."

"敢問或曰 放者는 何謂也잇고"
감 문 혹 왈 방 자   하 위 야

"象이 不得有爲於其國하고 天子使吏로 治其國而納其貢稅焉하니 故로
상   부 득 유 위 어 기 국   천 자 사 리   치 기 국 이 납 기 공 세 언   고

謂之放이니 豈得暴彼民哉리오 雖然이나 欲常常而見之 故로 源源而來하니
위 지 방   기 득 포 피 민 재   수 연   욕 상 상 이 견 지   고   원 원 이 래

不及貢하여 以政接于有庳라하니 此之謂也니라"
불 급 공   이 정 접 우 유 비   차 지 위 야

※ 공(貢): 공물을 바치다. 원원(源源): 그치지 않고 흐르는 물.

순은 국가질서를 어지럽히는 경우는 과감히 죽이는 공적 결단도 행했던 것입니다. 그러나 혈육으로서 친애하는 마음을 유지하는 동시에, 백성들에게 피해를 주지 않는 방법도 고려했습니다. 그 두 가지는 모두 어진 마음에서 나온 것입니다. 동생을 향한 친애의 마음을 지속적으로 이어갔고, 동시에 제도적 장치로서 상이 더 이상 악행을 저지르지 않도록 실권을 빼앗는 조치를 내렸기 때문입니다. 맹자는 동생을 포함한 모든 이를 대하는 순임금의 그러한 인자한 마음을 잘 읽어냈던 것입니다.

본질을 직시하라

위대한 인물, 특히 성인에 대한 후대의 평가는 일정하지 않습니다. 성인을 비방하는 말에 의심을 품고 있던 맹자의 제자인 함구몽(咸丘蒙)이 묻습니다.

> 옛말에 이르기를 '성대한 덕을 갖춘 선비는 임금이 신하로 삼을 수 없고 부모가 자식으로 다룰 수 없는데, 순은 남면하여 천자로 즉위하자 요는 제후를 거느리고 북면하여 조회하였고, 고수 또한 북면하여 조회하였다. 그때 순은 고수를 보고 불안하여 얼굴을 찌푸렸다.'고 합니다. 공자가 말하시기를, '이때는 천하가 위태롭고 불안한 시대였을 것이다.'고 하셨습니다. 잘 모르겠지만 이 말이 사실입니까?

語에 云 盛德之士는 君不得而臣하며 父不得而子라 舜이 南面而立이어시늘
어   운 성 덕 지 사   군 부 득 이 신   부 부 득 이 자   순   남 면 이 립

堯帥諸侯하여 北面而朝之하시고 瞽瞍亦北面而朝之어늘 舜이 見瞽瞍하시고
요 솔 제 후   북 면 이 조 지   고 수 역 북 면 이 조 지   순   견 고 수

其容이 有蹙이라하여늘 孔子曰 於斯時也에 天下殆哉岌岌乎인저하시니
기 용 유 축   공 자 왈 어 사 시 야   천 하 태 재 급 급 호

不識게이다 此語誠然乎哉잇가
불 식   차 어 성 연 호 재

※ **어**(語): 옛 말. **조**(朝): 조회하다. **축**(蹙): 찡그리다. **급**(岌): 위태롭다.

남면(南面)한다는 말은 순이 천자가 되어 남쪽을 향해 있다는 말이고, 요임금이나 순임금의 아버지 고수가 그를 향해 북면하였던 것은 순이 요임금이나 아버지를 신하로 삼았다는 말입니다. 함구몽은 순이 아무리 훌륭한 덕을 갖추었다고 하더라도, 공자의 말대로 군신과 부자의 질서

를 흔들어 놓는 행위를 하였다고 보았던 것입니다. 맹자는 사실을 바로 잡습니다.

아니다. 이것은 군자의 말이 아니라 제나라 동쪽 야인들 사이에서 떠도 는 말이다. 요임금이 연로함에 순이 섭정한 것이다. 「요전」에서 말하기 를 '28년 만에 방훈인 요께서 돌아가시자 백성들은 부모를 잃은 듯 삼 년상을 지냈고, 천하에서는 8음을 그쳐 음악을 연주하지 않았다.'고 하 며, 공자는 '하늘에는 두 해가 없고, 백성에게는 두 임금이 없다.'라고 하였다. 순이 이미 천자가 되시고 또 천하의 제후를 거느리고서 요를 위 해 삼년상을 행했다면, 이는 천자가 둘이 되는 것이다.

否라 此非君子之言이라 齊東野人之語也라 堯老而舜이 攝也러시니 堯典에
부 차비군자지언   제동야인지어야   요로이순 섭야   요전

曰 二十有八載에 放勳이 乃徂落이어시늘 百姓은 如喪考妣三年하고 四海는
왈 이십유팔재 방훈 내조락   백성 여상고비삼년   사해

遏密八音이라하며 孔子曰 天無二日이요 民無二王이라 하시니 舜이
알밀팔음   공자왈 천무이일   민무이왕   순

旣爲天子矣요 又帥天下諸侯하여 以爲堯三年喪이면 是는 二天子矣러다
기위천자의 우솔천하제후   이위요삼년상   시 이천자의

※ 섭(攝): 대신하다. 재(載): 년[歲]. 요전(堯典): 『서경』 「우서」(虞書)의 편명. 조락(徂落): 조는 올라
가고 락은 내려간다는 뜻으로 죽음을 뜻함. 알(遏): 그치다.

연로한 요임금을 대신해 28년을 섭정한 순에 대해서는 때로는 오해 의 소지가 있습니다. 권력의 이양이란 순탄하기 어려우므로 순이 쿠데 타를 일으켜 요를 감금시키고 권력을 독차지했다는 말이 있을 정도입니 다. 맹자는 「요전」과 하늘에는 두 해가 없다는 공자의 말을 근거로, 요임 금이 돌아가신 뒤에 순이 비로소 천자의 지위에 나아간 것이라 판단합 니다. 요가 순을 북면하고 조회했다는 세간의 떠도는 말이 잘못되었다 는 것이지요. 그런데 함구몽은 아직 맹자의 말을 깨닫지 못하고 다시 묻 습니다.

"순이 요를 신하로 삼지 않은 것은 제가 이미 가르침을 들었습니다. 『시경』에 이르기를, '넓은 하늘 아래 왕의 땅이 아닌 곳이 없으며, 온 땅의 사람이 왕의 신하가 아닌 이가 없다.'고 하였는데, 감히 묻건대 순이 이미 천자가 되었는데 아버지 고수를 신하로 삼지 않은 것은 어째서입니까?"

"이 시는 그런 뜻이 아니다. 나랏일에 수고로워 부모를 봉양할 겨를이 없기에, '이것이 임금의 일이 아님이 없는데도 나 홀로 현명함으로 수고하는구나.'라는 의미이다. 따라서 시를 말하는 자는 글로써 말을 해치지 말고, 말로써 뜻을 해치지 말며, 자기의 뜻으로써 작자의 뜻을 추론해야만 시를 이해할 수 있다. 만일 말로써 할 따름이라면, 「운한」의 시에서 '주나라의 백성들 가운데 남아있는 이가 없다.'라고 하였는데, 진실로 이 말대로라면 이것은 주나라에 한 사람의 백성도 없다는 것이다."

舜之不臣은 堯則吾旣得聞命矣어니와 詩云 普天之下 莫非王土며 率土之濱이
순 지 불 신   요 즉 오 기 득 문 명 의   시 운 보 천 지 하 막 비 왕 토   솔 토 지 빈

莫非王臣이라하니 而舜이 旣爲天子矣시니 敢問瞽瞍之非臣은 如何잇고
막 비 왕 신   이 순 기 위 천 자 의   감 문 고 수 지 비 신   여 하

曰 是詩也는 非是之謂也라 勞於王事而不得養父母也하여 曰 此莫非王事어늘
왈 시 시 야   비 시 지 위 야   노 어 왕 사 이 부 득 양 부 모 야   왈 차 막 비 왕 사

我獨賢勞也라하니 故로 說詩者는 不以文害辭하며 不以辭害志요 以意逆志라야
아 독 현 로 야   고   설 시 자   불 이 문 해 사   불 이 사 해 지   이 의 역 지

是爲得之니 如以辭而已矣인댄 雲漢之詩에 曰 周餘黎民이 靡有孑遺라하니
시 위 득 지   여 이 사 이 이 의   운 한 지 시   왈 주 여 여 민   미 유 혈 유

信斯言也인댄 是는 周無遺民也니라
신 사 언 야   시   주 무 유 민 야

※ 시(詩): 『시경』 「소아(小雅)」편의 북산(北山). 빈(濱): 물가. 문(文): 글자. 역(逆): 맞이하다[迎]. 운한(雲漢): 『시경』 「대아(大雅)」편의 시 제목. 미(靡): 없다. 혈(孑): 외롭다.

맹자는 시인의 뜻이 곡해되었다고 반박합니다. 부모를 봉양할 수 없을 정도로 나랏일에 시달리고 있다는 의미로 읽어야 된다는 것입니다. 이 모두가 왕의 일이 아님이 없으므로 모두 수고를 함께 해야 할 것인데, 어찌하여 나 홀로 어질다고 뽑혀 수고롭게 시달리는가라는 한탄이라는 것입니다. 반면에 맹자가 예시한 「운한」이란 시는 심한 가뭄으로 백성들이 고충받고 있음을 극단적으로 말한 것일 뿐입니다. 글자에 구

애되지 말고 문맥에 따른 진의를 제대로 파악할 필요가 있습니다. 마찬가지로 맹자는 '임금의 신하가 아님이 없다'는 말을 가지고 천자가 그 아버지를 신하로 삼았다고 의심해서는 안 된다고 반론하는 것입니다.

효자의 지극함은 어버이를 높이는 것보다 더 큰 것이 없고, 어버이를 높이는 지극함은 천하를 가지고 봉양하는 것보다 더 큰 것이 없다. 고수는 천자의 아버지가 되었으니 높임이 지극하고, 천하로써 봉양하니 봉양함이 지극하다. 『시경』에 말하기를, '길이 효도하며 사모하는도다. 효도하며 사모함이 천하의 모범이 된다.'고 한 것은 이를 두고 한 말이다.

孝子之至는 莫大乎尊親이요 尊親之至는 莫大乎以天下養이니 爲天子父하니
효 자 지 지　　막 대 호 존 친　　존 친 지 지　　막 대 호 이 천 하 양　　위 천 자 부

尊之至也요 以天下養하시니 養之至也라 詩曰 永言孝思라 孝思維則이라하니
존 지 지 야　　이 천 하 양　　　양 지 지 야　　시 왈 영 언 효 사　　효 사 유 칙

此之謂也니라
차 지 위 야

　　※ **시**(詩):『대아(大雅)』의 하무(下武)편.

　자식 때문에 부모가 귀해진다는 말이 있습니다. 천자가 된 순이기에 부모된 고수로서는 그보다 더 높은 봉양과 대접을 받을 수 없습니다. 따라서 순의 효심은 천하의 모범이 될지언정 그 아버지를 신하 삼고 조회받으려한 것은 아니었다는 것이지요. 맹자는 한마디 덧붙입니다.

『서경』에 이르기를, '순이 일을 공경하여 고수를 뵐 적에 공경하고 삼가면서 두려워하였는데, 고수 또한 믿고 따랐다.'고 하니, 이것은 부모가 자식을 마음대로 할 수 없다는 뜻이다.

書에 曰 祇載見瞽瞍하사대 夔夔齊栗하신대 瞽瞍亦允若이라하니
서　　왈 지 재 현 고 수　　기 기 재 율　　　고 수 역 윤 약

是爲父不得而子也니라
시 위 부 부 득 이 자 야

　　※ **서**(書):『서경』「대우모(大禹謨)」편. **지**(祇):공경하다. **재**(載): 일. **기**(夔): 공경하다. **재**(齊):공손하다. **윤**(允):믿다. **약**(若):거스르지 않고 따르다[順].

고약했던 고수라도 자신을 섬기는 순의 정성에 감동하고 감화되어서 착한 사람이 되어 갔으니 아버지라고 아들을 함부로 대하지 못한다는 말입니다. 이처럼 맹자는 함구몽의 의심에 대해 임금을 신하로 삼는 이치란 없고 아버지를 신하로 삼는 이치도 없으며, 아버지가 함부로 아들로 대하지 못하는 경우를 하나하나 해명해 갑니다. 마치 순의 대변인이 된 듯합니다. 맹자의 이와 같은 기록이 있기에 순임금이 역사에서 성인으로 평가받고 있는 것입니다.

민심을 통한 권력의 정당성

요순의 선양(禪讓) 과정은 너무도 민감함 문제입니다. 아들로 이어지는 권력의 장자상속이 아니라 능력 우선의 권력이양이었기 때문입니다. 만장은 그러한 권력의 정당화 과정에 대해 의문을 품고 질문합니다.

"요임금이 천하를 순에게 주었다고 하는데, 그런 일이 있었습니까?"
"아니다. 천자는 천하를 남에게 줄 수 없다."

"堯以天下與舜이라하니 有諸잇가"　　"否라 天子不能以天下與人이니라"
　요 이 천 하 여 순　　　유 저　　　　　부　천 자 불 능 이 천 하 여 인

　　※ **여**(與): 주다. **저**(諸): 음은 '저'이며, 의문의 어조사.

천하는 천하 모든 사람들의 것이니, 개인이 사적으로 주고받을 수 있는 것이 아니라는 말입니다.

"그렇다면 순이 천하를 소유한 것은 누가 준 것입니까?"
"하늘이 주었다."
"하늘이 주었다는 것은 자세히 당부하면서 주었다는 것입니까?"
"아니다. 하늘은 말로 하지 않고, 행동과 일처리를 통해 보여줄 따름이다."

"然則舜有天下也는 孰與之잇고"　"天이 與之시니라"　"天이 與之者는
　연 즉 순 유 천 하 야　숙 여 지　　　천　여 지　　　　천　여 지 자

諄諄然命之乎잇가"　"否라 天不言이라 以行與事로 示之而已矣시니라"
순 순 연 명 지 호　　　부　천 불 언　　이 행 여 사　시 지 이 이 의

　　※ **순순연**(諄諄然): 자세하게 일러주는 모양. **행**(行): 행동.

왕위계승의 정당성을 하늘에 돌리는 것은 하늘은 사사로움이 없이 지극히 공적이라 보았기 때문입니다. 제왕이 서로 전하는 것은 다 하늘의 역수(歷數)이고, 요가 특별히 하늘을 따라 순을 후계자로 선택했다는 것입니다. 하늘의 뜻을 인간으로서는 잘 알지 못하지만, 순의 행실과 일처리를 통해 천자의 자리를 얻게 해주는 하늘의 뜻을 알 수 있다는 의미입니다. 마장은 하늘이 그 사람의 행동과 일처리를 통해 그 뜻을 보여준다는 것이 무엇을 말하는지 다시 묻자, 맹자는 답합니다.

> 천자는 하늘에 사람을 천거할 수 있지만 하늘을 시켜 천하를 그에게 주게 할 수는 없다. 마찬가지로 제후는 사람을 천자에게 천거할 수 있지만 천자로 하여 그에게 제후를 주도록 할 수 없으며, 대부는 사람을 제후에게 천거할 수 있지만 제후로 하여 대부를 주게 할 수 없다. 옛날 요가 순을 하늘에게 천거하자 하늘이 받아들이고, 백성에게 보여주자 백성들도 받아들였다. 따라서 말하기를, '하늘은 말하지 않는다. 행동과 일로써 보여줄 따름이다.'라고 한 것이다.

天子能薦人於天이언정 不能使天으로 與之天下며 諸侯能薦人於天子이언정
천 자 능 천 인 어 천　　　불 능 사 천　　　여 지 천 하　　제 후 능 천 인 어 천 자

不能使天子로 與之諸侯며 大夫能薦人於諸侯언정 不能使諸侯로 與之大夫니
불 능 사 천 자　　여 지 제 후　　대 부 능 천 인 어 제 후　　불 능 사 제 후　　여 지 대 부

昔者에 堯薦舜於天而天이 受之하시고 暴之於民而民受之하니
석 자　　요 천 순 어 천 이 천　　수 지　　　폭 지 어 민 이 민 수 지

故로 曰 天이 不言이라 以行與事로 示之而已矣라하노라
고　　알 천　　불 언　　　이 행 여 사　　시 지 이 이 의

※ **천**(薦): 천거하다. **폭**(暴): 드러내다.

진인사대천명(盡人事待天命)이라 했듯이 그저 최선을 다할 따름입니다. 그 간절함이 하늘을 말했을 뿐이지 결과가 꼭 그러리라 기대할 수는 없습니다. 순이 행하는 일이 하늘에 부합되므로 하늘이 받아들였고, 순의 덕이 백성을 다스릴 만하므로 순을 백성에게 나타냈지만 백성이 반드시 받아들인다는 것은 기대할 수 없었습니다. 그러나 순이 행하는 일

이 백성에게 부합되므로 백성이 받아들였으니, 여기서 하늘이 주는 뜻을 볼 수 있습니다. 그러므로 '하늘이 말을 하지 않지만 순의 행실과 일 처리로써 보일 따름이다'라고 하였던 것입니다. 예나 지금이나 다를 바 없는 확실성을 바라는 심정에서 만장은 다시 말합니다.

"감히 묻겠습니다. 하늘에 천거함에 하늘이 받아들이고, 백성에게 보여 줌에 백성이 받아들였다는 것은 어떠한 말입니까?"

"순으로 하여금 제사를 주관하게 함에 온갖 신이 흠향하니 이것은 하늘이 받아들인 것이고, 순으로 하여금 일을 주관하게 함에 일이 다스려져서 백성이 편안하니 이것은 백성이 받아들인 것이다. 하늘이 받아들이며 사람이 받아들였기 때문에 말하기를, '천자는 천하를 남에게 주지 못한다.'고 하는 것이다. 순이 요임금을 돕기를 28년 하였으니, 보통 사람이 할 수 있는 것이 아니라 하늘의 뜻이다. 요임금이 돌아가심에 삼년상을 마치고 순이 요임금의 아들을 피하여 남하의 남녘으로 갔는데, 천하 제후로서 조회하는 자들이 요임금의 아들에게 가지 않고 순에게 찾아가며, 억울한 일에 재판하려는 자들이 요임금의 아들에게 가지 않고 순에게 가며, 노래하는 자들이 요임금의 아들을 노래하지 않고 순을 노래하였다. 그러므로 '하늘의 뜻이다'라고 말했던 것이다. 그렇게 된 다음에 그 중앙에 나가서 천자의 지위에 오르셨다. 만약 요의 궁궐에 거처하면서 요임금의 아들을 핍박했다면 이것은 찬탈이며 하늘이 준 것이 아니다."

"敢問薦之於天而天이 受之하시고 暴之於民而民이 受之는 如何잇고"
감 문 천 지 어 천 이 천 수 지   폭 지 어 민 이 민 수 지   여 하

"使之主祭而百神이 享之하니 是는 天이 受之요 使之主事而事治하여 百姓이
사 지 주 제 이 백 신 향 지 시 천 수 지 사 지 주 사 이 사 치   백 성

安之하니 是는 民이 受之也라 天이 與之하며 人이 與之 故로 曰
안 지 시 민 수 지 야 천 여 지 인 여 지 고 왈

天子不能以天下與人이라하노라 舜이 相堯二十有八載하시니
천 자 불 능 이 천 하 여 인 순 상 요 이 십 유 팔 재

非人之所能爲也라 天也라 堯崩커시늘 三年之喪을 畢하고 舜이
비 인 지 소 능 위 야 천 야 요 붕 삼 년 지 상 필 순

避堯之子於南河之南이어시늘 天下諸侯朝覲者 不之堯之子而之舜하며
피 요 지 자 어 남 하 지 남   천 하 제 후 조 근 자 부 지 요 지 자 이 지 순

訟獄者 不之堯之子而之舜하며 謳歌者 不謳歌堯之子而謳歌舜하니
송 옥 자 부 지 요 지 자 이 지 순   구 가 자 불 구 가 요 지 자 이 구 가 순

故로 曰 天也라 夫然後에 之中國하사 踐天子位焉하시니 而居堯之宮하여
고   왈 천 야   부 연 후   지 중 국   천 천 자 위 언   이 거 요 지 궁

逼堯之子면 是는 簒也라 非天與也니라"
핍 요 지 자 시   찬 야   비 천 여 야

※ 향(亨): 흠향하다. 상(相): 돕다. 조근(朝覲): 찾아뵙다. 구(謳): 노래하다 지(之): 가다 핍(逼): 핍
박하다

순의 정성에 귀신도 흠향하고, 백성도 믿고 따르니 요임금이 개인적
으로 어떻게 할 수 없는 상황을 애써 강조합니다. 더욱이 28년을 섭정하
였음에도 전통적으로 혈연에 의한 장자상속을 의식하고 피했으나, 민심
이 순에게로 쏠리는 것은 어쩔 수 없었던 일입니다. 그래서 순이 요임금
의 지위를 계승한 것은 인력으로 될 수 있는 일이 아니라 하늘이 주었다
고 말하는 것입니다. 요에서 순으로의 정권이양은 찬탈이 아닌 선양으
로 하늘이 준 뜻에 따른 자연스러운 왕위계승의 정당성을 말하는 것입
니다. 이 모든 과정을 맹자는『서경』의 말을 인용하여 방점을 찍습니다.

「태서」에 말하기를 '하늘의 보심은 우리 백성이 보는 것으로부터 하며,
하늘의 들으심은 우리 백성이 듣는 것으로부터 한다.'고 한 것은 이를
두고 한 말이다.

太誓에 曰 天視自我民視며 天聽이 自我民聽이라하니 此之謂也니라
태 서   왈 천 시 자 아 민 시   천 청   자 아 민 청   차 지 위 야

※ 태서(太誓):『서경』「주서(周書)」의 편명. 자(自):～부터.

백성의 마음이 있는 곳에 하늘의 뜻이 있고, 백성의 마음이 돌아가는
곳에 하늘의 뜻이 돌아간다는 믿음을 담은 구절입니다. 백성의 마음이
순에게로 돌아갔기에 하늘이 순에게 천하를 주었던 것입니다. 따라서
순이 요임금에 이어 천하를 얻은 것은 하늘이 준 것이므로 천자인 요임

금이 개인적으로 천하를 사람에게 준 것이 아니라는 말입니다.

하늘은 우리 백성이 보는 것으로부터 보며, 하늘은 우리 백성이 듣는 것으로부터 듣는다는 '천시자아민시(天視自我民視) 천청자아민청(天聽自我民聽)'은 지금까지도 회자되는 유학계의 불문율입니다. 백성의 눈높이에서 모든 일을 처리하고 백성을 생각하는 정치를 펼치라는 말이기 때문입니다. 이처럼 사적인 관계를 넘어 공공성을 강조하는 요와 순의 선양과정은 유학의 지향점이자 진리의 계보도인 도통의 맥락에서 특별히 주목받는 대목이기도 합니다.

선양인가, 세습인가?

만장은 왕위계승의 원칙성을 묻습니다. 어느 때는 능력 있는 특출한 자에게 권력이 이양되는가 하면, 또 어느 때는 장자 중심의 혈연으로 세습되는 양상을 보이기 때문입니다. 장자를 통한 계승이 안정적인 시스템인 것은 아닙니다. 조선의 경우를 보더라도 500여 년 동안 27명의 국왕 가운데 단 7명만이 장자로서 왕위를 계승했고, 그나마 대부분 불행으로 마감했습니다. 그렇다고 왕정국가에서 현자 등용을 통한 권력의 이양을 선뜻 받아들이기도 어렵습니다. 만장이 그 접점을 묻습니다.

"사람들이 말하기를 '우임금에 이르러 덕이 쇠퇴하여 어진 이에게 왕위를 전하지 않고 아들에게 전하였다.'고 하니, 그러한 일이 있었습니까?"

"아니다. 그렇지 않다. 하늘은 어진 이에게 줄 만하면 어진 이에게 주고, 아들에게 줄 만하면 아들에게 주는 것이다. 옛날에 순임금이 하늘에 우(禹)를 천거한 지 17년 만에 돌아가셨다. 3년상을 마치고 우가 순임금의 아들을 피해 양성 땅으로 갔는데, 천하 백성이 따르기를 요가 돌아가신 뒤 요임금의 아들을 따르지 않고 순을 따르는 것처럼 하였다. 다시 우임금이 하늘에 익(益)을 천거한 지 7년 만에 돌아가셨다. 삼년상을 마치고 익이 우의 아들인 계(啓)를 피해 기산의 북녘으로 갔는데, 조회하며 옥사를 판결하는 자들이 익에게 가지 않고 계에게 가서 말하기를 '우리 임금의 아들이십니다.'라고 하고, 또한 노래하는 자들도 익을 노래하지 않고 계를 노래하여 말하기를 '우리 임금의 아들이십니다.'라고 하였다."

"人이 有言하대 至於禹而德衰하여 不傳於賢而傳於子라하니 有諸잇가"
인 유언 지어우이덕쇠 부전어현이전어자 유저

"否라 不然也라 天이 與賢則與賢하고 天이 與子則與子니라 昔者에 舜이
부 불연야 천 여현즉여현 천 여자즉여자 석자 순

薦禹於天十有七年에 舜이 崩커시늘 三年之喪을 畢하고
천우어천십유칠년 순 붕 삼년지상 필

禹避舜之子於陽城이러시니 天下之民이 從之를 若堯崩之後에
우피순지자어양성 천하지민 종지 약요붕지후

不從堯之子而從舜也하니라 禹薦益於天七年에 禹崩커시늘 三年之喪을 畢하고
부종요지자이종순야 우천익어천칠년 우붕 삼년지상 필

益이 避禹之子於箕山之陰이러니 朝覲訟獄者 不之益而之啓曰
익 피우지자어기산지음 조근송옥자 부지익이지계 왈

吾君之子也라하며 謳歌者不謳歌益而謳歌啓曰 吾君之子也라하니라"
오군지자야 구가자불구가익이구가계 왈 오군지자야

※ **붕(崩)**: 천자의 죽음. **음(陰)**: 북쪽. **계(啓)**: 우임금의 아들. **구가(謳歌)**: 노래하다.

요에서 순과 우로 이어지는 권력의 계승은 현자(賢者) 등용의 원칙에 따른 것이요, 우임금 때에 아들 계로 왕위가 이어진 것은 장자상속으로 바뀐 것을 의미합니다. 맹자는 덕이 쇠퇴하여 그런 것이 아니라 이 모두가 하늘의 뜻이라 말합니다. 미리 정해진 특별한 누군가가 왕위를 계승하는 것이 아니라 그의 자질과 민심의 동향에 따라 권력이 옮겨진다는 것이지요. 맹자는 이어 역사적 사례를 통해 자신의 생각을 보완합니다.

요임금의 아들인 단주(丹朱)는 못났고 순의 아들 또한 못났으며, 순이 요를 도운 것과 우가 순을 도운 것은 여러 해이고, 그들이 백성에게 은택을 베푼 것이 오래되었다. 반면에 계는 어질어서 공경스럽게 우의 도를 잘 이을 수 있었고, 익이 우를 도운 것은 햇수도 짧고 백성에게 은택을 베푼 것이 오래지 않았다. 순과 우와 익의 보필한 지 오래고 먼 것의 차이와 그 아들의 어질며 불초한 것은 모두 하늘에 달려 있으니, 사람이 어떻게 할 수 있는 바가 아니다. 어찌할 수 없이 그렇게 되는 것이 하늘의 일이요, 그렇게 하려고 하지 않아도 그렇게 되는 것이 명이다.

丹朱之不肖에 舜之子亦不肖하며 舜之相堯와 禹之相舜也는 歷年이 多하여
단주지불초 순지자역불초 순지상요 우지상순야 역년 다

施澤於民이 久하고 啓는 賢하여 能敬承繼禹之道하며 益之相禹也는 歷年이
시 택 어 민 구 계 현 능 경 승 계 우 지 도 익 지 상 우 야 역 년

少하여 施澤於民이 未久하니 舜禹益相去久遠과 其子之賢不肖皆天也라
소 시 택 어 민 미 구 순 우 익 상 거 구 원 기 자 지 현 불 초 개 천 야

非人之所能爲也니 莫之爲而爲者는 天也오 莫之致而至者는 命也니라
비 인 지 소 능 위 야 막 지 위 이 위 자 천 야 막 지 치 이 지 자 명 야

※ **역년**(歷年): 지내온 시간, 햇수. **상거**(相去): 서로의 거리.

사람의 힘으로 어찌할 수 없는 일도 많습니다. 사람 목숨은 하늘에 달렸다는 말이 있듯이 28년이나 요임금 대신 섭정했던 순이나, 순임금을 대신하여 17년을 섭정했던 우의 치적은 7년의 섭정에 불과한 익과 같을 수 없을 것입니다. 그들의 아들이 지닌 자질의 차이도 사람이 어찌할 수 없고 시대적 상황에 따른 선택일 따름입니다. 어찌 순이나 우에 국한된 일이겠습니까? 맹자는 그 조건을 덧붙입니다.

필부로서 천하를 소유한 자는 반드시 덕이 순과 우 같아야 하고, 또한 천자가 천거해 주어야 한다. 그러므로 공자는 천하를 소유하지 못하였다. 대를 이어서 천하를 소유함에 하늘이 폐하는 것은 반드시 걸과 주 같은 자이다. 따라서 익과 이윤과 주공은 천하를 소유하지 못하였다.

匹夫而有天下者는 德必若舜禹 而又有天子薦之者니
필 부 이 유 천 하 자 덕 필 약 순 우 이 우 유 천 자 천 지 자

故로 仲尼不有天下하시니라 繼世以有天下에 天之所廢는 必若桀紂者也니
고 중 니 불 유 천 하 계 세 이 유 천 하 천 지 소 폐 필 약 걸 주 자 야

故로 益伊尹周公이 不有天下하시니라
고 익 이 윤 주 공 불 유 천 하

충분한 덕을 갖춘 공자도 천거하는 이가 없어 천하를 소유하지 못하였고, 대를 이어 어진 임금을 만나지 못해 천하를 소유하지 못한 이들도 있었으니, 이는 모두 하늘의 뜻이라는 것입니다. 이윤의 경우를 들어 좀 더 살펴보면 다음과 같습니다.

이윤이 탕을 도와서 천하에 왕 노릇을 하게 하였는데, 탕임금이 돌아가시자 태정은 즉위하지 못하였고 당시 외병은 두 살이고 중임은 네 살이었다. 태정의 아들인 태갑이 탕임금의 법도[典刑]를 뒤엎자 이윤이 그를 동 땅으로 3년간 추방하였는데, 태갑이 잘못을 뉘우쳐서 스스로 원망하며 스스로 다스려서, 동 땅에서 3년간 인의를 실천함으로써 이윤이 자신을 훈계한 것을 따르고, 다시 수도인 박(亳) 땅으로 돌아왔다.

伊尹이 相湯하여 以王於天下러니 湯이 崩커시늘 太丁은 未立하고 外丙은
이윤 상탕   이왕어천하   탕 붕   태정 미립   외병

二年이요 仲壬은 四年이러니 太甲이 顚覆湯之典刑이어늘 伊尹이
이년   중임 사년   태갑 전복탕지전형   이윤

放之於桐三年한대 太甲이 悔過하여 自怨自艾하여 於桐에 處仁遷義三年하여
방지어동삼년   태갑 회과   자원자애   어동 처인천의삼년

以聽伊尹之訓己也하여 復歸于亳하시니라
이청이윤지훈기야   복귀우박

※ **전복**(顚覆): 무너뜨리다. **전형**(典刑): 떳떳한 법도. **애**(艾): 다스리다.

걸을 쳐서 천하를 안정시킨 탕임금의 훌륭한 정치 이면에는 이윤이 있었습니다. 그는 탕임금의 후손들이 그 역할을 수행해 주길 바랐지만, 태자였던 태정은 즉위하기 전에 죽었고, 그의 동생 외병과 중임은 너무도 어린 나이인지라 태정의 아들인 태갑을 세웠는데, 태갑이 탕의 법을 무너뜨리고 어지럽게 하였습니다. 이에 이윤이 '상을 치루는 동안 임금이 정치에 관여하지 않는 법제'를 들어 그를 동쪽으로 내쳐서 조부인 탕임금의 무덤을 돌아보고 반성하게 하였습니다. 태갑은 스스로의 허물을 뉘우치고 원망하여 지난 일을 징계하며 3년 동안을 이윤의 가르침을 들은 이후에 천자의 자리에 올랐습니다. 이윤이 천하를 소유하지 못한 것은 손자인 태갑의 어진 심성이 탕임금의 업적을 이을 만했기 때문입니다. 하나라의 익이나 주나라의 주공 역시 은나라의 이윤의 상황과 마찬가지였습니다. 모두가 하늘의 뜻으로 보았던 것입니다. 따라서 맹자는 공자의 다음과 같은 평가를 존중합니다.

공자께서는 '당나라와 우나라는 선양하고, 하후와 은나라와 주나라는 계승하였으니, 그 뜻이 하나이다.'라고 하셨다.

孔子曰 唐虞는 禪하고 夏后殷周는 繼하니 其義一也라하시니라
공 자 왈 당 우 선   하 후 은 주 계   기 의 일 야

※ **선(禪)**: 천자의 지위를 내주다.

천하를 어진 이에게 선양했던 일과, 천하를 아들에게 세승하도록 한 일은 사람의 사사로운 뜻이 아니라 모두 하늘의 명을 받들었을 따름이라고 보았던 것입니다. 그러니 만장에게 우임금이 천자의 자리를 아들에게 전한 것을 덕이 쇠퇴하였다 의심하지 말라는 것입니다. 하늘은 상황에 따라 어진 이에게 천자의 자리를 주기도 하고, 현명한 자식에게 줄 때도 있기 때문입니다. 저마다 주어진 조건에서 사심 없는 공정함으로 최선을 다할 따름입니다. 유학에서는 바로 이것을 하늘의 뜻이자 하늘의 명령으로 보았습니다.

선각자의 책임의식

성인의 책무를 자임한 이윤은 맹자가 이상으로 삼는 인물이기도 했습니다. 그러나 이윤이 정치일선에 나서기까지는 다소 오해의 소지도 있었기에 만장은 묻습니다.

사람들이 말하기를 '이윤이 요리를 핑계로 탕에게 등용되기를 요구하였다.'고 하는데, 그러한 일이 있었습니까?

人이 有言호대 伊尹이 以割烹要湯이라하니 有諸잇가
인　유언　　이윤　　이할팽요탕　　　유저

※ **요**(要): 요구하다. **팽**(烹): 삶아서 요리하다.

이윤이 군주에게 등용되기 위한 수단으로 탕임금의 요리사가 되었다는 것은 『사기』에 소개된 내용이기도 합니다. 이윤은 훌륭한 군주를 모시고 도를 실천하고자 했지만 방법이 없자, 요리사로 자처해서 탕의 비위를 맞추며 접근했다는 것입니다. 탕의 부인은 유신씨의 딸인데 이윤은 시집갈 때 따라가는 신하[媵臣]를 자처하여 솥과 도마를 짊어지고 갔으니 이러한 오해의 말이 생길 만도 하였죠. 군주를 만나기 위해 솥을 짊어진 요리사 이윤이라는, 즉 목적을 위해 수단을 가리지 않는다는 세속의 평가에 대해 맹자는 입장을 달리합니다.

아니다. 그렇지 않다. 이윤은 유신의 들에서 밭을 갈며 요순의 도를 즐기고 있었다. 요순이 말한 의리가 아니고 도리가 아니면 천하 모두를 봉록으로 주더라도 돌아보지 않았고, 4천 필의 말을 매어 놓더라도 쳐다보

지 않았다. 자기의 의리에 맞지 않고 도리가 아니면 지푸라기 하나라도
남에게 주지 않으며, 지푸라기 하나라도 남에게서 받지 않았다.

否라 不然하니라 伊尹이 耕於有莘之野 而樂堯舜之道焉하여 非其義也며
부 불연   이윤 경어유신지야 이낙요순지도언   비기의야
非其道也어든 祿之以天下라도 弗顧也하며 繫馬千駟라도 弗視也하고
비기도야   녹지이천하   불고야   계마천사   불시야
非其義也며 非其道也어든 一介를 不以與人하며 一介를 不以取諸人하니라
비기의야   비기도야   일개   불이여인   일개   불이취지인

※ 신(莘): 나라 이름. 유신이라 하여 한 글자로 된 명사 앞에 유(有) 자를 덧붙인 것은 음조를 맞추
기 위함이다.

벼슬하지 않았을 때의 곤궁한 상황에서도 이윤은 밭을 갈면서 시를
외우고 서를 읽으면서 요순의 도를 즐기고 천하 백성의 안정을 향한 목
표를 잊지 않았습니다. 의리와 도리에 짝하려는 드넓은 기상인 호연지
기(浩然之氣)를 간직하면서 천하의 그 무엇과도 바꾸지 않을 내공을 쌓
아갔던 것입니다. 따라서 맹자는 의리와 도리에 맞지 않는다면 한 줄기
지푸라기라도 남에게 주거나 받지 않으면서 구차스럽게 살지 않으려 했
다는 점을 이윤의 입장에서 강조합니다.

탕이 사람을 시켜 폐백으로 부르니, 이윤이 아무 거리낌 없이 덤덤하게
말하였다. '내 어찌 탕이 부르는 폐백으로써 마음을 움직이겠는가? 어
찌 내가 밭고랑 가운데에 살면서 이로 말미암아 요순의 도를 즐기는 것
만 같겠는가?'

탕이 세 번이나 사람을 보내 초빙하니, 얼마의 시간이 지나 이윤은 갑자
기 마음을 바꾸며 말하였다. '내가 밭고랑 사이에 살면서 요순의 도를
즐기는 것이 어찌 우리 임금이 요순 같은 임금이 되도록 하는 것만 같겠
으며, 어찌 이 백성들이 요순의 백성이 되도록 하는 것과 같겠으며, 어찌
내 몸으로 도가 행하는 것을 직접 보는 것만 같겠는가?'

湯이 使人以幣聘之하신대 囂囂然曰 我何以湯之聘幣爲哉리오
탕 사인이폐빙지   효효연왈 아하이탕지빙폐위재

我豈若處畎畝之中_{하야} 由是以樂堯舜之道哉_{리오} 湯_이 三使往聘之_{하신대}
아 기 약 처 견 묘 지 중　　유 시 이 낙 요 순 지 도 재　　탕　　삼 사 왕 빙 지

旣而_오 幡然改曰 與我處畎畝之中_{하여} 由是以樂堯舜之道_{로는}
기 이　　번 연 개 왈 여 아 처 견 묘 지 중　　유 시 이 락 요 순 지 도

吾豈若使是君_{으로} 爲堯舜之君哉_며 吾豈若使是民_{으로} 爲堯舜之民哉_며
오 기 약 사 시 군　　위 요 순 지 군 재　　오 기 약 사 시 민　　위 요 순 지 민 재

吾豈若於吾身_에 親見之哉_{리오}
오 기 약 어 오 신　　친 견 지 재

※ **효효연**(囂囂然): 거리낌 없이. **기이**(旣而): 얼마 후에. **번연**(幡然): 갑자기 뒤집는 모양.

처음에 이윤이 탕의 정식 초빙에 응하지 않았던 것은 초야에 살면서 요순의 도리를 즐거워하는 자신의 삶에 대한 만족입니다. 그러나 이것은 평생을 농부로 생을 마치려는 것이 아니라, 현실에 가볍게 나가서 요순의 도를 더럽힐까 염려한 것입니다. 그러나 여러 차례 부르는 요청에 마음을 바꾼 것은 자신의 손으로 보다 멋진 임금과 편안한 백성을 만들어보겠다는 의지의 표현입니다. 홀로 요순의 도리를 즐기는 것보다 여민동락(與民同樂)하려는 심정이었겠지요. 탕의 부름에 나가면서 이윤은 자신에게 굳게 다짐합니다.

하늘이 이 백성을 내린 것은 먼저 아는 이로 하여금 뒤에 알 사람을 깨우치며, 먼저 깨달은 이로 하여금 뒤에 깨달을 자를 깨우치기 위한 것이다. 나는 하늘이 내린 백성 가운데 먼저 깨달은 자이니, 나는 장차 이 도로써 이 백성을 깨우치려 하는 것이니, 내가 깨우쳐 주지 않는다면 누가 할 것인가?

天之生此民也_는 使先知_로 覺後知_{하며} 使先覺_{으로} 覺後覺也_{시니}
천 지 생 차 민 야　　사 선 지　　각 후 지　　사 선 각　　각 후 각 야

予_는 天民之先覺者也_{로니} 予將以斯道_로 覺斯民也_니 非予覺之_요 而誰也_{리오}
여　　천 민 지 선 각 자 야　　여 장 이 사 도　　각 사 민 야　　비 여 각 지　　이 수 야

선지자와 선각자를 자처하는 이윤의 책임감은 하늘이 내신 백성 가운데 먼저 깨달은 자라는 자부심에서 잘 드러납니다. 알고 깨달음에 차이는 있지만, 자신과 같은 선지자와 선각자의 노력으로 모두가 하늘이 내

린 당연한 이치를 깨우치도록 한다는 것입니다. 잠자는 자의 잠을 깨우듯이 모두를 일깨우려는 그의 간절한 심정을 맹자는 다음과 같이 말합니다.

이윤은 천하의 백성 가운데 한 사람이라도 요순의 은택을 입지 못한 자가 있으면, 마치 자신이 밀어서 개천 가운데로 빠지게 한 것처럼 여겼으니, 그 스스로 천하의 무거운 책임을 자임한 것이 이와 같았다. 따라서 탕에게 나아가 설득함으로써 하나라를 정벌하여 백성을 구원한 것이다.

思天下之民이 匹夫匹婦有不被堯舜之澤者어든 若己推而內之溝中하니
사 천 하 지 민   필 부 필 부 유 불 피 요 순 지 택 자   악 기 퇴 이 납 지 구 중
其自任以天下之重이 如此라 故로 就湯而說之하여 以伐夏救民하니라
기 자 임 이 천 하 지 중   여 차   고   취 탕 이 세 지   이 벌 하 구 민

※ 납(內): 받아들이다. 세(說): 유세하다.

무도한 걸왕이 그 백성들을 포악하게 굴자 이윤이 탕으로 하여금 하나라를 정벌하여 그들을 구원하게 해줄 때의 일입니다. 『서경』에는 이때 이윤의 마음을 생생하게 기록하고 있습니다. 우리 임금을 요순과 같은 임금으로 만들지 못하면 부끄러운 마음이 마치 시장에서 종아리를 맞는 것과 같이 여겼으며, 한 가장이라도 제대로 살 곳을 얻지 못하면 이것은 나의 죄라는 것입니다. 이윤이 자처한 천하의 중임은 모든 이들을 향한 열린 마음이었고, 그 출발은 백성의 고충을 차마 견디지 못하는 자연스런 연민의 심정에서 나온 것입니다. 맹자는 다시 논의를 출발지로 되돌립니다.

나는 자기 몸을 굽혀서 다른 사람을 바로잡았다는 자를 들어보지 못했는데, 하물며 자기 몸을 욕되게 하여서 천하를 바르게 하는 자는 있겠는가? 성인의 행동은 똑같지 않다. 멀리 하거나 가까이 하기도 하고, 혹은 가기도 하고 가지 않기도 하지만, 귀결점은 그 자신을 깨끗이 할 따름이다.

吾未聞枉己而正人者也로니 況辱己以正天下者乎아 聖人之行이 不同也라
오 미 문 왕 기 이 정 인 자 야　　황 욕 기 이 정 천 하 자 호　　성 인 지 행　　부 동 야

或遠或近하며 或去或不去나 歸는 潔其身而已矣니라
혹 원 혹 근　　혹 거 혹 불 거　귀　결 기 신 이 이 의　　　　　　※ 귀(歸): 결론.

　　자신의 지조나 신념을 굽힌다는 왕기(枉己), 그리고 그보다 더한 치욕
을 감수하겠다는 욕기(辱己)는 목적을 위해 수단을 정당화한다는 말입
니다. 맹자는 이윤이 탕임금의 환심을 사기 위해 요리사를 자처했다는
것을 부인합니다. 천하를 바로 세우려는 정정당당한 마음으로 어느 순
간이나 자신을 지켜갔다고 보는 것이지요. 벼슬하지 않을 때는 멀리 도
망하여 은둔하기도 하고 벼슬을 통해 현실에 참여하여 임금에게 가깝게
다가가기도 하며, 그리고 벼슬한 뒤에는 군주와 뜻이 합하지 않아 벼슬
을 버리고 떠나기도 하고 뜻이 합하여 떠나지 않기도 하였습니다. 멀리
하고 떠나는 자는 진실로 몸을 깨끗하게 하는 것이지만, 군주를 가까이
하고 떠나지 않는 자 역시 나아갈 만한 도가 있기 때문이지 한갓 이익이
되는 것을 좇아서 몸을 더럽히는 것이 아니었습니다. 이처럼 성인된 인
품의 소유자는 어떠한 상황이든 자신의 몸을 더럽히지 않고 깨끗이 지
키려는 '결기신(潔其身)'의 마음을 품은 인물들이었던 것입니다. 맹자는
그러한 의미에서 이윤의 처사가 정당하다고 봅니다.

　　**나는 이윤이 요순의 도로써 탕에게 요구했다는 말은 들었어도, 요리하
　　는 것으로써 그러했다는 말은 듣지 못하였다. 「이훈」에 말하기를, '하늘
　　의 토벌이 처음 시작된 것은 걸의 궁전인 목궁에서부터였지만, 나는 탕
　　임금을 도와 박 땅에서부터 시작하였다.'고 하였다.**

吾는 聞其以堯舜之道로 要湯이요 未聞以割烹也게라 伊訓에 曰 天誅造攻을
오　문 기 이 요 순 지 도　요 탕　　미 문 이 할 팽 야　　이 훈　왈 천 주 조 공

自牧宮은 朕載自亳이라하니라
자 목 궁　짐 재 자 박

　　※ **이훈**(伊訓):「서경」의 편명. **조**(造): 시작하다. **목궁**(牧宮): 걸의 궁전. **재**(載): 일을 시작하다.

평소 요순의 도리를 즐거워했던 이윤은 그의 이상을 실현시킬 목적으로 탕임금의 초청에 응하여 현실 정치에 발을 들였던 것입니다. 맹자는 그가 하나라를 쳐서 백성을 구원한 일을 『서경』「이훈」편의 내용을 통해 증거합니다. 백성에게 포악했던 걸왕을 토벌하였던 것은 사심 없이 하늘의 뜻을 이어 받드는 것이므로 이윤 스스로 박 땅에서부터 탕임금을 도와 그 성스러운 사업을 완성했던 것입니다. 결국 성인의 책무를 자처했던 이윤을 생각할 때 요리를 빌미로 군주의 환심을 사려했다는 것은 모함이라는 말입니다.

자신의 지조를 더럽히지 않겠다는 '결기신(潔其身)' 세 글자로 이윤을 변호하는 맹자의 심정은 마치 자신이 이윤이나 된 듯이 적극적입니다. 군주를 성군으로 만들고, 백성들이 모두 그 혜택을 입도록 하려는 이윤의 포부는 맹자 그 자신의 목표이기도 했기 때문입니다. 맹자는 역사 속 인물인 이윤에게서 그 가능성을 찾아 그를 모델로 하여 자신의 일에 정당성을 더해갑니다. 천하 모두를 향한 이윤의 의지는 오늘날도 변함없는 선각자의 강한 책무입니다.

천명을 따르는 당당한 삶의 자세

인물의 평가는 때로는 사소한 일에서 드러납니다. 공자의 행적에 관한 오해가 있을 법한 부분이 있기에 만장은 묻습니다.

"어떤 사람이 말하기를 '공자가 위나라에서는 옹저의 집에 머물렀고, 제나라에서는 내시인 척환의 집에 머물렀다.'고 하니, 그러한 일이 있었습니까?"

"아니다. 그렇지 않다. 일을 지어내기 좋아하는 자들이 만든 말이다."

"或이 謂孔子於衛에 主癰疽하시고 於齊에 主侍人瘠環이라하니 有諸乎잇가"
혹   위공자어위   주옹저   어제   주시인척환   유저호

"否라 不然也라 好事者爲之也니라"
부   불연야   호사자위지야

※ **옹저**(癰疽): 종기를 치료하는 의원. **척환**(瘠環): 사람 이름. **시인**(侍人): 내시.

타국에서 어느 집에 머물렀다면 그를 주인 삼아 그 집에 잠시 기숙함을 말합니다. 공자가 머물렀다고 말하는 종기를 고치는 의원인 옹저나 내시인 척환은 모두 당시 임금과 가까운 사람들입니다. 공자가 그들의 집에 머물렀다면 혹시라도 그들을 통해 임금과 통하려 한 것이 아니냐는 모함이 섞여 있습니다. 맹자는 이를 단호히 부인하면서 공자는 그런 일에 연연해하지 않음을 말합니다.

공자께서는 위나라의 어진 대부로 알려진 안수유 집에 머물렀다. 당시 미자(彌子)는 왕의 총애를 받고 있었는데 그의 아내는 자로의 아내와 자

매였는지라 미자가 자로에게 '공자가 내게로 와서 쉬시면 위나라의 경
(卿) 벼슬을 얻을 수 있을 것이다.'라고 말하였다. 자로가 이 말을 공자
께 아뢰자, '천명에 달려 있는 것이다.'고 말씀하셨다. 공자는 나아갈 때
는 예로써 하고 물러날 때는 의로써 하여, 자리를 얻고 못 얻는 것에 대
해서는 '천명에 달려 있다'고 말씀하신 것이다. 만약 옹저와 내시인 척
환의 집에 머물렀다면, 이것은 의도 없고 천명도 없는 것이다.

於衛에 主顔讎由러시니 彌子之妻與子路之妻로 兄弟也라 彌子謂子路曰
어 위　주 안 수 유　　미 자 지 처 여 자 로 지 처　　형 제 야　　미 자 위 자 로 왈

孔子主我하시면 衛卿을 可得也라하여늘 子路以告한대 孔子曰 有命이라하시니
공 자 주 아　위 경　가 득 야　　자 로 이 고　　공 자 왈　유 명

孔子進以禮하시며 退以義하사 得之不得에 曰有命이라시니
공 자 진 이 례　　퇴 이 의　　득 지 부 득　　왈 유 명

而主癰疽與侍人瘠環이시면 是는 無義無命也니라
이 주 옹 저 여 시 인 척 환　　시　　무 의 무 명 야

미자는 당시 위령공이 친애하던 미자하인데, 공자 제자인 자로와는
동서지간이었습니다. 공자가 안수유의 집을 선택한 것은 그가 위나라의
어진 대부였기 때문인데, 미자하는 공자가 자신의 집에 머문다면 임금
에게 말하여 경 벼슬에 천거해줄 수 있을 것이라 귀띔합니다. 그런 일은
천명에 달려있다는 공자의 말은 벼슬자리를 얻는 일은 미자가 간여해서
될 일이 아니라는 말입니다. 맹자가 아는 공자는 자신이 할 수 있는 예
와 의를 다할 따름이지, 남들이 주는 벼슬에 연연하지 않았던 인물입니
다. 그것은 사람의 일이 아니라 하늘의 뜻에 달려 있다고 보기 때문입니
다. 그러나 공자 역시 위급한 상황에서 처한 행동은 오해를 받기도 하였
습니다.

공자께서 노나라와 위나라에 머무는 것이 유쾌하지 않아 떠났는데, 송
나라의 대부인 환사마가 장차 기다렸다가 살해하려고 하자 남루한 옷으
로 바꿔 입고 송나라를 통과하였다. 이때는 공자가 곤액을 당해 겨를이
없었지만, 사성벼슬에 있던 정자를 주인으로 삼으셨는데, 그는 진나라

제후 주의 신하가 되었던 인물이다.

孔子不悅於魯衛하사 遭宋桓司馬將要而殺之하여 微服而過宋하시니
공 자 불 열 어 노 위　　조 송 환 사 마 장 요 이 살 지　　미 복 이 과 송

是時에 孔子當阨하사대 主司城貞子爲陳侯周臣하시니라
시 시　공 자 당 액　　　　주 사 성 정 자 위 진 후 주 신

※ **조**(遭): 만나다. **요**(要): 중요한 길목을 지켜 맞이하다. **액**(阨): 곤란. **주**(周): 진후(陳侯)의 이름.

주유천하로 알려진 공자의 타국에서의 생활은 어려움의 연속이었습니다. 사마천은 상갓집 개라는 말까지 써가며 공자의 비참한 모습을 그려내기도 했는데, 특히 송나라를 지날 때는 사마상퇴가 공자를 역적 양호로 오인하고 죽이려고까지 하였습니다. 그때 공자는 하찮은 복장으로 바꾸어 입고 탈출할 정도로 위급한 상황이었습니다. 간신히 진나라에 도착한 공자는 여유가 없는 상황임에도 불구하고, 현명한 대부로 알려진 사성 정자의 집에 몸을 의탁할 정도의 판단력은 잃지 않았습니다. 맹자는 환난 중에서도 구차하지 않았던 공자를 떠올리며, 공자는 오해받는 일을 하지 않았다고 변호합니다.

내 들으니, '가까이 있는 신하는 누구를 재워 주는가를 보고, 멀리서 오는 신하는 누구의 집에서 머무르는가를 본다.'고 하니, 만일 공자가 옹저나 내시인 척환을 주인으로 삼았다면 어찌 공자라고 할 수 있겠는가?

吾聞觀近臣하대 以其所爲主요 觀遠臣하대 以其所主라호니
오 문 관 근 신　　이 기 소 위 주　관 원 신　　이 기 소 주

若孔子主癰疽與侍人瘠環이시면 何以爲孔子리오
약 공 자 주 옹 저 여 시 인 척 환　　하 이 위 공 자

누구를 친구 삼느냐에 따라 그 사람의 평가가 달라지듯이, 누구를 초청하거나 어느 집에 머무느냐에 따라 인물의 평가도 나눠졌던 모양입니다. 과거에는 조정에 있는 가까운 신하가 어떤 사람인지를 볼 때는 그의 집에 머무르는 손님을 보고, 또한 먼 곳에서 벼슬하러 찾아온 사람은 그

가 찾아가는 사람을 보고 그 사람의 인품을 평가할 수 있다고 합니다. 따라서 공자와 같은 분이 어찌 옹저와 척환 같은 소인을 찾아가 혹시나 요행을 바란다고 할 수 있느냐고 반박하면서, 이는 말 만들기 좋아하는 호사가의 모함이라 보았던 것입니다. 훌륭한 인물이란 어느 상황이라도 구차스럽지 않고 의리[義]와 천명[命]에 따르는 삶을 살아갔던 사람들입니다.

만장 상편 9장 : 出處之節

소신을 지켜가는 지혜로움

이윤이 요리사를 자처하여 탕임금의 눈에 들었다는 비방을 받았듯이, 백리해(百里奚) 역시 가축을 기르는 천한 일을 통해 진나라 목공의 신임을 얻었다는 오해를 받곤 하였습니다. 오랜 일이지만 그 일의 진상에 대해 만장은 묻습니다. 성현으로 추앙받는 인물도 자신의 출세를 위해 처음에는 하찮은 일도 마다하지 않았다고 생각될 수도 있었기 때문입니다.

"어떤 사람이 말하기를, '백리해는 진나라에서 희생으로 쓸 가축을 기르는 자에게 스스로를 팔아서 다섯 마리의 양 가죽을 받기로 하고 소먹이꾼이 되어 진 목공에게 벼슬을 구하였다고 하니, 믿을 만합니까?'

"아니다. 그렇지 않다. 일 만들기 좋아하는 자들이 하는 말이다."

"或曰 百里奚自鬻於秦養牲者하여 五羊之皮로 食牛하여 以要秦穆公이라하니
혹 왈 백 리 해 자 륙 어 진 양 생 자   오 양 지 피   사 우   이 요 진 목 공

信乎잇가" "否라 不然하니라 好事者爲之也니라"
신 호   부   불 연   호 사 자 위 지 야

※ **륙**(鬻): 팔다. **요**(要): 요구하다.

백리해는 초나라 우 땅에 살던 현명한 이였습니다. 그는 진(秦)나라 목공이 뛰어나다는 소문을 듣고 만나보고 싶었지만 찾아갈 여비가 없자, 자신을 진나라로 가는 식객에게 팔아 허름한 홑옷을 입고 소를 치며 따라갔습니다. 진나라의 짐승을 기르는 집에 스스로를 팔아 다섯 마리의 양의 가죽을 받고 소를 먹이는 일을 하였다는 것은 이러한 상황을 말한 것이고, 이 때문에 훗날 그를 오고대부(五羖大夫)라 불렀던 것입니다.

그로부터 1년이 지나서야 목공은 그를 알아보고 소여물이나 먹이던 그를 천거하여 백성의 윗자리에 두었는데, 진나라에서는 이 일에 대해 감히 아무도 원망하는 자가 없었다고 합니다.

백리해가 진나라 재상이 된 지 6~7년이 지나자 동쪽으로 정나라를 치고, 진(晉)나라 임금을 세 번이나 세우며, 형나라의 재앙을 한 차례 구해주기도 하자 여러 나라들이 와서 복종하였습니다. 그는 피곤해도 수레에 걸터앉지 않았으며 더워도 수레에 햇빛 가리개를 치지 않았습니다. 나라 안을 순시할 때에도 호위하는 수레를 거느리지 않았고 무장한 호위병도 없었습니다. 이러한 그의 공로와 명예는 관부의 창고 안에 보존되고 덕행은 후세에까지 베풀어지고 있습니다.[*] 그러나 그가 진 목공을 만나기까지의 과정은 오해의 여지가 있었던 것입니다. 맹자는 백리해의 절개와 그 행적에 대해 적극 변호합니다.

백리해는 우나라 사람이다. 진나라 사람이 수극의 구슬과 굴 땅에서 나오는 말로써 우나라에 길을 빌려서 괵나라를 치려고 하였는데, 궁지기는 간하고, 백리해는 간하지 않았다.

百里奚는 虞人也니 晉人이 以垂棘之璧과 與屈産之乘으로 假道於虞하여
백 리 해   우 인 야   진 인   이 수 극 지 벽   여 굴 산 지 승   가 도 어 우

以伐虢이어늘 宮之奇는 諫하고 百里奚는 不諫하니라
이 벌 괵   궁 지 기   간   백 리 해   불 간

※ **수극지벽**(垂棘之璧): 수극의 땅에서 나는 구슬. **굴산지승**(屈産之乘): 굴땅에서 나오는 좋은 말. **궁지기**(宮之奇): 우나라 어진 신하.

다른 나라로 가기 위해 잠시 길을 빌려 달라는 가도(假道)는 숨은 목적이 있는 말입니다. 진(晉)나라가 우나라에게 뇌물을 주면서 길을 빌려 괵나라를 공격하려는 것은 우와 괵 두 나라를 모두 취하고자 하는 것입니다. 당시 우나라에서는 의견이 분분했는데, 궁지기는 길을 빌려 주지

---

* 사마천 지음, 김원중 옮김, 『사기열전』 1, 민음사, 221~222쪽 참조.

말 것을 주장했으나 우공이 듣지 않고 결국 우나라는 진나라에게 멸망을 당합니다. 백리해는 길을 빌려 주려는 임금을 만류하지 않았는데, 왜 그러했을까요? 맹자는 이렇게 유추합니다.

우공에게 간해도 소용없을 줄 알고 진(秦)나라로 떠나가니, 나이가 이미 칠십이었다. 일찍이 소를 먹임으로써 진목공에게 벼슬을 구하는 것이 더러운 줄 알지 못하였다면 지혜롭다고 할 수 있겠는가? 간해도 될 수 없는지라 간하지 않았으니 지혜롭지 않다고 이르겠는가? 우공이 장차 망할 줄 알고 먼저 갔으니 지혜롭지 않다고 말할 수 없을 것이다. 그때에 진나라에 천거되어서 목공과 함께 훌륭한 정치를 할 수 있을 줄 알고 도우니 지혜롭지 않다고 이를 수 있겠는가? 진나라를 도와서 그 임금을 천하에 나타내서 후세에 전하였으니 현명하지 않고서 그렇게 할 수 있었겠는가? 스스로를 팔아 그 군주를 성취시켜 주는 것은 시골에서 스스로를 사랑하는 자라도 하지 않을 것인데, 어질다는 사람이 그런 짓을 할 것인가?

知虞公之不可諫而去之秦하니 年已七十矣라 曾不知以食牛로
지 우 공 지 불 가 간 이 거 지 진   연 이 칠 십 의   증 부 지 이 사 우

干秦穆公之爲汚也면 可謂智乎아 不可諫而不諫하니 可謂不智乎아
간 진 목 공 지 위 오 야   가 위 지 호   불 가 간 이 불 간   가 위 부 지 호

知虞公之將亡而先去之하니 不可謂不智也니라 時擧於秦하여
지 우 공 지 장 망 이 선 거 지   불 가 위 부 지 야   시 거 어 진

知穆公之可與有行也而相之하니 可謂不智乎아 相秦而顯其君於天下하여
지 목 공 지 가 여 유 행 야 이 상 지   가 위 부 지 호   상 진 이 현 기 군 어 천 하

可傳於後世하니 不賢而能之乎아 自鬻以成其君을 鄕黨自好者도 不爲은
가 전 어 후 세   불 현 이 능 지 호   자 륙 이 성 기 군   향 당 자 호 자   불 위

而謂賢者爲之乎아
이 위 현 자 위 지 호

맹자는 백리해가 지혜로운 사람임을 여러 방면으로 말하고 있습니다. 특히 간청해도 왕이 받아들이지 않을 상황을 미리 예측했고, 70대의 고령에 망명을 결심하여 진나라 목공을 훌륭하게 보좌했기 때문입니다. 그렇게 지혜로운 그가 벼슬길에 오르기 위해 군주의 환심을 사려고 소

를 먹이는 비천한 일을 마다하지 않았다는 것은 모함이라는 것입니다.

맹자는 성현들의 출처에 대해 만장의 질문을 빌려 시대의 순서에 따라 극구 변호하고 있습니다. 『사기』에서는 이윤과 백리해의 이야기만 나오는데, 『맹자』에는 중간에 공자의 처세관을 삽입함으로써 그 정당성을 더해가는 특징이 있습니다. 다시 정리하면, 이윤이 솥을 짊어지고 요리사를 자처하며 탕임금에게 벼슬을 요구했다거나, 공자가 옹저와 척환 같은 자들의 집에 머물면서 등용되기를 기대했다거나, 그리고 백리해가 스스로 소를 기르는 자에게 자신을 팔아 목공에게 등용되었다는 것은 모두 사실이 아니라고 주장합니다. 아무리 상황이 열악하더라도 절개와 지조를 헌신짝처럼 버릴 이들이 아니었다는 말입니다. 목적이 수단을 정당화시키지 못할 것이기 때문입니다.

그러나 만약 지금 당장은 구차스럽더라도 상대방의 비위를 맞춰가며 등용되어 시대 변화를 선도하려는 자세가 잘못일까요? 아니면 어떠한 상황일지라도 소신과 원칙을 굽히지 않고 밀고 나가려는 마음이 필요할까요?

10

孟子

만장 하편

만장 하편 1장 : 金聲玉振
성인의 품격

세상 이치를 알아가는 방법은 독서를 하거나 당면한 일상 문제에 대한 깊은 관심을 통해서 키워 가기도 하지만, 역대 인물들의 행적에 관한 평가를 통해 자신의 안목을 세워 나가기도 합니다. 맹자는 백이와 이윤의 행적을 대비적으로 거론하면서 유학에서 공자가 차지하는 위상을 조명합니다. 청렴결백한 백이, 그리고 현실참여의 적극성을 보여준 이윤의 행적은 일반 사람들이 결코 쉽게 따라 할 수 없는 부분입니다. 그러나 이 모두를 갖춘 공자의 정신이야말로 공자가 성인으로 칭송받고, 공자를 배우고자 하는 이유라고 본 것입니다. 먼저 백이에 대한 평가입니다.

백이는 눈으로는 나쁜 빛을 보지 않고, 귀로는 나쁜 소리를 듣지 않으며, 임금답지 못하면 섬기지 않고, 부릴 만한 백성이 아니면 부리지 않았다. 세상이 다스려질 만하면 나아가고 어지러우면 물러나서 그릇된 정사가 나오는 곳과 나쁜 백성이 머무는 곳에 차마 거처하지 않았다. 시골 사람과 함께 생활하면서도 조회할 때의 옷과 관을 착용하고 더러운 숯구덩이에 앉아 있는 것처럼 여겼다. 흉악한 주(紂) 임금 때를 만나 북해의 기슭에 거처하면서 천하가 맑아지기를 기다렸다. 따라서 백이의 풍격을 들은 자는 완악한 남자가 청렴해지고, 나약한 남자도 뜻을 세울 수 있었다.

伯夷는 目不視惡色하며 耳不聽惡聲하고 非其君不事하며 非其民不使하여
백이   목불시악색   이불청악성   비기군불사   비기민불사

治則進하고 亂則退하여 橫政之所出과 橫民之所止에 不忍居也하며
치즉진   난즉퇴   횡정지소출   횡민지소지   불인거야

思與鄕人處호대 如以朝衣朝冠으로 坐於塗炭也러니 當紂之時하여
사여향인처   여이조의조관   좌어도탄야   당주지시

居北海之濱하여 以待天下之淸也하니 故로 聞伯夷之風者는 頑夫廉하며
거 북 해 지 빈   이 대 천 하 지 청 야   고   문 백 이 지 풍 자   완 부 렴

懦夫有立志하니라
나 부 유 입 지

※ 횡(橫): 잘못되다. 완(頑): 완고하다. 도(塗): 진흙. 탄(炭): 숯. 렴(廉): 청렴하다. 유(懦): 나약하다.

청렴결백하게 살면서 자신의 뜻을 굽히지 않은 백이의 모습이 잘 그
려지고 있습니다. 다스려질 만하면 나아가고 혼란스러우면 물러난다는
'치즉진(治則進) 난즉퇴(亂則退)'가 바로 백이를 대표하는 말입니다. 그
리고 그의 삶을 한 글자로 꼽는다면 맑을 청(淸)일 것입니다. 반면에
이윤은 이것저것 가리지 않고 세상을 구제하는 데 온몸을 헌신했던 인
물입니다.

이윤은 말하기를, '누구를 섬긴들 군주답게 못 하겠으며, 어느 백성을
부린들 백성이 아니겠는가.'라고 하여 다스려져도 나아가며 어지러워
도 나아갔다. 또한 그는 '하늘이 이 백성을 낸 것은 먼저 안 이로 하여금
뒤늦게 아는 이를 깨우치며, 먼저 깨달은 이로 하여금 뒤에 깨닫는 이를
깨우치게 한 것이다. 나는 하늘이 낸 백성 가운데 먼저 깨달은 자이니,
내 장차 이 도리로써 이 백성을 깨닫게 하리라.'고 말하였다. 천하의 일
반 백성들 가운데 요와 순의 은택을 입지 못하는 사람이 있으면 마치 자
기가 밀어서 개천 가운데에 빠지게 한 것처럼 여겼으니, 이것은 천하의
중요한 것을 자임한 것이다.

伊尹이 曰 何事非君이며 何使非民이리오하여 治亦進하며 亂亦進하여
이 윤   왈 하 사 비 군   하 사 비 민   치 역 진   난 역 진

曰 天之生斯民也는 使先知로 覺後知하며 使先覺으로 覺後覺이시니
왈 천 지 생 사 민 야   사 선 지   각 후 지   사 선 각   각 후 각

予는 天民之先覺者也로니 予將以此道로 覺此民也라하며 思天下之民이
여   천 민 지 선 각 자 야   여 장 이 차 도   각 차 민 야   사 천 하 지 민

匹夫匹婦有不與被堯舜之澤者어든 若己推而內之溝中하니
필 부 필 부 유 불 여 피 요 순 지 택 자   약 기 퇴 이 납 지 구 중

其自任以天下之重也니라
기 자 임 이 천 하 지 중 야

※ 납(內): 빠트리다[納]

선지자 혹은 선각자를 자임했던 이윤의 마음은 맹자의 이상이기도 했습니다. 어떠한 세상이든 나아가 자신의 도를 실현시키겠다는 의지는 '치역진(治亦進) 난역진(亂亦進)'에 잘 표현되고 있습니다. 그러나 이윤처럼 천하의 막중한 책임을 감당하겠다는 생각과는 달리 유하혜는 세상과 일정한 거리감을 둔 인물로 소개되고 있습니다.

유하혜는 더러운 임금을 부끄러워하지 않고 작은 벼슬을 사양하지 않으며, 나아가면 현명함을 숨기지 않고 반드시 그 도리대로 하고, 버림을 받아도 원망하지 않으며 곤궁해도 걱정하지 않았다. 시골 사람과 함께 처하되 차마 거침 없이 떠나지 못하며 말하기를 '너는 너고 나는 나이니, 비록 내 곁에서 어깨를 걷고 벌거벗은들 네가 어찌 나를 더럽힐 수 있겠는가.'라고 하였다. 그러므로 유하혜의 풍모를 들은 자들은 비루한 사람이 너그러워지며, 야박한 사람은 인심이 두터워졌다.

柳下惠는 不羞汚君하며 不辭小官하며 進不隱賢하여 必以其道하며
유 하 혜   불 수 오 군   불 사 소 관   진 불 은 현   필 이 기 도

遺佚而不怨하며 阨窮而不憫하며 與鄕人處호대 由由然不忍去也하여
유 일 이 불 원   액 궁 이 불 민   여 향 인 처   유 유 연 불 인 거 야

爾爲爾며 我爲我니 雖袒裼裸裎於我側인들 爾焉能浼我哉리오하니
이 위 이   아 위 아   수 단 석 나 정 어 아 측   이 언 능 매 아 재

故로 聞柳下惠之風者는 鄙夫寬하며 薄夫敦하니라
고   문 류 하 혜 지 풍 자   비 부 관   박 부 돈

※ 유유연(由由然): 거리낌없는 모양. 이(爾): 너. 단석(袒裼): 옷을 걷다. 매(浼): 더럽히다. 비(鄙): 좁다.

백이가 지나치게 깔끔한 성격이었다면, 유하혜는 '이런들 어떠하리 저런들 어떠하리'처럼 주변 상황에 연연해하지 않았다. 이에 대해 맹자는 백이를 협소한 사람으로, 유하혜는 공손이 부족한 사람으로 각각 평가하기도 하였다.[*] 그들과 대비된 공자의 모습은 어떠했을까요?

---

* 『맹자』「공손추」상편 9장 참조.

공자가 제나라를 떠날 때 밥을 지으려고 담갔던 쌀을 건져서 떠났지만, 반면에 노나라를 떠날 때는 '더디고 더디도다. 나의 떠남이여!'라고 한 것은 부모의 나라를 떠나는 도리이다. 속히 할 만하면 속히 떠나며, 오래 머물만 하면 오래 머물며, 은둔할 만하면 은둔하며, 벼슬할 만하면 벼슬하신 분이 공자이시다.

孔子之去齊이 接淅而行하시고 去魯에 曰遲遲라 吾行也여하시니
공 자 지 거 제　접 석 이 행　　거 로　왈 지 지　오 행 야

去父母國之道也라 可以速則速하며 可以久則久하며 可以處則處하여
거 부 모 국 지 도 야　가 이 속 이 속　　가 이 구 이 구　　가 이 처 이 처

可以仕則仕는 孔子也시니라
가 이 사 이 사　공 자 야

※ 석(淅): 씻은 쌀. 지지(遲遲): 느리다.

　공자는 자신의 도가 실현되지 않을 곳이라면 조금도 머뭇거리지 않고 떠나는 과단성을 보였지만, 고국인 노나라에서는 달랐습니다. 희망을 접은 제나라에서는 밥하려고 물에 담갔던 쌀을 건져갈 정도로 급히 떠났지만, 노나라에서는 떠날 명분이 없었습니다. 노나라 계환자가 제나라에서 보내준 뇌물을 받고 예법에 어긋나게 일처리 한 것을 보고 나서야 비로소 떠나려는 결심을 굳혔습니다. 그러나 그때에도 차마 발걸음이 떨어지지 않은 것은 모국을 떠나는 마음이 다른 나라를 떠날 때와는 다른 심정이었기 때문입니다.

　도리가 행해지지 못하므로 떠날 만하기에 속히 떠난 것이고, 혹은 머무르기를 오래 한 것은 벼슬에 연연하여 지체했던 것이 아니라 의리를 소홀히 할 수 없었으므로 오래 머무른 것입니다. 마찬가지로 벼슬하지 않은 것은 은둔하는 것을 높여서가 아니라 세상이 알아주지 못하여 벼슬하지 않았던 것이며, 혹 벼슬한 것은 벼슬의 지위를 영화롭게 여겨서가 아니라 진실로 자신을 쓰는 이가 있을까 해서 벼슬한 것입니다. 공자의 오래 머물거나 속히 떠나는 것, 벼슬하는 것과 그만두었던 구속사지(久速仕止)가 각각 그 상황에 마땅한 것으로 평가받고 있습니다. 그러한 공자를 염두에 두고 맹자는 짧으면서 인상적인 평가를 내립니다.

백이는 성인 가운데 청렴[淸]한 분이고, 이윤은 성인 가운데 천하를 자신의 책임으로 자임[任]한 분이며, 유하혜는 성인 가운데 조화로운[和] 분이고, 공자는 성인 가운데 때에 맞게[時] 행한 분이다.

伯夷는 聖之淸者也요 伊尹은 聖之任者也요 柳下惠는 聖之和者也요
백이　성지청자야　　이윤　성지임자야　　유하혜　성지화자야

孔子는 聖之時者也시니라
공자　성지시자야

백이는 절개가 천하에 높아서 한 점의 더러움이 없으니 성인 가운데 맑은 자이고, 이윤은 천하의 일을 책임지고 조금이라도 남에게 미루지 않았으니 성인 가운데 책임을 자임한 이이며, 유하혜는 도량이 천하를 용납하여 조금이라도 막히거나 구별을 두지 않았으니 성인 가운데 조화로움을 추구한 인물이고, 공자 같은 이는 행동거지가 모두 마땅하여 성인 가운데 상황에 맞게 시중(時中)을 행동하신 분입니다. 맹자는 성인이 지닌 이 모두를 다만 한 글자로 정리합니다. 청렴, 자임, 조화, 그리고 시중입니다. 백이, 이윤, 유하혜의 모습에서 성인의 한 특성을 확인할 수 있다면, 공자는 이 모두를 겸비한 인물로 때에 맞게 행동하신 분으로 평가합니다. 나아가 맹자는 공자가 성인 가운데 때에 맞게 행하였다는 의미를 음악의 연주를 빗대어 설명합니다.

공자를 '모아서 크게 이룬 분'이라는 집대성(集大成)이라 말하니, 모아서 크게 이루었다는 것은 쇠로 소리 내고 옥으로 거두는 것이다. 쇠로 소리 내는 것은 여러 음을 맥락대로 조리있게 시작함이고 옥으로 거둔다는 것은 여러 음을 맥락대로 조리있게 마침이니, 조리있게 시작하는 것은 지혜로운 사람의 일이고 조리있게 마치는 것은 성인의 일이다.

孔子之謂集大成이시니 集大成也者는 金聲而玉振之也라 金聲也者는
공자지위집대성　　　집대성야자　　금성이옥진지야　　금성야자

始條理也요 玉振之也者는 終條理也니 始條理者는 智之事也요
시조리야　옥진지야자　　종조리야　　시조리자　지지사야

終條理者는 聖之事也니라
종조리자　성지사야

※ **옥**(玉): 경쇠. **진**(振): 거두다. **조리**(條理): 맥락(脈絡).

여러 음을 모아 한 곡조를 완성한 것을 소성(小成)이라 한다면, 대성(大成)이란 그 모두를 합해 이루어진 웅장한 오케스트라 정도에 해당할 것입니다. 여기서 부분적인 것을 합해 크게 완성했다는 집대성(集大成)이란 표현은 공자를 상징하는 또 다른 용어로 사용되곤 합니다. 공자의 사당인 문묘의 이름을 대성전(大成殿)이라 하듯 말입니다.

모아서 크게 이루었다는 것을 음악 연주를 통해 비유적으로 설명하면 어떻게 될까요? 여러 악기의 재질에 따라 8가지 소리를 구분하는데, 보통은 하나의 소리로 연주를 하면 그 소리로 시작과 마무리를 다하게 됩니다. 가령 쇳소리로 시작하면 쇳소리로 마치고, 돌소리로 시작하면 돌소리로 마치는 것이죠. 이것이 이른바 적게 이루는 소성입니다. 반면에 모아서 크게 이룬다는 것은 연주를 할 때에 쇳소리로 시작하고 마칠 때에는 옥소리로 거두는 것입니다. 이것이 바로 '금성옥진(金聲玉振)'입니다. 쇠로 만든 종을 쳐서 다른 소리를 이끌어낸 다음에 여러 소리가 따라서 일어나기 때문에 금성(金聲)에서 시작된다는 것이요, 연주를 마칠 때 경쇠를 쳐서 신호를 보내면 여러 소리가 뚝 그치기 때문에 옥소리로 거둔다는 뜻의 옥진(玉振)이라 말하는 것입니다. 쇳소리로 시작하고 옥소리로 마치는 사이에 여러 소리의 맥락이 관통하여 갖추지 않은 것이 없으니, 이것이 바로 여러 악곡을 모아서 크게 이룬다는 대성(大成)의 의미입니다.

연주를 쇳소리로 시작한다고 말하는 것은 공자의 앎이 여타의 성인처럼 어느 한 쪽으로 편벽되지 않은 폭넓은 지혜가 있다는 말입니다. 마치 쇳소리로써 음악의 시초를 여는 일과 같습니다. 그리고 옥소리로 끝마친다는 것은 곧 공자의 덕이 힘써 아는 것을 행하여 극진한 경지까지 확장되는 온전함을 비유한 말입니다. 맹자는 여러 음악에서의 시작과 마침으로 거대한 오케스트라를 연주하듯 지혜와 덕성을 합한 공자의 경지를 성스럽게 표현하였던 것입니다. 이러한 맥락에서 금성옥진은 공자가 정신적으로 이룬 큰 성취를 말할 때 사용하는 구절이기도 합니다. 맹자는 공자의 경지를 또다시 찬양하며 말을 맺습니다.

지혜를 비유하자면 기교요, 성스러움을 비유하자면 힘이다. 마치 백보 밖에서 활을 쏘는 것과 같으니, 과녁에 이르는 것은 네 힘이지만 적중하는 것은 네 힘이 아니다.

智를 譬則巧也요 聖을 譬則力也니 由射於百步之外也하니
지 비즉교야 성 비즉역야 유사어백보지외야

其至는 爾力也어니와 其中은 非爾力也니라
기지 이력야 기중 비이력야

※ 유(由): 같다. 중(中): 적중하다.

맹자는 성인의 도리를 힘써 행하여 성스러움에 도달하려는 노력이 힘이라면, 그러한 경지에 이르러 때에 맞게 행하는 도리는 지혜의 일로 구분합니다. 마치 과녁을 향해 활을 쏠 때에 과녁에 화살이 이르는 것은 쏘는 사람의 힘에 달렸지만, 화살이 과녁에 적중시키는 것은 사람의 힘이 아니라는 것입니다. 이것은 내가 화살이 되어 과녁의 정중앙을 뚫고 지나가는 기예가 발동해야 되는 것이니, 지혜와 성스러움을 겸한 뒤에야 온전한 덕이 됩니다.

맹자의 비유는 공자가 그 모두를 겸비하신 분이라면, 세 사람은 성인될 힘은 있지만 기교적 측면에서 아직 부족함이 있음을 꼬집는 말이기도 합니다. 춘하추동에 따른 계절의 특성이 있듯이 세 사람은 청렴, 자임, 조화라는 그 나름의 특장을 지니고 있지만, 공자는 대자연의 근원인 태화원기(太和元氣)가 네 계절에 두루 유행하는 것과 같기 때문입니다. 이것이 바로 공자를 집대성이나 금성옥진이라 일컫는 이유이며, 우리가 공자의 시중(時中)에 걸맞은 그러한 온전한 덕성을 배워야 하는 까닭입니다.

만장 하편 2장 : 班爵祿制

질서있는 국가를 꿈꾸며

세월의 흐름 속에 여러 이유로 인하여 지난 제도는 묻히기도 합니다. 위나라 사람 북궁의(北宮錡)가 주나라 왕실의 관료 등급과 녹봉체제에 대해 묻자 맹자가 답합니다.

그 자세한 것은 듣지 못하였다. 제후들이 주나라 제도가 자신에게 해가 되는 것을 꺼려서 모두 그 전적을 없애 버렸다. 그러나 내 일찍이 대략적 내용은 들었다. 천자가 한 지위이고, 공(公)이 한 지위이며, 후(侯)가 한 지위이고, 백(伯)이 한 지위이며, 자(子)와 남(男)이 똑같이 한 지위이니, 모두 다섯 등급이다. 또한 군(君)이 한 지위이고, 경(卿)이 한 지위이며, 대부(大夫)가 한 지위이고, 상사(上士)가 한 지위이며, 중사(中士)가 한 지위이고, 하사(下士)가 한 지위이니, 모두 여섯 등급이다.

其詳은 不可得而聞也로다 諸侯惡其害己也而皆去其籍이어니와
기상 불가득이문야 　제후오기해기야이개거기적

然而軻也嘗聞其略也로라 天子一位요 公이 一位요 侯一位요 伯이 一位요
연이가야상문기략야 　천자일위 공 일위 후일위 백 일위

子男이 同一位니 凡五等也라 君이 一位요 卿이 一位요 大夫一位요 上士一位요
자남 동일위 범오등야 군 일위 경 일위 대부일위 상사일위

中士一位요 下士一位니 凡六等이라
중사일위 하사일위 범육등

※ 반(班): 배열하다. 나누다. 적(籍): 서적. 가(軻): 맹자의 이름.

주나라는 작위를 배열할 때 천자, 공, 후, 백, 그리고 같은 등급의 자와 남이라는 다섯 등급으로 나누었습니다. 하늘과 땅의 아들로서 천하를 거느리는 천자를 중심으로, 사사로움 없는 마음으로 모두를 다스린

다는 공(公), 밖의 적을 막아 내부의 천자를 받든다는 후(侯), 인(仁)을 본받아서 어른 노릇한다는 백(伯), 그리고 사람을 기른다는 의미에서 자(字)와 같이 사용하는 자(子)와 사람을 편안하게 맡길 만하다는 임(任)과 같은 뜻의 남(男)이 그 등급입니다.

또한 천자의 직할지인 왕기(王畿) 이외에 각 지역을 다스리는 제후국의 벼슬에도 여섯 등급의 구분을 두었습니다. 임금의 아래에서 나가고 물러감을 알아서 도가 위로 통하는 자가 경(卿)이며, 지혜가 있어서 사람을 거느릴 만한 자가 대부(大夫)이며, 재주가 있어서 사람을 섬길 만한 자가 사(士)입니다. 그리고 사의 벼슬은 상사(上士), 중사(中士), 하사(下士)의 상중하로 나누었습니다. 녹봉을 지급하는 제도는 다음과 같습니다.

천자의 제도는 땅이 사방 1,000리이고, 공과 후는 모두 사방 100리이며, 백은 70리이고, 자와 남은 50리이니, 네 등급이다. 50리에 미치지 못하는 나라는 천자를 직접 뵙지 못하므로 제후에게 부속시키니, 이것을 '부용'이라고 한다.

天子之制는 地方千里요 公侯는 皆方百里요 伯은 七十里요 子男은 五十里니
천 자 지 제　　지 방 천 리　　공 후　　개 방 백 리　　백　　칠 십 리　　자 남　　오 십 리

凡四等이라 不能五十里는 不達於天子하여 附於諸侯하나니 曰 附庸이니라
범 사 등　　불 능 오 십 리　　부 달 어 천 자　　부 어 제 후　　왈 부 용

※ **용**(庸): 따르다. 쓰다.

봉록은 토지로 지급했기에 땅의 면적을 기준으로 나누었습니다. 천자의 경우에 천리가 되지 못하면 제후를 대접할 수가 없기에 1,000리로 정하고, 공과 후는 백리가 되지 못하면 종묘의 전적을 지킬 수가 없기 때문에 100리로 정하는 등 관작의 차이에 따라 네 등급으로 배분하였습니다. 그런데 네 등급 외에 땅이 50리에 달하지 못하는 경우는 천자의 조회에 참여하거나 회동하기 어려우므로 제후에게 붙어서 백성을 다

스린 공으로써 천자에게 통한다는 의미에서 '부용(附庸)'이라 말합니다. 특별한 자들에게 사적으로 작록이 집중되지 않는 제도적 장치였던 것입니다.

천자의 경은 땅을 받을 때 후와 비슷하고, 대부는 땅을 받을 때 백과 비슷하고, 상사인 원사는 땅을 받을 때 자나 남과 비슷하였다.

天子之卿은 受地視侯하고 大夫는 受地視伯하고 元士는 受地視子男이니라
천 자 지 경   수 지 시 후   대 부   수 지 시 백   원 사   수 지 시 자 남

大國은 地方百里니 君은 十卿祿이요 卿祿은 四大夫요 大夫는 倍上士요 上士는
대 국   지 방 백 리   군   십 경 록   경 록   사 대 부   대 부   배 상 사   상 사

倍中士요 中士는 倍下士요 下士與庶人在官者는 同祿하니 祿足以代其耕也니라
배 중 사   중 사   배 하 사   하 사 여 서 인 재 관 자   동 록   녹 족 이 대 기 경 야

*시(視): 견주다.

주나라 토지제도는 어림잡아 10분의 1씩 줄여가는 비율로 토지와 그 수익을 정해 질서를 잡아 나갑니다. 천자의 땅이 제후의 10배임을 고려한 것이지요. 이하는 관리의 숫자를 고려한 비율입니다.

이어 맹자는 큰 나라, 중간 정도 나라, 작은 나라로 나누어 등급을 소상히 소개합니다.

먼저 큰 나라인 공(公)이나 후(侯)의 땅은 사방 100리로 그 봉록은 경의 10배이고, 경의 봉록은 대부의 4배이며, 대부는 상사의 배이고, 상사는 중사의 배이며, 중사는 하사의 배이고, 하사와 아직 관직에 임명되지 못한 평민 출신의 벼슬아치는 봉록이 같으니 그 봉록은 밭갈이 수입을 대체할 만큼 된다는 것입니다.

그 다음으로 대부의 땅은 사방 70리로 그 군주는 경 봉록의 10배이고, 경의 봉록은 대부의 3배이며, 대부는 상사의 배이고, 상사는 중사의 배이며, 중사는 하사의 배이고, 하사와 서인으로서 관에 있는 자는 봉록이 같으니 그 봉록은 밭 가는 일을 대신할 수 있을 만큼입니다.

그리고 작은 나라는 땅이 사방 50리이니, 군왕의 봉록은 경의 10배이

고, 경의 봉록은 대부의 배이며, 대부는 상사의 배이고, 상사는 중사의
배이며, 중사는 하사의 배이고, 하사와 서민으로서 관에 있는 자는 봉록
이 같으니, 봉록이 밭 가는 일을 대신할 수 있었습니다.

아울러 맹자는 다음과 같이 서민의 경우까지 자세히 말합니다.

> 경작자가 받는 것은 한 사람당 100묘씩이니, 100묘를 가꾸면서 상농부
> 는 아홉 사람을 먹이고, 상농부의 다음은 여덟 사람을 먹이며, 중농부는
> 일곱 사람을 먹이고, 중농부와 비슷한 사람은 여섯 사람을 먹이며, 하농
> 부는 다섯 사람을 먹이니, 서민으로서 관직에 있는 자의 경우는 그 봉록
> 을 이에 따라 차등을 둔다.

耕者之所獲은 一夫百畝니 百畝之糞에 上農夫는 食九人하고 上次는
경 자 지 소 획   일 부 백 묘   백 묘 지 분   상 농 부   사 구 인   상 차
食八人하고 中은 食七人하고 中次는 食六人하고 下는 食五人이니
사 팔 인   중   사 칠 인   중 차   사 육 인   하   사 오 인
庶人在官者는 其祿이 以是爲差니라
서 인 재 관 자   기 록   이 시 위 차

맹자의 기억에서 주나라에서 벼슬과 봉록을 제정하는 분수의 엄격함
과 배분의 정의를 볼 수 있습니다. 그러나 당대의 체제와 가깝게 살았던
맹자의 기억은 『주례』의 「왕제」편 기록과는 차이를 보입니다. 주자는 차
라리 『맹자』에서 이 대목을 빼놓는 것이 낫지 않을까 말하기도 합니다.
그렇다고 맹자의 기억을 모두 무시할 수는 없을 것입니다. 굳이 구체적
근거를 들이대지 않더라도 그의 기록은 또 다른 기록의 복원으로 남게
되었기 때문입니다.

어진 이를 높이는 마음

만장은 역사적 사실에 대한 진위 여부뿐 아니라 시대를 넘어선 삶의 지혜에 대해 묻기도 합니다. 벗을 사귀는 도리에 대한 질문이 그러합니다.

"벗은 어떻게 사귀어야 할까요?"

"자신의 나이 많음을 내세우지 않고, 존귀함을 내세우지 않으며, 형제를 내세우지 않고 벗하는 것이다. 벗이란 그 덕을 벗하는 것이니 내세움이 있어서는 안 된다."

"敢問友하노이다"   "不挾長하며 不挾貴하며 不挾兄弟而友니 友也者는
감 문 우   불 협 장   불 협 귀   불 협 형 제 이 우   우 야 자

友其德也니 不可以有挾也니라"
우 기 덕 야   불 가 이 유 협 야

※ **협**(挾): 끼다. 내세우다.

믿는 구석이 있다는 것은 좋은 일지만 그것이 오만방자함으로 지나쳐서는 안 되겠죠. 나이가 많거나 집안이 귀하거나 친인척을 내세우며 세력을 과시하는 자에게 진정으로 가까이 하려는 사람은 드물다는 것입니다. 맹자는 벗을 사귄다는 것은 그가 지닌 인격을 보고 만나야 한다는 봅니다. 특히 남들과 차별화된 집안내력을 내세우는 것에 대해 경고합니다.

맹헌자는 100승의 집안이다. 벗이 다섯 사람 있었는데, 악정구와 목중이요, 나머지 세 사람은 내가 잊어버렸다. 헌자가 이 다섯 사람과 벗함에 자신의 집안을 내세우려는 생각이 없었으며, 다섯 사람 또한 헌자의 집안을 마음에 두었다면 더불어 벗하지 않았을 것이다.

孟獻子는 百乘之家也라 有友五人焉하더니 樂正裘와 牧仲요
맹헌자 백승지가야 유우오인언 악정구 목중

其三人則予忘之矣로라 獻子之與此五人者로 友也에 無獻子之家者也니
기삼인즉여망지의 헌자지여차오인자 우야 무헌자지가자야

此五人者亦有獻子之家면 則不與之友矣리라
차오인자역유헌자지가 즉불여지우의

말 400필을 소유한다는 100승이란 대부로서 권세를 지닌 집안입니다. 맹헌자는 집안세력을 내세우지 않았고 덕을 갖춘 이들과 교제했고, 그와 만났던 사람 역시 세력이 있다고 사귄 것은 아니었습니다.

100승의 집안만 그러했던 것이 아니라, 비록 작은 나라의 군주라도 그러한 경우가 있었다. 비 땅의 혜공은 '내가 자사에 대해서는 스승으로 모셨고, 내가 안반에 대해서는 벗으로 공경히 대하고, 왕순과 장식은 나를 섬기는 자이다.'라고 말하였다.

非惟百乘之家爲然也라 雖小國之君이라도 亦有之하니 費惠公이
비유백승지가위연야 수소국지군 역유지 비혜공

曰 吾於子思則師之矣요 吾於顏般則友之矣요 王順長息則事我者也라하니라
왈 오어자사즉사지의 오어안반즉우지의 왕순장식즉사아자야

※ **비유**(非惟): ~뿐이 아니다. **비**(費): 땅이름. **사**(事): 섬기다.

조그마한 땅을 다스리는 군주라도 스승으로 높일 만한 분도 있고 신하로 부릴 만한 사람도 있고, 때로는 그 덕이 자신을 도울 만하여 벗으로 서로 공경하는 친구도 있어, 구분할 줄 안다는 것입니다. 자신을 내세우지 않으려는 그러한 태도는 큰 나라일지라도 다르지 않습니다.

작은 나라의 임금만 그러한 것이 아니라, 비록 큰 나라의 임금일지라도 그러한 경우가 있었다. 진나라 평공은 해당이란 사람을 대할 적에 그가 들어오라고 하면 들어오고 앉으라고 하면 앉고 먹으라 하면 먹되, 비록 형편없는 밥과 채소 국이라도 배불리 먹지 않은 일이 없었으니, 감히 배불리 먹지 않을 수 없었기 때문이었다. 그러나 이에 그칠 따름이지 하늘

이 준 지위를 같이 한 것이 아니며, 하늘이 준 직분을 함께 다스린 것도 아니며, 하늘이 준 봉록을 함께 먹은 것도 아니었다. 이는 선비로서 어진 이를 높이는 태도였지 왕공이란 벼슬로써 어진 이를 높이는 것이 아니었던 것이다.

非惟小國之君이 爲然也라 雖大國之君이라도 亦有之하니 晉平公之於亥唐也에
비유소국지군　위연야　수대국지군　역유지　진평공지어해당야

入云則入하며 坐云則坐하며 食云則食하여 雖疏食菜羹이라도 未嘗不飽하니
입운즉입　좌운즉좌　식운즉식　수소사채갱　미상불포

蓋不敢不飽也라 然이나 終於此而已矣요 弗與共天位也하며 弗與治天職也하며
개불감불포야　연　종어차이이의　불여공천위야　불여치천직야

弗與食天祿也하니 士之尊賢者也라 非王公之尊賢也니라
불여식천록야　사지존현자야　비왕공지존현야

※ **소사**(疏食): 거친 밥. **갱**(羹): 국.

진 평공은 비록 대국의 임금이더라도, 어진 사람이라 여긴 해당의 집을 찾아갈 때는 그의 명령대로 공경히 따랐습니다. 들어오라면 들어오고 먹으라면 먹었듯이 선비가 현자를 높이는 일반적인 방법으로 그를 대한 것이지, 자신의 권세를 개입시키지 않았던 것입니다. 만약 권력의 힘을 사용했더라면 해당을 지위와 봉록을 높여줄 수도 있었을 텐데도 말입니다. 이렇게 벗이란 서로의 지위를 염두에 두지 않는 것이니, 그러한 방식은 천자라고 예외가 아니었습니다.

순이 위에 올라가 요임금을 뵈러 갔을 때 요임금은 사위인 순을 별궁에 머물게 하고, 또한 순을 위한 잔치를 베풀기도 하였다. 순 역시 대접하면서 번갈아가며 손님과 주인이 되었으니, 이는 천자로서 필부와 벗하는 태도이다.

舜이 尙見帝어시늘 帝館甥于貳室하시고 亦饗舜하사 迭爲賓主하시니
순　상견제　제관생우이실　역향순　질위빈주

是는 天子而友匹夫也니라
시　천자이우필부야

※ **상**(尙): 오르다[上]. **관**(館): 숙소. **생**(甥): 사위. **이실**(貳室): 별실. **질**(迭): 서로 바꾸다.

요임금은 사위인 순을 공경히 대우하였고 순 역시 마찬가지였습니다. 이 역시 천자의 권세를 내세우지 않고 아직 필부에 지나지 않았던 순을 벗처럼 가까이 하려는 마음입니다. 천자로서 필부를 벗하는 것이 비굴한 일이 아니며, 필부로서 천자를 벗하는 것이 참람한 일이 아닙니다. 맹자는 이렇게 다양한 사례를 예시하면서 지위에 관계없이 덕이 높은 현자를 가까이 해야 함을 말합니다.

아랫사람으로서 윗사람을 공경하는 것을 귀한 이를 귀하게 여긴다[貴貴]고 이르고, 윗사람으로서 아랫사람을 공경하는 것을 어진 이를 높인다[尊賢]고 이르니, 귀한 이를 귀하게 여기고, 어진 이를 높이는 그 뜻이 마찬가지다.

用下敬上을 謂之貴貴요 用上敬下를 謂之尊賢이니 貴貴尊賢이 其義一也니라
용 하 경 상 위 지 귀 귀 용 상 경 하 위 지 존 현   귀 귀 존 현 기 의 일 야

지위의 고하에 따른 사회적인 높임도 있지만, 그 모두를 떠나 인격적으로 훌륭하기에 상대를 높여야 할 필요도 있습니다. 맹자가 말하는 윗사람을 공경히 대접한다는 귀한 이를 귀하게 대접하는 귀귀(貴貴) 못지않게, 윗자리에 있으면서도 아랫사람의 인격을 높이고 존중해 주는 존현(尊賢)의 자세도 권장해야 한다는 것입니다. 특히 자신의 지위 여부를 떠나 현명한 인격자와 벗하는 마음을 지녀야 된다는 것은 사회성과 인격성의 공존을 말합니다. 어려운 일이지만 그 둘의 적절한 관계 설정은 세상과 소통하는 힘이 될 것입니다.

만장 하편 4장 : 惟義所在

의리에 따른 교제

맹자가 적극적으로 벼슬하지 않고도 상대와의 교제(交際)를 이어가는 것을 본 만장이 묻습니다.

"감히 묻건대 교제는 어떠한 마음으로 해야 합니까?"
"공손한 마음이다."

"敢問交際는 何心也잇고" "恭也니라"
　감 문 교 제 　하 심 야 　　공 야

여기서 교제란 일반적인 사귐이 아니라 폐백을 가지고 예의를 갖춰 상대를 만난다는 의미입니다. 맹자는 바로 그것이 공손한 마음의 표현이라 봅니다.

"그런데 받지 않고 자꾸 물리치는 것을 사람들은 공손하지 않다고 말하는데 어째서입니까?"

"존귀한 사람이 줄 때는 그것을 받는 것이 의로운가, 의롭지 못한가를 생각한 뒤에 받는다. 이 때문에 받지 않고 물리치는 것을 공손하지 못하다고 생각하는 것이니, 그러므로 받고서 물리치지 않는다."

"卻之가 爲不恭은 何哉잇고" "尊者賜之어든 曰其所取之者義乎아
　각 지 　위 불 공 　하 재 　　존 자 사 지 　왈 기 소 취 지 자 의 호

不義乎아 而後受之라 以是爲不恭이니 故로 弗卻也니라"
불 의 호 　이 후 수 지 　이 시 위 불 공 　　고 　불 각 야

※ **각**(卻): 받지 않고 돌려보내다.

맹자의 뒷말은 의롭지 못한 선물을 받아야 하는지 받지 말아야 하는지 혼선을 줄 수 있습니다. 의롭지 못하기에 거절하고 받아들이지 않는 것인데, 자칫 거절 자체가 남들에게는 공손하지 못하다고 비칠 수 있으므로 일단은 받아들인다는 말로 이해됩니다. 만장은 이러한 상황이라면 차라리 적절한 변명거리를 찾아 거절하는 것이 어떠냐고 묻습니다.

"그렇다면 정직한 말로써 물리치지 말고, 마음으로만 물리치면서 '그 백성에게 취하는 의롭지 못한 것이다.'고 하며 다른 구실로 받지 않는다면 잘못된 것입니까?"

"그 사귐이 도리에 맞고 그 접함을 예의로써 하면, 이는 공자께서도 받으셨다."

"請無以辭却之오 以心却之曰 其取諸民之不義也 而以他辭로
청 무 이 사 각 지   이 심 각 지 왈 기 취 저 민 지 불 의 야 이 이 타 사

無受不可乎잇가" "其交也以道요 其接也以禮면 斯는 孔子도 受之矣시니라"
무 수 불 가 호   기 교 야 이 도   기 접 야 이 례 사   공 자   수 지 의

만장은 불의에 타협하기보다는 차라리 변명거리를 찾는 것을 대안으로 제시합니다. 다른 말로 핑계를 대며 받지 않는다면, 나는 불의로 더럽힘이 없고 상대에게도 공손하지 않다는 혐의를 줄일 수 있다고 본 것입니다. 반면에 맹자는 잘못된 줄 알고 있지만, 상대가 도리나 예의에 맞는 교제방식으로 다가선다면 수긍할 수도 있다고 보는 것입니다. 예와 의에 맞으면 공자 같은 이도 받았던 전례가 있으니까요. 타협도 거절도 아닌 이 차이는 무엇일까요? 만장이 재차 묻습니다.

"가령 성문 밖 외진 곳에서 사람을 죽이고 빼앗은 자가 교제를 도로써 하고 주는 것을 예로써 한다면 그가 약탈한 것을 받을 수 있습니까?"

"안 될 일이다. 「강고」에 말하기를, '재물 때문에 사람을 죽여 쓰러뜨리고 완강하여 죽음을 두려워하지 않는 자를 모든 백성들이 원망하지 않

는 이가 없다.'고 하니, 이는 가르칠 필요없이 죽여야 할 자이니, 어찌 그런 것을 받겠는가?"

"今有禦人於國門之外者 其交也以道요 其饋也以禮면 斯可受禦與잇가"
금 유 어 인 어 국 문 지 외 자 기 교 야 이 도 기 궤 야 이 례 사 가 수 어 여

"不可하니 康誥에 曰殺越人于貨하여 閔不畏死를 凡民이 罔不譈라하니 是는
불 가 강 고 왈 살 월 인 우 화 민 불 외 사 범 민 망 부 대 시

不待教而誅者也니 (殷受夏周受殷所不辭也於今爲烈)* 如之何其受之리오"
부 대 교 이 주 자 야 (은 수 하 주 수 은 소 부 사 야 어 금 위 렬) 여 지 하 기 수 지

※ **어**(禦): 막다, 강도질하다. **궤**(饋): 보내다. **민**(閔): 완강하다[暋]. **대**(譈): 원망하다.

"그렇다면 지금 제후들이 백성에게 취하는 것이 강도질과 같은데도 만일 그 예법에 맞춰 잘 교제한다면 이는 군자도 받는다고 하시니, 감히 묻건대 무슨 뜻입니까?"

"자네 생각에는 왕 노릇 할 자가 나온다면 장차 지금의 제후를 모조리 죽이겠는가? 아니면 가르쳐도 고치지 않은 뒤에야 그들을 없애겠는가? 자기 소유가 아닌 것을 취하는 자를 도적이라고 하는 것은 그 부류를 확충하여 지나치게 의리의 정밀한 곳에까지 생각이 도달한 것이다. 공자가 노나라에서 벼슬할 때에 노나라 사람들이 사냥꾼 놀이를 하자 공자 역시 사냥꾼 놀이를 하였으니, 사냥꾼 놀이도 괜찮거늘 하물며 그 보내준 것을 받는 것에 있어서 무슨 문제가 있겠는가?"

"今之諸侯取之於民也 猶禦也어늘 苟善其禮際矣면 斯는 君子도 受之라하시니
금 지 제 후 취 지 어 민 야 유 어 야 구 선 기 예 제 의 사 군 자 수 지

敢問何說也니잇고" "子以爲有王者作인댄 將比今之諸侯而誅之乎아
감 문 하 설 야 자 이 위 유 왕 자 작 장 비 금 지 제 후 이 주 지 호

其教之不改而後에 誅之乎아 夫謂非其有而取之者를 盜也는
기 교 지 불 개 이 후 주 지 호 부 위 비 기 유 이 취 지 자 도 야

充類至義之盡也라 孔子之仕於魯也에 魯人이 獵較이어늘 孔子亦獵較하시니
충 류 지 의 지 진 야 공 자 지 사 어 로 야 노 인 엽 각 공 자 역 엽 각

---

* 대부분 문맥이 순조롭지 못하여 착간(錯簡)이나 빠진 문장[闕文]이 있거나, 혹은 불필요한 문장[衍文]으로 보았다. 굳이 해석하면 다음과 같다. "은나라는 하나라에게 전수받았고 주나라는 은나라에서 전수받은 것으로, 말로 써놓지 않고 시행하던 것인데, 이 법이 지금은 특히 엄하다."

獵較도 猶可온 而況受其賜乎인저"
엽 각   유 가   이 황 수 기 사 호

※ **비**(比): 나란히 세우다. **엽**(獵): 사냥하다. **각**(較): 비교하다.

격식에 맞는 예법과 재물을 갖고 찾아오면 도적이라도 교제할 수 있겠느냐는 만장의 예시는 너무 나간 것이지요. 또한 백성들의 재물을 취하는 제후들 역시 그러한 도적과 비슷하다는 말도 당장은 시원할지 모르지만 위험한 말입니다. 맹자는 의롭지 못하다는 하나의 잣대로 모든 것을 평가하지 말라고 경계합니다. 의롭지 못한 행위는 맞지만 도적과 제후는 엄연히 다르기 때문이죠.

이어 맹자는 공자와 관련된 엽각(獵較)의 이야기를 꺼냅니다. 예전에 공자가 노나라에서 벼슬할 때 노나라 사람의 풍속이 제사 때가 되면 매번 함께 사냥하여 새와 짐승을 비교하여 상대편의 것을 빼앗아 제사하곤 하였는데, 공자도 그 풍속을 좋아서 금지하지 않았던 일이 있었던 모양입니다. 공자 역시 물건을 취함에 예로써 하지 않는 세속을 따르곤 하였는데, 제후가 보내주는 것이 교제를 도로써 하고 대접을 예로써 한다면 어찌 받아들이지 않을 수 있겠느냐는 것입니다. 상황에 따라 받아도 무방하다는 맹자의 주장에 대해 만장은 호락호락 물러서지 않습니다.

"그렇다면 공자가 벼슬한 것이 풍속만 좇고 도로써 풍속을 바꾸게 함을 생각하지 않은 것이니, 도를 일삼지 않으신 것입니까?"

"아니다. 도리를 행하셨다."

"도리를 행하는 것을 일삼았다면 어찌하여 사냥의 결과를 비교하는 엽각의 풍속을 따르신 것입니까?"

"공자는 먼저 제기의 이름을 장부에 적고 바르게 하였으며, 공급하기 어려운 사방의 귀한 음식으로는 장부에 적어 바르게 했던 제기에 담지 않도록 하셨다."

478

"然則孔子之仕也는 非事道與잇가" "事道也시니라" "事道어시니 奚獵較也잇고"
연 즉 공 자 지 사 야   비 사 도 여   사 도 야   사 도   해 엽 각 야
"孔子先簿正祭器하사 不以四方之食으로 供簿正하시니라"
공 자 선 부 정 제 기   불 이 사 방 지 식   공 부 정

※ 사(事): 섬기다. 해(奚): 어찌. 부(簿): 장부

맹자는 계속된 만장의 질문에 공자가 보여준 의로운 태도로 설명합니다. 명확하지는 않지만 당시 노나라 사람들이 사냥의 많고 적음을 비교하여 제사를 지내는 풍습이 있었던 것은 제사 지낼 때 정해진 물품이 없었으며, 정해진 물품이 없었던 것은 제기에 일정한 숫자가 없기 때문이었습니다. 공자는 먼저 문서로써 제기의 숫자를 정하고 사방에서 구하기 어려운 물건으로써 채우지 않았으니, 이것이 오래되면 사냥물을 다투는 폐단이 저절로 없어지리라 생각했던 것입니다. 맹자는 공자에게는 세속을 좇으면서도 풍속을 변화시키는 도리가 있으니, 이 때문에 공자가 잠시 풍속과 같이하면서도 도리를 어기지 않은 이유라고 보았습니다. 만장은 공자가 도리에 맞지 않음에도 마지못해서 사냥꾼 놀이에 동조하였을 것이라 생각하고 재차 질문합니다.

"공자께서는 어찌하여 떠나지 않으신 것입니까?"

"조짐 때문이다. 조짐이 시행될 만한데도 행해지지 못한 이후에야 떠났으니, 이 때문에 일찍이 3년이 되도록 머무른 곳이 없으셨다."

"奚不去也니잇고" "爲之兆也시니 兆足以行矣而不行而後에 去하시니
해 불 거 야   위 지 조 야   조 족 이 행 의 이 불 행 이 후 에 거
是以로 未嘗有所終三年淹也시니라"
시 이   미 상 유 소 종 삼 년 엄 야

※ 조(兆): 조짐. 엄(淹): 머무르다.

현행법을 너무 급하게 고치면 사람들로 하여금 의심하고 두려운 마음이 들어 오히려 공자가 의도했던 도리가 행해지기 어려울 것입니다. 따

라서 맹자는 공자가 쉽게 떠나지 않고 어떻게 될 법도 했던 가능의 조짐을 보고 다각도에서 시험했다고 추론합니다. 그러나 어찌해 볼 상황이 아니었으므로 결국 생각을 접고 떠난 것이므로, 도리의 실천을 위해 공자는 아낌없는 노력을 다했다는 것입니다. 공자가 한 곳에서 3년 이상 머무른 적이 없었다는 것은 다소 역설적 표현으로 도의 실현을 기대하는 그의 실망이 내포된 말입니다. 이어 맹자는 노나라 이외에도 다양한 공자의 행적을 덧붙이며 말을 맺습니다.

> **공자는 도가 행해질 만한 것을 보고 벼슬한 경우가 있었고, 예의를 갖추고 교제할 때 벼슬한 경우도 있었으며, 현자를 봉양하는 예가 있을 때 벼슬한 경우도 있었다. 계환자에게는 도를 행할 만한 것을 본 벼슬이었고, 위령공에게는 예의를 갖추고 교제할 때 벼슬한 것이었고, 위효공에게는 봉양을 받을 때의 벼슬이었다.**

孔子有見行可之仕하시며 有際可之仕하시며 有公養之仕하시니 於季桓子엔
공자유견행가지사   유제가지사   유공양지사   어계환자

見行可之仕也요 於衛靈公엔 際可之仕也요 於衛孝公엔 公養之仕也니라
견행가지사야   어위령공   제가지사야   어위효공   공양지사야

시중(時中)의 길을 걷던 공자의 행적은 다양합니다. 계환자가 정권을 잡았을 때 일시적으로나마 도가 행해질 만하다고 보았습니다. 그가 사구 벼슬로 노나라 정승의 일을 처리하였으니, 이것은 행할 만한 것을 보고 했던 벼슬입니다. 그러나 그 나라 임금과의 교제에서 공손하게 예의를 갖춰 다가왔을 때 벼슬한 경우도 있었으니, 위나라 영공을 찾을 때의 일입니다. 바로 앞서 논의했던 교제할 때 쉽게 물리치지 않았다는 내용도 이와 연관이 있을 것입니다. 그리고 그 나라 임금이 어진 이를 봉양하는 예를 다했기에 벼슬한 일도 있었으니, 정확하지는 않지만 위나라 효공 때의 일이라고 합니다.

주자는 이 장의 뜻은 알 수 없는 부분이 많으니, 굳이 억지로 해설할 것이 없다고 말합니다. 문장이 잘못 들어간 부분도 있을 뿐 아니라, 내

용이 모호하면서도 다소 일관성이 떨어지는 부분이 있기 때문입니다. 그러나 교제에 있어 상대의 호의를 무조건 거부할 것이 아니라 오직 의리에 따라 행해야 된다는 맹자의 취지는 분명합니다.

만장 하편 5장 : 辭尊居卑

벼슬에 나아가는 자세

맹자는 벼슬에 나아갈 때에는 도를 실현시키겠다는 분명한 목적을 가지고 참여해야 한다고 말합니다. 그의 생각을 어떻게 이해해야 할까요?

벼슬하는 것은 가난 때문이 아니지만 때로는 가난 때문인 경우가 있으며, 아내를 취하는 것은 봉양을 위한 것이 아니지만 때로는 봉양을 받기 위한 경우가 있다.

仕非爲貧也而有時乎爲貧하며 娶妻非爲養也而有時乎爲養이니라
사 비 위 빈 야 이 유 시 호 위 빈　　　취 처 비 위 양 야 이 유 시 호 위 양

벼슬에 나아가는 목적이 본래 도리를 실천하기 위한 것이지, 가난을 모면하기 위함이 아니라는 것은 오늘날의 취업과는 다른 양상입니다. 어찌할 수 없어서 벼슬길에 나서는 경우로는 집이 가난하거나, 부모가 나이 들어 봉양하기 위해서, 혹은 도리를 뜻대로 실현시켜 나갈 수 없는 세상을 만나서라는 이유를 제시하기도 합니다. 예를 들어 결혼하는 목적이 부인에게 봉양받기 위함이 아닌 것과 같습니다. 이럴 때 벼슬에 나아가는 마음가짐은 어떠해야 할까요?

가난 때문에 벼슬하는 자는 높은 자리를 사양하고 낮은 자리에 거처하며, 봉록이 많은 것을 사양하고 적은 데에 거처해야 한다. 높은 자리를 사양하고 낮은 데에 거처하며, 봉록이 많은 것을 사양하고 적은 데에 거처하는 것은 어떻게 해야 마땅한가? 관문을 돌면서 딱따기를 치는 것이다. 공자도 일찍이 위리(委吏)가 되어서는 '회계를 마땅히 할 따름이다.'

라 말하고, 일찍이 승전(乘田)이 되어서는 '소와 양을 살찌게 키울 따름 이다.'라고 말하였다.

爲貧者는 辭尊居卑하며 辭富居貧이니라 辭尊居卑하며 辭富居貧은 惡乎宜乎오
위빈자　사존거비　　사부거빈　　　사존거비　　　사부거빈　　오호의호

抱關擊柝이니라 孔子嘗爲委吏矣사 曰會計를 當而已矣라하시고 嘗爲乘田矣사
포관격탁　　　공자상위위리의　왈회계　당이이의　　　　상위승전의

曰牛羊을 茁壯長而已矣라하시니라
왈우양　줄장장이이의

> ※ **사**(辭): 사양하다. **포관**(抱關): 문을 지키는 낮은 벼슬. **탁**(柝): 딱따기. 야경꾼이 치는 나무. **위리**
> (委吏): 창고 출납을 맡은 관리. **승전**(乘田): 짐승을 기르는 관리. **줄**(茁): 살찐 모양.

높은 지위를 사양하고 낮은 자리에 처하라는 사존거비(辭尊居卑)와 봉록이 많음을 사양하고 적음에 처하라는 사부거빈(辭富居貧)은 초심을 잃지 말라는 의미입니다. 예를 들어 밤길을 순찰하며 딱다기를 치는 야경꾼처럼 지위는 낮고 무리 없이 직책을 수행할 수 있는 자리 정도에 만족할 수 있어야 한다는 것입니다. 마치 공자가 가난 때문에 벼슬하였던 상황과 비슷합니다. 그는 창고를 주관하는 위리나 가축을 기르는 승전처럼 낮은 관리 생활을 하였으나 치욕이라 여기지 않았습니다. 가난을 모면하기 위한 벼슬이어서 관직이 낮고 녹봉이 적었지만 직책을 해내기는 쉬웠기 때문입니다. 따라서 맹자는 자신의 상황에 걸맞은 처신의 도리를 말합니다.

벼슬이 낮으면서 말을 높게 하는 것은 잘못이요, 남의 조정에 서서 도가 행해지지 못하는 것은 부끄러운 일이다.

位卑而言高罪也요 立乎人之本朝而道不行이 恥也니라
위비이언고죄야　입호인지본조이도불행　치야

> ※ **본조**(本朝): 조정.

맡은 직책의 범위를 벗어나 큰소리치는 것이 잘못이라는 말은 주어진 일에만 충실하라는 식의 오해의 소지도 있습니다. 그러나 문맥으로 보

면, 자신이 뜻한 바는 있지만 가난을 모면하기 위해 나선 자리인지라 스스로가 자신의 역할과 책임에 제한을 둔다는 의미로 해석됩니다. 반면에 조정의 고위직을 말하는 본조(本朝)에 들면 반드시 도를 행하고자 하는 남다른 책임의식을 지녀야 하고, 그렇지 못하면 부끄러운 자리라는 것입니다.

만약 가난 때문에 어찌할 수 없이 벼슬 한다면 높은 자리를 사양하고 낮은 자리에 만족하라고 말하는 데 그쳤다면, 하나의 처세술에 불과했을지 모릅니다. 그러나 맹자는 그 이상을 말하고 싶었을 것입니다. 현실에 참여하여 도를 펼치지 못함을 부끄러워하라는 마지막 말이 바로 그것입니다. 우리는 어떠한 목적으로 현실에 참여하고 있으며, 또한 보다 높은 자리에 올라가려는 것일까요?

만장 하편 6장 : 待賢之禮

현자를 존중하는 군주의 자세

맹자의 일생은 어느 한 곳에 머물며 벼슬하지 않았는데도 여러 제후들에게 융숭한 대접을 받곤 하였습니다. 그러면서도 항상 당당했기에 제자인 만장은 그러한 처세에 의문이 들었던 것이고, 이들의 대화는 현자를 대하는 군주의 자세로까지 확대됩니다.

"선비가 제후에게 의탁하지 않는 것은 어째서입니까?"

"감히 못하는 것이다. 제후가 나라를 잃은 뒤에 다른 제후에게 의탁하는 것은 예이고, 선비가 제후에게 의탁하는 것은 예가 아니다."

"士之不託諸侯는 何也잇고"
　사 지 불 탁 제 후　　하 야

"不敢也니라 諸侯失國而後에 託於諸侯는 禮也요 士之託於諸侯는 非禮也니라"
　불 감 야　　제 후 실 국 이 후　 탁 어 제 후　 예 야　 사 지 탁 어 제 후　 비 례 야

　※ **탁(託)**: 맡기다[寄], 의지하고 몸을 맡긴다는 의탁.

몸을 의지하고 맡긴다는 의탁이란 벼슬하지 않으면서 녹봉을 받는 것을 말합니다. 여기서 사(士)는 정식으로 벼슬길에 오르지 않는 선비를 말하는데, 그런 선비가 제후에게 몸을 의탁해도 괜찮을 법한데도 그렇지 않은 이유를 묻는 것입니다. 혹시 자존심이 상해서 그러느냐는 질문일 것입니다. 맹자는 선비란 천자가 명한 제후가 아니므로 분수에 걸맞지 않기 때문에 감히 그렇게 하지 못한다고 답합니다. 제후들끼리는 망명 온 제후를 기공(寄公)이라 하여 대접해 주는 관례가 있지만, 그만한 작위도 땅도 소유하지 못한 선비를 제후와 비교하는 것은 예법에 어긋

난다는 것이지요. 만장은 의탁까지는 아니지만 제후가 보내준 것을 받는 것도 비슷하지 않은가라는 생각에 다시 질문합니다.

"군주가 곡식을 보내주면 받아야 합니까?"
"받아야 할 것이다."
"받는 것은 어떠한 의리입니까?"
"군주는 어려운 백성을 진실로 구휼해 주는 것이다."

"君이 饋之粟則受之乎잇가" "受之니라" "受之는 何義也잇고"
　군　궤지속즉수지호　　　수지　　　수지　하의야

"君之於氓也에 固周之니라"
　군지어맹야　고주지

※ **궤**(饋): 음식을 보내다. **맹**(氓): 망명한 백성. **주**(周): 구제, 구휼.

궁핍한 백성을 구제하는 것은 군왕으로서의 본분이고, 선비가 신하되지 않았다면 하나의 백성일 뿐입니다. 만약 군왕이 백성을 대접하는 예로써 이것저것 따지지 않고 곡식을 보낸다면 선비 역시 백성의 예를 자처하고 받는 것이 마땅한 의리라는 것입니다. 보편적으로 고르게 한다는 주(周)는 부족한 것을 보충한다는 의미가 있습니다. 『논어』에도 제나라로 심부름을 떠나는 공서적의 화려한 행렬을 보고, 공자가 "군자는 궁핍한 자를 도와주고[周急] 부유함을 더해 주지 않는다."라고 말하는 구절이 있습니다.[*] 이처럼 주(周)는 어려운 백성들의 삶을 구휼해 준다는 뜻이 있습니다.

"구휼하면 받고, 하사하면 받지 않는 것은 왜 그렇습니까?"
"감히 못 하는 것이다."
"여쭤보고 싶습니다. 감히 못 한다는 것은 어째서입니까?"

---

[*] 『논어』「옹야」3. 子曰 "赤之適齊也, 乘肥馬, 衣輕裘, 吾聞之也, 君子周急不繼富."

"관문을 돌면서 딱따기를 치는 자들도 모두 일정한 직책이 있어서 위에서 얻어먹으니, 일정한 직책이 없이 위에서 하사받는 것을 공경스럽지 않다고 여기는 것이다."

"군주가 보내주면 받을 것이라고 하시니 알지 못하겠습니다. 늘 계속해서 받아도 됩니까?"

"옛날에 목공이 자사에게 자주 문안하고 자주 삶은 고기를 보내거늘, 자사가 기쁘지 않았는데, 마침내 손을 저어 하인을 대문 밖으로 내보내고, 북면하여 머리를 조아려 재배하고 받지 않으면서, '이제야 임금이 개와 말처럼 나를 기르시는 줄을 알겠다.'라고 말하였다. 이로부터 하인들이 먹을 것을 가져오지 않았으니, 현자를 좋아하면서도 등용하지 못하고 또한 제대로 봉양할 수 없다면 현자를 좋아한다고 말할 수 있겠는가?"

"周之則受하고 賜之則不受는 何也잇고" "不敢也니라" "敢問其不敢은 何也잇고"
주 지 즉 수　사 지 즉 불 수　하 야　불 감 야　감 문 기 불 감　하 야

"抱關擊柝者는 皆有常職하여 以食於上하나니 無常職而賜於上者를
포 관 격 탁 자　개 유 상 직　이 식 어 상　무 상 직 이 사 어 상 자

以爲不恭也니라" "君이 餽之則受之라 하시니 不識게이다 可常繼乎잇가"
이 위 불 공 야　군 궤 지 즉 수 지　불 식　가 상 계 호

"繆公之於子思也에 亟問하시고 亟餽鼎肉이어시늘 子思不悅하사 於卒也에
목 공 지 어 자 사 야　기 문　기 궤 정 육　자 사 불 열　어 졸 야

摽使者하여 出諸大門之外하시고 北面稽首再拜而不受曰 今而後에
표 사 자　출 저 대 문 지 외　북 면 계 수 재 배 이 불 수 왈 금 이 후

知君之犬馬畜伋이라하시니 蓋自是로 臺無餽也하니 悅賢不能擧오
지 군 지 견 마 휵 급　개 자 시　대 무 궤 야　열 현 불 능 거

又不能養也면 可謂悅賢乎아"
우 불 능 양 야　가 위 열 현 호

※ 사(賜): 군주가 신하를 대접하는 예로 녹봉을 내림. 정육(鼎肉): 솥에 삶은 고기. 기표(摽): 손짓으로 부르다. 급(伋): 자사의 이름. 대(臺): 심부름하는 하인. 거(擧): 등용하다.

군주가 하사해 주는 것을 감히 받을 수 없다는 것은 일정한 직책에 따른 정당한 대가가 아니기 때문입니다. 관문을 돌면서 예방하는 하찮은 자라도 조직의 일부에 참여하는 일정한 직책을 가진 것입니다. 만일 일정한 직책이 없는데도 녹봉을 받는다면, 이것은 신하와 백성의 분수를 혼동하는 것이니 공손하지 않은 것으로 판단합니다.

그렇다고 군주가 백성의 구휼 차원에서 보내준 것을 무작정 계속 받을 수는 없을 것입니다. 자주 안부를 물으면서 삶은 돼지를 보내곤 했던 목공의 선물을 정중히 거절한 자사의 경우처럼 말입니다. 자사는 처음에는 임금이 현명한 사람을 대접하는 예로써 자신을 대우하는가라고 생각하였는데, 이제야 임금이 개와 말처럼 기를 뿐이요, 자신에게 공경하는 뜻이 없음을 알게 되었다고 말합니다. 임금이 진실로 어진 이를 기뻐한다면 봉양도 하면서 등용할 수도 있을 것입니다. 그런데 등용하여 함께 일할 생각은 없이 그저 선물을 보내 봉양만 하니 부담스럽기에 계속해서 보내온 선물을 받지 않았던 것입니다. 군주가 진정으로 현자를 좋아하고 기뻐하는 열현(悅賢)의 마음이 필요하다는 역설적 표현입니다.

이제 대화는 선비가 군왕이 보내준 선물을 받을 것이냐 하는 문제에서, 군왕이 어떻게 현명한 선비를 대우해야 하느냐로 화제가 바뀌게 됩니다.

"감히 묻겠습니다. 국왕이 군자를 봉양하려 한다면 어떻게 해야 이에 봉양이라 말할 수 있겠습니까?"

"군주의 명으로써 보내오면 군자는 두 번 절하고 머리를 조아려 받는다. 그런데 그 뒤에 창고지기는 곡식을 대주며 푸줏간 사람은 고기를 대주어서, 임금의 명으로 가져오지 않는 것이다. 자사는 삶은 고기가 자신을 번거롭게 자주 절하게 하니, 이는 군자를 봉양하는 도리가 아니라고 생각한 것이다. 반면에 요임금은 순에게 자신의 아홉 아들로 섬기도록 하고 두 딸을 시집보냈으며, 수많은 관리들과 소와 양과 창고를 갖추어 밭고랑에서 일하는 순을 봉양하였으며, 나중에 들어서 윗자리에 앉혔다. 그러므로 '왕공으로서 현자를 높인 분이다.'고 말하는 것이다."

"敢問國君이 欲養君子인댄 如何라야 斯可謂養矣리잇고"
　감 문 국 군　　욕 양 군 자　　여 하　　사 가 위 양 의

"以君命將之어든 再拜稽首而受하나니 其後에 廩人이 繼粟하며 庖人이 繼肉하여
　이 군 명 장 지　　재 배 계 수 이 수　　기 후　 늠 인　 계 속　　포 인　 계 육

不以君命將之니 子思以爲鼎肉이 使己僕僕爾亟拜也라
불 이 군 명 장 지　　자 사 이 위 정 육　　사 기 복 복 이 기 배 야

非養君子之道也라하시니라 堯之於舜也에 使其子九男으로 事之하며 二女로
비 양 군 자 지 도 야　　　　요 지 어 순 야　　사 기 자 구 남　　사 지　　　이 녀

女焉하시고 百官牛羊倉廩을 備하여 以養舜於畎畝之中이러시니 後에
여 언　　백 관 우 양 창 름　비　　이 양 순 어 견 묘 지 중　　　　후

擧而加諸上位하시니 故로 曰 王公之尊賢者也니라"
거 이 가 저 상 위　　　고　　왈 왕 공 지 존 현 자 야

※ **복복이**(僕僕爾): 번거롭고 귀찮은 모양. **여**(女): 시집가다는 의미.

군주의 명으로 처음 먹을 것을 보내오면 군자는 두 번 절하고 머리를 조아려 받으니, 이것은 예로써 서로를 중하게 하는 것입니다. 그런데 그 뒤에는 곡식과 고기가 모자랄 듯하면 창고의 아전과 푸줏간 사람이 계속 공급하였는데, 실은 임금의 명으로써 계속 보내지 않는 것은 어진 자로 하여금 번거롭게 공경을 표시하지 않도록 배려했던 것입니다. 앞서 자사가 목공이 보내온 선물을 기뻐하지 않은 이유는 그때마다 '군주의 명입니다.'라고 말하면서 삶은 고기를 보내서 황송한 마음에 어쩔 수 없이 자주 절하도록 하는 수고로움이 있게 만들었기 때문입니다. 맹자는 이렇게 군주의 권위를 앞세우는 방식은 군자를 봉양하는 올바른 도리가 아니므로 받지 않았던 것이라 판단한 것입니다. 반면에 요임금은 순에게 소중한 자신의 자녀뿐 아니라 많은 신하들을 그에게 보낼 정도로 정성을 다한 이후에 등용하였습니다. 단순한 봉양을 넘어 등용까지 하는 것이 진정으로 현자를 높이는 존현의 의미라는 것입니다. 최고의 예를 다해 선비를 대접하는 모습입니다.

맹자는 일정한 직책을 갖지 않는 선비가 제후에게 기탁하여 지속적으로 무엇인가를 받는 것은 예가 아니며, 군주가 백성을 구휼하는 마음으로 내려준 것은 받지만 그것도 군주의 권위를 앞세우면 받지 않아야 한다고 보았습니다. 군주가 현자를 기뻐하는 열현(悅賢)의 마음으로 주는 것이 아니기 때문입니다. 단순한 봉양 차원을 넘어 예를 갖추고 또한 등용할 수 있을 정도라야 현자를 높이는 존현(尊賢)이라 보았습니다.

물론 청렴한 선비의 자세도 필요할 것이고, 그를 대하는 군왕의 열현과 존현의 마음도 있어야 할 것입니다. 구차스럽게 살지 않으려는 지식인의 당당함이 줄어드는 시대에, '선비는 국가의 원기'임을 내세우던 우리네 전통을 되새겨볼 필요가 있습니다.

의로움의 길, 예의의 문

혹시 우리가 생각하는 선비들의 깐깐함이랄까 당당함이 어디서 나오는지 아십니까? 자신의 이상을 실현하려는 선비가 현실에 항상 관심을 갖고 국가의 부름이 있을 때 참여하는 것은 결코 이상한 일이 아닙니다. 그러나 일정한 조건이 갖추어지지 않으면 쉽게 나서지 않았습니다. 선비의 의로운 선택과 예의를 갖춘 군주의 자세가 필요하다고 보았기 때문입니다. 맹자라고 예외는 아니었을 것이기에 답답한 마음에서인지 만장은 질문합니다.

"감히 묻건대 제후를 만나지 않는 것은 어떠한 이유에서입니까?"
"나라에 살고 있는 사람을 시정지신(市井之臣)이라 하고 초야에 사는 이를 초망지신(草莽之臣)이라 하는데, 모두 서민이라 말한다. 서민은 예물을 올려 신하가 되지 않고서는 감히 제후를 만나지 못하는 것이 예이다."

"敢問不見諸侯는 何義也잇고"　　"在國曰 市井之臣이요 在野曰 草莽之臣이라
감 문 불 견 제 후　하 의 야　　　　재 국 왈 시 정 지 신　재 야 왈 초 망 지 신

皆謂庶人이니 庶人이 不傳質爲臣하여는 不敢見於諸侯가 禮也니라"
개 위 서 인　서 인　부 전 지 위 신　　불 감 견 어 제 후　예 야

> ※ **지(質)**: 폐백의 의미일 때 質을 '지'로 읽으며, 전지(傳質)란 서로 만날 때 폐백을 전하는 예법. 일반적으로 제후를 만나는 상견례에서 선비는 꿩을 사용하고, 서민들은 집오리를 폐백으로 사용한다. **서인(庶人)**: 일반 백성. **초망(草莽)**: 풀이 무성한 곳.

여기서 제후를 찾아가지 않는 주체는 누구일까요? 맹자 자신으로도 볼 수 있지만, 바로 앞장에서 만장이 선비가 제후에게 의탁하지 않는 이유를 물은 것으로 미루어볼 때 선비[士]라고 할 수도 있습니다. 당시에

나라 안에 살고 서민들은 모두 잠정적인 신하로 간주되곤 하였습니다. 선비도 예외가 아닙니다. 거주지에 따라 백성들이 오가는 저잣거리에 사는 신하라는 의미에서 시정지신(市井之臣)이라 하거나, 또는 풀이 무성한 재야의 산림에 묻혀 산다 하여 초망지신(草莽之臣)이라 일컫습니다. 그러나 신하라고 말하지만 아직 벼슬하지 않은 상태이니 서민에 불과하고, 폐백을 전하는 예법을 갖춰서 정식으로 벼슬길에 올라야만 신하가 될 수 있었습니다. 따라서 맹자는 아직 예를 갖추지 못한 선비는 서민에 해당하므로 제후를 함부로 찾아보지 않는다고 말하는 것입니다. 그러나 만장은 모든 서민이 국가가 부여하는 역할을 따르듯이 선비 역시 군주의 부름에 따라야 되지 않겠느냐고 반문합니다.

"서민은 불러서 부역을 시키면 나가서 부역을 하는데, 군주가 보고자 하여 부르면 나아가 만나보지 않는 것은 어째서입니까?"

"가서 부역하는 것은 의이고, 가서 만나보는 것은 의가 아니기 때문이다. 그런데 군주가 만나보고자 하는 것은 무엇 때문일까?"

"그가 들은 것이 많고 현명하기 때문입니다."

"그가 들은 것이 많기 때문이라면 천자도 스승을 부르지 못하는 것인데 하물며 제후가 함부로 불러서야 되겠는가! 또한 현명하기 때문이라면 나는 현자를 만나기 위해 그를 불렀다는 말을 들어보지 못하였다. 목공이 자주 자사를 뵙고 '예전에 천승의 국왕이 선비를 벗하였다고 하니, 어떻게 생각하십니까?'라고 말하였다. 자사가 언짢게 여기며 '옛사람의 말에 섬긴다고 하였을지언정 어찌 벗한다고 말하였겠습니까?'라고 말씀하였다. 자사가 언짢게 여기신 것은 어찌 이러한 생각이 아니었겠는가? '지위로써 말하면 그대는 군주요 나는 신하이니 어찌 감히 군주와 더불어 벗할 수 있겠으며, 덕으로 보면 그대는 나를 섬길 자이니 어찌 나와 더불어 벗할 수 있겠는가?' 천승의 군주가 함께 벗하기를 구하여도 안될 일인데 하물며 선비를 오라 가라 함부로 부를 수 있겠는가?"

"庶人이 召之役則往役하고 君이 欲見之하여 召之則不往見之는 何也잇고"
서인 소지역즉왕역 군 욕견지 소지즉불왕견지 하야

"往役은 義也요 往見은 不義也니라 且君之欲見之也는 何爲也哉오"
왕역 의야 왕견 불의야 차군지욕견지야 하위야재

"爲其多聞也며 爲其賢也니이다" "爲其多聞也則天子도 不召師은
위기다문야 위기현야 위기다문야즉천자 불소사

而況諸侯乎아 爲其賢也則吾未聞欲見賢而召之也라 繆公이
이황제후호 위기현야즉오미문욕견현이소지야 목공

亟見於子思曰 古에 千乘之國이 以友士하니 何如하니잇고 子思不悅曰 古之人이
기견어자사왈고 천승지국 이우사 하여 자사불열 왈고지인

有言曰 事之云乎언정 豈曰 友之云乎리오하시니 子思之不悅也는 豈不曰
유언왈 사지운호 기왈 우지운호 자사지불열야 기불왈

以位則子는 君也요 我는 臣也니 何敢與君友也며 以德則子는 事我者也니
이위즉자 군야 아 신야 하감여군우야 이덕즉자 사아자야

奚可以與我友리오 千乘之君이 求與之友而不可得也은 而況可召與아"
해가이여아우 천승지군 구여지우이불가득야 이황가소여

※ 기(亟): 자주. 해(奚): 어찌.

맹자에 따르면 선비는 군주라고 함부로 대할 수 있는 인물이 아닙니다. 부역을 시키면 그에 참여하는 것은 선비이기 이전에 서민으로서의 마땅한 일이라면, 군주가 부른다고 냉큼 달려가지 않는 것이 선비가 취할 의로운 길입니다. 아울러 상대 역시 지위 여부를 떠나 현자를 대하는 공손한 태도를 잃지 말아야 한다는 것입니다.

맹자는 자사의 사례를 통해 지위로 말하자면 감히 임금과 대등하게 벗할 수 없으며, 덕으로 보자면 스승과 제자의 관계이니 벗할 수 없다고 보았습니다. 천승의 제후국 군주라도 선비를 함부로 불러서 만날 수 없다는 말입니다. 동시에 서민인 선비 역시 함부로 제후를 만나러 가는 것이 의가 아님을 분명히 합니다.

또한 맹자는 낮은 직책의 사냥꾼 이야기를 꺼내면서 군주는 선비를 부르는 정당한 예법을 지켜야 된다고 말합니다.

"제나라 경공이 사냥할 때, 정(旌)이라는 깃발로 동산의 관리인을 불렀는데 오지 않으니 죽이려고 하였다. 이 말을 들은 공자는 '뜻있는 선비

는 구덩이에서 죽을 것을 잊지 않고, 용감한 병사는 그 머리를 잃을 것을 잊지 않는다.'고 하셨다. 공자는 무엇을 취하였는가? 그 부름이 정당하지 않으면 가지 않는 것을 취한 것이다."

"그렇다면 동산의 관리인을 부를 때는 무엇으로써 해야 합니까?"

"가죽 갓으로써 해야 한다. 서민은 전(旃)으로써 하고, 선비는 기(旂)로써 하며, 대부는 정(旌)으로써 한다. 그런데 대부를 부르는 예로써 동산 관리인을 부르니 그가 죽어도 감히 갈 수 없는 것이다. 마찬가지로 선비를 부르는 예로 백성을 부르면 백성이 어찌 감히 가겠는가? 하물며 현인이 아닌 사람을 부르는 방법으로 현명한 사람을 부르는 경우에 있어서랴?"

"齊景公이 田할새 招虞人以旌한대 不至어늘 將殺之러니 志士는 不忘在溝壑이요
　제 경 공　전　　초 우 인 이 정　　부 지　　장 살 지　　지 사　불 망 재 구 학

勇士는 不忘喪其元이라하시니 孔子는 奚取焉고 取非其招不往也시니라"
　용 사　불 망 상 기 원　　　　　공 자　해 취 언　취 비 기 초 불 왕 야

"敢問招虞人何以니잇고" "以皮冠이니 庶人은 以旃이요 士는 以旂요 大夫는
　감 문 초 우 인 하 이　　　이 피 관　　서 인　이 전　요　사　이 기　요　대 부

以旌이니라 以大夫之招로 招虞人이어늘 虞人이 死不敢往하니 以士之招로
　이 정　　　이 대 부 지 초　　초 우 인　　　우 인　사 불 감 왕　　이 사 지 초

招庶人이면 庶人이 豈敢往哉리오 況乎以不賢人之招로 招賢人乎아"
　초 서 인　　서 인　기 감 왕 재　　황 호 이 부 현 인 지 초　초 현 인 호

※ 전(田): 사냥. 원(元): 머리. 정(旌): 대부를 부를 때 쓰는 깃발로 깃을 묶어서 깃대 끝에 꽂은 것.
　　피관(皮冠): 사냥할 때 쓰는 관. 전(旃): 붉은 비단으로 감싼 깃발. 기(旂): 용을 쌍으로 그린 깃발.

『춘추전』에는 제나라 경공이 사냥할 때 활로 사냥터 관리인인 우인을 불렀는데, 오지 않자 죽이려 했다는 일화가 소개되어 있습니다. 그때 관리인은 군주의 사냥에서 대부를 부를 때는 정으로써 하고, 선비는 활로 부르고, 자신들은 가죽으로 만든 피관(皮冠)을 사용해 불렀는데 지금 피관을 보지 못했기 때문에 감히 오지 않았다고 답합니다. 예법에 따라 자기 직분에 충실한 정당한 행위였다는 것이지요. 이에 대한 공자의 평가는 자주 인용되는 대목입니다. "뜻있는 선비는 구덩이에서 죽을 것을 잊지 않고, 용감한 병사는 목이 떨어질 것을 잊지 않는다." 선비의 출처와 연관시키면 정당한 부름이 아니라면 가지 않겠다는 말입니다.

예를 들어 사냥할 때 가죽으로 만든 갓인 피관을 사용하는 것은 사냥터를 지키는 관리인을 보호하기 위한 이유입니다. 그리고 벼슬하지 않은 서민을 부를 때 쓰는 전(旃)은 순색 바탕에 문채 없는 기로서 서민이 문채가 없는 것과 같기 때문입니다. 이미 벼슬한 사람을 부를 때는 용을 그린 기로써 하는데, 용이 변화할 수 있는 것이 사(士)가 변화할 수 있는 것과 같기 때문입니다. 그러나 오직 대부를 부를 때는 정으로써 하는데, 정(旌)이란 문채가 있는 깃발로 사에서 대부에 이르러 변화하여 문명(文明)함을 상징합니다. 이처럼 옛사람이 남을 부를 때는 각각 그에 해당하는 의의가 있었습니다.

맹자는 격식에 맞지 않는 부름에 죽어도 감히 갈 수 없다는 동산 관리인도 있었는데, 선비를 부르는 예로써 백성을 부르면 백성이 어찌 감히 갈 수 있겠느냐고 반문합니다. 제후가 선비를 함부로 오라 가라 하는 것은 예에 맞지 않는 것으로, 어질지 않은 사람에게나 할 수 있는 행동입니다. 따라서 그러한 제후를 만나러 가지 않는 것이 선비의 의리에 맞는다고 보는 것입니다. 그렇다면 현자를 초빙하는 것은 어떻게 해야 할까요?

현인을 보고자 하면서 그 도로써 하지 않는다면 마치 들어가고자 하는데 문을 닫는 것과 같다. 무릇 의는 길이고, 예는 문이다. 오직 군자만이 이 길을 따를 수 있고 이 문으로 출입한다. 『시경』에 이르기를, '주나라 길이 숫돌과 같으니, 그 곧음이 화살 같도다. 군자가 밟는 것이고, 소인이 우러러보는 것이다.'라고 하였다.

欲見賢人而不以其道면 猶欲其入而閉之門也니라 夫義는 路也요 禮는
욕 견 현 인 이 불 이 기 도   유 욕 기 입 이 폐 지 문 야   부 의   노 야   예

門也니 惟君子能由是路하며 出入是門也니 詩云 周道如底하니 其直如矢로다
문 야   유 군 자 능 유 시 로   출 입 시 문 야   시 운 주 도 여 지   지 직 여 시

君子所履요 小人所視라하니라
군 자 소 리   소 인 소 시

※ 시(詩):『시경』「소아(小雅)」편의 대동(大東). 지(底): 숫돌 지(砥)와 같음. 시(視): 보고 법도로 삼음.

나라의 임금이 어진 이를 보고자 한다면 가까우면 나가 볼 것이고, 멀면 폐백으로써 부르되 반드시 그 도로써 해야 할 것입니다. 이렇게 하지 않고 부르면 그 도가 아니니 어진 이를 어찌 볼 수 있겠습니까? 임금이 선비를 쉽게 만나 볼 수 없는 것은 선비가 예와 의로써 스스로를 지키기 때문입니다. 의로써 일을 마땅하게 처리하는 것은 마치 길이 막힘 없이 열려 있는 것과 같으며, 예로써 몸을 다스리는 표준으로 삼아 일상의 모든 행위를 하는 것은 마치 닫힌 문을 여는 것과 같습니다. 의리의 길을 따라 예의라는 문을 통과하는 것으로 비유될 수 있습니다. 오직 군자라야 의로움의 한길로 나아갈 수 있고, 행동거지를 모두 예로써 하여 이 문을 출입할 수 있는 것입니다. 맹자는 마치 사람을 들어오라고 하면서 문을 닫는 것과 같은 것으로 비유하여 예를 갖추지 못한 군주를 선비는 만나보러 가지 않을 것이라 말합니다.

『시경』에서 인용하였듯이, 주나라 수도로 가는 길이 칼을 가는 숫돌처럼 평탄하고 그 곧음이 화살과 같이 쭉 뻗쳐 있으니, 이는 군자들이 밟고 지나가는 의로운 길[義路]이요, 아래에 있는 소인들이 이를 보고 본받으며 따른다는 것입니다. 이처럼 군자의 처신은 반드시 예와 의에 기준하여 하는 것이니, 함부로 군주들이 부르지 못하는 것입니다. 만장은 공자의 출처를 생각하며 다시 질문합니다.

"공자는 임금이 부르면 말에 멍에 매는 것을 기다리지 않고 달려갔으니, 그렇다면 공자께서 잘못하신 것입니까?"

"아니다. 공자는 그때 벼슬에 나가 관직을 갖고 있었고, 그 관직으로 불렀던 것이다."

"孔子는 君이 命召어시든 不俟駕而行하시니 然則孔子非與잇가"
　공자　군　명소　　　불사가이행　　　연즉공자비여

"孔子는 當仕有官職而以其官으로 召之也니라"
　공자　당사유관직이이기관　　　소지야

※ **가(駕)**: 출발하려고 말에 멍에를 매는 일.

만장이 공자가 노나라 임금의 명을 받고 즉시 출발했던 이야기를 꺼낸 것은 평소 공자의 출처와 진퇴를 예와 의의 표준으로 생각했기 때문입니다. 맹자는 앞서 선비의 경우와는 달리, 현직에 있는 신하라면 군주의 명에 마땅히 가는 것이 예의에 따른 올바른 행위라고 잘라 말합니다. 선비가 제후를 만나 보지 않는 것을 어찌 공자의 일을 전례로 의론할 수 있겠냐는 것이지요.

조선의 선비들이 쉽게 출사하지 않았던 이유, 그리고 재야에 지내면서도 당당했던 까닭을 맹자의 주장을 통해 확인할 수 있습니다. 그들에게는 어떠한 상황이더라도 자신의 지조를 지키려는 꼿꼿함과 당당함이 묻어 있었던 것입니다. 군주가 선비를 쉽게 부를 수 없고 선비 역시 함부로 나서지 않는다는 것은 의로움의 길[義路]과 예로 통하는 문[禮門]을 충분히 고려했기 때문입니다. 그런데 현명한 선비와 군주의 만남, 즉 의와 예가 만나는 접점은 어디일까요?

옛사람을 벗하는 상우(尙友)

만장의 질문만 받던 맹자는 이제 진정으로 친구 삼아야 될 인물이 누구인지 자신의 생각을 토로합니다.

한 고을의 착한 선비라야 한 고을의 착한 선비를 벗하고, 한 나라의 착한 선비라야 한 나라의 착한 선비를 벗하며, 천하의 착한 선비라야 천하의 착한 선비를 벗한다. 천하의 착한 선비를 벗함에 만족하지 못하여 더 나아가 옛사람을 숭상하여 의론하는 것이니, 그의 시를 외우고 그의 글을 읽으면서도 그 사람을 알지 못한다면 되겠는가? 이 때문에 과거 그들이 당시에 처신했던 실질을 논하는 것이니 이것이 위로 올라가 벗한다[尙友]는 것이다.

一鄕之善士아 斯友一鄕之善士하고 一國之善士아 斯友一國之善士하고
일 향 지 선 사　　사 우 일 향 지 선 사　　　일 국 지 선 사　　사 우 일 국 지 선 사

天下之善士아 斯友天下之善士니라 以友天下之善士로 爲未足하여
천 하 지 선 사　　사 우 천 하 지 선 사　　　이 우 천 하 지 선 사　　위 미 족

又尙論古之人하나니 頌其詩하며 讀其書호대 不知其人이 可乎아 是以로
우 상 론 고 지 인　　　　송 기 시　　　독 기 서　　　부 지 기 인　　가 호　　시 이

論其世也니 是尙友也니라
논 기 세 야　　시 상 우 야

※ 사(斯): 즉(則)의 의미. 상(尙): 上과 같음.

맹자가 말한 착한 선비[善士]란 도덕성이 높거나 식견과 기량이 뛰어난 선비를 가리키는 말입니다. 벗과의 사귐을 통해 인(仁)을 보충한다는 이우보인(以友輔仁)이라는 말이 있듯이, 벗과의 사귐이란 친구 사이에 좋은 점을 취하는 것이고 그 출발은 자기로부터 비롯됩니다. 예를 들면

자신의 식견과 기량이 작은 고을 정도에 미친다면 작은 고을의 좋은 선비와 벗할 수 있고, 한 나라를 덮을 정도가 되면 그 나라의 좋은 선비를 벗할 수 있으며, 천하를 덮을 정도로 뛰어나다면 천하의 훌륭한 선비와 벗할 수 있을 것입니다. 자신이 이미 훌륭하다면 뜻이 같은 이들이 서로 모여 도를 닦아 덕으로 나아갈 것이니, 어찌 끝이 있겠습니까?

따라서 천하 모든 선비와 벗을 삼고서도 오히려 부족하게 느끼고 더 좇아 올라가 예전의 성현을 의론하는 데로 나아갑니다. 옛사람들의 시를 외우고 글을 읽으면서 옛사람의 말과 행실을 탐구하는 것입니다. 단순히 기록된 내용을 숙지하는 차원이 아니라 그들의 마음을 가지고 그들이 처한 세상을 면밀하게 살펴보기까지 합니다. 그들과 처한 세상이 다르지만, 그 마음만은 다르지 않을 것이기 때문입니다. 천년의 거리를 넘어 서로 소통할 수 있다면 나의 마음이 곧 옛사람의 마음이고, 옛사람의 마음이 곧 나의 마음이 될 것입니다. 이것이 바로 시대를 넘어 위로 올라가 옛사람을 벗한다는 상우(尙友)입니다.

상우는 오늘날도 많은 이들이 즐겨 사용하거나 쓰고 싶은 말이기도 합니다.[*] 현재의 자신을 넘어 끝없이 나아가고자 하는 그들의 열망이 고인들의 행적까지 미치고 그들의 이상과 꿈을 지금 이 자리로 끌어오고 싶어 했던 것입니다. 그렇게 하기 위해서는 내 그릇을 키워야 합니다. 내가 사귀고 싶은 벗은 여전히 주변에서 손짓하고 있습니다. 천년의 사람을 벗 삼는 마음으로 우선은 맹자부터 이해하려고 노력하는 것은 어떨지요?

---

[*] 참고로 동양고전 자료를 쉽게 검색할 수 있는 사이트 중에 여러 원문들을 모아놓은 '상우천고(尙友千古)'라는 자료가 있다.

책임의식의 차이

　군주가 중요한 일에 대해서 대신의 충심 어린 간언을 받아들이지 않을 때는 어떻게 해야 할까요? 이에 대한 맹자의 직언은 날카롭습니다. 군주를 바꿀 수도 있다는 과격함도 있고, 아니면 떠나 버리겠다는 말도 서슴지 않기 때문입니다. 경(卿)에 대해 묻는 제선왕의 질문에 대한 맹자의 문답과정이 그러합니다.

　"왕은 어떤 경을 물으십니까?"
　"경이란 똑같지 않습니까?"
　"다름이 있습니다. 귀척(貴戚)의 경도 있고 이성(異姓)의 경도 있습니다."
　"청컨대 귀척의 경에 대해 묻겠습니다."
　"군주에게 큰 허물이 있으면 간언하고, 반복하여도 듣지 않으면 군주의 자리를 바꾸어 버립니다."

　"王은 何卿之問也시니잇고" "卿이 不同乎잇가" "不同하니 有貴戚之卿하며
　　왕　하 경 지 문 야　　　　경　부 동 호　　　부 동　　유 귀 척 지 경

有異姓之卿하니이다" "請問貴戚之卿하노이다" "君이 有大過則諫하고
유 이 성 지 경　　　청 문 귀 척 지 경　　　군　유 대 과 즉 간

反覆之而不聽則易位니이다"
반 복 지 이 불 청 즉 역 위

　　※ **경**(卿): 제후국의 가장 높은 벼슬. **귀척**(貴戚): 동족의 친척으로서 신분이 높은 사람. **이성**(異姓): 봉건제도에서 성씨가 다른 사람

　제선왕은 군주를 보좌하는 경 벼슬의 역할에 대해 맹자에게 간단히 물어서 그의 충성심을 실험하고자 했을지 모릅니다. 그러나 청천벽력과 같은 맹자의 답이 이어집니다. 이리저리 말해도 군주가 듣지 않으면 군

주를 바꿔 어진 이로 대체하는 결단을 내리기도 한다는 혁명론을 말하기 때문입니다. 일반적으로 일가친척인 귀척(貴戚)에게 임명하는 경은 군주와 더불어 나라의 편안함과 위태로움을 함께합니다. 맹자는 그들은 군주에게 사소한 잘못이 있어도 간언하지만, 만약 자신이 모시는 군주에게 큰 허물이 있어서 종묘와 사직의 존망과 관계가 되면 군주를 바꿀 수도 있고 그 길이 정도(正道)라고 보았습니다. 국가의 종묘사직을 현재의 왕의 권위보다 중시하기 때문에 바꿀 수도 있다는 것입니다. 이 말을 들은 왕은 발끈하며 노여움으로 얼굴색이 울그락불그락합니다. 맹자는 달래듯 말합니다.

왕께서는 달리 생각하지 마십시오. 왕께서 저에게 물으시기에, 제가 감히 바른대로 대답하지 않을 수 없었습니다.

王은 勿異也하소서 王이 問臣하실새 臣이 不敢不以正對호이다
왕 물 이 야　　왕 문 신　　신 불 감 불 이 정 대

왕의 물음에 대한 맹자의 솔직한 답변입니다. 그러자 잠시 충격을 받은 왕은 간신히 얼굴빛을 가라앉힌 다음에 다른 성을 가진 이들을 임용했을 때의 이성(異姓)의 경에 대해 묻자, 맹자는 짧으면서 강단있게 말합니다.

그들은 군주에게 허물이 있으면 간언하고, 반복하여도 듣지 않으면 떠나 버립니다.

君이 有過則諫하고 反覆之而不聽則去니이다
군 유 과 즉 간　　반 복 지 이 불 청 즉 거

혈연으로 연결된 친족과는 달리 이성으로서 경 벼슬을 하고 있는 이들은 의리로써 합한 것입니다. 그들은 반드시 큰 허물이 있은 뒤에야 간언하는 것이 아니라, 사소한 임금의 허물이라도 도에 어긋나면 반드시 간언합니다. 그러나 반복하여 간언해도 군주가 듣지 않으면 이것은 오

히려 자신에게 화가 미칠 수 있는 조짐이 됩니다. 따라서 그러한 조짐이 있으면 도가 이미 행해질 수 없기 때문에 구차히 머무르지 않고 떠나는 것이니, 이것이 평소 상도(常道)를 지키다가 상황에 따라 적절하게 처신하는 권도(權道)일 것입니다.

대신이 지켜야 할 의리에도 친하고 소원함의 정도가 다릅니다. 맹자에 따르면 친척들이 맡는 경은 크고 작은 허물에 강한 책임감을 느끼면서도 상황이 심각하면 군주의 지위를 바꾸는 결단도 내릴 수 있다고 보았습니다. 반면에 경의 벼슬을 다른 성씨를 가진 이들이 참여하는 경우라면 큰 허물은 물론이고, 비록 작은 허물이 있을 때라도 간하여 듣지 않으면 떠날 수 있다고 구분하여 말합니다. 그렇다면 맹자는 군주가 잘못된 선택을 하였을 때 어떠한 입장을 취했을까요?

孟子

11

고자 상편

고자 상편 1장 : 人性之源

인의는 자연스런 본성이다

『맹자』「고자」 상편은 1장에서 6장까지는 인간의 본성, 7장에서 19장은 선한 마음에 관한 이해, 그리고 20장은 학문을 논한 것으로, 비교적 짜임새 있는 구성을 보여주고 있습니다. 고자의 성은 고(告)이고 이름은 불해(不害), 자는 호생(浩生)으로, 앞서 맹자가 부동심을 말할 때 잠시 언급되었던 인물입니다. 『맹자』의 대표적 주석가인 조기(趙岐)는 고자가 유가와 묵가의 도리를 겸하여 공부하였으며 맹자에게 배운 적도 있었다고 말하는데 그의 행적에 대해서는 불분명합니다.

맹자는 마음이 흔들리지 않게 지키려는 고자의 부동심을 인정하면서도, 상대의 말이 이해되지 않았을 때 자기 마음에서 이치를 구하지 않는 고자의 태도는 잘못이라 지적하기도 하였습니다. 인간의 본성은 애초에 동일하므로 자신의 내부에 있는 그 근원지부터 이해하고 따르려 하지 않았기 때문이겠지요. 이제 그러한 논의가 무엇을 의미하는지 자세히 살펴보도록 하겠습니다.

먼저 고자는 인간의 본성에 관한 자신의 생각을 말합니다.

성(性)이 버드나무와 같다면 의(義)는 그것을 구부려 만든 그릇과 같으니, 인성을 바탕으로 인의를 행하는 것은 버드나무를 가지고 그릇을 만드는 것과 같습니다.

性은 猶杞柳也오 義는 猶桮棬也니 以人性爲仁義는 猶以杞柳爲桮棬이니라
성 유기류야 의 유배권야 이인성위인의 유이기류위배권

※ **기류(杞柳)**: 버드나무 종류. **배권(桮棬)**: 술잔처럼 나무를 구부려 만든 그릇.

어떠한 과정에서 고자가 맹자를 만나 대화를 나누었는지 혹은 직접적인 만남 없이 각자의 주장을 보여주었는지 불분명하지만, 그 핵심적인 주장은 너무도 다릅니다. 맹자처럼 본성의 선함을 말하는 계열의 유학자들은 본성이란 사람이 태어날 때부터 하늘에서 부여받은 선한 이치라고 말합니다. 본성에 기초한 자연스런 마음의 표출이 우리가 따라야 할 인의라는 도덕률이라는 것이지요.

반면에 고자는 사람의 본성에서 인의라는 도덕이 자연스럽게 도출된다는 맹자의 주장을 부정합니다. 사람의 손을 거쳐 완성된 나무그릇은 애초에 무엇이든 될 수 있는 버드나무에서 시작되었다는 것입니다. 버드나무의 굽은 가지를 곧게 펴거나 혹은 휘는 과정에서 애초의 재료로 쓰인 버드나무는 얼마든지 다양한 변화를 보일 수 있다는 것이지요. 그러한 논리에는 반드시 잘못된 점을 바로잡으려는 노력을 거친 다음에 인의가 이루어진다는 생각도 포함되어 있습니다.

이어지는 고자의 견해를 좀 더 살펴보아야 하겠지만, 일단은 고자의 주장이 인간의 본성과 인의라는 도덕의 일치감에 의문을 품고 있으며, 교정이라는 후천적인 노력을 강조하는 것처럼 보입니다. 마치 버드나무 자체에서 그릇의 형태를 예측할 수 없듯이 말입니다. 이러한 사유는 인의라는 도덕이 인간의 자연스런 본성이고 그 마음의 확충이 인간다움의 실현이라 주장하는 맹자와 충돌할 수밖에 없었습니다. 맹자는 반박합니다.

그대는 버드나무의 본성을 그대로 살려가며 그릇을 만들 수 있다고 생각하는가? 만약 그대의 말대로라면 장차 버드나무의 본성을 해친 다음에 그릇을 만드는 것이다. 버드나무를 해쳐서 그릇을 만들려 한다면, 또한 장차 사람을 해쳐서 인과 의를 행하게 한다고 생각하겠구나? 천하의 사람을 거느려 인과 의에 피해를 끼치는 자는 반드시 그대처럼 말하는 자일 것이다.

子能順杞柳之性 而以爲桮棬乎아 將戕賊杞柳而後에 以爲桮棬也니
자 능 순 기 류 지 성 이 이 위 배 권 호   장 장 적 기 류 이 후   이 위 배 권 야

如將戕賊杞柳而以爲桮棬이면 則亦將戕賊人하여 以爲仁義與아
여 장 장 적 기 류 이 이 위 배 권   즉 역 장 장 적 인   이 위 인 의 여

率天下之人而禍仁義者는 必子之言夫인저
솔 천 하 지 인 이 화 인 의 자   필 자 지 언 부

※ **자**(子): 그대. **장적**(戕賊): 죽이고 해치다. **화**(禍): 재앙을 만들다.

맹자의 다소 격앙된 어투가 들리는 듯합니다. 고자의 비유가 타당하지도 않고, 그의 말에 따라 많은 사람들이 인의를 불신하고 저버리게 될지도 모른다는 우려가 있었기 때문입니다. 맹자는 죽이고 해친다는 장적(戕賊)이란 표현을 사용하여, 고자의 주장은 버드나무의 본성을 제대로 살리지 못하고 이리저리 비틀고 변형시켜 결과적으로 나무의 본래 성질을 해친다고 말합니다. 사람의 본성도 마찬가지라고 봅니다. 태생적으로 내재된 본성의 본래적 모습을 손상시켜 인의를 행한다면, 그렇게 본성과는 다르게 굴절된 도덕을 누가 자발적으로 따를 수 있겠느냐는 것이지요.

고자 역시 인의라는 말을 사용하고 있는 것을 보면 맹자처럼 우리가 지향해야 할 도덕이 인의라는 점에서는 대략적으로 동의하고 있는 듯합니다. 그러나 고자는 도덕이란 결정되어 있지 않다는 점에서 맹자와는 차이가 납니다. 맹자는 인간의 본성에 애초부터 인의라는 선한 도덕적 마음으로의 길이 내재되어 있다고 보았기 때문입니다. 혹시 고자는 맹자의 주장에서 꼭 그렇게 된다거나 아니면 그렇게 따라야만 된다는 원칙이나 당위성에 제동을 거는지도 모를 일입니다. 오늘날 우리에게 알려진 고자의 학설은 『맹자』의 편집자에 의해 전해지는 단편적인 모음인지라 그의 말이 무엇을 의미하는지 조금 더 이해할 필요가 있습니다.

고자 상편 2장 : 人性之善

물은 아래로 흐르기 마련이다

비유는 때로 자신의 의도를 보다 분명하게 표현할 때도 있습니다. 고자는 맹자의 반박에 동의하지 않고, 본성은 결정되어 있지 않음을 물의 비유를 통해 예시합니다.

"본성은 굽이쳐 흐르는 여울물과 같습니다. 동쪽으로 트면 동쪽으로 흐르고 서쪽으로 트면 서쪽으로 흐르니, 인성에 선과 불선의 분별이 없는 것은 물에 동쪽과 서쪽의 구별이 없는 것과 같습니다."

"물은 진실로 동서로 나누어짐이 없지만, 상하로 나누어짐이 없느냐? 인성이 착함은 물이 아래로 흘러가는 것과 같으니, 착하지 않은 이가 있지 않으며, 물이 아래로 흐르지 않음이 있지 않다. 이제 물을 쳐서 튀게 하면 물이 이마를 지나가도록 할 수 있으며, 격동시켜 흐르게 한다면 물이 산에 있도록 할 수도 있으니, 이 어찌 물의 본성이겠는가? 그 형세가 곧 그러하니 사람이 착하지 않을 수 없는 것은 그 본성이 또한 이와 같기 때문이다."

"性은 猶湍水也라 決諸東方則東流하고 決諸西方則西流하나니
성   유단수야   결저동방즉동류   결저서방즉서류

人性之無分於善不善也는 猶水之無分於東西也니라"
인성지무분어선불선야   유수지무분어동서야

"水信無分於東西어니와 無分於上下乎아 人性之善也는 猶水之就下也니
수신무분어동서   무분어상하호   인성지선야   유수지취하야

人無有不善하며 水無有不下니라 今夫水를 搏而躍之면 可使過顙이며
인무유불선   수무유불하   금부수   박이약지   가사과상

激而行之면 可使在山이어니와 是豈水之性哉리오 其勢則然也니
격이행지   가사재산   시기수지성재   기세즉연야

人之可使爲不善이 其性이 亦猶是也니라"
인 지 가 사 위 불 선   기 성   역 유 시 야

※ **단**(湍): 폭이 좁아서 물살이 세고 빠르게 흐르는 부분. **박**(搏): 치다. **격**(激): 격동시키다. 거슬러 움직이게 만들다.

같은 물로 비유하더라도 고자는 물길을 터놓는 방향에 따라 물이 흐르는 방향도 달라진다고 보았지만, 맹자는 이러한 말은 물의 본질적 속성을 망각한 것이라 반박합니다. 위에서 아래로 흐르는 것이 물의 자연스런 성질이라 보기 때문입니다. 즉 고자의 말처럼 물의 흐름에 동서의 분별이 없다는 점은 인정하지만, 어찌 상하의 분별이야 없겠느냐 반문합니다. 동쪽으로 터놓으면 동쪽으로 흐르는 것은 반드시 동쪽의 지세가 낮기 때문이요, 서쪽으로 터놓으면 서쪽으로 흐르는 것은 반드시 서쪽의 지세가 낮기 때문이라는 것입니다. 마찬가지로 인성이 본래 착하지 않음이 없는 것은 물이 높은 곳에서 낮은 곳으로 흐르는 것처럼 자연스럽다는 것이죠.

물론 물의 흐름을 역행하도록 하는 경우도 있습니다. 물줄기를 바꿔 이마를 넘어 산 위까지 올라가게 하는 경우는 사람이 인위적으로 격동시켜 그렇게 된 것이니, 아래로 흐르기 마련인 물의 성질을 비정상적인 방법으로 바꾼 것입니다. 맹자는 이것을 물이 지닌 본질적 속성으로 보지 않습니다. 욕망에 가려진 사람의 경우도 마찬가지입니다. 이에 대해 주자는 원래 악한 사람이 존재하는 것이 아니라 본성에 본래부터 주어진 선의 길을 따르지 않기 때문에 악이 발생하는 것이라는 말합니다.

성은 본래 착한 것이므로 순리대로 따르면 선하지 않음이 없고, 본래 악이란 없는 것이기 때문에 선과 반대로 한 다음에 악이 되는 것이다. 본래 정해진 본체가 있어서 그렇게 되지 않을 수 없는 것이다.*

---

* 『맹자집주』「고자」 상편 2장. "此章, 言性本善, 故順之而無不善; 本無惡, 故反之而後

선과 악이 대립하는 것이 아니라, 선의 결핍이 악이라 보는 것입니다. 그리고 선과 악 사이에 불선의 경계지점을 설정하여 주체의 노력에 따라 본래적 선으로 회복할 수도 있고, 아니면 악으로 타락할 수도 있습니다. 맹자의 고자에 대한 반박 논리에는 욕심을 버리면 원래의 착한 상태로 회복되리라는 희망의 메시지도 담겨있습니다.

爲惡, 非本無定體而可以無所不爲也.”

고자 상편 3장 : 人物之性

사람의 본성은 특별하다

본성이란 결정된 것이 아니라 상황에 따라 달라질 수 있다는 고자의 견해는 맹자에게 배척당했으나, 쉽게 물러설 고자가 아닙니다. 고자가 직접 언급하지는 않았지만, 후천적으로 생긴 선악은 교육과 습관의 결과라고 말할 수 있기 때문입니다. 고자는 생각을 가다듬고 맹자에게 말합니다.

"타고난 그대로를 성이라 말합니다."

"타고난 그대로를 성이라고 말하는 것은 흰 것을 흰 것이라 말하는 것과 같은 것인가?"

"그렇습니다."

"흰 것의 흰 것이 흰 눈의 흰 것과 같으며, 흰 눈의 흰 것이 흰 옥의 흰 것과 같다는 말인가?"

"그렇습니다."

"그렇다면 개의 본성이 소의 본성과 같으며, 소의 본성이 사람의 본성과 같다는 말인가?"

"生之謂性이니라" "生之謂性也는 猶白之謂白與아" "然하다"
생 지 위 성　　　　생 지 위 성 야　　유 백 지 위 백 여　　　연

"白羽之白也는 猶白雪之白이며 白雪之白이 猶白玉之白與아" "然하다"
백 우 지 백 야　　유 백 설 지 백　　　백 설 지 백　　유 백 옥 지 백 여　　　연

"然則犬之性이 猶牛之性이며 牛之性이 猶人之性與아"
연 즉 견 지 성　　유 우 지 성　　　우 지 성　　유 인 지 성 여

고자가 말하는 생(生)이란 지각하고 운동하는 만물의 실상을 가리켜 말한 것입니다. 타고난 그대로 생리적 반응을 보인다는 것이니 행동의 방향도 결정되지 않았고 외적인 상황에 따라 달라질 수도 있을 것입니다. 희다는 속성만을 보면 겉으로 보이는 백설, 백옥 그 모두가 똑같이 희다고 말할 수 있을 것입니다. '그렇다'는 고자의 답변이 나오자마자, 맹자는 지각과 운동을 본성이라 말한다면 개나 소나 사람이나 지각하고 운동한다는 점에서는 같으니, 그런 논리라면 결과적으로 만물의 본성이 모두 같다는 것이냐고 반박합니다. 사람의 본성이나 짐승의 본성이나 같은 것이냐는 다그침에 고자는 답변할 수 없었을 것입니다. 겉으로 드러나는 속성이 아니라 본질적 차이를 묻는 것이기에 질문과 답변이 어긋났다고 볼 수도 있을 것입니다.

고자와 맹자의 문답은 잠시 일단락되었지만, 성리학자들은 이 구절에서 성리학의 기본틀거리를 확보합니다. 주자는 본성과 본능의 차이를 집중적으로 설명하는데, 성리학에 관한 일반론이기에 전문을 소개하기로 하겠습니다.

성(性)이란 사람이 하늘에서 얻는 이치[理]이고, 생(生)이란 사람이 하늘에서 얻은 바의 기(氣)이다. 성이 형이상자라면 기는 형이하자이다. 만물이 생겨남에 이 성을 가지고 있지 않음이 없고 또한 기를 갖지 않음이 없다. 그러나 기로써 말한다면 지각하고 운동하는 것은 사람과 만물에 차이가 없지만, 이치로써 말한다면 어찌 만물이 인의예지를 품부받아 온전히 할 수 있겠는가? 이것이 사람의 본성이 선하지 않음이 없어서 만물의 영장이 되는 까닭이다. 고자는 성이 리가 됨을 알지 못하고 이른바 기라는 것을 가지고서 해당시켰다. 이 때문에 버드나무나 여울물의 비유, 그리고 식색이니 선도 없고 불선도 없다는 등의 설이 어지럽게 잘못 뒤섞인 것인데 이 장의 오류가 바로 그 근본이다. 이렇게 된 까닭은 지각과 운동하며 꿈틀거리는 것이 사람이나 만물이 같다는 것을 알았지만, 순수한 인의예지는 사람과 만물

이 다르다는 점을 알지 못한 것이다. 맹자는 이 점을 가지고 꺾으셨으니 그 의리가 정밀하도다.[*]

결국 기(氣) 차원의 생리적 욕망을 넘어, 인의예지라는 인간 본연의 이치인 도덕성으로 구별하려는 것입니다. 성선에 담긴 의도가 이렇게까지 체계적으로 정립될 줄은 맹자 자신도 몰랐을 것입니다. 그러나 티고 난 그대로를, 즉 생(生)을 성(性)으로 보았던 고자의 주장 역시 인간의 현실을 적나라하게 보여주는 것이므로 논란은 여전히 이어집니다.

---

[*] 『맹자집주』「고자」 상편 3장. "愚按 性者 人之所得於天之理也, 生者 人之所得於天之氣也. 性形而上者也, 氣形而下者也. 人物之生, 莫不有是性, 亦莫不有是氣. 然以氣言之, 則知覺運動, 人與物若不異也; 以理言之, 則仁義禮智之稟, 豈物之所得而全哉! 此人之性, 所以無不善而爲萬物之靈也. 告子不知性之爲理, 而以所謂氣者當之, 是以杞柳·湍水之喩, 食色·無善無不善之說, 縱橫繆戾, 紛紜舛錯, 而此章之誤, 乃其本根. 所以然者, 皆徒知知覺運動之蠢然者人與物同, 而不知仁義禮智之粹然者人與物異也. 孟子以是折之, 其義精矣."

고자 상편 4~5장 : 仁義在內

도덕은 내 마음에서 시작된다

고자는 버드나무나 흐르는 물 등의 비유를 통해 자신의 정당성을 주장하는 과정에서 점차 개념화된 어휘로 생각을 정리해 나갑니다. 인과 의를 개념상 구분하여 상황에 따라 도덕도 재구성되어야 한다는 것이지요.

"식욕이나 이성을 좋아하는 것은 성이니, 인은 안에 있고 밖에 있는 것이 아니며 의는 밖에 있는 것이지 안에 있는 것이 아닙니다."

"어째서 인이 안에 있고 의가 밖에 있다고 말하는 것인가?"

"만약 저 사람이 나이가 많으면 내가 나이 많다고 말하는 것이니, 나에게 나이 많은 것이 있는 것이 아닙니다. 저것이 희면 내가 희다고 말하는 것이니, 밖에 있는 흰 것을 좋는 것과 같은 것입니다. 그러므로 의가 밖에 있다고 말했던 것입니다."

"食色이 性也니 仁은 內也라 非外也요 義는 外也라 非內也니라"
식색 성야 인 내야 비외야 의 외야 비내야

"何以謂仁內義外也오" "彼長而我長之라 非有長於我니 猶彼白而我白之라
하이위인내의외야 피장이아장지 비유장어아 유피백이아백지

從其白於外也라 故로 謂之外也라하노라"
종기백어외야 고 위지외야

고자는 지각과 운동이 만물의 기본 본성이라는 자신의 주장을 이어갑니다. 음식남녀(飲食男女)라고도 말하는 먹고 마시며 이성을 좋아하는 감정은 모두 같다는 것입니다. 그런 차원에서 사랑하는 마음 역시 자기 안에서 자연스럽게 나오는 것이라면, 그러한 감정을 촉발시키고 판단할 수 있는 것은 외부에서 비롯되는 것이라고 구분합니다. 인과 의를 구분

하는 '인내의외(仁內義外)'의 주장은 고자의 생각을 대표하는 말입니다. 이 말대로라면 의라는 도덕심은 우리의 노력과 상관없이 외부에서 비롯되는 것이므로 굳이 의에 합하도록 힘쓸 필요가 없다는 생각으로 이어질 수도 있습니다. 마치 대중교통을 이용하면서 연장자에게 자리를 양보하는 것은 그가 연장자이기 때문이라는 것입니다. 맞는 말일까요?

맹자는 그러한 논리에 허점이 있음을 지적합니다. 고자처럼 인은 안에 있고 의는 밖에 있다고 구분해서는 안 되고, 인과 의 모두가 우리 내면에서 비롯된다는 것이지요.

흰 말을 하얗다고 말하는 것은 백인을 하얗다고 말하는 것과 다름이 없다. 잘 알지 못하겠지만, 노쇠한 말을 나이 많다고 하는 것이 나이 많은 사람을 노인이라 말하는 것과 차이가 없는 것인가? 또 나이 많은 대상이 의인가, 나이 많다고 여기는 나의 마음이 의인가?

(異於)白馬之白也는 無以異於白人之白也어니와 不識게라 長馬之長也가
(이 어) 백 마 지 백 야   무 이 이 어 백 인 지 백 야   불 식   장 마 지 장 야

無以異於長人之長與아 且謂長者義乎아 長之者義乎아
무 이 이 어 장 인 지 장 여   차 위 장 자 의 호   장 지 자 의 호

   ※ **이어**(異於): 빠진 내용이 있거나 필요없는 말.

맹자는 고자의 주장이 반은 맞고 반은 틀리다고 말합니다. 외면적으로 희다는 속성을 들어 흰색의 말과 머리가 하얀 노인을 희다고 말하는 것은 맞는 말입니다. 그렇지만 연장자를 대접하는 것은 존경의 의미가 내포된 만큼, 흰 물건을 희다고 하는 것과는 다릅니다. 노쇠한 늙은 말을 보고 나이 많다고 공경하는 사람은 없을 것이기 때문입니다.

고자는 외면적으로 나이가 많다는 사실과 그 때문에 내가 공경하는 마음을 혼동했다고 할 수 있습니다. 나이가 많다는 것은 그가 소유한 속성으로 나에게 속하지 않습니다. 하지만 그를 공경하는 나의 마음은 여전히 내게 있는 것입니다. 따라서 맹자는 "연장자가 의인가? 아니면 연

장자를 대접하는 나의 마음이 의로움인가?"라고 반문했던 것입니다.*
그러나 고자는 단단히 마음먹고 반박의 논리를 준비합니다.

> "나의 아우면 사랑하고 진나라 사람의 아우면 사랑하지 않으니, 이는 나로써 기뻐하는 것이므로 안이라고 이른 것입니다. 나이 많은 초나라 사람을 노인이라 하며 또한 내 나라의 나이 많은 이를 노인이라 하니, 이는 모두 연장자이므로 공경하는 것입니다. 그러므로 그 공경할 대상이 바깥에 있다고 말했던 것입니다."

> "진나라 사람이 꼬치구이를 즐기는 것이 내가 꼬치구이를 즐기는 것과 다름이 없듯이 사물에 대한 반응은 으레 그러할 것이니, 그렇다면 구이를 즐겨하는 마음 역시 밖에 있다는 말인가?"

"吾弟則愛之하고 秦人之弟則不愛也하나니 是는 以我爲悅者也라 故로 謂之內요
　오 제 즉 애 지　　진 인 지 제 즉 불 애 야　　시　이 아 아 열 자 야　고　위 지 내

長楚人之長하며 亦長吾之長하나니 是는 以長爲悅者也라
장 초 인 지 장　　역 장 오 지 장　　시　이 장 위 열 자 야

故로 謂之外也라 하노라" "耆秦人之炙가 無以異於耆吾炙하니 夫物이
고　위 지 외 야　　기 진 인 지 자　무 이 이 어 기 오 자　　부 물

則亦有然者也니 然則耆炙도 亦有外與아"
즉 역 유 연 자 야　연 즉 기 자　역 유 외 여

　　※ 기(耆): 즐기다는 기(嗜)와 같음. 자(炙): 구운 고기.

혈육에게 느끼는 사랑하는 마음과 타자에게 느끼는 마음이 똑같을 수 없을 것이므로 고자는 사랑하는 마음은 나에게 달려 있다고 말하는 것입니다. 반면에 연장자는 타국 사람이나 내 나라 사람이나 공경해야 된다는 점에서는 차이가 없다고 보기 때문에 의는 밖에 있다는 것입니다. 그러나 이 역시 어른을 대접하는 존경의 마음을 느끼는 것은 여전히 나에게 달려있다고 보아야 할 것입니다. 맹자는 맛있게 구운 고기를 즐기려는 성향은 자신의 마음 안에 있다는 사례를 통해 반박합니다. 어른에

---

* 풍우란저, 박성규옮김, 『중국철학사』, 까치, 1999, 238~239쪽 참조.

게 느끼는 공경심은 그가 어른이라서가 아니라, 내 마음이 느껴서 그렇게 공손히 대접하는 행동이 나온다는 것이지요. 결국 고자의 인과 의를 안과 밖으로 구분하는 것에 대한 비판의 연속이라 할 수 있습니다.

묵자도 고자 일파의 인과 의를 내적인 것과 외적인 것으로 구분하는 학설을 비판하고 있습니다. 사랑의 대상과 베풂의 대상은 객관이라 할 수 있지만, 이들을 사랑할 수 있는 능력과 베풀 수 있는 능력은 모두 내적인 것에서 나오기 때문입니다. 이러한 비판을 통해 『묵경』에서는 주관적 능력과 객관적 대상의 차이를 명확히 분별한 것입니다.[**]

그런데 공경함이 내 안에 있느냐, 아니면 밖의 대상에 있느냐는 문제는 고자뿐 아니라 당시 주변 사람들도 관심을 갖는 주제였습니다. 이런 측면에서 4장과 5장을 연결시켜 살펴보도록 하겠습니다.

어느 날인가 맹계자가 맹자의 제자인 공도자에게 묻습니다.

"어찌 의를 안이라고 이르는 것인가?"
"내가 공경을 행하기 때문에 안이라고 이르는 것입니다."
"고을 사람이 큰 형보다 한 살이 많으면, 누구를 공경하겠는가?"
"형을 공경할 것입니다."
"술을 따른다면 누구에게 먼저 따르겠는가?"
"먼저 고을 사람에게 술을 따를 것입니다."
"공경하는 바는 나에게 있고 나이 많은 것은 저 사람에게 달려 있으니, 과연 공경함이란 밖에 있는 것이지 안에서 비롯되어 나온 것이 아니다."

"何以謂義內也오" "行吾敬故로 謂之內也니라"
하 이 위 의 내 야   행 오 경 고   위 지 내 야
"鄕人이 長於伯兄一歲則誰敬고" "敬兄이니라" "酌則誰先고"
향 인   장 어 백 형 일 세 즉 수 경   경 형   작 즉 수 선
"先酌鄕人이니라" "所敬은 在此하고 所長은 在彼하니 果在外라 非由內也로다"
선 작 향 인   소 경   재 차   소 장   재 피   과 재 외   비 유 내 야

** 앞과 같은 책, 443쪽.

관습에 따라 연장자에 대한 공경이 나오는 것을 볼 때 공경하는 마음이란 내가 아니라 연장자 때문이란 의문이 생길 수도 있습니다. 공도자가 답을 못 하고 맹자에게 도움을 청하자 맹자가 말합니다.

'숙부를 공경하겠는가? 아니면 아우를 공경하겠는가?'라고 하면, 그는 장차 '숙부를 공경할 것이다.'고 말할 것이다. '아우가 시동이 되면 누구를 공경하겠는가?'라고 물으면, 그는 장차 '아우를 공경할 것이다.'고 말할 것이다. 그대가 '어디에서 그 숙부를 공경함이 있는가?'라고 물으면 그는 '자리에 있기 때문이다.'라고 말할 것이니, 그대 또한 '자리에 있기 때문에 그런 마음이 나온 것이다.'고 대답하여라. 일상적인 공경은 형에게 있고 잠시의 공경은 고을 사람에게 있는 것이다.

敬叔父乎아 敬弟乎아하면 彼將曰 敬叔父라하리라 曰 弟爲尸則誰敬고하면
경 숙 부 호   경 제 호   피 장 왈 경 숙 부   왈 제 위 시 즉 수 경
彼將曰 敬弟라하리라 子曰 惡在其敬叔父也오하면 彼將曰 在位故也라하리니
피 장 왈 경 제   자 왈 오 재 기 경 숙 부 야   피 장 왈 재 위 고 야
子亦曰 在位故也라 하라 庸敬은 在兄하고 斯須之敬은 在鄕人하니라
자 역 왈 재 위 고 야   용 경   재 형   사 수 지 경   재 향 인

※ **시**(尸): 제사지낼 때 어린 사람에게 옷을 입혀 신을 계신 것을 상징함. **재위**(在位): 시동의 자리
나 손님의 지위 등 다른 상황. **용**(庸): 평범한 일상. **사수**(斯須): 잠시.

상황에 따라 마땅하게 일처리 하는 것은 모두 자신의 마음속에서 나온다는 것입니다. 맹자의 말에 힌트를 얻은 공도자는 다시 맹계자를 찾아갔지만, 그는 여전히 의문을 제기합니다.

숙부를 공경하는 마음에서 공경하고, 아우를 공경하는 마음에서 공경하니, 과연 공경함이란 밖의 대상에 달려 있는 것이지 내면에서부터 말미암은 것이 아니다.

敬叔父則敬하고 敬弟則敬하니 果在外라 非由內也로다
경 숙 부 즉 경   경 제 즉 경   과 재 외   비 유 내 야

그러나 이미 맹자의 지침을 들었던 공도자인지라 보다 자신있는 태도를 취합니다.

겨울이면 뜨거운 물을 마시고 여름이면 차가운 물을 마시니, 그렇다면 음식을 좋아하는 마음도 역시 밖에 있다고 말해야 할 것입니다.

冬日則飲湯하고 夏日則飲水하나니 然則飲食도 亦在外也로다
동 일 즉 음 탕　　하 일 즉 음 수　　　연 즉 음 식　역 재 외 야

숙부를 공경히 대접하는 것도 때에 따라 내 마음의 공경심이 표출된다는 것이요, 어린아이가 시동의 자리에 있어서 공경하는 것도 상황을 고려한 내 마음의 진심이라 할 수 있습니다. 마찬가지로 겨울에 뜨거운 물을 찾거나 여름에 차가운 물을 마시는 선택도 내가 하는 것입니다. 다만 '때에 따라 마땅함을 처리한다'는 인시제의(因時制宜)의 유연함이 필요할 뿐입니다. 이 모든 사례는 인의라는 도덕률은 내 마음속의 자연스런 표출이라는 본성의 선함에 대한 맹자의 주장에 설득력을 더해주고 있습니다.

고자 상편 6장 : 仁義禮智

인의예지는 인간의 본성이다

본성에 관한 고자와 맹자의 논변을 지켜보던 공도자는 본성에 관한 다양한 논의가 있음도 알았고 정리의 필요성도 느꼈습니다.

고자는 '본성은 선함도 없으며 선하지 않음도 없다.'고 말하거나, 혹은 '성은 선하게 될 수도 있고 선하지 않게 될 수도 있으니, 따라서 문왕과 무왕이 일어나면 백성이 선함을 좋아하고, 포악한 유왕과 여왕(厲王)이 일어나면 백성이 싸우는 것을 좋아한다.'고 말합니다.

그런데 어떤 사람은 '처음부터 본성이 선한 이도 있고 본성이 선하지 않은 이도 있으므로, 훌륭한 요를 임금으로 삼았는데도 오만했던 상 같은 아들이 있었고, 완악한 고수를 아버지로 삼아도 순이 있었으며, 무도한 주가 형의 아들이고 임금이 되었지만 숙부인 미자계와 왕자 비간 같은 충성스런 사람이 있었다.'고 합니다. 그런데 지금 선생님께서는 '본성은 선하다'고 말씀하시니, 그렇다면 저 사람들은 다 틀렸다는 말입니까?

告子曰 性은 無善無不善也라하고 或曰 性은 可以爲善이며 可以爲不善이니
고자왈 성 무선무불선야   혹왈 성 가이위선   가이위불선

是故로 文武興則民이 好善하고 幽厲興則民이 好暴라하고 或曰 有性善하며
시고 문무흥즉민이 호선하고 유려흥즉민이 호포라하고 혹왈 유성선

有性不善하니 是故로 以堯爲君而有象하며 以瞽瞍爲父而有舜하며
유성불선 시고 이요위군이유상 이고수위부이유순

以紂爲兄之子요 且以爲君而有微子啓王子比干이라하나니
이주위형지자 차이위군이유미자계왕자비간

今曰 性善이라하시니 然則彼皆非與잇가
금왈 성선이라하시니 연즉피개비여

공도자는 세 가지 측면에서 본성을 정의합니다. 첫째는 선이나 악이 아직 결정되지 않는 상태로, 음식을 좋아하는 자연본능과 같이 타고난 그대로를 본성이라 말하는 경우입니다. 둘째는 근본적으로 정해진 틀이 없고 후천적 교육이나 습관을 통해 선으로도 될 수도 있고 악으로도 될 수 있는 상황논리로, 어느 방향으로 물길을 터주느냐에 따라 달라지는 경우입니다. 셋째는 본성이 원래 선한 이도 있고 아니면 악한 이도 있다는 것으로, 타고난 것이 각각 달라서 교육을 통해서도 쉽게 변화될 수 없다는 결정론입니다. 이와 견주어볼 때 맹자의 성선(性善)이 지니는 장점은 무엇일까요?

현실로 드러나는 정(情)은 선이 될 수 있으니, 그러므로 선이라 말하는 것이다. 불선하게 되는 것은 본바탕의 죄가 아니다.

乃若其情則可以爲善矣니 乃所謂善也니라 若夫爲不善은 非才之罪也니라
내 약 기 정 즉 가 이 위 선 의   내 소 위 선 야   약 부 위 불 선   비 재 지 죄 야

※ **내약**(乃若): 발어사(發語辭). **정**(情): 성이 발현되어 드러난 실제의 모습. **약부**(若夫): 발어사.
재(才): 재질. 본바탕.

맹자는 자신이 말한 본성이 선하다는 말에 증거를 제시하고 싶었습니다. 마음 가운데 본래부터 내재된 본성, 이때의 본성은 악한 마음이 개입되지 않는 순수한 상태이므로 인간의 선함을 말할 수 있다는 것입니다.

정(情)이란 특정한 감정이 아니라 선한 마음에서 우러나오는 행위입니다. 대가를 계산하지 않고 아낌없이 베푸는 이름 모를 자선가의 선한 마음, 저 멀리 고통받는 사람들을 위해 자신의 재능을 아낌없이 기부하는 사람들의 마음이 그러할 것입니다. 맹자는 타자를 향한 이러한 선한 마음의 표출을 통해 거꾸로 인간의 본성이 기본적으로 선한 마음에서 출발했다고 주장합니다. 만일 사람이 옳지 않은 일을 행한다면 그것은 인간인지라 지니고 있는 욕망의 늪에 빠져서 그런 것이지, 애초에 타고난 본바탕에 죄를 돌려서는 안 된다고 보았습니다.

이어서 맹자는 인간의 본성이 선하다는 것을 사단과 사덕을 연결시켜 설명합니다. 『맹자』를 대표하는 유명한 구절이기도 합니다.

측은해하는 마음을 사람들이 모두 가졌으며, 부끄러워하는 마음을 사람들이 다 가졌으며, 공경하는 마음을 사람들이 다 가졌으며, 시비를 가리는 마음을 사람들이 다 가졌다. 측은해 하는 마음은 인이고, 부끄러워하는 마음은 의이고, 공경하는 마음은 예이고, 시비를 가리는 마음은 지이다. 인의예지가 밖에서부터 나에게 녹아들어온 것이 아니라, 내가 본래 가지고 있는데 생각하지 않았을 따름이다. 그러므로 말하기를 '구하면 얻고 놓으면 잃는다.'라고 하는 것이니, 혹 서로의 차이가 두 배나 다섯 배나 되어 헤아릴 수 없게 되는 것은 그 타고난 본바탕을 다하지 못했기 때문이다.

惻隱之心을 人皆有之하며 羞惡之心을 人皆有之하며 恭敬之心을 人皆有之하며
측 은 지 심　　인 개 유 지　　　수 호 지 심　　인 개 유 지　　　공 경 지 심　인 개 유 지

是非之心을 人皆有之하니 惻隱之心은 仁也요 羞惡之心은 義也요 恭敬之心은
시 비 지 심　　인 개 유 지　　　측 은 지 심　　인 야　　수 오 지 심　　의 야　　공 경 지 심

禮也요 是非之心은 智也니 仁義禮智가 非由外鑠我也라 我固有之也언마는
예 야　　시 비 지 심　　지 야　　인 의 예 지　　비 유 외 삭 아 야　　아 고 유 지 야

弗思耳矣니 故로 曰 求則得之하고 舍則失之라하니 或相倍蓰而無算者는
불 사 이 의　고　　왈 구 즉 득 지　　　사 즉 실 지　　　혹 상 배 사 이 무 산 자

不能盡其才者也니라
불 능 진 기 재 자 야

※ 삭(鑠): 불로써 금속을 녹여 새로운 것을 만드는 것. 사(舍): 놓다, 버리다는 사(捨)와 같음. 사 (蓰): 다섯배. 산(算): 세다, 헤아리다.

측은지심, 수오지심, 공경지심, 시비지심이라는 사단(四端)은 비교적 익숙한 말입니다. 맹자는 인간이라면 모두 사단의 선한 마음을 태생적으로 지니며, 그러한 마음의 근원지를 인의예지로 요약합니다. 여기서 그가 특별히 강조하는 것은 이러한 도덕적 마음이 외부로부터 자극을 받아 형성된 것이 아니라, 애초에 내 안에 있는 고유한 마음이라는 것입니다. 활활 타오르는 용광로에 무엇인가를 집어넣어 새로운 것을 만드는 것처럼 새롭게 만들어진 마음이 아니라는 것이지요. 다만 그 본래의

마음을 생각하지도 않고 찾으려는 노력도 없기에 본래 마음에서 점차 멀어질 따름이라고 주장합니다. 그렇다면 정말 인간은 그렇게 선한 존재에서 시작된 것일까요? 맹자는 『시경』의 말을 인용하여 자신의 주장에 확신을 더해갑니다.

> 『시경』에 '하늘이 수많은 백성을 내시니, 사물이 있으면 법칙이 있도다. 백성들은 변치 않을 그것을 붙잡고 이 아름다운 덕을 좋아한다.'고 하였는데, 공자가 말하기를 '이 시를 지은 자는 그 도리를 아는구나. 그러므로 이 아름다운 덕을 좋아한다.'고 하였다.

詩曰 天生蒸民하시니 有物有則이로다 民之秉夷라 好是懿德이라하여늘
시 왈 천생증민　　　유물유칙　　　민지병이　호시의덕

孔子曰 爲此詩者여 其知道乎인저 故로 有物이면 必有則이니 民之秉夷也라
공자왈 위차시자　기지도호　고　유물　필유칙　민지병이야

故로 好是懿德이라하시니라
고　호시의덕

※ **시**(詩): 『시경』「대아」의 증민(蒸民)편. **증**(蒸): 무리, 대중. **물**(物): 사물, 사태. **칙**(則): 법칙. **이**(夷): 『시경』에는 떳떳하다는 '이(彝)' 자로 쓰임. **의**(懿): 아름답고 좋음.

공자와 맹자의 높은 평가가 덧붙여진 이 시구는 많은 사람들이 좋아하고 성선의 근거를 노래한 것으로 이해됩니다. 사람을 포함한 만물은 저마다 어떤 일정하고도 떳떳한 법칙이 있는데, 사람에게는 바로 의덕(懿德)이라 하여 사람다울 수 있는 훌륭한 덕성이 있다고 말합니다. 공자는 시인 역시 인간으로서 떳떳한 덕성을 간직하려는 심성을 가지고 있었다고 덧붙입니다. 그 마음은 맹자가 말하는 선한 본성과 다르지 않습니다. 주자도 인용했듯이 선한 본성의 실천을 촉구하는 정자의 주장도 이와 같습니다.

성은 즉 이치이니, 이치는 요순과 일반 사람이 한결같다. 재질은 기에서 부여받은 것으로 기에는 맑고 탁한 것이 있어서, 맑은 기를 받은 자는 현인이 되고 탁한 기를 받은 자는 어리석은 자가 된다. 배워서 본성의 선함을 안

다면 기의 청탁에 관계없이 모두 선에 이를 수 있어서 성의 근본으로 회복할 수 있으니, 탕이나 무왕같이 몸소 실천하셨던 분이 계셨다. 공자께서 말씀하신 아주 어리석은 사람은 변화할 수 없다는 말은 자포자기한 사람의 경우이다. 그러므로 성을 논하면서 기를 논하지 않으면 불충분하며, 기를 논하면서 성을 논하지 않으면 분명히 이해하지 못하는 것이다. 성(性)과 기(氣)를 둘로 나누면 옳지 않다.[*]

공도자는 본성에 대한 여러 견해들과 차이 나는 스승 맹자의 성선에 대해 듣고자 했고, 이에 대해 맹자는 도처에서 발견되는 선한 인간들의 모습을 직시하라고 말합니다. 사단으로 확인되듯이 내면에서 솟구치는 양심의 소리에 귀 기울이라는 것이지요. 그 선한 마음은 애초에 인간이 지니고 있는 고유한 심성이자 인류가 지향해야 할 덕성으로 보았습니다. 물론 현실은 선하지 못하거나 혹은 악인들의 모습으로 넘쳐나지만 그래도 그 잘못되고 일그러진 모습이 우리가 추구해야 할 인간의 본래적 모습은 아니라는 것입니다.

맹자는 선의 결핍이 초래한 잘못되어가는 세상을 탓할 것이 아니라 본래의 선한 인간의 모습에 주목해야 한다고 주장합니다. 그가 제시한 구하면 얻을 것이요 잊으면 잃어버린다는 "구즉득지 사즉실지(求則得之 舍則失之)"의 표어는 선한 인간으로의 회복을 꿈꾸는 오래된 미래의 청사진입니다.

모두 같은 마음이다

맹자는 우리 모두가 애초에 동일한 뿌리에서 시작되었다는 주장을 다양한 비유를 통해서 제시합니다.

풍년에는 자제들이 풍족함에 의지하여 착한 일을 많이 하지만, 흉년에는 자제들이 포악한 일을 하는 경우가 많다. 하늘이 내린 본바탕이 그렇게 다른 것이 아니라, 흉년이라는 환경이 그들의 마음을 흔들어서 그런 것이다.

이제 보리의 종자를 뿌리고 북돋아주는데 그 땅이 같으며 심는 시기도 같으면 부쩍 자라나서 성숙할 때에 이르면 다 익는다. 비록 결실에 다른 점이 있더라도 땅의 비옥하고 척박함, 비와 이슬의 길러줌, 그리고 사람이 했던 일이 같지 않았기 때문이다. 그러므로 종류가 같은 것은 모두 서로 비슷할 것이니, 어찌 사람에서만 의심하겠는가? 성인도 나와 같은 부류의 인간이므로 용자가 말하기를, '발의 크기를 모르고 신을 만들어도 내가 삼태기처럼 큰 신발을 만들지 않을 줄은 안다.'고 하였으니, 신발이 서로 같은 것은 천하 사람의 발이 같아서이다.

富歲엔 子弟多賴하고 凶歲엔 子弟多暴하나니 非天之降才爾殊也라
부세 자제다뢰   흉세   자제다포   비천지강재이수야

其所以陷溺其心者然也니라 今夫麰麥을 播種而耰之호대 其地同하며
기소이함닉기심자연야   금부모맥 파종이우지   기지동

樹之時又同하면 勃然而生하여 至於日至之時하여 皆熟矣나니 雖有不同이나
수지시우동   발연이생   지어일지지시   개숙의   수유부동

則地有肥磽하며 雨露之養과 人事之不齊也니라 故로 凡同類者擧相似也니
즉지유비요   우로지양   인사지부제야   고   범동류자거상사야

何獨至於人而疑之리오 聖人도 與我同類者시니라 故로 龍子가 曰
하독지어인이의지   성인   여아동류자   고   용자   왈

不知足而爲屨라도 我知其不爲蕢也라하니 屨之相似는 天下之足이 同也일새니라
부 지 족 이 위 구   아 지 기 불 위 궤 야   구 지 상 사   천 하 지 족   동 야

※ **부세**(富歲): 풍년. **이**(^㢠): 이렇게. **우**(^㨾): 씨를 덮는 것. **일지**(日至): 성숙할 때. **비요**(肥磽): 비옥
과 척박함. **거**(擧): 모두. **구**(屨): 신발.

맹자는 주로 일상생활에서 보고 들을 수 있는 비유를 많이 사용합니
다. 흉년에 사나워지는 인심, 작물의 재배, 신발 만드는 사람 등등. 세상
살이가 그러하듯 사람들의 마음은 거의 같다는 것입니다. 육체의 감각
도 그렇습니다.

입은 맛에 대해서도 비슷하게 좋아하는 점이 있으니, 역아(易牙)라는 사
람은 내 입맛을 먼저 알았던 자이다. 만일 입맛에 있어서 그 본성이 사람
마다 다른 정도가 개나 말이 나와 다른 것과 같다면, 천하 사람들이 어찌
자신이 좋아하는 것을 제쳐두고 모두 역아의 입맛에 따르겠는가? 맛에
있어서 천하 사람들은 다 역아에게 기대하니, 이는 천하 사람들의 입맛
이 서로 비슷하기 때문이다. 귀 또한 그렇다. 소리에 있어서 천하가 사광
(師曠)에게 기대하는 것은 천하의 귀가 서로 비슷하기 때문이다. 눈 역
시 그러하다. 자도(子都)의 경우에 천하 모두가 그녀의 아름다움을 알지
못하는 이가 없으니, 자도의 아름다움을 알지 못하는 자는 눈이 없는 자
이다.

口之於味에 有同耆也하니 易牙는 先得我口之所耆者也라 如使口之於味也에
구 지 어 미   유 동 기 야   역 아   선 득 아 구 지 소 기 자 야   여 사 구 지 어 미 야

其性이 與人殊若犬馬之與我不同類也면 則天下何耆를 皆從易牙之於味也리오
기 성   여 인 수 약 견 마 지 여 아 부 동 류 야   즉 천 하 하 기   개 종 역 아 지 어 미 야

至於味하여는 天下期於易牙하나니 是는 天下之口相似也일새니라
지 어 미   천 하 기 어 역 아   시   천 하 지 구 상 사 야

惟耳도 亦然하니 至於聲하여는 天下期於師曠하나니 是는 天下之耳相似也일새니라
유 이   역 연   지 어 성   천 하 기 어 사 광   시   천 하 지 이 상 사 야

惟目도 亦然하니 至於子都하여는 天下가 莫不知其姣也하나
유 목   역 연   지 어 자 도   천 하   막 부 지 기 교 야

不知子都之姣者는 無目者也니라
부 지 자 도 지 교 자   무 목 자 야

※ **역아**(易牙): 유명한 요리사. **사광**(師曠): 절대 음감을 지닌 사람. **자도**(子都): 미녀. **교**(姣): 예쁘다.

미각, 청각, 시각 등 맹자의 비유는 끝이 없을 것 같습니다. 인간인지라 고만고만한 공통점을 가지고 있다는 것이지요. 그러나 맹자의 의도는 바로 이어지는 내용에 있습니다.

> 그러므로 입은 맛에 대해서 같은 기호가 있으며, 귀는 소리에 있어 같이 듣는 것이 있으며, 눈은 색에 대해서 같이 아름다워 하는 것이 있다. 그런데 마음의 경우에 유독 같이 그러한 것이 없다는 것인가? 마음이 똑같이 그러하다는 점은 무엇일까? 이(理)나 의(義)라고 일컫는 마음이니, 성인은 우리 마음이 똑같이 그러하다는 것을 먼저 터득했을 따름이다. 그러므로 이치와 의리가 내 마음을 기쁘게 하는 것은 고기가 내 입을 기쁘게 하는 것과 같다.

故로 曰 口之於味也에 有同耆焉하며 耳之於聲也에 有同聽焉하며
고   왈 구 지 어 미 야   유 동 기 언   이 지 어 성 야   유 동 청 언

目之於色也에 有同美焉하니 至於心하여 獨無所同然乎아 心之所同然者는
목 지 어 색 야   유 동 미 언   지 어 심   독 무 소 동 연 호   심 지 소 동 연 자

何也오 謂理也義也니 聖人은 先得我心之所同然耳시니
하 야   위 리 야 의 야   성 인   선 득 아 심 지 소 동 연 이

故로 理義之悅我心이 猶芻豢之悅我口니라
고   이 의 지 열 아 심   유 추 환 지 열 아 구

※ **추환**(芻豢): 소·양 같은 초식동물을 추(芻)라 하고, 돼지처럼 곡물을 먹는 동물을 환(豢)이라 함.

맹자는 사람의 감각이 비슷하듯 사람의 마음에도 같은 점이 있을 것이고, 이치나 의리가 바로 그러한 공통분모라고 말합니다. 이치는 곧 마음의 본체이고, 의리는 올바르게 처신하는 마음입니다. 이 마음을 먼저 깨달은 성인도 우리와 같은 마음일 것이요, 맛있는 음식을 보면 입맛이 당기듯 이(理)와 의(義)는 내 마음을 흡족하게 만든다고 보았습니다.

아무리 많은 비유를 사용하더라도 모두가 같은 마음을 지닌 인간임을 강조하는 맹자의 주장에는 변함없습니다. 문화적 차이나 좋아하는 성향의 다름을 말할 수 있을지라도 큰 틀에서 보면 똑같은 인간입니다. 차이보다는 공통의 지향점을 어떻게 설정할지 생각해볼 때입니다.

고자 상편 8장 : 牛山之木

우산의 나무

　맹자는 우산에 울창했던 나무가 황무지로 변해가는 과정을 떠올리며 사람의 본성이 메말라가는 세태를 꼬집습니다. 성리학자들은 특별히 이 장을 '우산장(牛山章)'이라 하여 주목합니다.

우산의 나무가 울창해서 아름다웠는데 큰 도읍의 교외에 있었기 때문에 많은 사람들이 도끼로 베어가니, 무성하게 아름다울 수 있겠는가? 이는 낮과 밤이 길러주고 비와 이슬이 적셔주어 새싹이 돋아나는 경우가 없지는 않지만, 바로 이어 소와 양을 풀어놓아 기르기 때문에 저렇듯이 반질반질한 것이다. 사람이 그 반질반질한 민둥산을 보고 이전에 재목이 있지 않았다고 생각하니, 이것이 어찌 산의 본성이겠는가?

牛山之木이 嘗美矣러니 以其郊於大國也라 斧斤이 伐之어니 可以爲美乎아
우산지목　　상미의　　이기교어대국야　　부근　벌지　　가이위미호

是其日夜之所息과 雨露之所潤에 非無萌蘗之生焉이언마는
시기일야지소식　　우로지소윤　　비무맹얼지생언

牛羊이 又從而牧之라 是以로 若彼濯濯也하니 人見其濯濯也하고
우양　우종이목지　　시이　　약피탁탁야　　인견기탁탁야

以爲未嘗有材焉이라하나니 此豈山之性也哉리오
이위미상유재언　　　　차기산지성야재

　　※ **우산**(牛山): 제나라 동남쪽에 있는 산. **식**(息): 성장하는 것. **맹얼**(萌蘗): 싹이 돋아나는 것. **탁탁**(濯濯): 민둥산. **재**(材): 재목. **성**(性): 성질, 본래의 모습.

　산은 그냥 놔두어도 무엇이든 자라나기 마련입니다. 그러나 도성 근처 사람들이 벌목하고 가축을 방목하면서 산은 벌거숭이 민둥산으로 변해 버렸습니다. 누구의 잘못일까요? 맹자는 본성도 마찬가지라 봅니다.

사람에게 보존되어 있는 것에 어찌 인의의 마음이 없겠는가마는, 그 양심을 내버리는 것이 또한 도끼와 나무의 관계처럼 아침마다 베는 것과 같으니 아름다울 수 있겠는가? 밤낮으로 길러주고 고요한 새벽 기운을 맞아도 그가 좋아하고 미워하는 것이 다른 사람들과 서로 가까운 것이 어찌 드물겠는가마는, 하루 종일 하는 행동이 본성을 꽁꽁 묶어 없애 버리기 때문이다. 묶어 없애기를 반복하면 밤기운이 보존되지 못하고, 밤기운이 보존되지 못하면 금수와의 거리가 멀지 않으니, 사람이 그가 짐승과 같은 것을 보고 일찍이 본바탕을 갖지 않았던 사람이라 여기는데, 이것이 어찌 사람의 본래 모습이겠는가?

雖存乎人者인들 豈無仁義之心哉리오마는 其所以放其良心者가
수 존 호 인 자   기 무 인 의 지 심 재   기 소 이 방 기 양 심 자

亦猶斧斤之於木也에 旦旦而伐之어니 可以爲美乎아 其日夜之所息과
역 유 부 근 지 어 목 야   조 조 이 벌 지   가 이 위 미 호   기 일 야 지 소 식

平旦之氣에 其好惡與人相近也者幾希어늘 則其旦晝之所爲有梏亡之矣나니
평 조 지 기   기 호 오 여 인 상 근 야 자 기 희   즉 기 조 주 지 소 위 유 곡 망 지 의

梏之反覆則其夜氣不足以存이요 夜氣不足以存則其違禽獸不遠矣니
곡 지 반 복 즉 기 야 기 부 족 이 존   야 기 부 족 이 존 즉 기 위 금 수 불 원 의

人이 見其禽獸也而以爲未嘗有才焉者라하나니 是豈人之情也哉리오
인   견 기 금 수 야 이 이 위 미 상 유 재 언 자   시 기 인 지 정 야 재

※ 조(旦): 아침. 조선 태조의 이름인 단(旦)을 피하여 '조(朝)'로 읽음. **평조지기**(平旦之氣): 사물과 함께 접촉하지 않을 때의 청명한 기운. **기희**(幾希): 거의 드물다. **곡망**(梏亡): 형틀에 묶듯이 꼼짝 못하게 만듦.

맹자는 자연의 보이지 않는 힘으로 울창하게 우거진 산이 형성되듯이 사람에게도 본래는 어질고 옳은 양심이 있게 마련이지만, 욕심 때문에 점차 없어져 가는 안타까움을 말하고 있습니다. 그러나 양심의 싹은 없어지지 않아서 때로는 첫새벽의 차가운 공기가 우리의 정신을 맑게 해주듯이 다시금 새롭게 피어난다고 봅니다. 여기서 자연스러움을 뜻하는 밤기운[夜氣]은 사람을 사람답게 만들어가는 숨은 자양분입니다.* 그러

---

* 주자는 야기(夜氣)의 의미를 특별히 강조합니다. "내 스승님께 들으니, 사람에게 이치와 의리의 마음이 없는 적이 없어서 오직 이를 간직하고 잘 지켜간다면 바로 여기에 있을 것

나 이미 마음을 놓아 버린 지 오래인지라 그 효과는 미미할 뿐입니다. 그럼에도 지속적으로 노력해야 하는데, 어제의 잘못이 오늘 또다시 반복되면서 양심을 보존하여 기르지 못하게 되는 것입니다. 인간의 탈을 쓴 짐승이 되어가는 것이지요. 맹자는 이것이 어찌 사람다움의 실상이겠냐고 반문합니다. 보다 사람다운 세상을 살고 싶은 맹자의 강렬한 의지의 표현인 셈이죠. 맹자는 인간에 대한 희망의 끈을 놓지 않고 말합니다.

그러므로 만약 잘 길러낼 수 있다면 어떠한 존재라도 자라지 않을 것이 없고, 만약 길러내는 것을 놓친다면 없어지지 않을 만물이 없을 것이다. 공자께서 '붙잡으면 보존되고 놓아 버리면 없어져서 나가며 들어감이 정해진 때가 없어 그 향하는 곳을 알지 못하는 것은 오직 마음을 말할 것인져!'라고 하셨다.

故로 苟得其養이면 無物不長이요 苟失其養이면 無物不消니라 孔子曰
고　 구 득 기 양　　 무 물 부 장　　 구 실 기 양　　 무 물 불 소　　 공 자 왈

操則存하고 舍則亡하여 出入無時하여 莫知其鄕은 惟心之謂與인저하시니라
조 즉 존　　 사 즉 망　　 출 입 무 시　　 막 지 기 향　 유 심 지 위 여

※ **사**(舍): 놓다[捨]. **향**(鄕): 향하다.

마음을 마치 손으로 움켜쥐듯이 잡아서 간직하면 보존되고 놓으면 없어진다는 '조즉존(操則存) 사즉망(舍則亡)'이란 공자의 멋진 표현은 많은 사람들이 좋아하는 구절이기도 합니다. 그러나 자신도 어디로 향할지 모르는 마음은 신기루와 같아서 보존하고 지키기가 어렵습니다. 그러므로 더욱 신경을 써야 합니다. 나무가 울창했던 우산도 벌거숭이 민둥산이 되듯이, 양심의 싹을 키워 나가기를 포기한 사람은 본능적 욕구

이다. 만약 낮 동안에 질곡되어 없어지지 않았다면 야기는 더욱 맑아질 것이요, 야기가 맑아지면 새벽녘에 사물과 접하지 않았을 때에 담연허명(湛然虛明)한 기상을 저절로 볼 수 있을 것이다."(愚聞之師 曰 "人 理義之心, 未嘗無. 惟持守之, 卽在爾. 若於旦晝之間, 不至梏亡, 則夜氣愈淸, 夜氣淸, 則平旦未與物接之時, 湛然虛明氣象, 自可見矣.")

에만 충실한 짐승과 다를 것이 없기 때문이지요. 맹자는 우리 앞에 두 갈래 길을 제시합니다. 양심을 잡아 보존하려 노력할 것이냐, 손 놓고 있다가 없애 버릴 것이냐?

진심을 다해 경청하세요

맹자는 자신의 주장이 관철되지 않는 이유가 무엇인지 곰곰이 생각해 보았습니다. 눈앞에서는 수긍하는 듯하면서도 뒤돌아서면 언제 그랬냐 는 듯이 냉담한 반응을 보이곤 하는 제왕들의 공통된 모습에 힘이 빠지 곤 하였던 것입니다. 왜 그랬을까요? 맹자는 주변 환경이 그렇게 만든 다고 진단합니다.

왕이 지혜롭지 못한 것을 이상하게 생각할 것 없다. 아무리 천하에서 쉽 게 자라나는 식물이 있더라도, 하루 햇볕을 쪼이고 열흘을 차게 둔다면 자라날 것이 없다. 내가 왕을 뵙는 경우가 또한 드물고 내가 물러나면 아 부하는 자들이 앞다퉈 이르니, 그에게 착한 마음의 싹이 있더라도 내가 어떻게 하겠는가?

無或乎王之不智也로다 雖有天下易生之物也나 一日暴之요 十日寒之면
무 혹 호 왕 지 부 지 야   수 유 천 하 이 생 지 물 야   일 일 폭 지   십 일 한 지

未有能生者也니 吾見이 亦罕矣요 吾退而寒之者至矣니 吾如有萌焉에 何哉리오
미 유 능 생 자 야   오 현   역 한 의   오 퇴 이 한 지 자 지 의   오 여 유 맹 언   하 재

※ **혹(或)**: 의심하다[惑], 이상하게 여김. **폭(暴)**: 따뜻하게 내리쬐다[曝]. **한(罕)**: 드물다.

자신을 만났을 때는 왕의 착한 마음이 잠시 반짝 트이다가도 물러나 면 온갖 간사한 말들이 쏟아지니, 맹자 자신인들 그것을 어떻게 하겠느 냐는 것이지요. 일일폭지(一日暴之) 십일한지(十日寒之)라는 말에 맹자 의 답답한 심정이 그대로 묻어납니다.

비유하면 바둑의 기술은 상대적으로 작은 재주이지만 마음을 오로지 하고 뜻을 극진히 하지 않는다면 배우지 못할 것이다. 혁추는 온 나라에서 바둑을 잘 두기로 이름난 자이다. 만약 혁추로 하여금 두 사람에게 바둑을 가르치게 할 때에 한 사람은 마음을 오로지 하고 뜻을 다하여 오로지 혁추의 말을 들으려 한다. 반면에 다른 한 사람은 비록 듣기는 하지만 마음 한구석에 기러기와 따오기가 장차 이르거든 화살에 매단 줄을 당겨 쏠 것을 생각한다면 비록 함께 배우더라도 같지 못할 것이니, 이것은 그 총명함이 같지 못해서 그런 것인가? 그렇지 않다.

今夫奕之爲數小數也나 不專心致志則不得也니 奕秋는 通國之善奕者也라
금 부 혁 지 위 수 소 수 야   부 전 심 치 지 즉 부 득 야   혁 추   통 국 지 선 혁 자 야

使奕秋로 誨二人奕이어든 其一人은 專心致志하여 惟奕秋之爲聽하고 一人은
사 혁 추   회 이 인 혁   기 일 인   전 심 치 지   유 혁 추 지 위 청   일 인

雖聽之나 一心에 以爲有鴻鵠이 將至어든 思援弓繳而射之하면
수 청 지   일 심   이 위 유 홍 곡   장 지   사 원 궁 작 이 석 지

雖與之俱學이라도 弗若之矣나니 爲是其智弗若與아 曰 非然也니라
수 여 지 구 학   불 약 지 의   위 시 기 지 불 약 여   왈 비 연 야

※ **혁**(奕):바둑. **수**(數):재주. **치**(致):마음을 다해 집중함. **혁추**(奕秋):바둑의 고수. **작**(繳):끈을 화살에 매고 쏘는 것.

마음을 오로지하여 뜻을 다하는 전심치지(專心致志)의 자세가 부족하다면 아무리 사소한 일이라도 제대로 성과를 볼 수 없습니다. 진심으로 경청하는 자세는 자기 변혁의 시작입니다.

고자 상편 10장 : 捨生取義

의인들의 당당한 기개

    의로운 일이라면 죽음마저도 감수하겠다는 의인들의 행동 앞에 숙연해집니다. 그러한 도덕적 신념은 어디에서 나오는 것일까요? 의로운 기개에는 죽음보다도 더 값진 것이 있다는 맹자의 정신과도 통하는 이 대목을 사람들은 '웅어장(熊魚章)'이라 하여 주목하였습니다.

    물고기도 내가 원하는 것이며 값비싼 곰의 웅장 또한 내가 원하는 것이지만, 두 가지를 동시에 얻지 못한다면 물고기를 버리고 웅장을 취할 것이다. 마찬가지로 사는 것 또한 내가 바라는 것이며 의로움 또한 내가 바라는 것이지만, 두 가지를 겸하여 얻지 못한다면 사는 것을 놓고 의를 취할 것이다.

    삶도 내가 바라는 것이지만 하고 싶은 것이 삶보다 더한 것이 있으므로 구차스럽게 살려고 하지 않는 것이다. 죽음도 내가 싫어하는 것이지만 하기 싫은 것이 죽는 것보다 더한 것이 있으므로 환난도 피하지 않는 경우가 있다. 만일 사람들이 하고 싶은 것이 살고자 하는 것보다 더한 것이 없다면 모든 살 수 있는 방법을 무엇인들 하지 않겠으며, 사람들이 싫어하는 것이 죽기보다 더한 것이 없다면 환난을 피할 만한 모든 것을 어찌하지 않겠는가?

魚도 我所欲也며 熊掌도 亦我所欲也언마는 二者를 不可得兼인댄
어　아소욕야　웅장　역아소욕야　　　이자　불가득겸

舍魚而取熊掌者也로라 生亦我所欲也며 義亦我所欲也언마는 二者를
사어이취웅장자야　　　생역아소욕야　　의역아소욕야언마는　이자

不可得兼인댄 舍生而取義者也로리라 生亦我所欲언마는 所欲이 有甚於生者라
불가득겸　　사생이취의자야　　　　생역아소욕　　　소욕　유심어생자

故로 不爲苟得也하며 死亦我所惡언마는 所惡有甚於死者라
고　　불위구득야　　　사역아소오　　　소오유심어사자

故로 患有所不辟也니라 如使人之所欲이 莫甚於生이면 則凡可以得生者를
고　　환유소불피야　　여사인지소욕이　막심어생　즉범가이득생자

何不用也며 使人之所惡莫甚於死者면 則凡可以辟患者를 何不爲也리오
하불용야　사인지소오막심어사자　　즉범가이피환자　하불위야

※ 사(舍): 버리다. 사(捨)와 같이 쓰임. 피(辟): 피하다[避]. 여사(如使): 만약, 가령.

사생취의(捨生取義)! 목숨을 버려서라도 의로움을 취하려는 자세는
이해관계에 민감한 보통사람들이 갖기 어려운 마음입니다. 떳떳한 의리
를 굳게 지키려는 양심의 목소리에 귀 기울이고 행동하는 이들에게 삶
보다 더 값진 일이 있습니다. 구차스럽게 살지 않겠다는 마음의 다짐이
기도 합니다. 맹자는 만약 이런 도덕적인 마음이 없다면 살기 위해 못할
일이 없다고 말합니다. 또한 그는 이런 도덕적 마음과 행동은 특별한 사
람만이 지니고 있는 것이 아니라 인간이라면 누구나 지니는 고유한 도
덕적 마음이라도 보았습니다.

**이 때문에 살 수 있는 데도 그 방법을 쓰지 않는 경우가 있으며, 이 때문
에 환난을 피할 수 있는데도 그렇게 하지 않는 것이다. 그러므로 하고 싶
은 일이 사는 것보다 더한 것이 있고 싫은 일에 죽기보다 더한 것이 있으
니, 어진 자만이 이런 마음을 지니고 있는 것이 아니라 사람마다 모두 가
지고 있지만, 어진 자는 간직하고 잃어버리지 않을 따름이다.**

由是라 則生而有不用也하며 由是라 則可以辟患而有不爲也니라 是故로 所欲이
유시　　즉생이유불용야　　유시　　즉가이피환이유불위야　　　시고　　소욕

有甚於生者하며 所惡有甚於死者하니 非獨賢者有是心也라 人皆有之언마는
유심어생자　　소오유심어사자　　비독현자유시심야　　인개유지

賢者는 能勿喪耳니라
현자　　능물상이

차마 저버릴 수 없는 양심이 있기에 사생취의할 수 있는 도덕적 행동
도 나오는 것입니다. 어진 자는 누구에게나 있는 그 마음을 항상 잊지 않
고 간직합니다. 반면에 보통사람은 상황에 따라 그 마음을 저버립니다.

한 그릇의 밥과 한 그릇의 국을 얻어먹으면 살고 얻어먹지 못하면 죽을 지라도, 혀를 차며 욕하면서 준다면 길 가는 사람도 받지 않을 것이며 발로 밟으면서 주면 거지라도 기분 나쁘게 여길 것이다. 그러나 보통은 만종의 녹봉을 주면 예의를 가리지 않고 받는데, 만종의 녹봉이 나에게 무엇을 보태어 줄 것인가? 집을 아름답게 꾸미고 처첩의 봉양을 받거나 내가 알고 있는 궁핍한 자들이 나에게 얻어먹게 할 정도일 것이다.

一簞食와 一豆羹을 得之則生하고 弗得則死라도 嘑爾而與之면 行道之人도
일단사　일두갱　득지즉생　불득즉사　호이이여지　행도지인

弗受하며 蹴爾而與之면 乞人도 不屑也니라 萬鍾則不辯禮義而受之하나니
불수　축이이여지　걸인　불설야　만종즉불변예의이수지

萬鍾이 於我何加焉이리오 爲宮室之美와 妻妾之奉과 所識窮乏者得我與인저
만종　어아하가언　위궁실지미　처첩지봉　소식궁핍자득아여

※ 사(食): 밥. 호이(嘑爾): 꾸짖는 모양. 행도지인(行道之人): 길거리의 평범한 사람. 축이(蹴爾): 발로 밟는 것. 불설(不屑): 달갑게 여기지 않는 것.

사람들은 차라리 굶주려 죽을지언정 수치스러움을 견디지 못하는 마음이 있지만, 큰 재물 앞에서는 결국 욕망의 노예가 되어 버리기 쉽습니다. 그 이유를 맹자는 집안을 부귀하게 만들려거나 처첩을 거느리려고, 아니면 자신의 선한 행위에 대한 칭찬을 듣고자 해서일 것이라 말하며 사례를 제시합니다.

지난번에는 자신의 자존심을 위해서 죽어도 받지 않다가 이제는 집안을 꾸미기 위하여 받으며, 지난번에는 자신을 위해서 죽어도 받지 않다가 이제는 처첩의 봉양을 받기 위하여 받으며, 지난번에는 자신을 위해서 죽어도 받지 않다가 이제는 내가 아는 궁핍한 자가 나에게 얻는 것을 위하여 받으니, 이 또한 그만둘 수 없는 것인가? 이를 일러 그 본심을 잃었다고 말하는 것이다.

鄕爲身엔 死而不受라가 今爲宮室之美하여 爲之하며 鄕爲身엔 死而不受라가
향위신　사이불수　금위궁실지미　위지　향위신　사이불수

今爲妻妾之奉하여 爲之하며 鄕爲身엔 死而不受라가 今爲所識窮乏者
금위처첩지봉　위지　향위신　사이불수　금위소식궁핍자

得我而爲之하나니 是亦不可以已乎아 此之謂失其本心이니라
득 아 이 위 지   시 역 불 가 이 이 호   차 지 위 실 기 본 심

※ **향**(鄕): 지난번[曩]. **이**(已): 그만두다.

상대의 무례함에 불쾌함이나 불편함을 느끼는 사람도 물욕에 쉽게 무너질 수 있다는 것입니다. 맹자는 많은 봉록 앞에 무너지는 자존심을 되살리라고 권유합니다. 그것이 상실된 본심을 회복히는 길이라 보았기 때문입니다. 부끄러움이 사라져가는 시대에 맹자가 말한 사생취의(捨生取義)는 하나의 기준이 될 것입니다.

잃어버린 마음을 찾아서

맹자에게 인과 의는 삶의 절실한 가치이자 실현해야 될 사람다움의 목표였습니다. 죽더라도 의로움을 취하겠다는 사생취의(捨生取義)의 각오도 있었지만, 보다 간절한 마음으로 반복하여 말합니다.

인은 사람의 마음이요, 의는 사람의 길이다. 그 길을 버리고 따르지 않으며 그 마음을 놓고 구할 줄을 알지 못하니 슬프도다!

仁은 人心也요 義는 人路也니라
인 인심야 　 의 　 인로아

舍其路而不由하며 放其心而不知求하나니 哀哉라
사 기 로 이 불 유 　 방 기 심 이 부 지 구 　 　 애 재

　　※ 유(由): 따르다.

맹자가 인을 사람의 마음이라 표현한 것은 지각하고 욕망하는 일반적인 마음이 아니라 영혼의 근원처로서 잠시도 잊어서는 안 될 본래적인 마음이기 때문입니다. 마치 마음을 곡식의 씨앗이라 한다면 인은 그 씨앗이 제대로 자라나게 하는 이치에 비유할 수 있을 것입니다. 그의 말에는 어진 마음의 소유자라야 진정으로 사람답게 살아갈 수 있다고 보는 절실함이 담겨 있습니다. 또한 길이 아닌 곳을 갈 수 없듯이 의는 일을 마땅하게 처리하는 사람다움의 길입니다. 이처럼 어진 마음과 그로부터 나오는 올바른 행동은 사람이 사람다울 수 있게 해주는 인간다움의 조건입니다. 맹자는 이렇게 중요한 가치를 저버리는 세태를 속상해 하면서 초심으로 돌아가라고 권고합니다.

사람은 키우던 닭과 개가 달아나면 찾을 줄을 알지만, 마음은 잃어버리더라도 찾을 줄을 모른다. 학문의 길이란 다른 것이 아니라 자신이 놓아버린 선한 마음을 찾는 데 있을 따름이다.

人이 有鷄犬이 放則知求之호대 有放心而不知求하나니 學問之道는 無他라
인   유계견   방즉지구지   유방심이부지구   학문지도   무타

求其放心而已矣니라
구 기 방 심 이 이 의

맹자는 사람이라면 마땅히 인의의 마음을 보존하고 저버리지 않아야 한다는 것을 보여주고 있습니다. 잃어버린 닭이나 개도 소중히 여기면서도, 정작 중요한 사람답게 산다는 문제는 심각하게 생각하지 않을 때가 많기 때문입니다. 살다 보니 어쩌다 잊고 지낸 그 마음을 되찾으려는 노력이 필요할 것이고, 이것이 바로 학문하는 길이라 봅니다. 맹자가 말했듯 놓아버린 마음을 찾는 구방심(求放心)의 노력 속에 어진 마음도 피어날 것이며, 의로움도 그 가운데 있을 것입니다.

고자 상편 12~13장 : 弗思甚也

의미를 추구하는 삶

진정 중요한 것은 눈에 보이지 않을 때도 많습니다. 마음을 되돌아보라는 맹자의 다양한 비유는 의미심장합니다.

지금 여기에 무명지가 구부러져 펴지를 못하는 사람이 있는데 크게 아파서 일을 못할 정도는 아니지만, 만일 펴줄 수 있는 사람이 있다면 진나라나 초나라 사이의 먼 길이라도 멀리 여기지 않고 찾을 것이니 손가락이 다른 사람과 같지 못하기 때문이다. 손가락이 남들과 같지 못하면 미워할 줄을 알지만, 마음이 다른 사람만 같지 못하면 미워할 줄을 알지 못하니, 이런 것을 일의 경중을 알지 못한다고 말하는 것이다.

今有無名之指 屈而不信이 非疾痛害事也언마는 如有能信之者면
금 유 무 명 지 지 굴 이 불 신   비 질 통 해 사 야   여 유 능 신 지 자

則不遠秦楚之路하나니 爲指之不若人也니라 指不若人則知惡之호대
즉 불 원 진 초 지 로   위 지 지 불 약 인 야   지 불 약 인 즉 지 오 지

心不若人則不知惡하나니 此之謂不知類也니라
심 불 약 인 즉 부 지 오   차 지 위 부 지 유 야

※ **무명지지**(無名之指): 넷째 손가락. **신**(信): 펴다[伸]. **위**(爲): ~때문. **지**(指): 손가락.

열 손가락 찔러 안 아픈 손가락이 있겠습니까? 모두 소중하므로 정상적인 사람들과 달라서는 안 될 것입니다. 그런데 정작 남과 같은 선한 마음을 갖지 못하는 것에는 여전히 신경쓰지 않는 경우가 많습니다. 맹자가 경중을 알지 못한다고 말하는 것은 가벼운 손가락과 중요한 마음의 차등을 깨닫지 못한다는 것입니다. 손가락에 비하여 마음은 지극히 중요한 것인데도, 남들과는 다른 물욕에 얽매인 마음에 사로잡혀 있더라도 미워할 줄을 알지 못하기 때문입니다. 진정 큰 병은 마음의 병입니다.

병들지 않는 곧은 마음을 찾으려는 맹자의 비유는 점차 본질적인 물음으로 이어집니다. 인간의 사유능력에 주목하는 「고자」 상편 13장이 그러합니다.

> 두 팔 가득되거나 한 움큼이 될 정도의 좋은 오동나무나 가래나무를 만일 사람들이 키워내고자 한다면 저마다 어떻게 길러야 하는지 방법을 알지만, 자기 몸의 경우는 어떻게 수양해야 하는지를 알지 못한다. 어찌 몸을 사랑하는 것이 오동나무나 가래나무만 같지 못하는가? 생각하지 않는 것이 심하기 때문이다.

拱把之桐梓를 人苟欲生之인댄 皆知所以養之者로대 至於身하여는
공 파 지 동 재　　인 구 욕 생 지　　개 지 소 이 양 지 자　　지 어 신

而不知所以養之者하나니 豈愛身이 不若桐梓哉리오 弗思甚也일새니라
이 부 지 소 이 양 지 자　　기 애 신　 불 약 동 재 재　　불 사 심 야

※ 공(拱): 두 손으로 에워싸는 것. 파(把): 한 움큼 되는 것. 동파(桐梓): 오동나무와 가래나무.

나무를 잘 자라게 하려면 물과 해가 부족하지 않게 적절히 북돋아주면서 기다리면 될 것입니다. 그렇다면 나무를 키우듯 소중한 자기 자신을 사랑하는 방법은 무엇일까요? 맹자는 구체적 방법은 제시하지 않지만, 생각하며 살라는 힌트는 제시하고 있습니다. 인간의 가치를 생각하면서 살아가면 커다란 나무를 키우는 것 못지않게 자신을 성숙시켜갈 수 있다는 것이지요.

답은 의외로 가까이 있는지 모릅니다. 세상과 소통하기 위해서 좋은 마음은 키워 나가고 나쁜 마음은 제치면서 인간답게 살아갑시다.

고자 상편 14~15장 : 先立大體

마음을 기르는 대인의 기상

　모든 것이 중요하지만 보다 소중한 것이 있기 마련입니다. 뇌나 심장에 이상이 생기는 것이 가벼운 골절상과 같을 수는 없기 때문입니다. 우리 몸에서 큰 것을 길러야 한다는 맹자의 비유에서 우리가 주목해야 될 큰 것이란 무엇일까요?

　사람의 몸은 모두 다 아끼고 사랑해야 할 것이고, 모든 신체를 사랑한다면 전부 길러 주어야 할 것이다. 한 뼘 남짓한 척촌의 피부라도 사랑하지 않음이 없다면 그 한 뼘 남짓한 피부를 길러주지 않음이 없을 것이다. 잘 보살피느냐 그렇지 않는가의 기준을 어찌 다른 데서 찾을 것인가? 자기 몸에서 경중을 살펴 중요한 부위에 더 신경을 쓸 따름이다.

　몸에도 귀하고 천한 것이 있으며 작고 큰 것이 있으니, 작은 것으로 큰 것을 해치지 말며 천한 것으로 귀한 것을 해쳐도 안 된다. 작은 것을 기르는 자는 소인이 되고, 큰 것을 기르는 자는 대인이 될 것이다.

人之於身也에 兼所愛니 兼所愛則兼所養也라 無尺寸之膚를
인 지 어 신 야　　겸 소 애　　겸 소 애 즉 겸 소 양 야　　무 척 촌 지 부

不愛焉 則無尺寸之膚를 不養也니 所以考其善不善者는 豈有他哉리오
불 애 언 즉 무 척 촌 지 부　　불 양 야　　소 이 고 기 선 불 선 자　　기 유 타 재

於己에 取之而已矣니라 體有貴賤하며 有大小하니 無以小害大하며
어 기　　취 지 이 이 의　　　체 유 귀 천　　유 소 대　　무 이 소 해 대

無以賤害貴니 養其小者爲小人이요 養其大者爲大人이니라
무 이 천 해 귀　　양 기 소 자 위 소 인　　양 기 대 자 위 대 인

　※ **척촌**(尺寸): 한 척, 한 촌 정도로 아주 작음. **선**(善): 잘 기르는 것.

우리 몸에 어디 한 부분 중요하지 않은 곳이 있을까마는, 그래도 상대

적으로 중요한 부위가 있기 마련입니다. 신체적 조건에 따라 경중을 조절하는 것이 건강을 유지하는 비결일 것입니다. 맹자는 적은 것을 기르는 소인과 큰 것을 기르는 대인으로 구분하여 보다 크고 중요한 것에 관심을 두라고 말합니다. 물론 상대적인 대비이겠지만, 여기서 작고 천한 것이 몸이라면 귀하고 큰 것은 심지(心志)라는 점이 암시되고 있습니다. 이어 맹자는 큰 것을 길러야 한다는 것을 몇 가지 비유로 설명합니다.

예를 들어 여기에 원예사가 있는데 귀한 오동나무나 가래나무를 버려두고 쓸모가 떨어지는 가시나무를 기른다면 형편없는 원예사가 될 것이다. 마찬가지로 한 손가락만을 기르고 어깨와 등을 잃는 것을 모른다면 사리를 분별하지 못하는 낭질(狼疾)에 걸린 환자와 같을 것이다.

今有場師舍其梧檟하고 養其樲棘하면 則爲賤場師焉이니라 養其一指하고
금 유 장 사 사 기 오 가　　양 기 이 극　　즉 위 천 장 사 언　　양 기 일 지
而失其肩背而不知也면 則爲狼疾人也니라
이 실 기 견 배 이 부 지 야　　즉 위 낭 질 인 야

※ 장사(場師): 동산을 관리하는 사람. 이극(樲棘): 가시 많고 작은 나무. 낭질(狼疾): 승냥이는 뒤돌아보기를 잘하는 짐승이나 병들면 뒤를 돌아보지 못하기 때문에 어깨와 등을 잃어버린 것에 비유.

음식만 밝히는 사람은 오로지 몸만 기르므로 사람들이 천시하니, 그 작은 것인 몸만을 기르기 위해 큰 것인 마음을 잃어버리고 있기 때문이다. 음식을 밝히는 사람이라도 옳은 마음을 잃지 않는다면, 입과 배를 기르는 것이 어찌 다만 한 자나 한 치의 살을 기르는 것일 뿐이겠는가? 먹는 것 역시 중요하다.

飮食之人을 則人賤之矣나니 爲其養小以失大也니라 飮食之人이 無有失也면
음 식 지 인　　즉 인 천 지 의　　위 기 양 소 이 실 대 야　　음 식 지 인　　무 유 실 야
則口腹이 豈適爲尺寸之膚哉리오
즉 구 복　　기 적 위 척 촌 지 부 재

※ 적(適): 다만.

그저 먹고 마시면서 지내는 사람은 일신의 편안함만을 생각하면서 염치를 알지 못하므로 비웃음을 산다는 것입니다. 음식만 밝히는 사람은 기르는 것이 작고, 큰 것에 대해서는 관심을 두지 않기 때문입니다. 그렇다고 맹자가 음식을 밝히는 사람을 무조건 무시하는 것은 아님은 물론입니다. 음식은 생명과 직결되므로 중요하지만, 만약 그가 마음을 잃지 않을 수 있다면 어찌 육체를 기른다고 비난받는 일이겠습니까? 다만 적은 것만 기르는 사람은 큰 것은 잃어버리지 않는 이가 없으니, 이것을 천하게 여기고 있을 뿐입니다. 그렇다면 맹자가 잘 살피고 길러야 한다는 그 큰 것이란 무엇을 말하는 것일까요?

다음 15장에서 이어지는 공도자의 질문에 대한 맹자의 답은 소인과 대인의 구분에 대한 보다 명료한 답변을 수록하고 있습니다.

> **"똑같은 사람인데 어떤 사람은 대인이 되며, 어떤 사람은 소인이 되는 것은 어째서입니까?"**
> **"자신의 대체(大體)를 좇는 이는 대인이 되고, 소체(小體)를 좇는 이가 소인이 된다."**

"鈞是人也로대 或爲大人하며 或爲小人은 何也잇고"
균 시 인 야   혹 위 대 인   혹 위 소 인   하 야

"從其大體爲大人이요 從其小體爲小人이니라"
종 기 대 체 위 대 인   종 기 소 체 위 소 인

※ **균(鈞)**: 같음[同]. **대체(大體)**: 마음. **소체(小體)**: 눈이나 귀 같은 신체기관.

맹자의 대답은 사람이라고 모두 같은 사람이 아니라는 것입니다. 물론 크거나 작은 신체적인 차이를 말하는 것이 아니라, 그 지향하는 바가 무엇인가에 달려 있다는 것입니다. 여기에서 소체(小體)란 눈이나 코와 같은 육체를 말한 것이라면, 대체(大體)란 마음을 뜻합니다. 마음의 울림에 따라 고상한 인품을 길러 간다면 대인이 될 것이고, 반면에 육체적 욕망의 노예가 되면 소인이 된다는 것입니다. 공도자는 그러한 차이에 대해 추가로 묻습니다.

"똑같은 사람인데, 누구는 대체인 마음을 따르며 누구는 소체인 육체적 감각을 따르는 것은 왜 그렇습니까?"

"귀와 눈이 맡은 것은 생각하지 못하여 외물에 가려지니, 외물이 감각기관과 교차되면서 이끌려질 따름이다. 반면에 마음의 기능은 사유능력이니, 생각하면 얻고 생각하지 않으면 얻지 못하는 것으로 이것은 하늘이 내게 주신 것이다. 먼저 그 큰 것을 세우면 그 작은 것이 빼앗지 못하니, 이에 대인이 될 따름이다."

"鈞是人也로대 或從其大體하며 或從其小體는 何也있고"
　균 시 인 야　　　혹 종 기 대 체　　혹 종 기 소 체　　하 야

"耳目之官은 不思而蔽於物하나니 物이 交物則引之而已矣요 心之官則思라
　이 목 지 관　　불 사 이 폐 어 물　　　물　교 물 즉 인 지 이 이 의　심 지 관 즉 사

思則得之하고 不思則不得也니 此天之所與我者라 先立乎其大者면
　사 즉 득 지　　불 사 즉 부 득 야　차 천 지 소 여 아 자　선 립 호 기 대 자

則小者不能奪也니 此爲大人而已矣니라"
　즉 소 자 불 능 탈 야　차 위 대 인 이 이 의

　※ 관(官): 맡은 직분[司], 기능. 물(物): 대상, 외물, 수동적 대상

　맹자는 대체와 소체의 기능을 구분하고 그에 따라 대인과 소인을 나눠 봅니다. 소체란 귀나 눈과 같은 감각기관이 외물에 이끌릴 때 생깁니다. 눈과 귀의 역할은 보고 듣는 것인데 그 자체가 보거나 들어야 할 이치를 생각하는 것이 아니므로 외물의 유혹대로 끌려가기 쉽다는 것이지요. 귀는 음란한 소리를 좇고 눈은 간사한 빛을 따라가며 욕망에 이끌려가는 이러한 현상이 소체이고 소인이 되는 까닭이라 말합니다.

　반면에 마음의 경우는 그 자체가 사유하는 기능이 있어서 외부 사물이 다가옴에 그 마음이 직분을 다해 생각한다면 그에 마땅한 이치를 얻을 것이요, 그렇지 않으면 그에 따른 이치를 얻지 못해 외물에 가려질 것입니다. 이치에 맞게 생각하느냐 그렇지 않느냐의 관건이 마음에 달려 있으므로 대체라 말하고 그 마음을 잘 보존하는 이를 대인이라 말하는 것입니다.

　육체적 감각기관인 소체(小體)와 사유하는 마음인 대체(大體)는 모두

인간이 천부적으로 타고나는 것입니다. 맹자는 하늘이 준 그러한 기능을 적절히 활용하고, 특히 '먼저 그 큰 마음을 확립하라[先立乎其大者]'고 말합니다. 이치에 따르려는 선한 마음이 우리가 추구해야 할 대인의 마음임을 알아서 고요할 때 기르고 움직일 때 살펴서 외부의 자극에 따른 욕망의 노예가 되지 말아야 할 것입니다.

성리학자들은 대체를 보존하고 기르려는 대인의 마음을 강조하여 별도의 많은 주석을 달고 있습니다. 대표적으로 마음을 경계하며 지은 범준(范浚)의 「심잠(心箴)」을 소개합니다.

아득하고 아득한 천지는 굽어보고 우러름에 끝없고	茫茫堪輿 俯仰無垠
그 가운데 태어난 사람은 조그마하게 몸을 두고 있다.	人於其間 眇然有身
이 변변찮은 몸은 큰 창고 속의 한 낟알에 불과해도	是身之微 太倉稊米
천지에 참여하여 삼재가 됨은 오직 이 마음뿐이도다.	參爲三才 曰惟心爾
예전이나 지금이나 누군들 이 마음이 없겠는가마는	往古來今 孰無此心
마음에 형체에 부림을 당하여 마침내 금수가 되도다.	心爲形役 乃獸乃禽
입과 귀와 눈, 손과 발의 움직이고 고요함 속에	惟口耳目 手足動靜
마음의 빈 곳을 파고들어 그 마음의 병이 되도다.	投間抵隙 爲厥心病
작은 이 마음을 여러 욕망들이 공격해 들어오니	一心之微 衆欲攻之
그 더불어 보존된 것이 아! 얼마 되지 않는도다.	其與存者 嗚呼幾希
군자들은 성(誠)을 보존하고 염두하고 공경해서	君子存誠 克念克敬
천군[마음]이 가득하여 온 몸이 명령을 좇으리라.	天君泰然 百體從令

하늘이 내린 높은 벼슬

높은 자리에 오르고 싶은 욕망은 누구에게나 있습니다. 그러나 정말 중요한 것은 눈에 보이지 않을 때가 많습니다. 맹자는 우리 인간에 내재된 도덕적 마음을 하늘이 내려준 벼슬인 천작(天爵)이라 하고, 상대적으로 획득된 세속적인 지위는 사람들이 주는 벼슬인 인작(人爵)이라 하여 구분합니다.

하늘이 내린 벼슬이 있고 사람이 준 벼슬도 있다. 인의와 충신으로 선을 즐기며 게을리 하지 않는 것은 하늘이 내린 벼슬이고, 공경과 대부는 사람이 준 벼슬이다.

有天爵者하며 有人爵者하니 仁義忠信 樂善不倦은 此天爵也요
유 천 작 자　　유 인 작 자　　인 의 충 신 락 선 불 권　　차 천 작 야
公卿大夫는 此人爵也니라
공 경 대 부　　차 인 작 야

세속적 명예인 인작보다는 본연의 가치인 천작에 보다 주목하라는 것이지요. 맹자가 말한 하늘이 내린 벼슬이란 타자에 대한 사랑과 마땅하게 처신하려는 올곧음, 즉 인의가 기본임은 물론입니다. 여기에 충과 신을 덧붙인 이유는 어질고 올곧은 마음에 최선을 다하고 충실하게 밀고 나가는 자세가 필요하다는 것입니다. 맹자는 애초에 나에게 주어진 이 마음을 삶의 기준으로 삼고 즐거워하면서 게을리 하지 않는 것이 천작에 따라 순리대로 살아가는 자연스런 삶으로 보았습니다. 반면에 공경이나 대부와 같은 벼슬은 형세에 따라 남이 주는 것입니다. 그렇다면 천작과 인작의 관계는 어떠할까요? 맹자는 여기서는 주었던 사람이 언제

든 빼앗을 수도 있다는 말은 하지 않았지만, 인작이 천작에 비해 상대적으로 작은 벼슬임을 암시합니다.

옛사람들은 하늘이 준 벼슬을 닦음에 사람이 준 벼슬이 따라왔다. 지금 사람들은 하늘이 준 벼슬을 닦아서 사람이 준 벼슬을 구하고, 이미 사람이 준 벼슬을 얻어서는 하늘이 준 벼슬을 버리니, 미혹됨이 심한 것이다. 마침내 또한 반드시 망할 따름이다.

古之人은 脩其天爵而人爵從之러니라 今之人은 脩其天爵하여 以要人爵하고
고 지 인   수 기 천 작 이 인 작 종 지   금 지 인   수 기 천 작   이 요 인 작
旣得人爵而棄其天爵하나니 則惑之甚者也라 終亦必亡而已矣니라
기 득 인 작 이 기 기 천 작   즉 혹 지 심 자 야   종 역 필 망 이 이 의

※ **요(要)**: 요구하다. **혹(惑)**: 의혹.

때로는 천작이 인작을 얻는 수단이 될 수도 있습니다. 도덕적 가치가 중시되는 사회에서는 도덕 자체가 목적이자 타인의 찬사를 얻는 효과적 방법이 될 수도 있습니다. 그러나 자신이 도덕적임을 강조하여 벼슬을 요구하는 것은 하늘이 내려준 인간다움의 길을 단지 벼슬을 요구하는 수단으로 간주하는 것입니다. 더 나아가 이미 목적했던 사회적 성취를 얻게 되면 도덕을 저버리고 사람이 주는 벼슬의 근본적 의미조차 망각하기도 합니다. 가장(假裝)된 속임수로 얻은 벼슬이므로 맹자는 하늘이 준 벼슬을 이미 버리고 사람이 준 벼슬인들 어찌 보전할 수 있겠는가라고 반문합니다.

맹자는 도덕적 가치의 중요성을 인식하지 못하고 목적과 수단이 전도된 사회 내지는 수단이 충족되면 본래의 목적의식조차 상실하는 사회상을 꼬집습니다. 특히 인간이라면 누구나 지닐 수 있는 천작이라는 도덕적 가치를 놓치지 말라고 말합니다. 그러나 오늘날에도 여전히 도덕적 가치인 천작을 우선할 때 그에 따라 세속적 욕망인 인작도 자연스럽게 따라올 수 있는지는 생각할 부분입니다.

고자 상편 17장 : 飽乎仁義

덕에 취해 살아가는 삶

누군들 부귀하게 살고 싶지 않겠습니까? 그러나 맹자에게 있어 고귀한 가치는 세속적 욕망을 넘어선 본질적 가치였습니다. 하늘이 내려준 도덕적 가치인 천작(天爵)을 놓치지 않고 살아가는 것이었죠. 관건은 그러한 생각을 하느냐, 그렇지 않느냐에 달려 있습니다.

> 귀하고 싶은 것은 사람들의 똑같은 마음이다. 그러나 사람마다 자기에게 귀한 것이 있지만 생각하지 않을 뿐이다. 다른 사람이 귀하게 하는 것은 본래의 귀함이 아니므로 진나라 경 벼슬에 있던 조맹이 귀하게 만든 것은 조맹이 천하게 할 수 있다.

欲貴者는 人之同心也니 人人이 有貴於己者언마는 弗思耳니라
욕 귀 자　 인 지 동 심 야　 인 인　 유 귀 어 기 자　　 불 사 이
人之所貴者는 非良貴也니 趙孟之所貴를 趙孟이 能賤之니라
인 지 소 귀 자　 비 양 귀 야　 조 맹 지 소 귀　 조 맹 이 능 천 지

※ **불**(弗): '불(不)'과 같으며 동사를 부정할 때 쓰임. **이**(耳): 어조사. **양**(良): 본래. **조맹**(趙孟): 진나라 경(卿).

자신에게 있는 귀한 것을 생각하지 않고 남이 귀하게 만들어 주는 것만을 구하는 세태에 대한 맹자의 답답함이 묻어납니다. 권세를 가진 조맹이 다른 사람에게 벼슬을 주어 귀하게 만들 수도 있고 빼앗아 천하게 만들 수도 있다는 비유가 마음에 와 닿습니다. 사람들이 권력자인 조맹의 문 앞에 분주하게 오가는 것은 그가 나를 귀하게 만들어 줄지도 모른다는 희망 때문입니다. 그러나 주는 자가 언제든 빼앗아갈 수도 있다는 사실을 알면서도 그 유혹에서 쉽게 벗어나기 어려운 것이 우리의 현실

이기 때문에 알면서도 어렵습니다. 결국 정신적으로 귀하게 사느냐, 아니면 세속의 욕망에 따라 사느냐의 선택은 자신에게 달려 있습니다.

시에 이르기를 '이미 술로써 취하고, 이미 덕으로써 배불렀다.'라고 하였다. 인과 의로 배불렀기 때문에 남들의 맛있고 기름진 음식을 원하지 않는 것이며, 착하다는 소문과 널리 명예롭게 함이 몸에 베풀어져서 다른 사람이 수놓아 준 옷쯤은 거들떠볼 필요가 없다는 것을 이른다.

詩云 旣醉以酒요 旣飽以德이라하니 言飽乎仁義也라
시 운 기 취 이 주   기 포 이 덕   언 포 호 인 의 야

所以不願人之膏粱之味也며 令聞廣譽施於身이라 所以不願人之文繡也니라
소 이 불 원 인 지 고 량 지 미 야   영 문 광 예 시 어 신   소 이 불 원 인 지 문 수 야

※ **시**(詩): 『시경』 「대아(大雅)」의 기취(旣醉)편. **포**(飽): 충족됨. **고량**(膏粱): 살진 고기와 아름다운 음식. **영**(令): 좋음. **문**(聞): 명예. **문숙**(文繡): 아름답게 수를 놓은 옷.

시인은 술에 취하듯 가슴 가득이 덕을 품고 사는 모습을 그려냅니다. 기름지고 찰진 음식보다 더한 것이 있다는 것이지요. 그 표현이 멋있기만 합니다. 술에 취하면 하루가 즐겁고 도에 취하면 평생이 즐겁다는 말도 있습니다. 인의에 배부르면 비록 명예를 구하지 않더라도 좋은 소문과 드넓은 명예가 저절로 몸에 베풀어져서 더 이상 바랄 것이 없다는 것이지요.

공자는 타인에게 보여주기식 공부가 아니라 자기만족을 위한 진정한 공부가 중요함을 말합니다. 그러한 정신을 잇는 맹자 역시 남들이 귀하게 여기는 것에 마음을 두기보다는 내 자신에게 있는 본래적 가치에 귀기울일 것을 권합니다. 삶의 주인은 자신이고, 진정한 가치를 찾아가는 주체적 삶이 행복에 다가서는 지름길일 것입니다.

고자 상편 18장 : 仁勝不仁

도덕적이지 못하는 이유

우리는 너무도 쉽게 선을 긋고 포기하기도 합니다. 맹자는 우리가 도덕적으로 살지 못하는 이유를 다음과 같이 비유합니다.

인(仁)이 인하지 않는 것을 이기는 것은 물이 불을 이기는 것과 같으니, 지금의 인을 행하는 자는 물 한 잔으로 한 수레의 나무에 붙은 불을 끄는 것과 같다. 꺼지지 않으면 물이 불을 이기지 못한다고 말하니, 이 또한 어질지 못한 자를 도와줌이 심한 것이다. 또한 마침내 자신도 반드시 망하고 말 것이다.

仁之勝不仁也 猶水勝火하니 今之爲仁者는 猶以一杯水로 救一車薪之火也라
인 지 승 불 인 야 유 수 승 화   금 지 위 인 자   유 이 일 배 수   구 일 거 신 지 화 야

不熄則謂之水不勝火라하나니 此又與於不仁之甚者也라 亦終必亡而已矣니라
불 식 즉 위 지 수 불 승 화   차 우 여 어 불 인 지 심 자 야   역 종 필 망 이 이 의

※ **여**(與): 돕다[助]. **신**(薪): 땔나무. **식**(熄): 꺼지다.

이치로 볼 때 물로 불을 끄는 것은 당연하듯이, 성리학자들은 도덕적 마음이 일반적인 마음을 주재하고 명령하는 것을 당연한 길로 받아들이곤 합니다. 그러나 현실은 그렇지 않습니다. 맹자도 이러한 사실을 잘 알고 있으므로 물 한 잔으로 타오르는 수레의 불길을 잡을 수는 없는 것에 비유합니다. 앞서 아무리 좋은 말을 해주더라도 아첨하는 신하들이 주변에 널려있으면 소용없다는 말과 비슷합니다.

정작 문제는 사람들이 불을 끄지 못하는 것을 보고 물이 불을 이길 수 없다고 속단하는 경우입니다. 이것을 보고 어질지 못한 사람들은 인이란 정말 성취할 수 없다고 생각하면서 도덕적 삶을 포기하기 때문입니

다. 맹자는 이러한 생각이 결국에는 어질지 못한 사람들이 쉽게 포기하도록 돕는 길이라 보았습니다. 물 한 잔으로 타오르는 불길을 잡으려는 듯이 불가능한 일로 간주하면서 인이라는 도덕적 가치를 돌보지 않게 만들 따름이라는 것이지요.

여기서 물 한 잔이 불을 이기지 못한다는 것은 사람들이 스스로 돌이키지 못하고 인에 허물을 돌리는 것을 비유한 것이고, 불인한 자를 돕는다는 것은 욕심이 더욱 성대하여 마침내 불인함을 이겨내지 못한다는 것입니다. 나아가 마침내 반드시 망한다고 말하는 것은 하늘로부터 부여받은 이치가 더욱 희미해져 결국 자기조차도 잃어버리고 말 것이라 경계하는 것입니다.

맹자의 이 모든 비유가 인의 실천에 마땅히 힘쓸 것을 경계한 말임은 물론입니다. 도덕의 진공 상태라고 표현되기도 하는 현대사회에서 우리는 다시금 원초적 질문으로 돌아갈 필요가 있습니다. 인간에게는 애초에 도덕성이 없는 것일까요? 아니면 도덕적 마음을 되살리지 못하는 것일까요?

인격적 성숙의 결실

맹자는 농사에 비유하여 배움을 권장합니다.

**오곡은 씨앗 중에서 좋은 것이지만 만일 익지 못한다면 피만도 못할 것
이다. 인 역시 충분히 성숙하느냐에 달려 있느니라.**

五穀者는 種之美者也나 苟爲不熟이면 不如荑稗니
오 곡 자   종 지 미 자 야   구 위 불 숙   불 여 제 패

夫仁도 亦在乎熟之而已矣니라
부 인   역 재 호 숙 지 이 이 의

> ※ **제패**(荑稗): 피. 곡식만큼 좋지는 않지만 그 열매는 먹을 수 있는 풀.

　우리가 흔히 먹고 있는 벼·보리·콩·조·기장 등 오곡은 곡물 중에
도 가장 값진 것에 속하지만, 성숙시켜 열매 맺지 못한다면 피만큼도 가
치가 없습니다. 쓸모없이 버려진다는 점에서는 같기 때문입니다. 인(仁)
을 마음의 씨앗이라 말합니다. 어진 마음씨 역시 사람의 _본성으로 지극
히 순수하고 정밀해서 오곡의 아름다운 씨앗에 비유될 수 있습니다. 그
러나 씨만 좋다고 결실을 보장받을 수 없습니다. 날마다 새롭게 하려는
노력을 아끼지 않고 성숙의 길로 나아가야만 그 가치가 온전히 발휘되
는 것입니다.

　날 것[生]과 익힌 것[熟]의 차이는 큽니다. 목적지에 다가갈수록 길을
헤매기 쉽습니다. 고충이 심해질수록 성숙의 결실로 한걸음 다가서는
것입니다. 그냥 되는 것이 아니겠지요. 날로 새롭게 하고 끊임없이 이어
가야만 비로소 익숙해집니다. 맹자는 인격적 성숙이야말로 우리가 공부
하는 목적지라고 강조합니다. 좋은 씨가 결실을 맺도록 노력합시다.

고자 상편 20장 : 事必有法

원칙대로 산다

『맹자』「고자」 상편은 본성에 대한 비유로 시작하여 원칙과 기준에 따라 끝없이 노력하라는 비유로 끝맺습니다.

> 활 잘 쏘는 예가 사람들에게 활 쏘는 것을 가르칠 때 반드시 힘껏 당기는 데 뜻을 두었고, 배우는 자도 또한 반드시 힘껏 당기는 데 뜻을 두어야 한다. 집을 짓는 대목(大木)이 사람을 가르칠 때 반드시 컴퍼스와 자를 썼고 배우는 자 또한 반드시 컴퍼스와 자를 쓴다.

羿之教人射에 必志於彀하나니 學者도 亦必志於彀니라 大匠이 誨人에
예 지 교 인 사　　　필 지 어 구　　　　학 자　　역 필 지 어 구　　　대 장　　회 인
必以規矩하나니 學者도 亦必以規矩니라
필 이 규 구　　　　학 자　　역 필 이 규 구

※ **예**(羿): 활 쏘는 자. **지**(志): 목표. **곡**(彀): 활을 끝까지 당김. **학자**(學者): 재주를 배우는 자. **대장**(大匠): 나무를 다루는 대목(大木). **규구**(規矩): 법도.

아이 앞에서는 찬물도 함부로 못 마신다는 속담이 있습니다. 부모나 어른의 점잖지 못한 행동이 아이들에게 영향을 줄 수도 있기 때문입니다. 마찬가지로 일에는 반드시 법도나 기준이 있은 다음에 성취를 기대할 수 있습니다. 활을 잘 쏘는 예(羿)에게도 남다른 비법이 있겠지만, 가르칠 때만큼은 편법보다는 정도를 알려줍니다. 그에 따라 배우는 자 역시 활을 가득히 당겨 목표물에 적중하는 원칙을 배워 나갑니다. 마찬가지로 규구(規矩)라는 표준 척도가 있어야 목수가 제대로 나무를 다룰 수 있습니다. 제자 역시 스승이 제시한 공통의 표준을 배우면서 사제동행의 길을 걷는 것입니다.

맹자는 여기서 일에는 반드시 법도가 있은 다음에야 이루어질 수 있으니, 스승이 이것을 버리면 가르칠 수 없고, 제자가 이것을 버리면 배울 수 없음을 말합니다. 일반적인 재주도 그러한데 하물며 성인의 도에 있어서야 더 말할 것이 있겠느냐는 것입니다.* 그렇다면 인간다움을 촉구하는 성인의 지침에는 어떤 것이 있을까요?

<hr>

* 『맹자집주』「고자」 상편 20장. "此章 言事必有法然後, 可成, 師舍是則無以敎, 弟子舍是則無以學. 曲藝且然, 況聖人之道乎?"

孟子

12

고자 하편

고자 하편 1장 : 隨時處中
무엇이 중요한가?

맹자는 비교를 통해 자신의 의도를 전달하는 방법을 자주 사용합니다. 도덕적 삶을 추구하느냐, 물질적 욕망을 따르느냐의 선택을 촉구하는 것도 그 중 하나입니다.

임나라의 어떤 사람이 맹자 제자인 옥려자(屋廬子)에게 묻습니다.

"예를 따르는 것과 먹고사는 것 가운데 무엇이 더 중요한지요?"
"예가 중요하지요."
"그렇다면 이성을 좋아하는 감정과 예를 따르는 것 중에서 무엇이 중요한지요?"
"그래도 예가 중요하지요."

"물론 그렇게 해야겠지요. 그러나 만약 예법의 절차에 따라 먹을 것을 구하면 굶어죽고, 예법에 맞춰 먹지 않는다면 얻어먹을 수 있을 경우라도 반드시 예로써 하겠습니까? 예를 들어 어려운 상황에서 친영(親迎)하는 예를 갖추려 하면 아내를 얻지 못하고, 친영하는 예를 행하지 않는다면 아내를 얻을 경우라도 반드시 친영하는 예로 부인을 맞아들이겠습니까?"

"禮與食이 孰重고" "禮重이니라" "色與禮孰重고" "禮重이니라"
 예 여 식   숙 중   예 중   색 여 례 숙 중   예 중

"以禮食則飢而死하고 不以禮食則得食이라도 必以禮乎아 親迎則不得妻하고
 이 례 식 즉 기 이 사   불 이 례 식 즉 득 식   필 이 례 호   친 영 즉 부 득 처

不親迎則得妻라도 必親迎乎아"
 불 친 영 즉 득 처   필 친 영 호

먹고 싶거나 이성을 좋아하는 것은 인간의 자연스런 감정이자 기본적인 욕구입니다. 이러한 감정을 어찌 예보다 가볍게 처리할 것인가라는 반론에 직면하여 공도자는 순간 말문이 막혔습니다. 예법이 중요한 줄은 알겠지만 생존욕구 앞에서는 부차적인 문제로 생각될 수도 있기 때문입니다. 맹자가 예시한 친영의 예법이 그렇습니다.

친영(親迎)이란 신랑이 신부를 자기 집에 맞이하여 결혼식을 진행하는 예법을 말합니다. 보통 남자가 여자 집에 가서 혼례를 진행하는 것은 모계사회의 전통에서 비롯된 것으로, 여자측에서 보면 남자의 노동력을 제공받거나 딸을 가진 부모로서 느끼는 심리적 안정감을 높이는 방법이기도 합니다. 신부를 남자측에서 맞아들여 혼례를 주관할 상황이 안 되는데, 굳이 친영의 예법을 진행하려면 여러 조건들을 따져보아야 할 것입니다. 예나 지금이나 예에 맞춰 살아간다는 것은 쉬울 것 같으면서도 어려운 일입니다.

공도자가 다음날 추나라에 거주하던 맹자를 찾아 상황을 설명하면서 도움을 청하자, 맹자는 대수롭지 않게 말합니다.

이것을 답하는데 무슨 어려움이 있겠는가? 아래의 근본을 따지지 않고 그 끝만을 가지런히 한다면, 한 치 정도 되는 나무라도 뾰쪽하게 산처럼 튀어나온 누각의 지붕보다 높게 할 수 있을 것이다. 쇠가 깃털보다 무겁다는 것이 어찌 낚시 바늘만한 갈고리의 쇠붙이와 한 수레 가득히 실은 깃털을 비교하여 말하는 것이겠는가? 먹지 않으면 죽을지도 모를 생명과 관계되는 중요한 일과 형식적 예법을 따르는 가벼운 것을 비교한다면, 어찌 먹고사는 것이 중요하지 않겠는가? 또한 후대를 이어갈 부인을 얻지 못하면 인륜을 저버리게 되므로 혼인하는 중요한 일을 친영과 같이 상대적으로 가벼운 예법과 비교한다면, 이성을 취하는 것이 중요하다뿐이겠는가?

於答是也에 何有리오 不揣其本而齊其末이면 方寸之木을 可使高於岑樓니라
어 답 시 야 하 유 불 췌 기 본 이 제 기 말 방 촌 지 목 가 사 고 어 잠 루

金重於羽者는 豈謂一鉤金與一輿羽之謂哉리오 取食之重者와
금 중 어 우 자 기 위 일 구 금 여 일 여 우 지 위 재 취 식 지 중 자

與禮之輕者而比之면 奚翅食重이며 取色之重者와 與禮之輕者而比之면
여 예 지 경 자 이 비 지 해 시 식 중 취 색 지 중 자 여 예 지 경 자 이 비 지

奚翅色重이리오
해 시 색 중

※ **하유**(何有): 무슨 어려움이 있겠는가? **체**(揣): 헤아리다. **잠루**(岑樓): 산처럼 높고 뾰족하게 생긴 누각. **구**(鉤): 갈고리. **해시**(奚翅): 어찌 해(奚), 뿐 시(翅)로 '어찌 다만 그것뿐이겠느냐'는 반어문.

상황에 따라서는 먹고사는 일이나 결혼하여 부인을 얻는 일이 예법을 차리는 것보다 훨씬 중요하다는 말입니다. 예를 들어 부자유친이라는 윤리질서를 세우기 위해서는 결혼을 통한 2세의 출산과 그로부터 부모와 자식 관계를 맺는 것이 먼저 있어야 함은 물론입니다. 따라서 이런 중차대한 일에 가볍거나 무겁다는 경중의 차이를 논할 것이 아니라 것이지요. 쇠가 깃털보다 무거운 것은 당연하지만, 한 수레 가득 실은 솜털을 낚시바늘 하나의 무게와 비교한다는 것은 그 비교대상이 애초에 잘못되었다는 것이 맹자의 반론입니다. 그리고 반박의 예시를 추가로 말합니다.

가서 이렇게 응대하라. '형의 팔을 비틀어서 먹을 것을 빼앗으면 먹는 것을 얻게 되고, 비틀지 않는다면 먹을 것을 얻지 못할지라도 장차 형의 팔을 비틀러 갈 것인가? 또한 동쪽 집 담을 넘어서 그 처자를 끌고 오면 아내를 얻을 것이고, 만약 억지로 끌고 오지 않으면 아내를 얻지 못할지라도 장차 끌어온단 말인가?'

往應之曰 紾兄之臂而奪之食則得食하고 不紾則不得食이라도 則將紾之乎아
왕 응 지 왈 진 형 지 비 이 탈 지 식 즉 득 식 부 진 즉 부 득 식 즉 장 진 지 호

踰東家牆而摟其處子則得妻하고 不摟則不得妻라도 則將摟之乎아하라
유 동 가 장 이 루 기 처 자 즉 득 처 불 루 즉 부 득 처 즉 장 루 지 호

※ **진**(紾): 잡아 비틀다. **루**(摟): 이끌다. **유**(踰): 넘다. **처자**(處子): 집 안에 있는 처녀.

먹을 것 때문에 형의 팔을 비튼다거나 아무 집이나 들어가 여자에게 혼인을 요구한다는 것은 말도 안 되는 일입니다. 맹자의 극단적 비유는 먹고사는 것 이상으로 형을 공경히 대우하는 자세가 중요하며, 정당한 절차에 따른 혼인이 인륜의 질서를 유지하기 위해 더욱 중요함을 강조하는 말입니다. 예법에 따르는 것과 먹고 마시는 식색이 모두 중요한 일이지만 서로 비교한다면 예가 더욱 중하다는 것입니다.

삶의 중요한 척도는 저마다 다릅니다. 그러나 원칙을 견지하면서 변통의 묘미를 발휘하는 탄력적 자세는 여전히 필요합니다. 무조건적 타협이나 원칙만의 고수*는 사태의 경중을 헤아리지 못하는 것입니다. 문제는 무엇이 중요한 일인지 판단하고 행동하는 일입니다. 지금 당신에게 중요한 일은 무엇입니까?

---

* 주자는 한 자를 굽혀 한 길을 펴는 왕척직심(枉尺直尋)이나 거문고 조율을 위해 기러기 발을 염두에 두지 않고 접착제를 붙이는 교주조금(膠柱調瑟)과 같이 변통을 인정하지 않고 원칙만을 준수하려는 태도에서 벗어나 상황을 직시할 필요가 있다고 보았다.

실천이 부족할 뿐이다

성인의 훌륭함은 알지만 우리 모두가 성인이 될 수 있을지에 대한 믿음을 갖기는 어렵습니다. 과연 보통 사람도 노력하면 성인의 경지에 도달할 수 있을까요? 조나라 군주의 동생인 조교(曹交)란 사람 역시 이러한 의문을 갖고 묻습니다.

"사람들은 모두 요나 순이 될 수 있다고 들었는데, 정말로 그렇습니까?"

"그렇다."

"제가 듣기로 문왕은 10척이고 탕은 9척 장신이었다고 합니다. 그런데 저는 9척 4촌으로 그들만큼 키는 크지만, 밥만 먹어댈 따름이고 다른 재능이 없으니 어찌하면 되겠습니까?"

"人皆可以爲堯舜이라하나니 有諸잇가" "然하다" "交는 聞文王은 十尺이요
　인 개 가 이 위 요 순　　　　　유 저　　　연　　　　교　문 문 왕　십 척

湯은 九尺이라호니 今交는 九尺四寸以長이로대 食粟而已로니 何如則可잇고"
탕　구 척　　　　　금 교　구 척 사 촌 이 장　　　식 속 이 이　　　여 하 즉 가

※ **교**(交): 조교의 이름.

한 척을 20cm로 계산하면 조교의 키는 대략 190cm 정도로 몸집이 큰 사람이었던 것 같습니다. 그런데 성인으로 칭송받는 문왕이나 탕왕과 비교해 외모만 비슷할 뿐이요, 밥만 축내고 있다는 자조 섞인 생각이 들었던 것입니다. 성인을 체구로 따지는 말투가 어이없지만, 조교의 솔직한 속내가 드러난 대목입니다. 사람들 모두가 요순이 될 수 있다고 확신하는 맹자의 소신을 제대로 이해하지 못하고 있음을 보여줍니다. 그

래도 어떻게 하면 요순이 될 수 있겠느냐는 질문이므로 맹자는 구체적
사례로 설명합니다.

어찌 몸의 크기에 달려 있겠는가? 어떻게 하느냐에 있을 뿐이다. 예를
들어 여기 어떤 사람이 있는데 병아리 한 마리도 들지 못하면 힘이 없는
사람이고, 이제 백균을 든다고 말하면 힘센 사람이 될 것이다. 만약 힘이
있는지를 짐의 무게만으로 따져 천균을 들 정도의 장사였던 오확이 들
던 짐을 들 수만 있다면 그도 또한 오확이 될 수 있으니, 사람이 어찌 힘
으로 이기지 못할까 걱정하는 것인가! 그렇게 되려고 노력하지 않았을
뿐이다.

奚有於是리오 亦爲之而已矣니라 有人於此하니 力不能勝一匹雛면
해 유 어 시   역 위 지 이 이 의   유 인 어 차   역 불 능 승 일 필 추

則爲無力人矣요 今日 擧百鈞이면 則爲有力人矣니 然則擧烏獲之任이면
즉 위 무 력 인 의   금 왈 거 백 균   즉 위 유 력 인 의   연 즉 거 오 확 지 임

是亦爲烏獲而已矣니 夫人은 豈以不勝爲患哉리오 弗爲耳니라
시 역 위 오 확 이 이 의   부 인   기 이 불 승 위 환 재   불 위 이

※ **추**(雛): 병아리. **오확**(烏獲): 옛날의 힘센 장사. **임**(任): 짐.

무엇인가를 하려는 의욕이 있는지, 아니면 포기하려는 것인지의 심리
상태에 따라 그 결과는 크게 달라집니다. 단지 재능이나 신체적 장점만
으로 판단할 수 있는 문제가 아닙니다. 마치 권투선수가 자신의 역량에
따라 등급을 조정하여 경기하는 것과 같을 것입니다. 맹자는 진정으로
요순의 인격을 닮고자 하는 강렬한 실천의지가 있다면 그렇게 될 수 있
다고 몇 가지 비유를 들어 말합니다. 우리는 도덕을 실천하려는 마음이
없어 도덕적 인간에서 점차 멀어져 가기 때문입니다.

천천히 걸어서 어른을 뒤따르는 것을 공손이라 말하고, 빨리 걸어서 어
른보다 앞서가는 것을 공손하지 않다고 말한다. 어른보다 천천히 걷는
것을 어찌 사람이 할 수 없다는 것인가? 그렇게 하지 않는 것이니, 요순
의 도는 효도와 공손일 따름이다. 그대가 요임금처럼 옷을 입고 요임금

처럼 말을 하며 요임금처럼 행한다면 요임금이 될 것이다. 만약 포악한 걸왕처럼 옷을 입고 그처럼 말을 하며 그처럼 행동한다면 걸왕이 될 따름이다.

徐行後長者를 謂之弟요 疾行先長者를 謂之不弟니 夫徐行者는
서 행 후 장 자 위 지 제   질 행 선 장 자   위 지 부 제   부 서 행 자

豈人所不能哉리오 所不爲也니 堯舜之道는 孝弟而已矣니라 子服堯之服하며
기 인 소 불 능 재   소 불 위 야   요 순 지 도   효 제 이 이 의   자 복 요 지 복

誦堯之言하며 行堯之行이면 是堯而已矣요 子服桀之服하며 誦桀之言하며
송 요 지 언   행 요 지 행   시 요 이 이 의   자 복 걸 지 복   송 걸 지 언

行桀之行이면 是桀而已矣니라
행 걸 지 행   시 걸 이 이 의

※ 서(徐): 천천히. 제(弟): 공경하다의 제(悌)와 같음. 질(疾): 빠르다. 송(誦): 말하다.

공손한 마음에 자신도 모르게 살짝 뒤쳐져 걷는 것은 그리 어려운 일이 아닙니다. 마음의 문제이지 행위 자체가 어려운 것이 아니기 때문입니다. 마찬가지로 요순의 도라는 것은 효도와 공손처럼 마음속으로 하려고 하면 그렇게 할 수 있다는 것이지요. 효도와 공손은 하나의 의미로 사용되곤 합니다. 진심으로 부모에게 효도하려는 마음이 있다면 어른을 공손히 대우하는 마음도 생기기 때문입니다.

또 맹자가 직설적으로 요임금과 걸왕의 일상적 모습을 대비시키는 것을 보면, 질문하는 조교의 복장이나 어투 그리고 행동이 마음에 안 들었던 모양입니다. 요임금을 따르려는 마음을 지닌다면 좀더 단정하고 올바른 자세를 보였을 것인데 말입니다. 역시 자신이 어떻게 하느냐에 달려있습니다.

이쯤에서 조교는 우리 모두 요순이 될 수 있다는 맹자의 말에 호감을 갖고 좀더 배우려는 생각이 들었던지 다시 질문합니다.

"제가 만약 추나라 군주를 만날 수 있다면 숙소를 빌릴 수 있을 것이니, 머물면서 선생님 문하에서 수업받기를 원합니다."

"도는 큰 길과 같으니 어찌 알기 어렵겠는가! 다만 사람들이 구하지 않

는 것이 문제일 따름이니, 그대가 돌아가 찾는다면 주변에 여러 스승이
있을 것이다."

"交得見於鄒君이면 可以假館이니 願留而受業於門하노이다"
　교 득 현 어 추 군　　　가 이 가 관　　　원 류 이 수 업 어 문

"夫道若大路然하니 豈難知哉리오 人病不求耳니 子歸而求之면 有餘師리라"
　부 도 약 대 로 연　　　기 난 지 재　　　인 병 불 구 이　　자 귀 이 구 지　　유 여 사

　　※ **교**(交): 조교(曹交). **가관**(假館): 관사를 빌리다.

　　조교가 조나라 임금의 동생이라는 권세를 빙자하여 관사에 거처하며
배우려는 다소 편안한 생각을 하였던 모양입니다. 맹자는 그러한 조교
의 속내를 파악한 듯 배우려는 정성이 부족하다 생각하여 완곡하게 거
절합니다. 진리란 탄탄대로처럼 분명하며 우리가 사는 일상에 살아 숨
쉬고 있으니 굳이 나를 찾아와 배울 필요가 있겠느냐는 것입니다. 사람
들이 스스로 진리를 외면하고 반드시 하고자 하는 뜻이 없어서 구하지
않는 것이 문제라는 것입니다. 조교의 경우는 일상에서 어른을 섬기는
예가 부족했고 진리를 구하려는 마음 또한 돈독하지 못하였으므로, 맹
자는 효도와 공손을 가르치면서도 그가 수업하러 오는 것을 그다지 달
갑게 여기지 않았습니다.* 배우는 것도 중요하지만 그보다 먼저 실천할
것을 권유하는 것입니다.

---

*　『맹자집주』「고자」하편 2장. "曹交 事長之禮, 旣不至, 求道之心, 又不篤. 故孟子敎之
以孝弟, 而不容其受業."

너무도 가깝기에 가슴 아픈 관계

　제나라 사람인 고자(高子)가 『시경』의 「소반(小弁)」이라는 시를 원망
[怨]이 품은 소인(小人)이 지은 시라고 말합니다. 이 시에는 주나라 유왕
(幽王)이 신후(申后)를 부인으로 삼아 태자인 의구를 낳았는데, 또다시
포사(褒姒)를 얻어 백복을 낳고 나서 황후였던 신후를 내치고 그의 아들
의구를 태자의 지위에서 폐했던 역사적 사실을 은유적으로 표현하고 있
습니다. 시의 일부를 소개하면 다음과 같습니다.

　　훨훨 나는 저 갈가마귀 한가로이 날고 있고
　　백성들 모두 편안하거늘 나 홀로 근심하는도다.
　　하늘에 무슨 죄를 지었고, 내 죄란 무엇인가!
　　마음속 걱정거리 어찌 말로 할 수 있으리오?[*]

　언뜻 보기에도 애통하고 비통한 마음이 토로되어 있습니다. 원망하
는 마음이 담겨있다는 것은 자신을 내친 부친의 처사를 비난하고 자신
의 신세를 한탄했다는 것이겠지요. 시의 구절이 항상 온후하고 평화로
울 수만은 없지만 「소반」에는 원망만 가득하므로 소인이 지은 시라고 생
각했을지도 모릅니다. 그러나 맹자의 평가는 전혀 달랐습니다.

---

[*] 『시경』「소반」 1절. "弁彼鸒斯, 歸飛提提. 民莫不穀, 我獨于罹. 何辜于天, 我罪伊何.
　心之憂矣, 云如之何."

생각이 꽉 막혀있구나, 고선생이 시를 해석함이여! 여기에 어떤 사람이 있는데 월나라 사람이 활을 당겨 쏘면 그가 웃으면서 말하는 것은 다름 아니라 나와 관계가 덜하기 때문이다. 만약 그 형이 활을 당겨 쏘려 하면 그가 눈물을 줄줄 흘리며 말하는 것은 다른 까닭이 아니라 혈육이므로 슬프기 때문이다. 「소반」의 시에서 원망함은 친한 이를 친밀하게 여기는 것이다. 친한 이를 친밀하게 여기는 것은 어진 마음[仁]에서 나온 것이다. 고루하도다, 고선생의 시 해석이여!

固哉라 高叟之爲詩也이 有人於此하니 越人이 關弓而射之어든
고 재   고 수 지 위 시 야   유 인 어 차   월 인   만 궁 이 석 지

則己談笑而道之는 無他라 疏之也요 其兄이 關弓而射之어든
즉 기 담 소 이 도 지   무 타   소 지 야   기 형   만 궁 이 석 지

則己垂涕泣而道之는 無他라 戚之也니 小弁之怨은 親親也라 親親은 仁也니
즉 기 수 체 읍 이 도 지   무 타   척 지 야   소 반 지 원   친 친 야   친 친   인 야

固矣夫라 高叟之爲詩也여
고 의 부   고 수 지 위 시 야

※ 고(固): 막혀 통하지 못함. 고수(高叟): 제나라 고자(高子). 위(爲): 해석하다. 만(關): 활을 당기는 의미는 '만'으로 읽음. 도(道): 말하다. 석(射): 쏘다. 척(戚): 슬퍼하다.

시인의 마음으로 시를 읽어야지 액면 그대로 해석해서는 안 될 것입니다. 후궁으로 들어온 포사에게 쫓겨나는 태자의 심정에 어찌 원망이 없겠습니까? 남이라면 대놓고 따질 수 있겠지만, 가장 가까운 혈육으로서 아버지의 잘못된 처신이 못내 가슴 아팠던 것입니다. 맹자는 친해야 할 사람을 친하게 대하는 바로 그 마음을 인(仁)이라 말합니다. 공자가 법을 어긴 아버지를 차마 고발하지 못하는 아들의 심정을 옹호했듯이 말입니다. 『맹자』의 대표적인 주석가인 조기(趙岐)는 이렇게 해석합니다.

자녀는 슬하에서 태어나 한몸에서 분리된 것이니, 숨을 쉬고 호흡함에 기운이 부모와 통한다. 마땅히 친해야 함에도 멀어졌기에 원망하고 사모하며 하늘에 부르짖은 것이다. 이 때문에 「소반」의 시에서 원망이 허물이 될 수

없는 것이다.**

그러나 맹자의 말에 쉽게 동의하지 못한 공손추는 이와 다른 평가를 내리고 있는 「개풍(凱風)」이라는 시를 거론합니다. 아들 7형제를 기르던 어머니도 여전히 여자였던지라 어떤 남자에 잠시 마음이 흔들렸던 상황입니다. 자식들은 자신들을 키우며 고생했던 어머니를 생각하며 ㄱ분의 기대에 미치지 못했던 자신을 탓하며 다음과 같이 노래합니다.

경쾌하게 우짖는 꾀꼬리의 듣기 좋은 소리
일곱 자식 있어도 어미 마음 위로 못 하는가!***

가정파탄에 이를 수도 있는 심각한 상황에 직면했음에도 자식들은 스스로를 탓하면서 어머니를 원망하는 마음을 드러내지 않습니다. 인륜을 저버리는 심각한 사태임에도 작은 실수라는 맹자의 평가는 다소 의외입니다.

"「개풍」에서는 왜 원망하지 않는 것입니까?"

"「개풍」은 부모의 잘못이 작은 것이고, 「소반」은 부모의 잘못이 큰 것이다. 만약 부모의 잘못이 큰데도 원망하지 않으면 더욱 소원해지고, 부모의 잘못이 작은데도 원망한다면 이는 부모가 자녀에게 접근하지 못하게 하는 것이다. 부자간에 소원해지는 것도 불효이지만, 부모가 자녀에게 다가서지 못하게 하는 것도 역시 불효이다."

"凱風은 何以不怨이고" "凱風은 親之過小者也요 小弁은 親之過大者也니
개풍 하이불원 개풍 친지과소자야 소반 친지과대자야

** 『맹자집주』 「고자」 하편 3장. 趙氏曰 "生之膝下, 一體而分, 喘息呼吸, 氣通於親. 當親而疏, 怨慕號天, 是以, 小弁之怨, 未足爲怨也."

*** 『시경』 「개풍」 4절. "睍睆黃鳥, 載好其音, 有子七人, 莫慰母心."

親之過大而不怨이면 是는 愈疏也오 親之過小而怨이면 是는 不可磯也니
친 지 과 대 이 불 원   시 유 소 야   친 지 과 소 이 원   시 불 가 기 야

愈疏도 不孝也오 不可磯도 亦不孝也니라"
유 소   불 효 야   불 가 기   역 불 효 야

※ **개풍**(凱風): 『시경』 「패풍」의 편명. **기**(磯): 물의 흐름을 방해하기 위해 놓인 물가의 돌. 불가기
(不可磯)는 부모의 작은 허물에도 탓하는 것은 물가의 돌이 물의 흐름을 방해하듯 부모의 심기
를 잘못 건드리는 것을 비유한 것임.

맹자는 자신의 지위를 박탈한 부왕에 대한 원망을 노래한 「소반」이란 시와, 어머니의 일탈을 자신의 탓으로 돌리는 아들의 심정을 토로한 「개풍」을 다르게 봅니다. 전자는 국가 종사와 관계된 중대한 일이라면, 후자는 일시적 사정으로 모자간에 거리가 생긴 것으로 상대적으로 사소한 일로 보기 때문입니다. 과연 부모의 잘못을 그러한 차이로 단정할 수 있을지는 의문이지만, 맹자의 이어지는 설명은 여러 모로 생각할 부분입니다. 부모의 잘못이 큰데도 원망하지 않는다면 소원함을 더해갈 뿐이라 말하기 때문입니다.

부모를 자신과 관계되지 않은 타인처럼 생각하듯 별다른 반응이 없다면 남보다 못한 관계일 뿐이라는 것이지요. 반면에 부모의 잘못이 작은데도 화를 내거나 원망한다면, 그런 자녀들에게 쉽게 다가갈 부모는 없다고 말합니다. 마치 물가에 솟아 있는 돌이 물의 흐름을 방해하여 순리대로 흐르는 물의 속도를 빠르게 바꾸듯이 말입니다. 부모와 자녀 사이에 소원해지는 것은 당연히 불효이지만, 서로 가까이 다가서지 못하도록 하는 것도 불효라는 것입니다. 맹자는 공자의 순임금에 대한 평가로 대화를 정리합니다.

공자께서는 '순은 아마도 지극히 효성스러운 분이었을 것이다. 오십이 되도록 부모를 사모하셨으니!'라고 말씀하셨다.

孔子曰 舜은 其至孝矣신저 五十而慕라하시니라
공 자 왈 순 기 지 효 의   오 십 이 모

맹자는 순임금의 고달픈 가정사를 생각하며 끝까지 부모의 마음을 읽으려는 그 노력을 높이 평가하였습니다. 순임금이 원망하면서도 사모하는 심정은 자신을 해치려는 이가 부모였기에 더욱 가슴 아팠다는 것입니다. 마찬가지로 「소반」에 쓰인 원망이란 표현도 불효가 되지 않는다고 보았으므로 이 시를 소인의 글이라 평가하는 것도 잘못이라는 것이지요.

부모와 자녀 사이처럼 쉽고도 어려운 관계가 없을 것입니다. 부자유친(父子有親)이란 말도 부모와 자녀는 서로 친하다는 말이 아니라, 소원해질 수 있으므로 친밀해지도록 노력해야 한다는 의미일 것입니다. 서로의 거리감을 줄여나가며 하나된 마음으로 살아가려는 그 마음이 인간다움의 출발이지 않을까요?

고자 하편 4장 : 不謀其利

이익을 앞세우지 마세요

『맹자』 첫 머리에서 "하필이면 이익을 앞세우십니까"라는, 즉 현실적 이익보다는 도덕적 가치를 먼저 생각하라는 맹자의 주장은 일관됩니다. 송경(宋牼)이라는 송나라 학자가 초나라로 간다는 말을 듣고 맹자는 석구라는 곳에서 그를 만나 묻습니다.

"선생은 어디로 가시려는 것입니까?"

"내 들으니 진나라와 초나라가 전쟁하려고 군사를 집결시켰다고 하니, 내 장차 초나라 왕을 만나서 설득하여 싸움을 그치게 하려는 것입니다. 만약 초나라 왕이 달갑게 여기지 않거든 진나라 왕을 만나서 설득하여 싸움을 그치게 할 것입니다. 두 임금 가운데 한 사람은 장차 나의 뜻과 맞는 사람이 있을 것입니다."

"청컨대 그 자세한 내막은 묻지 않을 것이고 그 취지나 듣기를 원합니다. 장차 어떻게 설득하려 하십니까?"
"나는 전쟁하는 것이 이롭지 않다는 점을 말할 것입니다."
"선생의 뜻은 크지만 선생의 구호는 옳지 않습니다."

"先生은 將何之오" "吾聞秦楚構兵하니 我將見楚王하야 說而罷之하대 楚王이
　선생　장하지　　　오문진초구병　　　아장견초왕　　　세이파지　　　초왕

不悅이어든 我將見秦王하야 說而罷之호리니 二王에 我將有所遇焉이리라"
　불열　　　아장견진왕　　　세이파지　　　이왕　아장유소우언

"軻也는 請無問其詳이오 願聞其指하노니 說之將如何오"
　가야　청무문기상　원문기지　세지장여하

"我將言其不利也호리라" "先生之志則大矣어니와 先生之號則不可하다"
　아장언기불리야　　　선생지지즉대의　　　선생지호즉불가

※ **구병**(構兵): 전쟁을 일으키다. **세**(說): 유세하다. 설득하다. **우**(遇): 만나다. 합치되다. **호**(號): 구호.

패권다툼이 한창이던 전국시대에 전쟁을 그치고 백성을 편안하게 하려는 송경의 뜻은 크지만, 이로움을 명분으로 내세워 왕들을 설득하려는 것은 잘못이라는 것입니다. 맹자가 급히 송경을 찾아간 이유가 바로 여기에 있었던 것이지요. 왕을 만나면 자신이 하고 싶은 말을 대신 전해 달라는 의도도 있을 것입니다. 즉 인의라는 도덕적 마음을 판단의 기준으로 삼으라고 설득하라는 것이지요.

선생이 이익을 계산하여 진나라와 초나라의 왕을 설득하면 진나라와 초나라 왕은 이익을 기뻐하여 삼군의 군대를 풀 것이니, 그리하면 삼군의 군사들이 해산되는 것을 즐거워하며 이익을 기뻐하게 될 것입니다. 남의 신하 된 자가 이익을 품고 그 임금을 섬기며, 자식이 된 사람이 이익을 품고서 그 부모를 섬기며, 아우가 된 사람이 이익을 품고서 그 형을 섬긴다면, 이는 군신과 부자와 형제가 마침내 인(仁)과 의(義)를 저버리고 이익을 생각하여 서로 접하는 것이니, 그렇게 하고서도 망하지 않은 자가 있지 않습니다.

先生이 以利로 說秦楚之王이면 秦楚之王이 悅於利하야 以罷三軍之師하리니
선생 이리 세진초지왕 진초지왕 열어리 이파삼군지사

是는 三軍之師樂罷而悅於利也라 爲人臣者懷利以事其君하며
시 삼군지사낙파이열어리야 위인신자회리이사기군

爲人子者懷利以事其父하며 爲人弟者懷利以事其兄이면 是는
위인자자회리이사기부 위인제자회리이사기형 시

君臣父子兄弟終去仁義하고 懷利以相接이니 然而不亡者未之有也니라
군신부자형제종거인의 회리이상접 연이불망자미지유야

만약에 선생이 인과 의로써 진나라와 초나라의 왕을 설득한다면 진나라와 초나라의 왕이 인과 의를 기뻐하며 삼군의 군사를 풀 것이니, 그리하면 삼군의 군사가 해산되는 것을 즐거워하고 인과 의를 기뻐하는 것입니다. 남의 신하 된 자가 인과 의를 품고서 그 임금을 섬기며, 자식이 된 사람이 인과 의를 품고서 그 부모를 섬기며, 아우가 된 사람이 인과 의를 품고서 그 형을 섬긴다면, 이는 군신과 부자와 형제가 이익을 버리고 인과 의를 품고서 서로 접하는 것이니, 그렇게 하고서도 천하의 왕이 되지

못하는 자가 아직 있지 않습니다. 어찌 반드시 이익을 말씀하십니까?

先生이 以仁義로 說秦楚之王이면 秦楚之王이 悅於仁義하야
선생 이인의 세진초지왕 진초지왕 열어인의

而罷三軍之師하리니 是는 三軍之士樂罷而悅於仁義也라
이 파 삼 군 지 사 시 삼 군 지 사 낙 파 이 열 어 인 의 야

爲人臣者懷仁義以事其君하며 爲人子者懷仁義以事其父하며
위 인 신 자 회 인 의 이 사 기 군 위 인 자 자 회 인 의 이 사 기 부

爲人弟者懷仁義以事其兄이면 是는 君臣父子兄弟去利하고
위 인 제 자 회 인 의 이 사 기 형 시 군 신 부 자 형 제 거 리

懷仁義以相接也니 然而不王者未之有也니 何必曰利리오
회 인 의 이 상 접 야 연 이 불 왕 자 미 지 유 야 하 필 왈 리

이익의 바람이 한번 일면 모두가 이로움을 좇아 행할 것이라는 맹자의 우려가 반복적으로 기술되고 있습니다. 모두가 자신에게 이익이 없다고 생각하면 군주에 대한 진정한 충성심도 없게 될 것이고, 효도와 공경하는 마음도 사라지게 될 것이라는 것입니다. 반면에 왕에게 인의의 도덕을 내세워 전쟁으로 인한 피해가 고스란히 백성에게 돌아가게 될 것임을 설득시킬 수만 있다면, 전쟁을 막는 것은 물론이고 국가 전체가 도덕적 마음으로 돌아가게 될 것이라 보았습니다. 굳이 강조하지 않더라도 왕을 위해 충성심을 보일 것이고, 효도와 공경이 싹트게 될 것이기 때문입니다. 이것은 맹자가 기대하는 왕도정치의 이상향이기도 합니다.

전쟁을 그치게 하고 백성을 편안히 쉬게 하려는 선한 의도는 맹자나 송경이 같습니다. 하지만 맹자의 생각으로는 어떤 마음으로 대응하느냐에 따라 의리와 이익이라는 목표의 차이가 다르고, 장기적으로 볼 때 국가가 흥하느냐 망하느냐의 전혀 다른 결과로 이어질 수도 있다고 보았습니다. 맹자의 말을 듣고 초나라로 발길을 옮기는 송경은 어떤 생각이 들었을까요? 초왕을 만나 맹자처럼 "어찌 반드시 이익을 앞세우십니까"라고 설득하였을까요?

고자 하편 5장 : 禮意及物

진정성이 담긴 선물

　같은 선물을 받더라도 상대가 어떤 마음이냐에 따라 그 의미도 달라집니다. 선물을 보내는 사람의 마음가짐이 중요함은 물론이겠지요. 맹자는 선물을 받으면서 그에 대한 답례의 정도를 달리하였습니다. 맹자가 추나라에 있을 때, 임나라 군주의 동생인 계임(季任)은 군주가 잠시 국외 순방을 떠나자 임나라를 대신 다스리고 있었습니다. 그는 폐백을 가지고 맹자와 교류하고자 하였는데 맹자는 폐백을 받기만 하고 답례하지 않았습니다. 또한 맹자가 제나라의 평륙이란 땅에 거주하였을 때, 마침 제나라 재상으로 승진한 저자(儲子) 역시 폐백을 가지고 교류하고자 하였는데 맹자는 그가 보내준 폐백만 받고 답례하지 않았습니다.

　그러던 어느 날 추 땅에서 임나라로 향하던 맹자는 계임을 만나서 보내준 선물에 대한 감사 인사를 나눴지만, 평륙에서 제나라로 갔을 때는 저자를 만나지 않았습니다. 맹자의 상반된 처신에 제자인 옥려자(屋盧子)가 그 기회를 놓칠세라 호기롭게 질문합니다. 좀체 빈틈을 보이지 않았던 스승의 허점을 보았던 것이지요.

선생님께서 임나라에 갔을 때는 계자(季子)를 만나보았고, 제나라로 갔을 때는 저자(儲子)를 만나보지 않으셨습니다. 저자가 제나라의 정승이었기 때문입니까?

夫子之任하사 見季子하시고 之齊하사 不見儲子하시니 爲其爲相與잇가
부 자 지 임　　견 계 자　　　지 제　　불 견 저 자　　　위 기 위 상 여

옥려자의 질문은 맹자가 임나라 군주를 대리하여 섭행했던 계자였던지라 기꺼이 찾아뵈었다면, 상대적으로 제나라 정승은 그보다 낮은 지위였기 때문에 저자를 만나지 않은 것이 아닌가 하는 것입니다. 맹자에게 그런 현실적 계산이 있지 않았냐는 것이죠.

아니다. 『서경』에 '폐백을 올릴 때는 예의를 대부분 중시한다. 비록 폐백을 올릴 때에도 적당한 예의에 미치지 못하면 드리지 않았다고 하니, 폐백을 올리는 데 마음을 쓰지 않은 것이다.'라고 하였다. 바로 폐백을 올리는 예법을 제대로 갖추지 못했기 때문이다.

非也라 書에 曰享은 多儀하니 儀不及物이면 曰 不享이니 惟不役志于享이라하니
비 야   서   왈향   다 의   의불급물   왈 불향   유불역지우향

爲其不成享也니라
위 기 불 성 향 야

※ 서(書): 『서경』 주서(周書)의 낙고(洛誥)편. 향(享): 윗사람에게 물건[폐백]을 올리다. 물(物): 폐백. 역(役): 쓰다. 위(爲): 때문이다.

맹자는 『서경』의 말을 인용하여 자신의 처신을 정당화시킵니다. 보통은 향유하거나 누리다는 뜻으로 향(享) 자가 쓰이는데, 여기서는 윗사람을 받든다는 의미입니다. 윗사람을 받들 때 사용하는 폐백은 예의를 중시하는데, 예법에 걸맞지 않으면 주어도 제대로 받았다는 말을 듣기 어렵다는 것입니다. 물건이 아니라 마음에 초점을 두기 때문이지요. 스승의 말을 바로 이해한 옥려자가 기뻐하자 그 이유를 묻는 어떤 사람에게 말합니다.

계임은 추나라에 갈 수 없었고, 저자는 평륙에 갈 수 있었기 때문이다.

季子는 不得之鄒요 儲子는 得之平陸일새니라
계 자   부득지추   저 자   득지평륙

※ 지(之): 가다.

당시 계자는 임나라 군주를 위해 국사를 대행하고 있었으므로 맹자를 직접 찾아갈 수 없는 상황인지라 폐백만 보내었어도 예법에 어긋나지 않았다는 것입니다. 반면에 제나라의 정승이 된 저자는 자기 나라 안에 거주하던 맹자를 찾아올 수도 있었는데 달랑 예물만 보냈으니 마음이 부족했다고 보았던 것입니다.

맹자는 예물을 줄 때 예법에 맞고, 그 예법은 마음을 담아야 한다는 『서경』의 눈으로 세상과 소통하고 있었습니다. 주고도 좋은 소리 못 듣는 경우도 있는데, 형식을 벗어나 진정 어린 마음이 필요할 것입니다.

고자 하편 6장 : 行不同道
자신이 있어야 할 자리

   어느 한 곳에 정착하지 못하고 자신의 이상을 실현하기 위해 제나라를 떠나려는 맹자에게 순우곤(淳于髡)이 묻습니다. 지금 그 자리가 어떤 자리인데 너무 쉽게 포기하고 떠나려 한다는 것이지요.

> 명성과 실질을 앞세우는 자는 백성을 구제하는 데 뜻이 있으니 남을 위해서이고, 명성과 실질을 뒤로 하여 나서지 않는 자는 그 몸을 착하게 하려는 것이니 스스로를 위해서입니다. 지금 선생님께서 삼경의 높은 벼슬 가운데 계셨으나 명성과 실질이 위아래에 더해지지 않았는데도 떠나시니, 어진 자도 진실로 이와 같습니까?

先名實者는 爲人也요 後名實者는 自爲也니 夫子在三卿之中하사
선 명 실 자　　위 인 야　　후 명 실 자　　자 위 야　　부 자 재 삼 경 지 중

名實이 未加於上下而去之하시니 仁者도 固如此乎잇가
명 실　　미 가 어 상 하 이 거 지　　　　인 자　　고 여 차 호

   ※ **명**(名): 명성. 명예. **실**(實): 실질. 업적. **고**(固): 진실로.

   삼경의 벼슬은 국정 운영에 영향을 주는 높은 벼슬입니다. 맹자가 그 위치에 있다는 자체가 세상을 다스리고 백성을 구제하려는 뜻이 분명한데도, 위로는 임금에게 이루어준 것이 없고 아래로는 백성에게 덕택이 없는 상황에서 물러나는 것에 대한 순우곤의 불만이 역력합니다. 인을 내세우는 분이 왜 그렇게 공동체에 대한 책임의식이 없냐는 것이지요. 맹자는 자신의 출처에도 정당함이 있음을 역사적 사례를 들어 설명합니다.

그대는 어찌 떠나느냐의 거취를 가지고 인을 논하는가? 낮은 지위에 거처하면서 자신의 현명함으로 불초한 자를 섬기지 않았던 이는 백이였고, 다섯 번 탕왕에게 나아가고 걸의 개과천선을 바라는 탕의 천거로 다섯 번이나 걸왕에게 나간 자는 이윤이었고, 더러운 임금도 미워하지 않고 적은 벼슬도 사양하지 않은 이는 유하혜였다. 세 분은 도를 같이하지 않았지만, 그 방향은 같았다. 같다는 것은 무엇이겠는가? '인(仁)'이라할 것이다. 군자는 또한 인을 행할 뿐이니, 어찌 반드시 같겠는가?

居下位하야 不以賢事不肖者는 伯夷也요 五就湯하며 五就桀者는 伊尹也요
거 하 위　　불 이 현 사 불 초 자　　백 이 야　　오 취 탕　　　오 취 걸 자　　이 윤 야

不惡汚君하며 不辭小官者는 柳下惠也니 三子者不同道하나 其趨는 一也니
불 오 오 군　　불 사 소 관 자　　유 하 혜 야　　삼 자 자 부 동 도　　기 추　 일 야

一者는 何也오 曰仁也라 君子는 亦仁而已矣니 何必同이리오
일 자　 하 야　 왈 인 야　 군 자　 역 인 이 이 의　　하 필 동

※ 취(就): 나아가서 섬기다. 사(辭): 사양하다. 추(趨): 취지.

맹자가 출처를 말할 때 자주 등장하는 인물은 백이, 이윤, 유하혜입니다. 백이는 맑고 청렴한 이로 도가 없는 세상에는 함부로 나서지 않았습니다. 반면에 이윤은 우국애민의 책임의식을 온몸으로 느끼며 살았던 인물입니다. 자신이 섬기던 임금이 요순과 같이 되게 하지 못하는 것을 부끄러워하는 마음이 시장에서 종아리를 맞는 것처럼 생각하였고, 한 사람이라도 적절한 자리를 얻지 못하면 그것은 자신의 죄라고 생각하였기 때문입니다. 또한 유하혜는 혼탁한 세상 따위는 아랑곳하지 않고 자신의 절개를 지켜가며 현실에 참여하는 것을 주저하지 않았던 인물입니다.[*]

그들의 행적을 대비시켜 본다면 백이는 자신을 위하는 쪽에 가깝다면, 이윤을 세상을 위하는 쪽에 가깝고, 유하혜는 이 둘의 중간 정도일 것입니다. 그러나 맹자는 인(仁)을 지켜가려는 그 마음에 있어서는 길을 같이한다고 보았습니다. 아무런 사적인 욕심 없이 천리와 합하려는 어

---

[*] 자세한 내용은 「만장」 하편 1장 참조.

진 마음 말입니다. 맹자 자신이 삼경의 벼슬을 놓고 떠나가려는 것도 떠날 만한 이유가 있어서 그런 것이지, 결코 어진 마음이 없어서가 아니라는 것입니다. 그러나 순우곤은 현명한 자들의 현실적 성과가 부족했다는 점을 노나라의 상황을 들어 비꼬며 말합니다.

> "노나라 목공 때에 공의자가 정치를 담당하였고 자류와 자사가 신하가 되었지만, 노나라가 땅을 빼앗긴 것이 더욱 심하니, 이처럼 어진 자가 나라에 유익함이 없음이여!"

> "그렇지 않다. 우나라는 백리해를 쓰지 않아서 망했고, 진나라 목공은 그를 써서 패자가 되었다. 현명한 이를 쓰지 않으면 망할 것이니, 세분의 어진 사람이 없었다면 땅을 빼앗기는 정도에서 그치고자 하더라도 할 수 없었을 것이다."

"魯繆公之時에 公儀子爲政하고 子柳子思爲臣이로대 魯之削也滋甚하니
노 목 공 지 시   공 의 자 위 정   자 류 자 사 위 신   노 지 삭 야 자 심

若是乎賢者之無益於國也여" "虞不用百里奚而亡하고 秦穆公이
약 시 호 현 자 지 무 익 어 국 야   우 불 용 백 리 해 이 망   진 목 공

用之而霸하니 不用賢則亡이니 削을 何可得與리오"
용 지 이 패   불 용 현 즉 망   삭   하 가 득 여

※ **공의자**(公儀子): 노나라 재상. **삭**(削): 깎이다.

순우곤은 맹자가 제나라에 계속 있었더라도 별다른 성과가 없었을 것이라는 기롱하지만, 맹자는 현자를 바라보는 지도자의 안목에 따라 국가의 존망이 달려있다고 반박합니다. 그러나 순우곤은 그럼에도 결국은 성과가 없지 않았느냐고 재차 따집니다.

> "옛날에 왕표가 기 땅에 거처하자 황하 서쪽 사람들이 교화되어 노래를 잘하였고, 면구가 고당에 거처하자 제나라 동쪽 사람들이 노래를 잘하였고, 화주와 기량의 처는 싸우다 죽은 남편을 위해 애통한 마음으로 곡을 잘 하자 그 나라 풍속이 변하였습니다. 안에 있으면 반드시 밖으로 드

러나니, 일을 하고서 공이 없는 자를 제가 일찍이 보지 못하였습니다. 그러므로 현명한 자가 없었던 것이니, 있으면 제가 반드시 알았을 것입니다."

"그렇게만 생각하지 말라. 공자가 노나라 사구가 되셨는데 그의 말이 쓰이지 않고, 그 후에도 나라에서 제사를 드렸는데 제사에 쓴 고기를 집에 보내오지 않자 관을 벗지 않고 떠나셨다. 알지 못하는 자는 고기 때문이라 생각하고, 아는 자는 무례해서 그런 것이라 여겼다. 그런데 공자는 작은 허물을 탓하여 떠나고자 하고 구차스럽게 떠나려 하지 않으신 것이다. 군자가 하는 것을 보통사람은 본래 알지 못하는 것이다."

"昔者에 王豹處於淇 而河西善謳하고 綿駒處於高唐而齊右善歌하고
석 자   왕 표 처 어 기 이 하 서 선 구   면 구 처 어 고 당 이 제 우 선 가

華周杞梁之妻 善哭其夫而變國俗하니 有諸內면 必形諸外하나니
화 주 기 량 지 처 선 곡 기 부 이 변 국 속   유 저 내   필 형 저 외

爲其事而無其功者를 髡이 未嘗睹之也로니 是故로 無賢者也니
위 기 사 이 무 기 공 자   곤   미 상 도 지 야   시 고   무 현 자 야

有則髡必識之니이다" "孔子爲魯司寇러시니 不用하고 從而祭에 燔肉이
유 즉 곤 필 식 지   공 자 위 노 사 구   불 용   종 이 제   번 육

不至어늘 不稅冕而行하시니 不知者는 以爲爲肉也라고 其知者는
부 지   불 탈 면 이 행   부 지 자   이 위 위 육 야   기 지 자

以爲爲無禮也라하니 乃孔子則欲以微罪行하사 不欲爲苟去하시니
이 위 위 무 례 야   내 공 자 즉 욕 이 미 죄 행   불 욕 위 구 거

君子之所爲를 衆人이 固不識也니라"
군 자 지 소 위   중 인   고 불 식 야

※ 구(謳): 읊조리며 노래하다. 곤(髡): 순우 곤의 이름. 번육(燔肉): 구운 고기. 탈(稅): 벗다는 것으로 탈(脫)과 같음. 위육(爲肉): 고기 때문이다.

맹자는 겉으로 드러난 일의 성과로써 어진 사람을 판단하지 말라고 합니다. 그가 인용한 공자의 이야기는 공자가 노나라를 떠나 주유천하(周遊天下)하게 되는 결정적 계기로 자주 인용되곤 합니다. 공자는 노나라에서 법을 집행하는 사구(司寇)라는 높은 벼슬까지 올랐지만 자신의 주장이 실현되지 못하는 현실에서 좌절의 시간을 보냈습니다. 오히려 이웃 제나라에서 공자의 출중함을 알아채고 미모의 여자 악단을 노나라에 보내 노나라 실권자들을 태만하게 만드는 교란책을 썼습니다. 이때

부터 공자의 마음은 이미 떠가기로 결심하였으나, 차마 고국인 노나라를 즉시 저버리지 못하였습니다.** 언젠가 국가 제사에서 예법에 따라 제사에 썼던 고기를 대부들에게 보내주어야 하는데, 공자에게 고기가 이르지 아니하였습니다. 공자가 이에 제사 때 쓰신 관도 벗을 겨를 없이 즉시 노나라를 떠났던 것입니다. 맹자가 보기에 공자는 구차스럽게 살지 않으려 했던 것인데, 공자의 행적에 대해 이런저런 말들이 있었습니다.

이러한 예시로 맹자가 말하고 싶었던 것은 순우곤처럼 겉으로 드러난 일을 통해 어진 이들의 행적을 멋대로 판단하지 말라는 것이지요. 맹자는 제나라를 버린 이유를 분명히 말하지 않았지만, 그 마음은 바로 노나라를 떠날 때 공자의 마음과 같았을 것입니다. 자기 자리가 아니라 생각되었던 것이지요. 현실적으로 자기 자리를 찾기란 쉽지 않습니다. 맹자처럼 훌훌 벗어던지고 떠나고 싶은 생각이 왜 없겠냐마는, 자신에게 걸맞는 자리를 찾으려는 노력만큼은 계속되어야 할 것입니다. 지금 있는 그 자리는 자기 자리인가요?

** 『논어』 「미자」편 3장. "齊人歸女樂, 季桓子受之, 三日不朝, 孔子行."

질서를 어지럽히는 자들

맹자는 주나라의 봉건제도를 이상적인 사회 모델로 하는 청사진을 제시합니다. 제후들끼리의 패권다툼이 치열했던 당시의 상황은 그렇지 못하였기에 애초 질서 있는 모습으로의 회복이 더욱 절실했는지 모릅니다.

> **춘추시대 주나라 왕실을 수호하겠다는 명분을 내걸고 권력을 장악한 다섯 패자들은 삼왕의 죄인이요, 지금의 제후는 오패의 죄인이요, 지금의 대부는 오늘날 제후의 죄인이다.**
>
> 五霸者는 三王之罪人也요 今之諸侯는 五霸之罪人也요
> 오 패 자   삼 왕 지 죄 인 야   금 지 제 후   오 패 지 죄 인 야
> 今之大夫는 今之諸侯之罪人也니라
> 금 지 대 부   금 지 제 후 지 죄 인 야
>
> ※ **오패**(五霸):춘추시대 패권을 장악한 다섯 명의 패자(霸者). 제환공(齊桓公)·진문공(晉文公)·
> 진목공(秦穆公)·송양공(宋襄公)·초장왕(楚莊王). **삼왕**(三王):하우(夏禹)·은탕(殷湯)·주문왕
> (周文王)과 무왕(武王).

맹자가 말한 다섯 패자들은 삼왕의 입장으로 보면 죄인이라는 말은 다음과 같은 맥락에서 나옵니다.

> 천자가 제후국에 가는 것은 맡긴 지역을 둘러본다는 의미에서 순수(巡狩)라 하고, 제후가 천자에게 조회하는 것을 직무를 보고한다는 뜻에서 술직(述職)이라 말한다.
>
> 천자는 봄에는 논밭을 가는 것을 살펴서 부족한 것을 보충해주며, 가을에는 수확량을 살펴서 넉넉하지 못한 것을 도와준다. 또한 그 국경에 들

어가 황무지가 개간되며 밭과 들이 잘 경작되었고 노인을 봉양하며 어진 이를 높이며 뛰어난 인재를 등용하여 관리로 삼고 있다면 상을 내린다. 상으로는 땅을 주어 그 토지를 더해준다. 만약 그 국경에 들어가 보니 토지가 황폐하며 노인을 돌보지 않고 어진 사람을 놓치며 착취하는 자들이 지위에 있으면 꾸짖고 벌을 준다.

한편 제후가 5년에 한번 조회하지 않으면 그 벼슬을 강등시키고, 두 번 조회하지 않으면 그 땅을 깎고, 세 번 조회하지 않으면 천자는 여섯 군대에게 명하여 그 제후를 바꿔 버린다. 이러한 제도가 있으므로 천자는 그 자리에 앉아 성토만하고 직접 정벌하지 않으며, 제후는 천자의 명령을 받들어 정벌하고 멋대로 성토하지 못한다. 그런데 다섯 패자들은 제후를 이끌어서 제후를 정벌하면서 천자의 명을 받지 않았던 자들이므로 '오패는 삼왕의 죄인이다.'고 하는 것이다.

天子適諸侯曰 巡狩요 諸侯朝於天子曰 述職이니 春省耕而補不足하며
천 자 적 제 후 왈 순 수   제 후 조 어 천 자 왈 술 직   춘 성 경 이 보 부 족

秋省斂而助不給하노니 入其疆하니 土地辟하며 田野治하며 養老尊賢하며
추 성 렴 이 조 불 급   입 기 강   토 지 벽   전 야 치   양 로 존 현

俊傑이 在位則有慶이니 慶以地하고 入其疆하니 土地荒蕪하며 遺老失賢하며
준 걸   재 위 즉 유 경   경 이 지   입 기 강   토 지 황 무   유 로 실 현

掊克이 在位則有讓이니 一不朝則貶其爵하고 再不朝則削其地하고
부 극   재 위 즉 유 양   일 부 조 즉 폄 기 작   재 부 조 즉 삭 기 지

三不朝則六師로 移之하나니 是故로 天子는 討而不伐하고 諸侯는 伐而不討하나니
삼 부 조 즉 육 사   이 지   시 고   천 자   토 이 불 벌   제 후   벌 이 불 토

五覇者는 摟諸侯하야 以伐諸侯者也라 故로 曰 五覇者는 三王之罪人也니라
오 패 자   누 제 후   이 벌 제 후 자 야   고   왈 오 패 자   삼 왕 지 죄 인 야

※ **적**(適): 가다. **순수**(巡狩): 맡아 관리하는 곳을 돌아본다. **조**(朝): 조회하다. **급**(給): 넉넉하다. **벽**(辟): 개간하다[闢]. **경**(慶): 포상. **부극**(掊克): 세금을 많이 거두다. **양**(讓): 꾸짖다. **육사**(六師): 천자 관할의 여섯 군대. **루**(摟): 이끌다.

맹자는 천자를 중심으로 전개되는 봉건사회의 한 전형을 보여주고 있습니다. 천자가 제후국을 찾는 순수(巡狩)는 자신이 임명한 제후국의 실태를 알아보고 백성들에게 실질적인 도움을 주기 위한 것이라면, 제후가 천자를 찾아뵙고 자국의 상황을 보고하는 것은 술직(述職)이라 하여

구분합니다. 권리에 따르는 책임감을 확인하는 과정이라 볼 수 있습니다. 잘 다스리면 추가로 토지를 내리며, 그렇지 못하면 제후를 교체까지 하는 강력한 제제수단을 두는 상벌을 병행합니다. 그래서 천자가 제후의 잘못을 바로잡기 위해 군대를 동원하는 것을 성토하고 다스린다는 의미의 토(討)라 말합니다. 싸운다는 의미의 정벌[伐]이 아니죠. 따라서 맹자는 춘추시대에 다섯 패자들이 왕실 보호를 명분으로 세넷대로 제후들을 연합하여 타국을 정벌하는 행위는 인의라는 명분을 빙자하여 질서의 근본을 어지럽히는 행위로 판단했던 것입니다.

다음은 제후들이 오패의 입장에서 죄인이라는 것에 대한 맹자의 해명입니다.

오패 가운데 환공이 강성했는데, 규구(葵丘)의 회맹에서 제후들은 희생을 묶어 글을 써놓고는 정작 피를 찍어 마시는 동맹의 규칙을 지키지 않았다. 그 글에 다음과 같이 천자가 금하는 명령이 적혀있다.

첫째, 죄는 불효보다 더 큰 것이 없으니 불효자는 처벌하며, 세자는 나라의 근본이니 세자로 세운 아들을 바꾸지 말며, 본처는 종묘를 받드는 자이니 첩으로 부인을 삼지 말라.

둘째, 현명한 사람을 높이며 인재를 길러서 덕이 있는 이를 표창하라.

셋째, 노인을 공경하고 어린이를 사랑하며 손님과 나그네의 어려움을 잊지 말라.

넷째, 관리는 인재가 아닐지 모르니 대대로 벼슬을 주지 말며, 일을 소홀히 할지 모르니 인재를 충원하여 관직을 겸직시키지 말며, 관리를 취함에 반드시 적임자를 얻으며, 대부를 마음대로 죽이지 말라.

다섯째, 이웃나라에 피해를 줄지 모르니 조그만 이익을 위해 제방을 억지로 구부려 쌓아 물을 막지 말며, 흉년에는 이웃나라가 쌀을 구입하는 것을 막지 말며, 대부를 봉하고서 고하지 않는 일이 없도록 하라.

그리고 말하기를, '우리 동맹을 맺은 사람들은 한번 맹세한 뒤로는 서로 좋은 관계로 지내도록 하자.'고 하였다. 그런데 지금 제후들은 모두 이 다섯 가지 패자(覇者)가 금하는 법령을 어기고 있으므로 '지금의 제후는 오패의 죄인이다.'고 말했던 것이다.

五覇에 桓公이 爲盛하더니 葵丘之會에 諸侯束牲載書而不歃血하고
오 패　환 공　위 성　　규 구 지 회　제 후 속 생 재 서 이 불 삽 혈

初命曰 誅不孝하고 無易樹子하며 無以妾爲妻라 하고 再命曰 尊賢育才하여
초 명 왈 주 불 효　　무 역 수 자　　무 이 첩 위 처　　　재 명 왈 존 현 육 재

以彰有德이라하고 三命曰 敬老慈幼하며 無忘賓旅라하고 四命曰 士無世官하며
이 창 유 덕　　　삼 명 왈 경 노 자 유　　무 망 빈 려　　　사 명 왈 사 무 세 관

官事無攝하며 取士必得하며 無專殺大夫라하고 五命曰 無曲防하며 無遏糴하며
관 사 무 섭　　취 사 필 득　　무 전 살 대 부　　오 명 왈 무 곡 방　　무 알 적

無有封而不告라하고 曰凡我同盟之人은 旣盟之後에 言歸于好라하니
무 유 봉 이 불 고　　왈 범 아 동 맹 지 인　기 맹 지 후　　언 귀 우 호

今之諸侯皆犯此五禁하나니 故로 曰 今之諸侯는 五覇之罪人也니라
금 지 제 후 개 범 차 오 금　　고　왈 금 지 제 후　오 패 지 죄 인 야

※ **삽혈**(歃血): 피를 마시다. **수자**(樹子): 후계자를 세우다. **적**(糴): 쌀을 사들이다.

제후들의 맹약에는 수신제가의 가정윤리에서 출발하여 사회윤리, 관리체제, 외교관계 등 제반 사항이 포함되어 있습니다. 조약의 내용이 상당히 구체적이고 국제질서를 바로 잡으려는 패자의 노력이 엿보입니다. 그런데 제후들은 패자가 내세운 상호동맹에만 형식적으로 동의할 뿐이요 실제로 그렇게 행하지는 않았으므로 패자의 죄인이라는 것입니다. 이어 맹자는 대부가 제후의 죄인이라는 말에 대해 설명합니다.

군주의 악을 기르는 것은 그 죄가 작고, 군주의 악한 것을 만들어내는 것은 죄는 크다. 오늘날의 대부는 모두 군주의 악을 만들어내고 있으니, '지금의 대부는 오늘날 제후의 죄인이다.'라 말하는 것이다.

長君之惡은 其罪小하고 逢君之惡은 其罪大하니 今之大夫皆逢君之惡하나니
장 군 지 악　기 죄 소　　봉 군 지 악　기 죄 대　　금 지 대 부 개 봉 군 지 악

故로 曰 今之大夫는 今之諸侯之罪人也니라
고　왈 금 지 대 부　금 지 제 후 지 죄 인 야

※ **장**(長): 기르다. **봉**(逢): 맞이하다. 조장하다.

신하로서 군주의 잘못을 간언하지 못하고 도리어 받들기만 하는 자는 일신의 안위만을 생각하는 나약하고 아첨하는 것이니 잘못입니다. 그러나 군주의 마음이 아직 악으로 표출되지 않았는데 악행을 저지르게 인도하는 것은 상대적으로 더 큰 죄입니다. 신하의 눈치를 보면서 함부로 못하던 군주의 마음에 장애물이 없어져 제멋대로 할 가능성이 있기 때문일 것입니다. 따라서 맹자는 군주의 악을 맞이한다는 봉군지악(逢君之惡)을 대부의 큰 잘못이라 지적합니다. 국가 멸망의 지름길로 보았기 때문입니다.

맹자의 언급에는 산발적이기는 하지만 춘추시대의 많은 정보도 포함되어 있습니다. 그는 질서를 어그러뜨리는 패자나 제후들의 잘못을 차례로 지적한 다음, 제후를 받들어야 할 대부의 잘못을 지적하고 있습니다. 그러나 이미 과거의 일이 되어 버린 패자나 제후들의 관행을 바로잡을 수 없는 일이므로, 맹자의 의도는 마지막 대부의 역할에 집중되어 있다고 할 것입니다. 군주의 악행을 조장하거나 때로는 선도하는 대부들이 있기에 국가의 기반이 흔들린다는 판단입니다. 제후와 대부 가운데 과연 누구의 잘못이 더 클까요?

전쟁으로 인한 백성의 고충

때로는 자신의 지위를 보장받거나 권력의 독점을 위해 전쟁을 부추기는 사람들도 있습니다. 노나라에서 신활리(愼滑釐)를 장군으로 임명하여 제나라를 공격하고자 할 때, 맹자는 우회적으로 전쟁에 반대하며 말합니다.

백성을 가르치지 않고 전쟁에 동원시키는 것은 백성을 재앙에 빠트리는 것이라고 말하니, 백성에게 재앙을 내리는 자는 요순의 시대에는 용납되지 않았다. 한번 싸워서 제나라를 이겨 드디어 제나라 남양 지역을 소유하게 될지라도 또한 옳지 못한 일이다.

不教民而用之를 謂之殃民이니 殃民者는 不容於堯舜之世니라 一戰勝齊하야
불 교 민 이 용 지   위 지 앙 민   앙 민 자   불 용 어 요 순 지 세   일 전 승 제

遂有南陽이라도 然且不可하니라
수 유 남 양   연 차 불 가

※ **앙**(殃): 재앙. **남양**(南陽): 제나라의 땅.

맹자는 노나라가 신활리를 장군으로 삼으려는 목적이 제나라와의 전쟁을 염두에 둔 것이라 간파합니다. 백성을 가르친다는 말은 민심을 계도시켜 가정에서 부형을 섬기는 마음과 연장자를 공경하는 도리를 일깨워 자발적인 공동체 의식을 평소에 키워 나간다는 것을 말합니다. 전쟁은 어찌할 수 없는 경우에 선택하는 최후의 수단이 되어야 합니다. 그 피해는 백성에게 고스란히 돌아가기 때문입니다.

당사자인 신활리는 그 말을 듣고 발끈 화를 내면서 그런 것까지 고려하는 것은 자신의 소관이 아니라고 말합니다. 일격에 제나라를 쳐서 땅

을 얻는 것은 국가의 중대사인데도 맹자는 안 된다고 말하니, 그 이유를 모르겠다는 것입니다. 맹자는 차분하게 역사적 상황을 들면서 전쟁반대론을 펼칩니다.

내 분명히 자네에게 알려주겠다. 천자의 땅은 사방이 천리이니 천리가 못 되면 충분히 제후를 대접하지 못하고, 제후의 땅은 사방이 백리이니 백리가 못 되면 충분히 종묘의 전적을 지키지 못하기 때문이다. 이러한 법도에 따라 주공이 노나라에 봉해질 때 사방 백리였으니, 땅이 부족했던 것이 아니지만 백리를 넘어서지 않을 정도로 검소하였던 것이다. 태공이 제나라에 봉해질 때도 사방이 백리였으니, 땅이 부족한 것이 아니라 백리 정도로 검소하였던 것이다.

吾明告子호리라 天子之地方千里니 不千里면 不足以待諸侯요
오 명 고 자　　　 천 자 지 지 방 천 리　 불 천 리　 부 족 이 대 제 후

諸侯之地方百里니 不百里면 不足以守宗廟之典籍이니라 周公之封於魯에
제 후 지 지 방 백 리　 불 백 리　 부 족 이 수 종 묘 지 전 적　　　　주 공 지 봉 어 노

爲方百里也니 地非不足이로대 而儉於百里하며 太公之封於齊也에
위 방 백 리 야　 지 비 부 족　　 이 검 어 백 리　 태 공 지 봉 어 제 야

亦爲方百里也니 地非不足也로대 而儉於百里하니라
역 위 방 백 리 야 니　 지 비 부 족 야　　 이 검 어 백 리

※ **대(待)**: 대접하다. **검(儉)**: 지나치지 않고 검소하다.

천자나 제후가 소유한 땅이 큰 것은 나름의 이유가 있습니다. 일정규모 이상이 되어야 예의를 갖춰 손님을 접대하고 의식을 집행할 수 있기 때문입니다. 따라서 제후의 조회와 빙문(聘問)을 받는 천자나, 종묘에서의 제사와 제후들끼리의 회동을 위한 제후의 땅에 일정한 법도를 두었습니다. 주공이나 태공처럼 천하에 공로가 있던 이들도 자신의 직할지가 100리를 넘어서지 않도록 하는 법도를 준수하였습니다. 맹자는 검소하다고 표현한 것은 일종의 토지소유의 상한선을 염두에 둔 것입니다. 그에 비춰볼 때 지금처럼 영토의 확장을 목적으로 하는 전쟁은 잘못이라는 것입니다.

지금 노나라는 사방 백리의 땅이 다섯이나 되니, 자네는 만약 천하의 왕도를 실천하려는 자가 일어난다면 노나라 땅은 줄여주는 데 해당하겠는가, 더 보태주는 데 해당하겠는가? 다만 저기에서 취하여 여기에 줄지라도 어진 사람은 하지 않을 것인데, 하물며 사람을 죽여서까지 구한단 말인가? 군자가 임금을 섬기는 것은 힘써 그 임금을 인도하여 도에 합당하도록 하고 인에 뜻을 두도록 할 따름이다.

今魯方百里者五니 子以爲有王者作 則魯在所損乎아 在所益乎아
금 노 방 백 리 자 오   자 이 위 유 왕 자 작   즉 노 재 소 손 호   재 소 익 호

徒取諸彼하여 以與此라도 然且仁者不爲은 況於殺人以求之乎아
도 취 저 피 하 여   이 여 차   연 차 인 자 불 위   황 어 살 인 이 구 지 호

君子之事君也는 務引其君以當道하여 志於仁而已니라
군 자 지 사 군 야   무 인 기 군 이 당 도   지 어 인 이 이

※ 재(在): ~에 달려있다, 해당하다. 도(徒): 한갓[호], 다만.

맹자는 영토의 확장만을 꾀하려는 전쟁은 왕도정치의 이상과는 맞지 않는다는 점과, 신하의 도리를 구분하여 대안으로 설명합니다. 제도적으로 보장된 제후국의 땅보다 다섯 배나 많은 땅을 소유한 노나라의 상황인지라 이미 충분하다는 것입니다. 만약 제나라 남양 땅을 그냥 준다고 하더라도 노나라에서는 받지 말아야 하는데 땅을 취하려고 전쟁까지 하는 것은 잘못이라는 것입니다. 그보다는 일이 법도에 마땅하도록 군주를 인도하여 그 마음이 항상 인(仁)에 뜻을 두도록 하는 것이 필요하다고 말합니다. 법도를 지나쳐 소유의 욕망을 확대시키는 것은 도가 아니요, 백성에게 피해를 끼치는 것은 어진 이가 취할 자세가 아니라고 보기 때문입니다. 전쟁으로 인한 백성의 고충을 생각하는 마음과 공동체가 지켜야 할 제도의 준수를 강조한 맹자의 주장은 평소 인정(仁政)이나 왕도(王道) 정치를 주장하는 그의 소신이 반영되었다고 할 것입니다.

고자 하편 9장 : 良臣民賊

능력을 제대로 활용하세요

　조직과 운명을 같이하고 조직을 위해 최선을 다해야 한다는 말은 맞습니다만, 잘못된 조직이나 특정한 사람에 대한 충성이 때로는 잘못될 수도 있습니다. 맹자는 부국강병만을 추구한 당시의 세태를 빗대어 역설적으로 말합니다.

　지금 임금을 섬기는 자들은 '내가 임금을 위하여 토지를 개간하고 창고를 채울 수 있다.'고 말하니, 지금의 이른바 어진 신하라 할 수 있지만 예전에 말하는 이른바 백성의 도적이다. 임금이 도를 향하지 않고 인에 뜻을 두지 않는데도 그를 부유하게 해주기를 구하는 것이니, 이는 걸을 부유하게 해주는 것이다.

　또한 '내가 임금을 위하여 동맹국과 약속하여 전쟁을 하면 반드시 이길 수 있다.'고 하니, 지금의 이른바 훌륭한 신하이고 예전의 이른바 백성의 도적이다. 임금이 도를 향하지 않고 인에 뜻을 두지 않는데도 그를 위하여 힘써 전쟁하는 것을 구하려 하니, 이는 걸을 돕는 것이다.

今之事君者 曰 我能爲君하여 辟土地하고 充府庫라하나니 今之所謂良臣이요
금 지 사 군 자 왈 아 능 위 군　　벽 토 지　　충 부 고　　　　금 지 소 위 양 신

古之所謂民賊也라 君不鄕道하야 不志於仁이어든 而求富之하니
고 지 소 위 민 적 야　 군 불 향 도　　부 지 어 인　　 이 구 부 지

是는 富桀也니라 我能爲君하여 約與國하여 戰必克이라하나니 今之所謂良臣이요
시　 부 걸 야　　 아 능 위 군　　약 여 국　　전 필 극　　　　　　今之所謂良臣이요
시　 부 걸 야　　 아 능 위 군　　약 여 국　　전 필 극　　　　　 금 지 소 위 양 신

古之所謂民賊也라 君不鄕道하야 不志於仁이어든 而求爲之强戰하니
고 지 소 위 민 적 야　 군 불 향 도　　부 지 어 인　　 이 구 위 지 강 전

是는 輔桀也니라
시　 보 걸 야

　※ 벽(辟): 개간하다. 향(鄕): 향하다[向]. 여국(與國): 동맹국

신하로서 군주를 위해 토지를 개간하고 창고를 채우려는 노력이 잘못된 것은 아닙니다. 그러나 맹자는 먼저 군주의 도리나 어진 마음을 키워나가는 데 마음을 쓰지 않는다면 결과적으로 그 모든 성과들이 걸(桀)과 같은 폭군을 부유하게 만드는 것이라고 보았습니다. 따라서 임금의 악을 조장함으로써 백성을 견디지 못하게 만드는 신하는 어진 신하가 아니라 백성을 해치는 도적이 아니고 무엇이겠느냐고 반박하는 것입니다. 외교능력이 탁월하거나 전쟁을 승리로 이끄는 재능을 지닌 신하들의 경우도 결과적으로 걸왕을 도와주는 것이나 마찬가지라고 보았습니다.

그러나 근본을 생각하지 않는 이러한 세태가 쉽게 바뀌지 않을 것임을 맹자 역시 잘 알고 있습니다.

오늘날 추구하는 도에 따라 세속을 변화시키려는 노력은 하지 않고 그대로 따른다면, 비록 그에게 천하를 주더라도 하루아침도 차지할 수 없을 것이다.

由今之道하여 無變今之俗이면 雖與之天下라도 不能一朝居也니라
유 금 지 도   무 변 금 지 속   수 여 지 천 하   불 능 일 조 거 야

어찌 보면 임금의 입장에서 훌륭한 신하란 자신을 보좌하면서 부국강병에 도움을 주는 사람들입니다. 그러나 부국강병이란 목표 아래 권모술수만이 난무하고 그것을 제일의 가치로 여기며 전쟁까지도 마다하지 않는 세상에서 백성들은 삶의 보금자리를 잃을 가능성도 커집니다. 맹자는 그러한 세상에는 비록 천하를 소유한 임금일지라도 백성의 마음이 귀순하지 아니하여 하루아침도 임금의 지위에 거처하지 못할 것이라 봅니다. 따라서 맹자는 능력있고 훌륭한 신하인 양신(良臣)이 옛날의 관점에서 보면 백성의 적이라는 자신의 주장을 재확인하는 것입니다. 다시 말해 부국강병만을 꾀하는 그런 신하는 등용하지 말라는 것이지요.

만약 왕이 능력있다고 판단하여 등용한 어떤 인물이 훌륭한 신하가 아니라 실은 백성들에게 피해를 주는 민적(民賊)일 뿐이라는 말을 들었

다면, 그 왕은 과연 어떠한 생각을 할까요? 부국강병이 무엇을 위한 것인지를 다시금 생각했을까요, 아니면 약육강식의 전쟁터와 같은 현실을 모른다고 맹자를 비웃었을까요?

고자 하편 10~11장 : 中庸之道

순리에 따르는 삶

자린고비처럼 지나치게 아끼는 것만이 능사는 아닙니다. 국가 운영과 같이 큰 밑그림을 그리는 사람의 경우는 더욱 그러할 것입니다. 쓸 데는 과감히 쓰고 불필요한 것들을 절약하려는 노력이 필요할 것입니다. 지나치게 검소한 생활을 했던 백규(白圭)라는 사람은 과감한 세금경감을 말합니다.

"나는 20분의 1의 세금을 거두고자 하는데, 어떻습니까?"

"자네의 방법은 이족의 하나인 맥에서나 쓰는 도리이다. 만일 만 집이나 되는 나라에서 한 사람만이 그릇을 굽는다면 되겠는가?"

"옳지 않습니다. 그릇을 쓰기에 충분하지 못할 것입니다."

"吾欲二十而取一하노니 何如하니잇고" "子之道는 貉道也로다 萬室之國에
　오 욕 이 십 이 취 일　　하 여　　　　 자 지 도　　맥 도 야　　　만 실 지 국

一人이 陶則可乎아" "不可하니 器不足用也니이다"
일 인　도 즉 가 호　　불 가　 기 부 족 용 야

※ **백규**(白圭): 이름은 단(丹)으로 주나라 출신. **맥**(貉): 북방의 이민족. **도**(陶): 질그릇을 만들다.

맹자는 백규가 말하는 20분의 1의 세금경감 조치가 당대의 현실적 상황에 맞지 않음을 맥나라의 비유를 통해 반박합니다.

맥 땅에서는 오곡이 자라지 않고 오직 기장이 나니, 성곽과 궁실과 종묘와 제사하는 예가 없으며 제후들끼리 폐백을 교환하거나 식사를 대접하는 일이 없으며, 백관과 유사가 없기 때문에 20분의 1을 취하여도 충분

할 것이다. 반면에 지금 중국에 거처하면서 인륜을 저버리며 벼슬아치인 군자들이 없다면 어찌 옳겠는가? 질그릇 굽는 것이 너무 적더라도 나라를 다스릴 수 없는데, 하물며 군자들이 없어서야 되겠는가?

夫貊은 五穀이 不生하고 惟黍生之하나니 無城郭宮室宗廟祭祀之禮하며
부 맥   오곡   불생   유서생지   무성곽궁실종묘제사지례

無諸侯幣帛饔飱하며 無百官有司라 故로 二十에 取一而足也니라
무제후폐백옹손   무백관유사   고   이십   취일이족야

今에 居中國하여 去人倫하며 無君子면 如之何其可也리오
금   거중국   거인륜   무군자   여지하기가야

陶以寡라도 且不可以爲國이온 況無君子乎아
도이과   차불가이위국   황무군자호

※ 서(黍): 기장. 날씨가 추워 기장만이 자라니 소출이 적음을 비유. 옹손(饔飱): 아침밥과 저녁밥으로 손님 접대를 말함. 군자(君子): 백관이나 유사와 같은 관리들.

날씨가 추운 북방의 맥나라와는 달리 중국은 상대적으로 생산력이 풍부하고, 종묘나 제사의 예법과 같은 문화가 발달되어 있고, 이를 운용할 제도가 갖추어져 있습니다. 맹자는 그 차이를 부각시키면서 예법을 유지하는 인륜과 국가를 다스릴 계급조직으로서 관료를 군자라 말합니다. 맹자의 의도는 인륜을 지켜나가고 국가를 다스릴 관료들이 필요하므로 20분의 1의 세금만으로는 턱없이 부족하다는 것이지요.

조세를 요순의 도보다 가볍게 걷고자 하는 자는 대맥에 소맥이고, 요순의 도보다 무겁게 하고자 하는 자는 대걸에 소걸이다.

欲輕之於堯舜之道者는 大貊에 小貊也요 欲重之於堯舜之道者는
욕경지어요순지도자   대맥   소맥야   욕중지어요순지도자

大桀에 小桀也니라
대걸   소걸야

요순의 법도가 그러하듯 맹자는 평소 10분의 1의 세법을 주장합니다. 이에 기준하여 경중을 따지자면 10% 이상으로 무겁게 세금을 걷으면 걸왕이 그러했듯이 착취로 가는 것이요, 10% 이하로 경감시키면 맥나라의 방임적인 방법을 따르는 것입니다. '대맥에 소맥'이라는 말은 맥나라

의 방법을 따른다는 측면에서 원래의 맥나라를 큰 맥나라라고 한다면 그 방법을 따르는 아류국은 작은 맥나라라는 것입니다. 걸왕의 방법을 따르면 작은 걸왕이 된다는 표현도 마찬가지입니다.

항상 너무 많아도 문제이지만 너무 적어도 문제입니다. 순리대로 행해야 하겠지요. 백규가 전체적 시선보다는 눈앞의 효율성에 집착했다는 점에서 이어지는 11장의 내용도 같은 맥락으로 이해될 수 있습니다.

당시 제후국에 홍수가 났는데, 백규는 제방을 쌓아 물을 막고 대신 그 물줄기를 타국으로 주입시켜 단번에 홍수 피해에서 벗어나도록 하였습니다. 이러한 성공담을 은근히 뽐내며 백규는 말합니다.

"제가 물을 다스린 것이 우임금보다 낫습니다."

"그대가 지나치도다. 우임금이 물을 다스리신 것은 물길을 따른 것이다. 그러므로 우임금은 네 바다를 골짜기로 삼았는데, 지금 그대는 이웃 나라를 골짜기로 삼았도다. 물이 거슬러 올라가는 것을 강수(洚水)라 하는데, 강수란 홍수이다. 어진 사람이 미워하는 바이니, 그대가 지나치도다."

"丹之治水也는 愈於禹호이다"　"子過矣로다 禹之治水는 水之道也니라
　단 지 치 수 야 유 어 우　　　　자 과 의　　우 지 치 수　수 지 도 야

是故로 禹는 以四海爲壑이어시늘 今에 吾子는 以隣國爲壑이로다 水逆行을
시 고　우　이 사 해 위 학　　　　금　오 자　이 인 국 위 학　　　수 역 행

謂之洚水니 洚水者는 洪水也라 仁人之所惡也니 吾子過矣로다"
위 지 강 수　강 수 자　홍 수 야　인 인 지 소 오 야　오 자 과 의

　※ **단(丹)**: 백규의 이름. **유(愈)**: 낫다. **학(壑)**: 골짜기. **강수(洚水)**: 물길이 막혀 역류하는 물.

우임금의 성공적인 치수사업은 유명한데, 그는 순리대로 물길의 자연스런 진행을 터주는 방법을 사용하였습니다. 사해를 골짜기로 삼아 홍수로 넘쳐나는 육지의 물을 낮은 바다로 흘려보냈다는 것입니다. 반면에 백규의 홍수대책은 자국을 보호하기 위해 제방을 높이 쌓고 타국으로 물을 흘려보내는 방식이었습니다. 순리대로 흘러가지 않고 역류하

는 이러한 현상을 맹자는 홍수로 보고, 결과적으로 남을 해치는 것이므로 미움의 대상이 된다고 하였습니다. 상황이 이런데도 백규는 자신이 우임금보다도 치수를 잘했다고 자칭하니 맹자는 그러한 태도가 지나친 것, 실은 잘못된 것임을 거듭 꼬집습니다.

맹자가 굳이 말하지 않았더라도 순리에 따르려는 중도(中道)의 자세는 어떤 상황에서든 필요할 것입니다.

고자 하편 12장 : 君子重信

소신 있게 밀고 나가자

짧은 문장일수록 의미가 함축적이고 다양한 맥락으로 해석될 수 있습니다. 맹자는 평소의 소신과 믿음이 필요함을 다음과 같이 말합니다.

군자가 믿음을 갖지 않는다면 어떻게 일을 지속해 나갈 수 있겠는가?

君子不亮이면 惡乎執이리오
군 자 불 량   오 호 집

※ **량(**亮**):** 신뢰한다[信]를 뜻하는 량(諒) 자와 같은 의미 . **오(**惡**):** 어디에서.

맹자가 말한 믿음이 어떠한 맥락에서 사용되었는지는 알 수 없습니다. 평소 맹자의 모습을 떠올리면 군자다운 사람은 인간의 본성이 선하다는 것을 믿어 의심치 않고 밀고 나가라는 말인지 모르겠습니다. 주자는 마음에 확신이 부족하면 모든 일이 다 구차스러울 것이니 어디를 기준으로 잡아서 올곧게 대처할 수 있겠느냐는 의미로 풀이하기도 합니다.[*]

참고로 량(亮) 자는 보통 믿는다는 량(諒)과 통용된다고는 하지만 그 의미가 불확실한 글자입니다. 믿음직한 친구를 사귀라는 우량(友諒)에서는 믿을 신(信) 자의 의미로 쓰이지만, 어떤 경우라도 자신의 소신을 기필코 밀고 나간다는 뜻으로 사용할 때도 있습니다. 『논어』에서 보이는 "군자는 올바른 길을 따를 뿐이지 자기 신념만을 고집하지 않는다."[**]라

---

[*] 『맹자집주』「고자」 하편 12장. "惡乎執, 言凡事苟且, 無所執持也."

[**] 『논어』「헌문」 35장. 子曰 "君子 貞而不諒." 여기서 주자는 諒을 옳고 그름을 따지지 않고 자신의 고집대로 반드시 밀고 나간다는 부정적 의미로 해석한다.

고 할 때의 경우가 그렇습니다.

그리고 한문에서는 일반적으로 무식(無識)이나 무심(無心)처럼 무(無) 다음에 명사가 오지만, 불쾌(不快)나 불명(不明)처럼 불(不) 다음에는 형용사나 동사처럼 서술어가 이어집니다. 해석은 비슷할지 몰라도 한문에는 일정한 규칙이 있는 것이지요. 따라서 위 본문에서는 '군자가 믿음을 갖지 않는다면' 이라고 하여 동작의 의미를 내포시켜 해석해야 합니다.

자신이 하려는 일에 대한 확고한 믿음이나 신념이 있어야 상황에 흔들리지 않고 목표했던 일을 지속적으로 할 수 있다는 것은 예나 지금이나 변함없을 것입니다.

고자 하편 13장 : 爲政好善

선을 좋아하는 경청의 마음

노나라에서 악정자를 정치에 참여하게 한다는 말을 들은 맹자는 잠을 이루지 못할 정도로 기뻐했습니다. 평소와는 다른 스승의 모습을 지켜보던 공손추가 의아해하며 묻습니다.

"악정자는 강한 사람입니까?"
"아니다."
"지혜와 사려가 있습니까?"
"아니다."
"듣고 아는 것이 많습니까?"
"아니다."
"그러면 어찌 기뻐서 잠을 이루지 못하시는 것입니까?"
"그는 그 사람됨이 선한 것을 좋아한다."
"선을 좋아한다는 점으로 충분하다는 말입니까?"
"선한 것을 좋아하는 마음이라면 천하를 다스려도 넉넉할 것인데, 하물며 노나라 정도야 더 말할 것이 있겠는가!"

"樂正子는 强乎잇가" "否라" "有知慮乎잇가" "否라" "多聞識乎잇가" "否라"
　악정자　강호　　부　　유지려호　　부　　　다문식호　　　부

"然則奚爲喜而不寐시니잇고" "其爲人也 好善이니라" "好善이 足乎잇가"
연 즉 해 위 희 이 불 매　　기 위 인 야 호 선　　　호 선　족 호

"好善이 優於天下온 而況魯國乎아"
호 선　우 어 천 하　이 황 노 국 호

※ **매**(寐): 잠자다. **우**(優): 넉넉하다.

공손추는 악정자의 어떤 능력이 맹자의 마음을 사로잡았는지 여러 방

면으로 묻습니다. 정치를 담당할 정도로 강인한 기량을 지녔는지, 의심나는 것을 결단한 지혜가 있는지, 기존의 법과 제도를 통달하고 있는지 등 3가지를 물어봅니다. 그러나 이 모두는 악정자의 장점이 아니었기에 맹자 역시 악정자는 그런 인물이 아니라고 답합니다. 이와는 달리 선을 좋아하는 품성을 지녔고 이를 바탕으로 정치를 펼쳐나갈 수 있으리라 기대합니다. 이 말을 들은 공손추는 고개를 갸웃거립니다. 선을 좋아한다는 그 한 가지만으로 노나라와 같은 큰 나라를 다스릴 수 있다니요? 맹자는 다시 말을 이어갑니다.

진실로 선을 좋아하면 사해 안의 모든 사람들이 장차 천리를 가볍게 여기고 선을 가지고 와서 고할 것이다. 그러나 만약 진실로 선을 좋아하지 않는다면 사람들이 장차 말하기를, '잘난 체 으쓱거리는 것을 내 이미 알았다.'고 할 것이다. 그러니 으쓱거리는 소리와 안색 때문에 찾아오려는 사람을 천리 밖에서부터 막을 것이니, 선비가 천리 밖에서 그친다면 그 사이에 아첨하며 아부하는 사람이 이를 것이니, 아첨하며 아부하는 사람들과 함께 거처한다면 나라를 다스리고자 하더라도 할 수 있을 것인가?

夫苟好善則四海之內 皆將輕千里而來하여 告之以善하고 夫苟不好善則人將
부 구 호 선 즉 사 해 지 내 개 장 경 천 리 이 래   고 지 이 선   부 구 불 호 선 즉 인 장
曰 訑訑를 予旣已知之矣로라하리니 訑訑之聲音顏色이 距人於千里之外하나니
왈 이 이   여 기 이 지 지 의   이 이 지 성 음 안 색   거 인 어 천 리 지 외
士止於千里之外 則讒諂面諛之人이 至矣리니 與讒諂面諛之人으로 居면
사 지 어 천 리 지 외 즉 참 첨 면 유 지 인   지 의   여 참 첨 면 유 지 인   거
國欲治인들 可得乎아
국 욕 치   가 득 호

※ 경(輕): 경시하다. 이이(訑訑): 다 알고 있는 듯 잘난 체하다. 거(距): 막다. 참(讒): 참소, 거리를 두게 하다. 첨(諂): 아첨. 면유(面諛): 겉으로 아첨을 떨다.

맹자는 선을 좋아하는 마음이라면 천하 모두에 긍정적 영향을 줄 수 있다는 점을 보완하여 말합니다. 지도자의 선한 마음에 진정으로 감동받은 사람들이라면 천리 길을 마다하지 않고 찾아와 여러 가지 상황을

전할 것이요, 그렇지 못하다면 그 소통의 길을 제 스스로 차단시킨다는 것입니다. 모든 내막을 다 아는 듯 으스대며 잘난 체하는 사람에게 다가올 사람은 없을 것이기 때문입니다. 맹자는 이러한 거만스런 모습은 찾아오는 사람을 막는 것뿐 아니라, 자기 주변에 아첨하는 무리들만 모여들게 만드는 악순환을 낳게 된다고 진단합니다. 주자는 이 장을 다음과 같이 평가합니다.

정치는 자기 한 사람의 장점을 쓰는 데 있지 않고, 천하의 착한 사람들이 오게 함을 귀하게 여긴다.[*]

경청의 마음은 모든 이들을 사로잡는 힘이 될 수 있습니다. 『중용』에서도 순임금이 위대한 이유를 경청의 자세에서 찾고 있습니다.

순은 위대한 지혜를 가지신 분이실진져! 그는 묻기를 좋아하고 일상의 가까운 말을 살피기 좋아했으며, 잘못된 점은 감춰주고 좋은 점을 드러냈으며, 잘잘못을 판단하여 백성들에게 그 최적의 선택지[中]를 적용하셨다. 이러한 점이 순이 칭송받은 이유일 것이다.[**]

맹자가 악정자에게 기대했던 점도 그가 지닌 현실적 능력이 아니라 선을 좋아하는 품성으로 모든 이들을 이해하려는 마음으로 정치를 펼쳐나갈 수 있으리라는 것입니다. 예나 지금이나 경청의 자세는 나를 넘어 타자를 자기화시켜 모두를 하나로 만드는 근원적 힘입니다.

---

[*] 『맹자집주』「고자」하편 13장. "此章 言爲政, 不在於用一己之長, 而貴於有以來天下之善."

[**] 『중용』6장. 子曰 "舜其大知也與! 舜好問而好察邇言, 隱惡而揚善, 執其兩端, 用其中於民, 其斯以爲舜乎!"

벼슬을 떠나는 세 경우

사회생활은 생계를 위한 현실적 이유를 넘어 자신의 이상과 포부를 실현하려는 목적도 있습니다. 진자(陳子)는 맹자가 평소에 벼슬하는 것은 의를 행하려는 것이라는 말을 들었지만, 정작 맹자 자신은 벼슬하기 어려워하는 것을 보고 묻습니다.

"예전의 군자가 어떠하면 벼슬을 하였습니까?"
"나아가는 경우가 셋이고 떠나가는 경우가 셋이다."

"古之君子何如則仕니잇고"
고 지 군 자 하 여 즉 사
"所就三이요 所去三이니라"
소 취 삼　　　소 거 삼

맹자는 상황에 따라 처신의 자세가 다르다고 보고 세 가지 경우로 나누어 설명합니다.

군주가 자신을 맞이하는데 공경을 다하는 마음으로 예를 표현함이 있으며, 자신이 말하는 것을 군주가 장차 실행하려고 하면 그에게 나아간다. 반면에 예를 갖춘 모양이 부족하지는 않지만 자신이 건의한 말을 실행하지 못하면 그를 떠날 것이다.

迎之致敬以有禮하며 言將行其言也 則就之하고
영 지 치 경 이 유 례　　언 장 행 기 언 야 즉 취 지
禮貌未衰나 言弗行也 則去之니라
예 모 미 쇠　언 불 행 야 즉 거 지

※ **치**(致): 다하다. **쇠**(衰): 쇠약하다. 부족하다.

찾아간 군주가 자신을 예우한다 해도 중요한 점은 자신이 믿고 따르는 도리가 실현 가능한지 여부일 것입니다. 군자는 이를 판단하고 거취를 정한다는 것입니다. 형식을 넘어 진정한 마음으로 도리를 실천하려는 의지가 있는가에 방점을 두고 있는 것입니다.

그 다음은 아직은 비록 그 말을 실행하지는 않았지만 맞이함에 공경을 다하고 예가 있으면 나아가고, 예를 갖춘 모양이 부족하면 그를 떠난다.

其次는 雖未行其言也나 迎之致敬以有禮則就之하고 禮貌衰則去之니라
기 차　수 미 행 기 언 야　영 지 치 경 이 유 례 즉 취 지　예 모 쇠 즉 거 지

두 번째는 도리의 실천의지는 약하더라도 어진 이를 높이는 뜻을 잃지 않는 경우입니다. 이는 자신의 절개를 굽히고 몸을 잃는 것이 아니므로 나아가고, 반면에 예를 갖추지 않는 행동을 보이면 장차 치욕을 당할 것을 생각하여 떠나는 것입니다.

그 다음은 아침에도 먹지 못하고 저녁에도 먹지 못하여 굶주려서 문을 나설 힘도 없는 경우다. 임금이 그 상황을 듣고 '내가 크게는 그가 말한 도를 행하지 못하고 또 그의 말을 따를 수는 없지만, 내 땅에서 굶주리도록 하는 것을 나는 부끄러워한다.'고 하고, 구원해 준다면 또한 받을 수 있지만 죽음을 모면할 따름이다.

其下는 朝不食하며 夕不食하여 飢餓不能出門戶어든 君이 聞之日 吾大者론
기 하　조 불 식　석 불 식　기 아 불 능 출 문 호　군　문 지 왈 오 대 자

不能行其道하고 又不能從其言也하여 使飢餓於我土地를 吾恥之라하고
불 능 행 기 도　우 불 능 종 기 언 야　사 기 아 어 아 토 지　오 치 지

周之인댄 亦可受也어나와 免死而已矣라
주 지　역 가 수 야　면 사 이 이 의

※ **주(周):** 구제하다.

마지막 경우는 자신이 처한 극한 상황에서 어쩔 수 없이 현실을 받아들이는 것입니다. 진리도 예법도 중요하지만, 마냥 죽을 수는 없지 않

겠습니까? 더구나 군주는 백성 구휼의 의무가 있고 자신의 잘못을 뉘우치는 말도 있으니 그가 주는 것을 받는 것입니다. 그러나 그 받는 것에도 절도가 있으니 죽는 것만 모면할 따름입니다. 오래지 아니하여 그러한 상황에서 벗어나야 할 것입니다.

맹자의 현실참여 기준의 우선순위는 진리의 실천에서부터 시작됩니다. 자신에 대한 예우는 그 다음이고, 만약 어찌할 수 없는 상황에서의 참여라면 언제라도 떠날 각오가 되어 있어야 하는 것입니다. 자신의 주장이 받아들여지지 않으면 과감히 떠날 수도 있다는 맹자의 생각을 통해 선비들이 왜 그렇게 언로(言路)를 중시했는가를 알 수 있습니다.

고자 하편 15장 : 生於憂患

지금의 고난은 미래의 희망

우리는 역경을 극복하고 일어선 이들에게 많은 찬사를 보냅니다. 그들의 모습에서 우리의 희망을 찾기 때문이겠지요. 맹자 역시 위대한 인물들의 삶도 그다지 평탄하지 않았음을 말합니다.

순은 논밭 이랑에서 일하는 자들 가운데에서 일어났고, 부열은 공사판에서 등용되었고, 교격은 물고기 잡고 소금 굽는 자들 가운데에서 등용되고, 관이오는 감옥에 갇혀 있다가 등용되었고, 손숙오는 바닷가에서 등용되었고, 백리해는 시장에서 등용되었다.

舜은 發於畎畝之中하시고 傳說은 擧於版築之間하고 膠鬲은 擧於魚鹽之中하고
순 발어견묘지중   부열 거어판축지간   교격 거어어염지중

管夷吾는 擧於士하고 孫叔敖는 擧於海하고 百里奚는 擧於市하니라
관이오 거어사   손숙오 거어해   백리해 거어시

※ **견**(畎): 밭이랑. **판**(版): 널빤지. **염**(鹽): 소금. **사**(士): 하급 관리, 혹은 감옥 관리자.

맹자는 성현으로 칭송받는 사람들 가운데 곤궁한 곳에서 통달한 자가 많았음을 떠올렸습니다. 순 같은 이는 역산에서 밭을 갈다가 삼십에 등용되어 천자가 되셨으니, 실상은 농사 짓는 사람 가운데에서 일어난 것입니다. 그 이하는 신하로서 발탁되어 최상의 자리에 등용[擧]된 이들에 대한 설명입니다. 부열 같은 이는 부암에서 천거되어 은나라의 어진 재상이 되었으나, 그 이전에 고종이 공사장에서 등용하였던 인물입니다. 교격은 주나라를 도와서 왕업을 일으켰으나, 애초에 문왕이 물고기 잡고 소금 굽는 자들 가운데서 등용하였습니다. 또 패자를 도운 사람을 대표하는 관이오[관중]는 제나라 환공이 감옥에서 등용하여 쓰고,

손숙오는 초나라 장왕이 바다에 가서 등용하여 쓰고, 백리해는 진나라 목공이 시장 가운데에서 등용하여 썼던 인물입니다. 처음에 모두 궁핍한 생활을 하였으나 마침내 현달한 자들입니다.

이어 맹자가 말하는 구절은 모든 역경을 넘어서려는 많은 이들에게 희망을 주는 내용입니다.

> 하늘이 장차 큰 임무를 내리려는 사람에게는 반드시 먼저 그의 마음과 뜻을 괴롭게 하며, 그 근육과 뼈를 수고롭게 하며, 그 육체와 피부를 굶주리게 하며 그의 몸을 궁핍하게 하고, 그가 하는 일을 어긋나고 어지럽게 한다. 마음을 분발시키고 인내심을 기르게 하여 그가 할 수 없는 부족한 부분을 채우도록 하는 것이다.

故로 天將降大任於是人也신댄 必先苦其心志하며 勞其筋骨하며 餓其體膚하며
고   천장강대임어시인아   필선고기심지   노기근골   아기체부

空乏其身하여 行拂亂其所爲하나니 所以動心忍性하여 曾益其所不能이니라
공핍기신   행불란기소위   소이동심인성   증익기소불능

※ 근(筋): 힘줄. 핍(乏): 고달프다. 불(拂): 어기다. 동심인성(動心忍性): 그 마음을 분발시키고 그 성질을 참음. 증(曾): 더할 증(增)과 같음.

이것이 다 하늘의 뜻입니다.[*] 그러므로 하늘이 장차 임금과 정승의 큰 소임을 사람에게 내림에 반드시 먼저 궁곤한 땅에 두어서 그 마음과 뜻을 고통스럽게 하여 안으로 펴지 못하게 하고, 그 힘줄과 뼈를 수고롭게 하여 밖으로 쉬지 못하게 합니다. 그 몸을 굶주리게 하여 음식을 양껏 채우지 못하게 하고, 그 몸을 궁핍하게 하여 재물을 쓰는 데 풍족하지 못하게 하여, 몸이 행하는 바와 마음이 하고자 하는 바가 서로 어그러지고 어지러워서 뜻과 원하는 것을 이루지 못하게 하는 것입니다.

하늘이 그 사람을 곤궁하게 하는 것이 이와 같이 극진한 것은 어째서

---

[*] 이하의 내용은 『맹자』(유교문화연구소 옮김, 성균관대학교출판부, 2006) 902~903쪽 해석 참조.

일까요? 바로 궁하면 근본을 돌이키고 수고로우면 생각하여, 그 인의예지(仁義禮知)의 마음을 분발시켜 편안함에 가리지 않게 하고자 함입니다. 기품과 식색의 욕망을 굳게 참아서 환락에 빠짐이 없게 한 것이니, 덕이 여기서 더욱 순전해질 것입니다. 이런 사람은 세상의 어려움을 겪으면서 알지 못하는 것과 행하지 못하는 것을 보충하니, 재주가 이에 더욱 주도면밀하게 될 것입니다. 큰 소임을 감당할 수 있는 것이 어찌 이유가 없겠습니까?

이어 맹자는 어려움 속에서도 오뚝이처럼 일어나려는 사람들이 지녀야 할 태도에 대하여 덧붙여 말합니다.

> **사람은 항상 잘못을 한 다음에 고칠 수 있으니, 마음에 켕기고 생각에 걸린 뒤에 분발하며, 얼굴빛에 나타나며 소리로 드러난 후에 깨닫는 것이다. 들어가면 본보기가 될 만한 집안이나 보필하는 선비가 없고, 나가면 적국과 외환이 없는 나라는 항상 망한다. 이상을 생각한다면 우환에서 살고 안락에서 죽는다는 것을 알 수 있다.**

人恒過然後에 能改하나니 困於心하며 衡於慮而後에 作하며 徵於色하며
인 항 과 연 후   능 개   곤 어 심   횡 어 려 이 후   작   징 어 색

發於聲而後에 喩나라 入則無法家拂士하고 出則無敵國外患者는 國恒亡이니라
발 어 성 이 후   유   입 즉 무 법 가 필 사   출 즉 무 적 국 외 환 자   국 항 망

然後에 知生於憂患而死於安樂也니라
연 후   지 생 어 우 환 이 사 어 안 락 야

※ **항(恒)**: 항상. **횡(衡)**: 가로지르다. 순조롭지 못하다. **작(作)**: 분발하여 일어나다. **징(徵)**: 징험 **유(喩)**: 깨닫다. **법가(法家)**: 법도 있는 집안. **필(拂)**: 보필하다. 도울 필(弼)과 같음.

사람인지라 실수가 있기 마련이고, 그 실수를 개선하는 과정에서 이전과는 다른 성숙된 삶으로 나아가는 것입니다. 그러나 잘못됨을 알면서도 벗어나지 못하는 까닭에 반드시 형편이 어렵고 마음이 곤궁하여 통하지 못하고 생각에 거슬려서 순조롭지 못한 다음에 분발할 수 있어서 스스로 새로워지는 것입니다. 일의 조짐을 알아채지 못하기 때문에 반드시 사리가 드러나 남들의 노여워하는 빛을 띠고 꾸짖는 소리를 들

고 난 다음에야 스스로 깨닫습니다. 그러나 진정으로 깨달으면 고쳐 나갈 수 있습니다.

국가 역시 그러합니다. 군주가 그 나라를 보전하는 것에는 항상 안팎으로 경계하는 바가 있기 때문입니다. 만일 내부에 법도가 있는 집과 진심으로 보필하는 선비가 없고 외부로는 적국이나 환란의 위태로움이 없으면, 상하가 모두 안락함에 빠져서 군신이 교만하고 게으름에 익숙할 것이니 나라를 망치는 지름길이 될 것입니다.

마지막 구절은 오늘날 우리에게도 익숙한 내용입니다. "생어우환(生於憂患), 사어안락(死於安樂)!" 우환 속에서 살아남고 안락함에 빠지면 죽습니다. 지금의 근심과 걱정거리가 있는 것은 상황을 개선하려는 의지를 견고히 하는 자기 성숙의 계기가 될 것입니다.

고자 하편 16장 : 不屑之教

말없는 가르침

맹자는 어느 때는 파도가 휘몰아치듯 거침없이 몰아세우다가도, 때로는 차분하고 담담하게 말을 이어가기도 합니다. 사람을 가지고 노는 것 같아도 실은 상황에 따라 속도조절을 하는 것이지요. 맹자는 말합니다.

가르침에도 또한 방법이 많으니, 내가 달갑게 여지지 않아 거절함으로써 가르치고 깨우치게 하는 것 또한 가르치고 깨우치는 것일 따름이다.

教亦多術矣니 予不屑之教誨也者는 是亦教誨之而已矣니라
교 역 다 술 의　　여 불 설 지 교 회 야 자　　시 역 교 회 지 이 이 의

※ **술**(術): 방법. **설**(屑): 깨끗하다. 달갑게 여기다.

가르침을 달갑게 여기지 않음으로써 앞에서 다그치는 것보다는 상대가 감동받고 물러나 스스로 자신의 잘못을 닦고 살핀다면 이 또한 효과적인 교육방법이 될 수도 있다는 것입니다. 교육방법이 마주하는 대상이나 상황에 따라 일정할 수 없기 때문입니다. 윤돈(尹焞)은 말합니다.

억제하거나 키워주느냐, 인정하거나 그렇지 않느냐는 각기 그 재질에 따라 돈독히 하는 것이니 이 모두가 가르침이 아님이 없는 것이다.[*]

이와 같은 맹자의 교육방법을 불설지교(不屑之教)라고 말하기도 합니

---

[*] 『맹자집주』「고자」하편 16장. 尹氏曰 "言或抑或揚, 或與或不與, 各因其材而篤之, 無非教也."

다. 나의 마음이 내키지 않는다는 것을 상대에게 은연중에 보여줌으로써 상대방을 가르치고 깨우쳐주는 방법입니다. 이러한 방법이 어느 때는 효과적일 수도 있겠지만, 그래도 상대를 골라가며 사용해야겠지요.

孟子

13

진심 상편

올바른 마음의 보존과 함양

『맹자』는 모두 7편으로 구성되어 있고, 그 마지막 편이 '진심(盡心)'으로 시작됩니다. 어떤 일에 최선을 다한다는 뜻에서 진심이라 말하기도 하지만, 맹자가 말하는 진심이란 그 이상의 의미를 지닙니다. 자신의 본래 마음을 분명히 이해하고 내 속에 있는 참다운 자아를 실현시켜 나가야 한다고 주장하기 때문입니다. 맹자는 말합니다.

자기의 마음을 다하는 사람은 자기의 본성을 알 것이니, 자기의 본성을 안다면 하늘을 알 수 있으리라.

盡其心者는 知其性也니 知其性則知天矣니라
진 기 심 자　　지 기 성 야　　지 기 성 즉 지 천 의

소크라테스가 자신의 무지를 자각해 선의 진정한 의미를 깨달으라는 뜻으로 "너 자신을 알라"고 했듯이, 맹자 역시 먼저 자신의 마음을 다하라고 말합니다. 그렇다면 우리가 알아야 할 마음이란 무엇일까요? 단순히 최선을 다해 일을 처리하라는 정도에서 그치는 말이 아닙니다. 주자의 해석에 따르면, 신명(神明)이 깃든 인간의 마음이란 세상과 소통할 수 있는 이치를 구비하고 모든 일에 대응할 수 있는 특별한 심리상태입니다. 그래서 참다운 가치를 추구하는 영혼을 지닌 인간을 고귀한 존재로 보는 것입니다.

다만 개인적 욕망과 세상 잡사에 휘둘려 살다보니 자아의 참된 존재의미를 잊고 지낼 때가 많습니다. 맹자는 마음의 본질로 파고들수록 자신에게 갖춰진 인간으로서의 참된 본성을 알게 되고, 더 나아가 그렇게 되

는 궁극적 근원지로서 하늘의 이치까지도 알 수 있다는 것입니다. 즉 자신의 본심을 다하는 자는 본성을 알고 하늘을 안다는 말은, 맹자가 항상 주장했듯이 인간에게 내재된 인의예지(仁義禮智)라는 선한 본성이 바로 하늘로부터 부여된 인간의 참모습이라는 점을 이해하는 것입니다.

그러나 자신의 본래 마음이 어떠한지를 알아서 본성과 하늘의 이치까지도 알게 된다고 해서 모든 것이 끝난 것은 아니겠지요. 실천으로 연결되지 않는 앎이 우리가 지향하는 인간다움의 모범이 될 수 없습니다. 따라서 맹자는 보존하고 기르는 존양(存養)의 노력과 동요됨이 없는 실천적 삶의 자세를 말합니다.

그 마음을 보존하여 그 본성을 기르는 것이 하늘을 섬기는 것이요, 일찍 죽거나 오래 사는 것에 대해 흔들리지 아니하여 몸을 닦고 천명을 기다림이 천명을 세우는 것이다.

存其心하여 養其性은 所以事天也요
기 심　　양 기 성　　소 이 사 천 야

殀壽不貳하여 脩身以俟之는 所以立命也니라
요 수 불 이　　수 신 이 사 지　　소 이 입 명 야

※ 존(存): 잡고서 버리지 않음. 사(事): 섬기다. 요수(殀壽): 일찍 죽거나 장수함. 이(貳): 의심하다.
사(俟): 기다리다.

맹자는 본래의 마음을 보존하고 본성대로 따르려는 존심과 양성의 노력이 바로 내 마음과 직결되는 하늘을 섬기는 자세라고 보았습니다. 실천적 노력을 강조하는 것이지요. 주자는 마음에 내재된 이치를 안다는 것과 실천하는 것을 구분하는 동시에 두 가지 모두 필요하다고 말합니다.

마음을 다하고 본성을 알아서 하늘을 아는 것은 그 이치에 나아가는 것이요, 마음을 보존하고 본성을 길러서 하늘을 섬기는 것은 그 일을 실천하는 것이다. 그 이치를 알지 못하면 진실로 그 일을 실천할 수 없다. 그러나 다

만 그 이치에 나아가기만 하고 그 일을 실천할 수 없다면 또한 자신의 일이 되지 못할 것이다.[*]

하늘이라는 자연의 길을 알고 따르려는 삶은 인간의 본래 모습에 충실하려는 것입니다. 죽고 사는 일조차도 크게 보면 하늘이 인간에게 준 숙명입니다. 따라서 맹자는 자신에게 주어진 운명을 자연의 일부로 받아들이고 천명에 순응하는 삶을 권합니다. 다만 자신을 수양하며 올바른 길을 선택하려는 수신(修身)의 노력을 인간의 길로 받아들입니다. 이어지는 2장의 내용이 그러합니다.

모든 일은 천명이 아님이 없으나, 그 중 올바른 것을 자연스럽게 받아들여야 한다. 이런 까닭에 천명을 아는 자는 위험한 담장 아래에 서지 아니한다. 또한 자신의 도리를 다하다 죽는 것은 올바른 천명에 순응하는 것이요, 형벌을 받아 죽는 것은 올바른 명에 따르는 것이 아니다.

莫非命也나 順受其正이니라 是故로 知命者는 不立乎巖墻之下하나니라
막비명야　순수기정　　　시고　지명자　불립호암장지하

盡其道而死者는 正命也요 桎梏死者는 非正命也니라
진기도이사자　정명야　질곡사자　비정명야

※ **암장**(巖墻): 넘어질지 모르는 위태로운 담장. **질곡**(桎梏): 죄인을 묶을 때 사용하는 쇠고랑, 수갑.

생사를 포함하여 길흉화복은 인간의 노력으로 어찌할 수 없이 숙명처럼 찾아옵니다. 마치 하늘이 명령하는 것과 같은데, 그 속에는 올바른 것[正命]도 있고 이해하기 힘든 것[非命]도 있기 마련입니다. 선한 사람이 오히려 피해를 보거나 악한 사람이 현실적 승자로 군림하는 경우가 그러합니다. 그렇지만 올바른 이치를 선택하여 따르려는 노력은 자유의

---

[*] 『맹자집주』「진심」상편 1장. "愚謂 盡心知性而知天, 所以造其理也; 存心養性以事天, 所以履其事也. 不知其理, 固不能履其事. 然 徒造其理, 理不履其事, 則亦無以有諸己矣."

지를 지닌 인간이 선택할 수 있는 길이요, 수신(修身)의 자세입니다. 양심에 비추어 그 길이 옳기에 당당히 걸어가는 것입니다. 예를 들면 천명을 아는 사람은 자연의 이치를 알기 때문에 언제 무너질지 모르는 위태로운 담장 밑에는 서지 않습니다. 달리 말하자면 자신의 도리를 다하다가 죽음에 이르게 될지라도 이것은 천명대로 사는 올바른 삶이라 할 수 있고, 죄를 지어 죽는 것은 올바르게 천명에 따르는 삶이 아닙니다.

이 모두는 스스로의 선택에 달린 것이지 마냥 하늘을 탓할 수 없는 일입니다. 맹자가 말하는 수신의 길이란 진심에서 시작하여 마음을 보존하고 본성을 기르며 흔들리지 않고 순리대로 살아가는 삶입니다. 이 모든 것은 우리의 마음가짐에 달려 있습니다.

진심 상편 3장 : 求則得之
구하면 얻으리라

누구나 부귀영화를 꿈꾸지만 모두가 그렇게 될 수 있는 것은 아닙니다. 개인의 노력도 있어야겠지만, 어느 정도는 운명의 영향을 받기 마련입니다. 맹자는 그러한 불안한 가치를 추구하기보다는 보다 분명한 내안의 가치에 주목합니다.

구하면 얻을 것이요 놓아 버리면 잃을 것이니, 이러한 구함은 얻음에 유익할 것이니 내게 있는 것을 구하기 때문이다.

求則得之하고 舍則失之하나니 是求는 有益於得也니 求在我者也일새니라
구 즉 득 지   사 즉 실 지   시 구 유 익 어 득 야   구 재 아 자 야

※ **사**(舍): 버릴 사(捨)와 같음.

나에게 있는 것을 구한다는 말은 내가 본래부터 지니고 있는 인의예지(仁義禮智)의 본성을 구하라는 것입니다. 샘물은 길어 올릴수록 더욱 물이 솟아나오듯이 내면의 진실성을 추구하는 것은 정신적으로 유익할 것입니다. 이처럼 도덕적인 자아의 참모습을 찾아가는 것은 구할수록 영혼을 살찌우게 될 것이고, 반면에 이런 점을 망각하고 살아간다면 진정한 가치를 영영 잃어버리게 될지도 모릅니다. 자기 하기에 달려 있습니다. 맹자는 이 모두가 내 안에 갖추어 있는 까닭에 구하면 구할수록 보탬이 되고 얻을 수 있을 것이라 보는 것입니다.

반면에 부귀영달처럼 이익을 추구하는 것은 원한다고 모두 이루어지는 것은 아닙니다. 순리에 맞게 따라야 함은 물론이거니와, 얻고 못 얻고는 때로는 운명에 달려 있기 때문입니다. 맹자는 이를 외물(外物)로

간주하고 말합니다.

구하는 데에는 방법이 있고 그것을 얻는 것은 운명에 달려 있으니, 이러한 구함은 얻는 데 보탬이 없으니 밖에 있는 것을 구하기 때문이다.

求之有道하고 得之有命하니 是求는 無益於得也니 求在外者也일새니라
구 지 유 도　　득 지 유 명　　시 구　　무 익 어 득 야　　구 재 외 자 야

부귀영화를 추구함에도 정당한 방법이 있으며, 결과적으로 자신이 원하는 것을 얻는다고 장담할 수도 없습니다. 이러한 것들은 어찌할 수 없는 운명이라 보고 맹자는 반문합니다. 나의 것이 아니므로 구하여도 반드시 얻지 못할 것인데 사람들이 이러한 것만을 절실하게 추구하는 것은 어째서인가? 조기 역시 이러한 맥락에서 해석합니다.

　　인을 행함은 자신에게 달려있고 부귀는 하늘에 있으니, 만일 부귀를 구할 수 없다면 내가 좋아하는 바를 따르련다.*

결국 내가 할 수 있고 해야만 하는 도덕성의 배양에 노력하라는 것이지요. 인의예지의 본성을 주목하고 키워나갈 것을 강조하는 것은 우리 마음에 뿌리내린 나의 것이기 때문입니다. 나의 선택과 결단에 의해 진정한 가치가 되살아날 수 있습니다. 한번 관심을 갖고 찾아볼 만하지 않을까요?

---

* 『맹자집주』「진심」 상편 3장. 趙氏曰 "言爲仁由己, 富貴在天, 如不可求, 從吾所好."

세상과 소통하는 이치

세상과 소통하려는 진리의 눈을 맹자는 짤막한 말 속에 녹아내고 있습니다.

만물이 모두 나에게 갖추어져 있다.

萬物이 皆備於我矣니라
만물   개 비 어 아 의

오해하기 쉬운 구절입니다. 도대체 어떻게 내 안에 만물이 모두 있다는 것일까요? 맹자가 신비주의자가 아닌 이상, 그가 말하는 만물이란 눈앞에 보이는 어떤 대상이 아닐 것입니다. 주자의 해석에 따르면 세상살아가는 모든 이치, 특히 마땅히 그렇게 살아가야 된다는 인간다움의 당위적 이치가 내 본성에 그대로 녹아있다는 것입니다.

산천초목이 제각기 고유한 색채를 발휘하듯이 모든 것에는 나름의 이치가 있습니다. 인간에게 있어 그 본질적 가치는 우리 본성에 내재된 인의예지라는 도덕성이 있어서 사람의 질서인 인륜을 말했던 것입니다. 다시 맹자의 의도를 일관해서 보도록 하겠습니다.

만물의 이치가 다 나에게 갖추어져 있으니, 자신을 반성하여 성실하다면 이보다 큰 즐거움이 없을 것이요, 서(恕)를 힘써 행한다면 인을 구함이 이보다 가까운 것이 없다.

萬物이 皆備於我矣니 反身而誠이면 樂莫大焉이오 强恕而行이면 求仁이
만물   개 비 어 아 의   반 신 이 성   낙 막 대 언   강 서 이 행   구 인

莫近焉이니라
막 근 언

※ **강**(强): 억지로 힘쓰다. **서**(恕): 내 몸을 미루어 남에게 미치는 것.

정성 성(誠)은 성실 혹은 진실한 태도로, 실제로 원래의 모습과 부합된다는 뜻입니다. 자신을 되돌아볼 때 이상적인 모습에 조금도 흐트러짐 없이 만족할 만한 상태가 된다면 성실함으로 가득할 것입니다. 하늘을 우러러 한 점 부끄럼이 없고 땅을 굽어보아도 남들에게 한 점 부끄럼이 없는 당당한 모습일 것입니다. 그에 도달하려는 노력은 필요하지만, 이미 노력 자체도 필요없이 자연 그대로 하나된 상태이므로, 그래서 삶이 마냥 즐거운 모습입니다. 바로 유가에서 추구하는 인(仁)의 모습입니다.

그러나 누구나 이를 수 있는 경지는 아니겠지요. 그래서 차선책으로 서(恕)를 제시합니다. 서는 상대를 포용하고 이해하는 용서(容恕)의 차원을 넘어서는 것입니다. 나를 미루어 타인에까지 미치는 추기급인(推己及人)의 적극적 자세가 요구되기 때문입니다. 이 단계는 상당한 노력이 필요하므로 강서(强恕)라 말합니다. 인의 완성단계가 아니라 인을 구하려는 구인(求仁)의 단계이기 때문입니다.

주자는 이 장의 전체적인 의미를 다음처럼 말합니다.

이 장은 만물의 이치가 내 몸에 갖춰져 있으니, 이것을 체현하여 성실히 한다면 도가 내 몸에 있어 즐거움으로 넉넉해질 것이요, 서(恕)로써 행한다면 사욕이 용납되지 않아서 인을 얻을 수 있음을 말한 것이다.[*]

타자에 대한 관심과 배려로 인을 추구하는 강서구인(强恕求仁)의 자세는 자신의 무한한 성실함에서 나와야 합니다. 잔이 차야 넘치듯 성실

---

[*] 『맹자집주』「진심」상편 4장. "此章言 萬物之理, 具於吾身, 體之而實, 則道在我而樂有餘, 行之以恕, 則私不容而仁可得."

로 충만되어야 자신의 삶이 주변까지 확장되는 것이지요. 그리고 이 모든 것이 가능한 이유는 만물과 소통할 수 있는 이치가 내 안에 갖춰져 있기 때문입니다. 결국 모두가 하나됨을 지향하는 것이지요.

우리가 세상과 소통하는 힘은 어디에서 찾을 수 있을까요? 그리고 소통의 노력은 어떻게 해야 할까요?

진심 상편 5장 : 道不遠人

일상이 진리이다

일상을 강조하는 유학에서 말하는 진리는 거창한 그 무엇이 아닙니다. 너무도 평범한 일상적 삶에 녹아 있기에 잊고 살아가는지 모릅니다. 맹자는 말합니다.

행하면서도 드러내지 못하며 익히면서도 살피지 못하기 때문에 종신토록 따르면서도 그 도를 알지 못하는 사람이 많다.

行之而不著焉하며 習矣而不察焉이라 終身由之而不知其道者는 衆也니라
행 지 이 부 저 언   습 의 이 불 찰 언   종 신 유 지 이 부 지 기 도 자   중 야

※ 저(著): 드러나다. 유(由): 행하다.

한문에는 목적어가 생략된 경우가 많습니다. 너무 일반적인 경우가 그러할 것입니다. 위 문장에서 행하면서도 정작 무엇을 드러내지 못한다는 것이며, 익히면서도 무엇을 살피지 못한다는 것일까요? 평생토록 어떤 일을 하면서도 정작 그 '도(道)'를 알지 못하는 자들이 많다고 말한 뒷 문장에 힌트가 있습니다. 여기서 도는 우리가 당면하고 있는 어떤 일에 있어 마땅히 그렇게 해야만 하는 이치나 원리를 말합니다. 주자는 다음과 같이 해석합니다.

자신이 막 행하고 있으면서도 그 마땅히 그렇게 되는 것[所當然]을 분명히 알지 못하며, 이미 익히고 있으면서도 오히려 그렇게 되는 이유[所以然]를 알지 못한다. 이 때문에 종신토록 행하면서도 그 도를 알지 못하는 자가

많음을 말씀하신 것이다.*

일상에서의 모든 일에는 그에 따른 이치가 있기 마련인데, 사람들은 일을 하고 있으면서도 그렇게 되는 당연한 이치를 분명히 깨닫지 못하는 경우가 많습니다. 또한 타성에 젖어 습관적으로 행하면서도 정작 그렇게 되는 이유를 엄밀하게 알려고 파고들지도 않습니다. 배고프면 먹을 것을 찾듯이 어쩌면 너무도 당연하기 때문에 그렇기도 하겠지만, 삶의 중요한 가치들마저도 그저 넘어가려는 경우도 있습니다. 삶의 고단함과 복잡함이 많은 사람들을 그렇게 무감각하게 만드는 것인지 모릅니다.

그러나 진리는 저 멀리 있지 않습니다. 『중용』에서도 말합니다. "진리가 사람에게서 멀리 떨어져 있지 않다. 사람이 도리를 행하면서도 사람을 멀리하면서 진리를 실천할 수 없다고 말한다."** 일상에서의 사람다움을 추구하는 길은 저 멀리 있지 않습니다. 다른 사람들과 내가 본질적으로 하나라는 생각에서 출발하여 그들을 이해하고 배려함으로써 더불어 살아가는 인간으로서의 존재의미가 드러납니다. 이 모두를 맹자는 도(道)라는 한 단어로 압축한 듯합니다. 진리라고 말할 수 있는 도는 저 멀리 있는 것이 아니라, 우리가 조금만 더 관심을 가지고 공부하다 보면 일상의 곳곳에서 찾을 수 있습니다. 진리는 의외로 가까이 있는지 모릅니다.

---

* 『맹자집주』「진심」상편 5장. "言 方行之而不能明其所當然, 旣習矣而猶不識其所以然, 所以終身由之 而不知其道者, 多也."
** 『중용』13장. 子曰 "道不遠人, 人之爲道而遠人, 不可以爲道."

부끄러움은 양심의 청신호

'너 자신을 알라'는 말은 무지의 베일에서 벗어나 자아의 참모습을 찾아가라는 말입니다. 마찬가지로 맹자는 부끄러움을 아는 것이 진정으로 인간다움을 찾아가는 길이라 봅니다.

사람이 부끄러움이 없어서는 안 되니, 부끄러움이 없는 점을 부끄러워한다면 부끄러움이 없어질 것이다.

人不可以無恥니 無恥之恥면 無恥矣니라
인 불 가 이 무 치   무 치 지 치   무 치 의

부끄럽다는 뜻의 치(恥) 자는 귀[耳]라는 신체와 마음[心]이 결합된 글자입니다. 잘못된 행동에 대한 마음의 반성이 귀가 빨개지는 것을 통해 드러나기도 합니다. 마음과 몸은 연결되어 있기 때문입니다. 자신의 잘못에 대한 자각과 반성이라는 인지적 측면도 있고, 이로부터 파생되어 드러나는 생리적 반응을 내포하기도 합니다. 특히 부끄러움을 느낀다는 것은 양심이 있다는 심리적 표현이기도 합니다. 만약 착한 곳으로 나가지 못한 것을 부끄러워하면 착한 곳으로 옮겨가거나 잘못됨이 없어지도록 노력할 가능성이 큽니다.

조기는 다음과 같이 풀이합니다.

사람이 자기가 부끄러워하는 바가 없음을 부끄러워한다면 이는 나쁜 행실을 고쳐 선을 따를 수 있는 사람이니, 평생토록 다시는 치욕에 얽매이지

않을 것이다.[*]

부끄러움이 인간다움의 덕목임을 강조하는 맹자는 다음 7장에서 이어서 말합니다.

부끄러워하는 것이 사람에게 있어서 크도다. 임기응변의 기교를 부리는 자는 부끄러움을 느끼지 못할 것이다. 남만 같지 않음을 부끄러워하지 않는다면 어찌 남과 같은 점이 있겠는가?

恥之於人에 大矣라 爲機變之巧者는 無所用恥焉이니라
치 지 어 인　대 의　위 기 변 지 교 자　무 소 용 치 언

不恥不若人이면 何若人有리오
불 치 불 약 인　　하 약 인 유

> ※ **기변**(機變): 기계와 속임수. 상황에 따른 임기응변.

부끄러움을 느낀다는 것은 양심이 있다는 말입니다. 양심이 있고 없음은 사람다움을 판가름하는 기준이 되는 것이니 양심을 뜻하는 부끄러움은 사람에게 매우 크게 작용합니다. 의(義)를 자신의 행위나 타자의 잘못됨에 대해 부끄러움을 느끼는 마음, 즉 수오지심(羞惡之心)라 하여 실천적 행동을 촉구했던 것도 이러한 이유일 것입니다. 주자는 말합니다.

> 부끄러움은 내가 본래 가지고 있는 수오지심이다. 이것을 보존하면 성현에 나아가고 이것을 잃으면 짐승에 빠져들 것이므로 사람에게 관계된 바가 매우 크도다.^{**}

---

* 『맹자집주』「진심」상편 6장. 趙氏曰 "人能恥己之無所恥, 是能改行從善之人, 終身無復有恥辱之累矣."

** 앞과 같은 책. "恥者, 吾所固有羞惡之心也. 存之則進於聖賢, 失之則入於禽獸, 故所繫爲甚大."

양심 있는 사람은 임기응변의 교활한 짓을 즐겨하지 않을 것입니다. 기계처럼 아무런 심리적 부끄러움을 느끼지 못하거나, 남들을 속이는 간사함을 자칫 남다른 재능으로 생각하는 사람에게서 양심을 기대하기는 어렵습니다.

사람에게 부끄러움이란 우리가 키워나갈 덕목 가운데 하나이고, 부끄러워하는 마음은 개과천선(改過遷善)할 수 있는 청신호이기도 합니다. 부끄러움을 외면하는 후안무치(厚顔無恥)의 세상에서 부끄러움을 느끼는 것은 인간다움을 향한 첫걸음이 될 것입니다.

선을 좋아하는 선비의 자세

선비는 세속에 쉽사리 영합하지 않고 꼿꼿한 자세로 삶을 마주합니다. 맹자는 그러한 선비의 당당함에 대해 말합니다.

옛날의 현명한 왕은 선을 좋아하고 권세를 잊었으니, 옛날의 현명한 선비가 어찌 홀로 그러지 않았겠는가? 선비는 그가 추구하는 도리를 즐거워하고 남의 권세를 잊었기 때문에 권력자인 왕공이 공경을 다하고 예를 다하지 않으면 자주 만나볼 수 없었다. 만나보는 것도 또한 오히려 자주 할 수 없었는데, 하물며 그들을 신하로 삼을 수 있었겠는가?

古之賢王이 好善而忘勢하더니 古之賢士 何獨不然이리오
고 지 현 왕 　 호 선 이 망 세 　 　 고 지 현 사 　 하 독 불 연

樂其道而忘人之勢라 故로 王公이 不致敬盡禮則不得亟見之하니
낙 기 도 이 망 인 지 세 　 고 　 왕 공 　 불 치 경 진 례 즉 부 득 기 견 지

見且猶不得亟은 而況得而臣之乎아
견 차 유 부 득 기 　 이 황 득 이 신 지 호

※ **기(亟)**: 자주라는 뜻일 때는 '기'로 읽음.

어진 선비는 도리로써 자중하고 즐기면서 구차스럽게 현실에 영합하지 않아서 권력자들이 함부로 만나볼 수 없는 사람들이었습니다. 따라서 맹자는 왕들이 공경을 다하고 예를 갖추어 그들을 대우해야 한다고 보았습니다. 자주 만나볼 수도 없는 사람들인데, 하물며 벼슬과 봉록을 주면서 제멋대로 신하로 삼을 수 있었겠는가라고 반문합니다.

그러나 맹자의 말에는 현명한 이들을 중시하지 않는 권력자들도 문제이지만 선비들 스스로의 각성을 촉구하려는 의도도 함축되어 있습니다.

선을 좋아하는 마음이 너무도 간절하기에 현실의 어려움을 잊을 정도는 되어야 한다는 것입니다.

흔히 가난해도 편안하면서 도를 즐긴다는 뜻에서 안빈낙도(安貧樂道)를 통해 현실문제에 초연한 선비의 모습을 표현하기도 합니다. 그러나 가난을 좋아할 사람이 어디에 있겠습니까? 방점은 진리를 즐긴다는 낙도(樂道)에 있습니다. 진리를 좋아하는 자신의 선택지를 쉽게 포기하지 않으므로 가난한 삶조차도 기꺼이 견딜 수 있다는 것입니다. 선을 좋아하기에 권세조차 잊어버릴 수 있는 선비의 자세가 그리운 때입니다.

나에게 주어진 길을 가련다

현실을 중시하는 유학자들은 어느 상황에 처하더라도 자신의 존재의 미를 잊지 않으려 합니다. 어려우면 어려운 대로, 잘되면 잘 되는 대로 주어진 여건에서 최선을 다하며 살려는 것이지요. 1등이 아니면 패자처럼 인식되는 오늘날의 현실에서, 또는 행복의 척도를 소유의 크기로 재단하는 것이 당연시되는 사회에서 그런 삶은 어떻게 가능할까요?

맹자 당시에는 부국강병의 계책을 지혜의 척도로 삼았던 시대였고, 일종의 직업적인 전략가들은 설득의 기술인 유세(遊說)에 많은 관심을 보였습니다. 그런 인물 중의 하나였던 송구천(宋句踐)에게 맹자는 말합니다.

"그대가 유세(遊說)하는 것을 좋아하느냐? 내가 그대에게 유세의 의미를 말해 주겠다. 남들이 알아주더라도 또한 담담하며, 남들이 알아주지 않더라도 또한 담담해야 한다."
"어떠하여야 담담할 수 있습니까?"
"덕을 높이고 의를 즐거워하면 담담해질 수 있을 것이다."

"子好遊乎아 吾語子遊호리라 人知之라도 亦囂囂하며 人不知라도 亦囂囂니라"
자 호 유 호　오 어 자 유　　인 지 지　　역 효 효　　　인 부 지　　역 효 효
"何如라야 斯可以囂囂矣잇고" "尊德樂義 則可以囂囂矣니라"
하 여　　사 가 이 효 효 의　　존 덕 낙 의 즉 가 이 효 효 의

※ 유(遊): 유세. 효효(囂囂): 자득하여 욕심이 없는 담담한 모양.

권력자들 앞에서 자신의 주장을 펼쳐나가기는 쉽지 않습니다. 선택권이 나에게 있는 것이 아니므로 아무리 자신있게 다가서더라도 권력의

힘 앞에 주눅이 들기도 할 것입니다. 맹자는 현실에 너무 연연해하지 말고 담담하게 대처하라고 말합니다. 상대를 지나치게 의식하지 말라는 것이지요. 그리고 그러한 마음은 덕을 높이고 의를 즐거워하는 마음이 있을 때 가능하다고 봅니다. 주자는 덕과 의에 대하여 다음과 같이 정의하면서 그러한 마음이 필요함을 말합니다.

덕은 하늘에서 얻은 선을 이르니, 이것을 높이면 스스로를 소중히 여김이 있어 남들이 주는 부귀영화를 사모하지 않는다. 의는 지켜가는 올바름을 이르니, 이것을 즐거워하면 스스로 편안함이 있어 외물의 유혹에 빠지지 않을 것이다.[*]

덕(德)이라는 귀한 것이 나에게 있으니 자중자애하면서 남들의 부귀영화를 부러워해서는 안 되며, 의(義)라는 지극히 바른 길이 나에게 있으니 굳게 지키면서 외부의 유혹을 물리치라는 것이지요. 이것이 내 몸에 쌓이면 담대한 기상이 생길 것이요, 상황에 따라 일희일비하지 않을 수 있다는 것입니다. 맹자는 선비의 눈은 권력이 아닌 백성들의 마음을 살피는 데 있으므로 더욱 그러해야 한다고 보았습니다.

그러므로 선비는 곤궁하여도 의리를 잃지 아니하며, 영달하여도 도리에서 떠나지 않는다. 곤궁하여도 의리를 잃지 않기 때문에 선비는 자신의 지조를 지키고, 영달하여도 도리에서 떠나지 않기 때문에 백성들이 실망하지 않는다. 옛사람이 뜻을 얻어서는 은택이 백성에게 더해지고, 뜻을 얻지 못해서는 자신을 수양하여 세상에 드러낸다. 곤궁하면 홀로 그 자신을 선하게 하고 영달하면 천하를 모두 선하게 한다.

---

[*] 『맹자집주』「진심」상편 9장. "德謂所得之善, 尊之則有以自重, 而不慕乎人爵之榮. 義謂所守之正, 樂之則有以自安, 而不徇乎外物之誘矣."

故로 士는 窮不失義하며 達不離道니라 窮不失義故로 士得己焉하고
고   사   궁불실의   달불리도   궁불실의고   사득기언

達不離道故로 民不失望焉이니라 古之人이 得志하얀 澤加於民하고
달불리도고   민불실망언   고지인   득지   택가어민

不得志하얀 修身見於世하니 窮則獨善其身하고 達則兼善天下니라
부득지   수신현어세   궁즉독선기신   달즉겸선천하

※ **택**(澤): 은택. **현**(見): 이름과 실상이 드러나다.

흔들리지 않는 담담한 자세를 지닌 선비는 빈천하다 하여 지조를 잃지 않고 부귀하다고 하여 방탕하지 않습니다. 대장부의 기개가 온몸에 배어있는 것입니다. 이 모두가 덕을 높이고 의를 즐거워한 결과입니다. 여기서 맹자는 두 가지 측면에서 접근합니다. 하나는 곤궁하더라도 자신이 간직하고 있는 의리를 잃지 않는 지조 있는 삶입니다. 다른 하나는 영달하더라도 초심을 잃지 않고 민심을 헤아리는 훌륭한 정치를 이뤄달라는 백성들의 소망을 실현시키고자 하는 열망을 지켜가는 자세입니다. 그래서 위대한 인물의 발걸음은 그 혜택이 백성들에게 올곧이 돌아가는 것입니다.

큰 틀에서 보면 지조 있는 삶을 살거나 백성들에게 은택을 끼치는 그 어느 경우라도 상관없습니다. 참다운 자신의 진면목을 올곧게 지켜가려는 사람을 탓할 수는 없을 것이고, 그 또한 때를 만나 세상과 마주할 수 있다면 모든 이를 대신하여 그 역할을 묵묵히 수행하면 될 것입니다. 맹자는 이를 "곤궁하면 홀로 그 자신을 선하게 하고, 영달하면 천하 모두를 선하게 한다."라고 하여 독선(獨善)과 겸선(兼善)을 모두 긍정하고 있습니다. 결국 내면에 지닌 도덕적 가치를 소중하게 여기고 부귀영화와 같은 외물의 유혹에서 자유로울 때 우리의 선택지는 넓어진다는 것입니다. 오늘의 우리는 과연 그러한 마음으로 살아갈 수 있을까요?

기대지 말자

맹자는 스스로의 운명을 개척해 나갈 호걸스런 선비를 기대하는 심정으로 토로합니다.

문왕을 기다린 다음에 일어나는 자는 평범한 백성이니, 만일 호걸스런 선비라면 비록 문왕이 없더라도 일어날 것이다.

待文王而後에 興者는 凡民也니 若夫豪傑之士는 雖無文王이라도 猶興이니라
대 문 왕 이 후   흥 자   범 민 야   약 부 호 걸 지 사   수 무 문 왕   유 흥

맹자는 여러 성인들 가운데 문왕이 가장 성대한 교화를 베풀었고, 그를 본받아 백성들은 자신들의 삶을 변화시켜 갔다고 생각했습니다. 반면에 호걸스런 선비라면 자신이 우뚝 서서 스스로의 재주와 지혜가 보통 사람보다 나을 것이니, 비록 문왕이 있지 않더라도 스스로 일어날 수 있다고 보았습니다. 여기에는 배우는 자가 평범한 백성으로서 편안한 길을 택하면서, 그 스스로가 호걸이 될 것을 기대하지 않는 것에 대한 탄식과 기대감이 담겨 있습니다.

이어지는 다음 11장에서도 맹자는 자립에 대한 강한 의지를 내보이고 있습니다.

한과 위와 같은 부유한 집안을 더해 줄지라도, 만일 스스로를 보기에 부족하게 여긴다면 남들보다 훨씬 뛰어날 것이다.

附之以韓魏之家라도 如其自視欿然이면 則過人이 遠矣니라
부 지 이 한 위 지 가   여 기 자 시 감 연   즉 과 인   원 의

※ **부**(附): 더해주다. **감연**(欿然): 만족하지 않는 모습.

의존도 때로는 필요할 때가 있지만, 결국은 자기 스스로 서야 합니다. 현실적 욕망에 휘둘리지 않고 살아가는 모습이 아름답다는 것은 맹자만의 생각은 아니겠지요.

진심 상편 12장 : 雖勞不怨

진정성은 통한다

자발적 복종을 이끌어내는 방법에 대해 맹자는 말합니다.

> **편안하게 하려는 도리로 백성을 부리면 비록 수고롭게 하더라도 원망하지 않고, 살리려는 도리를 가지고 백성을 죽이면 비록 죽더라도 죽이는 사람을 원망하지 않을 것이다.**

以佚道使民이면 雖勞나 不怨하고 以生道殺民이면 雖死나 不怨殺者니라
이 일 도 사 민　　소 로　불 원　이 생 도 살 민　　수 사　불 원 살 자

※ 일(佚): 편안하다.

　편한 것을 좋아하고 수고로움을 싫어하는 것은 인지상정(人之常情)입니다. 수고롭게 하면 마땅히 원망하겠지만, 윗사람의 마음이 본래는 백성을 편하게 하고자 하지만 부득이 그 당연히 부릴 곳에 부리면 불평불만이 줄어들 것입니다. 이것은 편하게 하는 도로써 백성을 부리는 것이면서 백성을 병들게 하는 것이 아닌 까닭에, 백성도 그 마음을 알아서 비록 수고롭더라도 이해할 것입니다.

　사는 것을 좋아하고 죽는 것을 싫어하는 것은 당연합니다. 윗사람의 마음이 본래는 백성을 살리고자 하나 어찌할 수 없는 상황에서 죽음에 이르게 되는 경우도 있습니다. 이것은 살리려는 도리를 가지고 백성을 죽이는 어쩔 수 없는 경우이니, 비록 죽는 자라도 어느 정도는 이해할 것입니다. 비슷한 맥락에서 정이천은 다음과 같이 풀이하고 있습니다.

　백성들에게 편안하게 해주려는 방법으로 백성을 부린다는 것은 본래 백

성을 편안하게 해주려 함이니, 곡식을 파종하고 지붕을 이는 따위가 이것이다. 반면에 살려주는 방법으로 백성을 죽인다는 것은 본래 백성을 살려주고자 함을 이르니, 해독을 끼치는 자를 제거하고 악한 자를 제거하는 따위가 이것이다. 부득이하여 당연히 해야 할 것을 한다면 비록 백성들의 하고자 함을 어기더라도 백성들이 원망하지 않는다. 그렇지 않는 자는 이와 반대이다.[*]

어떤 마음에서 일을 하느냐에 따라 결과에 대한 평가가 달라질 수 있습니다. 자신을 수고롭게 하거나 죽음에 이르게 하는 경우라도 원망하지 않을 정도가 되려면, 얼마나 투철한 사명의식에서 일을 시작해야 하는지를 알 것입니다. 사적 이기심이 없이 최대한 공정한 마음으로 매사에 임할 필요가 있습니다.

---

[*] 『맹자집주』「진심」 상편 12장. 程子曰 "以佚道使民, 謂本欲佚之也, 播穀乘屋之類是也; 以生道殺民, 謂本欲生之也, 除害去惡之類是也. 蓋不得已而爲其所當爲, 則雖咈民之欲, 而民不怨. 其不然者 反是."

왕도정치의 자연스런 효과

맹자는 왕도와 패도의 실상을 백성의 입장에서 설명합니다.

패도를 행하는 군주의 백성은 매우 기뻐하고 왕도를 행하는 군주의 백성은 만족하면서도 담담하게 받아들인다. 왕도를 행하면 그를 죽여도 원망하지 않고 이롭게 해주어도 공로라고 여기지 아니하므로 백성이 날마다 선으로 옮아가면서도 누가 그렇게 만드는지를 알지 못한다.

霸者之民은 驩虞如也오 王者之民은 皞皞如也니라 殺之而不怨하며
패 자 지 민   환 우 여 야   왕 자 지 민   호 호 여 야   살 지 이 불 원

利之而不庸이라 民日遷善而不知爲之者니라
이 지 이 불 용   민 일 천 선 이 부 지 위 지 자

※ **환우**(驩虞): 기뻐하다. **호호**(皞皞): 넓고 커서 스스로 만족하는 모양. **용**(庸): 공로[功].

왕도와 패도의 차이를 설명하는 맹자의 언급을 액면 그대로 보면 오해의 소지가 있습니다. 패도를 행하는 군주의 백성은 임금의 덕택에 감동하여 그 뜻과 기상이 기뻐하고 즐거워하는 듯하고, 왕도를 행하는 군주의 백성은 임금의 덕택을 잊어버려 그 뜻과 기상이 유쾌하고 담담하다고 말하기 때문입니다. 그러나 정명도의 주석을 보면 그 차이가 드러납니다.

패도정치에 백성들이 기뻐하는[驩虞] 것은 인위적으로 조작하는 바가 있어서 그런 것이니, 어찌 오래 갈 수 있겠는가. 반면에 '내 밭을 갈아 먹고 내 우물을 파서 먹으니, 임금의 힘이 나에게 무엇이 있겠는가'라고 하는 것은

하늘의 자연과 같으니, 이것이 바로 왕 노릇 하는 사람의 정치이다.[*]

왕도정치를 하려는 사람이 쓰는 형벌은 백성의 악한 것을 징계하는 것이라서, 왕이 백성을 죽이지 않을 수 없으나 백성을 위하여 잔악한 것을 제거하고 백성을 위하여 포악한 것을 버리는 조치입니다. 백성을 위한다는 마음을 알기 때문에 원망도 줄어든다는 것입니다. 또한 왕도정치의 이상을 실현하려는 군주는 백성이 이롭게 여기는 바를 가지고 이롭게 하니, 백성들은 그 이익조차 잊어버리고 스스로 윗사람의 공로라 여기지 않습니다. 개과천선하는 도덕적인 교화도 마찬가지입니다. 맹자는 그러한 결과를 과화존신(過化存神)이라는 말로 멋지게 표현합니다.

군자는 지나가는 자리는 교화되며 그를 마음에 두고 있으면 신묘해진다. 그러므로 위아래로 천지와 함께 흘러가니, 어찌 조그만 보탬이라 말하겠는가?

夫君子는 所過者化하며 所存者神이라 上下與天地同流하나니 豈曰小補之哉리오
부 군 자 　 소 과 자 화 　　　 소 존 자 신 　　 상 하 여 천 지 동 류 　　　　 기 왈 소 보 지 재

　　※ **군자**(君子): 성인을 말함.

성인 군자의 일거수일투족은 모든 이들에게 영향을 끼칩니다. 그러면서도 그 교화가 너무도 빠르고 자연스러워 아무도 성인의 노고를 눈치채지 못할 정도입니다. 주자는 역사적 사례를 제시하면서 상세하게 풀이합니다.

성인이 지나는 곳이 교화된다는 것은 그의 몸이 지나가는 곳에는 곧 사람들이 교화되지 않음이 없는 것을 일컫는다. 예를 들면 순임금이 역산에서

---

[*] 『맹자집주』「진심」 상편 13장. 程子曰 "驩虞有所造爲而然, 豈能久也! '耕田鑿井, 帝力何有於我!' 如天之自然, 乃王者之政."

밭을 갊에 농사 짓는 사람들이 밭이랑을 양보하고 하빈에서 질그릇을 만듦에 그릇이 일그러짐이 없는 것과 같은 것이다. 마음에 두고 있으면 신묘해진다는 것은 마음에 두어 주장하는 곳에는 곧 신묘하여 측량할 수 없게 되는 것이다.

예를 들면 공자가 말씀하셨듯이 '세우면 이에 서고 인도하면 이에 행하고 편안히 하면 이에 오고 움직임에 화합을 이룬다.'와 같아서 그렇게 되는 이유를 알지 못하면서도 그렇게 되는 것이다. 이는 그 덕업의 성대함이 천지의 조화와 함께 운행되어 온 세상을 도야시키는 것이니, 패자들이 단지 소소하게 틈새를 땜질하고 보충할 뿐인 것과는 다르다. 이것이 바로 왕도가 위대하다는 이유이니, 배우는 자가 마땅히 마음을 다해야 할 것이다.[**]

어찌 왕도정치를 시행하려는 군주의 노력이 조그만 보탬이 되겠느냐는 반문은 결국 패도를 행하는 자들의 한계를 지적하는 말이 됩니다. 공자의 꿈이 그러했듯이, 천지 모두가 그 혜택을 받아 천지의 덕화가 자연스럽게 흘러가도록 하려는 것이 왕도정치입니다. 맹자는 이와는 달리 패도정치는 상대적으로 사람들이 곤궁한 때를 타서 보잘것없는 은혜를 베풀어서 생색이나 내려는 형식에 그친다고 보았습니다. 무한 책임의식을 느끼고 백성을 향한 마음을 더해 나갈 수 있는데도 말입니다.

맹자의 질문은 여전히 유효합니다. 진정으로 공동체를 향해 사심없이 온전히 힘을 기울여 나갈 수 있는 지도자가 우리 곁에 있습니까? 그리고 당신이 한 조직의 책임자라면 그러한 공적인 마음으로 공동체를 위해 헌신할 수 있을까요?

** 앞과 같은 책. "所過者化, 身所經歷之處, 卽人無不化, 如舜之耕歷山 而田者遜畔, 陶河濱而器不苦窳也. 所存者 神 心所存主處, 便神妙不測, 如孔子之'立斯立 道斯行, 綏斯來, 動斯和.' 莫知其所以然而然也. 是其德業之盛, 乃與天地之化, 同運竝行, 擧一世而甄陶之, 非如霸者但小小補塞其罅漏而已. 此則王道之所以爲大, 而學者所當盡心也."

진심 상편 14장 : 善教得民

백성의 마음을 얻는 정치

근본을 강조하는 맹자는 훌륭한 정치란 교화를 통해 백성의 마음을 얻는 데서 출발한다고 말합니다.

> 어진 말은 어진 소문이 사람에게 깊숙이 들어가 감동시키는 것만 못하고, 선한 정치는 선한 가르침이 백성을 얻는 것만 못하다. 선한 정치는 백성이 두려워하고 선한 가르침은 백성이 사랑한다. 선한 정치는 백성의 재물을 얻고 선한 가르침은 백성의 마음을 얻는다.

仁言이 不如仁聲之入人深也니라 善政이 不如善教之得民也니라 善政은 民이
인언   불여인성지입인심야   선정   불여선교지득민야   선정 민

畏之하고 善教는 民이 愛之하나니 善政은 得民財하고 善教는 得民心이니라
외지   선교 민   애지   선정 득민재   선교 득민심

남에게 차마 못 하는 마음을 어질 인(仁)이라 하여 인(仁) 자가 들어가면 대부분 좋은 말입니다. 그러나 남에게 상처주지 않는 어진 말[仁言]도 좋지만 상대적으로 백성들이 피부로 느낄 수 있고 감동으로까지 이어지는 실질적 효과가 더 중요합니다. 어진 이를 칭송하는 노래가 절로 입소문을 타고 두루 퍼지는 어진 소문[仁聲]이 그렇습니다.

어진 말과 어진 소문은 선을 추구하는 정치와 교화에서 빛을 발합니다. 모두 백성의 마음을 얻는 방법으로 선한 정치는 법도와 금령을 세워서 강제적으로라도 백성을 바르게 인도하려는 것이라면, 자발적 선함을 유도하는 선한 교화는 인의와 예악을 통해 백성을 근본적으로 올바르게 인도하려는 것입니다. 맹자는 궁극적으로 볼 때 훌륭한 정치란 교화를

636

통해 백성을 얻는 효험만큼 크지는 못하다고 봅니다. 아무리 좋은 정치 방법을 택한다 해도 그보다 먼저 교화를 앞세워야 한다는 것이지요. 선정을 베푼다면 백성이 두려워하여 감히 법을 어기지 못하고 부수적으로 재물도 얻을 수 있습니다. 그리고 선한 교화가 이루어지면 모두 감동하고 모두 즐거워하고 사랑하여 차마 지도자를 잊지 못하는 백성의 마음을 얻을 수 있습니다.

『대학』에서는 덕이 근본이라면 재물은 말단[德本財末]이라 합니다. 도덕과 경제를 분리해서 보는 것이 아니라, 근본이 되는 백성들의 마음을 얻으면 재물은 그 가운데 자연스럽게 함께 온다는 것이지요. 교육을 자칫 표심을 얻기 위한 하나의 수단으로 여기기도 하는 오늘의 정치적 현실에서 다시금 생각할 문제입니다.

양심의 문을 활짝 열자

인의(仁義)의 도덕적 마음은 내재적이며 천하를 관통하는 보편적 심리라는 맹자의 주장은 양지(良志)와 양능(良能)을 통해 보다 구체화됩니다.

> 사람이 배우지 않고도 할 수 있는 것은 그의 양능(良能)이요, 깊게 생각하지 않고도 아는 것은 그가 지닌 양지(良知)이다. 2~3살 어린아이도 그 부모를 사랑하는 것을 알지 못할 리 없으며, 자라나면서 그 형을 공경할 줄 알지 못할 리 없다.

人之所不學而能者는 其良能也오 所不慮而知者는 其良知也니라 孩提之童이
인 지 소 불 학 이 능 자　　기 양 능 야　　소 불 려 이 지 자　　기 양 지 야　　　해 제 지 동

無不知愛其親也며 及其長也하여 無不知敬其兄也니라
무 부 지 애 기 친 야　　급 기 장 야　　　무 부 지 경 기 형 야

※ 양(良): 어질다. 해제(孩提): 어린아이.

배워서 할 수 있는 것이 학습과정을 거친 사람의 일이라면, 배우지 않고서도 할 수 있는 것은 하늘로부터 부여받은 천성으로 양능(良能)이라 말합니다. 생각하여 알아가는 것이 사람의 일이라면, 깊게 생각하지 않고서도 아는 것은 천성으로 양지(良知)라고 말합니다. 맹자가 말하는 양능과 양지는 숙련된 어떤 행위나 학습된 인지능력이 아니라 천부적으로 타고난 공통된 성향입니다.

마치 2~3살짜리 갓난아이가 부모에게 본능적인 친밀감을 갖는 것이 이상하지 않는 것처럼, 양능과 양지를 자연스런 현상으로 이해했던 것

입니다. 성장과정에서도 타인보다 같은 핏줄에 대해 강한 유대감을 갖는 것도 그러한 현상으로 받아들입니다. 맹자는 이처럼 부모에 대한 사랑이나 친족의 연장자에 대한 공경심이 학습되거나 상황에 따라 형성된 것이 아니라고 보았습니다. 부모를 사랑하는 것은 내 성품에 갖춰진 인의 발현이고, 혈연에 기초한 연장자에 대한 공경스런 마음은 내 성품에서 표출된 의로움으로 이해합니다. 나아가 다음과 같이 주장합니다.

부모를 친애하는 것은 인이고 어른을 공경하는 것은 의이니, 이는 다름이 아니라 천하에 공통되기 때문이다.

親親은 仁也요 敬長은 義也니 無他라 達之天下也니라
친 친　인 야　경 장　의 야　무 타　달 지 천 하 야

유학의 특징 가운데 하나는 부모에 대한 친밀하고 사랑하는 마음과 혈연에 기초한 연장자에 대한 공경스런 마음은 한 개인의 사사로운 감정인 것 같지만, 실은 천하 모두의 공통된 심리로 보는 것입니다. 이것을 단순히 선언적 명제로 이해해서는 안 됩니다. 타자에 대한 갈등과 질시가 난무하는 현실에서 사람들로 하여금 우리 모두를 관통하는 양심과 같은 도덕적 마음을 넓히고 채워 인의가 온전히 실현되는 도덕적 사회를 지향하고 있기 때문입니다. 양지와 양능은 바로 그렇게 모두가 하나로 어우러지는 세상으로 나아가는 활짝 열린 마음의 문입니다.

성인의 도덕적 감수성

맹자는 순임금의 티없이 순수한 마음을 다음과 같이 말합니다.

순임금이 깊은 산속에 거처할 때에 나무와 돌과 함께 지냈고 사슴과 돼지와 함께 노니시니, 깊은 산속 야인들과 다를 것이 거의 드물었다. 그러나 선한 말 한 마디를 듣거나 착한 행실 하나를 볼 때에는 장강과 황하를 콸콸 터놓은 것과 같아서 아무도 막을 수 있는 사람이 없으셨다.

舜之居深山之中에 與木石居하시며 與鹿豕遊하시니
순 지 거 심 산 지 중   여 목 석 거   여 녹 시 유

其所以異於深山之野人者幾希러시니 及其聞一善言하시며 見一善行하시는
기 소 이 이 어 심 산 지 야 인 자 기 희   급 기 문 일 선 언   견 일 선 행

若決江河라 沛然莫之能禦也러시다
약 결 강 하   패 연 막 지 능 어 야

> ※ **시**(豕): 돼지. **결**(決): 터놓다. **패연**(沛然): 성대하게 흐르는 모양.

순임금이 황제가 되기 이전의 일입니다. 신분이 미천하여 깊은 산속에 거처할 때는 자연인은 아니더라도 야인과 다름없는 삶을 살았습니다. 그러나 그의 도덕적 감수성은 여전히 꿈틀거렸습니다. 우연히 착한 말을 듣거나 착한 행실을 보면 그 감동의 신속함이 장강과 황하를 터놓은 듯 주체할 수 없었습니다. 천하의 착한 것이 그의 몸에서 강물처럼 솟아 나와 도덕에 있어서만큼은 그 누구도 따라올 수 없었던 것입니다.

이러한 순의 모습은 속세를 떠나 사는 야인들과 크게 다른 것이니, 순이 위대한 순임금이라는 칭호를 받는 이유이기도 합니다. 우리들도 세상 모두와 소통하기 위해서는 내 안에 살아 숨 쉬는 도덕적 감수성을 키워 나가야 할 것입니다.

진심 상편 17장 : 不爲不欲

사람답게 살아가는 방법

자기가 원하지 않는 것을 남들에게 시키지 말라는 『논어』의 "기소불욕 물시어인(己所不欲 勿施於人)"이란 구절은 비교적 익숙합니다. 맹자 역시 비슷한 취지에서 말을 보탭니다.

해서는 안 될 일은 하지 말아야 하며, 욕심내서는 안 될 일은 욕심내지 말아야 하나니, 사람됨이란 이와 같이 하면 되는 것이니라.

無爲其所不爲하며 無欲其所不欲이니 如此而已矣니라
무 위 기 소 불 위   무 욕 기 소 불 욕   여 차 이 이 의

이 구절은 맹자가 말한 부끄러워하는 마음과 연관시켜 생각하면 좋을 것입니다.* 부끄러움[恥]이란 모든 사람이 가지는 감정이므로 의롭지 못한 일은 해서는 안 될 것입니다. 그런데 왜 이것이 현실화되지 않는 것일까요? 사적 욕망 때문에 선한 마음을 펼치지 못하는 것입니다.

하지 말아야 할 것[不爲]과 욕심 부리지 말아야 할 것[不欲]은 미세한 차이가 있습니다. 예를 들면 도둑질이 하지 말아야 할 일이라면, 자기의 소유가 아닌 것을 가지려는 탐욕스런 욕망 자체를 제어할 줄 아는 것이 욕심 부리지 않는 것입니다. 그릇된 행동도 하지 않고 그러한 마음도 품지 않도록 노력하는 것이지요. 이러한 자기 절제의 과정에서 부끄러움 없이 의로운 마음이 채워질 것입니다. 인간됨이란 이러한 부끄러워하는 마음을 확충해 나갈 따름입니다.

---

* 「진심」 상편 6장 참조.

진심 상편 18장 : 動心忍性
어려울수록 분발하자

  맹자는 어느 순간에도 희망의 끈을 놓지 않습니다. 어려울수록 훗날 더 빛을 발휘할 수 있다고 권유하기도 합니다. 다만 남들보다 몇 배 노력을 더해야 하겠지요.

> **사람들 가운데 지혜로운 덕과 뛰어난 기술을 지닌 사람은 항상 어려움 속에서 존재한다. 오직 외로운 신하와 서자는 그 마음을 잡는 것이 위태롭고 염려함이 깊은 까닭에 통달하는 것이다.**

人之有德慧術知者는 恒存乎疢疾이니라 獨孤臣孼子는 其操心也危하며
인 지 유 덕 혜 술 지 자　　항 존 호 진 질　　　독 고 신 얼 자　기 조 심 야 위

其慮患也深故로 達이니라
기 려 환 야 심 고　　달

※ **혜**(慧): 슬기롭다. **진질**(疢疾): 열병, 심각한 질병. **얼자**(孼子): 서자.

  편하게 살고 싶은 것이 일반적인 사람의 마음이지만 슬기로운 덕과 지혜를 지닌 사람은 역경 속에서 자신을 성장시켜 갑니다. 역설적으로 걱정과 근심이 반드시 나쁜 것만은 아니라는 것이지요.

  사람들은 반드시 질병과 같은 어려움에 처해 있으면 자신의 마음을 분발하고 성질을 참아서 부족한 부분을 더 보충해야 하는 것이다.[*]

---

[*] 『맹자집주』「진심」 상편 18장. "人必有疢疾, 則能動心忍性, 增益其所不能也."

맹자가 뒷부분에서 제시하였듯이 주목받지 못한 외로운 신하나 서자로 차별받고 자란 아들은 자신이 처한 어려운 상황을 긍정적으로 바꾸기 위해 더 노력해야 한다는 것입니다. 항상 위태롭고 조심스런 마음으로 일처리하고 환난을 걱정하는 마음을 놓지 않으므로 결국 높은 자리에 이르게 되는 경우가 많습니다.

맹자의 말을 역순으로 생각하면 어떨까요. 자신이 원하는 그 자리에 서고 싶으면 항상 위태로운 상황에 처한 듯 걱정근심하는 마음으로 미래를 대비해 나가면 좋을 것입니다.

대인의 품격

현실 권력에 연연해하지 않았던 맹자는 신하의 자세에 대해서도 격(格)을 달리하여 말합니다. 세속의 눈과는 다른 평가입니다.

임금만을 섬기는 사람이 있으니, 임금만 섬기므로 아첨하고 눈치를 보면서도 기쁨을 느끼는 자이다. 사직을 편안하게 하는 신하가 있으니, 사직을 편안하게 하는 것을 기쁨으로 삼는 자이다. 하늘의 백성인 천민(天民)이 있으니, 사리에 통달하여 천하 사람들에게 자신의 도를 행할 수 있는 다음에야 실행에 옮기는 자이다. 대인(大人)인 경우가 있으니, 자기 몸을 올바르게 하여 남이 바르게 하는 자이다.

有事君人者하니 事是君則爲容悅者也니라 有安社稷臣者하니
유 사 군 인 자   사 시 군 즉 위 용 열 자 야   유 안 사 직 신 자

以安社稷爲悅者也니라 有天民者하니 達可行於天下而後에 行之者也니라
이 안 사 직 위 열 자 야   유 천 민 자   달 가 행 어 천 하 이 후   행 지 자 야

有大人者하니 正己而物正者也니라
유 대 인 자   정 기 이 물 정 자 야

※ **용**(容): 아첨하다. **직**(稷): 곡식.

맹자는 신하의 자세를 네 부류로 나누어 설명하는데, 첫 번째는 일반적으로 군주를 섬길 때 많은 사람들이 보여주는 모습입니다. 군주의 비위에 거스르지 않도록 아첨하면서 그를 기쁘게 하는 자들입니다. 군주의 환심을 살 수는 있더라도, 그러한 모습이 우리의 지향점이 될 수는 없겠지요.

상대적으로 국가의 사직을 편안하게 하려는 충신의 모습이 있습니다.

이 역시 좋은 모습이기는 하지만 맹자는 더 큰 것이 있음을 말합니다. 바로 하늘의 백성인 천민(天民)입니다. 그러한 사람은 도로써 자중하여 그 도를 행하기 전에 도에 통달하고 그 도를 천하에 행할 만한 후에 행하여 기꺼이 사람을 좇아 조그맣게 쓰지 않습니다.

그러나 맹자가 가장 이상적으로 생각하는 사람은 대인(大人)입니다. 대인의 덕은 이미 훌륭하고 그 몸에 있는 것을 바르게 하면 위로는 임금과 아래로는 백성 사이에 있는 모든 것이 저절로 바르게 되니, 행하는 바가 독실하고 공손하여 천하를 평화롭게 하는 이들입니다. 이런 사람은 사직에 공로가 있으나 편안함을 헤아리는 수고도 없고, 천하를 건지는 도가 있으나 반드시 행하겠다 기필(期必)하지도 않으면서 자신의 자리를 지켜 나갑니다.

맹자의 눈은 현실을 넘어 이상으로 향하고 있습니다. 군주에게 아첨하고 기쁘게 하는 신하는 말할 것이 없고, 사직을 편안히 하는 충신도 오히려 한 나라의 선비일 따름입니다. 하늘의 백성은 신하이면서도 모든 이들을 교화하는 것은 오직 덕이 훌륭한 자라야 가능하다고 보았습니다. 맹자가 말하는 대인의 품격이란 그 사람의 존재 자체가 주변 모두에 의미를 갖게 되는 바로 그런 것입니다.

군자의 세 가지 즐거움

흔히 말하는 군자의 세 가지 즐거움[君子三樂]이란 맹자가 말한 다음 과 같은 내용입니다.

군자는 세 가지 즐거움을 가지고 있는데, 천하에서 왕 노릇 하는 것은 여 기에 들어 있지 않다. 부모가 모두 살아 계시며 형제에게 특별한 탈이 없 는 것이 첫 번째 즐거움이요, 우러러 보아도 하늘에 부끄럽지 아니하며 굽어보아도 사람들에게 부끄럽지 않은 것이 두 번째 즐거움이요, 천하 의 영재를 얻어 교육하는 것이 세 번째 즐거움이다. 군자는 세 가지 즐거 움이 있지만, 천하에서 왕 노릇 하는 것은 여기에 들어 있지 않다.

君子有三樂 而王天下不與存焉이니라 父母俱存하며 兄弟無故가 一樂也요
군자유삼락 이왕천하불여존언 　　부모구존 　　형제무고 　일락아

仰不愧於天하며 俯不怍於人이 二樂也요 得天下英才而敎育之가 三樂也니
앙불괴어천 　　부부작어인 　이락아 　득천하영재이교육지 　삼락아

君子有三樂 而王天下不與存焉이니라
군자유삼락 이왕천하불여존언

※ **괴(愧)**: 부끄럽다. **부(俯)**: 구부리다. **작(怍)**: 부끄럽게 여기다.

맹자는 부모형제가 무탈한 것을 첫째 즐거움이라 말합니다. 그들이 있기에 효도하고 우애하려는 나의 마음을 마음껏 펼쳐나갈 수 있으니 그 즐거움이 크다는 것입니다. 둘째로 부끄럽지 않게 살아가는 일입니 다. 하늘을 우러러 한 점 부끄럼이 없고, 내가 살고 있는 이 땅의 사람들 에게도 부끄러움이 없는 삶입니다. 정명도는 이러한 당당한 자세를 다 음과 같이 말합니다.

사람이 사욕을 이길 수 있으면 우러러 부끄럽지 않고 굽어보아도 부끄럽지 않아 마음이 넓고 몸이 편안해질 것이니 그 즐거움을 알 수 있다. 이 마음을 이어갈 수 없다면 굶주리듯 마음이 부족하게 된다.[*]

셋째로 영특한 제자를 얻는 즐거움입니다. 재주 있는 사람은 얻기가 어렵고 도를 행하는 것은 외롭기 때문에 쉽지 않습니다. 그런데 다행히 천하의 영재를 얻어서 내가 즐거워하는 것을 가르치고 인도하여 기르면 이 도가 후세에 전해질 것이니, 그 즐거움이 크다는 것입니다. 맹자가 말한 군자의 즐거움에는 부모형제를 위한 것, 자신을 위한 것, 그리고 다른 사람을 위한 것이 있습니다. 하나같이 쉽지 않은 일들입니다. 원한다고 반드시 되는 일이 아니므로 임지기(林之奇)는 다음과 같이 말합니다.

이 세 가지 즐거움은 하나는 하늘에 달려 있고, 하나는 남에게 달려 있고, 스스로 다할 수 있는 것은 오직 하늘에 부끄럽지 않고 인간에게 부끄럽지 않은 것뿐이니, 배우는 자가 어찌 힘쓰지 않을 수 있겠는가![**]

부모형제가 무탈한 것이나 영재를 얻어 교육시키는 것은 운명적이거나 사회적 여건에 따라 다릅니다. 오직 내가 주체적으로 할 수 있는 것은 하늘을 우러르고 땅을 굽어보아도 부끄럽지 않게 살아가는 일입니다.

맹자는 즐거움이라 표현했지만 쉽지 않은 일입니다. 그렇기에 천하의 왕 노릇도 거기에 낄 수 없다고 거듭 말한 것입니다. 천하를 가볍게 본 것이 아니고, 다만 이것을 빌어서 세 가지 즐거움을 형용할 수 없음을 나타낸 것입니다. 이 중 여러분은 어떤 즐거움을 느끼며 살고 있는지요?

---

[*] 『맹자집주』「진심」상편 20장. 程子曰 "人能克己, 則仰不愧 俯不怍, 心廣體胖, 其樂可知. 有息則餒矣."

[**] 앞과 같은 책. 林氏曰 "此三樂者, 一係於天, 一係於人, 其可以自致者, 惟不愧不怍而已, 學者可不勉哉!"

내 안의 진정한 가치

맹자는 군자의 즐거움을 다른 각도에서 말합니다. 비록 속물적 욕망의 추구는 아닐지라도 모두를 위한 헌신과 노력의 이면에 놓인 본질적 가치로 우리의 관심을 환기시켜 나갑니다. 우리에게 내재된 자연스런 본성에 눈을 돌리라는 것이지요.

토지가 넓으며 백성이 많은 것을 군자가 하고자 하나 즐거워하는 바는 여기에 있지 않다. 천하의 가운데 서서 사해의 백성을 안정시키는 것을 군자가 즐거워하나 본성으로 여기는 바는 여기에 있지 않다.

廣土衆民을 君子欲之나 所樂은 不存焉이니라 中天下而立하야
광토중민 군자욕지   소락   부존언   중천하이립
定四海之民을 君子樂之나 所性은 不存焉이니라
정사해지민 군자낙지   소성   부존언

사람은 자신 안에 부족한 것이 있으면 바깥으로 옮기지 않을 수 없지만, 군자는 그렇게 하지 않습니다. 만일 나라 하나를 얻어 임금이 되면 토지가 넓고 인민이 많아서 덕택을 멀리 베풀 수 있을 것이므로 군자가 하고자 하지만, 백성을 사랑하는 마음은 끝이 없고 백성에게 미치는 은택은 오히려 한정이 있는 까닭에 즐거워하는 바가 도에 있고 은택을 베푸는 데 있지 않습니다.

또한 토지도 넓고 백성도 많으며 또 천하의 가운데에 자리하여 임금이 되고 스승이 되면, 온 세상의 백성을 정하여 가르치고 길러서 한 사람이라도 그 덕택을 입지 않음이 없어서 내 도가 미치지 않은 곳이 없는

것을 군자는 즐거워합니다. 그러나 이러한 즐거움이 현실적 상황에서 따라온 것이기 때문에 본성으로 여기는 바는 여기에 있지 않습니다. 그렇다면 맹자가 말하는 본성에서 자연스럽게 우러나오는 진정한 즐거움은 어디에서 찾을 수 있을까요?

> **군자가 본성으로 여기는 바는 비록 크게 행하더라도 더해지지 않으며 비록 궁하게 살더라도 덜어지지 않으니, 본분이 정해졌기 때문이다. 군자가 본성으로 여기는 바는 마음에 뿌리내린 인의예지이다. 그 빛남이 윤택하게 얼굴에 보이며 등에 가득하게 차며 온몸에 두루 젖어 몸이 말하지 않아도 자연스럽게 반응한다.**

君子所性은 雖大行이나 不加焉이며 雖窮居나 不損焉이니 分定故也니라
군 자 소 성　　수 대 행　　　불 가 언　　　수 궁 거　　불 손 언　　　분 정 고 야

君子所性은 仁義禮智가 根於心이라 其生色也睟然見於面하며 盎於背하며
군 자 소 성　　인 의 예 지　　근 어 심　　　기 생 색 야 수 연 현 어 면　　　앙 어 배

施於四體하며 四體不言而喻니라
시 어 사 체　　　사 체 불 언 이 유

※ **손**(損): 줄다. **수**(睟): 깨끗하다. **앙**(盎): 가득차다. **유**(喻): 알게 된다는 효(曉)와 같음.

군자가 추구하는 진정한 가치는 자연스런 본성에 따르는 것입니다. 사회적으로 큰 성취를 얻고자 하더라도 조금도 더해질 것도 없고, 살짝 피하여 마음 편하게 살고자 하더라도 조금도 덜어질 것이 없는 상태입니다. 하늘에서 얻은 이미 정해진 분수에 따르는 삶을 살아가고 있기 때문입니다. 일체의 외적인 현상에 마음을 빼앗기지 않는 것이지요.

군자가 본성으로 여기는 것은 인의예지와 같이 사람의 마음에 본래 갖추어진 도덕적 성품입니다. 도덕적 본성으로서 인의예지는 견고하여 흔들거나 빼앗지 못하니 우리 마음속에 깊게 뿌리내린 그 마음입니다. 그 마음으로 가득차면 온몸으로 자연스럽게 드러나는 효과가 있습니다. 얼굴빛이 달라지고 몸이 절로 펴집니다. 『대학』에서 말하는 심광채반(心廣體胖)의 상태입니다. 공손한 손 모양은 누가 공손하라고 가르치지 않

아도 자연스럽게 그렇게 되고, 듬직한 발 모양은 누가 가르치지 않아도 저절로 그렇게 되듯이, 군자의 성품은 이와 같은 자연스런 효과로 이어집니다. 하늘에서 얻은 것이 이처럼 온전하기 때문에 어디를 가도 스스로 얻지 않음이 없을 것이니, 세속의 가치가 개입될 여지가 없습니다.

맹자가 생각하는 진정한 가치는 보통 생각하듯 세상을 구제하겠다는 열망에 찬 노력에 있지 않습니다. 그 역시 가치가 있겠지만, 진정한 가치는 내 속에 있는 참다운 나를 찾아가는 데 있습니다. 마음속에 뿌리내린 인의예지를 온전히 구현해 내는 삶을 더욱 귀중히 하는 것입니다. 맹자의 말에 비춰볼 때 바쁜 일상에서 자칫 우리가 놓치며 살고 있는 것은 무엇일까요?

백성의 마음을 얻는 방법

맹자의 이야기는 뒤로 갈수록 반복되는 말들이 있습니다. 평소 그가 강조하고 싶은 내용들이었기에 여러 차례 나오는 것이지요. 맹자는 당시 제후들이 백성들, 특히 노인들의 삶에 관심을 가져줄 것을 기대합니다. 백성들의 마음을 얻는 모델로 문왕을 예시합니다.

백이가 주(紂)를 피하여 북해의 물가에 거처하다가 문왕이 일어남을 듣고 말하였다. '어찌 돌아가지 않겠는가? 나는 서백이 노인을 잘 봉양하는 사람이라는 말을 들었다.' 또한 태공이 주임금을 피해 동해의 물가에 은거하더니, 문왕이 일어남을 듣고 말하였다. '어찌 돌아가지 않겠는가? 나는 서백이 노인을 잘 봉양하는 사람이라는 말을 들었다.' 그러므로 천하에 노인을 잘 봉양하는 사람이 있으면, 어진 사람은 자기가 돌아갈 곳으로 여긴다.

伯夷辟紂하여 居北海之濱이러니 聞文王作興하고 曰 盍歸乎來리오
백 이 피 주   거 북 해 지 빈   문 문 왕 작 흥   왈 합 귀 호 래

吾聞西伯은 善養老者라 하고 太公이 辟紂하여 居東海之濱이러니
오 문 서 백   선 양 로 자   태 공   피 주   거 동 해 지 빈

聞文王作興하고 曰 盍歸乎來리오 吾聞西伯은 善養老者라 하니
문 문 왕 작 흥   왈 합 귀 호 래   오 문 서 백   선 양 로 자

天下에 有善養老 則仁人이 以爲己歸矣니라
천 하   유 선 양 로 즉 인 인   이 위 기 귀 의

※ **빈**(濱): 물가. **합**(盍): 어찌 아니한가. **서백**(西伯): 서쪽 지방의 통치하던 문왕을 가리킴.

옛날에 백이는 은나라 주왕을 피하여 북해의 물가에 숨어들어가 살고 있었는데, 훗날 문왕이 서쪽지역의 우두머리인 서백(西伯)으로서 어진

정치를 행하여 노인 봉양까지 관심을 가진다는 말을 듣고 찾아갔던 것입니다. 태공 역시 마찬가지였습니다. 따라서 지금의 제후들이 노인 봉양하기를 문왕과 같이 할 수 있으면, 모든 어진 사람들의 마음을 얻을수 있다는 것입니다. 나아가 맹자는 노인 봉양에 수반되는 구체적 방안도 덧붙입니다.

5묘의 택지에 뽕나무를 담장 아래 심어 부인이 누에를 치면 늙은이가 충분히 비단옷을 입을 것이다. 다섯 암탉과 두 마리의 암퇘지가 번식의 때를 잃지 않게 한다면 노인들이 고기를 먹지 못하는 일이 없을 것이다. 100묘의 밭을 남자들이 경작하면 여덟 식구의 집에 굶주리는 사람이 없을 것이다.

五畝之宅에 樹墻下以桑하야 匹婦蠶之則老者 足以衣帛矣며
오 묘 지 택   수 장 하 이 상   필 부 잠 지 즉 노 자 족 이 의 백 의

五母鷄와 二母彘를 無失其時면 老者 足以無失肉矣며
오 모 계   이 모 체   무 실 기 시   노 자 족 이 무 실 육 의

百畝之田을 匹夫耕之면 八口之家 可以無饑矣리라
백 묘 지 전   필 부 경 지   팔 구 지 가 가 이 무 기 의

의식주의 안정적 공급을 위한 맹자의 경제방안은 여러 차례 나온 이야기입니다. 이어 문왕이 다스리던 기(岐) 땅에서의 사례를 제시합니다.

서백이 노인을 잘 봉양한다고 말하는 것은 백성들의 마을을 만들어 주고 그들에게 나무와 짐승 기르는 것을 가르치며, 그들의 처자를 인도하여 그들 노인들을 봉양하도록 하는 것이다. 오십에 비단이 아니면 따뜻하지 아니하며 칠십에 고기가 아니면 배부르지 아니하니, 따뜻하지 아니하며 배부르지 아니한 것을 추위에 떨고 굶주린다고 말하는 것이다. 문왕의 백성 가운데 추위에 떨고 굶주린 노인이 없었다고 한 것은 이를 이른다.

所謂西伯이 善養老者는 制其田里하여 敎之樹畜하며 導其妻子하여 使養其老니
소 위 서 백   선 양 로 자   제 기 전 리   교 지 수 휵   도 기 처 자   사 양 기 로

五十에 非帛不煖하며 七十에 非肉不飽하나니 不煖不飽를 謂之凍餒니
오십 비백불난 칠십 비육불포 불난불포 위지동뇌

文王之民이 無凍餒之老者는 此之謂也니라
문왕지민 무동뇌지노자 차지위야

맹자가 민생안정을 위해 제시한 모델은 문왕의 통치에서 나온 것입니다. 100묘의 밭과 5묘의 집은 문왕이 백성을 위하여 구획한 것이고, 뽕나무를 심고 가축을 기르는 것도 문왕이 백성을 가르쳐서 기르고 심게 한 것입니다. 이로부터 그 처자를 인도하여 그 밭과 집에서 심고 길러 얻은 비단옷과 고기로 그들 부모를 모시게 한 것이니, 이와 같은 모델을 따라야 한다는 것이지요. 노인들이 춥거나 굶주리지 않도록 하는 제도적 장치는 백이와 태공이 말했듯이 노인을 잘 봉양하는 어진 사람의 정치이니, 지금의 군주들도 이를 본받아야 한다는 것입니다.

맹자가 말하는 노인봉양이란 단지 노인에 대한 공경의 마음뿐 아니라, 백성들 전체의 안정된 삶을 기초로 형성되는 것입니다. 경제적 안정과 백성 교화는 어진 정치[仁政]의 두 축이자 모두를 안정된 삶으로 이끌기 위한 어진 이들의 통치방법입니다.

풍족한 삶을 주는 정치

의식이 풍족해야 예의도 알 수 있다는 취지에서 맹자는 어진 정치의 길을 제시합니다.

밭두둑을 잘 다스리며 세금을 가볍게 거두면 백성을 부유하게 할 수 있을 것이다. 백성들을 때에 맞게 먹이고 쓰기를 예로써 하면 재물을 이루 다 쓸 수 없을 것이다. 백성들은 물과 불이 아니면 생활하지 못하지만, 밤에 남의 문을 두드려서 물과 불을 구할 때 주지 않는 사람이 없는 것은 매우 풍족하기 때문이다. 성인이 천하를 다스림에 콩이나 곡식을 물과 불처럼 흔하게 소유하게 하니, 콩이나 곡식이 물과 불처럼 흔하다면 백성들이 어찌 인하지 않겠는가?

易其田疇하며 薄其稅斂이면 民可使富也니라 食之以時하며 用之以禮면
이 기 전 주   박 기 세 렴   민 가 사 부 야   식 지 이 시   용 지 이 례

財不可勝用也라 民非水火면 不生活이로대 昏暮에 叩人之門戶하여
재 불 가 승 용 야   민 비 수 화   불 생 활   혼 모   고 인 지 문 호

求水火어든 無弗與者는 至足矣일새니 聖人이 治天下에 使有菽粟을
구 수 화   무 불 여 자   지 족 의   성 인   치 천 하   사 유 숙 속

如水火니 菽粟이 如水火면 而民이 焉有不仁者乎리오
여 수 화   숙 속   여 수 화   이 민   언 유 불 인 자 호

※ 이(易): 다스리다. 주(疇): 밭. 고(叩): 두드리다. 숙(菽): 콩.

맹자는 선왕들이 천하 백성을 기를 때 농사철에 시간을 빼앗지 않고 농사에만 전념하여 그 밭을 일구게 하고, 또 10분의 1만 세금을 받아서 세금부담을 경감했던 사실을 말합니다. 토지에서 얻은 것은 많고 세금은 한계를 두었으니, 이 두 가지가 백성을 부유하고 풍족하게 하는 방법

이라는 것입니다. 아침밥과 저녁밥처럼 백성들이 먹는 것을 때에 맞게 하되 때가 아닌 것은 금지하였고, 관례와 혼인과 상사와 제사와 같은 경우 물자 쓰기를 예로써 할 것을 가르쳐 예가 아닌 것을 금지하였습니다. 백성들은 물과 불이 아니면 생활하지 못하니 마땅히 아껴야 할 것인데도, 어둔 밤 누군가 찾아와 물 또는 불을 구하면 주지 않는 자가 없는 것은 풍족하기 때문입니다.

예의란 부유하고 풍족한 곳에서 나오니, 만일 곡식이 물과 불처럼 많으면 백성에게 일정한 재산이 있어서 스스로 일정한 마음이 있을 것입니다.* 백성들의 삶을 풍족하게 하면 어질지 않은 자가 없는 것이 이와 같을 것이니, 정치는 민생을 으뜸으로 여겨야 한다는 것입니다.

---

* 『맹자집주』「진심」 상편 23장. 尹氏曰 “禮義生於富足, 民無常産, 則無常心矣.”

중단 없는 전진

공자와 같은 성인의 도를 칭송하고 따르려는 맹자의 마음은 언제나 간절하기만 합니다. 맹자는 성인의 높은 경지와 그에 도달하려는 노력을 촉구합니다.

공자께서 동산에 올라 노나라를 작게 여겼고 태산에 올라가서는 천하를 작게 여기셨다. 그러므로 바다를 본 사람에게 어지간한 물은 물이 되기 어렵고, 성인의 문하에서 노닌 사람에게 어지간한 말은 말이 되기 어렵다.

孔子登東山而小魯하시고 登太山而小天下하시니 故로 觀於海者에 難爲水요
공자등동산이소노   등태산이소천하   고 관어해자   난위수

遊於聖人之門者에 難爲言이니라
유어성인지문자   난위언

동산은 노나라 동쪽에 솟아 있는 산입니다. 평지가 대부분인 지역인지라 산은 높지 않지만 주변 모두를 볼 수 있을 정도입니다. 자신이 처해 있는 곳이 높으면 그 아래는 더욱 작아지고, 본 것이 이미 크면 작은 것은 볼 만한 것이 못 됩니다. 드넓은 바다를 본 사람에게 웬만한 강물이 물 같겠습니까. 마찬가지로 성인의 문하에서 노닌 사람에게는 인의와 도덕의 종지를 들은 까닭에 모든 말이 웬만해서는 말이 되기 어려울 것입니다. 본 바가 크면 작은 경우는 볼 것이 없는 것으로 느끼는 것은 성인의 도가 이처럼 크기 때문입니다. 그렇다면 어떻게 성인의 경지를 알고 따라갈 수 있는 것일까요?

물을 보는 데는 방법이 있으니, 반드시 그 굽이치는 여울목을 보아야 한다. 해와 달은 자체에 밝음이 있어서 빛을 받아들이는 곳에는 반드시 비춘다. 흐르는 물이란 웅덩이를 채우지 않으면 나아가지 못하니, 군자가 도에 뜻을 두더라도 문채를 이루지 못하면 도달하지 못한다.

觀水有術하니 必觀其瀾이니라 日月이 有明하니 容光에 必照焉이니라
관 수 유 술　　필 관 기 란　　　일 월　　유 명　　용 광　　필 조 언

流水之爲物也不盈科면 不行하나니 君子之志於道也에도
유 수 지 위 물 야 불 영 과 · 불 행　　　군 자 지 지 어 도 야

不成章이면 不達이니라
불 성 장　　　부 달

※ 란(瀾): 여울, 물결치는 곳. 영(盈): 가득차다. 과(科): 구덩이. 장(章): 내적으로 쌓여서 겉으로 드러나는 문채.

성인의 도는 크지만 핵심이 있습니다. 물을 보더라도 범범하게 볼 것이 아니라 보는 방법이 있으니, 반드시 그 물결이 휘몰아치는 여울목을 보아야 합니다. 물의 근원이 깊고 먼 까닭에 물결이 쉬지 않고 급하게 흐르니, 물결을 보면 물의 근본이 있는 것을 알 것입니다. 마찬가지로 해와 달이 작고 좁은 틈새라도 있으면 반드시 비추는 까닭은 해와 달에 밝음의 본체가 있기 때문입니다. 공자의 도가 시내처럼 흐르는 것은 돈독하게 변화시킬 수 있는 그 마음에서 근원하니, 물이 근원으로 말미암아 통달하는 것과 같고 해와 달의 밝음에서 빛이 나는 것과 같습니다.

성인의 도가 크고 근본이 있음이 이와 같으니, 배우는 자가 성인을 배우는 방법을 알아야 합니다. 물이라는 것이 이 구덩이에 가득 차지 않으면 흘러서 저 구덩이로 통하지 못할 것입니다. 점차적으로 나아가는 것은 물뿐만이 아닙니다. 군자가 성인의 도에 뜻을 두는 경우는 말할 것도 없습니다. 반드시 차례를 따라 점점 나아가서 날마다 쌓고 달마다 모아서 학문을 성취하여 축적된 내공의 힘이 겉으로 드러나면서 자연스럽게 그 극진한 곳까지 나아갈 것입니다.

만일 이러한 지경에 이르지 못하면 이는 아래로 배우는 지경에도 다

하지 못함이 있는 것인데, 갑작스레 성인의 경지를 바라는 것으로 도달할 수 없는 헛된 생각일 것입니다. 맹자는 결국 얻지 못할 것이니 어찌 스스로 통달할 수 있겠는가라고 반문합니다. 성인의 도에 뜻을 둔 자는 차례를 좇아 점진적으로 나아가려는 노력이 없어서는 안 될 것입니다.

진심 상편 25장 : 孶孶爲善
끊임없이 선을 추구한다

맹자는 선과 악의 경계를 순임금과 도척을 대비시켜 분명히 말합니다. 선으로의 촉구를 위해서는 그와 대비된 악한 자의 모습도 보여주어야 하겠지요. 그러나 겉으로 보기에 그 둘의 행보는 비슷합니다.

닭이 울거든 일어나 부지런히 힘써 선을 추구하는 자는 순임금의 무리이고, 반면에 닭이 울거든 일어나 부지런히 이익을 추구하는 자는 도척의 무리이다. 순임금과 도척의 나눔을 알고자 한다면 다른 것은 없고 이익[利]과 선(善)의 사이에서 나눠진다.

鷄鳴而起하여 孶孶爲善者는 舜之徒也요 鷄鳴而起하여 孶孶爲利者는
계 명 이 기   자 자 위 선 자   순 지 도 야   계 명 이 기   자 자 위 리 자

蹠之徒也니 欲知舜與蹠之分인댄 無他라 利與善之間也니라
척 지 도 야   욕 지 순 여 척 지 분   무 타   이 여 선 지 간 야

※ **자자**(孶孶): 부지런하고 힘쓰는 뜻. **척**(蹠): 도척(盜蹠), 도둑 대장의 이름.

새벽녘에 닭이 우는 때는 사물과 서로 접촉하지 않고 하루 행할 일을 처음 생각할 때입니다. 맹자가 보기에 바로 이때 한 생각이 선하게 일어나는 자는 비록 갑작스레 순임금의 경지에는 이르지는 못하나, 선한 곳으로 향하는 마음은 곧 순임금의 무리에 해당한다고 합니다. 반면에 닭이 울 때 일어나 생각마다 이익을 추구하는 사람은 비록 갑작스럽게 도척에 이르지는 않겠으나, 시간이 지나면서 이익을 따르려는 마음으로 하루를 채워 나가면 도척의 무리가 될 것으로 보았습니다.

이러한 경향을 대비시켜 보면 순임금은 선을 지극하게 행한 것이라면, 도척은 이익을 지극하게 채워나간 것입니다. 서로의 거리가 비록 현

저히 차이나는데, 순임금의 선을 행하면 순임금이고 도척의 이익을 행하면 도척이 되는 것은 모두 새벽녘에 한 생각의 차이에서 비롯되는 것입니다. 따라서 순임금과 도척의 차이를 알고자 하면 그 생각이 선하느냐 이익을 추구하느냐에서 나누어짐이 분명하다고 보는 것입니다.

맹자는 순임금과 도척의 사이가 멀지만 그 나눔의 시작이자 경계선은 이익과 선의 사이에 있을 따름이라고 보았습니다. 이익추구의 정당화 과정에서 혹시 선을 추구하는 의로움은 생략되고 있지 않은지 반성해 볼 필요가 있습니다.

중립을 넘어 중심을 찾는 삶

맹자의 이단배격은 순수한 사람에게 나타나기 쉬운 결벽증처럼 심하면서도 분명합니다. 그 자신은 어쩔 수 없어서 그렇게 한다고 해명하지만, 양주와 묵자에 대한 맹자의 비판은 거셉니다. 그러나 실은 공자의 사유와 비슷한 학자들까지 엄밀성을 촉구합니다.

> 양주는 나를 위하는 것을 취하였으니, 머리카락 하나를 뽑아서 천하를 이롭게 하더라도 하지 않았다. 묵자는 모두 다 사랑하려 하였으니, 이마를 갈아서 발뒤꿈치에 이를지라도 천하를 이롭게 한다면 그렇게 하였다. 자막(子莫)은 중(中)을 잡으니 중을 잡는 것이 도에 가까운 것이지만, 중만을 잡고 권(權)이 없는 것이 오히려 하나를 고집스럽게 잡는 것과 같다. 하나를 고집하는 것을 미워하는 것은 그것이 도를 해치기 때문이니, 이는 하나만을 들고 백 가지를 버리는 것이다.

楊子는 取爲我하니 拔一毛而利天下라도 不爲也하니라 墨子는 兼愛하니
양자 취위아 발일모이리천하 불위야 묵자 겸애

摩頂放踵이라도 利天下인댄 爲之하니라 子莫은 執中하니 執中이 爲近之나
마정방종 이천하 위지 자막 집중 집중 위근지

執中無權이 猶執一也니라 所惡執一者는 爲其賊道也니 擧一而廢百也니라
집중무권 유집일야 소오집일자 위기적도야 거일이폐백야

※ **양자**(楊子): 이름은 주(朱). **취**(取): 겨우 자기에만 만족하다는 뜻. **묵자**(墨子): 이름은 적(翟). **마정**(摩頂): 이마를 뚫음. **방**(放): 이르다. **권**(權): 저울추. **적**(賊): 해치다.

맹자가 보기에 양주와 같은 자는 바깥을 따르는 것이 실상이 없다고 싫어하면서 겨우 자기 하나만을 위하는 것에 만족하려 합니다. 남들에게 피해주지 않고 나를 위하는 마음만 채우면 비록 머리털 하나를 뽑아

서 천하를 이롭게 할지라도 하지 않을 것으로 보았습니다. 그러나 결코 자기 것은 조금이라도 손해를 보지 않고 살겠다는 '위아주의(爲我主義)' 적인 생각을 읽을 수 있습니다. 반면에 묵적은 자기에게 쏟는 사사로운 관심을 남들에 대한 사랑을 가로막는 장애요인으로 보았습니다. 자기애를 넘어 두루 사랑하는 마음을 채우면 비록 이마를 뚫어서 발꿈치에 이르는 지극히 수고로운 일이라도, 천하를 이롭게만 한다면 아끼는 것이 없어야 한다는 '겸애주의(兼愛主義)'적 사고를 지니고 있다고 보는 것입니다.

개인과 공동체의 조화로운 발전을 생각하는 맹자에게는 양주와 묵적은 당연히 비판의 대상이었습니다. 그런데 맹자가 보기에 노나라 현자로 알려진 자막(子莫)이란 사람도 양주와 묵적 못지않게 편벽된 곳이 있음을 지적합니다. 물론 나를 위하려는 양주나 모두 다 사랑하려는 묵적처럼 극단적인 것에 치우치지는 않더라도, 양자의 중립적 태도로 도를 삼는 것에 문제가 있다는 것입니다. 중(中)을 잡는 것이 도에 가까운 듯하나, 변화하는 현실을 관통하는 권도(權道)가 있어야 진정한 중(中)이라 말할 수 있다는 것입니다. 중을 잡되 권도가 없으면 일정한 곳에만 얽매여서 경중을 헤아릴 수 없습니다. 따라서 맹자의 생각에 나만 위하는 '위아주의'와 두루 사랑하는 '겸애주의'와 함께 자막의 사유는 하나만 잡고 변통하지 못하는 것이 될 것이라는 것입니다.

맹자는 양주, 묵적 그리고 자막처럼 하나를 고집하는 것에 경계심을 늦추지 않습니다. 유가의 성현이 추구하는 중정(中正)의 도리를 해친다고 보았기 때문입니다. 진리는 일상의 현실에서 살아 숨을 쉬고 유동적이어야 합니다. 따라서 맹자는 자막처럼 중심 없는 중립적 태도만을 고집하는 것을 중도라 볼 수 없다는 것입니다.

중심이 해체된 현대사회에서 산술적 평균을 내세우며 애매한 평균을 취하기 쉽습니다. 그러나 중립을 넘어 중심을 향해 가려는 자세는 여전히 필요하지 않을까요?

마음먹기 나름이다

맹자는 세태에 휩쓸리기 쉬운 인간의 나약성과 그를 이겨낼 마음의 역량을 키워나갈 것을 비유적으로 말합니다.

굶주린 자는 무엇이나 맛있게 먹고 목마른 자는 무엇이나 달게 마시니, 이는 음식의 제맛을 얻지 못하기 때문이다. 굶주림과 목마름이 방해하는 것이니. 어찌 다만 입이나 배에만 굶주림과 목마름의 피해를 주겠는가? 사람의 마음 역시 피해를 주는 것이다. 사람이 굶주리고 목마름을 마음의 방해로 삼지 않는다면, 남만 못할까 걱정하지 않을 것이다.

飢者甘食하고 渴者甘飮하나니 是未得飮食之正也라 飢渴이 害之也니
기 자 감 식   갈 자 감 음   시 미 득 음 식 지 정 야   기 갈   해 지 야

豈惟口腹이 有飢渴之害리오 人心이 亦皆有害하니라 人能無以飢渴之害로
기 유 구 복   유 기 갈 지 해   인 심   역 개 유 해   인 능 무 이 기 갈 지 해

爲心害則不及人을 不爲憂矣리라
위 심 해 즉 불 급 인   불 위 우 의

극한 상황에서 굶주린 자는 먹을 것을 얻으면 달게 먹고 목마른 자는 마실 것을 얻으면 달게 마시면서 비록 달지 않더라도 달다고 할 것이니, 그것은 음식의 바른 맛을 느끼지 못하는 것입니다. 이것저것 가릴 여유가 없는 것이지요. 어찌 먹고 마시는 것만 그렇겠습니까? 우리 마음에 바른 이치가 있는 것도 음식에 바른 맛이 있는 것과 같습니다. 다만 빈천한 까닭에 그 마음이 흔들리고 어지러워 부귀를 가릴 여유가 없어서 그 바른 이치를 잃은 것입니다. 빈천 때문에 마음이 동요되는 것은 굶주리고 목마른 것이 마음에 피해가 되는 것과 같은 이치입니다.

만약 어떤 사람이 의로움이 아닌 부귀에는 반드시 살피고 가려서 그 바른 것을 잃어버리지 않는다면, 이 사람은 이치로써 욕심을 제어하고 도로써 뜻을 이끌어 주리고 목마른 것이 마음의 해가 되지 않게 할 수 있을 것입니다. 바로 이어지는 28장의 짧막한 맹자의 언급도 그러한 사례입니다.

유하혜는 삼공으로도 그 절개를 바꾸지 않았다.

柳下惠는 不以三公으로 易其介하니라
유 하 혜　　불 이 삼 공　　　역 기 개

※ **삼공**(三公): 대사(大師)·대부(大傅)·대보(大保)의 높은 벼슬. **개**(介): 절개.

유하혜의 사람됨을 사람들은 모두 온화한 줄로 생각할 것입니다. 그러나 삼공이라는 부귀함의 극치에도 흔들리지 않은 유하혜는 결코 평범한 사람이 아닐 것입니다. 자신의 곧은 도리를 지키는 이런 인물은 비록 삼공의 벼슬을 주어 절개를 바꾸고자 하여도 불가능할 것입니다.

결국 맹자의 비유는 부귀가 남만 못하더라도 그런 것에 그렇게까지 걱정할 필요가 없고, 오히려 인간의 본성을 잃을까 걱정해야 한다는 것입니다. 무조건 환경만을 탓할 수는 없습니다. 인간은 그것을 이겨내는 잠재력을 지니고 있습니다.

진심 상편 29장 : 中道而廢

마지막까지 최선을 다하자

최선을 다하는 태도는 좋은 자세이지만 결과에 이르기까지 충분한 노력을 아끼지 말아야 할 것입니다.

어떤 일을 하는 자를 우물 파는 일에 비유할 수 있으니, 아홉 길 우물을 팠더라도 샘물이 솟을 때까지 파지 못한다면 우물을 버리는 것과 같을 것이다.

有爲者辟若掘井하니 掘井九軔而不及泉이면 猶爲棄井也니라
유 위 자 비 약 굴 정   굴 정 구 인 이 불 급 천   유 위 기 정 야

※ **비**(辟): 비유하다[譬]. **굴**(掘): 파다. **인**(軔): 여덟 자 길이, 인(仞)과 같은 글자.

진리는 반드시 실천을 통해 나아가고, 성과는 실천을 통해 효험이 드러납니다. 마치 아홉 길 깊이로 우물을 파들어가면 이미 샘에 도달할 조짐이 있는데, 샘물이 나는 데까지 미치지 않고 더 이상 파지 않으면 스스로 그 우물을 버리는 것과 같을 것입니다. 우물을 파면 반드시 샘물이 나는 것을 구해야 할 것이고, 실천이 있으면 반드시 성취하기를 추구해야 할 것입니다. 여희철(呂希哲)이란 학자는 그 이름에 걸맞게 철인을 희구하면서 다음과 같이 말합니다.

인이 요임금과 같지 못하고 효가 순임금과 같지 못하고 학문이 공자와 같지 못하면 끝내 성인의 경지에 들어갈 수 없고 마침내 천도에 이르지 못할 것이다. 중도에 폐지하여 스스로 지난날의 공로가 없어져 버림을 면치 못하

는 것이다.[*]

맹자는 중단 없는 전진을 권유합니다. 하지 않으면 모르겠지만 하면 반드시 그 성취를 구해야 한다는 것입니다. 만약 90%에 이르렀다면 10% 남은 것이 아니라, 반절 이상 남았다는 각오로 매진할 때 새로운 탄력이 붙을 것입니다. 항상 새로운 출발의 각오는 목표를 앞당기는 힘입니다.

* 『맹자집주』「진심」상편 29장. 呂侍講曰 "仁不如堯, 孝不如舜, 學不如孔子, 終未入於 聖人之域, 終未至於天道, 未免爲半塗而廢 自棄前功也."

꾸미는 태도는 오래갈 수 없다

맹자는 왕도정치를 구현하려고 노력했던 성현들과 패자들의 모습을 대비시켜 말합니다. 패자들은 백성을 향한 진정성이 부족하다는 것이지요.

요와 순은 천성대로 생활했던 사람이고, 탕왕과 무왕은 애써 노력했던 사람이고, 다섯 명의 패자는 겉으로 하는 체했던 사람이다. 패자들은 오래도록 하는 체만 하고 제 본성으로 돌아오지 않았으니, 어찌 본성이란 본래 그렇지 않다는 것을 깨달을 수 있었겠는가?

堯舜은 性之也요 湯武는 身之也요 五覇는 假之也니라 久假而不歸하니
요순 성지야　탕무　신지야　오패　가지야　구가이불귀

惡知其非有也리오
오지기비유야

※ **가(假)**: 거짓. **오(惡)**: 어찌.

요와 순은 인과 의를 나면서부터 알고 편안히 행하였으니, 이 도를 천성으로 알았던 분들입니다. 탕왕과 무왕도 인과 의를 몸소 힘써 행하여 얻었으니, 모두 이 도를 가진 분들입니다. 그러나 맹자가 보기에 패자(覇者)들은 몸에 가진 것이 아니라 겉으로만 인과 의의 이름을 빌려 탐하고 욕심내는 사사로운 마음을 꾸민 것이니, 이 도를 빌린 것일 뿐 실상은 없다고 말합니다. 윤돈(尹焞)은 그 차이를 명확히 합니다.

본성대로 한다는 성지(性之)는 진리와 더불어 하나되는 것이요, 몸소 애써 노력한다는 신지(身之)는 진리를 실천하려는 자이니 성공에 이르러서는

똑같다. 그러나 다섯 패자들은 거짓으로 그런 것처럼 할 따름이니 이 때문에 업적이 그처럼 낮은 것이다.*

일반인들이 높이는 다섯 패자들은 겉으로만 흉내낼 뿐 근본적으로 자기 본성을 다하고 백성을 위하는 마음이 부족했다는 것입니다. 그런데도 그들은 자신의 잘못을 조금도 깨닫지 못하였으니, 마침내 요순의 도에 들어가지 못하고 말았다는 비판의 목소리가 담겨있습니다.

---

* 『맹자집주』「진심」상편 30장. 尹氏曰 "性之者, 與道一也, 身之者, 履之也, 及其成功則一也. 五霸則假之而已, 是以功烈, 如彼其卑也."

진심 상편 31장 : *伊尹之志*

천하를 위한 공정한 마음

역성혁명의 정당성을 말하는 것은 맹자의 장점이자, 동시에 왕위찬탈로 비춰질 수 있으므로 군주로서는 쉽게 받아들일 수 없는 주장이기도 했습니다. 공손추는 조심스럽게 말을 꺼냅니다.

"이윤이 '나는 순종하지 않는 사람과는 가까이 할 수 없다.'라고 하고, 태갑을 동 땅으로 내쳤는데 백성들이 크게 기뻐하였고, 태갑이 잘못을 깨닫자 다시 돌아오게 하였는데 백성들이 또한 크게 기뻐하였다고 합니다. 어진 자가 남의 신하가 되어 그 군주가 어질지 않다고 해서 정말로 내칠 수도 있습니까?"

"이윤과 같은 뜻이 있으면 괜찮지만 만약 이윤과 같은 뜻이 없다면 빼앗는 것이 된다."

"伊尹이 曰予不狎于不順이라하고 放太甲于桐한대 民이 大悅하고 太甲이 賢커늘
이 윤   왈 여 불 압 우 불 순   방 태 갑 우 동   민   대 열   태 갑   현

又反之한대 民이 大悅하니 賢者之爲人臣也에 其君이 不賢則固可放與잇고"
우 반 지   민   대 열   현 자 지 위 인 신 야   기 군   불 현 즉 고 가 방 여

"有伊尹之志則可커니와 無伊尹之志則簒也니라"
유 이 윤 지 지 즉 가   무 이 윤 지 지 즉 찬 야

※ **압**(狎): 가까이 하다. **방**(放): 추방하다. **찬**(簒): 빼앗다.

재상으로서 절대 권력을 쥔 이윤은 왕의 계승자였던 태갑을 동 땅으로 추방하였고 훗날 복귀시켜 왕으로 모시는 극단적 선택을 단행합니다. 태갑이 인(仁)에 처하고 의(義)에 옮겨 어진 군주가 될 소양을 갖췄다는 판단 때문입니다. 새로운 임금의 행위가 의리를 따르지 못하는 것

을 지켜볼 수가 없다는 것이 당시 이윤의 생각이었습니다. 물론 백성들을 우선시하는 일련의 조치였기에 백성들은 그의 선택과 결단에 크게 기뻐했던 것입니다. 그런데 공손추가 보기에 신하가 되어서 설혹 그 임금이 어질지 못하면 진실로 내쳐도 군신의 의리에 문제가 없겠느냐는 것입니다.

공손추의 말대로 왕위찬탈로 익심될 행동이기에 쉽게 답하기 어려운 문제입니다. 그러나 맹자는 단호히 말합니다. 그때에 이윤은 지공무사(至公無私)하여 종묘 사직을 위하는 계책으로 부득이하여 이러한 조치를 취했다는 것입니다.

이윤의 뜻은 천하를 공정히 하는 것으로 마음을 삼아서 한 터럭의 사사로운 욕심이 없었던 것이다.*

그러나 조건이 있습니다. 신하된 자에게 이윤과 같은 뜻이 있어서 부득이 변통의 도를 행하여야 가능하다는 것이지요. 만일 이윤과 같은 뜻이 없는 상태에서 이윤이 한 일을 본받고자 하여 내치는 조치를 맘대로 한다면, 이것은 임금의 자리를 찬탈했다는 오명에서 벗어나기 힘들다는 것입니다. 이윤의 행동을 판단하기에 앞서 천하를 위한 공정한 마음부터 가져야 할 것입니다.

---

* 『맹자집주』「진심」상편 31장. "伊尹之志, 公天下以爲心, 而無一毫之私者也."

진심 상편 32장 : 不素餐兮

밥값 이상의 가치를 한다

겉으로 보기에는 놀고먹는 사람처럼 생각되는 사람도 있습니다. 글을 읽으면서 자신을 수양하는 선비들이 그러할 것입니다. 그러나 그들이 정말로 무위도식하는 것일까요? 공손추는 잘 알고 있으면서도 스승 맹자에게 재확인하듯 묻습니다.

> **"『시경』에 말하기를, '공밥을 먹지 않음이여'라고 하였는데, 군자가 직접 밭을 갈지 않고 먹는 것은 어째서입니까?"**

> **"군자가 그 나라에 있을 때 군주가 등용하면 나라가 편안하며 부유해지고 군주의 권위는 높아지고 백성들은 번영하게 된다. 그의 자제들이 그를 따르면 효도하고 공손하며 충성하고 믿음직스럽게 될 것이니, '공밥을 먹지 않음이여'란 말에 이보다 큰 것이 어디 있겠는가?"**

"詩曰 不素餐兮라하니 君子之不耕而食은 何也잇고" "君子居是國也에 其君이
　　시왈 불소 찬혜　　　군자지불경이식　　하야　　　　군자거시국야　　기군

用之則安富尊榮하고 其子弟從之則孝弟忠信하나니 不素餐兮 孰大於是리오"
용지즉안부존영　　　기자제종지즉효제충신　　　　불소찬혜 숙대어시

※ **시**(詩): 위풍(魏風)의 벌단(伐檀)편. **소**(素): 희다. 비다. **찬**(餐): 밥.

공밥을 먹지 않는다는 『시경』의 말은 하는 일 없이 봉록을 받지 않는다는 말입니다. 군주와 백성을 위해 부지런히 노력하는 군자를 찬미한 것이지요. 시의 상징성이 다양한 해석을 낳듯이 공손추는 이 말을 달리 해석합니다. 군자가 반드시 벼슬하여 공이 있어야 바야흐로 봉록을 먹을 수 있을 것이고, 만일 벼슬하지 않아서 공이 없으면 마땅히 농사를 지어

먹어야 한다는 것입니다. 그런데 지금은 임금이 주는 음식만 받아먹고 농사를 짓지 않는 것은 어째서냐는 것이지요. 무노동 무임금까지는 아니더라도 일한 만큼 정당하게 생활하라는 비판적 시각이기도 합니다.

그러나 맹자의 생각은 달랐습니다. 군자가 그 나라에 거처하여 비록 폐백을 드려 신하는 되지 않았으나, 말마다 모두 지극한 도이고, 행동마다 모두 지극한 가르침으로 국가에 큰 역할을 하고 있다는 것입니다. 만일 그 나라 임금이 등용하여 그 말이 위에서 행해지면, 다스리는 효험이 다 이르러 편안하고 영화로울 것이고, 그 자제가 따르면 그 가르침이 아래에 행해져 풍속이 융성하여 효(孝) · 제(悌) · 충(忠) · 신(信)하게 되어, 위로는 임금에게 공이 있고 아래로는 백성에게 공이 있는 것이 이와 같을 것이라 구체적으로 말합니다. 그러므로 군자가 나라에 거처하여 임금의 봉록을 먹고 백성이 받드는 것을 누려도 결코 지나친 것이 아니라는 것이지요. 오히려 '공으로 먹지 아니하는 것'이 이것보다 큰 것이 있겠느냐고 반문합니다.

물론 하는 일 없이 공밥을 먹는 것은 문제입니다. 그러나 보이지 않는다 하여 군자들의 성과를 폄하하는 것도 잘못이겠지요. 오늘 우리도 공밥을 먹는 것 이상의 그 무엇을 해야 되지 않을까요.

진심 상편 33장 : 尚志之士

뜻을 먹고 사는 선비

제나라 왕자인 점(墊)은 선비의 역할에 대해 묻습니다. 위로는 공경대
부가 있고 아래에는 사농공상이 있어서 모두 자신의 일이 있는데, 선비
[士]는 과연 어떤 일을 하는 사람이냐는 것이지요? 선비의 정체성 내지
지향점을 묻는 질문입니다.

"선비는 무슨 일을 하는 사람입니까?"
"뜻을 고상하게 높이는 사람들이다."
"뜻을 높인다고 하는 것은 무슨 말입니까?"

**"인과 의에 뜻을 둘 따름이니, 한 사람이라도 죄 없는 이를 죽여서는 인
이 아니며, 제 것이 아닌 것을 빼앗는 것은 의가 아니다. 어디에 거처할
것인가? 인이 이것이다. 어디에 갈 길이 있는가? 의가 이것이다. 인에 거
처하며 의의 길을 따르면 대인의 일이 갖추어진다."**

"士는 何事잇고" "尚志니라" "何謂尚志잇고"
　사　하사　　　상지　　　　하위상지

"仁義而已矣니 殺一無罪非仁也며 非其有而取之非義也니 居惡在오
　인 의 이 이 의　 살 일 무 죄 비 인 야　 비 기 유 이 취 지 비 의 야　 거 오 재

仁이 是也라 路惡在오 義是也라 居仁由義면 大人之事備矣니라"
　인　시야　 로오재　 의시야　 거인유의　 대인지사비의

※ **상**(尚): 고상히 하는 것. **지**(志): 마음이 가는 것. **유**(由): 따르다.

선비의 정체성을 묻는 왕자의 질문에 맹자는 구체적인 일을 가지고
답하지 않습니다. 오히려 자신이 지닌 이상을 고상히 여기면서 그 지조
를 변치 않을 사람들이라 말합니다. 사[士]는 농·공·상의 일을 즐겨

하지 않는 반면에, 공경대부가 지향하는 도리를 행하고자 하는 사람들이라 말합니다. 다만 그 도를 행하기 때문에 오직 그 뜻을 고상히 할 따름이니, 이것이 진정한 선비가 되는 길이지요. 밖으로는 하는 바가 없는 것처럼 보이지만, 안으로는 실상 일삼는 바가 있으니 무시하지 말라는 말이기도 합니다.

이어지는 질문에 이상을 높이 갖는다는 '상지(尙志)'에 대해 맹자는 인의로써 구체화시켜 말합니다. 선비가 뜻을 고상히 하는 것은 공명과 부귀가 낮다는 것이 아니라, 오직 자신의 뜻이 높고 큰 인(仁)과 의(義)에 있을 따름이라는 것입니다. 죄 없는 사람을 죽여 목표를 이루는 것은 인이 아니니, 선비는 반드시 벼슬자리에 있으면 죄 없는 사람을 죽이지 않겠다는 마음가짐으로 생활합니다. 마땅히 취하지 않아야 할 것을 취하는 것은 의가 아니니, 선비가 추구하는 길은 벼슬에 나가더라도 의롭지 않은 것은 취하지 않겠다는 마음을 굳게 다지는 것입니다.

> 인이 아니고 의가 아닌 일은 비록 작더라도 하지 않으며, 거처하는 바와 따르는 바가 인의에 있지 않음이 없으니, 이는 선비가 그 뜻을 고상히 하는 것이다.[*]

이처럼 맹자는 선비의 지향점을 인의에 따르는 삶으로 정의합니다. 선비로서 이미 인에 거처하고 의를 따르는 데에 뜻을 둔다면, 비록 실제로 벼슬을 얻지 못하여 대인이 되지는 못해도, 인으로 기르고 의로 바르게 하는 대인의 일은 이미 구비되었다고 보는 것입니다. 우리들도 선비가 지향하듯이 어진 마음으로 의로움의 길을 행한다면 당당한 사회적 몫을 다하고 있는 것입니다.

---

[*] 『맹자집주』 「진심」 상편 33장. "非仁非義之事, 雖小不爲, 而所居所由, 無不在於人矣. 此士所以尙其志也."

674

작은 청렴, 큰 절개

맹자는 진정 사람다운 삶의 가치, 즉 인륜을 중시합니다. 청렴도 인륜을 저버린 청렴이 아님을 진중자에 대한 평가를 통해 드러냅니다.

진중자가 의롭지 않은 방법으로는 제나라를 주어도 받지 않으리라는 것을 사람들은 모두 믿겠지만, 이것은 한 그릇의 밥이나 국을 포기할 정도의 의에 불과한 것이다. 의로움이란 인륜보다 더 큰 것이 없거늘, 그는 친척과 군신과 상하도 없는 듯 무시하는 태도를 보이니, 그 작은 사실을 가지고 그가 인륜이라는 큰 것을 생각한다고 믿어서야 될 법이나 하겠는가?

仲子不義로 與之齊國而弗受를 人皆信之어니와 是舍簞食豆羹之義也라
중 자 불 의   여 지 제 국 이 불 수   인 개 신 지   시 사 단 사 두 갱 지 의 야

人莫大焉이어늘 亡親戚君臣上下하니 以其小者로 信其大者면 奚可哉리오
인 막 대 언   무 친 척 군 신 상 하   이 기 소 자   신 기 대 자 해 가 재

※ **사**(舍): 버리다. **무**(亡): 없다. **해**(奚): 어찌.

진중자는 굶어죽을지언정 관직생활을 하던 그의 형이 주는 것을 의롭지 못하다고 하여 거부했던 사람입니다.[*] 임금이 주는 녹봉을 먹지 않기 위해 형뿐만 아니라 어머니까지 떠나니 인도의 큰 윤리가 없었던 사람입니다. 맹자가 보기에 진중자의 이러한 사람됨은 평소에 의가 아니면 먹지 않고 의가 아니면 거하지 않는 것입니다. 이를 미루어 본다면, 의

---

* 「등문공」 하편 10장 참조.

가 아닌 방법으로 제나라를 주어도 분명히 기꺼이 받지 않을 것이라는 것을 모두들 알고 있을 것입니다. 그러나 맹자는 이러한 의로움이란 한 그릇의 밥과 국을 받지 않는 정도의 조그마한 청렴에 그치는 것이라 평가절하합니다.

사람이 지켜야 될 인륜은 안으로는 친척과 밖으로는 군신 상하의 관계에 잘하는 것입니다. 진중자는 형을 피하고 어머니를 떠나며 임금의 봉록을 먹지 않았습니다. 이는 친척과 군신 상하를 업신여긴 것이니, 크게 절도를 어지럽히고 죄를 지은 것입니다. 함부로 먹지 않고 거처하지 않는 자잘한 청렴을 큰 절개이라 말할 수 없다는 것이지요. 진정한 절개는 인륜을 저버리지 않는 일상의 성실함에서 비롯됩니다.

부모의 잘못을 가슴 아파한다

정상보다는 비정상적일 때 어떻게 하느냐에 따라 사람의 속내가 드러나기도 합니다. 맹자의 제자인 도응(桃應)은 효자의 대명사처럼 불리던 순임금의 아버지가 법을 범했을 경우를 가정하여 묻습니다.

> **"순이 천자가 되고 고요(皐陶)가 법관이 되었을 때, 순의 아버지인 고수(瞽瞍)가 사람을 죽였다면 고요는 어떻게 하였을까요?"**
> **"법대로 집행할 따름이다."**
> **"그러면 순이 말리지 않았을까요?"**
> **"순이 어찌 말릴 수 있었겠느냐? 고요는 그 권한을 받은 바가 있기 때문이다."**

"舜이 爲天子요 皐陶爲士어든 瞽瞍殺人則如之何잇고" "執之而已矣니라"
순 위천자 고요위사 고수살인즉여지하 집지이이 의

"然則舜은 不禁與잇가" "夫舜이 惡得而禁之시리오 夫有所受之也니라"
연즉순 불금여 부순 오득이금지 부유소수지야

※ **사**(士): 재판관. **집**(執): 집행하다.

도응은 법집행의 공정성을 묻고 있습니다. 부자 사이일지라도 법은 법이라는 것이지요. 고요는 법관으로서 자신이 따라야 할 공직자로서 규범이 있으니 사적으로 눈감아 주기는 곤란한 상황입니다. 비록 천자의 명령이라도 법을 폐지할 수 없기 때문입니다. 아버지 고수에게 살인죄를 적용해야 할 상황에서 아들로서 순의 태도에 대한 도응의 질문은 이어집니다.

"그러면 순은 어떻게 하였겠습니까?"

"순은 천하를 헌신짝처럼 버리듯하고, 몰래 고수를 업고서 도망쳐 바닷가에 거처하면서 몸이 마치도록 흔쾌히 살면서 천하를 잊었을 것이다."

"然則舜은 如之何잇고" "舜이 視棄天下하시대 猶棄敝蹝也하사 竊負而逃하사
연 즉 순   여 지 하   순 시 기 천 하   유 기 폐 사 야   절 부 이 도

遵海濱而處하사 終身訢然樂而忘天下하시리라"
준 해 빈 이 처   종 신 흔 연 락 이 망 천 하

※ **사**(蹝): 짚신. **부**(負): 업다. **준**(遵): 따르다. **빈**(濱): 물가. **흔**(訢): 기뻐하다.

도응은 순임금이 아버지가 법망에 걸려 잡히는 것을 앉아서 보는 것은 또한 인정상 차마 견디지 못할 것이라 생각했습니다. 맹자 역시 다양한 변수를 고려합니다. 순임금이 천하를 소유하는 것에 연연하여 그것을 놓을 수 없다면, 고요의 법을 폐지하지 못하여 부모를 온전하게 할 수 없을 것입니다. 맹자는 순의 마음이 다만 부모가 있는 것만 알고 천하를 헌신짝처럼 가볍게 여길 것이니, 고요가 법으로 다스리기 전에 그 부모를 몰래 업고 멀리 도망하여 바닷가를 따라 피할 것이라 판단합니다. 이미 부모를 형벌에서 벗어나게 했으므로 죽을 때까지 기꺼이 그 부모를 봉양하는 것을 즐기고 천하를 소유하지 않았던 것처럼 잊어버릴 것이라는 겁니다.

자칫 애매해질 수 있는 상황인데도 맹자는 나름 슬기롭게 대꾸합니다. 주자의 주석은 그런 맹자의 마음을 다음과 같이 풀이합니다.

법관이 된 자는 다만 법이 있음만을 알고 천자의 아버지가 높은 줄 알지 못하며, 자식된 자는 다만 부모가 있음만 알고 천하가 큼을 알지 못함을 말씀하신 것이다. 그 마음 씀씀이가 천리의 지극함과 인륜의 지극함이 아닌 것이 없다. 배우는 자가 이 점을 잘 살펴서 터득함이 있으면 깊이 헤아리고 의논하기를 기다리지 않더라도 천하에 처리하기 어려운 일이 없을 것이다.[*]

---

[*] 『맹자집주』「진심」상편 35장. "此章言 爲士者, 但知有法而不知天子父之爲尊; 爲子

순이 비록 아버지를 사랑하나 개인 사정 때문에 공적인 법을 해롭게 못할 것이고, 고요가 법을 집행하면서 천자의 아버지라 하여 형벌하지 못하지는 않을 것입니다. 그러나 순임금이 천자의 자리를 내던질 각오로 효심을 보인다면 모두가 만족할 결과로 귀결된다는 것이지요. 어떻게 생각하는지요? 부모의 살인죄를 천자는 집행하지 못하는 것이 인정에 맞는 것일까요, 아니면 누구나 공정한 법의 잣대를 적용해야 하는 것일까요?

者, 但知有父而不知天下之爲大. 蓋其所以爲心者, 莫非天理之極, 人倫之至, 學者察此而有得焉, 則不待較計論量 而天下無難處之事矣."

드넓은 천하에 거처하다

맹자가 범 땅에서 제나라로 갔는데, 멀리 제나라 왕의 아들을 바라보고 "아~!" 하며 탄식합니다.

거처란 기상을 달리 만들며 봉양은 신체를 변화시키니, 크도다! 거처함이여. 모두 같은 사람의 자식이 아니었던가?

居移氣하며 養移體하나니 大哉라 居乎여 夫非盡人之子與아
거 이 기   양 이 체   대 재   거 호   부 비 진 인 지 자 여

여유있게 자란 사람에게서 귀티가 나듯이 맹자는 너무도 당연한 말을 합니다. 그것도 탄식까지 하면서 말입니다. 어디에 거처하느냐에 따라 그 사람에게서 느끼는 기품이 다르고, 어떻게 봉양을 받느냐에 따라 사람의 몸도 변화될 수 있다는 것입니다. 무엇을 말하고 싶었던 것일까요?

왕자의 궁실과 마차와 의복이 대부분 다른 사람들과 같겠지만, 왕자의 모습이 저토록 훌륭한 것은 그의 거처가 그렇게 만들어준 것이니, 하물며 넓은 천하를 거처로 알고 살아가는 사람에게 있어서랴!

王子宮室車馬衣服이 多與人同而王子若彼者는 其居使之然也니
왕 자 궁 실 거 마 의 복   다 여 인 동 이 왕 자 약 피 자   기 거 사 지 연 야

況居天下之廣居者乎아
황 거 천 하 지 광 거 자 호

결국 천하를 염두에 두고 살아가는 맹자 자신에 대한 자긍심의 표현입니다. 왕자가 일반인과 다른 점은 그의 세력과 지위라는 외적 환경이

만들어 주었듯이, 맹자 자신과 같이 천하의 넓은 거처에서 어진 마음을 품고 사는 사람의 기상은 어떠하겠느냐는 것입니다. 심광체반(心廣體胖)이라 하듯이 덕은 마음을 넓히고 몸을 윤택하게 하여 나의 바른 기운을 채워서 보통 사람과 다를 것이 분명하다는 말입니다. 천하의 드넓은 곳에 거처하는 대장부의 기상*이 물씬 드러납니다. 무엇이 부족했는지 맹자는 또 다른 사례를 인용합니다.

> 노나라 임금이 송나라에 가서 그 나라의 성문인 질택의 문에서 고함치 듯 부르자, 문지기가 말하였다. '이 사람은 우리 임금이 아닌데도, 어찌 도 그 소리가 우리 임금과 같은가?'라고 하였으니, 이는 다름이 아니라 거처가 서로 비슷했기 때문이다.

魯君이 之宋하여 呼於垤澤之門이어늘 守者曰 此非吾君也로대
노군　지송　호어질택지문　수자왈차비오군야

何其聲之似我君也오 하니 此는 無他라 居相似也니라
하기성지사아군야　차　무타　거상사야

마지막 인용문에서 맹자의 유머가 느껴집니다. 문지기의 말을 통해 거처하는 지위가 같으면 목소리도 비슷하다는 것이지요. 지위가 올라가면 괜히 목에 힘들어가는 것이 인간의 마음인 모양입니다.

드넓은 천하를 자신의 집으로 삼으려는 맹자의 기개가 그리워지는 시대입니다.

---

* 「등문공」 하편 2장 참조.

진정에서 우러나오는 마음

맹자는 제후들이 어진 자를 어떻게 대우해야 하는지를 비유적으로 말합니다.

먹이기만 하고 사랑하지 않으면 돼지 취급하며 사귀는 것이요, 사랑하고 공경하지 않으면 짐승 취급하며 기르는 것이다. 공경하는 마음은 아직 예물을 드리기 전부터 있어야 하는 것이다. 공경한다고 하면서 그 실상이 없으면, 군자가 그런 헛된 것에 얽매이지 말아야 한다.

食而弗愛면 豕交之也요 愛而不敬이면 獸畜之也니라 恭敬者는
사 이 불 애　　시 교 지 야　　애 이 불 경　　수 휵 지 야　　공 경 자

幣之未將者也니라 恭敬而無實이면 君子不可虛拘니라
폐 지 미 장 자 야　　공 경 이 무 실　　군 자 불 가 허 구

※ 사(食): 먹이다. 시(豕): 돼지. 휵(畜): 기르다. 폐(幣): 예물. 장(將): 받들다. 구(拘): 얽매이다.

군주가 어진 사람을 대접할 때에는 사랑하고 공경하는 마음이 중요합니다. 만일 별다른 감정 없이 짐승을 기르듯 사랑하는 마음이 없거나, 사랑할지라도 공경하는 정성이 없다면 어진 사람을 대접하는 도리가 아닙니다.*

어진 사람을 대접하는 도리는 공경하는 마음이 으뜸입니다. 그러나 예물을 보낸다고 공경하는 마음을 다했다고 할 수 없습니다. 실제의 마음이 중요하니 예물을 건네기 이전부터 공경하는 마음이 있어야 합니

---

* 『논어』 「헌문」편에서도 "만일 사랑한다면 수고롭게 하지 않을 수 있겠는가[愛之 能勿勞乎]"라고 하여 비슷한 구절이 나옴.

다. 만일 예물만 화려하고 공경하는 실상이 없으면, 이것은 짐승으로 기르는 것과 같다고 말합니다. 맹자는 당시 제후들이 어진 자를 대우함에 다만 예물로써 공경을 삼고 그 실제가 없음을 직접적으로 비판하는 것입니다. 진정성 없는 태도로는 결코 오래 갈 수 없습니다.

진심 상편 38장 : 聖人踐形

꼴값대로 사는 삶

맹자는 애초의 모습대로 살아가는 인간적인 삶을 갈구하고, 그리고 그 전형으로서 성인을 제시합니다.

형색은 천성이니, 오직 성인이 된 이후에야 그 형색대로 실천할 수 있다.

形色은 天性也니 惟聖人然後에 可以踐形이니라
형색　　천성야　　유성인연후　　가이천형

※ **천**(踐): 밟다, 실천하다.

나이가 들수록 얼굴에 그 사람의 일생이 드러납니다. 항상 밝은 미소를 간직한 얼굴도 있지만, 조그만 일에도 화를 참지 못하는 성격이 얼굴에 그대로 드러나기도 합니다. 애초에 그런 차이가 없었겠지만 지나온 삶의 결에 따라 달라지는 것입니다.

맹자는 형색은 하늘로부터 준 본성, 즉 천성(天性)이라 짧게 말합니다. 그러나 성리학자들은 눈이나 귀처럼 신체를 형(形)이라 한다면 그것이 겉으로 드러나는 것을 색(色)이라 구분하면서 논의를 심화시켜 나갑니다. 귀의 역할이 듣는 것이고, 눈의 역할이 보는 것인 것처럼, 타고날 때부터 갖춰진 그 원형의 꼴을 제대로 발휘하는 것을 우리가 추구하는 당연함이고 하늘로부터 부여받은 천성으로 여깁니다. 꼴에 따른 값어치, 즉 '꼴값'을 해야 한다는 것이지요. 그리고 오직 성인이라야 그 형색을 실천할 수 있다고 보았습니다. 성리학자로서 정이천은 다음과 같이 말합니다.

이것은 성인이 사람의 도리를 다하여 능히 그 형체대로 채워나가야 함을 말씀하신 것이다. 사람은 천지의 올바른 기를 얻고 태어나 여타의 만물과는 같지 않다. 이미 사람이 되었다면 모름지기 사람의 도리를 다한 뒤에야 그 명칭에 걸맞는 것이다. 보통 사람들은 이것을 가지고 있으나 알지 못하고 현인은 실천하지만 다하지 못하니, 그 형체대로 채워나갈 수 있는 이는 오직 성인뿐이다.*

욕망에 사로잡힌 보통사람들이 자신의 애초 모습을 상실한 것과는 달리, 성인은 그 본성을 다하여 형색이 주는 본연의 이치를 다한다는 것입니다. 따라서 욕망으로 뒤범벅이 된 현재의 우리 모습을 뛰어넘어 보다 성숙된 인격자로서 성인이 되려면, 애초의 본 모습을 회복하는 노력이 필요할 것입니다. 본래적 자아를 찾아 일상에서 드러내려는 삶의 자세, 그것이 우리에게 주어진 삶의 꼴이 아닐까요?

---

* 『맹자집주』「진심」 상편 38장. 程子曰 "言聖人 盡得人道而能充其形也. 蓋人得天地之正氣而生, 與萬物不同, 旣爲人, 須盡得人理然後, 稱其名. 衆人, 有之而不知, 賢人踐之而未盡, 能充其形, 惟聖人也."

진심 상편 39장 : 三年之喪
하기 싫은 것과 할 수 없는 것의 차이

　제나라 선왕이 3년의 상례 기간을 줄이려 하자, 공손추가 일년상도 하지 않는 것보다는 낫다고 맞장구칩니다. 이와 비슷한 이야기는 『논어』에도 비교적 길게 소개되어 있습니다.* 그러자 맹자는 공손추의 주장이 잘못되었음을 비유적으로 말합니다.

> **이는 어떤 사람이 자기 형의 팔을 비트는 것을 보고, 자네는 '좀 천천히 하라'고 말하는 것과 같다. 역시 효도와 공손을 가르쳐야 할 뿐이다.**

是猶或이 紾其兄之臂어든 子謂之姑徐徐云爾로다 亦敎之孝弟而已矣니라
시 유 혹　진 기 형 지 비　　자 위 지 고 서 서 운 이　　역 교 지 효 제 이 이 의

※ 기(朞): 1주년. 진(紾): 비틀다. 고(姑): 우선.

　공손추는 3년으로 할 수 없는 상황이라면 1년의 상으로 하는 것이 오히려 상례를 그만두는 것보다 조금 낫지 않겠느냐는 상황론을 전개하는 듯합니다.그러나 맹자는 단호합니다. 자녀가 부모를 섬기는 것이 아우가 형을 섬기는 것과 같으니, 부모상을 짧게 할 수 없는 것은 형의 팔을 비틀 수 없는 것과 같다는 것입니다. 맹자는 재미있는 비유를 듭니다. 천천히 비틀어 고통을 주는 것을 가지고 조금 낫다고 하겠느냐는 것이

---

* 『논어』「양화」편. "宰我問: 三年之喪, 期已久矣. 君子三年不爲禮, 禮必壞; 三年不爲樂, 樂必崩. 舊穀旣沒, 新穀旣升, 鑽燧改火, 期可已矣. 子曰: 食夫稻, 衣夫錦, 於女安乎? 曰: 安. 女安則爲之. 夫君子之居喪, 食旨不甘, 聞樂不樂, 居處不安, 故不爲也. 今女安, 則爲之. 宰我出. 子曰: 予之不仁也! 子生三年, 然後免於父母之懷. 夫三年之喪, 天下之通喪也, 予也有三年之愛於其父母乎?"

지요. 오히려 효도하는 것과 공경하는 것을 가르쳐서 천리(天理)와 인정(人情)에 그렇게 해서는 안 된다는 것을 보여서 제선왕 스스로 뉘우치도록 해야 한다는 것입니다.

비슷한 사례로 제나라 왕자 가운데 그 어머니가 죽은 자가 있었는데, 그 스승이 그를 위하여 왕에게 몇 개월의 상례를 청하였습니다. 공손추는 이럴 경우는 어떻게 평가하겠느냐고 묻습니다.

이것은 제대로 끝까지 마치고자 하지만 할 수 없는 경우이니, 비록 하루를 더 모시더라도 그만두는 것보다 낫다. 그러나 제선왕의 경우는 금지하는 사람이 없는데도 하지 않는 경우인 것이다.

是欲終之而不可得也라 雖加一日이나 愈於已하니 謂夫莫之禁而弗爲者也니라
시 욕 종 지 이 불 가 득 야   수 가 일 일   유 어 이   위 부 막 지 금 이 불 위 자 야

※ **부**(傅): 스승. **유**(愈): 낫다.

여기에는 사연이 있습니다. 제나라 임금의 아들 가운데 그 생모가 죽은 자가 있었는데, 첫 번째 부인[嫡母]에게 눌려 상례를 제대로 마치지 못하게 되자, 그 스승이 왕자를 위하여 두어 달 정도의 거상(居喪)을 건의하였던 것입니다. 공손추가 이 때문에 두어 달은 오히려 1년도 안 되니 잘못된 것이 아니냐고 따지듯 물은 것입니다.

맹자 역시 상황론을 전개합니다. 이 왕자는 3년상을 마치고자 싶어 했으나 상황이 불가능했다는 것이지요. 비록 하루라도 더하면 또한 아들로서의 정리를 펼 수 있으니, 오히려 그만두는 것보다는 낫다고 보았습니다. 그에 비해 스승의 건의에 따라 두어 달 기간을 확보한 것은 그나마 충분했다고 보는 것이지요. 반면에 제나라 왕의 경우는 아무도 금지하지 않는데 스스로 상례기간을 줄인 것이므로 상황이 다르다는 것입니다. 왕자는 인간적 감정을 최소한도로 펴고자 한 것이라면, 제나라 왕은 오히려 정해진 예법보다 줄이고자 한 것입니다. 오늘날 우리의 경우라면 할 수 없는 것입니까, 아니면 하려고 하지 않는 것입니까?

군자의 다섯 가지 교육방법

맹자는 교육의 효과를 염두에 두고 다섯 가지를 교육방법을 제안합니다. 개인의 성향이나 상황에 따라 각각 효율적인 교육방법을 택하라는 것입니다.

첫째는 단비처럼 적시에 내려 교화시키는 교육이다. [有如時雨化之者]
유 여 시 우 화 지 자

시우(時雨)는 때에 알맞게 내리는 비입니다. 천부적인 자질이 높고 진리에 통달할 가능성이 있다고 판단되면 적극 나서서 계도합니다. 초목이 자랄 때에 파종하고 잘 북돋아 주어 사람의 힘을 다하였으나 스스로 변화되는 것은 아니기 때문입니다. 이때 부족한 것은 제때에 내리는 비입니다. 이를 자양분 삼아 쑥쑥 자라게 한다면 그 변화 속도가 빠를 것입니다. 이미 어느 정도 갖춰진 인재들이므로 살짝 자극만 주어도 제 스스로 앞길을 헤쳐 나갈 인물들이 될 것입니다. 마치 공자의 제자로 성인으로 추앙받는 안자과 증자처럼 말입니다.

둘째, 덕성을 완성시켜 주려는 교육이다. [有成德者]
유 성 덕 자

그 사람의 장점이 천부적으로 타고난 자질이 착하다면, 함양하고 훈도하여 그 편벽됨을 버리고 온전한 데로 들어가며 그 병통을 버리고 아름다운 데로 들어가게 성취시켜 주는 것입니다.

셋째, 재능을 펴게 해주는 교육방법이다. [有達財者]
유 달 재 자

원문의 재물[財]은 재주나 재능[材]을 말합니다. 각각 그 장점에 따라 가르친다는 점에서는 덕성을 완성시켜 주는 것과 같을 것입니다. 천부적인 자질이 유독 뛰어난 사람이 있다면 그 재능을 키워주기 위하여 인도하고 가르치는 것입니다. 이치에 나아가지 못한 자는 이치에 나가게 하며 엄밀하게 하지 못한 자는 엄밀하도록 하여 크게 통달하게 하는 것입니다.

넷째, 답변을 통해 교육의 효과를 높이는 방법이다. [有答問者]
유 답 문 자

만약 어떤 사람이 덕을 성취할 만하지 못하거나 재주가 통달하지 못할 것 같으면, 다만 질문에 따라 차근차근 의혹을 열어주는 방법이 있습니다. 눈높이를 상대의 관점에서 시작하므로 맞춤형 교육방법이라 할 수 있을 것입니다. 그러나 그 이상의 진전을 위해서는 자발적으로 자신의 문제의식을 키워나가는 노력이 뒤따라야겠지요.

다섯째, 사숙하여 자신을 선하게 만드는 방법이다. [有私淑艾者]
유 사 숙 예 자

※ 예(艾): 다스리다.

사숙(私淑)에서 사(私)란 공개적이 아니라 개인적 차원에서 가만히 접근한다는 것이고 숙(淑)은 좋다는 것으로, 사숙이란 스승의 장점을 따르고자 하는 마음에서 자신의 잘못을 수정하면서 가까이 다가가는 것입니다. 직접 그 문하에 이르러 수업하지 못하고, 다만 내 속에 있는 군자의 도를 바탕으로 선으로써 자신을 다스려 나간다면 이 또한 군자의 가르침이 나에게 들어오는 것과 같은 효과를 가져올 것입니다. 맹자 스스로

"나는 공자의 문도가 되지는 못하였으나 나는 남에게 얻어들어 내 몸을 선하게 하였다"고 자술했듯이 말입니다.

이처럼 맹자는 단비처럼 적셔주거나, 덕성을 완성시켜 주거나, 재능을 통달시켜 주거나, 문답을 통해 이끌어주거나, 사숙해서 자신을 선하게 만드는 다섯 가지의 교육방법을 제시하고 있습니다. 그러나 군자가 사람을 가르치는 방법으로 차이는 있지만 같은 목적지에 도달한다고 보았습니다. 여러분은 어떤 방법을 선택하겠습니까?

원칙과 기준을 따르라

진리에 접근하려는 공손추의 야망은 크지만 현실의 벽은 높았습니다. 몰라서가 아니라 어떻게 해야 할지 좀체 감을 잡지 못하고 헤매는 경우가 많았던 것 같습니다. 공손추는 스승에게 자신의 답답한 심정을 토로합니다.

"도는 높고도 아름답지만, 마치 하늘에 오르는 것과 같아 미치지 못할 것만 같습니다. 어찌하여 저로 하여금 거의 미칠 듯 생각하여 날마다 부지런하게 힘쓰게 도와주지 않습니까?"

"큰 목수는 서툰 장인을 위하여 자기 먹줄과 먹통을 바꾸거나 없애지 아니하며, 명궁인 예(羿)는 서툰 활잡이를 위하여 활시위 당기는 기준을 변경하지 않는다. 군자는 활시위를 당기지만 쏘지 아니하고, 뛰어나가 듯 한 발 나가 중도에 서 있으면 그렇게 할 수 있는 자가 따르는 것이다."

"道則高矣美矣나 宜若登天然이라 似不可及也니 何不使彼로
　도 즉 고 의 미 의　　의 약 등 천 연　　사 불 가 급 야　　하 불 사 피

爲可幾及而日孳孳也잇고" "大匠이 不爲拙工하여 改廢繩墨하며
위 가 기 급 이 일 자 자 야　　　　대 장　　불 위 졸 공　　개 폐 승 묵

羿不爲拙射하며 變其彀率이니라 君子引而不發하여 躍如也하여
예 불 위 졸 사　　변 기 구 율　　　군 자 인 이 불 발　　약 여 야

中道而立이어든 能者從之니라"
중 도 이 립　　능 자 종 지

※ 자(孶): 부지런하다. 구률(彀率): 활을 잡아당기는 한계. 약여(躍如): 뛰어나가는 것 같음.

맹자는 가르침에는 바뀔 수 없는 원칙과 기준이 있음을 분명히 합니다. 스스로 낮추어 배우는 자의 능하지 못함에 따를 수 없다는 것이지

요. 군자가 활쏘기를 사람들에게 가르칠 때의 비유가 적실합니다. 군자는 배우는 사람들에게 원칙을 전수해 줄 뿐 그것을 터득하는 비법은 쉽게 말해 주지 않습니다. 스스로 배워 나가라는 것이지요. 마치 활쏘는 자가 직접 쏘는 것이 아니라 활시위를 당겼다 놓았다 하면서 숨고르기와 힘의 균형을 보여주는 것과 같은 것이지요. 그러나 마음속에는 이미 과녁의 저편을 왔다 갔다 몇 번을 반복했을 것입니다. 주자는 다음과 같이 맹자의 취지를 설명합니다.

이 장은 도란 일정한 체가 있으며 가르침에는 이루어진 법도가 있다. 낮은 것을 높여서는 안 되고 높은 것을 폄하해서는 안 되며, 말해도 능히 드러낼 수 없고 침묵해도 감출 수 없음을 말씀하신 것이다.[*]

공손추는 맹자가 눈높이를 낮춰 차근차근 자신들을 이끌어주기를 원했는지 모릅니다. 그러나 맹자는 진리란 그렇게 간단한 것이 아님을 애둘러 말합니다. 무턱대고 낮출 수도 없고 높이만 갈 수도 없으니 맹자 자신도 답답했겠지요. 그러나 스스로 어떻게든 그에 도달하려고 노력하라는 것이지요. 스승이 제자를 찾는 것이 아니라, 제자가 진지한 각오로 스승에게 가르침을 청하는 방법은 동아시아의 오랜 교육방법이었습니다.

---

[*] 『맹자집주』「진심」상편 41장. "此章言 道有定體, 敎有成法, 卑不可抗, 高不可貶, 語不能顯, 默不能藏."

진리를 위해 헌신하는 자세

맹자는 현실은 바뀌더라도 진리에 헌신할 것을 말합니다. 자신의 모든 것을 내던져서라도 말입니다. 그러나 그 기준은 여전히 사람이 아닌 진리 자체에 달려있습니다.

> **천하에 도가 행해지는 때라면 도를 기준으로 삼아 몸이 따르도록 하고,
> 천하에 도가 없어지는 때라면 자신을 희생해서라도 도를 따라야 된다.
> 아직 도로써 다른 사람을 따른다는 것은 듣지 못하였다.**

天下有道엔 以道殉身하고 天下無道엔 以身殉道하나니 未聞以道로
천 하 유 도   이 도 순 신   천 하 무 도   이 신 순 도   미 문 이 도

殉乎人者也께라
순 호 인 자 야

※ 순(殉): 목숨을 바치다. 따라죽다.

덕성을 충분히 이루면 자신은 도와 더불어 일체가 됩니다. 천하에 도가 행해져 나의 몸이 나갈 만하면 도를 기준으로 몸을 닦고 사회에 나가서 모든 이들에게 혜택을 주는 것이 도를 알차게 베푸는 것입니다. 반면에 무도한 세상에서는 도를 기준으로 실천할 수 없으므로, 몸으로써 도를 좇아 숨어서라도 홀로 선함을 엄숙히 지켜가려는 것입니다. 주자는 이 장을 맹자가 몸만 현달하고 도를 행하지 못하며, 도가 행해지지 않는데도 오히려 몸을 숨길 줄 알지 못하는 자가 있기 때문에 한 말이라고 보았습니다.

어떤 일을 결단하는 것은 결코 쉬운 일이 아닙니다. 모든 것이 끝날지도 모르는 소중한 단 한번의 선택이라면 더욱 그러할 것입니다. 자신이

믿고 따르는 진리가 자신의 죽음으로 행해지는 때라고 판단할 수도 있으므로, 진리가 구현되지 못할 상황에서는 물러설 줄 아는 용기도 필요합니다. 구도자의 자세는 자신을 희생하는 순도(殉道)의 극한적 선택까지 염두에 둘 때 더욱 절실할 것입니다.

정성으로 싹 틔우는 학문적 성취

등나라 군주의 아우인 등경(滕更)은 맹자의 제자가 되려고 찾아왔지만, 맹자는 그와의 만남을 그다지 달가워하지 않았던 듯합니다. 무엇인가 권력의 힘을 은근히 기대했던 공도자는 맹자에게 아쉬움을 토로합니다.

"등경이 문하에 있을 때, 그가 예를 갖춰 물었는데도 답하지 않으신 것은 어째서입니까?"

"어떤 이가 자신의 귀함을 끼고 묻거나, 현명함을 끼고 묻거나, 나이 많음을 끼고 묻거나, 공로가 있음을 끼고 묻거나, 오랜 우호 관계를 끼고 묻는 것에 대해서는 모두 답하지 않을 것이니, 등경은 그 중 두 가지가 있었다."

"滕更之在門也에 若在所禮而不答은 何也잇고"
등 경 지 재 문 야   약 재 소 례 이 부 답   하 야

"挾貴而問하며 挾賢而問하며 挾長而問하며 挾有勳勞而問하며 挾故而問이
협 귀 이 문   협 현 이 문   협 장 이 문   협 유 훈 로 이 문   협 고 이 문

皆所不答也니 滕更이 有二焉하니라"
개 소 부 답 야   등 경   유 이 언

※ **협(挾)**: 끼다, 의존하다.

학문에 있어 왕도는 없습니다. 맹자가 보기에 등경은 자신의 부귀함을 믿고 또한 자신이 현명하다고 생각하는 경향이 있었습니다. 학문에는 성실히 하는 마음이 가장 중요함을 강조하던 맹자였기에 그러한 외적인 것이 끼어드는 것을 달갑게 여기지 않았던 것입니다. 등경의 결함

으로 여겼던 권위나 재능 이외에도, 나이가 많다고 자신의 의견을 내세우거나 공로가 있다고 으스대거나, 스승과의 오랜 친분을 내세우면 이역시 문제가 있다는 것입니다.

맹자의 제자 선택 기준은 나름 분명합니다. 학문에 대한 정성 이외에 그 어떤 것도 그이의 눈에는 들어오지 않았습니다. 오늘날 배움을 방해하는 요인은 무엇일까요? 부귀, 권세, 친분, 지적 허영 등 그 모든 외피를 벗어던지고 진지한 자세로 다가설 필요가 있습니다.

일정한 마음과 속도 조절

상황에 따라 적절히 처신하는 것은 항상 어렵습니다. 해야 할 것과 하지 말아야 할 것을 구분하기도 어렵고, 그 마음을 지속하기는 더욱 어렵기 때문입니다.

그만둬서는 안 될 일을 그만두는 사람은 그만두지 않는 일이 없을 것이요, 후하게 대접할 사람을 야박하게 대우하는 사람은 야박하게 대하지 않을 일이 없을 것이다.

於不可已而已者는 無所不已요 於所厚者薄이면 無所不薄也니라
어 불 가 이 이 이 자   무 소 불 이   어 소 후 자 박   무 소 불 박 야

※ 이(已): 그만두다.

마땅히 마음을 써야 할 곳에 써야 하지만, 그렇다고 마음을 너무 쓰는 것도 문제입니다. 일 처리에서도 마땅히 해야 할 일은 그만두어서는 안 되는데 쉽게 그만두는 사람도 있습니다. 세상은 혼자 사는 것이 아니라 상황에 따라 어쩔 수 없이 하는 경우도 많습니다.

사람들의 관계에서도 마찬가지입니다. 친애와 정의(情誼)에 관계되는 것은 마땅히 후하게 대접해야 하는데 오히려 야박하게 대우하는 경우도 있습니다. 수신을 강조하는 『대학』의 다음 구절이 그렇습니다.

천자로부터 서민에 이르기까지 모두 다 몸을 수양하는 것을 근본으로 삼는다. 그 근본이 어지러우면서 끝이 다스려지는 자는 없으며, 그 두텁게 대접해야 할 곳에 오히려 야박하게 하면서 야박하게 대해도 될 경우에 오히려

후하게 대접하는 자는 있지 않다.[*]

수신제가(修身齊家)라고 했던가요. 내가 몸을 닦아서 집안을 가지런히 하지 못한다면, 이는 두텁게 해야 될 것에 야박하게 하는 것입니다. 이런 사람이 장래에 천하국가를 경영함에 있어 상대적으로 주변에 대한 마음 씀씀이 적을 것이므로 많은 이들에게 진정으로 후덕한 마음을 쓰지는 못할 것입니다. 자기 집안사람들에게 잘하지도 못하면서 상대적으로 먼 주변 사람들에게 친절하기를 기대하기란 어렵다는 것이지요. 그러므로 모든 일의 근본이 되는 자신을 수양하지 않을 수 없으므로 한결같은 수신(修身)을 강조하는 것입니다.

지속성이란 측면에서 학문의 경우도 마찬가지입니다. 맹자는 언제나 일정한 보폭이 필요함을 다음과 같이 짤막하게 말합니다.

나아감이 빠른 자는 물러섬도 빠르다.

其進이 銳者는 其退速이니라
기 진   예 자   기 퇴 속

※ 예(銳): 날카롭다.

매사가 그러하듯 학문은 진실로 나아가지 않아서는 안 되지만, 또한 급하게 나아가서도 안 될 것입니다. 만일 함부로 건너뛸 것을 생각하고 급하게 하여 순서가 없어서 빨리 나아가는 자는 그 기운이 쉽게 쇠하여 물러가는 것이 반드시 빠를 것이기 때문입니다. 미치지 못하거나 너무 지나친 것은 각각 폐단이 있기 마련입니다. 지나침이 모자람과 같다는 과유불급(過猶不及)은 여전히 새겨들어야 할 명구입니다.

---

[*] 『대학』 수장(首章). "自天子以至於庶人, 壹是皆以修身爲本, 其本亂而末治者否矣, 其所厚者薄, 而其所薄者厚, 未之有也."

차이를 넘어 보편으로

가족 혈연주의나 엄격한 사회질서의 강조 등은 유학의 장점이자 동시에 단점입니다. 혈연의 친밀성을 강조하다 보면 공익보다는 사적 감정의 중시로 이어질 가능성이 있기 때문이죠. 학연·혈연·지연 등 끈끈한 연결고리의 경우도 마찬가지입니다. 그러나 이러한 현상들이 진정으로 유학에서 지향하는 가치일까요? 맹자는 말합니다.

군자는 물건에 대해서는 아낄 뿐이요 인애하는 사랑의 마음을 베풀지 않으며, 백성을 대할 때에는 인애롭게 대우하면서 친척처럼 친밀히 하지는 않는다. 친척을 친밀히 하고 백성들을 사랑해야 하며, 그리고 백성에 대한 사랑을 넘어 만물을 아끼고 사랑해야 한다.

君子之於物也에 愛之而弗仁하고 於民也에 仁之而弗親하나니 親親而仁民하며
군 자 지 어 물 야   애 지 이 불 인   어 민 야   인 지 이 불 친   친 친 이 인 민

仁民而愛物이니라
인 민 이 애 물

　　※ **인**(仁): 사랑하다.

천하의 이치는 근본이 하나이지만 그 나뉨은 각각 다릅니다. 사물에 대해서는 일정한 때가 있고 쓰임에 절도가 있어야 할 것입니다. 나의 판단에 따라 그 쓰임새가 저마다 다르기 때문에 절약의 정신이 뒤따르는 것은 당연합니다. 반면에 백성을 사랑하는 경우처럼 인애(仁愛)하는 마음으로 그 물건 자체를 대우하지는 않습니다. 그 차이를 정이천은 다음과 같이 말합니다.

인은 내 마음을 미루어 남에게 미치는 것이니, 내 노인을 노인답게 섬겨서 남의 노인에게 미치는 것과 같은 것이다. 이를 사람에게 하는 것은 괜찮겠지만 물건에 적용해서는 잘못이다.[*]

주변 사람을 대우하는 마음이 부모에게 효도하고 형제간에 우애하며 처자식을 사랑하는 것과 같을 수는 없습니다. 유학에서는 이러한 마음이 인간이 지닌 자연으로 보고, 친척을 친하게 여기는 마음인 친친(親親)과 백성을 사랑하는 마음인 인민(仁民)을 구분합니다. 같은 사랑의 마음이더라도 순서마저 흔들려서는 안 된다고 주장하는 것이지요. 만약 그 차이나 순서를 간과하면 묵자처럼 모든 이들을 사랑하려는 차등 없는 사랑을 주장하는 논리로 빠지기 때문입니다.

맹자의 주장은 친척을 친밀하게 여기는 가족주의에 머무르지 않습니다. 나에게 상대적으로 친밀한 이가 있으니, 그 친한 이를 친밀하여 대우하고 그 어진 마음을 백성에게 미치며, 다시 더 나아가 만물에 대한 사랑에까지 확대시켜 나갑니다. 백성을 대접하는 인을 만물에 베풀지 않는 것은 귀천의 분별이 있기 때문이고, 친한 이를 대접하는 친함을 백성에게 베풀지 않는 것은 친소(親疏)의 분별이 있기 때문입니다. 사랑하지 않는 것이 없는 가운데 그 귀천과 친밀하고 소원함의 차등을 잃지 않는 것, 이것이 인(仁)의 기본정신입니다.

친친에서 인민으로, 인민에서 다시 애물로 이어지는 일련의 과정은 인간의 자연스런 감정과 질서를 중시하는 유학의 특징을 잘 보여줍니다. 상대적으로 묵자의 차등 없이 모두를 대하려는 마음 자체는 사랑한다는 측면에서 잘못된 것이 아니지만, 팔은 안으로 굽기 마련인 인간의 자연스런 심리를 이해하지 못한 채 너무 이상적인 주장이 될 수 있다는

---

[*] 『맹자집주』「진심」 상편 45장. 程子曰 "仁 推己及人, 如老吾老, 以及人之老, 於民則可, 於物則不可."

것입니다.

　그러나 유학에서는 차등을 넘어서 근본이 하나임을 결코 놓치지 않습니다. 어찌 보면 근본이 하나라는 자신감이 있으므로 과감히 사랑에 있어서의 차등을 말하는지도 모릅니다. 인간은 그러한 차이를 넘어서 하나됨을 이룰 수 있다는 희망의 끈을 놓지 않는 것은 맹자 이래 뚜렷한 유학의 전통으로 자리합니다.

급한 것부터 먼저 하세요

인생이 긴 것 같아도 좋은 사람 만나기에도 시간이 부족합니다. 맹자는 어질고 지혜로운 마음으로 가까이 해야 할 사람에게 더욱 관심을 가져야 한다고 말합니다.

지혜로운 사람은 알지 못하는 것이 없으나, 마땅히 힘써야 할 것을 서두르는 것이다. 어진 사람은 사랑하지 않음이 없으나, 어진 이를 친히 하는 일을 급선무로 삼는다. 요와 순임금의 지혜로도 만물을 두루 알지 못한 것은 먼저 힘쓸 것을 급하게 했기 때문이고, 요와 순임금의 어진 마음으로도 사람을 두루 사랑하지 못한 것은 어진 이들과의 친함을 급히 여겼기 때문이다.

知者無不知也나 當務之爲急이요 仁者無不愛也나 急親賢之爲務니
지 자 무 부 지 야　당 무 지 위 급　인 자 무 불 애 야　급 친 현 지 위 무

堯舜之知로 而不徧物은 急先務也요 堯舜之仁으로 不徧愛人은 急親賢也니라
요 순 지 지　이 불 변 물　급 선 무 야　요 순 지 인　불 변 애 인　급 친 현 야

※ 변(徧): 두루 미치다. '편'이나 '변'으로 읽음.

정치에서 어짊과 지혜보다 큰 것이 없다는 것은 맹자만의 주장이 아닙니다. 그러나 다 그렇게 하는 것이 아니라, 급히 하고 나중에 처리할 일이 있습니다. 급선무에 대해 주자는 다음과 같이 풀이합니다.

지혜로운 사람은 진실로 모르는 것이 없으나, 항상 마땅히 힘써야 할 일을 급하게 여긴다면 일이 다스려지지 않음이 없어서 그 지혜로움이 클 것이다. 어진 자는 진실로 사랑하지 않음이 없으나 항상 어진 이를 친히 하는

것을 급하게 여긴다면 은혜가 흡족하지 않음이 없어서 그의 어짊이 넓을 것이다.[*]

예를 들어 중요한 선거에 나오는 사람이 모든 이들을 만나고 다닐 수는 없습니다. 만나야 할 사람이 많기 때문에, 모든 이들을 만나려 한다면 오히려 중요한 사람들을 놓칠 것입니다. 마찬가지로 오직 마땅히 힘써야 할 급선무가 있으니, 마땅히 힘쓸 것을 급히 처리한다면 큰 강령이 이미 서서 작은 것도 장차 차례로 들어서 알지 못하는 일이 없을 것이니 그 지혜가 클 것입니다.

어진 사람의 경우도 마찬가지입니다. 어진 사람은 진실로 사랑하지 아니함이 없으나, 사람들마다 모두 사랑하려 한다면 천하사람 가운데 빠지는 경우가 많을 것입니다. 그러므로 어진 이를 가까이 하는 것을 급선무로 힘쓰는 것입니다. 이를 급선무로 한다면 어진 사람이 각각 그 직분을 다하여 정치를 닦고 일을 세워서 온 세상이 모두 그 덕택을 입어 은혜가 젖어들지 않을 곳이 없을 것이니, 그가 펼치는 인정(仁政)의 범위는 한층 넓혀질 것입니다. 요나 순임금이 그러했듯이 말입니다.

맹자는 평범한 일상의 예를 들면서 급선무가 무엇인지 말합니다.

삼년상도 제대로 치르지 못하면서 3개월 입는 시마(緦麻)복이나 5개월 입는 소공(小功) 등의 자잘한 예법만을 살피려 하며, 밥숟갈을 크게 뜨고 국을 흘리며 마시면서 이빨로 끊어서는 안 되는 것을 따지는 것은 급선무를 알지 못한다고 이르는 것이다.

不能三年之喪而緦小功之察하며 放飯流歠而問無齒決이 是之謂不知務라
불 능 삼 년 지 상 이 시 소 공 지 찰　　방 반 유 철 이 문 무 치 결　　시 지 위 부 지 무

※ **시(緦)**: 시마복. 3개월 입는 상복. **소공(小功)**: 친척에 대해 5개월 입는 상복. **방반(放飯)**: 밥술을 크게 떠 먹는 것. **유철(流歠)**: 국을 흘리며 마시는 것. **치결(齒決)**: 마른 고기를 씹어서 끊어먹음.

---

[*] 『맹자집주』 「진심」 상편 46장. "知者 固無不知, 然常以所當務者爲急, 則事無不治, 而其爲知也大矣; 仁者 固無不愛, 然常急於親賢, 則恩無不洽, 而其爲仁也 博矣."

급선무를 처리할 줄 아는 지혜와 어진 이를 등용하여 그 혜택이 백성에게 돌아가도록 하려는 어진 마음은 큰 것입니다. 비유하면 3년은 부모의 거상(居喪)인지라 매우 중대한 것이라면 상대적으로 친인척의 경우에 입는 시마와 소공의 복은 사소한 예법입니다. 밥을 크게 떠먹거나 국을 흘리면서 마시는 것이 큰 실례라면, 마른 고기를 이빨로 끊어 씹어 먹는 것은 상대적으로 작은 실례입니다. 큰 것은 행하지 못하면서 작은 것을 따지는 것을 경계하는 말이지요. 이것이 이른바 급선무로 해야 할 것을 알지 못하는 것이니, 자신의 여건에서 어진 마음과 지혜가 충분히 발휘하도록 노력해야 할 것입니다.

孟子

14

진심 하편

진심 하편 1장 : 仁人之愛

어진 마음에서 우러나오는 정치

『맹자』의 처음이 양혜왕에서 시작되었는데, 마지막도 맹자는 양혜왕에 대한 이야기로 말문을 엽니다. 모두를 향한 도덕적 마음이 진정한 힘이 될 수 있다는 그의 주장은 한층 분명해집니다.

어질지 못하구나. 양혜왕이여! 어진 자는 자기가 사랑하는 것으로써 아직 사랑하지 못하는 곳까지 미치고, 어질지 못한 자는 자신이 사랑하지 않는 것으로써 그 사랑하는 곳에까지 나쁜 영향을 끼친다.

不仁哉라 梁惠王也여 仁者는 以其所愛로 及其所不愛하고
불 인 재   양 혜 왕 야   인 자   이 기 소 애   급 기 소 불 애
不仁者는 以其所不愛로 及其所愛니라
불 인 자   이 기 소 불 애   급 기 소 애

사랑하지 못하는 곳에까지 자신의 사랑을 미친다는 것은 친척을 친애하고 백성을 사랑하고 만물을 사랑하는 마음으로 확충한다는 말입니다. 모두를 향한 사랑으로 넘쳐나는 것이 어진 사람의 마음이라는 것이지요. 반면에 어질지 못한 자는 사랑하고 좋아하지 않아도 될 것들, 예를 들어 과도한 세금 징수나 영토 확장 등에 대한 야욕으로 그가 진정 사랑해야 할 백성들의 삶에 무관심한 경우일 것입니다. 그 피해는 고스란히 백성들에게로 돌아가 피해를 받지 않을 사람이 없을 것입니다.

맹자의 어진 자와 어질지 못한 자의 대비에 대해 공손추가 구체적인 내용을 듣고 싶어 하자, 맹자는 이어 말합니다.

양혜왕이 토지 때문에 자신의 백성들이 피투성이 되도록 싸우게 하고, 그게 패하자 장차 다시 만회하려 싸우려 하면서 이기지 못할까 두려운 까닭에 그 사랑하는 자제를 내몰아 죽게 하였다. 이를 일러 그 사랑하지 않는 바로써 그 사랑하는 바에 미친다는 것이다.

梁惠王이 以土地之故로 糜爛其民而戰之하여 大敗하고 將復之호대 恐不能勝
양혜왕 이토지지고 미란기민이전지 대패 장부지 공불능승

故로 驅其所愛子弟하여 以殉之하니 是之謂以其所不愛로 及其所愛也니라
고 구기소애자제 이순지 시지위이기소불애 급기소애야

※ **미란**(糜爛): 깨지고 터짐. 백성들이 죽어가는 것을 비유.

양혜왕은 자국의 보호를 넘어 영토 확장의 욕망으로 백성들이 전쟁터에서 죽어가는 것을 크게 염두에 두지 않았습니다. 그가 사랑하는 태자 신(申)까지도 전쟁에 내몰아 사로잡혀 죽게 만들었습니다. 그러나 토지는 빼앗기고, 백성은 전쟁으로 죽어나가고, 그리고 사랑하는 아들까지도 모두 잃게 된 상황에서도 전쟁에 대한 야욕을 멈추지 않았습니다.

맹자는 바로 그 점을 지적하면서 비유적으로 말합니다. 영토는 사랑하지 않아도 될 것이고 백성과 자제는 마땅히 사랑해야 할 것입니다. 그런데 그가 지닌 야망 때문에 오히려 그가 진정 사랑해야 할 백성들과 자제들이 죽어나가는 것은 그가 사랑하지 않아도 될 것 때문에 사랑하는 사람에게까지 나쁜 영향을 끼친다는 것입니다. 이런 상황을 맹자는 어질지 못하다고 점잖게 말했지만, 실은 왕의 욕심 때문에 모든 것이 엉망이 되어 버린 원인을 되묻고 있는 것입니다. 이 모두는 모두를 향한 진정어린 마음인 인(仁)이 부족하기 때문입니다.

진심 하편 2~3장 : 春秋筆法

역사를 보는 엄정한 눈

엄정한 눈으로 오직 객관적인 사실에 입각하여 역사를 서술하는 춘추 필법(春秋筆法)이란 말이 있습니다. 『춘추』를 지을 때 대의명분을 밝히려는 날카로운 공자의 역사비판을 가리키는데, 맹자 역시 그러한 전통을 이어 말합니다.

『춘추』에 정의로운 전쟁이란 없다고 하였으니, 상대적으로 저것이 이보다 나은 것은 있다. 정벌은 위에서 아래를 치는 것이니, 대등한 나라는 서로 정벌하지 못한다.

春秋에 無義戰하니 彼善於此則有之矣니라 征者는 上이 伐下也니 敵國은
춘추   무의전   피선어차즉유지의   정자 상 벌하야 적국

不相征也니라
불 상 정 아

※ **정**(征): 정벌하다.

맹자는 『춘추』의 기록에 전쟁은 많고 이름을 기록하여 폄하하거나 책망하기도 하였는데, 그 싸움이 의리에 합당하다고 인정하지 않았다는 것입니다. 물론 그 가운데는 왕실을 존숭한다는 명분을 빌어서 행한 것도 있고, 왕실을 능멸한 죄를 성토한 것도 있습니다. 상대적으로 정당한 명분을 찾을 수 있다는 것이지요.

그렇다면 춘추시대에 의리의 싸움이 없는 것은 무슨 이유에서 일까요? 『춘추』에서 정벌[伐]이란 한자는 위에 있는 사람이 아래 사람을 바로잡기 위하여 친다는 뜻입니다. 그래서 가서 바로잡는다는 정(征) 자

를 쓰는 것입니다. 우리가 오늘날 사용하는 정벌(征伐)도 이 때문에 나온 것입니다. 제후에게 죄가 있으면 천자가 쳐서 그 죄를 바르게 하니, 제후가 천자의 명을 받들어서 치는 것이 정당하고도 큰 의리로 보았습니다. 대등한 나라끼리는 서로 정벌하지 못하니, 만일 명분을 빌려 서로 정벌하면 이것은 왕실을 능멸하는 것이 될 것입니다. 그런데 춘추시대의 싸움은 천자의 명령에 의한 것이 아니라 모두 대등한 나라 사이에 서로 정벌하는 것이니, 어찌 의로운 싸움이냐는 것이지요.

그렇다고 맹자가 『춘추』의 내용을 곧이곧대로 믿은 것은 아니었습니다. 다음의 3장에 이어지듯이 책이란 저자가 전달하고 싶은 의도를 파악해야지 무턱대고 믿어서는 안 된다는 것입니다.

> **『서경』에 있는 내용을 다 믿으면 책이 없는 것만 못하다. 나는『서경』의 「무성」편에서 두 세 정도의 책략을 취할 따름이다. 예를 들어 어진 사람은 천하에 대적할 자가 없으니, 지극한 어진 마음으로 지극히 어질지 못한 자들을 쳤는데, 어찌 그 피가 절구대를 흐르게 하는 일이 있었겠는가?**

盡信書則不如無書니라 吾於武成에 取二三策而已矣로라 仁人은
진 신 서 즉 불 여 무 서　　오 어 무 성　　취 이 삼 책 이 이 의　　　　인 인

無敵於天下니 以至仁으로 伐至不仁이니 而何其血之流杵也리오
무 적 어 천 하　　이 지 인　　　벌 지 불 인　　이 하 기 혈 지 류 저 야

※ **무성**(武成):『서경(書經)』『주서(周書)』의 편명. **책**(策): 죽간. **저**(杵): 절구대.

맹자는 『춘추』에서 소개된 「무성(武成)」이라는 글은 말이 의리에 어긋나지 않지만 믿을 만한 것은 다만 "천명을 받들어 포학한 것을 친다."는 말이나, "정치를 펼쳐 어진 행위를 한다."는 말뿐이고, 그 나머지는 믿을 수 없다고 말합니다. 액면 그대로 믿고 따라서는 안 된다는 것이지요. 예를 들어 「무성」편에는 있는 "절구대가 떠다닐 정도로 피가 흐른다."라는 말은 어진 사람이 이끄는 군대는 하늘의 명에 응하고 사람의 마음을

따라 움직이므로 천하에 대적할 자가 없다는 것입니다. 무왕이 지극히 어진 마음으로 지극히 인하지 못한 은(殷)나라 주왕(紂王)을 쳤으니, 마땅히 칼날에 피를 묻히지 않고도 백성들이 돌아왔을 것입니다. 맹자는 어찌 은나라 군사와 싸워서 그렇게 죽이고 상하게 하여 절구대가 핏물에 뜨는 지경에 이르렀겠는가라고 반문합니다.

『서경』에 소개된 내용은 상나라 사람들이 자기들끼리 서로 죽였음을 말했을 뿐이요, 무왕이 그들을 죽였다는 것이 아님을 보여주고 있습니다. 아마도 맹자의 풀이는 후세 사람들이 어진 이들의 마음을 의심할까 두려워하였고, 또한 어질지 못한 마음을 조장할까 걱정해서 나왔을 것입니다. 『춘추』의 기록은 엄정하기 그지없습니다.

정의로운전쟁

싸우지 않고도 이기는 것을 부전승(不戰勝)이라 합니다. 맹자는 무력을 넘어 정의로운 전쟁이 주는 참다운 의미를 자주 말합니다. 먼저 탕왕의 사례를 설명합니다.

어떤 사람이 내가 전쟁에서 진을 잘 치며 내가 싸움을 잘한다고 말한다면 나에게 큰 죄가 될 것이다. 군왕이 인을 좋아하면 천하에 대적할 사람이 없을 것이니, 남쪽으로 향하여 정벌함에 북쪽 지역 사람들이 원망하며, 동쪽으로 향해 정벌하면 서쪽 지역 사람들이 원망하면서 어찌 우리를 뒤로 미루는가라고 말할 것이다.

有人이 曰 我善爲陳하며 我善爲戰이라하면 大罪也니라 國君이 好仁이면
유인　왈 아선위진　　아선위전　　　 대죄야　　국군　호인

天下에 無敵焉이니 南面而征에 北狄이 怨하며 東面而征에 西夷怨하며
천하　무적언　　남면이정　북적　원　　 동면이정　서이원

曰 奚爲後我오하나라
왈 해위후아

※ **진**(陳): 군대의 대오를 정비함. **북적**(北狄): 북쪽 지역 사람들. **서이**(西夷): 서쪽 지역 사람들.

영토 확장을 위한 전쟁은 참여하는 백성들의 희생이 있는 것이므로 어진 행위가 아닙니다. 그러므로 전쟁에서의 진을 잘 치며 싸움을 잘하는 공로가 있다고 말한다면 인(仁)을 숭상하는 맹자에게는 오히려 오명이 될 것입니다. 그러나 평소에 방비는 철저히 해야겠지요. 만약 군왕이 자국의 방어를 철저히 하면서 인을 좋아한다면 백성들은 그 마음에 감동받을 것입니다. 마치 은나라 어진 군주로 알려진 탕왕의 사례처럼 말

입니다. 그가 11개의 나라를 칠 때에 남쪽을 향하면 북쪽에서 원망하고, 동쪽으로 향하면 서쪽에서 원망하면서 잔혹한 정치에 시달리는 자국을 먼저 구원해주지 않느냐는 불평이 나올 정도였습니다. 그런 상황을 맹자는 인자무적(仁者無敵)이라 말하는 것입니다. 맹자는 구체적인 사례를 제시합니다.

> 무왕이 은나라를 칠 때에 전차가 300량이고, 결사대가 3,000명이었다. 왕이 말하기를, '두려워 말라. 너희를 편안하게 하려는 것이지, 백성을 대적하려는 것이 아니다.'라고 하자, 사슴의 뿔이 먹이를 보고 땅 위로 쏠리듯 백성들은 머리를 조아렸다. 정벌에서 '정(征)'이란 바로 잡는다는 말이니, 제각기 몸을 바르게 하고자 한다면 어찌 전쟁이 필요하겠는가?

武王之伐殷也에 革車三百兩이요 虎賁이 三千人이러니라 王曰 無畏하라
무 왕 지 벌 은 야   혁 거 삼 백 냥   호 분   삼 천 인   왕 왈 무 외

寧爾也라 非敵百姓也라하신대 若崩厥角하여 稽首하니라 征之爲言은 正也니
영 이 야   비 적 백 성 야   약 붕 궐 각   계 수   정 지 위 언   정 야

各欲正己也니 焉用戰이리오
각 욕 정 기 야   언 용 전

※ **혁거**(革車): 전차. **호분**(虎賁): 호랑이처럼 날렵한 병사. **이**(爾): 너희들. **계**(稽): 머리를 조아리다. **언**(焉): 어찌.

맹자는 무왕이 인을 좋아하는 임금이라고 판단합니다. 그가 백성을 학대하던 은나라를 공격할 때 그의 군대는 미약하였으나 결과적으로 주나라를 세울 수 있었습니다. 이것은 결코 무력만으로 될 일이 아니었습니다. 무왕은 은나라 백성들을 안심시키면서 자신이 온 것은 포학한 사람을 제거하여 백성들을 편안하게 하려는 것임을 누차 강조했습니다. 진정 어린 그 말을 듣고 은나라 사람들은 모두 고개를 숙이고 무왕을 새로운 군주로 받아들였던 것입니다. 포학한 임금을 더 이상 견디지 못한 백성들은 어진 사람이 와서 자기의 나라를 바르게 해주기를 바란 것입

니다. 이미 대적할 자가 없으면 싸우지도 않을 것이며, 그러한 상황에서 싸움 잘하는 사람을 쓸 필요가 없을 것입니다.

맹자는 무력을 사용하는 전쟁에 반대하고, 백성들의 고충을 어루만져 줄 수 있는 군주가 진정한 백성들의 왕임을 말합니다. 마치 전쟁무용론을 주장하는 것처럼 들리는 맹자의 논리는 백성을 위한 마음이 필요하다는 것이고, 그러한 마음은 오늘날도 여전히 필요할 것입니다.

진심 하편 5장 : 心悟上達

스스로 터득해야 한다

물가에까지 데려갈 수는 있지만, 물을 마시는 것은 자기가 해야 된다는 말이 있습니다. 스스로의 노력과 터득을 강조하는 것이지요. 맹자도 이와 비슷한 말을 합니다.

목수와 수레 만드는 사람이 남들에게 표준을 알려줄 수는 있겠지만, 그 사람으로 하여금 정교하게 하는 재주까지는 알려주지 못한다.

梓匠輪輿가 能與人規矩언정 不能使人巧니라
재 장 윤 여 능 여 인 규 구   불 능 사 인 교

※ **재장**(梓匠): 목수. **윤여**(輪輿): 수레 만드는 장인. **규구**(規矩): 원이나 각을 재는 도구.

스승이 모든 것을 다 전수할 수는 없습니다. 군자가 사람을 가르칠 때도 전할 수 있는 것도 있고 전하지 못하는 것도 있습니다. 예를 들어 목수와 수레를 만드는 사람이 사람을 가르칠 때, 둥글고 모난 것을 그리는 걸음쇠와 자를 쥐어주면서 본보기를 보여줄 수는 있습니다. 그러나 그것을 사용하여 터득하는 것은 배우는 사람의 몫입니다. 윤돈(尹焞)은 하학(下學)과 상달(上達)을 통해 그 차이를 다음과 같이 말합니다.

세상사에 대한 배움은 말로 전해줄 수 있지만, 위로 천리에 통달함은 반드시 마음으로 깨달아야 한다. 장주가 말한 '수레바퀴를 깎는다'는 뜻이 이와 같을 것이다.[*]

---

[*] 『장자』「천도」. "蓋下學, 可以言傳, 上達, 必由心悟. 莊周所論斲輪之意, 蓋如此."

윤돈이 인용한 '수레바퀴를 깎는다'는 비유는 『장자』의 「천도」편에 소
개된 다음과 같은 내용입니다. 제환공이 성인의 책을 읽고 있었는데, 수
레바퀴를 만드는 늙은 목수가 이를 보고 넌지시 말합니다. "책은 옛사람
들이 남긴 찌꺼기에 불과합니다. 신이 수레바퀴를 깎는데 이것을 너무
빡빡하지도 않고 너무 헐겁지도 않게 만드는 것은 손에 익고 마음으로
터득하는 것이어서 입으로 말해줄 수가 없습니다. 마찬가지로 진리 역
시 말로 전해줄 수 있는 것이 아니니, 성인의 글은 찌꺼기에 지나지 않
습니다."**

진정 중요한 가치는 눈에 보이지 않는 경우가 많습니다. 그것을 손에
쥐어주듯 전해줄 수는 없을 것입니다.

** 『맹자집주』「진심」하편 5장. 성백효 역주, 전통문화연구회, 2008, 585쪽.

변함없이 당당하게 살아가리라

유학에서 성인으로 인정받는 순임금의 삶의 자세는 먼 훗날 맹자에 의해 다시 살아납니다.

순임금이 거친 밥을 먹고 풀로 배를 채우던 때에는 그런 상태로 평생을 마칠 것 같더니, 천자가 됨에 이르러서는 비단으로 수놓은 옷을 입고 거문고를 타며 요임금의 두 딸과 살 때는 본래 그러했던 것처럼 자연스러웠다.

舜之飯糗茹草也에 若將終身焉이러시니 及其爲天子也하산 被袗衣鼓琴하시며
순 지 반 후 여 초 야   약 장 종 신 언   급 기 위 천 자 야   피 진 의 고 금
二女果를 若固有之러시다
이 녀 과   약 고 유 지

※ 후(糗): 거친 밥. 여(茹): 먹다. 진(袗): 수놓은 비단 옷. 과(果): 모시다[侍].

보통 사람은 처지에 따라 기뻐하고 슬퍼하지 않는 자가 없지만, 순임금은 달랐습니다. 가난할 때는 겨우 거친 밥이나 먹고 풀을 뜯어 먹으면서 살 정도로 극도로 빈천하였습니다. 그러나 정작 그 스스로는 자신이처한 빈천에 고달파하지 않았으며, 부귀를 갈망하지도 않으면서 평생을그렇게 살아갈 듯하였습니다. 훗날 천자로 등극하여 천하의 부귀가 모두 그에게 향했지만, 그 스스로는 그런 것에 아랑곳하지 않았습니다. 마치 애초부터 부귀를 가진 것 같이하고 지위 때문에 마음이 동요되는 일이 없었던 것입니다.

일체의 세속에 흔들리지 않는 순임금의 마음을 맹자가 말한 대장부의

기개에서도 찾아볼 수 있습니다.

부귀에 그 마음이 흔들리지 않으며, 빈천에 그 절개가 변하지 않으며, 무력에도 지조를 굽히지 않으리라.[*]

---

[*] 『맹자』「등문공」하편 2장. "富貴不能淫, 貧賤不能移, 威武不能屈."

서로 사랑하고 공경하라

　　너무도 당연한 이야기인 것 같지만 맹자가 말하면 무엇인가 있는 듯합니다. 남에게 피해를 주면 그 피해가 고스란히 자신에게로 되돌아온다는 것이지요. 특히나 자신의 부모를 살해한 사람을 맞닥뜨린 것과 같은 극한 상황에서 쉽게 용서할 사람은 없을 것입니다.

> **나는 이제야 남의 친척을 죽이는 죄가 크다는 것을 알겠다. 만약 내가 남의 아버지를 죽이면 남들도 또한 그 아버지를 죽이고, 다른 사람의 형을 죽이면 다른 사람이 또한 그 형을 죽일 것이다. 그러면 자기 스스로 죽이지 않았다고 하더라도 같은 것이다.**

吾今而後에 知殺人親之重也와라 殺人之父면 人亦殺其父하고 殺人之兄이면
오 금 이 후　　지 살 인 친 지 중 야　　살 인 지 부　　인 역 살 기 부　　살 인 지 형

人亦殺其兄하나니 然則非自殺之也언정 一間耳니라
인 역 살 기 형　　　　연 즉 비 자 살 지 야　　　일 간 이

　　맹자가 별 차이가 없다는 뜻에서 말한 일간(一間)은 한 사람을 사이에 두고 내가 가고 그가 와서 결국 같은 행위를 한다는 말입니다. 남의 아버지를 죽이면 그 사람도 또한 나의 아버지를 죽일 것이고, 남의 형을 죽이면 그 사람도 또한 나의 형을 죽일 것이니, 자기가 그 부형을 죽이는 것이 아니지만 같은 결과에 이르게 된다는 것이지요. 결국 남의 부모를 사랑하고 공경한다면 남들 또한 나의 부모를 사랑하고 공경한다는 상호공경의 이치를 일깨우려는 것입니다.

도둑을 막아주는 보호자 역할

같은 결과라도 의도에 따라 그 차이는 달라집니다. 선한 동기를 강조하며 맹자는 말합니다.

옛적에 관문을 세운 것은 장차 난폭한 짓을 막고자 하려는 것인데, 지금에 관문을 만드는 것은 장차 포악한 짓을 행하려 하는 것이다.

古之爲關也는 將以禦暴러니 今之爲關也는 將以爲暴로다
고 지 위 관 야   장 이 어 포   금 지 위 관 야   장 이 위 포

※ 관(關): 관문. 어(禦): 막다.

자국의 영토를 보호하기 위해 관문을 세우는 것은 필요하지만 그 목적이 사뭇 다릅니다. 수상한 자들을 살펴 미연에 방지하려는 경계의 표시가 본래 관문을 세운 의도입니다. 그런데 지금의 관문은 재화의 출입에 따라 세금을 받기 위한 것으로 백성에게 포학하게 굴러갈 뿐이라는 것입니다. 송나라 학자 범조우(范祖禹)는 맹자가 말했던 예를 들어 보충합니다.

옛날에는 농사짓는 자들에게 10분의 1의 세금을 받았는데, 후세에는 절반 이상을 세금을 징수하는 경우도 있었으니, 이것은 세금을 많이 걷는 것으로써 포악한 짓을 하는 것이다. 또한 문왕의 동산은 백성과 함께 이용하였는데, 제선왕의 동산은 나라 한가운데 함정을 만들었으니, 이는 자신의 동산을 가지고 포악한 일을 하는 것이다. 후세에 포악한 짓을 하는 것은 관

문에 그치지 않았다.[*]

맹자는 당시에 지나치게 세금을 받는 포학한 해로움을 개탄한 것으로
보입니다. 당시 제후들은 예방 차원에서 백성에게 피해주는 것을 막아
주려 하지 않고, 오히려 지나치게 세금을 받으면서 백성을 해롭게 하였
기 때문입니다.

---

* 『맹자집주』「진심」하편 8장. 范氏曰 "古之耕者 什一, 後世 或收太半之稅, 此以賦斂
   爲暴也. 文 王之圃, 與民同之, 齊宣王之圃, 爲阱國中, 此以圃圃爲暴也. 後世爲暴,
   不止於關."

나부터 실천한다

맹자는 자신의 말과 행동이 본보기가 되어야 주변도 변화될 수 있다고 주장합니다.

자신이 도를 행하지 않으면 처자도 따르지 않을 것이요, 남을 도로써 시키지 않으면 처자도 따르도록 할 수 없을 것이다.

身不行道면 不行於妻子요 使人不以道면 不能行於妻子니라
신 불 행 도　　불 행 어 처 자　　사 인 불 이 도　　불 능 행 어 처 자

맹자는 도(道)란 이치의 당연한 것으로 군자가 직접 본보기를 보여 남들에게 따르도록 하는 것이라 말합니다. 만일 자신이 직접 도를 실행하지 않으면, 보고 본받을 것이 없어서 처자도 따르지 않을 것이기 때문입니다. 그리고 사람을 부림에 도로써 하지 않으면, 일에 마땅함을 잃어서 명령이 처자에게도 행해질 수 없다고 말합니다.

여기서 처자를 말하는 것은 아내와 자식은 지극히 가까운 사이라서 가장 따르기 쉽다고 본 것입니다. 그렇게 가까운 처자도 오히려 믿고 따르지 못하는데, 다른 사람은 더 이상 말할 필요 없다는 말이겠지요.

그러나 실상은 처자들에게 신뢰를 받는 일이 가장 어려운 일이 아닐까요? 수신제가(修身齊家)를 강조하는 것도 바로 이런 이유에서입니다. 내 잔이 차야 넘치듯이 먼저 나부터 올바르게 행동하고 실천해야 할 것입니다.

진심 하편 10장 : 周于德者

세상에 흔들리지 않을 인격

재물을 모으듯 인격도 키워 나갈 필요가 있습니다. 비축된 힘은 온갖 환란을 만나도 그 어려움을 줄일 수 있기 때문이죠.

재물의 이익을 완벽하게 관리하는 자는 흉년이 그를 죽이지 못하고, 풍족한 덕을 지닌 사람은 험난한 세상도 그의 뜻을 어지럽히지 못할 것이다.

周于利者는 凶年이 不能殺하고 周于德者는 邪世不能亂이니라
주 우 리 자　흉 년　불 능 살　　주 우 덕 자　　사 세 불 능 란

　　※ **주**(周): 만족하다, 완벽하다.

　고전의 이해가 어려운 점 가운데 하나는 한자어의 다의성 때문입니다. 하나의 글자가 다양한 의미를 지니고 있으므로 한자 자체에 대한 충분한 이해가 뒤따라야 할 것입니다. 두루 주(周) 자의 경우를 보면, 빠짐없이 두루 골고루 미친다는 기본적인 의미에서 확장되어, 빈틈없이 치밀하고 면밀하게 살핀다[周密=주도면밀], 혹은 몇 주년(周年)처럼 한 바퀴 돌아오다[周甲=환갑], 모두를 구휼하다, 널리[周知] 등의 의미까지 확장됩니다. 또한 하·은·주 3대를 말할 때에는 크다는 의미에서 주(周)나라를 가리키는 고유명사로 사용합니다.

　그러나 『논어』에서 "군자는 궁핍한 이들을 보충해 주고 부유한 이들에게는 더해 주지 않는다."*에 쓰인 주(周)처럼 그 의미가 잘 드러나지 않

---

* 『논어』「옹야」편 3장. "君子周急不繼富"

는 경우도 있습니다. 맹자의 위 문장에서 쓰이는 주(周) 자는 마음에 부족함이 없다는 뜻에서 만족이나 완벽의 의미로 사용되는 특수한 경우입니다.

저축에 힘쓴 다음에 풍족하게 쓸 것이 있는 법이니, 만일 재물의 이익에 밝은 자는 넉넉하여 흉년을 만나도 굶주리지 않을 것입니다. 그러므로 훌륭한 농부는 흉년을 근심하지 않고 오직 비축한 것이 많지 않음을 근심합니다. 마찬가지로 덕이 풍족한 자는 비록 어려운 세상에 처하더라도 세상이 그를 어지럽힐 수 없을 것입니다. 따라서 군자는 세상에 처하는 어려움을 근심하지 말고 자신의 덕이 충실하지 못함을 걱정하면서 그 덕을 풍족히 키워 나가는 노력을 아끼지 말아야 할 것입니다.

진심 하편 11장 : 好名之人

진실한 마음이 오래 간다

내실도 없이 명예만 좋아하는 사람이 언제까지나 자신의 속내를 감출 수는 없을 것입니다. 맹자는 그 이중성을 날카롭게 꼬집습니다.

명예를 좋아하는 사람은 천승의 나라도 사양할 수 있겠지만, 그러나 진정으로 그러한 마음을 지닌 사람이 아니라면 밥 한 그릇과 국 한 그릇에도 탐내는 마음이 얼굴빛에 나타난다.

好名之人은 能讓千乘之國하나니 苟非其人이면 簞食豆羹에 見於色하나니라
호 명 지 인   능 양 천 승 지 국   구 비 기 인   단 사 두 갱   현 어 색

※ **구**(苟): 진실로. **사**(食): 밥. **현**(見): 드러난다.

명예를 중시하는 사람은 때로는 원하는 것이 있더라도 자신의 속마음을 속이고 명예를 선택하기도 합니다. 예컨대 천승의 나라인 제후국도 사양할 수 있는 것은 자신의 명예를 더욱 소중히 여기기 때문일 것입니다. 그러나 그렇게 부귀를 가볍게 여기는 대범한 마음을 보일지라도 진정성에서 나온 것이 아니라면 아주 작은 득실에도 흔들리게 됩니다. 진정성이 부족한 상태에서 호기만 부리는 사람들이기 때문입니다.

맹자는 이러한 사람은 비록 변변찮은 한끼 식사처럼 사소한 경우라도 기뻐하고 노여워하는 것이 얼굴빛에 나타나는 것을 깨닫지 못한다고 말합니다. 그렇다면 왜 큰 것은 할 수 있으나 작은 것은 사양하지 못하는 것일까요? 진정 어린 마음에서 나오는 것이 아니기 때문입니다. 따라서 사람을 판단할 때 내적 진실성을 살피지 않을 수 없습니다. 특히 세상을 속이고 이름을 도적질하는 자들을 판단하는 안목을 가져야 할 것입니다.

어진 이들은 나라의 근본이다

맹자는 국정 운영에 필요한 덕목을 세 가지로 압축해서 말합니다.

어진 사람과 현명한 사람을 믿지 못하면 나라가 텅 비고, 예와 의가 없으면 위와 아래의 질서가 어지럽고, 정치를 게을리 하면 재정이 풍족하지 못할 것이다.

不信仁賢則國이 空虛하고 無禮義則上下亂하고 無政事則財用이 不足이니라
불 신 인 현 즉 국   공 허   무 예 의 즉 상 하 란   무 정 사 즉 재 용   부 족

국정 운영에도 급선무가 있습니다. 나라의 기강은 어진 사람과 현명한 사람에게 달려 있으니, 군주는 그러한 사람을 알아보고 등용할 줄 아는 안목이 있어야 합니다. 어진 사람과 현명한 사람을 믿고 쓰면 나라의 근본이 서서 견고할 것이지만, 있어도 믿고 쓰지 아니하면 사람이 없는 텅 빈 나라와 같다는 것입니다.

그들을 믿고 나라를 유지하는 것은 예와 의입니다. 예와 의가 있으면 자신으로부터 나라에 미쳐서, 임금이 임금 노릇을 하고 신하가 신하 노릇을 하고 부모가 부모 노릇을 하고 자식이 자식 노릇을 하여 위아래의 질서가 있어서 나라가 다스려질 것입니다. 만약 예와 의가 없으면 명분을 분별할 수 없고 백성이 뜻을 안정시킬 수 없어서 장차 윗사람은 잔학하고 아랫사람은 참람하여 날마다 어지러운 데로 빠져든다는 것입니다.

그리고 국정 운영의 기반은 정치에 달려 있습니다. 올바른 정치가 있으면 큰 강령과 작은 조목이 찬란하게 구비되어 질서가 잡히겠지만, 만일 정치가 어지러워서 닦이지 못하면 재물의 남용을 막지 못하여 항상

재정이 부족할 것입니다.

이 세 가지는 바로 나라를 다스리는 긴요한 것들입니다. 그러나 맹자의 진술대로라면 여기에도 순서가 있습니다. 어진 사람과 현명한 사람이 모든 것의 근본이므로 그들을 믿고 쓸 수 있다면, 예의도 이로부터 나올 것이고, 그로 인해 정치가 제대로 이루어지리라 기대합니다. 훌륭한 정치 운영은 먼저 그 근본으로서 어진 사람과 능력 있는 현자들에 대한 관심에서 시작될 것입니다.

진심 하편 13장 : 仁得天下
어진 마음으로 세상과 소통하라

맹자 당시에는 힘으로 천하를 경영할 수 있다고 자신하는 군주들이 많았습니다. 그러나 맹자가 보기에 이는 자만입니다. 그들은 모든 이들을 포용할 어진 마음이 없기 때문에, 어느 정도까지는 주변국을 병합시킬 수 있더라도 천하를 자신의 소유로 만들 수는 없다고 단언합니다.

> **어질지 못하고서 나라를 얻은 사람은 있지만, 어질지 못하면서 천하를 얻은 사람은 있지 않다.**
>
> 不仁而得國者는 有之矣어니와 不仁而得天下는 未之有也니라
> 불 인 이 득 국 자　유 지 의　　　불 인 이 득 천 하　미 지 유 야

어질지 못한 사람도 아래로는 사사로운 지혜를 사용하여 백성을 어리석게 하고 위로는 그 세력으로 임금을 위협한다면 나라를 얻을 수는 있다는 것입니다. 그러나 만일 넓은 천하를 염두에 둔다면 한 사람의 사적 욕망으로는 모든 이들을 만족시키는 것은 한계가 있습니다.

송나라의 추호(鄒浩)는 역사적 사례를 통해 이를 보충 설명합니다. "진시황 이래 어질지 못하면서 천하를 얻은 자도 있다. 그러나 이들은 모두 한두 세대를 전하고 잃었으니, 이것은 얻지 못한 것과 같다. 이른바 천하를 얻는다는 것은 반드시 요순우와 같은 시대라야 가능할 것이다."[*]

모든 이들의 마음을 얻는 것은 통치자의 어진 마음인 인(仁)에 달려 있다는 맹자의 주장은 일관됩니다.

---

[*] 『맹자집주』「진심」하편 13장. 鄒氏曰 "自秦以來, 不仁而得天下者有矣, 然皆一再傳而失之, 猶不得也. 所謂得天下者, 必如三代而後可."

진심 하편 14장 : 民之爲貴

백성이 군주보다 소중하다

백성에 대한 군주의 책임을 강조하는 맹자의 언급은 도처에서 볼 수 있습니다. 그러나 백성이 귀하고 군주는 가볍다는 그의 과격한 언급은 한동안 군주들에게 외면을 받았던 주장이기도 하였습니다. 과연 맹자의 본의는 무엇이었을까요?

백성이 귀하고 사직은 그 다음이요, 군주는 가벼운 것이니라. 그러므로 일반 백성들의 마음을 얻은 사람은 천자가 되고, 천자의 마음을 얻은 사람은 제후가 되고, 제후의 마음을 얻은 사람은 대부가 될 것이다.

民이 爲貴하고 社稷이 次之하고 君이 爲輕하니라 是故로 得乎丘民이 而爲天子요
민 위귀 사직 차지 군 위경 시고 득호구민 이위천자

得乎天子爲諸侯요 得乎諸侯爲大夫니라
득호천자위제후 득호제후위대부

> ※ **사**(社): 토지. **직**(稷): 곡식. **구민**(丘民): 논밭의 백성들.

옛날에는 국가를 이루는 중요한 세 가지로 '백성', '사직', '임금'을 말합니다. 사직(社稷)은 땅이나 곡식의 신에게 제사 드리는 곳인데, 사직을 두는 이유는 백성을 위하여 제사를 모시기 위해서입니다. 사직은 제후국을 상징하므로 서울의 한 중심에 사직단이 있는 것도 이 때문입니다. 문제는 이 세 가지 가운데 경중을 비교할 때입니다. 맹자는 천하에서 지극히 중요한 것은 백성이고, 사직은 그 다음이고, 임금이 그 다음이라 말하기 때문입니다.

우선 맹자의 논리대로라면, 오직 백성이 귀중한 까닭에 논과 밭에서 일

하는 미천한 백성들일지라도 그들의 마음을 얻어야 천자가 될 수 있습니다. 민심이 천심이라는 말도 이러한 맥락에서 나온 말입니다. 반면에 현실적 위계질서를 고려할 때, 천자의 마음을 얻으면 제후가 되는 데 지나지 못하고, 제후의 마음을 얻으면 대부가 되는 데 지나지 않는다는 것입니다. 천자가 임명한 제후나 제후가 임명한 대부를 그다지 높게 여기지 않는 것입니다. 이들의 마음을 얻는 것은 오히려 백성의 마음을 얻는 것만 못하므로, 백성을 가볍게 여길 수 없다는 논리를 전개하는 것입니다. 군주의 입장에서 과연 이러한 논리를 받아들였을까요? 이어지는 맹자의 주장은 더욱 과격합니다.

제후가 사직을 위태롭게 하면 갈아 치운다. 희생이 잘 갖추어지고 제사 음식도 이미 정결하여 제사를 제때에 맞추어 모셨는데도 가뭄이 들거나 홍수가 난다면 사직을 바꾸어 버린다.

諸侯危社稷이면 則變置하나니라 犧牲이 旣成하며 粢盛이 旣潔하여 祭祀以時호대
제 후 위 사 직   즉 변 치   희 생   기 성   자 성   기 결   제 사 이 시
然而旱乾水溢則 變置社稷하나니라
연 이 한 간 수 일 즉 변 치 사 직

※ **자**(粢): 곡식(기장). **성**(盛): 담다. **간**(乾): 마르다. 음은 '간'. **일**(溢): 넘치다.

천자가 제후를 봉하는 것은 백성을 보전하여 사직을 주관하게 하려는 것입니다. 만일 제후가 음탕하여 법도가 없고 백성을 보전할 수 없어 위태로움이 사직에까지 미치면, 천자가 반드시 제후를 갈아 치워서 다시 어진 자를 임명하여 주관하게 합니다. 제후의 자리도 불변하는 것이 아니라는 것이요. 따라서 임금의 자리는 사직이 편안하고 위태로운 것에 달려 있습니다. 이것이 제후국의 군주가 사직보다 가볍다는 이유이고, 그 이면에는 백성을 중시한다는 생각이 들어있습니다.

그러나 제후에게 모든 책임을 돌리지는 않습니다. 나라에 사직을 세우는 것은 백성들을 보호하고 국가를 유지하려는 것입니다. 그런데 살

찐 희생과 정갈한 제사 음식으로 봄 가을에 제때를 놓치지 않고 제사를 정성으로 모셨는데도 국가에 문제가 생기면 사직도 그 책임을 벗어나기 어렵다고 봅니다. 가뭄이나 홍수가 있어서 토지와 곡식의 신이 백성을 위하여 재앙을 막지 못한다면, 그 사직의 단을 헐어버리고 다른 곳으로 옮긴다[變置]고 말하기 때문입니다. 따라서 사직의 운명도 결국 백성들의 삶에 달려 있게 됩니다. 그리고 '사직이 백성보다 가볍다.'는 이면에는 임금이 백성보다 가볍다는 것을 은연중에 말하고 있는 것입니다.

실제로 맹자가 군주를 경시한 것은 아니겠지요. 그러나 군주조차도 백성에 비하면 가볍다고 말할 정도로 맹자의 논리는 때로는 무섭게 다가섭니다. 바꾸어 말하면 백성들을 위한 정치를 하라는 권유의 말일 것인데, 그 정도가 셉니다. 민심을 떠난 정권이 지속되기 어려운 오늘날의 현실에서도 맹자의 말은 어느 정도 통하지 않을까요? 그러나 한편으로는 맹자가 일방적으로 군주의 책임론만을 말하지 않았을 것이므로 군주조차도 무시될 정도의 백성이란 어떠한 의미의 백성을 가리킬까요?

성인의 풍격

성인들의 풍격에 대한 맹자의 설명은 자주 언급되는 대목입니다. 그만큼 맹자의 마음속에 각인된 그들의 이미지가 강렬하다는 것이겠지요. 여기서는 청렴결백의 아이콘인 백이(伯夷)와, 세상과 일정한 거리감을 두면서 자기 소신을 변치 않았던 유하혜(柳下惠)의 이야기가 소개되고 있습니다.

성인은 백대의 스승이니, 백이와 유하혜가 그러한 분이시다. 그러므로 백이의 풍격을 들은 자는 아주 고약한 사람도 청렴해지고, 나약한 사람도 굳은 뜻을 세울 수 있었으며, 유하혜의 풍격을 들은 자는 야박한 사람도 후덕해지며 인색한 사람도 너그러워졌다. 백대 위에 태어나서 분발하신 그분들의 이야기를 들으면 백세 아래에 태어나 듣고도 분발하지 않을 사람이 없을 것이니, 성인이 아니고서야 이와 같을 수 있겠는가? 하물며 친히 가르침을 받고 감화된 자들은 더 말할 나위가 있겠는가!

聖人은 百世之師也니 伯夷柳下惠是也라 故로 聞伯夷之風者는 頑夫廉하며
성인   백세지사야   백이유하혜시야   고   문백이지풍자   완부렴

懦夫有立志하고 聞柳下惠之風者는 薄夫敦하며 鄙夫寬하나니
나부유입지   문유하혜지풍자   박부돈   비부관

奮乎百世之上이어든 百世之下에 聞者莫不興起也하니 非聖人而能若是乎아
분호백세지상   백세지하   문자막불흥기야   비성인이능약시호

而況於親炙之者乎아
이황어친자지자호

※ 흥기(興起): 감동하여 분발하다. 친자(親炙): 직접 배웠다는 의미.

앞서 「만장」편에 소개된 내용과 비슷하므로 직접 맹자의 목소리를 되새기면 다음과 같습니다.[*]

백이는 눈으로는 나쁜 색을 보지 않고, 귀로는 나쁜 소리를 듣지 않으며, 임금답지 못하면 섬기지 않고, 부릴 만한 백성이 아니면 부리지 않았다. 세상이 다스려질 만하면 나아가고 어지러우면 물러나서 그릇된 정치가 나오는 곳과 나쁜 백성이 머무는 곳에 차마 거처하지 않았다. 시골 사람과 함께 생활하면서도 조회할 때의 옷과 관을 착용하고 더러운 숯구덩이에 앉아 있는 것처럼 여겼다. 흉악한 주(紂)임금 때를 만나 북해의 기슭에 거처하면서 천하가 맑아지기를 기다렸다. 따라서 백이의 풍격을 들은 자는 완악한 사람이 청렴해지고 나약한 장부도 뜻을 세울 수 있었다.

청렴결백하게 살면서 자신의 뜻을 굽히지 않은, 즉 다스려질 만하면 나아가고 혼란스러우면 물러난다는 백이의 모습을 잘 묘사하고 있습니다. 반면에 유하혜는 세상과 일정한 거리감을 둔 인물로 다음과 같이 소개되어 있습니다.

유하혜는 더러운 임금을 부끄러워하지 않고 작은 벼슬도 사양하지 않으며, 나아가면 현명함을 숨기지 않고 반드시 그 도리대로 하고, 버림을 받아도 원망하지 않으며 곤궁해도 걱정하지 않았다. 시골 사람과 함께 처하되 차마 거침없이 떠나지 못하며 말하기를 '너는 너고 나는 나이니, 비록 내 곁에서 어깨를 걷고 벌거벗은들 네가 어찌 나를 더럽힐 수 있겠는가.'라고 하였다. 그러므로 유하혜의 풍모를 들은 자들은 비루한 사람은 너그러워지며, 야박한 사람은 마음이 두터워졌다.

---

[*] 「만장」 하편 1장 참조.

백이가 지나치게 깔끔한 성격이었다면, 유하혜는 주변 상황에 그다지 연연해하지 않았습니다. 이처럼 다르면서도 성인으로서 풍격을 지닌 백이와 유하혜는 영원토록 기억해야 할 사람이라는 점에서 맹자의 평가는 변함없습니다. 그리고 그들에게 직접 가르침을 전수받지 못한 안타까움을 절절히 토로하고 있습니다. 만약 오늘날 우리가 모델로 삼는 성인이 있다면 어떤 풍격을 지닌 사람들일까요?

진심 하편 16장 : 率性之道

사람은 도덕적으로 살아야 한다

본성의 선함을 주장하는 맹자의 논리는 삶의 지침으로서 우리에게 내재된 진정한 가치에 주목하려는 것입니다.

인(仁)이란 사람이니, 합해 말하면 도이다.

仁也者는 人이니 合而言之하면 道也니라
인야자   인   합이언지   도야

인(仁)이란 사람이 사람답게 되는 이치입니다. 타자를 배려하고 사랑하면서 모두와 더불어 살아가려는 마음을 지녔을 때 진정한 의미의 사람이라 말할 수 있고, 그 사람됨의 핵심을 꼬집어 인이라 말하는 것이지요. 그러나 이것은 눈앞에서 확인할 수 있는 어떤 것이 아니므로 사람이라는 구체적 몸이 있어야 비로소 그 이치가 작동할 근거가 생기는 것입니다. 사람의 몸이 있으면 여기에 인의 이치가 깃들어 있어야 가치 있는 존재가 될 수 있으므로 인(仁)을 사람[人]과 합쳐 말하곤 합니다. 본성[性]이 바로 그러한 개념이지요. 인의예지로 대표되는 본성을 인간으로서 따라야 할 자연스럽고 변하지 않는 일정한 자연의 길, 즉 도(道)라고 말합니다.

구절이 너무 짧아서일까요. 우리 고려(高麗)의 판본에서는 인(仁)뿐만이 아니라 의, 예, 지에 관한 설명도 추가되어 있었답니다.* 어찌되었든

---

* 『맹자집주』「진심」하편 16장. "或曰 外國本, 人也之下, 有'義也者宜也 禮也者履也 智也者知也 信也者實也' 凡二十字. 今按如此, 則理極分明, 然未詳其是否也."

맹자의 이 짧은 구절에서는 본성으로서의 인(仁)과 그 본성이 자리할 구체적인 사람, 그리고 이 둘을 합친 도(道)라는 개념을 명료히 정리하고 있습니다.

모국을 떠나는 공자의 마음

중요한 순간에 거취를 정하는 것은 결코 쉽지 않은 일입니다. 맹자는 공자가 취했던 처신의 자세를 통해 판단의 지침을 제시합니다.

> 공자가 노나라를 떠나실 때 '더디고 더디도다. 나의 떠남이여!'라고 말씀하시니, 이것이 모국을 떠나는 도리이다. 그러나 제나라를 떠나실 때에는 밥하려고 담가놓은 쌀을 건져 가지고 떠나셨으니, 이것이 타국을 떠나는 도리이다.

孔子之去魯에 曰遲遲라 吾行也여하시니 去父母國之道也요 去齊에
공 자 지 거 로   왈 지 지   오 행 야   거 부 모 국 지 도 야   거 제

接淅而行하시니 去他國之道也니라
접 석 이 행   거 타 국 지 도 야

※ 지(遲): 더디다. 접(接): 받다. 석(淅): 쌀을 일다.

이 구절 역시 앞서 나온 부분입니다.[*] 공자는 자신의 도가 실현되지 않을 곳이라면 조금도 머뭇거리지 않고 떠나는 과단성을 보였지만, 고국인 노나라에서는 달랐습니다. 모든 희망을 접은 제나라에서는 밥하려고 물에 담갔던 쌀을 건져갈 정도로 급히 떠났지만, 노나라에서는 떠날 명분이 없었습니다.

마침 노나라 계환자가 제나라에서 보내준 뇌물을 받고 예법에 어긋나게 일처리를 하는 것을 보고 나서야 비로소 떠나려는 결심을 굳혔습니

---

[*] 「만장」 하편 1장 참조.

다. 그러나 그때에도 차마 발걸음이 떨어지지 않는 것이 모국을 떠나는 마음이었습니다. 다른 나라를 떠날 때와는 다른 심정이었던 것입니다. 그것이 바로 "더디고 더디도다. 나의 떠남이여!"라는 탄식이었고, 맹자는 그것을 모국을 떠나는 올바른 도리라고 보았습니다.

그렇다면 공자가 모국을 떠나면서 지체한 이유는 무엇이었을까요? 부모의 나라를 떠날 때는 받은 은혜가 의리보다 무거우니, 이렇게 하는 것이 마땅하다는 것입니다. 반면에 제나라에서는 당시 재상이었던 안영이 벼슬길을 막았기 때문에 아무런 미련 없이 밥하려고 담가놓은 쌀을 건져 가지고 떠났습니다. 타국을 떠날 때는 의리가 은혜보다 중요하니, 도리가 마땅히 이와 같은 것입니다. 우리는 그처럼 자기 삶의 속도를 조절할 수 있을까요? 참고로 맹자는 공자에 대해 다음과 같은 찬사를 보냅니다.

벼슬할 만하면 벼슬하고, 물러날 만하면 물러나고, 오래 머물 만하면 오래 머무르시며, 속히 떠날 만하면 속히 떠나신 분이 공자이시다. 내 소원은 공자를 배우는 것이다.**

** 「공손추」 상편 2장. "可以仕則仕, 可以止則止, 可以久則久, 可以速則速, 孔子也.…… 乃所願則學孔子也."

진심 하편 18장 : 周遊天下
사람을 보는 안목이 필요하다

맹자는 공자의 눈과 마음으로 『논어』에 대한 간접적인 주석을 붙이기
도 합니다.

**군자가 진과 채 나라 사이에서 환란을 당하신 것은 위아래에 교제할 만
한 사람이 없었기 때문이다.**

君子之厄於陳蔡之間은 **無上下之交也**니라
군 자 지 액 어 진 채 지 간　　무 상 하 지 교 야

※ **군자**(君子): 공자를 가리킴. **액**(厄): 재앙. '액(厄)' 자와 같음.

공자의 주유천하(周遊天下)에서 어려움이 한둘이 아니었겠지만, 특히
진나라와 채나라 근처에서 양식이 떨어져서 어려움을 당한 것은 『논어』
에도 기록된 내용입니다. 맹자는 그 이유를 위로는 공자와 같은 어진 이
를 만나려는 군주가 없었고, 아래로는 어질고 능력있는 이를 추천하려는
신하가 없어서 서로 교제할 수 없었기 때문이라 판단합니다. 이 때문에
공자가 어려움을 면하지 못한 것이니, 공자의 진정한 가치를 몰라봤던
당시의 군주와 신하된 사람의 책임이라는 것이지요. 과연 공자의 주유천
하에는 어떤 이상이 담겨 있고, 그 한 사람 받아들이지 못한 당시 군주들
은 어떤 마음들이었을까요?

진심 하편 19장 : 士增多口

남들의 평판에 신경 쓰지 마세요

세속의 평가에 자유로울 사람은 없을 것입니다. 맥계(貊稽)라는 사람이 하소연하듯 솔직하게 말합니다.

저는 남들에게 좋은 소리를 듣지 못하는 것이 많습니다.

稽大不理於口호이다
계 대 불 리 어 구

입구(口)가 여러 사람들의 말이라는 것은 알겠는데, 맥계가 말하는 리(理)에는 다양한 해석이 있습니다. 공안국은 리를 다스릴 치(治)의 의미로 보아 벼슬하는 자가 백성들이 자신을 비방하는 말을 견디지 못한다고 풀이합니다. 그러나 주자는 의지하다는 뢰(賴) 자로 보아서 별다른 도움이 안 된다는 것으로 해석합니다. 남들의 비방이나 받을 뿐이라는 것이지요. 남들 눈에 매끄럽지 못하거나 자신에 대한 평판이 나쁘다는 의미일 것입니다. 맹선생님, 어찌하면 좋단 말입니까?

나쁠 것이 없다. 원래 선비는 더욱 구설수가 많은 것이다.

無傷也라 士憎玆多口하니라
무 상 야   사 증 자 다 구

※ 증(憎): 더하다는 증(增)의 오자. 자(玆): 이렇게.

맹자는 남들의 평판 따위에 신경을 쓰거나 가슴 아파하지 말라고 위로해 줍니다. 애초에 선비란 사람은 대중의 구설수에 오르내리는 것이 남들에 비하여 더욱 많다는 것입니다. 훼방하거나 칭찬하는 것은 그 사람들에게서 비롯되지만 덕을 닦음은 내 몸에 달려 있으니, 남들의 평가에 연연하지 말라는 것이지요. 맹자는 지식인으로서 선비란 덕이 닦이면 비방이 일어나고 도가 높으면 훼방꾼이 달려와서 많은 사람들의 비판에 직면하게 된다는 진실 아닌 진실을 알려주려고 하는지 모릅니다.

> 『시경』에 이르기를, '근심으로 초조한 마음, 여러 소인에게 미움을 받는구나.'라고 하였으니 공자를 두고 이른 말이다. '이에 그들의 노여움을 풀어줄 방법이 없건만, 그렇다고 명성마저 덜어지지는 않을 것이다.'라고 하니 문왕을 두고 이른 말이다.

詩云 憂心悄悄어늘 慍于群小라하니 孔子也시고 肆不殄厥慍하시나
시 운 우 심 초 초   온 우 군 소   공 자 야   사 부 진 궐 온

亦不隕厥問이라하니 文王也시니라
역 불 운 궐 문   문 왕 야

> ※ **시**(詩): 패풍(邶風)의 백주(柏舟)와 대아(大雅)의 면(緜) 편. **초초**(悄悄): 근심하는 모양. **온**(慍): 화내다. **사**(肆): 마침내. 이에. **진**(殄): 다하다. **운**(隕): 덜어지다. **문**(問): 명성.

맹자는 소인들의 훼방을 담담하게 말하고 있는 『시경』의 구절을 통해 위로의 마음을 전합니다. 꼭 집어 공자를 두고 한 말은 아니더라도 소인들로부터 끝없이 환란을 당했던 공자의 경우에 해당할 수도 있습니다. 근심걱정으로 초조한 마음은 심해지는데 소인들의 미움만 커져간다는 한탄입니다. 또한 맹자는 남들의 노여움을 풀어주지는 못하더라도 그들이 결코 내가 지닌 명성을 떨어뜨리지 못한다는 당당함이 묻어나는 시는 문왕의 일에 해당한다고 보고 있습니다. 선비가 남들에게 미움을 받는 것이 이와 같다는 것입니다. 공자와 문왕을 선비와 연계시키는 것은 비록 문왕이라도 선비로서 임금된 것에 지나지 않고, 비록 공자라도 또한 선비로서 스승된 것에 지나지 않기 때문입니다. 아무리 성인일지라도, 아니 성인들이기에 남들의 비판에 자유롭지 못할지도 모릅니다.

맹자의 의도는 공자와 문왕이 되지 못하는 것을 근심하여야 할 것이

요, 소인들의 노여움을 받거나 그들의 마음을 풀어주지 못하는 것에 너무 마음 상하지 말라는 것입니다. 문제는 나에게 달려있기 때문에 내가 할 도리를 다하며 살면 될 뿐이지, 남들의 구설수에 흔들릴 필요가 없다는 것이지요. 남들의 비방조차도 웃어넘길 줄 아는 여유는 언제나 올까요?

변화는 나로부터 시작된다

　맹자를 읽다 보면 사서(四書)의 다양한 내용들과 서로 연관됨을 느끼게 됩니다. 나의 변화가 세상을 바꾸는 힘이 된다는 다음의 구절은 『대학』의 첫 구절을 풀이하는 것 같습니다.

어진 자는 자신의 밝고 밝은 것으로써 사람들로 하여금 밝도록 하는데, 이제는 자신의 어둡고 어두운 것으로써 사람들을 밝히려 하는구나.

賢者는 以其昭昭로 使人昭昭어늘 今엔 以其昏昏으로 使人昭昭로다
현 자　이 기 소 소　사 인 소 소　　금　이 기 혼 혼　　사 인 소 소

　　※ 소(昭): 밝다. 혼(昏): 어둡다.

　모두 밝은 세상을 이루도록 만들어갈 필요가 있는데, 그러려면 내가 먼저 밝아져야 할 것입니다. 유가의 많은 가르침에서 어진 자는 반드시 먼저 스스로 그 덕을 밝힌 다음에 이를 미루어서 백성을 새롭게 하였던 것입니다. 그 밝고 밝은 것으로써 사람들을 모두 밝게 하려는 것이니 이는 자기 자신에서 구하는 것입니다.

　『대학』의 도는 스스로 명덕을 밝혀서 천하와 국가에 베풂에 있으니, 그것에 순종하지 않은 자가 적은 것이다.*

---

* 『맹자집주』 「진심」 하편 20장. 尹氏曰 "大學之道, 在自昭明德, 而施於天下國家, 其有不順者 寡矣."

그런데 맹자가 보기에 지금의 통치자들은 자기의 덕은 밝히지 않고 단지 남들을 변화시키려 한다는 것입니다. 이것은 자신의 지극히 어두운 것으로써 사람들로 하여금 밝게 하려는 것과 같으니 어렵다는 것입니다. 모든 일은 내 자신으로부터 시작되고, 진정한 나의 변신이 세상을 바꾸는 실질적 힘이 될 것입니다.

진심 하편 21장 : 茅塞之心

마음의 넝쿨을 거둬내자

맹자는 꽉 막힌 우리 마음의 어두운 그림자를 고자(高子)에게 비유적으로 말합니다.

산의 지름길도 자주 다니다 보면 길을 이루고, 한동안 사용하지 않으면 넝쿨이 길을 막는다. 지금 넝쿨이 그대의 마음을 막고 있도다.

山徑之蹊間이 介然用之而成路하고 爲間不用則茅塞之矣나니
산 경 지 계 간 개 연 용 지 이 성 로 위 간 불 용 즉 모 색 지 의

今에 茅塞子之心矣로다
금 모 색 자 지 심 의

※ **경**(徑): 지름길. **계**(蹊): 사람이 다니는 길. **알연**(介然): 잠깐 동안. 음은 '알연'. **색**(塞): 막히다.

맹자가 말하는 의리와 같은 도덕적 마음은 붙잡으려는 노력을 하지 않으면 막히기 쉽습니다. 이것을 맹자는 산속의 길로 비유합니다. 산중에 겨우 사람이 다닐 만한 조그만 지름길도 사용하다 보면 어느새 길이 되지만, 그 길도 사람이 다니지 않으면 넝쿨이 무성해 다닐 수 없게 됩니다.

마찬가지로 사람의 착한 마음이 발생하는 것도 산중의 조그마한 길과 같아 실천을 통해 힘써 확충한다면 덕을 이루는 큰 길이 됩니다. 우리 마음을 가로막는 그 무엇인가를 거둬내서 도덕적인 마음이 조금이라도 끊어짐이 있어서는 안 될 것입니다. 몽매함을 거둬내려는 계몽(啓蒙)과 이를 일깨우는 격몽(擊蒙)은 언제나 필요합니다. 지금 우리의 마음을 가로막고 있는 것은 무엇일까요?

현상이 아닌 본질을 직시하자

음악을 놓고 시대의 우열을 평가하려는 고자(高子)의 생각에 맹자는 현상만 보지 말라고 충고합니다.

"우임금의 음악이 문왕의 음악보다 낫습니다."
"왜 그렇게 말하는가?"
"우가 사용하던 종의 끈은 많은 사람들이 사용하다 보니 벌레 먹은 것처럼 끊어지려하기 때문입니다."
"이것이 어찌 충분한 이유가 되겠는가? 성문의 수레바퀴 자국이 두 마리 말의 힘만으로 그렇게 된 것이겠는가?"

"禹之聲이 尚文王之聲이로소이다" "何以言之오" "以追蠡니이다"
  우 지 성   상 문 왕 지 성   하 이 언 지   이 퇴 려

"是奚足哉리오 城門之軌가 兩馬之力與아"
  시 해 족 재   성 문 지 궤   양 마 지 력 여

 ※ **상**(尚):낫다. **성**(聲):음악 소리. **추**(追):종을 매는 끈. **려**(蠡):좀벌레. **궤**(軌):수레바퀴 자국.

옛날에는 왕과 그 시대를 상징하는 음악이 있었습니다. 우임금은 대하(大夏)라는 음악을 지으시고 문왕은 상소(象韶)와 남약(南籥)이라는 음악을 지으셨으니, 모두 성인의 음악으로 간주하였습니다. 고자는 우임금의 음악을 애용하는 사람이 많으므로 우임금의 음악 소리가 문왕의 음악소리보다 더 좋다고 말합니다. 우임금의 종은 끈이 좀먹은 것과 같아서 끊어지려 하는데, 이것은 그 음악 소리가 좋아서 쓰는 자가 많기 때문이라는 것이지요.

맹자는 쉽게 판단하지 말라고 합니다. 예를 들어 성문의 출입구는 좁기 때문에 하나의 수레만 통과하도록 하다 보니 그 바퀴자국이 깊게 날 것입니다. 반면에 성 안의 길은 넓어서 여러 수레들이 자유롭게 다닐 수 있기 때문에 수레가 이리저리 흩어져 바퀴의 자취가 옅은 것입니다. 마찬가지로 우임금의 종끈이 좀먹은 것은 문왕의 시대보다 천년을 앞서 오래도록 써서 그러한 것이지, 그 음악이 좋아서 쓰는 자가 많은 까닭으로 볼 수 없다는 것입니다. 그 대화의 속뜻을 정확히 알 수는 없지만, 맹자의 비유와 추리는 재치가 있습니다. 현상을 넘어 본질을 보라는 것이지요.

멈춰야할 때 멈추세요

제나라에 흉년이 들자 맹자는 제나라 왕에게 당(棠)이라는 고을의 창고를 열어서 가난한 백성을 구제해 줄 것을 권하였습니다. 몇 년이 지나 제나라에 또다시 기근이 들어 백성들이 굶주림에 시달리자 진진(陳臻)이 도와달라고 말합니다.

"사람들은 모두 선생님이 장차 다시 당(棠) 고을의 창고를 열어 구휼해 줄 것이라 기대하는데, 아마도 다시 왕에게 청하지 않으실 것 같아 걱정입니다."

"내가 이렇게 하면 풍부와 같은 사람이 될 것이다. 진(晉)나라 사람 중에 풍부라는 자는 호랑이를 잘 잡더니, 마침내 훌륭한 관리가 되었다. 마침 들판에 갈 때 여러 사람들이 호랑이를 좇다가 호랑이가 산모퉁이에 버티고 있자 감히 다가서는 사람이 없었다. 멀리서 풍부가 나타나자 사람들이 달려가 그를 맞이하였다. 풍부가 팔을 걷어붙이고 수레에서 내려오니, 무리들은 모두 기뻐하였으나 선비 된 자는 비웃었느니라."

"國人이 皆以夫子로 將復爲發棠이라하니 殆不可復로소이다"
국인 개이부자 장부위발당 태불가부

"是爲馮婦也로다 晉人有馮婦者善搏虎하더니 卒爲善士하여 則之野할새 有衆이
시위풍부야 진인유풍부자선박호 졸위선사 즉지야 유중

逐虎하니 虎負嵎어늘 莫之敢攖하여 望見馮婦하고 趨而迎之한대
축호 호부우 막지감영 망견풍부 추이영지

馮婦攘臂下車하니 衆皆悅之하고 其爲士者는 笑之하니라"
풍부양비하거 중개열지 기위사자 소지

※ 당(棠): 제나라 땅이름. 박(搏): 손으로 때려잡다. 지(之): 가다. 부(負): 의지하다. 우(嵎): 산모퉁이. 영(攖): 찌르다. 소(笑): 비웃다.

여러 선비들이 사냥꾼 풍부(馮婦)의 행동을 비웃은 것은 왜일까요? 평소의 습관대로 자신의 장점을 살려 호랑이를 잡아주는 것은 분명 칭찬받을 일인데도 말입니다. 박수칠 때 떠나라는 말이 있듯이, 그쳐야 할 때에 그치는 것이 좋을 때가 있습니다. 풍부의 행동이 아무리 좋더라도 이제는 정식 관리가 되어 상황이 변했는데도 이전의 행동을 그칠 줄을 모르기 때문에 선비들은 비웃은 것입니다.

마찬가지로 일에 처하는 것은 마땅히 때를 보아서 움직여야 합니다. 제나라 왕이 이미 맹자를 등용하지 않는 상황에서 다시 당(堂) 땅의 창고 곡식을 열어 백성을 구제하라고 재차 권하는 것은 월권행위이며, 풍부와 같은 사람이 되는 것이라는 말입니다. 상황이 바뀌었는데도 기득권을 쉽게 놓지 못하는 사람들이 많습니다. 퇴직 공무원의 전관예우도 지나치면 문제가 되듯이 말입니다. 그만둘 때 스스로 그만두는 것은 쉽지 않으므로 단단한 마음의 각오가 필요할 것입니다.

육체적 본능과 도덕적 본성 사이에서

　타고난 도덕적 본성에 따른 삶을 가치 있게 여기는 맹자의 주장은 많은 논쟁거리를 낳습니다. 쾌락을 주는 현실적인 육체적 본능을 저버리고 정신적 차원에서 도덕적 본성의 숭고함만을 따를 수는 없기 때문입니다. 냉엄한 실존의 현장에서 우리는 어떻게 해야 할까요? 맹자는 그러한 인간의 한계를 대비적으로 설명합니다. 먼저 육체적 본능에 충실한 삶의 모습입니다.

　입과 맛의 관계, 눈과 빛의 관계, 귀나 소리의 관계, 코나 냄새의 관계, 사지나 편안함과의 관계는 모두 자연스런 본성이다. 그러나 거기에는 천명에 따라야 할 점도 있기 때문에 군자는 진정한 의미의 본성이라 말하지 않는다.

　口之於味也와 目之於色也와 耳之於聲也와 鼻之於臭也와 四肢之於安佚也에
　구 지 어 미 야　　목 지 어 색 야　　이 지 어 성 야　　비 지 어 취 야　　사 지 지 어 안 일 야

　性也나 有命焉이라 君子不謂性也니라
　성 야　　유 명 언　　군 자 불 위 성 야　　　　　　　　　　　　※ **일**(佚): 편안하다.

　타고난 육체의 욕망대로 하는 일체의 행동은 자연스러운 모습입니다. 식욕, 성욕, 수면욕, 편안함을 느끼지 못하는 사람은 죽은 사람과 같을 것입니다. 그러나 맹자는 반문합니다. 그렇게 육체적 욕망을 좇아 살아가는 것이 과연 인간다움의 길이겠냐는 거죠. 맹자는 입이 있으므로 맛있는 것을 찾고, 눈이 있으므로 아름다움을 추구하고, 귀가 있으므로 좋은 소리를 듣고자 하는 것 등은 몸을 지닌 인간의 자연스런 현상이며, 운명이나 숙명처럼 자신의 의지가 반영되지 못한다고 봅니다.

사람들은 이것을 보통 본성이라 말하고 운명처럼 받아들이려 하지만, 진정으로 본성이라 여길 만한 것이 또 있다고 봅니다. 즉 우리에게는 천부적으로 부여받은 저마다의 도덕적 본성이 있기에, 그러한 고귀한 가치에 귀 기울여야 한다는 것입니다. 맹자는 그러한 가치를 알고 있는 군자들은 육체적 욕망에 사로잡힌 것들을 본성이라 말하지 않는다고 말합니다. 예를 들어 다음과 같은 도덕적 가치들입니다.

인이 부자에 대하여, 의가 군신에 대하여, 예가 손님과 주인에 대하여, 현명한 사람이 지혜에 대하여, 그리고 성인이 천도에 대하여 취하는 태도는 모두 운명적으로 타고난 천명이다. 그러나 이 모두는 본성적으로 지니고 있으므로 군자는 천명이라고 말하지 않는다.

仁之於父子也와 義之於君臣也와 禮之於賓主也와 智之於賢者也와
인 지 어 부 자 야　　의 지 어 군 신 야　　예 지 어 빈 주 야　　지 지 어 현 자 야
聖人之於天道也에 命也나 有性焉이라 君子는 不謂命也니라
성 인 지 어 천 도 야　　명 야　　유 성 언　　군 자　　불 위 명 야

모든 이들이 지닌 품성을 천명(天命)이라 말하고, 그 속에는 도덕적 본성도 포함되어 있습니다. 맹자가 예시하였듯이 부자의 관계에는 친밀한 사랑이 있어야 하고, 군신 사이에는 의리가 있어야 하고, 손님과 주인 사이에는 예의를 지켜야 하고, 현명한 사람들은 지혜를 갖춰야 하고, 자연의 질서는 성인이 받들어야 하는 것 등이 그러한 가치들입니다. 그렇다고 정이천이 말했듯이 모든 사람들이 도덕적인 사람이 될 수는 없습니다. 다만 노력할 뿐이지요.

사람에게 있는 인의예지와 천도는 천명으로 부여받은 것이다. 그렇지만 품부된 기질에 두텁거나 박하고 맑고 흐림의 차이가 있다. 그러나 본성은 선하므로 배워서 극진히 할 수 있으니 운명이라 말하지 않는 것이다.[*]

---

[*] 『맹자집주』「진심」하편 24장. 程子曰 "仁義禮智天道 在人, 則賦於命者, 所稟 有厚薄

후천적 차이를 인정하면서도 성선에 대한 확고한 신념으로 선천적으로 동일함을 말하는 것입니다. 우리의 노력에 따라 현상적 차이를 넘어 본질에 접근할 수 있다는 것이지요. 사람은 하늘에서 받은 본성이 있으며, 이 마음을 다하여 이치에 부합하도록 살아야 비로소 진정한 본성의 가치를 얻을 것입니다. 본능이 아닌 본성대로 살아갈 것을 강조하는 성리학자들에게 이 구절은 중요한 의미를 갖습니다. 주자는 말합니다.

내 스승에게 들으니 이 두 조목은 인간이라면 모두 소유하고 있는 본성으로 하늘에서 얻은 천명이다. 그러나 세상 사람들은 앞의 육체적 욕망을 본성이라고 여겨서 얻지 못하면 반드시 구하려 하고, 뒤의 도덕적 본성을 명이라 여겨서 조금이라도 이르지 못함이 있으면 다시는 힘을 다하지 않는다. 그러므로 맹자께서 각각 그 중요한 부분을 가지고 말씀하셔서 도덕적 본성을 펴고 자연적 본능을 억제하려 하신 것이다.[**]

맹자는 명(命)과 성(性)의 관계를 통해 인간다움의 의미를 설명하고 있습니다. 육체를 지닌 인간인지라 본능적 욕망에 따라 살아가는 것도 필요하지만, 도덕적 본성을 자각하고 구현시켜 가려는 노력 역시 가치 있는 삶을 위해 놓치지 말아야 할 부분입니다. 문제는 육체적 본능을 지닌 인심(人心)과 도덕적 본성을 지향하는 도심(道心)을 어떻게 조화시켜 나갈 수 있느냐에 달려있습니다. 수많은 철학적 논의들이 이 부분에서 시작되고 바로 여기서 여러 주장들이 나눠지는 계기가 됩니다. 본능과 본성의 갈등을 조절하고 삶의 의미를 찾아가는 길은 여전히 우리 앞에 놓인 숙제입니다.

淸濁. 然而性善, 可學而盡, 故不謂之命也."

[**] 앞과 같은 책. 愚聞之師曰 "此二條者, 皆性之所有而命於天者也. 然世之人, 以前五者爲性, 雖有不得, 而必欲求之; 以後五者爲命, 一有不至, 則不復致力. 故孟子各就其重處言之, 以伸此而抑彼也."

끝없는 인품의 깊이

악정자(樂正子)의 사람됨을 묻는 호생불해(浩生不害)에게 맹자는 자신의 평소 생각을 가감 없이 토로합니다.

"악정자는 어떤 사람입니까?"
"선하면서 믿음직스러운 사람이다."
"무엇을 선이라고 말하며, 무엇을 믿음직스럽다고 하는 것입니까?"

"樂正子는 何人也잇고"   "善人也며 信人也니라"   "何謂善이며 何謂信이잇고"
　악 정 자 　 하 인 야　　 　 선 인 야 　 신 인 야　　　 하 위 선 　 　 하 위 신

호생불해의 질문에 맹자는 다소 추상적이기는 하지만 하나하나 천천히 말문을 이어갑니다.

이치대로 하고 싶어 하는 것을 선이라 말하고 [可欲之謂善이요]
　　　　　　　　　　　　　　　　　　　　 가 욕 지 위 선

평소 성선을 주장하던 맹자는 선에 대하여 천하의 이치대로 살고자 하는 삶이라 말합니다. 그런 사람이라면 이치에 거스르는 사람과는 반대로 누구나 좋아하고 따를 만한 사람이라는 것이지요. 그런 사람은 선을 마음에 보존하면서 일을 처하며 몸에 행하고 사물을 접하는 것도 모두 하늘의 이치에 부합하게 생활할 것입니다.

선을 자기 안에 간직하는 것을 믿음직스럽다고 이르고 [有諸己之謂信이요]
　　　　　　　　　　　　　　　　　　　　　　　　 유 저 기 지 위 신

선한 마음을 지닌 사람은 오래도록 힘써 선을 자기화하여 털끝만큼도 거짓된 뜻이 없게 된 다음에야 믿음직스러운 사람이라 이를 수 있을 것입니다. 악취를 싫어하고 이성을 좋아하는 감정처럼 자연스럽게 체화시켜 가는 것이지요.

그것에 충실한 것을 아름답다고 이르고 [充實之謂美요]
충 실 지 위 미

힘써 실천하는 과정에서 선이 가슴속에 충만되고 가득 채워져 그 아름다움이 저절로 나오게 됩니다. 몸에 충족하여 조금도 모자람이 없어서 비록 작은 것이라도 모두 맑고 순전하고 아름다워서 불선한 것이 섞이는 일이 없다는 것입니다. 참으로 보기에 좋은 상태입니다.

충실하면서 광채나게 빛나는 것을 크다고 말하며 [充實而有光輝之謂大요]
충 실 이 유 광 휘 지 위 대

선으로 충만된 아름다움은 자연스럽게 겉으로 배어 나옵니다. 선으로 가득한 내적 충일감이 온몸으로 자연스럽게 드러나는 성대함으로 채워지는 바로 이 모습을 크다고 말하는 것입니다.

그러면서도 주변을 자연스럽게 감화시키는 것을 성인이라 말하고
[大而化之之謂聖이요]
대 이 화 지 지 위 성

성대한 덕으로 가득한 자의 인품이 자연스럽게 주변으로 확장되고 변화시키는 것이 마치 얼음이 풀리듯 그 자취를 찾을 수 없으니, 사람의 힘으로 할 수 있는 바가 아닙니다. 이것을 성스러운 덕을 지닌 성인이라 말하는 것입니다.

성스러워 알아차리지 못하는 것을 신령함이라고 말하니

[聖而不可知之之謂神이니]
성 이 불 가 지 지 지 위 신

성스러운 덕을 지닌 사람을 알지 못하는 것은 그가 지닌 오묘한 덕은 너무도 크고 실체가 없어서 변화를 헤아릴 수 없기 때문입니다. 신처럼 신묘하고 신령스러운 상태입니다.

호생불해의 질문에 맹자는 선(善), 신(信), 미(美), 대(大), 성(聖), 신(神) 등 6가지 개념을 이어 말합니다. 그렇다고 악정자가 이 모두를 갖추었다고 생각하지는 않았습니다.

악정자는 두 가지의 중간이요, 네 가지의 아래이다.

樂正子는 二之中이요 四之下也니라
악 정 자   이 지 중   사 지 하 야

악정자가 지닌 두 가지 장점은 천하의 이치에 맞게 사는 것에 뜻을 두었고, 그리고 그것을 간직하며 체화시키려 노력한다는 점입니다. 이것은 맹자가 제시했던 나머지 네 단계의 초입으로서 아직 갈 길이 멀다고 할 수 있습니다. 또한 선하고 믿음직스럽다는 것에 만족하지 말라는 악정자에 대한 기대감도 담겨있을 것입니다. 그렇다면 우리는 몇 번째 단계에 해당할까요?

진심 하편 26장 : 過猶不及

몰아세우지 마세요

맹자가 비판적으로 보는 이단(異端)은 모두에 대한 사랑을 강조하는 묵자와, 이와는 정반대로 철저하게 개인을 강조하는 양주의 사상입니다. 일상의 윤리를 강조하는 유가의 대표자로서 맹자는 이들의 사상을 비판하는 동시에, 유학의 도리를 확장하는 사명감도 지녔습니다. 그는 묵자 아니면 양자로 돌아가는 당시의 학술계가 언젠가는 유가로 돌아오리라는 강한 기대감을 갖고 말합니다.

> 묵자의 설을 피하면 반드시 양자에게로 돌아가고 양자의 설을 피하면 반드시 유가로 돌아올 것이니, 돌아오거든 그대로 받아들일 따름이다. 그런데 지금 양주나 묵자를 비판하는 사람들은 마치 뛰쳐나간 돼지를 쫓는 것과 같으니, 이미 우리 안으로 들어왔는데도 또한 계속해서 묶어 놓으려 한다.

逃墨이면 必歸於楊이요 逃楊이면 必歸於儒니 歸커든 斯受之而已矣니라
도 묵   필 귀 어 양   도 양   필 귀 어 유 귀   사 수 지 이 이 의
今之與楊墨辯者는 如追放豚하니 旣入其苙이어든 又從而招之로다
금 지 여 양 묵 변 자   여 추 방 돈   기 입 기 립   우 종 이 초 지

※ **도**(逃): 피하다. **방시**(放豚): 놓아먹이는 돼지. **립**(苙): 우리. **초**(招): 묶다.

맹자는 양주와 묵적을 이단이라 규정하고 지나치게 몰아세우기보다는 그들이 유가로 돌아오면 받아들이고 가르쳐야 된다고 보았습니다. 그러나 추종자들이 일반적으로 그러하듯이 일순간에 자신의 신념을 변절할 수는 없을 것입니다. 따라서 이미 잘못한 것을 지나치게 문책하지 않는

다면, 양주와 묵적을 배운 자가 유학으로 돌아오는 것을 편안히 여겨 떠나지 않을 것으로 전망했습니다.

그런데 당시 유가에 종사하는 자들은 양주와 묵적을 배우던 자가 이미 돌아왔는데도 그들과 다투고 변론하면서 기왕의 잘못을 탓했던 모양입니다. 이를 본 맹자는 도망친 돼지가 이미 그 우리 안으로 들어왔으면 달아나지 못하게 하면 될 뿐인데, 또다시 그 발을 옭아매는 것은 너무 심한 처사가 아니냐고 반문합니다. 간신히 마음을 돌린 그들이 다시 떠나갈 것을 우려하면서 말입니다.

맹자는 이단에 대한 심한 적대감은 오히려 유가의 허물이 될 것임을 경계합니다. 너무 심해 좋을 것은 없습니다. 상대의 눈에는 우리가 이단으로 보일 수 있기 때문입니다.

진심 하편 27장 : 民爲邦本
세금징수에도 정도가 있다

백성의 삶을 우선시하는 맹자는 과도한 세금징수를 경계해야 한다며 말합니다.

세금에는 삼베와 실 등 포목으로 받는 세금, 곡식과 쌀로 받는 세금, 그리고 노동으로 대신하는 세금이 있으니, 군자는 이 중 한 가지만을 받고 나머지 둘은 조금 완화해서 받는다. 두 가지 세금을 동시에 받으면 백성이 굶어죽는 일이 있고, 세 가지를 동시에 거둬들이면 부모와 자식이 흩어질 것이다.

有布縷之征과 粟米之征과 力役之征하니 君子用其一이요 緩其二이니 用其二면
유 포 루 지 정　　속 미 지 정　　역 역 지 정　　군 자 용 기 일　　완 기 이　　용 기 이

而民이 有殍하고 用其三이면 而父子離니라
이 민　　유 표　　용 기 삼　　　이 부 자 리

※ **루**(縷): 실. **정**(征): 세금. **표**(殍): 굶어 죽다.

백성들에게 거두는 세금 징수에는 해마다 일정한 시기에 따라 그 양을 정해 놓았습니다. 삼베와 실의 세금은 여름에 취하고, 곡식과 쌀의 세금은 가을에 취하고, 노동력으로 제공받는 세금은 농한기인 겨울에 취하여 각각 그때에 따라 합니다. 일시에 모두 거둬들이는 것이 아닙니다. 여름에 삼베와 실에 관한 세금을 받는 것은 누에치기와 길쌈이 그 시기에 이뤄지기 때문이고, 곡식이나 쌀, 노동력 제공은 시간적 간격을 두고 천천히 거둬들입니다. 가을에 곡식과 쌀에 관한 세금을 받는 것은 추수가 끝났기 때문이니, 나머지 세금은 천천히 받습니다. 그리고 겨울에 노동력

제공의 세금을 받는 것은 농사가 끝났기 때문이니, 베와 실 그리고 곡식과 쌀에 관한 세금은 천천히 거둬들입니다. 수확기를 고려한 것은 백성의 재력을 펴게 하여 곤경에 이르지 않도록 하려는 것입니다.

만일 동시에 두 가지를 받으면 백성들의 삶은 피폐해지며 굶주려 죽는 사람들이 속출할 것이고, 동시에 세 가지를 모두 받으면 가정을 보존하지 못하고 부모와 자식은 사방으로 먹을 것을 찾아 흩어지게 될 것입니다. 백성은 나라의 근본이니, 세금징수에 한도를 두지 않는다면 그 나라는 위태로워질 것입니다.*

---

* 『맹자집주』「진심」하편 27장. 尹氏曰 "言民爲邦本, 取之無度, 則其國危矣."

진정한 보배를 잊지 말자

맹자는 국가 통치의 기반이 되는 세 가지를 말합니다.

제후의 보배는 세 가지가 있으니 토지와 인민과 정치이다. 금은보화를 보배로 여기는 자는 재앙이 반드시 몸에 미친다.

諸侯之寶三이니 土地와 人民과 政事니 寶珠玉者는 殃必及身이니라
제 후 지 보 삼   토 지   인 민   정 사   보 주 옥 자   앙 필 급 신

※ **보**(寶): 보배, 보물. **앙**(殃): 재앙.

　토지는 나라를 세우는 것으로 경제와 관련이 되고, 병농일치 사회에서 백성은 나라를 지키기 위한 근본이 됩니다. 정치는 나라를 질서있게 다스려 기강을 바로 세우려는 것입니다. 제후는 이 세 가지를 마땅히 보배로 알고 잘 지켜 잃지 않으면 몸이 편안하고 나라 또한 편안할 것입니다. 맹자는 자신의 이익을 위해 만일 금은보화를 보배로 여기는 제후에게는 그것이 보배가 아니라 재앙을 불러오는 씨앗이 될 것이라 경계합니다.

정도대로 살아가자

　분성괄(盆成括)이란 사람이 제나라에서 벼슬할 때, 맹자가 미리 예측이나 한 듯이 "죽을 것이로다. 분성괄이여!"라며 안타까워했습니다. 결국 분성괄이 죽임을 당하자, 문인이 묻습니다.

"선생님께서 어찌 그가 장차 죽게 될 줄을 아셨습니까?"

"그 사람됨이 조금 재주는 있어도 군자의 큰 도리를 알지 못한 사람이니, 그 몸을 해치기에 충분할 것이리라."

夫子何以知其將見殺이시니잇고
부 자 하 이 지 기 장 견 살

其爲人也小有才요 未聞君子之大道也하니 則足以殺其軀而已矣니라
기 위 인 야 소 유 재　미 문 군 자 지 대 도 야　즉 족 이 살 기 구 이 이 의

※ **견**(見): 당하다는 피동의 의미. **구**(軀): 몸

　예지자도 아닌 맹자가 어떤 이의 죽음을 예측한다는 것은 상당히 위험스런 말이 될 것입니다. 그러나 맹자가 나름 그렇게 판단한 이유가 있었습니다. 사람이 재주를 갖는 것이 어려운 것이 아니라 상대적으로 그것을 올바르게 사용하는 도리를 깨닫는 것이 어렵다고 보았기 때문입니다. 도를 들으면 그 재주를 잘 이용하여 나라에도 이롭고 몸도 보존할 것이니, 항상 도를 따라야 한다는 것이지요. 맹자는 분성괄의 사람됨이 재능은 조금 있지만, 일찍이 학문한 것이 없어서 충신과 인의의 큰 도에 대해서는 알지 못하였으니, 반드시 제멋대로 일을 처리하다가 화를 자초할 것이라 보았습니다. 마치 공자가 용맹스런 제자인 자로의 죽음을

예측했듯 말입니다. 이치상 그렇다는 것이지 억측으로써 알아맞힌 것이 아니겠지요. 잔재주를 믿고 함부로 나서는 것은 재앙을 불러일으키는 지름길입니다.

진심 하편 30장 : 來者不拒
교육에 조건을 달지 않는다

교육자로서 맹자의 모습을 보여주는 사례가 있습니다. 맹자가 등나라에 갔을 때 등나라 임금은 맹자를 상궁이란 별궁에 머물게 하였다. 그때 신발을 만들던 자가 일을 끝내지 못해 창문 위에 신발을 두었는데, 보이지 않자 여관을 지키던 사람과 이리저리 찾아다녔지만 결국 찾지 못하였습니다. 이를 보던 어떤 사람이 기가 막힌다는 듯이 맹자에게 말합니다.

"이런 일도 있을까요. 따라온 사람들이 감추었겠지요."
"그대는 이 일을 가지고 우리가 신발이나 훔치러 등나라에 왔다고 생각하는가?"

"若是乎從者之廋也여" **"子以是로爲竊屨來與아"**
악 시 호 종 자 지 수 야   자 이 시 위 절 구 래 여

※ **수(廋):** 숨기다. **절(竊):** 훔치다. **구(屨):** 신발.

맹자의 반박을 듣고 사태의 심각성을 깨달은 그는 정색하며 말합니다.

아마도 아닐 것입니다. 선생님이 학문의 체계를 세워 가르치실 때 가는 자를 쫓지 않고 오는 자를 물리치지도 않으셨습니다. 진실로 배우려는 순수한 마음으로 찾아온다면 받아주었을 뿐입니다.

殆非也라 夫子之設科也는 往者를 不追하며 來者를 不拒하사 苟以是心으로
태 비 야   부 자 지 설 과 야   왕 자   불 추   래 자   불 거   구 이 시 심

至커든 斯受之而已矣시니라
지   사 수 지 이 이 의

※ **태(殆):** 거의, 아마도. **구(苟):** 진실로

762

사라진 신발을 찾는다는 것이 맹자의 제자를 도둑으로 오해하고, 그를 통해 평소 맹자의 제자 교육에 대한 이야기로 확대됩니다. 우연찮게도 이 대화는 맹자의 교육방법을 알 수 있는 계기가 됩니다. 공자가 그러했듯이, 맹자는 수업받기 위해 찾아온 제자들에게 잘못이 있더라도 소급하여 책망하지 않았고, 깨끗한 마음으로 찾아오는 자가 있으면 거절하지 않았던 것입니다. 그렇다고 떠나는 학생을 붙들지도 않았습니다. 오직 진리를 향한 진실한 마음만 있다면 그저 받아들일 따름이었습니다.

양심과 지조를 지키는 삶

맹자는 인의(仁義)를 인간다움의 척도로 강조합니다. 도덕적 마음을 확충해야 한다는 측면에서 양심과 지조를 저버리면 도둑질하는 것과 같다고까지 말할 정도입니다. 그만큼 도덕이 필요함을 절실하게 느끼고 있는 것이지요.

사람마다 모두 차마 하지 못하는 마음이 있으니, 그 마음으로 차마 하는 못하는 데에까지 도달하게 하는 것이 인(仁)이다. 사람마다 모두 하지 않아야 하는 일이 있으니, 그러한 마음이 하지 않아야 하는 일을 하지 않는 데까지 도달하는 것이 의(義)이다. 사람이 남을 해롭게 하지 않으려는 마음을 채우면 인을 이루 다 쓰지 못할 것이며, 사람들이 담을 뚫거나 넘지 않으려는 마음을 채워 나간다면 의를 이루 다 쓰지 못할 것이다.

人皆有所不忍하니 達之於其所忍이면 仁也요 人皆有所不爲하니
인 개 유 소 불 인   달 지 어 기 소 인   인 야   인 개 유 소 불 위

達之於其所爲면 義也니라 人能充無欲害人之心이면 而仁을 不可勝用也며
달 지 어 기 소 위   의 야   인 능 충 무 욕 해 인 지 심   이 인   불 가 승 용 야

人能充無穿踰之心이면 而義를 不可勝用也니라
인 능 충 무 천 유 지 심   이 의   불 가 승 용 야

※ 충(充): 가득한 것. 천(穿): 구멍을 뚫다. 유(踰): 담장을 넘다.

맹자에 따르면 남들에게 차마 하지 못하는 측은한 마음이 인(仁)이고, 하지 말아야 할 일은 하지 않는 것이 양심에 부끄럽지 않게 살아가는 의로운 마음입니다. 이러한 도덕적 마음은 선천적으로 가지고 있지만, 타고난 기질의 차이와 물욕에 의해 가려진 이 마음을 회복하고 가능한 최

대 한도로 확충하려는 노력이 필요할 것입니다.

맹자의 강조점은 우리 인간이 애초에 도덕적인 존재임을 말하는 것도 있지만, 오히려 도덕적인 인간이 되도록 힘써야 한다는 실천에 초점이 있습니다. 남에게 피해를 주지 않으려는 어진 마음으로 가득차고, 남의 것을 빼앗지 않으려는 자제력을 채워 나간다면 의롭게 된다는 것입니다.

또한 맹자는 담장을 뚫고 도둑질하는 것과 같다는 비유를 통해 곧고 의로운 마음의 사례를 말합니다.

> **남들에게 '너 따위[爾汝]'라는 하대를 받지 않을 만큼 삶에 충실하다면 가는 곳마다 의(義)가 아님이 없을 것이다. 만약 선비가 말해서는 안될 때에 말한다면 이는 말로써 남의 마음을 떠보려는 것이고, 말해야 하는데 할 말을 하지 않는다면 이는 말하지 않는 것으로 남의 마음을 떠보려는 수작이니, 이것이 모두 담을 뚫고 넘어가 도둑질하려는 것과 같은 종류들이다.**

人能充無受爾汝之實이면 無所往而不爲義也니라 士未可以言而言이면 是는
인 능 충 무 수 이 여 지 실　　무 소 왕 이 불 위 의 야　　사 미 가 이 언 이 언　　시

以言餂之也요 可以言而不言이면 是는 以不言餂之也니 是皆穿踰之類也니라
이 언 첨 지 야　가 이 언 이 불 언　　시　　이 불 언 첨 지 야　　시 개 천 유 지 류 야

※ **이여(爾汝)**: 너. 사람을 가볍게 여기고 부르는 말. **첨(餂)**: 혀로 핥아 먹다.

무시당하고 마음 편할 사람은 없을 것입니다. '너[爾, 汝]'라고 하대하는 것은 자신을 가볍고 천하게 여기는 것입니다. 마음 한편에 혹시 나중에 이익이 될 만한 것을 생각하면서 당장은 참겠지만, 실상은 마음속으로 분하고 부끄러워하여 달갑게 받지 않는 것이 인간의 마음입니다. 그러나 이것 역시 구멍을 뚫고 담을 넘지 않으려는 마음입니다. 남들에게 무시받았을 때 부끄러움을 느끼는 것처럼 털끝만큼도 구차하거나 욕된 일을 남에게 행하지 않을 수 있으면 어디를 가든지 의롭지 않음이 없을

것입니다.

맹자는 또 다른 예로 선비의 자세를 들고 있습니다. 남들과의 대화에서 만일 말해서는 안 되는 것을 억지로 말하여 상대의 마음을 움직이거나 기뻐하도록 한다면, 이것은 말로써 그 사람을 떠보는 것입니다. 반대로 말할 만한 것을 말하지 않고 가만히 참고 있다가 그로 하여금 와서 내게 묻도록 하는 것, 역시 말하지 않는 것으로 상대를 떠보는 수작입니다.

안팎이 다른 이러한 진실하지 못한 태도는 사사로운 뜻에서 나온 것으로 그 마음이 깨끗하지 못하여 항상 남이 알까 두려워할 것입니다. 비록 구멍을 뚫고 담을 넘어 도둑질하는 것은 아니지만, 이 또한 구멍을 뚫고 담을 넘는 것과 같은 부류입니다. 맹자의 논리대로라면 미래를 위해 현재를 저당 잡혀 사는 많은 사람들은 담을 뚫고 넘으려는 마음을 지니고 살아가고 있습니다. 상황에 따라 해야 할 말은 하고, 해서는 안 될 말은 하지 않는 자세부터 키워나가는 당당한 삶의 주인이 되도록 노력해야 할 것입니다. 맹자처럼 말입니다.

자신부터 잘 하세요

일상의 성실성을 강조하는 유학자답게 맹자는 당면한 현실에서 최선을 다할 것을 말합니다. 남들에 신경을 쓰기보다는 자기 자신부터 바로 세워 나가라는 것이지요.

> 말이란 평범하면서도 그 뜻은 깊고도 먼 것이 좋은 말이요, 지키는 것이 간략한데도 널리 베풀어지는 것이 훌륭한 도이다. 군자의 말은 허리띠 아래로 내려가지 않고도 도가 그곳에 존재하고, 군자의 지킴은 자신을 수양하여 천하가 평화롭게 된다. 사람의 병통은 자기 밭은 놓아두고 남의 밭의 풀을 매는 데 있으니, 남에게 구하는 것은 무겁게 하고 스스로 맡은 일은 가볍게 여기는 것이다.

言近而指遠者는 善言也요 守約而施博者는 善道也니 君子之言也는
언 근 이 지 원 자　　선 언 야　　수 약 이 시 박 자　　선 도 야　　군 자 지 언 야

不下帶而道存焉이니라 君子之守는 脩其身而天下平이니라 人病은
불 하 대 이 도 존 언　　　군 자 지 수　　수 기 신 이 천 하 평　　　　인 병

舍其田而芸人之田이니 所求於人者重이요 而所以自任者輕이니라
사 기 전 이 운 인 지 전　　소 구 어 인 자 중　　이 소 이 자 임 자 경

※ 대(帶): 허리띠. 사(舍): 버리다. 운(芸): 잡풀을 뽑다.

진리는 멀리 있지 않습니다. 훈계하고 가르침을 세우는 것은 반드시 말에 의존하는데, 만일 말이 지극히 절실하고 가까우면서도 그 가운데 포함된 뜻은 깊고 멀다면 좋은 말입니다. 세상을 다스림에 있어서 지키려는 원칙이 간략하고 그 혜택이 넓은 것이 훌륭한 도입니다. 이 두 가지를 할 수 있는 자는 오직 군자뿐일 것입니다. 이런 까닭에 군자는 눈

앞에 가까운 일을 평범하게 말하여 옷의 허리띠 아래에 있지 않다고 말했던 것입니다. 다소 오해의 소지가 있는 말처럼 들리는데 주자는 다음과 같이 풀이합니다.

옛사람들은 시선이 허리띠를 내려가지 않았으니, 그렇다면 허리띠 위는 바로 눈앞에서 항상 볼 수 있는 지극히 가까운 곳이다. 눈앞의 기까운 일에 지극한 이치가 있으니, 이 때문에 그 말이 친근하면서도 뜻은 멀리 있는 것이다.[*]

맹자는 몸을 다스리는 것이 밭을 다스리는 것과 같다고 보았습니다. 지금 사람의 공통된 병통은 자기의 밭은 다스리지 않고 다른 사람의 밭에만 신경을 쓰는 것이라는 말이지요. 자기도 못하면서 남들을 탓하는 것은 그 스스로의 역할을 방기하는 것입니다. 이것은 내 한 몸이 천하의 큰 근본이 되는 것은 알지 못하기 때문입니다. 역시 결론은 내 자신의 수신(修身) 여부에 달려 있습니다.

---

[*] 『맹자집주』「진심」하편 32장. "古人視不下於帶, 則帶之上, 乃目前常見至近之處也. 舉目前之近事, 而至理存焉, 所以爲言近而指遠也."

성인이 성인된 이유

맹자의 성인에 대한 찬사는 반복적으로 나오는 대목입니다. 그만큼 성인을 향한 마음이 간절했던 것이지요.

요임금과 순임금은 본성대로 하신 분이고, 탕왕과 무왕은 본성을 회복하신 분이시다. 용모를 움직이며 오고 가는 것이 모두 예법에 맞는 것은 성대한 덕의 극치에 도달하셨기 때문이다. 죽은 이를 통곡하면서 슬퍼하는 것은 산 사람을 위해서가 아니며, 떳떳한 덕을 지키며 간사하지 않았던 것은 봉록을 구하려는 것이 아니며, 말은 반드시 믿음직스럽게 하셨던 것은 그릇된 행실을 바로잡으려는 것이 아니었다. 반면에 군자는 법도대로 살면서 천명을 기다릴 따름이다.

堯舜은 性者也요 湯武는 反之也시니라 動容周旋이 中禮者는 盛德之至也니
요 순 성 자 야   탕 무   반 지 야   동 용 주 선   중 례 자   성 덕 지 지 야
哭死而哀非爲生者也며 經德不回는 非以干祿也며 言語必信이
곡 사 이 애 비 위 생 자 야   경 덕 불 회   비 이 간 록 야   언 어 필 신
非以正行也니라 君子는 行法하여 以俟命而已矣니라
비 이 정 행 야   군 자   행 법   이 사 명 이 이 의

※ 경(經): 떳떳하다. 회(回): 굽다, 간사하다. 사(俟): 기다리다.

맹자는 성인을 칭송하면서도 예리하게 성인의 정도를 구분합니다. 요순은 일체의 인위적인 노력도 없이 순수한 본성을 그대로 발휘한 인물이라면, 탕왕이나 무왕은 자신의 본성을 회복시키려는 노력을 통해 성인의 반열에 올랐다는 것입니다.

맹자는 그 차이를 구체적으로 서술하고 있습니다. 먼저 본성대로 살

아간 요순 같은 이들이 보여준 모든 행동은 예법에 맞지 않는 것이 없었으니, 그들이 지닌 성대한 덕성의 극치에서 우러나온 것으로 그들 자체가 살아 숨쉬는 하늘의 이치라는 것입니다. 그리고 탕왕이나 무왕처럼 본성을 회복하려 노력했던 이들은 법도를 실천하면서 천명을 기다릴 따름이었습니다. 의리에 따라 바르게 하고 이익을 도모하지 않았으며, 도를 밝히고 싱공을 계산하지도 않았던 것입니다.

죽은 이를 보고 애통해하는 마음은 산 자에게 잘 보이려고 그런 것이 아니라 저절로 우러나오는 심정이었습니다. 속이지 않는 떳떳한 마음은 결코 봉록이라는 이익을 구하려는 수단이 아니었으며, 말과 행동이 일치됨은 물론입니다. 이 모두가 애써 노력해서 얻은 결과물이 아니었습니다.

맹자는 아무나 그렇게 할 수 없는 모습에서 성인의 모습을 그려내고 있습니다. 훗날 그 자신이 성인으로 칭송받게 될 줄은 결코 생각지도 못했을 것입니다.

진심 하편 34장 : 何畏彼哉

당당하게 마주 대하자

맹자는 말만 잘했던 것이 아니라, 담대한 기상을 늘 가슴에 품고 있었습니다. 그런 이였기에 제후들을 찾아 자신의 의견을 펼치는 유세의 현장에서도 언제나 당당했습니다.

대인에게 유세할 때는 그를 작게 여겨서 그가 지닌 높은 것에 눈을 돌리지 말아야 한다.

說大人則藐之하여 勿視其巍巍然이니라
세 대 인 즉 묘 지　　물 시 기 외 외 연

※ **세(說):** 유세하다. **모(藐):** 가볍게 여기다. **외외(巍巍):** 부귀가 높게 드러난 모양.

상대의 권세나 재력에 눌릴 때 맹자의 말을 들으면 시원해질 것입니다. 대인의 권세를 가볍게 보고 조금도 자신의 뜻에 거리낌 없이 마주하라고 권하기 때문입니다. 특히 유세할 때는 현실적으로 높은 상대의 뒷배경을 보지 말고 겁나는 것이 없게 된 다음에야 자신이 품은 생각을 자신있게 토로할 수 있다는 것이지요.

이어지는 사례는 맹자가 유세할 때 그 스스로 다짐했던 내용이기도 할 것입니다.

집의 높이가 여러 길이 되고 서까래 머리가 여러 자가 되는 것을 나는 뜻을 얻어 출세하더라도 하지 않을 것이다. 밥상 앞에 진수성찬이 한 길 넘도록 차려져 있고 모시는 첩들이 수백 명이 되는 것을 나는 뜻을 얻더라도 하지 않을 것이다. 즐겁게 술 마시고 말을 달려 사냥하며 뒤따르는 수

레가 천승이 되는 것을 나는 뜻을 얻어도 하지 않을 것이다. 그들에게 있는 것은 모두 내가 하지 않는 것들이요, 나에게 있는 것은 모두 옛 법도이니, 내 어찌 그들을 두려워하겠는가?

堂高數仞과 榱題數尺을 我得志라도 弗爲也며 食前方丈과 侍妾數百人을
당고수인   최제수척   아득지   불위야   식전방장   시첩수백인

我得志라도 弗爲也며 般樂飮酒와 驅騁田獵과 後車千乘을 我得志라도 弗爲也니
아득지   불위야   반락음주   구빙전렵   후거천승   아득지   불위야

在彼者는 皆我所不爲也요 在我者는 皆古之制也니 吾何畏彼哉리오
재피자   개아소불위야   재아자   개고지제야   오하외피재

※ **최**(榱): 서까래. **題**(題): 머리. **반**(般): 즐기다. **빙**(騁): 말을 달리다. **렵**(獵): 사냥하다.

맹자의 당찬 기개 앞에 상대가 가지고 있는 우월한 것들, 예를 들어 건물이 크다든가, 거느리는 사람이 많다든가, 진수성찬을 차려놓고 즐긴다든가, 으리으리한 규모의 추종세력이 따르게 한다든가 하는 것은 그의 눈에 들어오지 않습니다. 그는 출세하여 그 자리에 가더라도 그렇게 하지 않을 것이기 때문입니다. 맹자 스스로 다짐하고 다짐했듯이, 천하의 넓은 집이 그가 사는 집이며, 천하의 바른 자리에 그가 서 있었습니다. 맹자의 가슴에는 천하의 큰 길을 뚜벅뚜벅 걸어가려는 대장부의 기개로 넘쳐났던 것입니다.

맹자가 나타나면 제후들이 부담스러워했던 이유가 바로 여기에 있었던 것입니다. 부와 권력을 넘어서는 그 당찬 자신감은 어디에서 나왔을까요? 어렵고 불편한 자리에 갈 때 맹자의 다짐을 떠올리면 좋을 것 같습니다.

욕심을 줄여 나가자

욕망의 그늘에서 자유롭지 못한 우리 삶에서 마음을 추스르는 방법에 대해 맹자는 말합니다.

마음을 기르는 데 욕심을 적게 하는 것보다 좋은 방법이 없으니, 그 사람됨이 욕심이 적으면 비록 보존되지 못한 것이 있더라도 적을 것이요, 그 사람됨이 욕심이 많으면 비록 보존됨이 있을지라도 적을 것이다.

養心이 莫善於寡欲하니 其爲人也寡欲이면 雖有不存焉者라도 寡矣요
양 심   막선어과욕   기위인야과욕   수유부존언자   과 의

其爲人也多欲이면 雖有存焉者라도 寡矣니라
기위인야다욕   수유존언자   과 의

모든 일의 근본은 마음가짐에서 나옵니다. 욕심을 줄이는 것이 행복에 이르는 지름길임은 알고 있지만 생각처럼 쉽지 않은 현실입니다. 육체적 욕망이 없는 사람은 없을 것이지만 욕심이 많고 절제심이 부족하면 초심을 잃고 흔들릴 것입니다.

마음을 기른다는 것은 실은 욕심을 줄인다는 말입니다. 욕심을 줄이려고 노력하다 보면, 비록 마음을 기르는 데 뜻을 두지 않을지라도 욕심으로 생기는 피해가 적어질 것입니다. 만일 마음을 길러야 할 필요를 느끼지 못하고 욕망에 사로잡혀 생활한다면, 비록 마음을 기르려 해도 그 성과는 적을 것입니다. 타자의 욕망을 욕망하기 쉬운 오늘날도 욕심을 줄이려는 노력은 행복을 찾아가는 출발점입니다.

부모 생각에 차마 먹지 못한다

증자의 아버지 증석은 평소 작고 검은 대추[羊棗]를 즐겼는데, 그가 돌아가신 다음에 증자는 차마 그 대추를 먹지 못하였습니다. 그런 사실을 아는지 모르는지 공손추는 묻습니다.

"회와 불고기, 그리고 대추 가운데 어느 것이 더 맛있습니까?"
"회와 불고기일 것이다."
"그렇다면 증자께서는 회나 불고기를 먹지만, 왜 대추는 먹지 않았던 것입니까?"
"회나 불고기는 모두들 좋아하는 것이지만, 대추만은 부친이 홀로 좋아하였던 독특한 것이었기 때문이다. 예를 들어 부모의 이름은 피하고 성은 피하지 않는 이유는 성은 같은 것이고 이름은 그만이 홀로 가진 것이기 때문이다."

"膾炙與羊棗孰美니잇고"　"膾炙哉인져"
회 자 여 양 조 숙 미　　　회 자 재

"然則曾子는 何爲食膾炙而不食羊棗시니잇고"　"膾炙는 所同也요 羊棗는
연 즉 증 자　하 위 식 회 자 이 불 식 양 조　　　회 자　소 동 야　양 조

所獨也니 諱名不諱姓하나니 姓은 所同也요 名은 所獨也일새니라"
소 독 야　휘 명 불 휘 성　성 소 동 야　명 소 독 야

※ **회(膾)**: 날고기. **자(炙)**: 구운 고기. **양조(羊棗)**: 열매가 적고 검은 대추. **휘(諱)**: 피하다.

공손추의 질문은 회나 불고기는 돌아가신 아버지 증석도 평소에 좋아했을 것인데, 증자가 어찌하여 회나 불고기는 먹으면서 대추만은 차마 먹지 못했느냐는 것입니다.

맹자는 남들이 보통 즐기는 것은 그다지 꺼릴 것이 없지만, 돌아가신 부모가 유독 좋아하는 것은 차마 그 분 생각에 못 먹는 것이 효자의 마음이라 답합니다. 마치 아버지의 이름은 피하지만 누구나 쓰는 성은 피하지 않는 것과 같다는 것입니다. 당연한 말이지만 맹자의 답변이 재치가 있습니다. 오늘날 우리도 부모의 이름을 말할 때 성은 그냥 말하지만 이름만은 'ㅇ자 ㅇ자입니다.'라고 또박또박 말하는 것은 그 때문입니다.

향원은 덕을 해치는 자이다

사이비가 넘쳐나는 세상에서는 진실되게 살아가기 어렵습니다. 맹자는 공자의 인간다움을 향한 꿈을 대신 실현하고 싶었습니다. 제자 만장이 묻습니다.

공자가 진나라에 계실 때에 '어찌 돌아가지 않으리오? 우리 고을 선비들은 뜻은 크고 대범하여 진취적이면서도 처음의 습관처럼 예전의 잘못을 고치지 못하는구나.'라고 하였습니다. 공자가 진나라에서 어찌 노나라의 뜻이 큰 선비를 생각하신 것입니까?

孔子在陳하사 曰 盍歸乎來리오 吾黨之士狂簡하여 進取호대 不忘其初라하시니
공자재진   왈 합귀호래   오당지사광간   진취   불망기초

孔子在陳하사 何思魯之狂士시니잇고
공자재진   하사노지광사

※ **합(盍):** 어찌 아니하겠는가. **광(狂):** 미치다. **간(簡):** 간략하다.

공자가 진나라에 있을 때는 자신의 이상을 실현하려고 고군분투했으나 더 이상 희망의 싹을 보지 못하고 노년의 쓸쓸함이 더해가던 때였습니다. 이미 오래전에 떠나온 고향땅에 대한 추억과 더불어 그와 뜻을 같이하는 젊은이들이 떠올랐습니다. 뜻은 크지만 당면한 현실문제에는 소략하거나, 너무 높고 먼 것을 추구하는 진취적 기상은 있었지만 여전히 옛 습관을 고치지 못하고 있었음을 기억하고 있었던 것입니다. 돌아가서 그들을 잘 다듬어주려는 생각이 더했던 것입니다.

만장은 공자가 그때 진나라에 있으면서 그 이상의 사람들을 생각하지

않고 노나라의 뜻이 큰 선비들을 말했는지 의문이 들었습니다. 더 큰 세상이 눈앞에 있는데도 말입니다. 맹자는 공자의 차선책을 염두에 두며 대변하듯이 말합니다.

공자께서 말하기를, '중도(中道)를 실행하는 사람을 얻어서 그와 함께 하지 못한다면, 반드시 뜻이 크고 굳센 사람과 함께할 것이다. 뜻이 큰 자는 진취적이고 뜻이 굳센 자는 하지 않는 바가 있다.'고 하셨다. 공자가 어찌 중도를 행하는 인물을 바라지 않았겠는가만은 반드시 얻을 수 없었기 때문에 그 다음을 생각하신 것이다.

孔子不得中道而與之인댄 必也狂獧乎인져 狂者는 進取요 獧者는
공 자 부 득 중 도 이 여 지   필 야 광 견 호   광 자 진 취   견 자

有所不爲也라 하시니 孔子豈不欲中道哉시리오마는 不可必得故로 思其次也시니라
유 소 불 위 야   공 자 기 불 욕 중 도 재   불 가 필 득 고   사 기 차 야

※ 견(獧): 고집스러울 정도로 자신의 뜻을 주장하다.

중(中)은 지나치거나 모자람이 없는 상태입니다. 맹자는 이미 중도를 행하는 자를 얻을 수 없다는 판단에서 뜻이 크며 굳센 사람과 함께할 것이라는 공자의 생각을 읽어냅니다. 뜻이 큰 자는 진취적이고, 뜻이 굳센 자는 굳게 지킴이 있어서 하지 않는 바가 있을 것이니, 잘만 한다면 그런 사람을 중도로 나가게 할 수 있다는 것입니다. 어쩔 수 없는 차선책이지 정말 공자의 꿈이 그들에게 있는 것은 아니라는 것이지요. 만장은 동의하면서도 맹자의 생각을 추가로 듣고 싶었습니다.

"감히 묻겠습니다. 어떠하여야 뜻이 큰 사람이라고 말할 수 있습니까?"
"금장, 증석 그리고 목피 같은 자들은 공자께서 뜻이 크다고 일컬은 사람이다."
"어찌하여 뜻이 큰 사람이라 말하는 것입니까?"
"그들은 뜻이 높고 커서 '옛사람이여, 옛사람이여!'라고 말하지만, 평소에 그들의 행실을 살펴보면 모두 실천에 옳기지 못했던 자들이다. 뜻이

큰 자를 또 얻을 수 없거든 깨끗하지 않는 것을 달갑게 여기지 않는 선비를 얻어서 함께하고자 하셨으니, 이들은 뜻이 굳센 자들로 또 그 다음인 것이다."

"敢問何如라야 斯可謂狂矣니잇고" "如琴張曾皙牧皮者가 孔子之所謂狂矣니라"
감문하여   사가위광의   여금장증석목피자   공자지소위광의

"何以謂之狂也니잇고" "其志嘐嘐然曰 古之人古之人이여호대
하이위지광야   기지효효연왈 고지인고지인

夷考其行而不掩焉者也니라 狂者를 又不可得이어든
이고기행이불엄언자야   광자   우불가득

欲得不屑不潔之士而與之하시니 是獧也니 是又其次也니라"
욕득불설불결지사이여지   시견야   시우기차야

※ 효(嘐): 큰소리치다. 이(夷): 평소. 설(屑): 달갑게 여기다.

공자는 진취적이고 뜻이 큰 광자(狂者)와 같은 사람을 얻지 못하면, 그 다음으로는 자신의 지조를 단단히 지키며 살아가려는 견자(獧者)와 함께하고 싶었던 것입니다. 물론 중도를 실천하려는 사람이 제일이겠지요. 그러나 뜻이 있는 자는 도에 나아갈 수 있고, 지킴이 있는 자는 자신의 지조를 잃지 않으려는 자들이므로 역시 포기할 수 없는 인물들이었던 것입니다. 진리를 실현시키려는 공자의 간절한 갈망이 묻어나는 대목이기도 합니다.

대략적으로 공자의 이상과 그를 닮고자 하는 맹자의 꿈을 들은 만장은 추가적으로 묻습니다.

"공자께서 '내 집 문을 지나면서 내 방까지 들어오지 않더라도 조금도 서운해 하지 않을 자들은 오직 향원(鄕原)일 것이다. 향원은 덕의 도적들이다.'라고 하셨습니다. 어떤 사람을 향원이라 말할 수 있습니까?"

"향원들은 뜻이 높은 광자(狂者)를 비난하면서 '어째서 이리도 뜻은 커서 말이 행실을 돌아보지 아니하며 행실이 말을 돌아보지 아니하면서 '옛사람이여, 옛사람이여'라고 하는가?'라고 말한다. 또한 향원은 자신을 지키려는 견자(獧者)를 비난하면서 '행실을 어찌하여 이처럼 외

롭고 쓸쓸하게 하는가? 이 세상에 났으면 이 세상 사람이 되어서 모두들 좋다고 하면 된다.'라고 하면서 몰래 세상에 아첨하는 자들이 바로 향원이다."

"孔子曰 過我門而不入我室이라도 我不憾焉者는 其惟鄉原乎인져 鄉原은
 공자왈 과아문이불입아실   아불감언자 기유향원호   향원

德之賊也라하시니 曰 何如라아 斯可謂之鄉原矣니잇고" "何以是嘐嘐也하여
 덕지적야   왈 하여   사가위지향원의   하이시효효야

言不顧行하며 行不顧言이요 則曰 古之人古之人이여하며 行何爲踽踽凉凉이리요
 언불고행   행불고언   즉왈 고지인고지인   행하위우우양량

生斯世也라 爲斯世也하여 善斯可矣라하여 閹然媚於世也者是鄉原也니라"
 생사세야   위사세야   선사가의   엄연미어세야자시향원야

※ **원**(原): 삼갈 원(愿)과 같은 글자. **우**(踽): 홀로 걸어가다. **량**(凉): 차갑고 야박하다. **엄**(閹): 가리다. **미**(媚): 아첨하다.

고향 선비들 이야기가 나왔으므로 만장은 공자가 미워했던 향원(鄉原)을 떠올렸던 것입니다. 향원은 자기 고을에서는 공손하다고 인정받고 살아가는 사람들이라는 원래 뜻과 달리 부정적 의미로 쓰입니다. 골목대장처럼 그 범위를 벗어나면 별 볼일 없으면서도 잘난 체는 혼자 다하며 세상에 영합하려는 사람들이 바로 그러한 사람들이지요. 공자는 그런 사람들과는 만나려 하지도 않았고, '향원은 덕을 해치는 자'라고 말할 정도로 몹시 미워하였습니다.

향원에 관한 이야기를 맹자는 앞서 말했던 광자(狂者)와 견자(狷者)의 사례와 연관시켜 설명합니다. 맹자가 보기에 광자에 대한 향원의 평가는 이상만 높고 현실은 없다고 할 것이며, 견자들에 대해서는 자신의 지조를 지키려다 외롭고 쓸쓸히 살아간다는 비난을 쏟아낼 것입니다. 정작 세상에 아부하며 자신을 속이고 살아가는 자신은 생각하지 않으면서 말입니다. 만장은 맹자의 말에 동의하면서도 그런 사람들이 없는 세상이 어디 있겠느냐고 재차 묻습니다.

"한 고을 사람이 모두 좋은 사람이라고 칭찬하면 가는 곳마다 좋은 사람

이 되지 않을 까닭이 없을 터인데, 공자께서 덕을 해치는 도적이라 말씀하신 것은 어째서입니까?"

"그들은 비난하려 해도 거론할 것이 없고 비꼬려 해도 꼬집어서 비꼴 것이 없다. 그저 세상이 흘러가는 대로 따라가며 더러운 세상과도 합류하여 살아가는데, 거처함이 진실하고 믿음직스러운 것 같으며 행동이 청렴하고 깨끗한 것처럼 보일 따름이다. 따라서 여러 사람들이 모두 그를 보고 기뻐하면 그들 스스로가 옳다고 여기지만, 그런 자들과 함께 요순의 도에 들어갈 수 없기 때문에 '덕의 적이다'라고 말씀하신 것이다."

"一鄉이 皆稱原人焉이면 無所往而不爲原人이어늘 孔子以爲德之賊은 何哉잇고"
일향 개칭원인언 무소왕이불위원인 공자이위덕지적 하재

"非之無擧也요 刺之無刺也하여 同乎流俗하며 合乎汙世하여 居之似忠信하며
비지무거야 자지무자야 동호유속 합호오세 거지사충신

行之似廉潔하여 衆皆悅之어든 自以爲是而不可與入堯舜之道니
행지사염결 중개열지 자이위시이불가여입요순지도

故로 曰 德之賊也라하시니라"
고 왈 덕지적야

※ 자(刺): 헐뜯다. 오(汙): 더럽다.

맹자는 이어서 향원이 주는 피해를 직접적으로 지적합니다. 향원은 바로 척결해야 마땅할 사이비(似而非)라는 것이지요.

공자께서도 비슷하지만 아닌 것을 미워한다. 가라지를 미워하는 것은 나의 싹을 어지럽힐까 두려운 것이고, 거짓말 잘하는 자를 미워하는 것은 의리를 어지럽힐까 두려운 것이고, 말재주를 미워하는 것은 믿음을 어지럽힐까 두려운 것이고, 음란한 정나라 소리를 미워하는 것은 올바른 음악을 어지럽힐까 두려운 것이고, 자주색을 미워하는 것은 붉은색을 어지럽힐까 두려워 하셨던 것이다. 마찬가지로 향원을 미워하는 것은 덕을 어지럽힐까 두려워 하셨던 것이다. 군자는 올바른 도리로 돌이킬 따름이니, 도리가 올바르면 서민들이 일어날 것이요, 서민들이 일어나면 이에 사특한 것이 없을 것이다.

孔子曰 惡似而非者하노니 惡莠는 恐其亂苗也요 惡佞은 恐其亂義也요
공자왈 오 사 이 비 자　　　　오 유　공 기 난 묘 야　오 녕　공 기 난 의 야

惡利口는 恐其亂信也요 惡鄭聲은 恐其亂樂也요 惡紫는 恐其亂朱也요
오 이 구　공 기 난 신 야　오 정 성　공 기 난 악 야　오 자　공 기 난 주 야

惡鄕原은 恐其亂德也라하시니라 君子反經而已矣니 經正則庶民이 興하고
오 향 원　공 기 난 덕 야　　　　군 자 반 경 이 이 의　경 정 즉 서 민　흥

庶民이 興이면 斯無邪慝矣리라
서 민　흥　　사 무 사 특 의

※ **유**(莠): 곡식의 싹과 비슷한 풀. **녕**(佞): 거짓말 꾸며대는 재주. **이구**(利口): 매끄러운 말재주. **자**
　（紫): 자주 색. **경**(經): 일정하고 올바른 것. **특**(慝): 간악하다.

　그렇다면 사이비라 할 수 있는 향원이 넘쳐나는 세상에서 대안이 있다면 무엇일까요? 향원이 덕을 어지럽히는 것은 떳떳한 도리가 제자리 잡지 못하고, 사람의 마음이 옳은 것에 밝지 못하기 때문입니다. 맹자는 정상으로 회복하려는 반경(反經)의 노력이 필요하고, 그 선두에서 책임 있는 군자들의 활동을 기대합니다. 군자들이 윤리기강을 세우고 백성들을 흥기시키는 적극적 교화를 펼쳐 향원이 자리를 잡지 못하도록 해야 한다는 것입니다.

　우리시대 향원은 누구일까요? 혹시라도 우리의 무관심이 향원을 키워가고 있지나 않은지요?

도통의 계승자로서 맹자의 소명의식

진리의 계보도인 도통(道統)은 유학자들에게 강한 책임감을 불러일으
킵니다. 『맹자』 책 전체를 마감하는 「진심(盡心)」편 마지막 장에는 도통
의식, 그리고 이에 대한 맹자의 감회가 잘 드러나 있습니다.

요임금과 순임금으로부터 탕왕에 이르기까지 500여 년인데, 우임금과
고요 같은 이는 직접 보고서 알았고 탕왕은 들어서 알았다. 탕왕으로부
터 문왕에 이르기까지가 500여 년이니, 이윤과 내주는 직접 보고서 알
았고 문왕은 들어서 알았다. 또한 문왕으로부터 공자에 이르기까지 500
여 년이니, 태공망과 산의생은 직접 보고서 알았고 공자는 듣고서 알았
다. 공자로부터 지금에 이르기까지 100여 년이니, 성인의 세대로부터
이처럼 멀지 않으며, 성인의 거처와 가까운 것이 이같이 매우 가깝다. 그
런데도 도를 아는 사람이 아무도 없으니, 그렇다면 또한 아마도 없을 것
인가 보다.

由堯舜至於湯이 五百有餘歲니 若禹皐陶則見而知之하시고
유 요 순 지 어 탕   오 백 유 여 세   약 우 고 요 즉 견 이 지 지

若湯則聞而知之하시니라 由湯至於文王이 五百有餘歲니 若伊尹萊朱
약 탕 즉 문 이 지 지   유 탕 지 어 문 왕   오 백 유 여 세   약 이 윤 내 주

則見而知之하고 若文王則聞而知之하시니라 由文王至於孔子 五百有餘歲니
즉 견 이 지 지   약 문 왕 즉 문 이 지 지   유 문 왕 지 어 공 자 오 백 유 여 세

若太公望散宜生則見而知之하고 若孔子則聞而知之하시니라 由孔子而來로
약 태 공 망 산 의 생 즉 견 이 지 지   약 공 자 즉 문 이 지 지   유 공 자 이 래

至於今이 百有餘歲니 去聖人之世若此其未遠也며
지 어 금   백 유 여 세   거 성 인 지 세 약 차 기 미 원 야

近聖人之居若此其甚也로대 然而無有乎爾하니 則亦無有乎爾로다
근 성 인 지 거 약 차 기 심 야   연 이 무 유 호 이   즉 역 무 유 호 이

500년을 주기로 성인이 나온다는 믿음*은 맹자의 역사적 회고에서도 잘 드러납니다. 요순에서 공자에 이르는 1,500여 년은 대략 그러한 통계적 수치로 압축할 수 있습니다. 장시간에 걸쳐 간헐적으로나마 도통(道統)의 흐름은 끊임없이 이어져오고 있었던 것입니다. 맹자는 반문합니다. 그렇다면 공자 사후 지금까지 100여 년의 시간밖에 흐르지 않았고 곡부와 추성이라는 지리적 인접성도 있는데, 그 훌륭한 전통은 과연 누가 계승할 수 있을까 하고 말이지요. 도를 아는 사람이 지금도 없는데 이후에도 없지 않을까라는 마지막 문장에서 맹자의 탄식은 자칫 절망으로 일그러진 자화상으로 비춰질 수도 있습니다. 그러나 맹자 자신만이 공자의 후계자로서 그 전통을 계승할 수 있으리라는 희망의 메시지를 은근히 드러낸 것으로도 볼 수 있습니다. 주자는 말합니다.

생각건대 맹자의 탄식은 비록 감히 자기 스스로 이미 그 전통을 얻었다고는 말하지 못하고 후세에 마침내 그 전함을 잃을까 근심하시며 하신 말씀인 듯하다. 그러나 바로 사양할 수 없는 것이 있음을 스스로 드러내신 것이요, 또한 천리와 도덕은 결코 없어질 수 없으니 백세의 뒤에 반드시 장차 정신으로 이해하고 마음으로 터득하는 자가 있을 것임을 나타내신 것이다. 그러므로『맹자』의 끝에 여러 성인의 전통을 차례로 서술하고 이로써 마쳤으니, 그 전함이 있는 데가 있음을 밝힌 것이요, 또 성인을 무궁한 후세에 기다리신 것이니 그 뜻이 깊도다!**

오직 자신만이 공자 이래 세상을 바로잡을 사람이라는 맹자의 자부심

---

* 『맹자집주』「진심」하편 38장. 趙氏曰 "五百歲而聖人出, 天道之常."

** 앞과 같은 책. "愚按此言, 雖若不敢自謂己得其傳, 而憂後世遂失其傳. 然乃所以自見其有不得辭者, 而又以見夫天理民彝不可泯滅, 百世之下, 必將有神會而心得之者耳. 故於篇終, 歷序群聖之統, 而終之以此, 所以明其傳之有在, 而又以俟後聖於無窮也, 其旨深哉!"

과 삶의 역정은 오늘날 우리가 기억하는 성인(聖人) 맹자로 만드는 힘이었습니다. 유학의 부흥을 꿈꾸며 고군분투했던 맹자의 투철한 사명의식은 동아시아 문명의 정신적 유전인자이자 꺼지지 않는 횃불로 시대를 넘어 굳건히 자리할 것입니다.

1. 양혜왕 상편

2. 양혜왕 하편

7. 이루 상편

8. 이루 하편

12. 고자 하편

14. 진심 하편

　『맹자』 전체를 맥락에 따라 같이 읽으면 좋을 구절을 연결하여 맹자의 취지를 되짚어 봅니다. 본성, 인정(仁政), 성인을 중심으로 하면서, 『맹자』에서 자주 보이는 교육, 효도, 전쟁, 이단, 기개, 자존, 성찰, 시중 등을 임의로 선택했습니다. 이리저리 흩어진 말들의 향연에서 맹자의 참모습을 찾아가는 이정표가 되었으면 합니다.

1. 선한 본성

• 인간은 모두 남의 고통을 차마 견디지 못하는 마음을 가지고 있다 : 不忍人之心, 惻隱之心, 孺子入井, 四端, 仁義禮智, 擴而充之 (공손추 상 6장) → 본성은 선하다 : 性善 (등문공 상편 1장) → 인의는 태생적으로 내재된 자연스런 본성이다 : 人性之源 (고자 상편 1장~6장. 특히 6장)

1) 본성이란 무엇인가?
• 사단과 그 근원지로서 인의예지 : 惻隱之心, 羞惡之心, 辭讓之心, 是非之心, 仁義禮智 (공손추 상편 6장) → 군자가 추구하는 본성으로 인의예지 (진심 상편 21) → 마음을 다하면 보인다 : 盡心知性 (진심 상편 1장) → 타고난 良知良能 (진심 상편 15장) → 만물이 모두 나에게 갖춰져 있다 : 萬物皆備 (진심 상편 4장) → 하늘이 내려준 벼슬 : 天爵 (공손추 상편 7장, 고자 상편 16장) → 본능과 본성의 차이 : 性命 (진심 하편 24장)

2) 본성회복의 필요성

• 짐승과의 사소한 차이를 보존하려는 군자: 幾希 (이루장 하편 19장) → 잡으면 보존되고 놓으면 잃어버리는 사람의 마음: 操存捨亡 (고자 상편 8장) → 의미 있는 길을 찾다: 捨生取義 (고자 상편 10장) → 잃어버린 본심을 찾으려는 노력: 求放心 (고자 상편 11장) → 큰 마음을 기르려는 대인의 마음: 先立大體 (고자 상편 15장) (이루 하편 12장)

2. 어진 정치(仁政)

• 도덕이 진정한 힘이다: 何必曰利 (양혜왕 상편 1장) (고자 하편 4장) → 모두와 하나되는 마음 與民同樂 (양혜왕편 하 1~2장) (양혜왕 하편 5장) → 함부로 죽이지 않으려는 마음: 不嗜殺人 (양혜왕 상편 6장) (공손추 상편 1장) → 죽어가는 소를 양으로 바꾸는 왕의 마음: 以羊易牛, 仁術 (양혜왕 상편 7장) → 어진 마음에서 우러나오는 정치: 仁政 (양혜왕 상편 7장)

1) 제도적 장치

• 사회적 역할이 다르다 (등문공 상편 4장 ①) → 마음을 쓰는 자와 몸을 쓰는 자 (등문공 상편 3장) → 마음과 제도의 이중주: 徒善不足 (이루 상편 1장) → 일정한 생업 속에 싹트는 떳떳한 마음: 恒産恒心 (양혜왕 상편 7장) (등문공 상편 3장)

2) 지도자의 책임의식

• 사람을 죽이는 현실: 率獸食人 (양혜왕 상편 4장) → 풀 위에 부는 바람처럼 끼치는 영향력: 草尙之風 (등문공 상편 2장) → 모두를 위한 진정한 용기 (양혜왕 하편 3장) → 갓난 아이를 보호하는 마음으로: 若保赤子 (등문공

상편 3장) (등문공 상편 5장) → 백성을 위한 부모의 마음: 爲民父母 (양혜왕 상편 4장) (등문공 상편 3장) (양혜왕 하편 7장) → 가뭄에 비 내리듯 오소서 時雨 (등문공 하편 5장)

3) 대안

• 혼자 힘으로는 역부족이다 (등문공 하편 6장) → 인화가 중요하다: 人和 團結 (공손추 하편 1장) → 어진 자에게 대적할 사람은 없다: 仁者無敵 (양혜왕 상편 5장) (공손추 상편 5장)
• 민생의 안정: 養生喪事 (양혜왕 상편 3장) (이루장 하편 13장) → 井田法, 助法 (등문공 상편 3장)
• 공정한 인사: 如不得已 (양혜왕 하편 7장)
• 자리에 연연하는 것도 사적 권력의 농단이다: 壟斷 (공손추 하편 10장)

3. 성인의 길

• 모두를 위한 성인의 마음: 坐以待旦 (이루 하편 20장) → 왕도와 패도: 王霸 (공손추 상편 3장) → 성인의 교화: 大而化之 (진심 하편 25장)

1) 공자

• 공자 같은 분은 없었다 (공손추 상편 2장) → 태산보다 높은 기상 (진심 상편 24장) → 시원하면서도 온화한 마음 (등문공 상편 4장 ②) → 상황에 대한 유연한 태도: 時中 (만장 하편 1장) → 차마 떠나지 못하는 마음 (공손추 하편 12장) → 공자가 고국을 떠난 이유 (고자 하편 6장) (진심 하편 17장) → 『춘추』로 만세의 질서를 세우다 (등문공 하편 9장 ②)

2) 성인열전

• 청렴의 아이콘 백이 (공손추 상편 2장) 관계를 단절하는 백이 (공손추 상편 9장) (만장 하편 1장) (고자 하편 6장) (진심 하편 15장)

• 선각자로 自任하면서 현실과 타협했던 이윤 (공손추 상편 2장)

• 충직하며 포용력이 있었던 유하혜 (공손추 상편 9장)

3) 성인의 길

• 하늘은 저버리지 않으리라: 彼一時此一時 (공손추 하편 13장) → 상처받지 않는 삶: 時運盛衰 (양혜왕 하편 16장) → 시대를 보는 눈: 一治一亂 (등문공 하편 9장 ②) → 도통의 계승자로서 맹자의 소명의식 (진심 하편 38장)

4. 기타

■ 교육

• 샘이 깊은 물은 영원하리라: 盈科而進 (이루 하편 18장) → 마지막까지 최선을 다하자: 中道而廢 (진심 상편 29장) → 근원을 찾는 배움의 길: 左右逢原 (이루 하편 14장) → 스스로 터득하라: 下學上達 (진심 하편 5장) → 무언의 가르침이 주는 효과: 不屑之教 (고자 하편 16장) → 자녀는 바꿔 교육한다: 易子教之 (이루 상편 18장) → 군자의 세 가지 즐거움: 君子三樂 (진심 상편 20장) → 군자의 다섯 가지 교육방법 (진심 상편 40장) → 폭넓게 배우면서 핵심을 간추린다: 博學約說 (이루 하편 15장)

■ 효도

• 부모 섬기는 도리: 養體養志 (이루 상편 19장) → 결혼을 통한 계승의 의무: 無後 (이루 상편 26장) → 부자 사이는 따지지 않는다: 責善 (이루 하편 30장) → 원망하면서도 사모하는 마음: 怨慕, 解憂 (만장 상편 1~2장) → 부

모의 잘못을 감춰둔다: 親親相隱, 不責善 (진심 상편 35장) (이루 하편 30장) → 진심은 통한다: 大孝 (이루 상편 28장) → 부모의 상에 정성을 다한다: 盡心 (공손추 하편 7장) → 맹자가 흘린 땀방울의 의미: 差等 (등문공 상편 5장) (진심 상편 46) → 차별을 넘어 보편으로: 親親仁民 (진심 상편 45)

■ 전쟁

• 땅 때문에 백성은 죽어간다: 率土地而食人肉 (이루 상편 14장) → 전쟁영웅은 극형을 받아야 한다 (이루 상편 14장) → 하극상의 원인: 臣弒其君 (이루 하편 3~4장) (양혜왕 하편 8장) → 정당한 정벌: 民心天心 (양혜왕 하편 10장) → 정벌의 조건: 天吏 (공손추 하편 8장) → 천하를 위한 공정한 마음: 伊尹之志 (진심 상편 31장)

■ 이단

• 중립을 넘어 중심을 찾아가는 삶: 執中有權 (진심 상편 26장) → 사회적 역할을 무시한 허행의 자급자족: 勞心治人 (등문공 상편 4장 ①) → 묵자의 겸애와 무차등에 대한 비판: 兼愛 (등문공 상편 5장) → 어쩔 수 없이 나선다: 豈好辯哉 (등문공 하편 9장) → 몰아세우지 말자: 過猶不及 (진심 하편 26장)

■ 기개

• 원칙과 절개를 굽히지 않는 삶: 枉尺直尋 (등문공 하편 1장) → 대장부의 기개: 大丈夫 (등문공 하편 2장) → 흔들림 없이 드넓은 기상을 키워나가자: 不動心, 浩然之氣 (공손추 상편 2장) → 오직 의로움에 따라 행하리라: 惟義所在 (이루 하편 11장) → 뜻으로 먹고 사는 선비들: 食志 (등문공 하편 4장), 尚志 (진심 상편 33장) → 주어진 길을 가련다 獨善兼善 (진심 상편 9장)

■ 자존감

• 벼슬하기 어려운 세상: 求而不得 (등문공 하편 3장) → 부끄럽지 않은 삶:

可羞之羞 (이루 하편 33장) → 아무나 섬기지 않으려다: 樂道忘勢 (진심 상편 8장) (등문공 하편 7장) → 직접 찾아오라: 先禮 (등문공 하편 7장) → 어진 사람을 높이고 존중하라: 貴貴尊賢 (만장 하편 3장), 待賢之禮 (만장 하편 6장) → 정성을 보여라 (공손추 하편 11장)

■ 성찰

• 나에게 돌이킨다: 反求諸己 (공손추 상편 7장) (이루 상편 4장) → 부끄러움은 양심의 청신호: 無恥之恥 (진심 상편 6장) → 모두 내 탓이다 (공손추 하편 4장) → 경청의 자세: 捨己從人 (공손추 상편 8장) → 자기 하기 나름이다: 禍福自求 (공손추 상편 4장) → 스스로의 선택에 달려있다: 自取 (이루 상편 8장) → 욕심을 줄여 나가자: 寡欲 (진심 하편 35장) → 평생을 걸어가야 할 길: 終身之憂 (이루 하편 28장) → 자포자기 하지 않는다: 自暴自棄 (이루 상편 10장) → 진리를 따르려는 성실한 삶: 誠身有道 (이루 상편 12장)

■ 시중(時中)

• 나아갈 때와 물러설 때: 不屑就去 (공손추 상편 9장) → 상황에 따른 책임이 다르다: 無官守 (공손추 하편 5장) → 선물인가 뇌물인가: 禮儀及物 (고자 하편 5장) → 청렴도 정도껏 해야죠: 淸廉潔白 (등문공 하편 10장) → 正道와 權道 사이에서: 授受不親 (이루 상편 17장)